Hermenéutica del amor

Este libro pertenece a la colección
POST-VISIÓN

DIRECTOR DE COLECCIÓN

Jorge Luis Roggero

Facultad de Filosofía y Letras
Universidad de Buenos Aires

JORGE LUIS ROGGERO

Hermenéutica del amor

La fenomenología de la donación de Jean-Luc Marion
en diálogo con la fenomenología del joven Heidegger

sb

Madrid - Santiago - Montevideo - Asunción - Lima - Bogotá - Buenos Aires - México

Roggero, Jorge Luis
   Hermenéutica del amor : la fenomenología de la donación de Jean-Luc Marion en diálogo con la fenomenología del joven Heidegger / Jorge Luis Roggero ; prólogo de Roberto J. Walton. - 1a ed . - Ciudad Autónoma de Buenos Aires : SB, 2019.
   532 p. ; 23 x 16 cm. - (Post-Visión / Roggero, Jorge Luis; 4)
   ISBN 978-987-4434-67-8
   1. Fenomenología. 2. Ensayo Filosófico. I. Walton, Roberto J., prolog. II. Título.
   CDD 142.7

© Jorge Luis Roggero
© Sb editorial
   Piedras 113, 4° 8 - C1070AAC - Ciudad Autónoma de Buenos Aires - Argentina
   Tel.: (+54) (11) 2153-0851
   www.editorialsb.com • ventas@editorialsb.com.ar
   www.facebook.com/editorialsb • @editorialSb

ISBN 978-987-4434-67-8
1° edición en Buenos Aires, julio de 2019

Director General: Andrés C. Telesca (andres.telesca@editorialsb.com.ar)
Director de colección: Jorge Luis Roggero (jorgeluisroggero@gmail.com)
Diseño de cubierta e interior: Cecilia Ricci (riccicecilia2004@gmail.com)

Queda hecho el depósito que marca la Ley 11.723

No se permite la reproducción parcial o total, el almacenamiento, el alquiler, la transmisión o la transformación de este libro, en cualquier forma o por cualquier medio, sea electrónico o mecánico, mediante fotocopia, digitalización u otros medios, sin el permiso previo y escrito del editor. Su infracción está penada por las leyes 11.723 y 25.446.

Distribuidores

España: Tarahumara Libros • Calle de la Paloma, 6 - Madrid
(+34) 913 65 62 21 • www.tarahumaralibros.com • bea@tarahumaralibros.com
Argentina: Waldhuter Libros • Pavón 2636 - Ciudad Autónoma de Buenos Aires
(+54) (11) 6091-4786 • www.waldhuter.com.ar • francisco@waldhuter.com.ar
México: RGS Libros • Av. Progreso 202, Col. Escandón, Del. Miguel Hidalgo, México
(+52) (55) 55152922 • www.rgslibros.com • fernando@lyesa.com
Chile: Catalonia Libros • Santa Isabel 1235, Providencia - Santiago de Chile
(+56) (2) 22099407 - www.catalonia.cl - contacto@catalonia.cl
Uruguay: América Latina Libros • Av. Dieciocho de Julio 2089 - Montevideo
(+598) 2410 5127 / 2409 5536 / 2409 5568 - libreria@libreriaamericalatina.com
Perú: Heraldos Negros • Jr. Centenario 170. Urb. Confraternidad - Barranco - Lima
(+51) (1) 440-0607 - distribuidora@sanseviero.pe
Paraguay: Tiempo de Historia • Rodó 120 c/Mcal. López - Asunción
(+595) 21 206 531 - info@tiempodehistoria.org
Colombia: Campus editorial • Carrera 51 # 103 B 93 Int 505 - Bogotá
(+57) (1) 6115736 - info@campuseditorial.com
Brasil: Librería Española e Hispanoamericana • Galeria Ouro Velho - R. Augusta, 1371 - Loja 09 - Consolação, São Paulo
(+55) 11 3288-6434 • www.libreriaespanola.com.br • libreriaespanola@gmail.com

Para Cecilia, Pedro, Manuel y Lucio

Índice

Textos de Jean-Luc Marion y sus abreviaturas 13
Presentación 17
Prólogo 21

Introducción

§ 1. ¿Es esto fenomenología? 23
§ 2. Las dos objeciones 41
    2.1. Objeción de contenido. El "giro teológico" 41
    2.2. Objeción de forma. La función de la hermenéutica 46
§ 3. Lecturas de los debates 53
    3.1. Comentarios respecto del debate en torno al "giro teológico" 53
    3.2. Comentarios respecto del debate en torno a la función
        de la hermenéutica en la fenomenología de la donación 59
§ 4. ¿Cómo y qué leer en la fenomenología de la donación?
    El modelo heideggeriano y la hermenéutica del amor 61
§ 5. El "combate amoroso" 64

Primera parte: Fenomenología

Introducción: La fenomenología como filosofía última
§ 6. Husserl o Heidegger 69
§ 7. Ciencia rigurosa y filosofía primera... 74
    7.1. Ciencia rigurosa... 74
    7.2. Filosofía primera.. 76
§ 8. Ciencia originaria 82

Capítulo primero: el fenómeno
§ 9. El concepto heideggeriano de fenómeno................................. 89
    9.1. La manifestación del fenómeno más allá de la objetivación 90
    9.2. La vivencia de la cátedra 92
    9.3. La intuición hermenéutica.. 95
    9.4. "Aquello que se muestra como tal en su mostrarse" 97
§ 10. La posibilidad más elevada que la efectividad....................... 98
    10.1. La posibilidad en régimen metafísico 99
    10.2. La posibilidad en régimen fenomenológico 101
§ 11. La noción husserliana de fenómeno..................................... 105
§ 12. La tópica del fenómeno 111
    12.1. El fenómeno saturado y las categorías kantianas..................... 113
        12.1.1. Cantidad... 114
        12.1.2. Cualidad.. 115
        12.1.3. Relación.. 116
        12.1.4. Modalidad 118
    12.2. La certeza negativa.. 119
§ 13. La tópica del fenómeno saturado 122
    13.1. El acontecimiento.. 122
    13.2. El ídolo... 124
    13.3. La carne.. 130
    13.4. El icono 134
§ 14. El fenómeno doblemente saturado: la revelación 138
§ 15. Objetos y acontecimientos.. 144
    15.1. Una nueva tópica de los fenómenos........................... 145
    15.2. Dicotomía o gradación 149

§ 16. El concepto marioniano de fenómeno
a la luz de la definición heideggeriana.. 153

Capítulo segundo: La donación
§ 17. Palabra mágica o piedra de tropiezo.. 155
§ 18. Los principios de la fenomenología.. 162
    18.1. La lectura de los principios de Michel Henry
        y de Jean-Luc Marion 162
    18.2. Fenomenología e idealismo trascendental 175
        18.2.1. La lectura de los principios de
            Jean-François Lavigne..................................... 175
        18.2.2. Fenomenología y giro copernicano
            según Dominique Pradelle............................... 179
        18.2.3. Fenomenología e idealismo del sentido
            según Jocelyn Benoist...................................... 184
§ 19. Gegebenheit y donation 188
    19.1. Las objeciones respecto de la traducción 189
    19.2. Las objeciones respecto de la falta de originalidad........ 192
    19.3. Respuesta de Marion a las objeciones 196
    19.4. La disputa por la Gegebenheit en el nacimiento
        de la fenomenología 198
§ 20. El concepto marioniano de donación
a la luz de la pregunta conductora heideggeriana............................. 209

Capítulo tercero: La reducción
§ 21. Reduktion, Grunderfahrung y epoché... 211
§ 22. La noción husserliana de reducción.. 224
§ 23. La noción heideggeriana de reducción.. 231
    23.1. La reducción heideggeriana según Jean-François Courtine..... 232
    23.2. La reducción heideggeriana según Jean-Luc Marion 240
        23.2.1. El "enigma" del fenómeno y
            la "transgresión" heideggeriana........................ 241
        23.2.2. La reducción redoblada y
            las dos tácticas heideggerianas......................... 243
        23.2.3. La "hermenéutica de la nada"......................... 249

§ 24. La tercera reducción 255
§ 25. Dos objeciones a la tercera reducción 262
    25.1. ¿Método o modo de manifestación? 263
    25.2. ¿Reducción o epoché? 265
§ 26. El debate en torno a la reducción 268
§ 27. La reducción marioniana a la luz de la propuesta heideggeriana 273

Capítulo cuarto: El adonado
§ 28. La subjetividad en el joven Heidegger 277
§ 29. El asignatario 285
    29.1. Las aporías del sujeto 285
    29.2. El último heredero del sujeto: el Dasein 288
    29.3. Las determinaciones de lo dado y los rasgos del asignatario 290
§ 30. El adonado 298
    30.1. La llamada 300
    30.2. La objeción metafísico-teológica 307
        30.2.1. ¿Quién o qué llama? 307
        30.2.2. La decisión inmanente 309
    30.3. La crítica de Jocelyn Benoist 314
§ 31. La interdonación 317
    31.1. En (el) lugar del sí mismo 318
    31.2. El amante 320
    31.3. El cruce de las carnes 325
§ 32. La receptividad 328
    32.1. La pasividad en Husserl 329
    32.2. La pasividad en Marion 336
§ 33. La subjetividad a la luz de la otredad en Lévinas y
       en el joven Heidegger 344

Conclusión: Marion y el joven Heidegger. Las categorías y la posibilidad última de la fenomenología marioniana
§ 34. Las categorías de la fenomenología de la donación 347
§ 35. Las objeciones hermenéutica y teológica 351

Segunda parte: Hermenéutica y teología

**Introducción: Heidegger una vez más.
El vínculo entre fenomenología, hermenéutica y teología**
§ 36. Las dimensiones hermenéutica y teológica
de la fenomenología de la donación 355

Capítulo quinto: Hermenéutica
§ 37. Hermenéutica de la facticidad 359
    37.1. Grunderfahrung 360
    37.2. Destruktion 361
    37.3. Auslegung 367
§ 38. Hermenéutica de la donación 368
    38.1. Donación y hermenéutica 368
    38.2. La función de la hermenéutica 372
    38.3. Los usos de la hermenéutica.
        Los cuatro niveles señalados por Marion 379
    38.4. Otras manifestaciones de la dimensión hermenéutica
        en la obra de Marion 387
        38.4.1. La anamorfosis 388
        38.4.2. El "como" de la alabanza 390
    38.5. La vía estética 398
        38.5.1. La función de la pintura 399
        38.5.2. Los rasgos de la función del pintor 401
        38.5.3. El rey-pintor 406
        38.5.4. Arte y hermenéutica 408
§ 39. Fenomenología y hermenéutica. Problemas 410
    39.1. Gadamer y/o Ricœur 414
    39.2. Las tensiones entre fenomenología y hermenéutica
        en Sein und Zeit 421
    39.3. Reglas de la experiencia y esencias adverbiales 424
§ 40. La fenomenología hermenéutica marioniana 430

Capítulo sexto: Teología
§ 41. Filosofía y Teología 433
    41.1. Las tres vías del pensamiento marioniano
    y los tres órdenes de Pascal 434
    41.2. Filosofía y Teología según Emmanuel Falque 436
    41.3. Filosofía y teología en la obra de Marion 440
    41.4. Fe y razón 445
§ 42. La apropiación filosófica de ideas teológicas en el joven Heidegger 451
§ 43. La "dimensión teológica" de la fenomenología de la donación 457
    43.1. Los inicios teológicos de Marion 457
    43.2. La apropiación filosófica de ideas teológicas en Marion 467
§ 44. La vía del don 471
§ 45. El amor 480
    45.1. La apropiación filosófica de la idea teológica del amor 489
    45.2. Hermenéutica del amor 492
§ 46. Filosofía y teología en Heidegger y Marion 495

**Conclusión: La posibilidad última
de la fenomenología de la donación**
    § 47. Una respuesta para las dos objeciones 499

Conclusión
Fenomenología hermenéutica del amor

§ 48. El sentido del recorrido 503
§ 49. La causa de la fenomenología 508
§ 50. La hermenéutica del amor como filosofía última 512

Bibliografía 515
    Comentarios de la obra de Jean-Luc Marion y
    la fenomenología francesa actual 515
        Bibliografía general 525

Textos de Jean-Luc Marion y sus abreviaturas

PJTM   "Penser juste ou trahir le mystère: Notes sur l'élaboration patristique du dogme de l'incarnation", *Résurrection*, 30 (1969), pp. 68-93.

MJJ   "Ce mystère qui juge celui qui le juge", *Résurrection*, 32 (1970), pp. 54-78.

ADAH   "Amour de Dieu, amour des hommes", *Résurrection*, 34 (1970), pp. 89-96.

OG   *Sur l'ontologie grise de Descartes. Science cartésienne et savoir aristotélicien dans les Regulae*, Paris, Vrin, 1975. Traducción al español: *Sobre la ontología gris de Descartes. Ciencia cartesiana y saber aristotélico en las Regulae*, trad. A. García Mayo, Escolar y Mayo, 2008.

IR   *Index des* Regulae ad Directionem Ingenii *de René Descartes* (en collaboration avec J.-R. Armogathe), Rome, Ed. Dell'Atenero, 1976.

PD   "Le présente et le don", *Communio*, II, 6 (novembre 1977), pp. 50-70.

ID   *L'idole et la distance. Cinq études*, Paris, Grasset, 1977. Traducción en español: *El ídolo y la distancia*, trad. S. Pascual y N. Latrille, Salamanca, Sígueme, 1999.

CAE   "De connaître à aimer: l'éblouissement", *Communio*, III, 4 (1978), pp. 17-28.

DSE   *Sur la théologie blanche de Descartes. Analogie, création des vérités éternelles*, Paris, PUF, 1981 (TB).

DSE   *Dieu sans l'être*, Paris, Fayard, 1982. Traducción al español: *Dios sin el ser*, trad. D. Barreto González, J. Bassas Vila y C. E. Restrepo, Pontevedra, Ellago Ediciones, 2010.

DGP   "Le don glorieux d'une présence", *Communio*, VIII, 3 (mai-juin 1983), pp. 35-51.

PM   *Sur le prisme métaphysique de Descartes. Constitution et limites de l'onto-théo-logie cartésienne*, Paris, PUF, 1986.

PCh   *Prolégomènes à la charité*, Paris, Éditions de la Différence, 1986. Traducción al español: *Prolegómenos a la caridad*, trad. C. Díaz, Madrid, Caparrós, 1993.

CCD	*Ce que cela donne. Jean-François Lacalmontie*, Paris, Éditions de la Différence, 1986.
EDSZ	"L'*ego* et le *Dasein*. Heidegger et la 'destruction' de Descartes dans *Sein und Zeit*", Revue de Métaphysique et de Morale, Paris, 92, 1 (1987), pp. 25-53.
RD	*Réduction et donation. Recherches sur Husserl, Heidegger et la phénoménologie*, Paris, PUF, 1989.
DRI	"A Dieu, rien d'impossible", *Communio*, XV, 5 (septembre-octobre 1989), pp. 43-58.
RQQ	"Réponses à quelques questions", *Revue de Métaphysique et de Morale*. "*À propos de* Réduction et donation *de Jean-Luc Marion*", 96, 1 (1991), pp. 65-76.
SDA	"Le sujet en dernier appel", *Revue de Métaphysique et de Morale*. "*À propos de* Réduction et donation *de Jean-Luc Marion*", 96, 1 (1991), pp. 77-95.
QC 1	*Questions cartésiennes. Méthode et métaphysique*, Paris, PUF, 1991.
CV	*La croisée du visible*, Paris, Éditions de la Différence, 1991. Traducción al español: *El cruce de lo visible*, Trad. J. Bassas Vila y J. Masó, Pontevedra, Ellago Ediciones, 2006.
PhS	"Le phénomène saturé" en MARION, Jean-Luc, HENRY, Michel, RICŒUR, Paul, *Phénoménologie et théologie*, Paris, Criterion, 1992, pp. 79-128.
HC	"Philosophie chrétienne et herméneutique de la charité", *Communio*, XVIII, 2 (1993), pp. 89-96.
ECD	"Esquisse d'un concept phénoménologique du don", *Archivio di Filosofia* LXII.1–3 (1994), pp. 75-94.
CCh	"La connaissance de la charité", *Communio*, XIX, 6 (1994), pp. 27-42.
IM	*Index des* Meditationes de Prima Philosophie *de R. Descartes* (en collaboration avec J.-Ph. Massonié, P. Monat, L. Ucciani), Besançon, Annales Littéraires de l'Université de Franche-Comté, 1996.
QC 2	*Questions cartésiennes II. L'ego et Dieu*, Paris, PUF, 1996.
H	*Hergé. Tintin le terrible ou l'alphabet des richesses* (en collaboration avec A. Bonfand), Paris, Hachette, 1996.
ED	*Étant donné. Essai d'une phénoménologie de la donation*, seconde édition corrigé, Paris, PUF, 1998. Traducción al español: *Siendo dado. Ensayo para una fenomenología de la donación*, trad. J. Bassas Vila, Madrid, Editorial Síntesis, 2008.
E	"Jean-Luc Marion. Entretien du décembre 1999" en JANICAUD, Dominique, *Heidegger en France II. Entretiens*, Paris, Albin Michel, 2001, pp. 210-227.
DS	*De surcroît. Études sur les phénomènes saturés*, première édition "Quadridge", Paris, PUF, 2010.

MFPh	"Un moment français de la phénoménologie", *Rue Descartes*, 35, 1 (2002), pp. 9-13.
PhE	*Le phénomène érotique*, Paris, Grasset, 2003. Traducción al español: *El fenómeno erótico*, trad. Silvio Mattoni, Buenos Aires, El cuenco de Plata, 2003.
VR	*Le visible et le révélé*, Paris, Cerf, 2005.
AD	*Acerca de la donación. Una perspectiva fenomenológica*, Buenos Aires, Jorge Baudino, 2005.
EM	"Entretien avec Jean-Luc Marion. Vincent Citot et Pierre Godot", *Le Philosophoire*, numéro 11 "L'amour" (2005), pp. 5-22.
PhC	"Le phénomène du Christ selon H. U. von Balthasar", *Communio*, XXX, 2 (2005), pp. 77-82.
DA	*Dialogo con l'amore*, a cura di U. Perone, Turin, Rosenberg et Sellier, 2007.
ALS	*Au lieu de soi, l'approche de Saint Augustin*, Paris, PUF, 2008.
P	"Prólogo a la edición española" en MARION, Jean-Luc, *Siendo dado. Ensayo para una fenomenología de la donación*, trad. J. Bassas Vila, Madrid, Síntesis, 2008.
I	"L'impouvoir", *Revue de métaphysique et de morale*, 60, 4 (2008), pp. 439-445.
QQM	"Quelques questions à Jean-Luc Marion. Un entretien avec Jérôme de Gramont", *Nunc*, 16 (septembre 2008), pp. 46-51.
CN	*Certitudes négatives*, Paris, Grasset et Fasquelle, 2010.
CpV	*Le croire pour le voir*, Paris, Communio Parole et silence, 2010.
DAF	*Discours de réception de Jean-Luc Marion à l'Académie française*, Paris, Grasset, 2010.
PVG	"Jean-Luc Marion: seeing from the point of view of God", *Faith & Leadership*, 24 de mayo de 2010. https://www.faithandleadership.com/qa/jean-luc-marion-seeing-the-point-view-god. Consultado el 24/2/18.
RG	*The Reason of the Gift*, edited and translated by Stephen E. Lewis, Charlottesville, University of Virginia Press, 2011.
FPh	*Figures de phénoménologie : Husserl, Heidegger, Lévinas, Henry, Derrida*, Paris, Vrin, 2012.
RC	*La rigueur des choses. Entretiens avec Dan Arbib*, Paris, Flammarion, 2012.
GH	*Givenness and Hermeneutics* (The Père Marquette Lectures in Theology 2013), Milwaukee, Marquette University Press, 2013.
PPD	*Sur la pensée passive de Descartes*, Paris, PUF, 2013.
EW	*Essential Writings*, edited by Kevin Hart, New York, Fordham University Press, 2013.

RUThPh	"Remarques sur l'utilité en théologie de la phénoménologie" en José M. Cantó, José M. y Figueroa, Pablo (eds.), *Filosofía y teología en diálogo desde América Latina. Homenaje a Juan Carlos Scannone en su 80 cumpleaños*, Córdoba, EDUCC, 2013.
DDM	"La donation, dispense du monde", *Philosophie*, 118, 2 (2013), pp. 78-90.
CsV	*Cours sur la volonté*, édité par C. Perrin, Louvain-la-Neuve, Presses Universitaires de Louvain, 2014.
C	*Courbet ou la peinture à l'œil*, Paris, Flammarion, 2014.
QR	Une question de réponse" en Capelle-Dumont, Philippe et Courtel, Yannick (éds.), *Religion et liberté*, Strasbourg, Presses Universitaires de Strasbourg, 2014, pp. 11-30.
QPRDHD	Quelques précisions sur la réduction, le donné, l'en herméneutique et la donation" en Sommer, Christian (éd.), *Nouvelles phénoménologies en France*, Paris, Hermann, 2014, pp. 215-234.
FR	"Foi et raison. Jean-Luc Marion et Laurence Devillairs", *Études*, 2 (2014), pp. 67-76.
CVCA	*Ce que nous voyons et ce qui apparaît*, Paris, Collège Iconique, INA, 2015.
R	"Réponses" en Capelle-Dumont, Philippe (éd.), *Philosophie de Jean-Luc Marion. Phénoménologie, théologie, métaphysique*, Paris, Hermann, 2015.
DM	"Doubler la métaphysique" en AA. VV., Métaphysique et christianisme, Paris, PUF, 2015, pp. 167-186.
GR	*Givenness and Revelation* (Gifford Lectures 2014), Oxford, Oxford University Press, 2016.
RdD	*Reprise du donné*, Paris, PUF, 2016.
QERR	"Qu'est-ce qu'être réellement réaliste ?", *Coloquio Internacional "Choses en soi. Métaphysique et réalisme"*, École Normale Supérieure, 18/11/16. https://www.youtube.com/watch?v=Wm-bCv5CFBA. Consultado el 25 de octubre de 2017.
BAMC	*Brève apologie pour un moment catholique*, Paris, Grasset, 2017.
ASD	Marion, Jean-Luc et de Benoist, Alain, *Avec ou sans Dieu ?* Paris, Beauchesne, 1970.

Presentación

Roberto J. Walton

Una elucidación de la significación profunda de la filosofía de Jean-Luc Marion distingue a esta obra. En ella se indagan con rigor los problemas de una fenomenología de la donación y se elabora la idea de que en ella está contenida la posibilidad de una hermenéutica del amor de carácter filosófico. El autor analiza esos problemas en relación con otras interpretaciones del fenómeno de la donación y en el contexto del "giro teológico" en la fenomenología francesa. En esta tarea examina los textos de Marion a fin de buscar una noción radicalizada de hermenéutica y la compara con diversas comprensiones de la disciplina, investiga la implicación mutua entre fenomenología y hermenéutica en vista del posible papel de esta imbricación en la relación entre filosofía y religión, e indaga la posibilidad de una lectura de la fenomenología de la donación que, sin tomar al sujeto como punto de partida, pueda dar cuenta de tal entrelazamiento. La organización del trabajo refleja el hecho de que el proyecto fenomenológico de Marion encuentra un impulso decisivo en las objeciones que ha recibido. Ellas conciernen a su "dimensión teológica" y a su "dimensión hermenéutica". La primera objeción, que atañe al contenido, se basa en el supuesto uso indebido de principios teológicos y en la consiguiente falta de rigor y validez de una obra fenomenológica. La segunda objeción, que toca a la forma, se relaciona con la necesidad de aclarar la función de la hermenéutica en la fenomenología.

La primera parte, dedicada a "Fenomenología", sistematiza las categorías capitales de la fenomenología de la donación: fenómeno, donación, reducción y adonado. Se recuerda que, según Marion, el "principio de todos los principios" de Husserl, con su puesta en primer plano de la intuición, no asegura a todos los fenómenos el derecho de aparecer ni una posibilidad abiertamente incondicionada. La intuición puede limitar la fenomenicidad porque queda sujeta al horizonte y al Yo como dos condiciones de posibilidad, es decir, límites que se imponen al poder de aparecer del fenómeno. Ante la cuestión de los grados de donación, de objetivación, de acontecialidad y de saturación, se señala que todo fenómeno es potencialmente un fenómeno saturado. La fenomenicidad es graduable, pero no la donación. Y esto depende de la subjetividad receptora. Si el yo interviene activamente para controlar el exceso de lo dado, se dará la gradación de objetivación que va del fenómeno pobre al fenómeno común. Si el yo se entrega al fenómeno, se dará la gradación en la saturación hasta llegar a la posibilidad de la Revelación en una saturación de la saturación. Y se insiste en que esta variación extrema de la fenomenicidad no queda de ninguna manera inscrita en condiciones trascendentales de posibilidad. Esto es así porque la condición de posibilidad respecto de la saturación de segundo grado no consiste en delimitar a priori excluyendo imposibilidades, sino en liberar la posibilidad excluyendo toda condición previa mediante la eliminación de pretendidas imposibilidades.

Así queda abierto el camino para subrayar que la reducción marioniana es una operación paradójica de carácter asubjetivo, pero puesta en obra por un sujeto transformado en adonado. En una "ascesis activa", en un "no hacer nada", el adonado se entrega a la pasividad cediendo su primacía al acontecer del fenómeno. Se defiende la concepción de Marion según la cual la epojé fenomenológica deja de ser un acto reflexivo teórico y se convierte en un temple anímico fundamental que, destituyendo al ego, entrega la iniciativa al fenómeno. Así, un método subjetivo como la reducción se concilia con un tema asubjetivo como la automostración del fenómeno porque la epojé es transformada en una tonalidad afectiva. La epojé radicalizada se aplica también a la tesis del cogito y conduce a una reducción a la donación. De este modo la metodología marioniana encuentra un modo de articular subjetividad y asubjetividad, es decir, a Husserl y Heidegger.

El autor no rechaza la posibilidad de que la idea de una inversión de la intencionalidad aparezca en la obra de Husserl. Aquí se podría añadir lo siguiente. En vista de que el adonado es caracterizado como el sujeto transformado que "se recibe de lo que recibe", y la mención de la cuasi-trascendentalidad del adonado, habría que plantear también una situación de adonación respecto del sujeto ya en el fundador de la fenomenología. El papel responsivo del sujeto es esbozado por Husserl en virtud de modos de llamada provenientes de la hyle que se articula a sí misma e impone un sentido naciente a un yo o a un pre-yo todavía adormecido, del otro que exige una ética del amor hasta el extremo del sacrificio, o de lo Absoluto que nos interpela para la realización de una teleología a la vez teórica y práctica.

La segunda parte, que se ocupa de "Hermenéutica y Teología", defiende la existencia de una dimensión hermenéutica fuertemente arraigada en su fenomenología. Con este propósito se explicita en ella la aplicación del modelo heideggeriano de apropiación filosófica de ideas teológicas, y a la vez se desarrolla una hermenéutica del amor de carácter filosófico. La fenomenología de la donación es una fenomenología hermenéutica que asume la primacía de la fenomenología en tanto acepta la anterioridad de la instancia antepredicativa y extrae su sentido de ella, y se realiza como hermenéutica porque el sujeto es sustituido por el adonado en una situación asubjetiva que recibe lo dado y su sentido. La hermenéutica tiene la función de administrar la distancia entre lo que se da y lo que se muestra, y se desenvuelve en niveles que pueden operar en forma conjunta. Estos niveles son cuatro: i) la interpretación de la llamada para permitir una respuesta que decide acerca de la efectividad o carácter ilusorio de ella, ii) el reencuentro de significados faltantes junto con la admisión conjunta de significados faltantes en un proceso infinito respecto de los fenómenos saturados, iii) la distinción de grados de intuición para decidir si el fenómeno es pobre, de derecho común o saturado según una gradualidad flexible con límites abiertos, y iv) la variación que permite transformar el objeto en acontecimiento y el acontecimiento en objeto.

La hermenéutica opera como una hermenéutica del amor, es decir, de un temple anímico fundamental que, en una epojé afectiva, lleva a cabo de modo muy acabado la entrega al fenómeno. Por medio del amor es posible entablar un diálogo entre filosofía y teología ya que en el fenómeno erótico evoca ambos tipos de reflexión. De esta manera se procura encontrar en la teología nociones que contribuyan, en un "entrecruzamiento productivo" a una revitalización de la filosofía con el auxilio de "la cantera teológica". Y, en relación con la razón, se pone de relieve una dimensión fundante que ha sido olvidada en la definición "metafísica" de la racionalidad en virtud de la exclusión como irracional de todo aspecto que no responda a la lógica del objeto. La lógica del amor exhibe una racionalidad con leyes según las cuales el amor otorga la certeza de ser amante, no se enfrenta con imposibilidades, no es universal sino que implica un conocimiento de sí, y proporciona un acceso a la trascendencia del otro. Esta lógica del amor implica un tipo de conocimiento que no responde a la racionalidad del conocimiento de los objetos y se extiende a todos los conocimientos no objetivables.

El amor impone su propia lógica para dar cuenta de sí mismo, y esta lógica del amor ha de ser una hermenéutica. Marion se refiere a una "hermenéutica erótica sin fin" que es "una conversación sin término". El amado se impone como un fenómeno saturado que sobrepasa todos los significados que se le asignan a partir de la aseveración "¡Heme aquí!", esto es, el primero de los significados que, como todos los demás, no transmite información, sino que remite a cualquiera que lo pronuncia y a un lugar ocasional. Marion considera que el lenguaje de los amantes "se libera del mundo y los libera del mundo". Por eso los amantes no tienen nada que decirse mediante referencias a objetos o entes. Puesto que en sus declaraciones enuncian algo que no existía con anterioridad, su modo de hablar no es enunciativo o descriptivo sino performativo. La transgresión que realiza la palabra erótica responde a una vía hiperbólica que considera al otro en términos de un entrecruzamiento por el cual los interlocutores se reactivan mutuamente en su sentimiento. Esto significa, y esto es válido para todo tipo de amor, que una hermenéutica del amor tendría que manejarse con la poesía o con la función performativa del lenguaje. Se impone aquí un interrogante que concierne al posible obstáculo que el carácter unívoco del amor significa para la hermenéutica. ¿No implica la univocidad del amor entre el hombre y Dios una afinidad demasiado problemática en la descripción de "los medios, las figuras, los momentos, los actos y los estadios del amor"?

El carácter exhaustivo y la virtud aclaratoria de esta obra, apoyada en una vasta bibliografía, le asegura un lugar destacado entre los estudios sobre el pensamiento de Marion. Plausible es el esfuerzo, sobremanera logrado, de situar la fenomenología de la donación en el marco ofrecido por la fenomenología francesa y la historia más amplia de la fenomenología, y de tomar posición en el contexto de la exégesis con sus interpretaciones convergentes y contrapuestas. No menor es el mérito de invitar al lector, gracias a la densidad de la explicitación, a reflexiones sobre el papel que la fenomenología de la donación ocupa como momento del movimiento fenomenológico y sobre las posibilidades ulteriores que emergen con ella. Una exposición plena de incitaciones se impone y desborda toda expectativa previa. Jorge Luis Roggero acredita su solidez y agudeza al mostrar que la obra de Marion no solo constituye una radicalización de la fenomenología a través de la noción de donación, sino también una radicalización de la hermenéutica mediante un examen del amor. Sobre este basamento firme se organiza una reflexión que, además, esclarece la filiación del filósofo al señalar que esta radicalización solo es comprensible si se tiene en cuenta la continuidad entre la temática religiosa de los primeros libros de Marion y la etapa fenomenológica. Capítulo tras capítulo se advierte el afán por ahondar, cada vez más y con pericia, los matices de tal interpretación. En el espacio abierto por Marion, esta sustanciosa contribución a una nueva manera de entender la fenomenología y la hermenéutica convierte a una meditación sobre el amor en la "última palabra" sobre la filosofía porque explicita una tonalidad anímica fundamental que permite una entrega sin imposición a la iniciativa del fenómeno y, por tanto, el acceso a la donación en su carácter saturado y acontecial.

Prólogo

¿Por qué hablar de "amor"? ¿No se han cometido terribles violencias en su nombre? ¿No se trata de un término ya demasiado "desgastado"? Y, sin embargo ¿podemos entregar esta palabra, este concepto o, mejor aún, este acontecimiento al "enemigo"? ¿Estamos dispuesto a aceptar que el amor no es más que una estrategia de marketing o un dispositivo de control de la biopolítica, del capitalismo, del patriarcado o de alguna otra forma de dominación? ¿No hay acaso aún una verdad en el amor que se sustrae a todas sus manifestaciones objetivadas?

Amar puede constituir todo un acto revolucionario cuando se ama al otro en tanto otro. Como bien señala Nietzsche: "¿Qué es el amor sino comprender y alegrarse de que otro viva, actúe y sienta de manera diferente y opuesta a la nuestra?".[1] Amar al otro en su otredad es hacer visible lo invisto, es hacer posible el acontecimiento de lo que no se deja reducir a lo mismo. Me propongo, en este libro, esbozar esta noción de amor como el sentido último de la obra fenomenológica marioniana. A tal fin, propongo un recorrido por las principales categorías de la fenomenología de la donación, que bien puede servir como introducción al pensamiento de Marion, y un paralelo con la propuesta fenomenológica del joven Heidegger.

El libro recoge en sus desarrollos principales las ideas de mi investigación doctoral, defendida el 19 de junio de 2018, ante un jurado compuesto por el Prof. Dr. Dominique Pradelle y el Prof. Dr. Roberto Walton (directores), y el Prof. Dr. Javier Bassas Vila, la Prof^a. Dra. Carla Canullo, el Prof. Dr. Éric Pommier y el Prof. Dr. Luis Román Rabanaque. Agradezco a todos ellos por sus rigurosas lecturas y sus generosas sugerencias. En especial, agradezco el honor de haber sido dirigido por dos de los más importantes expertos en fenomenología de la actualidad.

---

[1] KSA 2, § 75, p. 408.

Asimismo, quiero agradecer particularmente por la constante buena predisposición de Jean-Luc Marion durante estos años para responder a todas mis consultas.

Muchos han sido los/as profesores/as que me han ayudado en estos años de investigación, apoyando mi candidatura para becas de estudio o dirigiendo estancias en Universidades y Archivos y/o discutiendo mis hipótesis. Mi reconocimiento para Javier Bassas Vila, Carla Canullo, Mónica Cragnolini, Ricardo Oscar Díez, Emmanuel Falque, Jean Grondin, Christina Gschwandtner, Patricio Mena Malet, José Daniel López, Éric Pommier, Luis Román Rabanaque, Carlos Enrique Restrepo, Juan Carlos Scannone, Christian Sommer y Stéphane Vinolo.

Esta obra encontró un impulso decisivo en el diálogo con mis queridos/as amigos/as compañeros/as del proyecto de investigación PRI FFyL-UBA "Jean-Luc Marion y el 'giro teológico' de la fenomenología". Mi agradecimiento para María Eugenia Celli, Ezequiel Curotto, María Felicitas Fuertes Alderete, Elena Vilma López, Lucía Senatore y Ángeles Villa Larroudet (primera etapa); y para María del Rosario Alfaro, Miguel Isola, Marcos Jasminoy, Ezequiel Murga, Alejandro Peña Arroyave, Matías Ignacio Pizzi (segunda etapa).

Asimismo, quiero agradecer a mis colegas docentes y amigos/as que han contribuido al desarrollo de esta investigación de diversas maneras (discutiendo ideas, aportando bibliografía, etc.): Gabriela Balcarce, Celia Cabrera, Sacha Carlson, José Duarte, Marie Fahd, Nicolás Garrera Tolbert, Martín Grassi, Mario Martin Gómez Pedrido, Alexis Gros, Hernán Inverso, Azul Katz, Manfredi Moreno, Déborah Motta, Alejandra Najenson, Fernanda Ocampo, Chiara Pavan, Francesca Peruzzotti, Pablo Posada Varela, Facundo Rocca, Enrique Ruiz-Eldridge, Ovidiu Stanciu, Micaela Szeftel.

Esta obra ha sido posible gracias a la generosa y esmerada dedicación de la editorial Sb. Mi gratitud para Andrés Telesca por su rigurosa labor.

Las investigaciones cuyos resultados se encuentran en este libro contaron con el apoyo de la Universidad de Buenos Aires y de la Universidad de Paris IV-Sorbona.

Introducción

§ 1. ¿Es esto fenomenología?

Asistimos, sin duda, a un "momento francés de la fenomenología"[1] y la obra de Jean-Luc Marion es, probablemente, la más emblemática de este "momento". En ninguna otra lengua se publican tantos libros con propuestas originales que se reivindican como pertenecientes a la tradición fenomenológica. Y, sin embargo, ante esta fenomenología radicalizada, ante esta fenomenología llevada al límite de sus posibilidades ¿podemos seguir hablando de fenomenología? ¿En qué sentido?

Ésta es precisamente la cuestión que plantean todas las lecturas que buscan establecer un patrón común a la gran diversidad de proyectos filosóficos de autores francófonos que se definen como fenomenólogos. Desde el polémico texto de Dominique Janicaud, *Le tournant théologique de la phénoménologie française*, de 1991, hasta el reciente libro de Isabelle Thomas-Fogiel, *Le lieu de l'universel. Impasses du réalisme dans la philosophie contemporaine*, de 2015,

---

[1] Tomo la expresión del propio Marion. Cabe destacar que ésta no debe ser entendida en el sentido de una exaltación "nacionalista", sino como el intento de establecer una continuidad a partir de ciertos puntos comunes entre el Lévinas de 1930, Ricœur, Henry, Derrida y la generación actual. Cfr. MFPh, p. 10. En este mismo sentido, Jocelyn Benoist afirma: "…podemos decir que, progresivamente, la fenomenología se ha vuelto un fenómeno ante todo francés". BENOIST, Jocelyn, "Sur l'état présent de la phénoménologie" en BENOIST, Jocelyn, *L'idée de phénoménologie*, Paris, Beauchesne, 2001, p. 2. Asimismo, Carla Canullo entiende que la fenomenología francesa no debe relacionarse con una "producción nacional", sino, por el contrario, con un ejercicio de "des-regionalización" que implica la radicalización de ciertas cuestiones, desvinculándolas del carácter de "escuela filosófica nacional" y continuando, de este modo, la obra inaugurada por Sartre, Merleau-Ponty, Lévinas, Ricœur e, incluso, Derrida. Cfr. CANULLO, Carla, *La fenomenologia rovesciata. Percosi tentati in Jean-Luc Marion, Michel Henry e Jean-Louis Chrétien*, Torino, Rosenberg e Sellier, 2004, p. 22. Y así también, Hans-Dieter Gondek y László Tengelyi sostienen: "Finalmente, una observación sobre el título elegido: nos hemos limitado a Francia en nuestras investigaciones porque este país –fundamentalmente su capital, Paris– fue el punto de partida de las iniciativas que han llevado a una nueva figura [*Gestalt*] de fenomenología. No obstante, no consideramos esta nueva figura de la fenomenología de ninguna manera como un producto del espíritu nacional francés". GONDEK, Hans-Dieter und TENGELYI, László, *Neue Phänomenologie in Frankreich*, Berlin, Suhrkamp, 2011, p. 32.

frente al carácter extremo de las propuestas, la pregunta sigue siendo la misma: ¿es esto fenomenología?[2]

El temprano diagnóstico de Janicaud se erige como una acusación contra cierta tendencia teológica dominante a partir de la década de los ochenta en el paisaje de la fenomenología francesa, que actúa invalidando su proceder metodológico propio. Janicaud sostiene que la problemática de la trascendencia en Husserl y ciertas cuestiones relacionadas con ella (el sentido de la reducción, el enfoque de la intersubjetividad, el estatuto dado al mundo de la vida y, sobre todo, la relación entre fenomenología y metafísica) han recibido dos tipos de respuesta bien diferenciada: la vía del "entrelazo" (*entrelacs*), propuesta por Maurice Merleau-Ponty, y la vía del "aplomo" (*aplomb*), propuesta por Émmanuel Lévinas.[3] Ambos autores buscan superar las limitaciones del horizonte intencional y procurar una apertura de la fenomenología a lo invisible.[4] Sin embargo, según Janicaud, las vías no son igualmente válidas.

En *Le visible et l'invisible*, Merleau-Ponty afirma que es necesario considerar la noción de horizonte en todo su rigor.[5] Lo visible jamás se da de forma pura, sino siempre acompañado por una invisibilidad palpitante. Asimismo, mi visión de lo visible no es nunca definitiva, pues ésta se inscribe en la corporalidad. El horizonte, debe ser entendido como "entrelazo", como aquello que desborda toda limitación impuesta por mi visión en lo visible y envuelve todo lo visible en la latencia de la "carne" (*chair*) de las cosas. El "entrelazo" da cuenta de un doble desbordamiento: de lo visible por la carne y de mi visión por la corporalidad. Lo visible, la visión, la carne y la corporalidad (que incluye la intersubjetividad) forman un "quiasmo" (*chiasme*) –cuyos componentes nos son aislables– que da cuenta de la "misteriosa emergencia de la visibilidad".[6] Esta vía permanece, según Janicaud, dentro de la metodología estrictamente fenomenológica pues

---

[2] En palabras de Carla Canullo, la fisonomía que adquirió la fenomenología en Francia nos lleva a preguntarnos si "la metamorfosis del método fenomenológico, hoy sometido a cuestiones tan lejanas a las husserlianas, permite aún hablar de 'fenomenología'". Canullo, Carla, *La fenomenologia rovesciata*, op. cit., p. 25.
[3] Cfr. Janicaud, Dominique, "Le tournant théologique de la phénoménologie française" en Janicaud, Dominique, *La phénoménologie dans tous ses états*, Paris, Gallimard, 2009, p. 50.
[4] Cfr. *ibid.*, p. 53.
[5] "Cuando Husserl habló del horizonte de las cosas –del horizonte externo de ellas, el que todo el mundo conoce, y de su 'horizonte interior', esa tiniebla atiborrada de visibilidad cuya superficie no es más que el límite–, hay que tomar sus términos en todo su rigor, el horizonte no es una colección de cosas tenues o un título de clase, no lo es más que el cielo ni la tierra, ni es una posibilidad lógica de concepción o un sistema de 'potencialidad de la conciencia': es un nuevo tipo de ser, un ser de porosidad, de potencialidad o de generalidad, y aquel ante quien se abre el horizonte queda preso de él, englobado. Su cuerpo y las lejanías participan en una misma corporeidad o visibilidad en general, que reina entre ellos y él, incluso más allá del horizonte, más acá de su piel, hasta el fondo del ser. Llegamos aquí al punto más difícil, es decir, al vínculo entre la carne y la idea, entre lo visible y el armazón interior que él manifiesta y oculta". Merleau-Ponty, Maurice, *Le visible et l'invisible*, Paris, Gallimard, 1964, pp. 192-193.
[6] Janicaud, Dominique, "Le tournant théologique...", op. cit., p. 51.

no presupone otra cosa que un deseo incansable de elucidación de lo más oculto en la experiencia. [...] trata de pensar lo más cerca de la fenomenicidad[7] para habitarla mejor. El entrelazo no excluye nada, abre la mirada sobre la profundidad del mundo.[8]

Lo invisible es rastreado en el plano sensible.

Por el contrario, la vía lévinasiana del aplomo de la alteridad disuelve todo tipo de entramado en favor de la "afirmación categórica del primado de la idea de infinito".[9] Janicaud entiende que la metodología lévinasiana no es estrictamente fenomenológica, pues parte de un "deseo metafísico" no cuestionado.[10] El Otro, en su carácter absoluto y primero, se impone como un supuesto teológico-metafísico no debidamente reducido. Janicaud recuerda que la "puesta entre paréntesis" de la *epoché* concierne a la actitud natural, pero también a la metafísica especial (Dios, alma, mundo). La filosofía no es entendida por Husserl como "metafísica" en el sentido de una búsqueda de la transcendencia y la interrogación sobre las preguntas últimas.[11] La filosofía, para Husserl, procura

---

[7] Opto por traducir el término *phénoménalité* por "fenomenicidad" pues considero acertada la observación de Javier Bassas Vila. Cfr. BASSAS VILA, Javier, "Glosario" en MARION, Jean-Luc, *Siendo dado. Ensayo para una fenomenología de la donación*, trad. Javier Bassas Vila, Madrid, Síntesis, 2008, p. 506. Salvo en los casos indicados, en adelante, utilizaré para todos los términos técnicos la rigurosa y meditada traducción propuesta por Bassas Vila en este glosario.

[8] JANICAUD, Dominique, "Le tournant théologique...", op. cit., p. 54.

[9] *Ibid.*, p. 52

[10] El aplomo de la alteridad "supone un montaje metafísico-teológico previo a la escritura filosófica. Los dados están cargados, las elecciones hechas, la fe se alza majestuosa en segundo plano. El lector, confrontado con el filo del absoluto, se encuentra en la posición de un catecúmeno cuya única opción es empaparse de las palabras santas y los dogmas altivos: 'El Deseo es deseo de lo absolutamente Otro [...] Para el deseo, esta alteridad, inadecuada a la idea, tiene sentido. Es entendida y oída como alteridad del Otro y como alteridad del Altísimo'. Todo está adquirido e impuesto de entrada; y este todo es de estatura considerable: nada menos que el Dios de la tradición bíblica. Estricta traición de la reducción que dejaba al Yo trascendental en su desnudez: he aquí a la teología de vuelta con su séquito de mayúsculas. Pero esta teología, dispensándose de presentar el menor título, se instala en lo más íntimo de la conciencia, como si fuese la cosa más natural. ¿Debe la filosofía dejarse intimidar de este modo?". *Ibid.*, p. 54.

[11] La relación entre fenomenología y metafísica en Husserl es compleja. En el epílogo de *Cartesianische Meditationen* se lee: "Para no dar lugar a ninguna mala interpretación, querría por último indicar que, tal como ya hemos expuesto arriba, la fenomenología sólo excluye a toda metafísica ingenua y que opera con absurdas cosas en sí, pero *no* a toda *metafísica en absoluto*; y que no hace violencia, por ejemplo, a los motivos problemáticos que, con planteamiento y método equivocados, dan impulso interior a la tradición antigua; y que en modo alguno dice que ella se detiene ante las cuestiones 'supremas y últimas'. El ser primero en sí, que precede a toda objetividad mundanal y la soporta, es la intersubjetividad trascendental, el todo de las mónadas, que se asocia en comunidad en distintas formas. Pero dentro de la esfera fáctica de las mónadas –y, como posibilidad esencial ideal, en toda esfera monádica pensable– surgen todos los problemas de la facticidad accidental, de la muerte, del destino (de la posibilidad –exigida, en una acepción especial, como 'plena de sentido'– de una vida humana 'auténtica'; y, entre estos problemas, también los del *'sentido' de la historia*) y así en progresión ascendente. Podemos decir también que son los *problemas ético-religiosos*, pero planteados sobre la base sobre la que tiene justamente que ser planteado todo cuanto haya de poder tener posible sentido para nosotros" (Hua I, p. 182). En los anexos a la conferencia „Phänomenologische Psychologie", Husserl dice: "En lo que concierne a la metafísica, la filosofía fenomenológica es antimetafísica solo en el sentido de que rechaza toda metafísica que se nutre en fuentes extracientíficas y que se mueve en substrucciones huecas. Pero la vieja tradición metafísica y

un "regreso al aparecer de los fenómenos tal como se dan y tal como pueden ser recibidos en un conocimiento cierto".[12] Según Janicaud, el "giro teológico" privilegia excesivamente lo trascendental (Archirevelación, llamada pura) en el equilibrio trascendental-empírico y, por ese motivo, abandona el método eidético y la paciente tarea de la descripción detallada de los fenómenos.[13] En este sentido, Janicaud considera que las propuestas filosóficas de Émmanuel Lévinas, Michel Henry, Jean-Luc Marion y Jean-Louis Chrétien han dado un "bandazo teológico" (*embardée théologique*)[14] que las conduce fuera de la fenomenología.[15]

---

sus auténticos problemas deben ser planteados sobre el suelo trascendental y encontrar aquí su formulación pura y el método fenomenológico de su solución" (Hua IX, p. 526). Y en una carta, de 1933, a E. Parl Welch, respondiendo respecto de la conexión de la fenomenología con la tradición filosófica, Husserl sostiene: "[...] la conclusión superior para los problemas de la filosofía fenomenológica es la pregunta por el 'principio' de la teleología concretamente descubierta en sus estructuras universales. De acuerdo con esto, el 'problema constitutivo' superior es la pregunta por el ser de lo 'supraente' [*die Frage nach Sein des Überseienden*], precisamente por el ser de este principio que hace posible existencialmente una totalidad en sí concordante de la intersubjetividad trascendental con el mundo constituido a través de ella, por cuyo motivo se podría designarlo platónicamente como la idea del Bien" (HuaD III/6, p. 461). En este sentido, puede replicarse a Janicaud que Husserl sí entiende la filosofía como una búsqueda de la trascendencia y la interrogación sobre las preguntas últimas. Si bien la problemática metafísica se encuentra casi ausente en la obra publicada, Husserl no excluye de su sistema a la metafísica, sino que la considera como "filosofía segunda". La "filosofía primera" es la ontología, entendida como la ciencia que se ocupa de las esencias. La "filosofía segunda" es la metafísica, que tiene que ver con lo fáctico. La metafísica –según Husserl– es "la ciencia absoluta de la efectividad fáctica" (Hua XXVIII, p. 182), dependiente de la "filosofía pura o apriorística", a la que no puede imponerle premisas respecto del ser, pero sí puede proveerle "principios de fundamentación y esclarecimiento de sentido, normas e ideales" (*idem*). Su objeto es dar cuenta del *factum* de la existencia del mundo que no responde a ninguna necesidad, sino que es más bien contingente. El tema de esta "metafísica en un sentido nuevo" (*Metaphysik in einem neuen Sinn*) es, pues, "la irracionalidad del *factum* trascendental que se expresa en la constitución del mundo fáctico y de la vida fáctica del espíritu" (Hua VII, p. 188 n.). Asimismo, se impone también la pregunta respecto de la coherencia del mundo que se da fácticamente. La respuesta introduce la cuestión de la teleología y de Dios. Cabe destacar que en una nota de su artículo "Métaphysique et phénoménologie: une relève pour la théologie", Marion sostiene que en Husserl no hay ningún tipo de metafísica en Husserl (ni general ni especial) (cfr. VR, p. 87, nota 2). Sin embargo, más allá de esta afirmación y de la posición marioniana respecto de la superación de la metafísica, es posible considerar que, de alguna manera, el proyecto filosófico de Marion cumple con esta intención husserliana al reformular ciertos cuestionamientos metafísicos en términos fenomenológicos.

12 JANICAUD, Dominique, "Le tournant théologique...", op. cit., p. 139.
13 *Ibid.*, pp. 138-139.
14 *Ibid.*, p. 55.
15 Esta no es la última palabra de Janicaud: en 1998, publica "La phénoménologie éclatée". En este nuevo texto, Janicaud atenúa su diagnóstico. Si bien el autor considera que su análisis ha sido –en cierta medida– confirmado, también admite que el epíteto "teológico" debería haber sido puesto entre comillas, pues fue utilizado irónicamente (Cfr. JANICAUD, Dominique, "La phénoménologie éclatée" en JANICAUD, Dominique, *La phénoménologie dans tous ses états*, Paris, Gallimard, 2009, p. 155). El principal defecto de su primer texto era que no daba cuenta de la gran variedad de la fenomenología francesa y, en ese sentido, Janicaud considera que es más apropiado hablar de una fenomenología "estallada" (*éclatée*), de una fenomenología que voló en pedazos. Este "estallido" de la fenomenología exige, según el autor, una interrogación profunda respecto de "sus proyectos, sus posibilidades y sus límites" (*ibid.*, p. 170). Y si bien aboga por una fenomenología metodológicamente atea (cfr. *ibid.*, pp. 171-192), considera que su propuesta de una "fenomenología minimalista" debe ser entendida como una mera posibilidad más entre las que el escenario del estallido fenomenológico ofrece (cfr. *ibid.*, p. 276). Carla Canullo realiza una lúcida crítica de la propuesta minimalista de Janicaud que será analizada en el § 3.

En una serie de textos escritos entre 1994 y 1998,[16] en su mayoría publicados en el libro de 2001, *L'idée de la phénoménologie*, Jocelyn Benoist retoma, de cierto modo, la lectura de Janicaud.[17] Aunque, según Benoist, en rigor no debe hablarse de "giro teológico", sino más bien de "giro lévinasiano".[18]

A partir de los años ochenta, luego de cierto declive del auge del marxismo y del estructuralismo, se da en Francia un "regreso a Husserl". Sin embargo, este "regreso" es llevado a cabo por autores postheideggerianos: alumnos o alumnos de alumnos de Jean Breaufret, que leen a Husserl desde una concepción heideggeriana de la fenomenología.[19] El principal supuesto de estas lecturas es el "fin de la metafísica".[20] La fenomenología francesa, a partir de la década del ochenta, pretende desarrollar un pensamiento postmetafísico y acude a Husserl para solucionar ciertas insuficiencias problemáticas que encuentra en *Sein und Zeit* (la superación ética de la ontología, el cuerpo, la sexualidad, los diversos modos de intersubjetividad, entre otros).[21]

Ahora bien, el rasgo decisivo de estos replanteos es que conducen a un cuestionamiento respecto de la posibilidad y los límites de la fenomenología misma.[22] La fenomenología francesa contemporánea –siguiendo los pasos del primer fenomenólogo postheideggeriano: Lévinas– pone en cuestión el plano de la inmanencia y con él los límites mismos de la fenomenicidad. Con Husserl, el plano de la inmanencia se circunscribe a la conciencia. Con Heidegger, el plano de la inmanencia refiere al mundo como espacio de apertura del ser. La crítica lévinasiana a la ontología lleva a interrogar la inmanencia. Lévinas cuestiona radicalmente el carácter absoluto de la esfera fenoménica: el Otro es un fenómeno-límite que desafía la suficiencia del plano fenoménico

---

16 Me refiero a BENOIST, Jocelyn, "Vingt ans de phénoménologie française" en *Philosophie contemporaine en France*, Paris, Ministère des Affaires Étrangères, Direction générale des Relations culturelles, scientifiques et techniques, Sous-Direction de la Politique du Livre et des Bibliothèques, 1994, pp. 27-51 ; BENOIST, Jocelyn, "Sur l'état présent de la phénoménologie", "Qu'est-ce qui est donné ?" y "Le tournant théologique", en BENOIST, Jocelyn, *L'idée de phénoménologie*, Paris, Beauchesne, 2001, pp. 1-43, pp. 45-79 y pp. 81-103, respectivamente.

17 En "Vingt ans de phénoménologie française", Benoist dice expresamente: "En 1992, un coloquio organizado en rue d'Ulm (Fenomenología y Teología) responde simbólicamente al panfleto de Janicaud reuniendo de manera significativa a Michel Henry, Paul Ricœur, Jean-Luc Marion y Jean-Louis Chrétien. Colusión que, de cierto modo, verifica la tesis de Janicaud de 'el giro teológico de la fenomenología francesa'". BENOIST, Jocelyn, "Vingt ans de phénoménologie française", op. cit., p. 47.

18 BENOIST, Jocelyn, "Sur l'état présent de la phénoménologie", op. cit., p. 22.

19 Marion, de alguna manera, busca contradecir esta interpretación en la entrevista de 1999 hecha por Dominique Janicaud: "...la renovación de la fenomenología en Francia, en los años 1980, no se da a propósito de Heidegger, sino en torno a Husserl. Franck re-abrió la cuestión misma de Husserl [...] De hecho, la fenomenología volvió por un retorno a Husserl que continúa con una buena escolástica (English, Benoist, Bernet, etc.). En mi caso, Husserl jugó el rol esencial, pues volvía a escribir sobre Heidegger a partir de su relación con Husserl, con el Husserl de las *Investigaciones lógicas*". E, p. 219.

20 Cfr. BENOIST, Jocelyn, "Sur l'état présent de la phénoménologie", op. cit., pp. 2-8.

21 Cfr. *ibid.*, pp. 18-20.

22 Cfr. *ibid.*, p. 20.

husserliano y heideggeriano.²³ Esta modalidad de exploración de los límites es adoptada por esta nueva fenomenología postheideggeriana en un giro que más que teológico, debe entenderse, pues, como "lévinasiano". No sin cierta ironía, Benoist sostiene: "la fenomenología francesa cayó presa de un frenesí del límite y se habituó, por así decirlo, a trabajar en condiciones extremas".²⁴

Frente a este diagnóstico, Benoist concluye que la indagación del límite de la fenomenicidad es completamente válida, pero se pregunta si el mejor modo de llevarla a cabo es permaneciendo dentro del terreno de la fenomenología.²⁵ En lugar de confrontar a la fenomenología con su "Otro por excelencia" (Dios), quizás un camino más fructífero para la evaluación de sus límites y posibilidades sea el de un enfrentamiento con sus "pequeños" otros: ciertas teorías concurrentes (principalmente las provenientes de la filosofía analítica). Según Benoist la tarea no es la de poner en cuestión la conciencia o el plano de inmanencia, sino el método fenomenológico, que ha sido implementado sin examen crítico por buena parte de la fenomenología postmetafísica.²⁶ Se trata de desplazarse desde un punto de vista que absolutiza la inmanencia y la desborda en pos de la trascendencia, hacia un punto de vista que se atiene a los límites y rupturas internas de la inmanencia.²⁷

En 2002, el propio Marion ofrece su diagnóstico sobre la fenomenología francesa contemporánea en su breve artículo, "Un moment français de la phénoménologie". El texto buscar responder a la crítica de Janicaud, que desconoce el carácter fenomenológico de sus investigaciones y de las de su generación; y a Benoist, que se pregunta por la validez de la orientación de estas investigaciones y por la imposibilidad de encontrar una solución respecto de los límites de la fenomenicidad haciendo el planteo desde dentro de los confines fenomenológicos. Marion entiende que la nueva fenomenología –heredera de Émmanuel Lévinas, Paul Ricœur, Michel Henry y Jacques Derrida– es una auténtica fenomenología en tanto continúa practicando, con ciertos desplazamientos, las tres operaciones fenomenológicas principales: la reducción, la mención intencional y la constitución. El método fenomenológico sigue siendo aplicado en su rigor, pero es utilizado para aventurarse en nuevos terrenos.²⁸

---

23 Cfr. *ibid.*, pp. 21-22.
24 *Ibid.*, p. 24. En este mismo sentido, François-David Sebbah sostiene que puede observarse en la obra de Henry, Lévinas y Derrida una práctica excesiva del método fenomenológico, una "fenomenología del exceso": "una fenomenología, por así decirlo, víctima de un arrebato, pues su preocupación por lo originario la lleva ineluctablemente y de manera perversa a dirigirse hacia lo que *excede* el campo del aparecer. Una fenomenología caracterizada por lo que podríamos llamar una *escalada a lo originario*". SEBBAH, David-François, *À l'épreuve de la limite. Derrida, Henry, Lévinas et la phénoménologie*, Paris, PUF, 2001, p. 3.
25 BENOIST, Jocelyn, "Sur l'état présent de la phénoménologie", op. cit., p. 24.
26 *Ibid.*, p. 25.
27 *Ibid.*, p. 41.
28 MFPh, p. 11.

Ahora bien, ¿es posible identificar un horizonte común en este nuevo escenario fenomenológico? Marion contesta afirmativamente, pero considera que la idea de un "giro teológico" es insuficiente para denominar el "nuevo espacio de lo visible".

> Podemos y debemos discutir si la *Gegebenheit* y el *es gibt* son suficientes para identificar el terreno en el que estamos, respiramos, vivimos, pero no [podemos discutir] que definitivamente ya no pensamos dentro de los antiguos horizontes de la objetidad [*objectité*] y la enticidad [*étantité*]. Sería tiempo de que deviniéramos lo que somos y que no protestaramos más respecto de que estamos aún allí donde, evidentemente, ya no estamos.[29]

Según Marion, es tiempo pues de aceptar cierto cambio de paradigma que ya ha operado en el ámbito del pensamiento francés en lugar de negarlo o de subestimarlo por su supuesta procedencia teológica.

En 2004, Carla Canullo publica el erudito y exhaustivo estudio *La fenomenologia rovesciata. Percosi tentati in Jean-Luc Marion, Michel Henry e Jean-Louis Chrétien*. Si bien el libro se centra en un estudio de la obra de Marion, Henry y Chrétien, la autora propone una lectura de la fenomenología francesa en el primer capítulo de la obra. Canullo se pregunta por los orígenes de la "pasión fenomenológica francesa". Los *nouveaux phénoménologues* comparten, además de cierta "vocación científica", una vocación de apertura a la cosa. En esta fenomenología se pone en práctica "una *inversión* [*rovesciamento*] que, lejos de invertir algunos de los temas husserlianos, *se presenta como 'apertura' a las cosas mismas operada por la presión ejercida por los fenómenos*".[30] En este sentido, si bien la idea de una *fenomenologia rovesciata* se propone como categoría aplicable sólo a la "familia teológica" (Marion, Henry, Chrétien), también es posible entender la inversión en sentido amplio como aplicable a la "familia merleupontiana"[31] y a todos los *nouveaux phénoménologues* en general (Canullo nombra a algunos al comienzo del capítulo: Marc Richir, Henri Maldiney, Didier Franck, Jean-Luc Marion, Jean-Louis Chrétien, Michel Henry, Dominique Janicaud, Françoise Dastur, Jean-François Courtine, Jean Greisch, Philippe Capelle).[32]

Desde un profundo conocimiento de la filosofía francesa contemporánea, Canullo indaga en el *humus* de la filosofía francesa conciencialista y espiritualista

---

29 *Ibid.*, p. 13.
30 Canullo, Carla, *La fenomenologia rovesciata*, op. cit., p. 23.
31 Canullo propone hablar de "familia fenomenológica" en el sentido wittgensteiniano de que existen ciertas afinidades entre ciertos autores semejantes a "parecidos de familia". Utilizando esta categoría de "familia" refiere a la distinción introducida por Janicaud entre una línea "teológica", que sigue a Lévinas, y otra "merleaupontiana", que sigue a Merleau-Ponty. Cfr. *ibid.*, pp. 23-24.
32 Cfr. *ibid.*, p. 22.

en el que se arraigaron las problemáticas fenomenológicas a principio del siglo XX en Francia. La autora menciona la amplia diversidad de corrientes del conciencialismo (el racionalismo crítico de Brunschvicg y Alain, el bergsonismo, el proyecto de una "filosofía del espíritu" de Louis Lavelle y René Le Senne, la "filosofía reflexiva" inspirada en Maine de Biran, el existencialismo y el personalismo) que, según Waldenfels, constituyeron el "preludio" (*Vorfeld*) y el "entorno" (*Umfeld*) de la fenomenología en Francia.[33] Según Canullo, si hubiera un hiato insalvable entre la filosofía francesa del s. XIX y XX y la fenomenología, no sería posible explicar la productiva relación entre ellas. El diálogo entre la obra de Jean Nabert y Edmund Husserl en la obra de Ricœur permite ejemplificar los frutos de este entrecruzamiento.[34] Pero también pueden recordarse las palabras del propio Husserl, citadas por Otto Pöggeler: "Los verdaderos herederos de Bergson somos nosotros".[35] Canullo concluye que la "pasión fenomenológica francesa" ha podido signar la superación y el fin del conciencialismo porque se injertó en él, rompiendo con muchos de sus rasgos, pero nutriéndose de otros.[36] Esta combinación hace que la fenomenología francesa asuma ciertas características propias que la llevan a entenderse a sí misma ya no como definida por la mera referencia a un método y a una exégesis de los textos fundadores, sino como un "gesto filosófico que no deja nunca de desplegarse entre la 'práctica' del método y la solicitación que proviene de los fenómenos mismos".[37] En este sentido, según Canullo, la fenomenología francesa da cuenta de la versatilidad propia de la fenomenología desde sus comienzos.[38]

Canullo propone la categoría de *fenomenologia rovesciata* para interpretar la obra de los tres representantes más reconocidos de la fenomenología francesa actual: Marion, Henry y Chrétien. Y, sin embargo, su análisis parte del cuestionamiento de su propia propuesta. ¿Cómo considerar que es posible "invertir" (*rovesciare*) aquello que el propio Husserl no fijo con una fórmula rígida? "¿Có-

---

33 El primer capítulo del importante libro de Waldenfels, *Phänomenologie in Frankreich*, se titula "Im Vorfeld und Umfeld der Phänomenologie". Allí el autor se detiene en el racionalismo crítico (Brunschvicg y Alain), en el bergsonismo (Minkowski), en el espiritualismo y el personalismo (Lavelle, Le Senne y Mounier), en el existencialismo (Schestow, Berdjajew, Camus y Marcel), en el hegelianismo (Kojève e Hyppolite) y en el marxismo (Lefebvre, Tran Duc Thao, y las revistas *Socialisme et barbarie* y *Arguments*). Cfr. WALDENFELS, Bernhard, *Phänomenologie in Frankreich*, Frankfurt am Main, Suhrkamp, 1983, pp. 19-62. Waldenfels afirma que si bien la fenomenología se introdujo gradualmente en Francia, no fue injerto. Por el contrario, las diversas corrientes filosóficas descriptas en el primer capítulo del libro aportaron, según Waldenfels, el "preludio" (*Vorfeld*) y el "entorno" (*Umfeld*), es decir, el suelo fértil, para el arraigamiento de la fenomenología. Cfr. *ibid.*, p. 19.
34 Cfr. *ibid.*, p. 26
35 HUSSERL, Edmund, citado en PÖGGELER, Otto, *Schritte zu einer hermeneutische Philosophie*, Freiburg, Alber, 1994, pp. 146-147.
36 Cfr. CANULLO, Carla, *La fenomenologia rovesciata*, op. cit., p. 29.
37 *Ibid.*, p. 30.
38 Cfr. *ibid.*, p. 11.

mo es posible invertir la fenomenología cuando no existe *una* fenomenología?"[39] Canullo contesta que la idea de una *fenomenologia rovesciata* busca dar cuenta de una inversión temática aplicable, en sentido estricto, sólo a los autores mencionados.[40] Esta inversión consiste en el pasaje del primado de la conciencia trascendental a la donación. Si bien la inversión se da de un modo distinto en cada uno de estos autores, los tres piensan la donación como lo que da la fenomenicidad de los fenómenos "según el modo de su más pura posibilidad fenomenológica".[41] Es esta idea de la posibilidad pura que signa la continuidad y la ruptura con la fenomenología histórica. La donación debe poder ser posible prescindiendo de toda condición impuesta al fenómeno. El campo de la posibilidad queda liberado de cualquier restricción. La fenomenología hace de la posibilidad su condición. "La posibilidad, de hecho, se hace pura posibilidad fenomenológica en cuanto condición de la donación misma".[42]

De este modo, Canullo introduce una cuestión fundamental que caracterizará la obra de Marion: la relación entre posibilidad y efectividad. Sostiene que la *fenomenologia rovesciata* piensa la posibilidad de un modo nuevo, que exceden los planteos de Husserl, Heidegger y Derrida.[43] Sin embargo, considera que la propuesta de esta "familia fenomenológica" es problemática, pues separa la posibilidad de la realidad y expulsa a esta última del nivel fenomenológico-epistemológico. Este nivel fenomenológico-epistemológico libera la posibilidad fenomenológica de los fenómenos, pero complica el pasaje a la efectividad, al darse real y concreto.[44] No obstante, Canullo destaca el aporte fundamental de la *fenomenologia rovesciata*: señalar el carácter acontecial de lo dado.[45]

---

39 Cfr. *ibid.*, p. 12.
40 Cabe destacar que Canullo distingue dos tipos de inversiones. A la inversión temática agrega también una inversión propiamente fenomenológica. La inversión temática –que la autora relaciona con el término alemán *Umkehrung*– actúa invertiendo la polaridad al adoptar el punto de vista contrario respecto de ciertos temas clásicos de la fenomenología (ej. la contra-intencionalidad, el desplazamiento del sujeto del nominativo al acusativo, la subjetividad como constituida y ya no constituyente). La inversión fenomenológica –que la autora relaciona con el término alemán *Umschlag*– opera aprehendiendo en lo dado no solo lo que lo da, sino que también preserva su capacidad de concretizarse. Canullo sostiene que estas dos inversiones se dan siempre juntas. Y, en alguna medida, se dan en Henry, Marion y Chrétien, pero la inversión fenomenológica debe ser radicalizada, incluso más allá de los planteos de estos autores, con el objeto de alcanzar la realidad concreta. Cfr. *ibid.*, pp. 18-19.
41 *Ibid.*, p. 13.
42 *Ibid.*, p. 15.
43 Cfr. *Ibid.*, p. 17. Sería interesante contrastar esta posición con la de Claudia Serban en *Phénoménologie de la possibilité*. Si bien Serban no se pronuncia sobre la cuestión de la posibilidad en la fenomenología francesa (se limita a plantear algunos lineamientos en la obra de Sartre, Merleau-Ponty, Henry y Lévinas, que seguirá en una investigación complementaria), sí propone que existe un concepto fenomenológico de posibilidad que es forjado por Husserl y Heidegger en conjunto, que implica también una caracterización de la fenomenología misma, y que implica una inversión de la prioridad metafísica de la efectividad. Cfr. SERBAN, Claudia, *Phénoménologie de la possibilité. Husserl et Heidegger*, Paris, PUF, 2016, pp. 27-28, 291, 299-301. Volveré sobre la cuestión de la posibilidad en la primera parte del libro.
44 Cfr. CANULLO, Carla, *La fenomenologia rovesciata*, op. cit., p. 350-351.
45 Cfr. *Ibid.*, p. 352.

Siguiendo los lineamientos del análisis marioniano y apoyándose en buena medida en el libro de Canullo,[46] en 2011, Hans Dieter Gondek y Lázsló Tengelyi publican su voluminoso estudio *Neue Phänomenologie in Frankreich*. Según los autores, es posible encontrar un rasgo común en la vasta diversidad de obras de la generación actual de fenomenólogos franceses, y tiene que ver, como ya había indicado Marion, con la superación de los horizontes de la objetidad y la enticidad. Gondek y Tengelyi entienden que, con la *nouvelle phénoménologie*, "ya no sólo se aprehenden y se discuten fenomenológicamente los fenómenos paradójicos, hiperfenómenos o no-fenómenos, sino que se aspira a una transformación [*Umwandlung*] del concepto mismo de fenómeno".[47] Esta transformación del concepto de fenómeno es el rasgo común: se trata de un completo cambio de paradigma dado por una nueva concepción del fenómeno como "acontecimiento de sentido" (*Sinnereignis*).[48]

El libro de Gondek y Tengelyi constituye, probablemente, el análisis más detallado del panorama fenomenológico francés actual.[49] Luego de un atento examen de los diversos diagnósticos existente hasta 2011, los autores establecen el inicio de la "tercera figura de la fenomenología" (*dritte Gestalt der Phänomenologie*) en las obras del segundo Merleau-Ponty, Ricœur, Henry y Lévinas, cuando éstas se interesan por fenómenos que ponen en cuestión

---

[46] Los autores elogian la obra de la fenomenóloga italiana y destacan la importancia que ésta le otorga a Marc Richir como representante de la oposición a la "familia teológica". Cfr. *ibid.*, pp. 71-75 y pp. 81-84, y cfr. GONDEK, Hans-Dieter und TENGELYI, Lázsló, *Neue Phänomenologie in Frankreich*, op. cit., pp. 18-20.

[47] *Ibid.*, op. cit., p. 25.

[48] *Ibid.*, p. 39. Claudia Serban formula una pertinente observación respecto del alcance de esta definición. Gondek y Tengelyi sostienen esta concepción del fenómeno como *Sinnereignis* a partir de un análisis de la obra de Richir, Marion y Henry. Si bien la noción de "acontecimiento" es aplicable sin más a Richir y a Marion, pues ambos comparten la crítica a la intencionalidad husserliana constituyente y donadora de sentido, no es lo mismo limitarse a afirmar el carácter "acontecial" del fenómeno que sostener que el fenómeno es un "acontecimiento de sentido". Richir es quien mejor da cuenta de esta definición, pues sostiene la teoría de la formación del "sentido haciéndose" (*sens se faisant*), que adviene como "acontecimiento". Pero, según Serban, es más problemático hablar de esta dimensión de "sentido", que convoca a una hermenéutica, en Marion y en Henry. Henry critica abiertamente la hermenéutica. Serban recuerda que, en *Phénoménologie matérielle*, Henry considera la hermenéutica como una indeseable deriva de la fenomenología (cfr. HENRY, Michel, *Phénoménologie matérielle*, Paris, PUF, 1990, p. 8) y en *C'est moi la vérité* Henry la subestima: "De todas maneras, la fenomenología ha cedido su lugar a la hermenéutica o, mejor dicho, a hipótesis sin fin" (HENRY, Michel, *C'est moi la vérité: pour une philosophie du christianisme*, Paris, Seuil, 1996, p. 282). Por su parte, Marion casi no refiere a ella de modo explícito (Cfr. SERBAN, Claudia, "La 'nouvelle phénoménologie' en France et les événements de sens (*Sinnereignisse*). Un prolongement de la lecture de László Tengelyi" en CABESTAN, Philippe (éd.), *L'événement et la raison. Autour de Claude Romano*, Paris, Le Cercle Herméneutique, 2016, pp. 31-33). Esta objeción será analizada con detenimiento en el capítulo quinto de este libro destinado a indagar en la dimensión hermenéutica de la fenomenología de la donación.

[49] Puede afirmarse que, de algún modo, la obra de Gondek y Tengelyi completa los análisis de Bernhard Waldenfels en *Phänomenologie in Frankreich* incluyendo a la generación actual. Cfr. WALDENFELS, Bernhard, *Phänomenologie in Frankreich*, op. cit.

la *Sinngebung* de la conciencia intencional.⁵⁰ El "sentido espontáneo" (*sens spontané*), lo "invisible" (*l'invisible*), el "símbolo" (*symbole*), la "afectividad" (*l'affectivité*) o el "rostro" (*visage*) se presentan como fenómenos que no se dejan constituir por las operaciones de la conciencia. Este tipo de fenómenos sitúa la investigación fenomenológica en un terreno novedoso, que excede el horizonte de la objetidad y la entidad.

Gondek y Tengelyi se detienen particularmente en la obra de Marc Richir y Jean-Luc Marion como los dos extremos del arco de la *nouvelle phénoménologie* que incluye la obra de Didier Franck, Françoise Dastur, Élaine Escoubas, Jean-Louis Chrétien, Renaud Barbaras, Natalie Depraz y Jocelyn Benoist.⁵¹ En todos estos fenomenólogos pueden constatarse el intento de dar cuenta de cierto "exceso no objetivo" (*ungegenständlicher Überschuss*) presente en el corazón del fenómeno.⁵² Situándose más allá del horizonte de la fenomenología husserliana y heideggeriana, todos estos autores sostiene la afirmación del "carácter aconteciel" (*Ereignischarakter*) de lo dado.⁵³

En la conclusión del libro, Gondek y Tengelyi consideran el diagnóstico de Janicaud respecto de un "giro teológico". Según los autores, lo que se da en el marco de la *nouvelle phénoménologie* es más bien una suerte de utilización filosófica de temas que tradicionalmente eran abordados por la teología. "Quizás nuestro tiempo abre por primera vez un acceso fenomenológico a algunos temas fundamentales que durante milenios fueron reservados o acaparados por las tradiciones teológicas".⁵⁴ Esta "apropiación filosófica" puede observarse en autores como Henry, Marion y Chrétien, pero también en Barbaras o Richir.⁵⁵

El último diagnóstico al que haremos referencia es el presentado por Isabelle Thomas-Fogiel, en 2015, en *Le lieu de l'universel. Impasses du réalisme*

---

50 Gondek, Hans-Dieter und Tengelyi, László, *Neue Phänomenologie in Frankreich*, op. cit., pp. 24 y p. 669.
51 Como bien destaca Claudia Serban, cabe señalar algunas importantes ausencias en el análisis de Gondek y Tengelyi. Entre ellas la de Henri Maldiney y la de Claude Romano (cfr. Serban, Claudia, "La 'nouvelle phénoménologie'…", cap. cit., pp. 31-45). La ausencia de Romano también ha sido señalada por Marion (cfr. QPRDHD, p. 217) y por Christian Sommer (cfr. Sommer, Christian, "Transformations de la phénoménologie" en Sommer, Christian (éd.), *Nouvelles phénoménologies en France*, Paris, Hermann, 2014, p. 19, nota 23). A su vez, la ausencia de Maldiney es destacada también por Éliane Escoubas. Cfr. Escoubas, Éliane, "Henri Maldiney avec Dominique Janicaud : la résistance phénoménologique à la philosophie première et à l'onto-théologie" en Sommer, Christian (éd.), *Nouvelles phénoménologies en France*, Paris, Hermann, 2014, p 116.
52 Cfr. Gondek, Hans-Dieter und Tengelyi, László, *Neue Phänomenologie in Frankreich*, op. cit., p. 670.
53 Cfr. *ibid.*, p. 672.
54 *Ibid.*, p. 674.
55 *Idem.* A continuación, los autores proponen una clasificación de tres vías posibles de relación entre fenomenología y teología en estos autores: 1) "religión post-metafísica" (*nachmetaphysischen Religion*), ensayada por Marion, Chrétien, Henry, Ricœur y Depraz; 2) "cuasi-teología sin religión" (*Quasi-Theologie ohne Religion*), practicada por Derrida, Richir, Barbaras, Franck, Dastur y Escoubas; 3) "ateísmo no-metafísico" (*nicht-metaphysischen Atheismus*), propuesta por Benoist como una suerte de vía post-fenomenológica. Cfr. *idem.*

dans la philosophie contemporaine.⁵⁶ El libro propone que es posible encontrar una problemática compartida por toda la filosofía contemporánea (filosofía continental y filosofía analítica). A tal fin, la autora sostiene dos hipótesis: 1) el problema común es la preocupación por salir del "dispositivo perspectivista" y 2) la solución propuesta por toda la filosofía contemporánea implica la defensa de algún tipo de realismo.⁵⁷ El "dispositivo perspectivista" es definido como el dispositivo propio de la modernidad. La "perspectiva" da forma a nuestra relación con el mundo, pues actúa como modelo de un tipo particular de representación de la exterioridad. Por medio de la perspectiva, el pintor asigna al espectador un lugar fijo, un punto de vista desde el cual mirar el cuadro. Ese "lugar fijo" es el lugar desde el cual el sujeto moderno observa al objeto –como un cartógrafo que contempla un mapa, desde "fuera del mundo", pero siguiendo reglas geométricas precisas, dice Thomas-Fogiel–.⁵⁸ La perspectiva es "la operación constitutiva del espíritu moderno que tematiza el punto referencial por el que el mundo puede ser visto de manera objetiva".⁵⁹ La perspectiva transforma el mundo en representación, pues es el modelo de una relación con las cosas que se caracteriza por el "frente-a-frente" (*face-à-face*).⁶⁰

---

56 El recorte de lecturas respecto de la fenomenología francesa actual se limita a las expuestas pues ellas son suficientes para presentar ciertas problemáticas que abordará este libro. Pero pueden encontrarse otras importantes interpretaciones en: AA. VV., *Le magazine littéraire*. "La phénoménologie. Une philosophie pour notre monde", 403, 11 (2001) ; AA. VV., *Rue Descartes*. "Phénoménologies françaises", 35, 1 (2002); ALLIEZ, Éric, *De l'impossibilité de la phénoménologie. Sur la philosophie française contemporaine*, Paris, Vrin, 1995; ARBOLEDA MORA, Carlos y RESTREPO, Carlos Enrique (eds.), *El giro teológico. Nuevos caminos de la filosofía*, Medellín, Universidad Pontificia Bolivariana, 2013; BERNET, Rudolf, *La vie du sujet. Recherches sur l'interprétation de Husserl dans la phénoménologie*, Paris, PUF, 1994; CAPELLE-DUMONT, Philippe, *Fenomenología francesa actual*, trad. G. Losada, Buenos Aires, Jorge Baudino, 2009; CAPELLE-DUMONT, Philippe, "Que devient la "phénoménologie française" ?", *Cités*, 56, 4 (2013), pp. 35-50; GREISCH, Jean, "Les yeux de Husserl en France. Les tentatives de refondation de la phénoménologie dans la deuxième moitié du XXe siècle" en GREISCH, Jean, *Le cogito herméneutique. L'herméneutique philosophique et l'héritage cartésien*, Paris, Vrin, 2000, pp. 13-50; HAAR, Michel, *La philosophie française entre phénoménologie et métaphysique*, Paris, PUF, 1999; KÜHN, Rolf, *Radikalisierte Phänomenologie*, Frankfurt am Main, Peter Lang, 2003; SEBBAH, David-François, *À l'épreuve de la limite. Derrida, Henry, Lévinas et la phénoménologie*, Paris, PUF, 2001.
57 Cfr. THOMAS-FOGIEL, Isabelle, *Le lieu de l'universel. Impasses du réalisme dans la philosophie contemporaine*, Paris, Seuil, 2015, p. 14.
58 Cfr. *ibid.*, p. 15
59 *Idem*.
60 *Ibid.*, pp. 15-16. Marion, en el primer capítulo de *La croisée du visible*, sostiene una lectura similar de la perspectiva al asociarla con la objetividad (*objectivité*). La perspectiva se opone al icono a partir de la relación que en ambos casos se da entre lo visible y lo invisible. En el caso del icono, "lo invisible ya no se consagra ni se pierde sirviendo a lo visible, como en la perspectiva. Al contrario, es más bien lo visible quien sirve a lo invisible cuyo juego real, fuera de todo cuadro, se ejerce al fin libremente". Y más adelante: "O bien lo invisible se ejerce entre la mirada y lo visible, al que pone en escena erigiéndose en su siervo: de ello resulta la perspectiva, la situación fenomenológica clásica de la objetividad intencional [...] O bien lo invisible se ejerce como la mirada misma, que mira invisiblemente otra mirada invisible por medio de algo visible pintado, el cual encastra esos invisibles como el iris determina la pupila; lo invisible juega entonces libremente y libera lo visible del estatuto de espectáculo; de ello resulta una situación fenomenológica menos clásica en la que la intencionalidad no se realiza ya como una objetividad, e incluso se cuestiona su propio estatuto de Yo". Cfr. CV, p. 42 y p. 44-45. Me detendré en la noción marioniana de icono en el capítulo primero.

Thomas-Fogiel dedica la primera parte del libro a analizar el "giro realista de la *nouvelle phénoménologie*". Nuevamente, la autora propone dos hipótesis específicas para leer las obras de la fenomenología francesa de los últimos treinta años. 1) En todas ellas puede encontrarse un *topos* común que no reside en una tendencia teológica, como propone Janicaud, sino en una suerte de "realismo epistemológico" fuerte. 2) Este realismo opera la disolución de la fenomenología misma.[61]

En primer lugar, Thomas-Fogiel destaca que todos los autores de la nueva fenomenología concuerdan en una concepción del fenómeno que implica la inversión y el desbordamiento de la intencionalidad husserliana y, por lo tanto, la impugnación del idealismo trascendental.[62] De este modo, según la autora, "pasamos de la consigna 'volver *a* o *hacia* (*zu*) las cosas mismas' a un 'regreso *de* las cosas mismas'".[63] Con la inversión de la intencionalidad, se otorga la primacía a la cosa y el problema clásico de su acceso desaparece. La instancia de recepción deviene el mero testigo, espejo, portavoz de lo que recibe. Esta sumisión a la cosa implica –según Thomas-Fogiel– la asunción de un realismo de tipo epistemológico.

> Se trata aquí del realismo epistemológico, que se define, en su versión más abstracta, como esa concepción en la que, en la relación sujeto/objeto (*Dasein*/mundo, yo/otro, interpelado/cosa dada, adviniente/acontecimiento), el primado es conferido a la cosa (en tanto que mundo, otro, cosa dada, acontecimiento), que es fuente, criterio y dispensadora de verdad –concepción que afirma, en consecuencia, el carácter secundario de la conciencia, pensada solamente como receptora pasiva, mera tabla rasa sobre la que se imprime la experiencia–.[64]

La nueva fenomenología asume un realismo radical, pues otorga a lo dado el privilegio de ser fuente, criterio y primer principio.[65]

---

61 THOMAS-FOGIEL, Isabelle, *Le lieu de l'universel...*, op. cit., p.29.
62 *Ibid.*, p. 38. La cuestión de la inversión no es abordada en los mismos términos que los propuestos por Carla Canullo y una comparación entre ambas propuestas exigiría un análisis más extenso que el de una nota. Sin embargo, llama la atención como Thomas-Fogiel parece llegar a una conclusión contraria a la de Canullo: la inversión de la intencionalidad no implica un alejamiento de lo real, sino más bien la opción por un realismo radical.
63 *Ibid.*, p. 45.
64 *Ibid.*, pp. 45-46.
65 Thomas-Fogiel sostiene que, de este modo, se confirma la inversión del "giro copernicano" de la que hablan Richir, Pradelle y Romano. Cfr. RICHIR, Marc, *Au-delà du renversement copernicien. La question de la phénoménologie et son fondement*, Den Haag, M. Nijhoff, 1976; PRADELLE, Dominique, *Par-delà de la révolution copernicienne. Sujet transcendantal et facultés chez Kant et Husserl*, Paris, PUF, 2012; ROMANO, Claude, "Une révolution anticopernicienne : le monde de la vie" en ROMANO, Claude, *Au cœur de la raison, la phénoménologie*, Paris, Gallimard, 2010, pp. 907-949. Cabe señalar que si bien Dominique Pradelle sostiene que, más allá de los enfoques diferentes, la concurrencia en la enunciación del tema devela una problemática que no depende de la arbitrariedad de ningún autor, sino que está anclada en las cosas mismas, también aclara expresamente que su libro no pretende

En el segundo capítulo de esta primera parte, Thomas-Fogiel se detiene en una de estas características de lo dado: la de ser criterio de validez. La primacía del fenómeno que se da en la experiencia como acontecimiento, es decir, sin estructuras *a priori* a las que deba adecuarse, permiten constatar ciertos rasgos del empirismo en el proceso de verificación de la nueva fenomenología. A partir de un análisis de textos de Natalie Depraz, Jean-Louis Chrétien y Jean-Luc Marion, la autora señala cuatro constantes del empirismo que ponen en peligro a la metodología fenomenológica: 1) recusar todo proceso argumentativo, 2) tomar como punto de partida acontecimientos singulares, 3) recurrir al método inductivo y 4) introducir el riesgo de una descripción infinita.[66] Estos rasgos –según Thomas-Fogiel– llevan a la desaparición misma de la fenomenología, pues ésta debe recurrir a otros discursos para dar cuenta de un mostrarse que no tiene más criterio de validez que su simple mostrarse.[67] En palabras de la autora:

> Es esta promoción del 'mostrar' en detrimento del 'demostrar' la que conduce inexorablemente a la disolución del discurso fenomenológico en una multitud de otros discursos posibles (artístico, psicoanalítico, religioso).[68]

Anticipando la posible objeción "de inspiración sartreana" de que la fenomenología siempre fue una forma de empirismo, el tercer capítulo de esta parte del libro está destinado a esclarecer el concepto fenomenológico de "experiencia". La diferencia entre la fenomenología y el empirismo en este punto reside en el hecho de que para Husserl, lo dado no es ni inmediato ni indubitable como propone el empirismo clásico respecto de los *sense data*. Para la fenomenología husserliana, lo dado no sólo debe ser dado, sino que debe darse adecuadamente. Lo dado debe poder ser objeto de una operación

---

adoptar una "posición realista". Cfr. PRADELLE, Dominique, *Par-delà de la révolution copernicienne*, op. cit., pp. 9-10.

66 Cfr. THOMAS-FOGIEL, Isabelle, *Le lieu de l'universel...*, p. 75. El análisis de la autora se limita a un artículo de Depraz ("Phénoménologie de la grossesse"), un libro de Chrétien (*La joie spacieuse*) y algunas obras de Marion (VR, ALS, ED). Si bien sus hipótesis son sugerentes, entiendo necesario un análisis más amplio y detallado.

67 En este punto, Thomas-Fogiel señala la inconsistencia del planteo de Janicaud que, por un lado, critica el intento de reunir a la fenomenología con la teología, pero, por el otro, celebra la posibilidad de una confusión entre la fenomenología y el arte. Cfr. JANICAUD, Dominique, "La phénoménologie éclatée", op. cit., p. 273.

68 *Ibid.*, pp. 75-76. En el § 1 de *Étant donné*, Marion sostiene explícitamente que la fenomenología se distingue de la metafísica porque esta última pretende "demostrar" mientras que la primera sólo intenta "mostrar". "En todas las ciencias –y, por tanto, en metafísica– se trata de demostrar. Demostrar consiste en fundamentar la apariencia para conocerla, para reconducirla al fundamento, para conducirla a la certeza. Sin embargo, en fenomenología –es decir, al menos como intención, en el intento de pensar bajo un modo no metafísico– se trata de mostrar. Mostrar implica dejar que la apariencia aparezca de tal manera que cumpla su plena aparición, a fin de recibirla exactamente como ella se da". ED, p. 13.

de verificación (variación eidética).⁶⁹ Y en este sentido, a través de la *epoché*, ya no se trata simplemente de "tener" una experiencia, sino de "hacer" una experiencia.⁷⁰ Por el contrario, la nueva fenomenología considera que lo dado se justifica por sí mismo, es *index sui* y, en este sentido, la autora considera que cae en un "empirismo radical". Con la desaparición de los *a priori*, desaparecen los criterios de validación y verdad.⁷¹

Finalmente, Thomas-Fogiel concluye que la *nouvelle phénoménologie* se encuentra ante un dilema: o mantiene su tipo de realismo y renuncia a la fenomenología, o revisa el tipo de realismo que sostiene.⁷² Nuevamente, la fenomenología francesa se pone en cuestión a sí misma y obliga a preguntar: ¿es esto fenomenología? Y, por consiguiente, ¿qué es la fenomenología? ¿Podemos considerar suficiente la definición heideggeriana que la identifica con la "permanente posibilidad del pensar de corresponderse con la exigencia de aquello que hay que pensar"⁷³ o debe considerarse que la fenomenología es, ante todo, un método ya claramente delimitado por el propio Husserl? Frente al claro tenor "herético"⁷⁴ que ha marcado a la fenomenología francesa desde su comienzo, ¿tiene sentido buscar atenerse a una ortodoxia? ¿No acierta Emmanuel Falque cuando sostiene que nada es peor que la pretendida ortodoxia que define los límites de la fenomenología, ya sea al modo alemán: ciñéndose a las fronteras de la "intuición donadora originaria" o al "horizonte del *Dasein*", o al modo francés: aceptando y deseando siempre una nueva ampliación de la fenomenicidad desde la "preferencia de lo infinito por sobre lo finito"?⁷⁵

Más allá de que se acuerde o no con alguna de estas lecturas del contexto en el que se da la obra de Marion, más allá de que ellas constituyan un estudio

---

69 Cfr. THOMAS-FOGIEL, Isabelle, *Le lieu de l'universel...*, p. 55. Cabe señalar que el caso de Marion, esta cuestión es compleja. En *Reprise du donné*, Marion sostiene explícitamente que lo dado no debe ser entendido, en ningún caso, en el sentido de *sense data*, como lo hace el empirismo clásico. Lo dado no es ni inmediato ni mediato, sino que conserva cierto carácter indeterminado. "La indeterminación de lo dado ofrece quizás su única determinación correcta, la que lo distingue de todo lo que lo sigue: los *sense data*, los objetos, los conocimientos, todos ellos frutos de su acontecimiento". RD, p. 78. Volveré sobre esta cuestión en el apartado 18.1 del capítulo segundo.
70 Cfr. *ibid.*, p. 83.
71 Cfr. *ibid.*, p. 57 y p. 61.
72 Cfr. *ibid.*, p. 107.
73 GA 14, p. 101.
74 Refiero, de más está decirlo, a las famosas palabras de Ricœur: "la fenomenología es en buena medida la historia de las herejías husserlianas. La estructura de la obra del maestro implicó que no hubiera ortodoxia husserliana". RICŒUR, Paul, "Sur la phénoménologie" en RICŒUR, Paul, *À l'école de la phénoménologie*, Paris, Vrin, 1986, p. 156.
75 Cfr. FALQUE, Emmanuel, *Le combat amoureux. Disputes phénoménologiques et théologiques*, Paris, Hermann, 2014, p. 16. "La preferencia cartesiana del infinito por sobre lo finito, como un derecho de prioridad ganado hace tiempo, en efecto, parece retomada hoy por buena parte de la fenomenología (de Emmanuel Lévinas a Jean-Luc Marion o Michel Henry) como de la teología (de Maurice Blondel a Karl Rahner o Hans Urs von Balthasar)". FALQUE, Emmanuel, *Métamorphose de la finitude* en FALQUE, Emmanuel, *Triduum philosophique*, Paris, Cerf, 2015, p. 193.

más o menos riguroso, o que celebren o critiquen este nuevo escenario fenomenológico, ellas plantean cuestiones clave a tener en cuenta en una lectura de Marion. Como bien destaca Jean Grondin, la obra de Marion se propone una redefinición del proyecto mismo de la fenomenología.[76] En este sentido, la indagación de los límites, la "radicalización" de la fenomenología llevada a cabo por la fenomenología de la donación, ¿constituye una expresión legítima de la fenomenología? O, más precisamente, ¿es factible la articulación entre Heidegger y Husserl propuesta por Marion o cabe hacer lugar a la objeción de Claude Romano respecto de una tensión irresoluble entre un tema asubjetivo y un método subjetivo en fenomenología marioniana?[77] O si se prefiere ¿no acierta Claudia Serban cuando señala que la definición heideggeriana de fenómeno como *das Sich-an-ihm-selbst-zeigen*,[78] como autodonación, asumida por Marion, contradice la metodología husserliana de la reducción, férreamente defendida en su obra?[79]

Para responder a estas cuestiones es necesario determinar con precisión las nociones marionianas de fenómeno, donación, reducción y adonado (*adonné*). En relación a la noción de fenómeno cabe preguntarse, entre otras cuestiones: ¿es pertinente la inversión de la relación entre posibilidad y efectividad propuesta por Marion? ¿Cuál es el alcance de la apropiación marioniana de la definición heideggeriana de fenómeno? ¿Cuáles son las consecuencias de otorgar la iniciativa al fenómeno? ¿Puede hablarse de grados de donación? ¿Cómo deben entenderse las diversas tópicas del fenómeno presentadas por Marion? ¿Cuál es la relación del fenómeno con el acontecimiento? ¿Puede entenderse al fenómeno saturado como un *Sinnereignis*, según proponen Gondek y Tengelyi? Y si se responde afirmativamente, ¿cuál es el sentido del "sentido del fenómeno"? ¿Se lo debe interpretar como referido a un contenido semántico o

---

[76] Cfr. GRONDIN, Jean, "La tension de la donation ultime et de la pensée herméneutique de l'application chez Jean-Luc Marion", *Dialogue*, 38 (1999), p. 549. Marie-Andrée Ricard comparte la misma opinión respecto del proyecto marioniano: "Llevar lo impensado de la donación al centro de la atención fenomenológica, esto significa nada menos que emprender una redefinición de la fenomenología misma". RICARD, Marie-Andrée, "La question de la donation chez Jean-Luc Marion", *Laval théologique et philosophique*, 57, 2001, p. 84.

[77] "Creo que hay una extraña paradoja en su libro al querer mantener, cueste lo que cueste, este método [la reducción] que va rigurosamente en contra lo que usted quiere mostrar. En efecto, si su objetivo es sacar a la luz el 'sí' del fenómeno y dejarle que tome la iniciativa, si su objetivo es liberarlo de toda instancia trascendental que proporcionaría la medida de su fenomenicidad, ¿por qué apelar a un procedimiento que designa *el método trascendental por excelencia*, aquel por el cual el sujeto asegura su derecho sobre la fenomenicidad reconduciéndola a prestaciones constitutivas?". ROMANO, Claude, " Remarques sur la méthode phénoménologique dans *Étant donné* de Jean-Luc Marion ", *Annales de philosophie*, 21 (2000) p. 11.

[78] GA 2, p. 41.

[79] "La adopción de un contra-método a la altura de la autodonación de los fenómenos ¿no requiere, ante todo, una crítica de la reducción y de la constitución?". SERBAN, Claudia, "La méthode phénoménologique, entre réduction et herméneutique", *Les études philosophiques*, 100, 1 (2012), p. 83.

cabe comprenderlo según una acepción fenomenológica, es decir, como alusivo al modo de darse del fenómeno?[80]

Respecto de la donación cabe indagar en el uso husserliano y heideggeriano del término *Gegebenheit* atendiendo a las observaciones hechas por Janicaud,[81] Benoist[82], Grondin[83], Ricard[84] y Lavigne[85] respecto de la pertinencia traducción marioniana del término como *donation*, y a las objeciones hechas por González di Pierro[86] e Inverso[87] respecto de la falta de originalidad en su planteo. ¿Existe efectivamente una centralidad de esta noción desde los comienzos de la fenomenología? ¿Es acertada la lectura de Marion? ¿En qué consiste la particularidad de su planteo? Asimismo, cabe también examinar el análisis marioniano de los principios de la fenomenología y su propuesta de un nuevo principio que dé cuenta de la relación entre la donación y la reducción. ¿Cómo opera esta categoría central de la fenomenología trascendental husserliana cuando no es puesta en práctica por un sujeto trascendental? Al respecto, cabe reparar en las lecturas del idealismo trascendental husserliano formuladas por Jean-François Lavigne, Dominique Pradelle y Jocelyn Benoist.

En relación a la reducción cabe preguntarse cuál es el sentido preciso de esta operación en Marion. La reducción a la donación marioniana ¿conserva el talante de la reducción husserliana? ¿Es acertada la lectura de la reducción en Heidegger propuesta por Marion y por Jean-François Courtine?[88] ¿Cuál es la función de los temples anímicos en la fenomenología de la donación? La radicalización marioniana de la reducción ¿es una radicalización de la reducción o más bien de la *epoché*, como propone Émilie Tardivel, siguiendo a Patočka?[89]

---

80 Respecto de esta cuestión habrá que esperar a los análisis del capítulo quinto para poder ensayar una respuesta.
81 Cfr. JANICAUD, Dominique, "La phénoménologie éclatée", op. cit., pp. 204-213.
82 Cfr. BENOIST, Jocelyn, "Le 'tournant théologique'" en BENOIST, Jocelyn, *L'idée de phénoménologie*, Paris, Beauchesne, 2001, pp. 98-99.
83 Cfr. GRONDIN, Jean, "La tension de la donation ultime et de la pensée herméneutique de l'application chez Jean-Luc Marion", op. cit., pp. 551-554.
84 Cfr. RICARD, Marie-Andrée, "La question de la donation chez Jean-Luc Marion", *Laval théologique et philosophique*, 57, 2001, p. 89.
85 Cfr. LAVIGNE, Jean-François, *Husserl et la naissance de la phénoménologie (1900-1913)*, Paris, PUF, 2005, p. 25 n. 1.
86 Cfr. GONZÁLEZ DI PIERRO, Eduardo, "*Gegebenheit* y *Donation*: dos modos de dación fenomenológica. La crítica de Marion a Husserl. Coincidencias y divergencias", *Devenires*, XII, 23 (2011), pp. 123-133.
87 Cfr. INVERSO, Hernán G., "La filosofía marioniana desde la fenomenología de lo inaparente: una respuesta a las críticas de desvío teológico y ontoteológico" en ROGGERO, Jorge Luis (ed.), *Jean-Luc Marion: límites y posibilidades de la Filosofía y de la Teología*, Buenos Aires, SB Editorial, 2017, pp. 181-196.
88 Cfr. COURTINE, Jean-François, "L'idée de phénoménologie et la problématique de la réduction chez Heidegger" en MARION, Jean-Luc et PLANTY-BONJOUR, Guy, *Phénoménologie et métaphysique*, Paris, PUF, 1984, pp. 211-245, y COURTINE, Jean-François, *Heidegger et la phénoménologie*, Paris, Vrin, 1990, pp. 207-247.
89 "Si la significación de la reducción reside sobre todo en el hecho de que 'suspende las teorías absurdas, las falsas realidades de la actitud natural, el mundo objetivo, etc.', ¿acaso esto no muestra que la reducción depende en verdad de la *epoché*? ¿Acaso no sería mejor si el cuarto principio fuera reformulado

Finalmente, respecto de la noción de adonado, corresponde indagar en el alcance de la deconstrucción de la categoría de sujeto que ella implica. ¿Qué estatuto tiene la llamada? ¿Cómo hay que entender el alcance de la respuesta capaz de constituir al adonado y dar entidad a la llamada? ¿Cómo se constituye el sí mismo en la interacción con el otro y entre una hetero y una autoafección en la carne? ¿Cuál es la función del amor? ¿Cómo debe entenderse la relación entre pasividad y actividad en la receptividad del adonado?

La vía para aclarar estos interrogantes es, sin duda, la evaluación de las dos principales objeciones que ha recibido la obra fenomenológica marioniana desde sus comienzos. Como bien destaca Carla Canullo, frente al "exceso" de la fenomenología de Marion (y también de Henry), que pretende hacer de la fenomenología el sinónimo de la filosofía misma,[90] se erigieron dos voces representantes de dos tipos de crítica: 1) la de Janicaud y su crítica teológica y 2) la de Greisch y su crítica hermenéutica.[91] 1) La objeción teológica es la que introduce la pregunta por el contenido. ¿Cuál es el límite de la fenomenicidad? ¿Cuál es el campo de fenómenos que puede estudiar legítimamente la fenomenología? Teniendo en cuenta los rasgos del fenómeno saturado ¿es posible aún establecer una demarcación clara entre fenomenología y teología? ¿Cuál es el estatuto fenomenológico de lo posible?[92]

2) La objeción hermenéutica, por su parte, es la que refiere a la forma, a la validez de la metodología utilizada. En *Reprise du donné*, Marion hace lugar

---

como 'a tanta *epoché*, tanta donación'?" Tardivel, Émilie, "Monde et donation. Une révision du quatrième principe de la phénoménologie", *Revue de Métaphysique et de Morale*, 85, 1 (2015), p. 125.

90 "En lo esencial, la fenomenología asume, en nuestro siglo, la función misma de la filosofía. De hecho, después de que Nietzsche condujo a su término y a su cumplimiento todas las posibilidades –aun invertidas– de la metafísica, la fenomenología, más que toda otra iniciativa teórica, ha emprendido un nuevo comienzo". RD, p. 7.

91 Cfr. Canullo, Carla, *La fenomenologia rovesciata*, op. cit., pp. 30-31.

92 Marion establece la demarcación entre fenomenología y teología en relación al fenómeno de la revelación sosteniendo que es posible permanecer en el campo fenomenológico si se describe a este fenómeno sólo en tanto posible otorgando a la teología la decisión última respecto de su efectividad. "La fenomenología describe posibilidades y no considera nunca el fenómeno de la revelación más que como una posibilidad de la fenomenicidad, que formularía así: si Dios se manifiesta (o se manifestara), se valdrá de una paradoja de segundo grado; si tiene lugar la Revelación (de Dios por él mismo, *teo*-lógica), tomará la figura fenoménica del fenómeno de revelación, de la paradoja de paradojas, de la saturación de segundo grado. Ciertamente, la Revelación (como efectividad) no se confunde jamás con la revelación (como fenómeno posible), respetaremos escrupulosamente esta diferencia conceptual mediante su traducción gráfica. Pero la fenomenología, que le debe a la fenomenicidad el llegar hasta ese punto, no va más allá y no debe nunca pretender decidir del hecho de la Revelación, ni de su historicidad, ni de su efectividad, ni de su sentido. No debe hacerlo pues, no solamente por querer distinguir los saberes y delimitar las regiones respectivas, sino en primer lugar porque no tiene los medios: el hecho (si lo hay) de la Revelación excede el dominio de toda ciencia, incluida la fenomenología; sólo una teología, y a condición de dejarse construir a partir de ese sólo hecho (K. Barth o H. U. von Balthasar, sin duda en mayor medida que R. Bultmann o K. Rahner) podría eventualmente acceder a ella. Incluso si lo deseara (y, por supuesto, jamás fue el caso), la fenomenología no tendría el poder de efectuar un giro hacia la teología. Y hay que ignorarlo todo sobre teología, sobre sus procedimientos y sus problemáticas, para considerar tan siquiera esa inverosimilitud". ED, p. 329.

a esta demanda de sus críticos: el nuevo campo de fenómenos abierto por la radicalización de la fenomenología exige también una intervención de la hermenéutica. Pero ¿cuál es precisamente la función de esta hermenéutica en la fenomenología de la donación? ¿Cuál es la relación entre la reducción y la interpretación hermenéutica? ¿Puede la "exigencia fenomenológica" articularse con la "exigencia hermenéutica" en la obra de Marion?[93] ¿Existen posibilidades latentes que se desprenden de esta articulación y que no han sido exploradas por el autor, pero que el marco de su propuesta habilita?

Estos son los interrogantes en los que me detendré en este libro, buscando una respuesta que –de algún modo– procure contribuir a la difícil tarea de reflexionar sobre el sentido actual de la fenomenología (y también de la filosofía) en los tiempos del "fin de la metafísica" o, si se prefiere, en los tiempos del agotamiento del paradigma de la objetidad y la enticidad.

§ 2. Las dos objeciones

Los dos principales debates que han tenido lugar en torno a la obra de Marion son los relacionados con la objeción respecto de la "dimensión teológica" y con la objeción respecto de la "dimensión hermenéutica" de la fenomenología de la donación.

2.1. Objeción de contenido. El "giro teológico"

En primer lugar, me detendré en la objeción concerniente al supuesto uso indebido de principios teológicos en una propuesta filosófica que pretende ceñirse al método fenomenológico. En líneas generales, sus críticos afirman que no existe una distinción disciplinaria clara entre teología y fenomenología en su obra y, por lo tanto, la obra fenomenológica carece de validez o, al menos, de rigor metodológico.

El primero en formular esta observación es Dominique Janicaud. En un capítulo dedicado a Marion, en *Le tournant théologique de la phénoménologie française*, Janicaud sostiene que existe un "vacío fenomenológico" en su obra que

---

[93] En este punto, seguiremos la distinción propuesta por Claude Romano. La "exigencia fenomenológica" (*exigence phénoménologique*) demanda advertir que la experiencia primordial del mundo ya contiene en ella un orden inmanente y un sentido preconceptual que debe ser analizado en sus propios términos. Por su parte, la "exigencia hermenéutica" (*exigence herméneutique*) da cuenta del hecho de que el lenguaje es constitutivo del pensamiento. No hay descripción fenomenológica que no haga intervenir esquemas conceptuales y presupuestos teóricos heredados. Cfr. ROMANO, Claude, *Au cœur de la raison, la phénoménologie*, op. cit., pp. 886-887.

se explica por una doble referencia: la problemática de la superación de la ontología (o de la metafísica) y la dimensión propiamente teológica o espiritual.[94]

Al comienzo del capítulo, Janicaud aclara que su intención no es negar la posibilidad de la apertura filosófica a "lo inaparente" (*l'inapparent*) ni a la "cuestión de Dios". Su crítica procura más bien

> desplegar todas las posibilidades fenomenológicas y filosóficas gracias a una discriminación metodológica que permita a cada proyecto reencontrar su especificidad y respetar el tipo de rigor que le corresponde.[95]

En este sentido, Janicaud sostiene que respecto de Marion él no pretende discutir la legitimidad de la preocupación teológica como tal, pero sí poner en cuestión "algunas traducciones o intromisiones en el campo fenomenológico".[96] Janicaud recuerda que el proyecto marioniano en *L'idole et la distance* y *Dieu sans l'être* era –continuando el camino indicado por Heidegger– indagar en la posibilidad de una teología no ontoteológica. Teniendo en cuenta este proyecto de "superación teológica de la metafísica", Janicaud se pregunta qué función cumple en este sentido el libro *Réduction et donation*. ¿Cuáles son los supuestos de la tesis marioniana de la fenomenología como continuadora de la filosofía después del fin de la metafísica? Janicaud entiende que es discutible la supuesta "evidencia" del fin de la metafísica y la lectura "historicista" de esta tesis heideggeriana propuesta por Marion. Heidegger no habla de "post-metafísica", sino del tiempo de la *Ver-endung* de la metafísica. Janicaud afirma que no es posible considerar que la fenomenología escapa a esta *Ver-endung*. Husserl mismo demuestra que una fenomenología metafísica es factible. Es Heidegger quien radicaliza la reducción y problematiza la esencia de la metafísica. Según Janicaud, en Marion operan supuestos heideggerianos que son aplicados de manera errónea para sostener el carácter post-metafísico de la fenomenología.[97]

A continuación, Janicaud intenta desmontar la argumentación marioniana en torno a las tres reducciones. Luego de cuestionar la lectura de Husserl y de Heidegger lleva a cabo por Marion, Janicaud se detiene en la tercera reducción, en la reducción a la "forma pura de la llamada", y se pregunta: "¿Qué queda de fenomenológico en una reducción que 'propiamente hablando no *es*' y que reenvía a 'un punto de referencia tanto más original e incondicionada que ya no se limita'?"[98]

---

94 Cfr. JANICAUD, Dominique, "Le tournant théologique de la phénoménologie française", op. cit., pp. 101-102.
95 *Ibid.*, p. 84.
96 *Ibid.*, p. 85.
97 Cfr. JANICAUD, Dominique, "Le tournant théologique de la phénoménologie française", op. cit., pp. 85-91.
98 *Ibid.*, p. 97.

La "llamada pura e incondicionada" es descripta, según Janicaud, con rasgos que no son humanos ni finitos, y se dirige a un interlocutor ideal que también es reducido a su forma pura: el interpelado "como tal". Janicaud sostiene que no puede dudarse de la naturaleza religiosa de esta llamada.[99] *Réduction et donation*, según Janicaud, es "fenomenología negativa" directamente emparentada y continuadora de la teología negativa de *Dieu sans l'être*.[100] "No hay aquí ningún respeto por el orden fenomenológico, ya que se lo manipula como un dispositivo elástico pretendiendo que es estricto".[101]

Janicaud concluye que su crítica a Marion reside en la ilegitima imbricación de sus supuestos (la superación de la metafísica y la dimensión teológica) que operan restaurando una metafísica especial. El problema de *Réduction et donation* no es el de la "interrogación radical" sobre los límites de la fenomenicidad que pone en práctica, sino el de su dispositivo de respuesta.[102]

Un año después, en 1991, la *Revue de Métaphysique et de Morale* publica un número dedicado a *Réduction et donation*. El volumen incluye el artículo de François Laruelle, "L'appel et le phénomène". En este texto, el autor propone una lectura de la metodología marioniana y se detiene particularmente en el modo en que opera la "llamada" (*appel*). Según Laruelle, la llamada permite poner en práctica una estrategia de "decisión de identidad" de posiciones contrarias.[103] Marion no sólo pretende establecer una continuidad armoniosa entre Husserl y Heidegger, sino que también busca volver compatibles las propuestas de Henry y Lévinas. La llamada permite compatibilizar la inmanencia, la recepción, la afección, con la trascendencia, lo dado o recibido.[104] Esta estructura de identificación entre el que llama y el llamado funciona como una díada en la que uno de los términos es absolutizado, pero continúa siendo relativo al otro.[105] Laruelle sugiere que ese término absolutizado es Dios.[106] Marion "encadena al hombre a Dios y a Dios a la filosofía en lugar de encadenar al hombre a sí mismo y abandonar a la filosofía a su destino no-humano".[107] La crítica, en definitiva, es similar a la de Janicaud: la llamada esconde un motivo teológico que actúa de modo ilegítimo en el campo de la filosofía.

---

99 *Ibid.*, p. 99.
100 *Ibid.*, p. 100.
101 *Ibid.*, p. 101.
102 *Ibid.*, p. 102.
103 Laruelle, François, "L'appel et le phénomène", *Revue de Métaphysique et de Morale. À propos de Réduction et donation de Jean-Luc Marion*, 96, 1 (1991), p. 27.
104 Cfr. *ibid.*, p. 32.
105 Cfr. *ibid.*, p. 34.
106 Cfr. *ibid.*, p. 33.
107 *Ibid.*, p. 37.

Aludiendo a la polémica ya instalada en el escenario de la fenomenología francesa, en 1994, Benoist pronuncia el texto "Le "tournant théologique"" en el centro Sèvres, en presencia del propio Marion. Allí el autor sostiene que la obra marioniana propone un verdadero desafío para todo pensador ateo: ¿es posible un ateísmo no metafísico?[108] ¿Cómo ser ateo sin caer en la idolatría del concepto?[109] Benoist entiende que el error de Marion es circunscribir todo ateísmo a una posición teórica, cuando éste constituye una "actitud existencial". La lectura marioniana de la "muerte de Dios" en Nietzsche es equivocada, pues ésta no es conceptual, sino el final de una narrativa.

> La "muerte de Dios" no es una definición, no es la enunciación de una propiedad de una cosa ("Dios"), sino el anuncio de un acontecimiento, de un estado de cosas en el que sólo Dios aparece, en una nueva situación (crepuscular) de lo divino.[110]

Se trata de la epifanía de una desesperación. Según Benoist, Marion tiene razón al afirmar que el planteo de la "muerte de Dios" entendido como argumento es un argumento débil, pero el problema es que no se trata de un argumento, sino de un "hecho metafísico".[111]

El planteo de Marion, según Benoist, centrado en su enfrentamiento con el ateísmo a nivel conceptual, se muestra insuficiente para pensar a Dios en un sentido positivo. "*¿Es suficiente con no ser un concepto para ser Dios?*"[112] *L'idole et la distance* constituye una "teología negativa" que incurre en el riesgo de "dejar a lo divino en una extrema pobreza de determinación".[113] La fenomenología, según Benoist, viene a subsanar este defecto procurando proveer un contenido positivo a lo designado negativamente. La fenomenología marioniana responde al deseo de una "teología no metafísica". Benoist aclara que no acusa a Marion de forjar una "teología fenomenológica", pero sí sostiene que el proyecto marioniano consiste en desplegar una "deducción fenomenológica" de la Revelación.[114]

> De hecho, la idea [...] del carácter "originario" de la donación, tal como la fenomenología la ha liberado, no deja de estar relacionada con el fondo mismo de su proyecto teológico: encontrar un suelo fenomenológico para lo divino en tanto tal, o, en todo caso, las condiciones fenomenológicas de la aparición de éste.[115]

---

108 Cfr. BENOIST, Jocelyn, "Le "tournant théologique"" en BENOIST, Jocelyn, *L'idée de phénoménologie*, Paris, Beauchesne, 2001, p. 82.
109 Cfr. *ibid.*, p. 84.
110 *Ibid.*, p. 88.
111 Cfr. *ibid.*, p. 89.
112 *Ibid.*, p. 86.
113 *Idem.*
114 Cfr. *ibid.*, p. 89.
115 *Ibid.*, pp. 90-91.

Según Benoist, esta donación liberada del yugo de la ontología, viene a cumplir una función teológica. Este uso indeterminado y ampliado de la noción de "donación" es un uso indebido. Benoist sostiene que la donación siempre debe estar relacionada a la intuición sensible.[116] Y, en este sentido, si se entiende la donación como donación sensible, es complicado aplicar el concepto a Dios. ¿Cómo puede lo no-sensible darse en lo sensible?[117]

Benoist concluye su texto indagando en la legitimidad del discurso marioniano. Según el autor, Marion practica una "filosofía del ver" extendiendo el alcance del ver husserliano y las aporías que éste conlleva.[118] Marion apela constantemente al "vocabulario de la evidencia". La trascendencia, para Marion, no se presenta como objeto de una creencia, sino como una evidencia filosófica. Y esta apelación, según Benoist, es propia de la fenomenología: Husserl mismo apela a la evidencia del ver.[119] Sin embargo, Benoist entiende necesario examinar la validez de este recurso fenomenológico, pues lo que se toma como punto de partida "evidente" es una convicción existencial que puede compartirse o no. Por este motivo, al cierre de su exposición, Benoist pregunta directamente a Marion: "¿qué me respondería usted si yo le dijera que allí donde usted ve a Dios yo no veo nada [...]?"[120]

En 2001, Marie-Andrée Ricard retoma la objeción teológica de Janicaud en su artículo "La question de la donation chez Jean-Luc Marion". Según Ricard, Marion restituye un dualismo entre el ser para sí y las apariencias que tiene carácter metafísico, e incluso teológico. La autora sostiene que la

---

116 Cfr. *ibid.*, pp. 92-93.
117 Cfr. *ibid.*, p. 95.
118 Cfr. *ibid.*, p. 101. Benoist refiere a las críticas de Jacques Bouveresse. Cfr. particularmente BOUVERESSE, Jacques, *Le mythe de l'intériorité. Expérience, signification et langage privé chez Wittgenstein*, Paris, Minuit, 1976. En "Sur l'état présent de la phénoménologie", Benoist propone que, en base a los cuestionamientos esbozados por Bouveresse, es necesario plantear las siguientes preguntas: "¿Cuál es la naturaleza de este 'ver'? ¿Cuál es su fiabilidad, su legitimidad? ¿Qué nos da a ver exactamente? ¿Acaso no está siempre determinado en referencia a un *lenguaje* que lo precede y que, al mismo tiempo, él ha siempre ocultado?". BENOIST, Jocelyn, "Sur l'état présent de la phénoménologie", op. cit., p. 38.
119 Benoist recuerda que en el esbozo de "Prefacio" de 1913 a las *Investigaciones Lógicas*, Husserl sostiene: "No es posible entenderse con quien no quiere ni puede ver" (*Mit dem, der nicht sehen will und kann, kann man sich nicht verständigen*). HUSSERL, Edmund, „Entwurf einer ‚Vorrede' zu den *Logischen Untersuchungen* (1913)" II, *Tidjschrift voor filosofie*, 1, 2, (1939), p. 335. Como ya hemos señalado en el § 1, esta cuestión de la validez es retomada por Thomas-Fogiel.
120 BENOIST, Jocelyn, "Le "tournant théologique"", op. cit., p. 102. Marion responde a las objeciones teológicas en diversos pasajes de sus obras de modo indirecto (cfr. PhTh, pp. 79-128) y de modo directo (cfr. ED, pp. 103-108; VR, pp. 93-97, 150-156 y 170-172; CN, p. 95 nota 1; FPh, p. 28; RC, pp. 132, 189 y 203-214; RdD, p. 34). En "La banalité de la saturation", Marion responde que el hecho de no ver o no comprender no descalifica lo que se trata de ver o comprender, sino más bien a quien no ve ni comprende. Marion insiste en que la reivindicación de la ceguera no constituye ningún argumento. "Ciertamente, no basta pretender ver para probar que se vio, pero el hecho o la pretensión de no ver no prueba que allí no hay nada que ver. [...] En fenomenología, en donde no se trata de otra cosa que de ver lo que se manifiesta (y describir cómo se manifiesta), valerse de la ceguera para abandonar la investigación constituye el argumento más débil posible..." (VR. p. 152).

crítica de Adorno a Heidegger es aplicable a Marion si se sustituye al ser por la donación. Ambos autores persiguen "un deseo ontológico restableciendo algo 'primero', algo 'originario', algo inmediato más allá de toda mediación (lingüística, subjetiva, histórica, etc.). Esto conduce a la posición de una inmanencia que Adorno califica de mítica".[121]

Luego de un análisis del modo en que Marion reinterpreta las nociones de reducción y de donación, Ricard concluye que se da entre ellas una equiparación que opera al modo de la mímesis en su concepción arcaica y que implica una recaída en la metafísica e incluso en la teología.[122] El carácter decididamente pasivo del adonado y la transformación de la reducción en una "modo de donación"[123] llevan a una puesta en escena del fenómeno que no es fenomenológica, sino mimética en su sentido arcaico. No se trata de una imitación, sino de la absorción del adonado (y de cualquier operación de la conciencia) en la presentación misma del fenómeno en su donación.[124] Esta operación tiene para Ricard un carácter metafísico-teológico.

2.2. Objeción de forma. La función de la hermenéutica

Después de Heidegger, teniendo en cuenta la importancia de las obras de Gadamer y Ricœur, la pregunta por la relación entre fenomenología y hermenéutica se instala en el ámbito fenomenológico. La objeción respecto de la necesidad de aclarar la función de la hermenéutica en la fenomenología de la donación es señalada por diversos autores desde la publicación de *Réduction et donation*.

En 1991, en el número de la *Revue de Métaphysique et de Morale* dedicado a *Réduction et donation*, Jean Greisch publica su artículo "L'herméneutique dans la "phénoménologie comme telle". Trois questions à propos de *Réduction et donation*". Allí el autor formula algunas observaciones al libro de Marion. La primera es que la "transformación hermenéutica de la fenomenología" en Heidegger está estrictamente vinculada al pasaje a una fenomenología de lo inaparente, que se apoya en su concepción de la mostración del fenómeno a partir de sí mismo. La "inapariencia" del ser que se da en el ente demanda una tarea de desciframiento, de *Auslegung*, de interpretación.[125] Marion no atiende

---

121 Ricard, Marie-Andrée, "La question de la donation chez Jean-Luc Marion", op. cit., p. 89.
122 Cfr. *ibid.*, pp. 93-94.
123 *Ibid.*, p. 86.
124 Cfr. *ibid.*, p. 93
125 Cfr. Greisch, Jean, "L'herméneutique dans la "phénoménologie comme telle". Trois questions à propos de *Réduction et donation*", *Revue de Métaphysique et de Morale. À propos de Réduction et donation de Jean-Luc Marion*, 96, 1 (1991), pp. 44-45.

debidamente a esta consecuencia hermenéutica de la definición heideggeriana de fenómeno.

La segunda cuestión que Greisch plantea a Marion es la posibilidad de prolongar los análisis de *Réduction et donation* en dirección de una "hermenéutica del sí mismo", tal como el joven Heidegger propone.[126] Greisch encuentra aportes marionianos en este sentido que se traducen en dos preguntas decisivas: "¿el *yo* del 'yo soy' se determina únicamente por la ipseidad [...] por el estructura del cuidado? ¿El *yo* que se trata de determinar [...] se agota en la función ontológica de ser el *yo* de un *sum*?"[127]

La tercera observación señala la imperiosa necesidad de relacionar la problemática de la donación con el motivo del *es gibt* heideggeriano. Greisch se sorprende de no encontrar ni una sola mención al *es gibt* en *Réduction et donation*. Según Greisch, el *es gibt* cumple una función fundamental en la concepción heideggeriana de la fenomenología, pues actúa como clave interpretativa de la *Gegebenheit* y como la idea que articula el pasaje a la fenomenología de lo inaparente.[128]

En 1992, Jean Grondin publica el artículo "La phénoménologie sans herméneutique" en el que se detiene en un análisis de *Réduction et donation*. Según Grondin, Marion hace una lectura sesgada de los motivos heideggerianos por los cuales el ser no deviene fenómeno en *Sein und Zeit*.[129] El autor entiende que la falta de atención por parte de Marion a ciertos aspectos de la problemática, relacionados con la libertad del *Dasein* (la posibilidad de ignorar la prioridad de la pregunta por el ser), el tiempo y la historia, se refleja en algunas insuficiencias en la propuesta marioniana. Entre ellas, Grondin destaca el olvido, por parte de Marion, del giro hermenéutico que opera en la fenomenología heideggeriana: la "ontología fenomenológica" debe partir de una "hermenéutica del *Dasein*".[130]

Para concluir, Grondin propone tres "observaciones provisorias". La tercera de ellas refiere a la "llamada". El autor se pregunta cómo es posible hablar de una llamada sin dar ninguna especificación respecto de quién, qué o cuál es el tipo de interpelación de la que se trata. Si la llamada la formula el otro (Lévinas) estamos en el campo de la ética, si la formula Dios, en el de la teología, pero en todo caso posible —sostiene Grondin— se trata de una respuesta a una

---

126 *Ibid.*, pp. 49-51.
127 RD, pp. 160-161.
128 Cfr. Greisch, Jean, "L'herméneutique dans la 'phénoménologie comme telle'", op. cit., pp. 56-57. A raíz de la objeción de Greisch, "Marion hablará del *es gibt* en *Étant donné* y en diversos pasajes de sus siguientes obras. Cfr. ED, pp. 50-60, VR, pp. 18-19; CN, pp. 200-202 y 310; CpV, pp. 188FPh, pp. 27-58, 117-128 y 189-214; RC, pp. 130 y 169; RdD, pp. 30, 66-68, 151, 183-184.
129 Cfr. Grondin, Jean, "La phénoménologie sans herméneutique: Jean-Luc Marion", *Réduction et donation*" en Grondin, Jean, *L'horizon herméneutique de la pensée contemporaine*, Paris, Vrin, 1993, pp. 85-87.
130 Cfr. *ibid.*, p. 87.

cuestión que nos precede y que, por lo tanto, requiere entrar en el campo de la hermenéutica.[131]

En 1999, Greisch publica "*Index sui et non dati*: Les paradoxes d'une phénoménologie de la donation"; un artículo en el que propone una lectura crítica de la "herejía" fenomenológica de *Étant donné* a partir de un contraste con la fenomenología hermenéutica del propio autor. Greisch se pregunta si una fenomenología hermenéutica puede adoptar el programa de la fenomenología de la donación o si más bien se distingue de ella.[132] El texto analiza detalladamente algunas de las cuestiones decisivas de cada libro de la obra de Marion. Al examinar el tercer libro, Greisch se detiene en el modo en que Marion utiliza el verbo *interpréter*.[133] Para responder respecto de las condiciones en las que la idea de donación puede hacer justicia a la empiricidad de lo dado, Marion afirma que es necesario que la donabilidad [*donabilité*] y la aceptabilidad [*acceptabilité*] actúen como condiciones respetando los siguientes tres requisitos: 1) la descripción del fenómeno debe ser intrínseca, no debe recurrirse nunca a una causa eficiente como donadora. 2) La donación debe caracterizar irrevocablemente al fenómeno como dado, es decir, el fenómeno debe encontrar en la donación el rasgo de la totalidad de la fenomenicidad. 3) La donación tiene que determinar radicalmente al fenómeno dado.[134] Para explicar esta "radicalidad", Marion afirma: "Se trata de interpretar [*interpréter*] al fenómeno como tal en la medida misma en que se lo interpreta como dado".[135] El fenómeno es determinado radicalmente, según Marion, cuando se da cuenta de él "en tanto que" [*en tant que*] tal. Greisch propone relacionar este "en tanto que" con el "en tanto que" hermenéutico (*hermeneutische Als*) del § 33 de *Sein und Zeit*.

> Modificando la fórmula: "el fenómeno se muestra en tanto que dado y [...] lo dado se da en tanto que mostrado" (172), por: "el fenómeno se muestra en tanto que interpretado (explicitado) y lo mostrado se da en tanto que interpretado", ¿estoy simplemente jugando con las palabras o estoy llamando la atención sobre un aspecto respecto del cual la fenomenología de la donación no se pronuncia?[136]

Anticipando la función que Marion dará a la hermenéutica, varios años después, como administradora de la distancia entre lo que se da y lo que se

---

131 Cfr. *ibid.*, p. 90.
132 Cfr. GREISCH, Jean, "*Index sui et non dati*: Les paradoxes d'une phénoménologie de la donation", *Transversalités: revue de l'Institut Catholique de Paris*, 70 (1999), p. 30.
133 Cfr. *ibid.*, p. 36.
134 Cfr. ED, pp. 170-171.
135 *Ibid.*, p. 171.
136 GREISCH, Jean, "Index sui et non dati: Les paradoxes d'une phénoménologie de la donation", op. cit., p. 36.

muestra,[137] Greisch observa cierta vacilación en la terminología de *Étant donné* que parece tener como consecuencia una "oposición entre la idea de donación y la idea de interpretación".[138] A continuación, señalando un camino de conciliación entre ambas ideas, Greisch indica el posible paralelo entre la categoría de "anamorfosis" (§ 13 de *Étant donné*) y el "en tanto que" hermenéutico.[139]

En las páginas siguientes, el autor sugiere otros posibles puntos de contacto, no desarrollados por Marion, entre la fenomenología de la donación y la hermenéutica. En primer lugar, las notas características del acontecimiento exigen una "hermenéutica acontecial" (como la propuesta por Claude Romano).

En segundo lugar, Greisch propone otro sugerente posible paralelo: la "intuición hermenéutica" (*hermeneutische Intuition*) heideggeriana, entendida como un "contra-ver" (*Gegensehen*),[140] comparte la característica del fenómeno saturado en tanto ambos constituyen una contra-experiencia.[141]

También en 1999, Grondin insiste en su crítica hermenéutica en "La tension de la donation ultime et de la pensée herméneutique de l'application chez Jean-Luc Marion". En esta lectura de *Étant donné*, Grondin plantea que existe una tensión irresuelta en la fenomenología de Marion entre, por un lado, la búsqueda cartesiano-husserliana de un instancia fundadora última, y por el otro, la heideggeriana conciencia de la finitud, de la desposesión y el desamparo que perturba todo proyecto de fundación y toda certeza última.[142] Según Grondin, es necesario elegir entre la filosofía como búsqueda del fundamento último y la hermenéutica como voz que nos precede.[143]

Por su parte, Richard Kearney, en un diálogo con Marion para la revista *Philosophy Today*, en línea con las objeciones de Grondin y Greisch, afirma que la insistencia de Marion en el fenómeno como pura donación no permite dar cuenta del hecho de que toda aparición implica siempre algún tipo de interpretación.[144]

---

137 RdD, p. 89 y 97. Unas páginas más adelante, Greisch dice expresamente: "Podemos preguntarnos entonces si la transformación de la donación en manifestación no equivale a una operación hermenéutica". GREISCH, Jean, "Index sui et non dati: Les paradoxes d'une phénoménologie de la donation", op. cit., p. 51. Volveré sobre esta cuestión en la segunda parte del libro.
138 *Ibid.*, p. 36.
139 Esta aguda sugerencia no ha sido explorada aún por Marion en ninguna de sus obras. Volveré sobre esta cuestión en la segunda parte del libro.
140 GA 58, p. 110.
141 Cfr. GREISCH, Jean, "*Index sui et non dati*: Les paradoxes d'une phénoménologie de la donation", op. cit., p. 43. El paralelo de la fenomenología de la donación con el pensamiento del joven Heidegger será explorado en las diversas etapas del desarrollo de este libro.
142 GRONDIN, Jean, "La tension de la donation ultime et de la pensée herméneutique de l'application chez Jean-Luc Marion", op. cit., p. 549.
143 *Ibid.*, p. 557.
144 Cfr. KEARNEY, Richard, "Jean-Luc Marion. Hermeneutics of Revelation" en KEARNEY, Richard, *Debates in Continental Philosophy. Conversations with Contemporary Thinkers*, New York, Fordham University Press, 2004, pp. 15-16.

Asimismo, Kearney insiste en la importancia de la hermenéutica para poder determinar de qué tipo de fenómeno se trata. Esta consideración adquiere una pertinencia decisiva en el campo de los fenómenos religiosos. Kearney le pregunta a Marion si el fenómeno de Dios puede ser experimentado fuera de un contexto monoteísta específico. "¿Hay algo en la noción de revelación como fenómeno saturado absoluto que demande la teología judeo-cristiana? [...] ¿Se puede tener una hermenéutica budista o hinduista del fenómeno de Dios?".[145] Kearney plantea la posibilidad de otros tipos de experiencia de revelación y la necesidad de una mediación interpretativa.

El libro de 2010 de Shane Mackinlay, *Interpreting excess. Jean-Luc Marion, saturated phenomena and hermeneutics*, sostiene la tesis de que la manifestación de los fenómenos tiene por condición trascendental un espacio hermenéutico, la fenomenicidad misma tiene carácter hermenéutico.[146] Mackinlay entiende que si bien Marion acierta al afirmar la importancia de concebir al fenómeno como dado y no como constituido, es necesaria una revisión de la fenomenología de la donación que permita dar cuenta de este dimensión hermenéutica, pues, de otra manera, el riesgo es que ésta se presente como una simple inversión de los roles de constituyente y de constituido.[147]

A partir de un análisis de los diversos fenómenos saturados presentes en la obra marioniana, Mackinlay sostiene que es necesario reparar en cierto carácter activo en la recepción de los fenómenos. En vez de asignar la primacía solo a la donación como "pura" e "incondicional", el aparecer del fenómeno debe entenderse como un suceso en "voz media". Esto implica que ni el fenómeno ni quien lo recibe deben ser entendidos en términos exclusivamente activos ni exclusivamente pasivos.[148] De este modo, podría hacerse lugar a la dimensión hermenéutica que opera en la recepción activa de la donación como elemento estructural del fenómeno.[149]

El artículo de 2012 de Claudia Serban, "La méthode phénoménologique, entre réduction et herméneutique", analiza la vigencia de la problemática de la hermenéutica en las últimas publicaciones de Marion. Allí la autora cuestiona la idea –que Michel Henry sostiene en su famoso artículo: "Quatre principes de la phénoménologie"– de que la fenomenología responde a principios de raigambre husserliana exclusivamente. Serban se pregunta si esto se verifica efectivamente en la fenomenología francesa actual y propone indagar en la

---

145 *Ibid.*, p. 18.
146 Cfr. MACKINLAY, Shane, *Interpreting Excess. Jean-Luc Marion, Saturated Phenomena, and Hermeneutics*, New York, Fordham University Press, 2010, p. 13.
147 Cfr. *ibid.*, p. 12.
148 Cfr. *ibid.*, p. 219.
149 Cfr. *ibid.*, p. 14.

obra de dos de sus representantes más reconocidos: Jean-Luc Marion y Claude Romano. ¿No hay acaso una vertiente heideggeriana de la fenomenología que también deja su impronta en estos autores?[150]

Según Serban, la obra de Marion parece inclinarse por la vertiente husserliana. Esto se advierte particularmente en su terminología metodológica. Sin embargo, la fenomenología de la donación es una radicalización de la tesis heideggeriana de la mostración del fenómeno por sí mismo. Su proyecto consiste en el despliegue, hasta las últimas consecuencias, del concepto de fenómeno heideggeriano. No obstante, Marion no acepta la implicancia hermenéutica de la propuesta de *Sein und Zeit*.[151] La fenomenología de la donación pone en cuestión la necesidad de recurrir a la hermenéutica para descubrir al fenómeno, pues el fenómeno se da y se muestra por sí mismo.

> La verdadera piedra de toque de la fenomenología propuesta por *Étant donné* es esta universalidad incondicionada de la donación de la que nada se exceptúa y que vuelve caduca, particularmente, la necesidad del recurso a la hermenéutica.[152]

Serban analiza este punto prestando atención al estatuto que Marion asigna a la hermenéutica en sus obras. En *Étant donné* se reconoce la necesidad de una hermenéutica para abordar la multiplicidad de horizontes del fenómeno saturado del acontecimiento histórico. En *De Surcroît* se propone una "hermenéutica infinita" en relación al fenómeno saturado del rostro del otro. En ambos casos se le asigna a la labor hermenéutica el carácter de una metodología secundaria aplicable sólo a ciertos fenómenos saturados y nunca el rango ontológico que ésta tiene en la obra de Heidegger.[153]

Con la publicación de *Certitudes négatives*, en 2010, la posición de Marion parece haberse modificado. Allí Marion propone una nueva clasificación de la gradación de la fenomenicidad distinguiendo solo dos tipos de fenómenos: el objeto (*objet*) y el acontecimiento (*événement*). Todo fenómeno será objeto si es constituido o acontecimiento si se renuncia a su constitución. Esta distinción es explicitada por Marion como una "variación hermenéutica" [*variation herméneutique*]: un mismo fenómeno es susceptible de aparecer como objeto o como acontecimiento.

> La distinción de fenómenos en objetos y acontecimientos encuentra entonces un fundamento en las variaciones de la intuición. Cuanto más un fenómeno aparece

---

150 Cfr. SERBAN, Claudia, "La méthode phénoménologique, entre réduction et herméneutique", op. cit., p. 81.
151 Cfr. *ibid.*, p. 87.
152 *Ibid.*, p. 88. Marion contesta a esta objeción en *Reprise du donné* (cfr. RdD, p. 63 y ss.). Me detendré en la respuesta marioniana en el capítulo quinto.
153 SERBAN, Claudia, "La méthode phénoménologique, entre réduction et herméneutique", op. cit., p. 93.

como saturado (se acontecializa), más se revela saturado de intuición. Cuanto más aparece como objeto (se objetualiza), más se revela pobre en intuición.[154]

La distinción refiere a una diferencia de aprehensión, una variación de visión, de intuición. Serban se pregunta entonces:

> ¿Podemos sin embargo aceptar que la mirada decide el acontecimiento y conservar el compromiso de *Étant donné* a favor del "sí" del fenómeno, compromiso que estatuye que la "iniciativa pertenece en principio al fenómeno y no a la mirada"?[155]

Recientemente, la objeción hermenéutica es retomada por Christina Gschwandtner en su libro de 2014, *Degrees of Givenness*. Allí la autora propone la posibilidad de completar el proyecto de la fenomenología de la donación desarrollando una gradación pormenorizada de los fenómenos y de la saturación, prestando mayor atención a la función de la hermenéutica. Según Gschwandtner, Marion tiene una concepción equivocada de la hermenéutica, pues considera que ella debe limitarse a proveer una interpretación luego de la donación del fenómeno. Marion entiende que el contexto hermenéutico y el horizonte fenomenológico constituyen limitaciones para la autodonación del fenómeno. Por el contrario, la autora subraya que los contextos y las prácticas preparatorias nos ayudan a percibir el fenómeno como saturado.

> Estos contextos no pueden ser abandonados, pues constituyen una dimensión significativa de la experiencia y la manifestación misma. Sin un horizonte fenomenológico el fenómeno no puede darse a sí mismo desde sí mismo, porque no puede ser recibido. El contexto hermenéutico no restringe o ejerce control sobre el fenómeno, sino que designa la apertura y receptividad de quien se encuentra con el fenómeno.[156]

Asimismo, Gschwandtner sostiene que el círculo hermenéutico, que se basa en tradiciones y prácticas comunitarias, es indispensable para discernir si se trata de una experiencia auténtica o inauténtica.[157]

En el ámbito hispanohablante, Juan Carlos Scannone, en "Fenomenología y hermenéutica en la 'fenomenología de la donación' de Jean-Luc Marion"

---

[154] CN, p. 307.
[155] *Ibid.*, p. 92. Esta objeción pone en evidencia una problemática fundamental en la propuesta marioniana. ¿Cómo hay que entender la idea de una "banalidad de la saturación"? ¿Existe grados de donación o habría que hablar más bien de grados de fenomenalización? Nos detendremos particularmente en esta cuestión en el primer capítulo del libro.
[156] GSCHWANDTNER, Christina, *Degrees of Givenness. On saturation in Jean-Luc Marion*, New York, Fordham University Press, 2014, pp. 198-199.
[157] Cfr. *ibid.*, p. 199.

ha tratado expresamente este problema. Su tesis es que inmediatez (fenomenología) y mediación (hermenéutica) no se oponen, sino que se presuponen recíprocamente. La fenomenología de la donación no puede prescindir de la hermenéutica, pues ésta se requiere necesariamente cuando la descripción de lo originario es llevada a lenguaje y se le da el apelativo de "llamado".[158]

§ 3. Lecturas de los debates

Existen ya algunos comentarios que han examinado las discusiones en torno a las dos objeciones (teológica y hermenéutica). Aunque debido al carácter reciente y aún inconcluso de estas controversias, la bibliografía no es aún muy abundante.

3.1. Comentarios respecto del debate en torno al "giro teológico"

En primer lugar, cabe destacar que *Le tournant théologique de la phénoménologie française*, provocó un debate inmediato. En 1992, se celebró en el *Collège International de Philosophie* una Jornada de estudio en torno al texto de Janicaud de la que participaron Michel Henry, Françoise Dastur, Jacques Colleony, Élisabeth Rigal, Michel Haar y Jean Greisch, entre otros.[159] En 1993, se organizó el seminario "Y a-t-il un tournant théologique de la phénoménologie française?", en la Universidad Católica de Lyon, con la participación de Xavier Lacroix, Emmanuel Gabellieri, René Virgoulay y el propio Dominique Janicaud. Asimismo, el seminario de 1992, "Phénoménologie et théologie", organizado en l'École Normale Supérieure de Paris, con la presencia de Michel Henry, Paul Ricœur, Jean-Luc Marion y Jean-Louis Chrétien, y la publicación del libro *Phénoménologie et théologie*, compilado por Jean-François Courtine, con textos de Michel Henry, Paul Ricœur, Jean-Luc Marion y Jean-Louis Chrétien, también forman parte –de modo más indirecto– de ese primer momento en el que la polémica rápidamente se instaló en torno a la idea de un supuesto "giro teológico" en la fenomenología francesa.

Pero también se publicaron algunos artículos sobre el debate y sobre la cuestión teológica en la obra de Marion. En 1996, Emmanuel Gabellieri publica el artículo "De la métaphysique à la phénoménologie : une relève ?". El autor se

---

158 Cfr. SCANNONE, Juan Carlos, "Fenomenología y hermenéutica en la 'fenomenología de la donación' de Jean-Luc Marion", *Stromata*, 61, 3-4 (2005), p. 183.
159 En esa ocasión, Henry desestimó el planteo de Janicaud, alegando: "Yo no conozco nada de teología". Cfr. JANICAUD, Dominique, "La phénoménologie éclatée", op. cit., p. 292 n. 4.

pregunta cuál es la consecuencia de intentar superar la metafísica llevando la fenomenología hasta sus propios límites. ¿Implica caer en un "giro teológico", como propone Janicaud, o es la manera de hacer avanzar a la fenomenología a partir de sus propios recursos, como proponen Henry y Marion?[160] Detrás de la polémica respecto del "giro", se esconde un debate necesario. Deteniéndose en la obra de estos autores y las objeciones de Janicaud, Gabellieri indaga si es posible superar la metafísica planteando una apertura a un Absoluto sin la mediación del mundo. Según Gabellieri, la oposición entre la "esencia de la fenomenicidad" y el mundo de los fenómenos, que las propuestas de Marion y Henry introducen, lleva a la fenomenología a un "olvido" de su propio proyecto.[161] De este modo, no es posible superar la metafísica. El camino hacia una "(meta)fenomenología" de lo inaparente "puro" desconoce, según Gabellieri, la "tensión constitutiva" de la fenomenología entre eidética y metafísica; y esta tensión no puede ser resuelta desde el interior de la fenomenología.[162]

En 2004, Carla Canullo hace una lectura de la objeción de Janicaud en un apartado de su *La fenomenologia rovesciata*. Allí la autora se detiene en la denuncia formulada contra la pretensión excesiva e imperialista de la fenomenología maximalista de Marion[163] y los autores del giro. Janicaud critica la idea de que la fenomenología sea identificable sin más con la filosofía. Sin embargo, observa Canullo, Janicaud no se limita a criticar este tipo de fenomenología, sino que por su parte propone una "fenomenología minimalista", que define de modo negativo como aquella fenomenología que no tiene las características de la maximalista.[164]

Ahora bien, esta supuesta oposición de la fenomenología minimalista respecto de la maximalista es sólo aparente. La autora demuestra que al rechazar toda apertura metafísica (y/o teológica) y todo injerto de la hermenéutica, Janicaud termina postulando a la fenomenología como único método válido y, de este modo, cae en el imperialismo que critica. La fenomenología minimalista procura conjurar el exceso fenomenológico, hermenéutico y metafísico, busca temperar a la fenomenología evitando un contacto con la hermenéutica y la metafísica, pero al hacerlo cae también en un exceso.[165]

En 2005, Emmanuel Falque indaga en la relación entre fenomenología y teología en la obra de Marion, en su artículo "*Larvatus pro Deo*. Phénoméno-

---

160 Cfr. GABILLIERI, Emmanuel, "De la métaphysique à la phénoménologie : une relève ?", *Revue Philosophique de Louvain*, 94, 4 (1996), p. 625.
161 Cfr. *ibid*., pp. 625-626.
162 Cfr. *ibid*., p. 630.
163 Cfr. RD, p. 7.
164 Cfr. CANULLO, Carla, *La fenomenologia rovesciata*, op. cit., pp. 33-34.
165 Cfr. *Ibid*., pp. 40-41.

logie et théologie chez J.-L. Marion". Falque se pregunta si acaso constituye una decisión adecuada la "respuesta" de Marion a la objeción teológica, que puede leerse en el modo en que *Étant donné* distingue el campo de la fenomenología del campo de la teología. ¿Es necesario mantener una "sospecha teológica" cuando se hace filosofía? ¿Es pertinente "avanzar enmascarado" (*larvatus prodeo*) –como propone Descartes– cuando el filósofo es también teólogo, como en el caso de Marion?[166]

Contraponiendo la posición de Marion a la de Henry, Chrétien y Lacoste, que no ocultan la carga teológica en sus reflexiones filosóficas, Falque indaga en los motivos marionianos. Su hipótesis es que el "avanzar enmascarado" (*larvatus prodeo*) de Marion debe entenderse como un avanzar "enmascarado ante Dios" (*larvatus pro Deo*), como un avanzar cubierto ante el deslumbramiento de la gloria divina.[167] Según Falque, Marion entiende que, así como la fenomenología supera la metafísica, la teología revelada supera la fenomenología.[168] La fenomenología debe limitarse a deducir trascendentalmente la posibilidad de la revelación, como posibilidad extrema de la fenomenicidad, porque no tiene herramientas para aprehender la efectividad de la Revelación. Falque cita a Marion:

> Podría ser, en efecto, que el hecho de la Revelación provocara y evocara figuras y estrategias de manifestación y de revelación mucho más potentes y sutiles que lo que la fenomenología, incluso llevada hasta el fenómeno de revelación (paradoja de paradojas) podrá dejar entrever jamás.[169]

Marion afirma que Dios no puede ser limitado a la fenomenicidad existente. Por este motivo, es necesaria una ampliación de la fenomenicidad a la medida que imponga la Revelación misma de Dios.[170] Y, en este sentido, la

---

166 Cfr. FALQUE, Emmanuel, "Phénoménologie de l'extraordinaire (J.-L. Marion)", en FALQUE, Emmanuel, *Le combat amoureux*, op. cit., p. 174. Cito la última versión, ampliada, de este artículo de 2005, que se encuentra yuxtapuesta a otro artículo de Falque sobre la obra de Marion, "Phénoménologie de l'extraordinaire", con el objeto de formar un único capítulo sobre Marion para el libro *Le combat amoureux*. Para las versiones originales de ambos artículos, cfr. FALQUE, Emmanuel, "Phénoménologie de l'extraordinaire", *Revue Philosophie*. *"Jean-Luc Marion"*, 78 (2003), pp. 52-76 ; y FALQUE, Emmanuel, "*Larvatus pro Deo*. Phénoménologie et théologie chez J.-L. Marion", *Gregorianum*, 86, 1 (20005), pp. 45-62.
167 Cfr. FALQUE, Emmanuel, "Phénoménologie de l'extraordinaire (J.-L. Marion) ", op. cit., pp. 176-177.
168 Cfr. *ibid.*, p. 185.
169 ED, p. 337.
170 Cabe señalar que en este punto existe cierta tensión en el planteo marioniano que ha sido bien señalada por varios comentaristas teólogos. Si bien Marion afirma esta posibilidad de una fenomenicidad de la revelación que excede los límites de la fenomenología, también sostiene que si se da una Revelación efectiva ésta deberá ajustarse a los términos de la "paradoja de paradojas", ésta deberá darse en los términos de un fenómeno que alcance el grado máximo de saturación. "Si una revelación efectiva debe, puede o podido darse en la aparición fenoménica, esa revelación no ha podido, ni puede, ni podrá hacerse efectiva más que dándose según el tipo de la paradoja por excelencia [...] Si tiene que

teología podrá dar cuenta de figuras de manifestación más poderosas que las de la fenomenología.

Luego de detenerse en cierta influencia teológica en el desarrollo de nociones fenomenológicas en dos artículos de Marion en donde se analizan los fenómenos del milagro y del sacramento, Falque se pregunta, teniendo en cuenta que el motivo que anima la fenomenología de la donación es, en definitiva, teológico ¿por qué tantas precauciones filosóficas? Es más, insiste Falque "¿podemos tener la experiencia del fenómeno saturado por fuera de la *efectividad* de *la* Revelación dada como tal, es decir, por fuera de la Resurrección como transformación de sí mismo en sí mismo por un otro?"[171] Falque entiende que la acusación de "teologización de la donación" a la que busca responder Marion con tanto ahínco no es otra cosa que el verdadero sentido y la potencia de la noción misma de donación. En su contenido teológico radica su vitalidad.[172] A la acusación de "giro teológico" Marion debería responder, según Falque,

> que no hay ni vergüenza ni desacierto en asumir y unir en sí lo que siglos de historia reciente tuvieron por radicalmente separado: la *posibilidad* de la tarea filosófica y la *efectividad* de la revelación teológica.[173]

Según Falque, Marion no debería desconocer la productividad del diálogo entre filosofía y teología en su obra, ni desactivar la fuerza teológica de sus categorías fenomenológicas.[174]

---

haber revelación (y la fenomenología no tiene ninguna autoridad para decirlo), entonces esa revelación tomará, toma o ha tomado la figura de paradoja de paradojas, siguiendo una ley de esencias de la fenomenicidad. En este sentido, puesto que resulta una variación de la saturación, que es a su vez variación de la fenomenicidad del fenómeno en tanto que dado, la revelación permanece inscripta todavía en las condiciones trascendentales de posibilidad". ED, pp. 327-328. Es decir, la Revelación como fenómeno efectivo debe atenerse a las condiciones de posibilidad predeterminadas por la fenomenología. De este modo, como bien destaca Henri-Jérôme Gagey, Marion parece devenir, en cierto sentido, el "fundador de una teología trascendental paradójicamente más cercana a la de Karl Rahner que a la de Hans Urs von Balthasar". Gagey, Henri-Jérôme, "La théologie entre urgence phénoménologique et endurance herméneutique", *Recherches de Science Religieuse*, 98, 1 (2010), p. 42. Esta objeción fue formulada por Gagey y antes por Vincent Holzer y Kathryn Tanner. Cfr. Holzer, Vincent, "Phénoménologie radicale et phénomène de révélation", *Transversalités: revue de l'Institut Catholique de Paris*, 70 (1999), pp. 55-68; y Tanner, Kathryn, "Theology at the Limits of Phenomenology" en Hart, Kevin (ed.), *Counter-experiences: Reading Jean-Luc Marion*, Notre Dame, University of Notre Dame Press, 2007, pp. 201-231. Volveré sobre esta objeción en el § 14.
171 Falque, Emmanuel, "Phénoménologie de l'extraordinaire (J.-L. Marion) ", op. cit., pp. 191-192.
172 Cfr. *ibid.*, p. 192.
173 *Ibid.*, pp. 192-193.
174 Falque reconoce que Marion cambia su posición en su interpretación de Agustín en *Au lieu de soi*. Cfr. *ibid.*, p. 174. Falque propone una lectura de esta obra de Marion en "Le Haut Lieu du soi : une disputatio théologique et phénoménologique (autour du saint Augustin de J.-L. Marion)". Cfr. Falque, Emmanuel, "Le Haut Lieu du soi : une disputatio théologique et phénoménologique (autour du saint Augustin de J.-L. Marion)", *Revue de Métaphysique et de Morale*. "*Saint Augustin, penseur de Soi. Discussions de l'interprétation de Jean-Luc Marion*", 63, 3 (2009), pp. 363-390.

En 2011, en "Le sujet sans subjectivité. Après le "tournant théologique" de la phénoménologie française", Christian Sommer analiza el impacto del "giro" respecto de la cuestión del sujeto, deteniéndose en el "adonado" marioniano. El autor sostiene que esta "figura que viene después del sujeto" y, en general, las concepciones postmetafísicas del sujeto postuladas por la "familia teológica" (Lévinas, Henry, Marion, Chrétien, Ricœur y Derrida) implican un pasaje del "giro teológico" a un "giro antropológico". El "regreso a Husserl" se apoya en un "regreso a Heidegger" que consiste en una reantropologización de la analítica existenciaria, pero desentendida de la cuestión del ser.[175]

Sommer entiende que este proyecto recupera el programa de la "antropología fenomenológica" de Hans Blumenberg y propone establecer un diálogo entre la fenomenología y la antropología alemana (Scheler, Plessner, Rothacker, Gehlen, y también Cassirer, Jonas y otros).[176]

Recientemente –en la tercera parte de su libro *Amour et donation chez Jean-Luc Marion*, publicado en 2017–, Pascale Tabet cuestiona la "objeción teológica". Marion aborda la cuestión de Dios siempre desde un marco fenomenológico.[177] Deteniéndose en un análisis del artículo de Marion, "Métaphysique et phénoménologie : une relève pour la théologie", Tabet destaca que la fenomenología permite abordar las tres ideas de la *metaphysica specialis* desde un punto de vista postontoteológico.[178] En este sentido, la comentadora explica que lo que puede observarse en la obra marioniana, más que una "teologización de la fenomenología", es una "fenomenalización de la teología", es decir, una actitud que se propone estudiar la cuestión de Dios siempre desde el método fenomenológico en el que la cosa se manifiesta a partir de sí misma.[179]

Así también, Tabet comparte las palabras de Sylvain Camilleri respecto del modo marioniano de lectura de las Escrituras, operada bajo la modalidad de lo posible y no de lo efectivo. Según la comentadora, es este rasgo inédito propio de la exégesis de Marion lo que no advierten ni Janicaud ni Benoist.[180]

En el ámbito hispanohablante, es destacable la lúcida presentación del debate hecha por Carlos Enrique Restrepo en "El 'giro teológico' de la fenomenología: Introducción al debate". Restrepo señala que ya desde el título del texto Janicaud cae en una simplificación excesiva. En primer lugar, según Restrepo, el planteo de una "impermeabilidad" de la frontera entre filosofía y

---

175 Cfr. SOMMER, Christian, "Le sujet sans subjectivité. Après le "tournant théologique" de la phénoménologie français", *Revue Germanique Internationale*, 13 (2011), p. 161.
176 Cfr. *ibid.*, pp. 160-162.
177 Cfr. TABET, Pascale, *Amour et donation chez Jean-Luc Marion. Une phénoménologie de l'excès*, Paris, L'Harmattan, 2017, p. 239.
178 Cfr. *ibid.*, pp. 247-253.
179 Cfr. *ibid.*, pp. 256-257.
180 Cfr. *ibid.*, p. 278.

teología es insostenible. En segundo lugar, es criticable la utilización del término "giro" (*tournant*) que diluye en una moda pasajera lo que puede de haber de genuino en un acontecimiento filosófico. En tercer lugar, Restrepo también enfatiza lo problemático de caer en el cliché de una filosofía "nacional" contraria a un pensamiento cosmopolita.[181]

Asimismo, Stéphane Vinolo, en "Jean-Luc Marion: escribir la ausencia. El 'giro teológico' como porvenir de la filosofía", afirma que no cabe hablar de un giro "teológico" en Marion, sino más bien de un giro que hace posible una fenomenicidad que abre la posibilidad a la ausencia. Si se pretende que la fenomenología sólo dé cuenta de presencias, entonces no sólo Dios, sino todo fenómeno atravesado por la ausencia (Vinolo nombra la ipseidad y la alteridad) debe ser expulsado de la fenomenicidad. Vinolo pregunta: "¿Quién podría decir hoy después de la deconstrucción derridiana que uno puede ser totalmente presente a sí mismo o que se puede presentar el yo? Explorando un modelo de fenomenalidad basado en el paradigma discursivo, Marion no hace entonces nada más que ampliar el modelo de la fenomenalidad a la posibilidad de presentar o de dar ausencias".[182]

Por su parte, Roberto Walton, en el artículo "El giro teológico como retorno a los orígenes: la fenomenología de la excedencia", sostiene que en rigor no puede hablarse de "giro teológico", pues "el problema de Dios ha estado en el centro de la fenomenología desde un comienzo".[183] Demostrando, con una asombrosa erudición, que la problemática teológica ya estaba presente de manera decisiva en Husserl, Walton propone que no debería hablarse de un "giro", sino más bien de un "retorno a los orígenes".[184]

---

[181] Cfr. Restrepo, Carlos Enrique, "El 'giro teológico' de la fenomenología. Introducción al debate", *Pensamiento y Cultura*, 13, 2 (2010), p. 117. Janicaud propone una respuesta –que casi confirma– a este tipo de objeción en la entrevista con Alain David y David-François Sebbah. "Ni la fenomenología, ni la filosofía en general pueden abstraerse totalmente de las condiciones determinadas de su emergencia [...] Pero su alcance, su 'mensaje', va más allá". Janicaud, Dominique, "Réponses aux questions d'Alain David et David-François Sebbah", *Rue Descartes*. *"Phénoménologies françaises"*, 35, 1 (2002), p. 147. "El espacio de expresión francesa no asegura por sí mismo una consistencia filosófica a los pensamientos que nutre o que alberga. Creo más bien que son las cualidades y los defectos bien franceses –inteligencia, lucidez, gusto por la paradoja– que contribuyen a dar la inspiración fenomenológica de lo 'estallado' [*éclat*], con toda la ambigüedad de esta palabra". *Ibid.* p. 148.
[182] Vinolo, Stéphane, "Jean-Luc Marion: escribir la ausencia. El 'giro teológico' como porvenir de la filosofía", *Escritos*, vol. 20, nro. 45 (2012), p. 291.
[183] Walton, Roberto, "El giro teológico como retorno a los orígenes: La fenomenología de la excedencia", *Pensamiento y Cultura*, vol. 13, nro. 2 (2010), p. 128.
[184] Cfr. *ibid.*, pp. 129-133. En este mismo sentido, cabe destacar la investigación de Emmanuel Housset sobre la cuestión teológica en Husserl. Cfr. Housset, Emmanuel, *Husserl et l'idée de Dieu*, Paris, Cerf, 2010.

3.2. Comentarios respecto del debate en torno a la función de la hermenéutica en la fenomenología de la donación

El reciente número de la revista *Critique*, "Où va l'herméneutique?", aparecido en 2015, consagrado a la actualidad de la hermenéutica –con textos de Jean Greisch, Jean Grondin, Claude Romano, Johann Michel, Pascal Engel, Jean-Marie Schaeffer, Olivier Abel, Françoise Lavocat, Denis Thouard, Yves Citton, Joaquim Küpper y Ioana Vultur– da cuenta de la vigencia de la temática en las diversas áreas de las ciencias humanas y sociales.[185] Sin embargo, respecto de las objeciones presentadas en relación a la necesidad de una presencia de la hermenéutica en la obra de Marion, son realmente escasos los textos que la comentan.

En primer lugar, cabe destacar el libro de Benoît Awazi Mbambi Kungua, *Donation, saturation et compréhension. Phénoménologie de la donation et phénoménologie herméneutique: une alternative?*, publicado en 2005. Allí el autor propone una comparación del proyecto marioniano con el de una fenomenología hermenéutica. En el capítulo VII "Le statut de l'herméneutique dans la phénoménologie de la donation (J.-L. Marion)", Awazi se detiene en un análisis de las objeciones de Jean Greisch y Jean Grondin.[186]

Greisch destaca, por un lado, cómo la estructura del "en tanto que" y la anamorfosis introducen una dimensión hermenéutica en la fenomenología de la donación. Pero, por otro lado, al comparar la noción de facticidad en el joven Heidegger con la de "hecho consumado" (*fait accompli*) en Marion, Greisch sostiene que el "hecho consumado" impide el desarrollo de una hermenéutica de la facticidad ampliada. Por el contrario, Awazi afirma que la diferencia entre facticidad y hecho consumado no puede llevar a negar la pertinencia de la hermenéutica en la fenomenología de la donación, pues ésta encuentra su función en el hiato entre la anamorfosis (la llamada *a priori*) y la fenomenalización (la respuesta *a posteriori*).[187]

Por su parte, Grondin también insiste en señalar la relación de la anamorfosis con la hermenéutica y se pregunta por qué Marion no se pronuncia respecto del giro hermenéutico de Heidegger. Awazi destaca cómo las objeciones de Greisch y Grondin contribuyen a advertir el silencio de la fenomenología de la donación respecto de la hermenéutica. Sin embargo, el autor sostiene

---

[185] Cfr. *Revue Critique. Où va l'herméneutique?* 817-818 (2015).
[186] Cfr. Awazi Mbambi Kunga, Benoît, *Donation, saturation et compréhension. Phénoménologie de la donation et phénoménologie herméneutique : une alternative?* Paris, L'Harmattan, 2005, pp. 177-196.
[187] Cfr. *ibid.*, pp. 184-186. Cabe señalar que, de alguna manera, Awazi anticipa en 2005 la posición que finalmente asumirá Marion de modo explícito respecto de la función de la hermenéutica en la fenomenología de la donación en su libro de 2016, *Reprise du donné*, como la encargada de administrar la distancia (*l'écart*) entre lo que se da y lo que se muestra. Cfr. RdD, pp. 89 y 97.

que *Étant donné* aporta elementos decisivos para determinar la especificidad de la hermenéutica en el régimen de la autodonación.[188] Según Awazi, la hermenéutica es más pertinente en la fenomenología de la donación que en la fenomenología trascendental: "...es la distancia fenomenológica (allende) [*ailleurs*] o el retraso insuperable entre la llamada y el responsorio [*répons*] que funda fenomenológicamente la pertinencia de la hermenéutica en régimen de reducción a la forma pura de la llamada".[189]

Asimismo, podemos encontrar una buena reseña de la historia de este planteo en el libro de Christina Gschwandtner, *Degrees of Givenness*. En el apartado "Hermeneutic Dimensions" de la introducción, la autora se detiene en las críticas de Greisch, Grondin, Kearney, MacKinlay, entre otros. Todas ellas dan cuenta de una cuestión olvidada por Marion que permitiría completar y enriquecer su propuesta fenomenológica.

Gschwandtner evalúa también las consideraciones del propio Marion respecto de la hermenéutica y propone como tesis que ésta no debe ser entendida como una etapa a superar, sino como un "aspecto esencial de la aparición de todo fenómeno".[190]

Finalmente, también podemos encontrar una breve referencia a las objeciones de Greisch y Grondin en el artículo de Paul Marinescu, "L'universalité et les "sans fin" de l'herméneutique: Jean-Luc Marion, lecteur de Ricœur". Marinescu parte de las objeciones de estos autores teniendo en cuenta el carácter "inacabado" de la hermenéutica de Ricœur y la idea de una hermenéutica "sin fin" en Marion, y se pregunta si al comparar ambas propuestas sólo es posible concluir su diferencia (como proponen Greisch y Grondin).[191]

Marinescu destaca que la diferencia radica en el lugar que cada una de estas hermenéuticas asigna al "en tanto que": en el corazón del fenómeno (Ricœur) o cumpliendo una función secundaria en relación al pliegue de la donación (Marion). Como indica Grondin, se trata de elegir entre una filosofía que se pretende fundacional, pero que piensa sin lenguaje, y una hermenéutica de la estructura lingüística previa.[192]

La diferencia, según Marinescu, entre 1) la hermenéutica heideggeriana, gadameriana y ricœuriana, y 2) la hermenéutica marioniana es que la primera trabaja a partir de la idea de un ver que ya incluye una estructura de explici-

---

188 Cfr. Awazi Mbambi Kunga, Benoît, *Donation, saturation et compréhension*, op. cit., p. 191.
189 *Ibid.*, p. 196.
190 Gschwandtner, Christina, *Degrees of Givenness*, op. cit., p. 24.
191 Marinescu, Paul, "L'universalité et les "sans fin" de l'herméneutique: Jean-Luc Marion, lecteur de Ricœur" en Ciocan, Christian et Vasilou, Anca (éds.), *Lectures de Jean-Luc Marion*, Paris, Cerf, 2016, p. 343.
192 Cfr. *idem*.

tación, mientras que la segunda se funda en el hecho de que experimentamos acontecimientos que vemos pero no comprendemos. La contra-experiencia en Marion da cuenta precisamente de un ver que no supone ningún tipo de comprensión previa.[193]

Ahora bien, estas diferencias no impiden –según Marinescu– advertir cierto punto de contacto entre el proyecto marioniano y el de Ricœur. Reparando en las referencias a Ricœur hechas por Marion al presentar el fenómeno saturado del acontecimiento histórico en *Étant donné*, Marinescu destaca que ambos autores parecen acordar en el reconocimiento de la imposibilidad de una fenomenología pura del tiempo. Ricœur recurre a las mediaciones de la poética de la narración y Marion explora las características de esta irrepresentabilidad a través de la noción de fenómeno saturado. De alguna manera, concluye Marinescu, "la hermenéutica de Marion comienza ahí donde la ricœuriana se detiene".[194]

§ 4. ¿Cómo y qué leer en la fenomenología de la donación? El modelo heideggeriano y la hermenéutica del amor

La obra de Marion, como bien destaca Laruelle, se propone un difícil ejercicio de identificación o, mejor dicho, de compatibilización de ciertas propuestas fenomenológicas divergentes. En primer lugar, Marion intenta conciliar a Husserl con Heidegger estableciendo cierta continuidad entre ambos a partir de la operación de reducción. En segundo lugar, su clasificación de los fenómenos saturados y su conceptualización de la llamada procuran articular la fenomenología de la inmanencia de Henry con la fenomenología de la trascendencia de Lévinas. Sin embargo, como bien destaca Benoist, Marion pertenece a una generación profundamente heideggeriana. La lectura marioniana de la fenomenología de Husserl y sus categorías (reducción, *epoché*, donación, intencionalidad) es hecha desde una perspectiva heideggeriana. Pero ¿desde qué Heidegger?

Romano y Serban aciertan al señalar que existe una tensión entre el tema (la definición heideggeriana de fenómeno) y el método (la reducción) en la fenomenología de la donación. Y está claro que el tema debe pesar más en la balanza. *Prima facie*, puede parecer cuestionable la elección de la reducción husserliana como método para una fenomenología que procura liberar al fe-

---

[193] Cfr. *ibid.*, pp. 344-346.
[194] *Ibid.*, p. 349.

nómeno de toda operación *a priori* subjetiva.[195] Pero, si Heidegger tiene la última palabra en términos de influencia fenomenológica, ¿hacia qué período de su obra hay que mirar?

Siguiendo las sugerencias de Jean Greisch,[196] de Sylvian Camilleri[197] y de Mariana Leconte,[198] sostengo como una primera hipótesis que la fenomenología de la donación encuentra un revelador antecedente en la fenomenología hermenéutica del joven Heidegger. Y es precisamente a partir de este paralelo que es posible establecer con claridad: 1) cómo operan las principales categorías (fenómeno, donación, reducción y adonado) y en qué consiste la comprensión marioniana de la fenomenología, y 2) qué lugar tienen la hermenéutica y la teología.

Respecto de la "dimensión hermenéutica", si las problemáticas de la fenomenología de la donación son similares a las de la fenomenología hermenéutica del primer Heidegger ¿por qué Marion no parece aceptar todas las implicancias del "giro hermenéutico"? En su último libro, *Reprise du donné*, Marion define expresamente cuál es la función de la hermenéutica en su obra. Sin embargo, esta función parece operar de modo demasiado acotado si se tiene en cuenta que el autor sostiene que acepta la relación entre fenomenología y hermenéutica propuesta por Claude Romano.[199]

Contrariamente a la opinión de algunos de los comentaristas citados, sostengo que existe una "dimensión hermenéutica" fuertemente arraigada en la fenomenología de Marion. Para advertir esta dimensión es necesario desarrollar más acabadamente el alcance de la función de la hermenéutica en su propuesta. Entiendo que esta tarea es posible dentro de la lógica misma de la fenomenología de la donación desplegando algunas de sus posibilidades latentes poco exploradas por el propio autor.

Ahora bien ¿cuál es la naturaleza de estas posibilidades? ¿Cabe hacer lugar a la objeción teológica? Afirmo que la obra marioniana opera siguiendo el modelo heideggeriano de apropiación filosófica de ideas teológicas. Las lecturas de Lutero y otros autores protestantes fueron decisivas para el joven Heidegger. Algunas de las principales ideas que operan en la "transformación hermenéuti-

---

195 Volveré sobre esta cuestión en el capítulo tercero.
196 Cfr. Greisch, Jean, "L'herméneutique dans la "phénoménologie comme telle"", op. cit., pp. 57-63.
197 Cfr. Camilleri, Sylvain, *Phénoménologie de la religion et herméneutique théologique dans le jeune Heidegger*, Dordrecht, Phænomenologica- Springer, 2008, pp. 96-97, 118-119, 148-150, 157-161, 251-255.
198 Cfr. Leconte, Mariana, "Fenomenología icónica. El acceso al fenómeno religioso como remisión a la donación en Jean-Luc Marion" en Garrido Maturano, Ángel E. (ed.), *¿Dónde estás, Señor? El acceso al fenómeno religioso en la filosofía fenomenológica, hermenéutica y existencial*, Buenos Aires, Biblos, 2012, pp. 139-142.
199 "Coincidimos así con la tesis de C. Romano: 'la hermenéutica auténtica es una fenomenología y la fenomenología sólo se cumple como hermenéutica'". RdD, p. 97. Y Romano, Claude, *Au cœur de la raison, la phénoménologie*, op. cit., p. 874.

ca de la fenomenología" llevada a cabo por el primer Heidegger provienen del ámbito teológico. El caso de Marion es similar; el esclarecedor paralelo con la obra heideggeriana temprana permite también advertir este aspecto. Lejos de invalidar su propuesta, la apropiación de ciertas ideas teológicas revitaliza la fenomenología desplegando algunas de sus posibilidades latentes.[200]

Pero hay una cuestión final que también puede ser iluminada a partir de la comparación con el modelo heideggeriano. ¿Cuál es la función de los "temples anímicos" en la fenomenología de la donación? Marion habla de diversas tonalidades afectivas: la melancolía, la angustia, el aburrimiento, la pena y, principalmente, el amor. ¿Puede decirse que estos estados de ánimo cumplen una función similar a la que cumplen en la obra del primer Heidegger? ¿Acaso actúan como el disparador del "contra-movimiento" filosófico o, más precisamente, como lo que desencadena la "puesta en marcha hermenéutica" (*hermeneutische Einsatz*)?[201] Mi hipótesis final consistirá en afirmar que si nos detenemos en el temple anímico fundamental del amor, podemos advertir que las dos principales objeciones que ha recibido la obra de Marion pueden encontrar una única respuesta en la posibilidad, contenida en la fenomenología de la donación, de desarrollar una "hermenéutica del amor", de carácter filosófico pero basada en la apropiación de ideas teológicas.

Para demostrar estas ideas utilizaré como método el mismo que sugiere el propio Marion. En la "Ouverture" de *L'idole et la distance*, Marion sostiene:

> ...creemos que no debemos entrar en un falso debate en torno a si los autores invocados tenían efectivamente las "intenciones" que el intérprete les ha prestado: los pensadores no tienen intenciones, y si las tienen, se mantienen raramente a la altura de sus pensamientos; la historia de la filosofía lo muestra sobradamente. El único criterio de una interpretación es su fecundidad [*fecondité*]. Todo aquello que da a pensar honra a quien lo da, a condición por supuesto de que quien reciba, piense. Corresponde al lector juzgar si la consecuencia consolida el principio.[202]

Nos guiaremos, pues, por el criterio de la fecundidad, es decir, por el criterio que procura una exploración de las posibilidades del texto más allá de la supuesta "intención" del autor. Se trata, como bien señala Emmanuel Falque, de "llevar al límite a un pensamiento", no sólo para radicalizarlo, sino para agotarlo en el sentido de exigirle que haga efectiva todas sus posibilidades.[203] Y esto se logra, en palabras de Mariano Peñalver, del siguiente modo:

---

[200] El propio Marion sostiene que su proyecto consiste en el "despliegue de las posibilidades del método fenomenológico". RQQ, p. 73.
[201] Cfr. GA 63, p. 18.
[202] ID, p. 15.
[203] Cfr. Falque, Emmanuel, *Le combat amoureux*, op. cit., p. 16.

La interrogación ante un texto (u objeto significativo) no consiste entonces en preguntarse "¿qué *quiere* decir?", y mucho menos "¿qué *me* quiere decir?". Obviamente, si el autor hubiera querido decir algo más que lo que dijo, ¿por qué no lo hubiera dicho? (excepto los textos sometidos a la censura de un poder otro, distinto del propio poder de decir del autor). Ante un texto, la pregunta es más bien "¿qué *puede* decir?" este texto.[204]

Analizaré, pues, no el "querer decir" del texto, sino su "poder decir". El "querer" del texto, que supuestamente remite a la voluntad del autor, no puede pretender objetividad, pues abre el espacio para la arbitrariedad interpretativa respecto de las supuestas e incomprobables "intenciones" del autor. La manera de evitar las interpretaciones subjetivas es reparar en el "poder" del texto, en su dimensión de posibilidad. Lo que "puede" decir un texto no es arbitrario porque siempre está restringido por el marco contextual. Existe una historia de la interpretación del texto, y también existe un contexto actual que limitan esas posibilidades. Y, sin embargo, sólo si se repara en esta dimensión es posible explorar la "fecundidad", lo no pensado expresamente, pero sí dado a pensar por el texto.

En este sentido, intentaremos pensar una "hermenéutica del amor" como una de las posibilidades inscriptas en el "poder decir", o si se prefiere, en la *Sache* del texto marioniano.

§ 5. El "combate amoroso"

El proyecto fenomenológico de Marion encuentra un impulso decisivo para su desarrollo en las objeciones que diversos autores han planteado respecto de su obra. *Étant donné* –su obra principal, en la que se despliega sistemáticamente la idea de una fenomenología de la donación– encuentra una motivación profunda en la necesidad de responder a las cuestiones que sus críticos le habían planteado respecto de *Réduction et donation*.[205] Y lo mismo puede decirse de sus textos fenomenológicos subsiguientes, hasta su último libro, *Reprise du donné*, en el que el propio autor reconoce que la totalidad de la obra se estructura como respuesta a diversas objeciones.[206]

---

204 PEÑALVER, Mariano, *Las perplejidades de la comprensión*, Madrid, Síntesis, 2005, p. 12.
205 Marion dice expresamente en las "Réponses préliminaires" de *Étant donné*: "El debate que suscitó *Réduction et donation*, con sus reacciones positivas y negativas, nos ha desengañado afortunadamente, puesto que probaba que habíamos enunciado algunas tesis más importantes de lo que habíamos imaginado. Los acuerdos, los desacuerdos e incluso los contrasentidos indicaban sin ambigüedad las apuestas, pero también las nuevas dificultades que requerían tomar ciertas decisiones. Compilando tales dificultades manifestamos así nuestra deuda y nuestra gratitud con aquellos que nos las han indicado". ED, p. 7.
206 Treinta años después de *Réduction et donation* y veinte años después de la publicación de *Étant donné*,

Esta constatación no implica señalar un defecto. Por el contrario, este gesto es precisamente uno de los aciertos más elogiables de su propuesta. Marion demuestra de este modo una admirable humildad e inteligencia que produce resultados muy productivos. La capacidad de escuchar verdaderamente los comentarios y proponer un diálogo real con otros autores, más allá de tratarse de una encomiable actitud ética, se revela como una herramienta muy adecuada para profundizar y precisar algunas ideas e incorporar otras. Por supuesto, el principal objetivo de Marion es responder a las exigencias de la *Sache*. En este sentido, Marion podría compartir las idea de Falque de un "combate amoroso" (*combat amoreux*), pues no se trata de perderse en vanas polémicas ni tampoco de "aplastar" al adversario, sino de entablar con él una disputa que permita distinguir y afinar las categorías de la propuesta propia.[207]

En "La banalité de la saturation", Marion explicita con elocuencia la función de la objeción en su obra:

> La crítica homenajea, a pesar de ella, a la innovación que también contribuye a validar. Y, si ella valida tanto como invalida lo que recusa, permanece inevitable e indispensable, porque sólo ella libera, por la resistencia que opone, los puntos verdaderamente sintomáticos de lo que se propone y puede así abrir una vía de acceso privilegiado al tema en cuestión.[208]

La crítica tiene, pues, una función "inevitable e indispensable", ya que expone los "puntos sintomáticos" del tema en cuestión y permite así determinar con mayor claridad las exigencias de la *Sache*. En este sentido, el diálogo con los comentaristas que plantean objeciones hace posible esclarecer puntos oscuros y advertir aspectos aún no desarrollados, que pueden conducir a nuevas innovaciones.

De más está decir que este gesto no es nuevo en filosofía, Marion no hace más que seguir los pasos de su maestro Descartes,[209] pero en su caso, la interac-

---

Marion entiende que ha llegado "el tiempo de la recuperación [*reprise*], en el que se plantean las verdaderas cuestiones, que se han vuelto comunes al autor tanto como a los lectores. Cuestiones que los lectores lanzan al autor y que lo relanzan en su camino". RdD, p. 12. Cabe señalar la dificultad para encontrar una traducción adecuada para el término *reprise* pues Marion pretende explotar su polisemia. La *reprise* de *Reprise du donné* pretende referir a las temáticas de los cuatro capítulos: 1) a la idea de una suerte de "desgarro" en la reducción al entregarse a una plurivocidad (fenomenológica, trascendental, eidética, pero también ontológica, ética, asubjetiva, etc.) y la consiguiente necesidad de suturar ese desgarro; 2) a la idea de una reconducción, de un rehacer un recorrido desde lo que se da hacia lo que se muestra; 3) a la idea de una recuperación de la pregunta por el estatuto fenoménico del mundo en tanto éste dispensa la fenomenicidad como una entrega (dispensa) que se desentiende (se dispensa) y diferencia de ella; y 4) a la idea de un retomar el análisis de los modos de la fenomenicidad (objetos y acontecimientos). Cfr. RdD, pp. 15-17.
207 Cfr. Falque, Emmanuel, *Le combat amoureux*, op. cit., p. 148.
208 VR, pp. 146-147.
209 En la advertencia al lector previa a las respuestas a las objeciones de Pierre Gassendi, Descartes da cuenta de la importancia que tiene para él el diálogo con otros autores: "Antes de la primera edición de

ción con otros pensadores tiene, en buena medida, un carácter estructurante para su propia obra. Este libro seguirá esa huella marioniana organizándose a partir de las objeciones.

En la primera parte, "Fenomenología", indagaré en la propuesta de la fenomenología de la donación basándome en las objeciones que han recibido algunas de sus principales categorías (fenómeno, donación, reducción, adonado), procurando establecer el sentido en el que Marion entiende estas nociones y la fenomenología misma. Luego de esclarecer estas cuestiones básicas, en la segunda parte, "Hermenéutica y Teología", problematizaré su propuesta a partir de un análisis de las implicancias de las dos principales objeciones que ha recibido su obra (la hermenéutica y la teológica). En el primer capítulo de la segunda parte (capítulo quinto), "Hermenéutica", me detendré en los problemas que pueden surgir de la articulación entre la fenomenología de la donación y la hermenéutica. Y en el segundo capítulo de la segunda parte (capítulo sexto), "Teología", trataré de establecer el modo correcto en el que hay que entender la relación entre fenomenología de la donación y teología.

Finalmente, presentaré la idea de una "hermenéutica del amor", estableciendo una posible vinculación entre hermenéutica y teología que, si bien no está explicitada por Marion en su obra, puede leerse –según su propia lógica– como una de sus posibilidades latentes. El amor constituye la categoría fundamental de la fenomenología marioniana, pues solo ella permite explicar acabadamente la posibilidad de la recepción del fenómeno saturado. El amor es la disposición afectiva fundamental a partir de la cual puede recibirse y conocerse (en un sentido eminentemente práctico, pero también teórico) no solo al otro, sino a todo fenómeno que se resista a la objetivación. Asimismo, el amor permite una ampliación de la racionalidad, pues da acceso a la racionalidad del don y del acontecimiento. Esta racionalidad amorosa ya no responde al principio de razón suficiente, pero que presenta razones suficientes para hacer lugar a su exigencia en tanto en ella se juega el sentido mismo de nuestra existencia. En el temple anímico del amor se despliega una hermenéutica capaz de "abrirnos los ojos", capaz de transformar nuestra mirada para ver lo que inmediata y regularmente permanece oculto (aunque siempre ya dado), pero cuya fenomenalización constituye el cometido mismo de la fenomenología, pues en ella se define el sentido último del "regreso a las cosas mismas".

---

estas Meditaciones, manifesté el deseo de que fuesen examinadas, no sólo por los señores doctores de la Sorbona, sino también por cualquier otra persona docta que quisiera tomarse la molestia de hacerlo, a fin de que, imprimiendo sus objeciones y mis respuestas a continuación de las Meditaciones, según el orden en que habían sido hechas, esto sirviera para volver la verdad más evidente". AT IX, p. 198.

Primera parte

Fenomenología

Introducción
La fenomenología como filosofía última

§ 6. Husserl o Heidegger

El artículo de 2012 de Claudia Serban, "La méthode phénoménologique...", tiene el mérito de explicitar y actualizar el debate respecto de algunas cuestiones que permanecían implícitas en los diagnósticos sobre la *nouvelle phénoménologie*. En primer lugar: ¿la fenomenología responde a un único linaje (Husserl) o hay que sostener un doble linaje (Husserl y Heidegger)? ¿Hay que creer en las palabras que, según Dorion Cairns, Husserl solía repetir a Heidegger: "Tú y yo somos la fenomenología"[1] o hay que creerle más bien a Eugen Fink cuando describe el final de la relación entre ambos filósofos como producto de una doble ceguera: Husserl ciego a la trascendencia y Heidegger a la constitución[2]? Y si se acepta el doble linaje, ¿puede darse el caso de una obra igualmente influenciada por ambos fundadores o la incompatibilidad entre ellos es tan grande que siempre se corrobora la primacía de uno de ellos? En segundo lugar, en relación a la nueva fenomenología: ¿cuál es el linaje que predomina en ella? ¿Puede afirmarse, sin más, como propone Benoist, que se trata de una generación postheideggeriana?[3] ¿Acaso hay alguna propuesta en la que se dé la mencionada posibilidad de una doble influencia?

Como ya hemos mencionado en el apartado 2.2, Serban se asombra del modo en que Michel Henry parece descartar toda posible impronta heidegge-

---

[1] Cairns, Dorion, *Phænomenologica 66. Conversations with Husserl and Fink*, The Hague, Nijhoff, 1977, p. 9.
[2] Fink, Eugen, *Gesamtausgabe. Abteilung III. Die letzte phänomenologische Werkstatt Freiburg : Eugen Finks Mitarbeit bei Edmund Husserl. Manuskripte und Dokumente. Teil 1 – 1927-1938. Band 2 : Bernauer Zeitmanuskripte, Cartesianische Meditationen und System der phänomenologischen Philosophie*, Freiburg, Karl Alber, 2008, Archiv Z-X 15a, p. 122.
[3] Benoist, Jocelyn, "Sur l'état présent de la phénoménologie", op. cit., pp. 2-8.

riana en la fenomenología, al descalificar las críticas de Heidegger a Husserl.[4] Pero ¿puede sostenerse que la fenomenología responde a una única fuente? ¿Acaso la fenomenología francesa actual confirma esta lectura de Henry o, por el contrario, confirma la lectura de Benoist respecto de una raigambre heideggeriana?

Según Serban, es fundamental advertir la presencia de Heidegger en la *nouvelle phénoménologie*. A tal fin, Serban se detiene en la obra de dos autores que considera representativos de la fenomenología francesa actual: Claude Romano y Jean-Luc Marion.[5] En el caso de Romano, está claro que la influencia fundamental es la heideggeriana, pero en el caso de Marion parece haber cierta tensión entre una terminología metodológica husserliana y la concepción heideggeriana de fenómeno. La apuesta de Marion es compleja, pues, efectivamente, su fenomenología intenta de algún modo –como señala Laruelle– compatibilizar la propuesta de Husserl con la de Heidegger. En este sentido, habría que decir que en Marion se comprueba al menos el intento de hacer lugar al doble linaje en igual medida. Sin embargo, mi hipótesis para esta primera parte del libro es que la obra de Marion se inclina por la vertiente heideggeriana, pero en un sentido particular. Por lo general, cuando se señala la influencia de Heidegger sobre Marion, se toma como referencia la obra del segundo Heidegger.[6] Sin embargo, ¿es acertada esa lectura? ¿Acaso Marion

---

4   Cfr. SERBAN, Claudia, "La méthode phénoménologique, entre réduction et herméneutique", art. cit., p. 81. Cfr. HENRY, Michel, "Quatre principes de la phénoménologie", *Revue de Métaphysique et de Morale. À propos de* Réduction et donation *de Jean-Luc Marion*, 96, 1 (1991), pp. 12 y 18-19.
5   Cfr. SERBAN, Claudia, "La méthode phénoménologique, entre réduction et herméneutique", art. cit., p. 81.
6   Esta interpretación es confirmada por las propias afirmaciones de Marion en una entrevista concedida a Dominique Janicaud: "…era la historia de la filosofía de Heidegger [es decir, su interpretación ontoteológica de la metafísica] que a menudo me influenciaba" (E, p. 212). Este modelo de lectura ontoteológica puede observarse aplicado en la obras que Marion dedica a Descartes. En particular, cabe destacar el capítulo II "Onto-théo-logie" de *Sur le prisme métaphysique de Descartes* (cfr. PM, pp. 73-136). En la introducción de este libro, Marion aclara: "…hoy recurrimos explícitamente al modelo de una constitución onto-teo-lógica porque nuestros estudios anteriores [*Sur l'ontologie grise de Descartes* y *Sur la théologie blanche de Descartes*] lo reclaman y lo permiten. En efecto, ellos se organizaban, desde su origen, en referencia a la onto-teo-logía" (*ibid.*, p. 5). Marion considera que "hoy, el modelo de una constitución onto-teo-lógica aparece no sólo como el más fecundo, sino como uno de los únicos disponibles; por otra parte, no se trata de imponérselo a Descartes, sino de testear, gracias a este modelo, aquello en lo que Descartes se constituye a sí mismo según una figura de la onto-teo-logía" (*ídem*). Ciertamente, como el propio Marion aclara en la entrevista con Janicaud, se trata de poner en práctica "una manera no dogmática de usar a Heidegger, una manera heurística, hermenéutica, que permite ver más claramente la historia de la metafísica" (E, p. 217). Por este motivo, luego de su polémica con Jean Beaufret, Marion puede afirmar que "ya no era heideggeriano, en el sentido de Beaufret y Fédier, al menos" (*ibid.*, p. 213). Unas páginas más adelante en esta misma entrevista, Marion sostiene: "En mi caso, Husserl jugó el rol esencial, pues yo volví a escribir sobre Heidegger a partir de su relación con Husserl" (*ibid.*, p. 219). Como puede observarse, más allá de nuestra propuesta heurística de comparar la fenomenología de la donación con la fenomenología del joven Heidegger, existe una compleja relación entre Husserl y Heidegger en el pensamiento marioniano. Marion procura nutrirse de los dos linajes y, al mismo tiempo, superar críticamente a ambos. Pero este movimiento no es ajeno

no cita en igual medida el trabajo del segundo y del primer Heidegger? En *Dieu sans l'être*, por ejemplo, predomina el segundo Heidegger: pueden encontrarse varias referencias a *Identität und Differenz*, a *Zur Sache des Denkens*, a la conferencia „Das Ding" o a la carta *Über den Humanismus*, entre otras. Pero en *Réduction et donation* el predominio lo tiene el joven Heidegger: hay numerosas citas tomadas del curso del semestre de invierno 1919/1920 (GA 58), del semestre de invierno 1921/1922 (GA 61), del curso del semestre de verano de 1925 (GA 20), del curso de verano de 1927 (GA 24) y de „Was ist Metaphysik?".

Si bien es cierto que la fenomenología marioniana procura conciliar ciertas posibilidades presentes en Husserl y en Heidegger, y, asimismo, también busca compatibilizar al primer y al segundo Heidegger, considero que la mejor manera de explicar el modo de operar de la fenomenología de la donación, y sus posibilidades y limitaciones, es confrontándola con la más temprana fenomenología de Heidegger, y en particular, con la fenomenología esbozada en sus primeros cursos, previa a la pregunta por el ser. Marion da una clara indicación en este sentido en *Réduction et donation*. Luego de destacar la ambigüedad esencial de la fenomenología husserliana –que, por un lado, supera la metafísica al extender "el campo de la presencia más allá de todo límite, de modo tal que disuelve su misma noción", pero que, por otro lado, "reproduce de este modo la determinación constitutivamente metafísica de la presencia: la objetividad [*objectivité*]"–,[7] Marion señala:

> El objetivo de la fenomenología no coincide con la objetividad; de este modo se enuncia el punto de partida de Heidegger. La reciente publicación de cursos anteriores o apenas posteriores a *Sein und Zeit* (tanto del primer período de Friburgo, del de Marburgo, cuanto del segundo período de Friburgo) permite establecer de manera sólida un punto decisivo: para Heidegger, el ser sólo se transformó en el núcleo de la fenomenología en primer lugar y de manera definitiva como una crítica del ideal de objetivación perseguido por Husserl. El conflicto que opondrá

---

al espíritu de la fenomenología. Como explica Ronald Bruzina comentando un pasaje en el que Eugen Fink presenta su propuesta de conciliación entre Husserl y Heidegger: "Pensar en fenomenología no puede ser cuestión de adherir a una figura específica, ya sea Husserl o Heidegger. La filosofía puesta en práctica en la fenomenología debe abrazar a ambos [a Husserl y a Heidegger] –y a otros [...]– y moverse a través y más allá de ellos, siendo promovida por ellos de diferentes maneras. Más allá de alcanzar su 'primera verdad', la verdad completa de la fenomenología, entonces, no debe identificarse ni con Edmund Husserl ni con Martin Heidegger, ni tampoco con Eugen Fink". BRUZINA, Ronald, *Edmund Husserl & Eugen Fink. Beginnings and Ends in Phenomenology 1928-1938*, New Haven & London, Yale University Press, 2004, p. 130. Marion no se limita a la "primera verdad", sino que trabaja en pos de la "verdad completa" de la fenomenología. Pero esta comprensión de la fenomenología, si bien puede leerse en Husserl, encuentra un impulso decisivo en la lectura de la obra husserliana llevada a cabo por el joven Heidegger.

7 RD, p. 8.

a Heidegger y Husserl aparece así absolutamente ejemplificador: una perfecta inteligencia recíproca se alía –como en todas las grandes confrontaciones filosóficas– con una total incomprensión mutua para permitir a la fenomenología atravesar, en un segundo impulso, su línea divisoria de aguas. [...] Permanece el hecho de que el mismo Heidegger sin duda no cumple con aquello que sin embargo intentó más que ningún otro alcanzar por y para la fenomenología.[8]

Marion encuentra en la crítica del joven Heidegger a la objetivación el motivo de fondo que debe animar la radicalización de la fenomenología. Y si bien Marion entiende que Heidegger no logra ser fiel a su propio proyecto desobjetivador, pues postula el ser como un nuevo horizonte que se impone a la manifestación de los fenómenos, puede sostenerse que no cabe formular esta crítica respecto de la fenomenología radicalizada del primer Heidegger. Y, en este sentido, considero que es posible establecer cierto paralelo, pues la obra de Marion cumple ejemplarmente con la concepción de la radicalidad de la tarea fenomenológica en los términos en los que Heidegger la presenta en el curso del semestre de invierno 1919-1920:

...donde más radicalmente debe repercutir el radicalismo [*Radikalismus*] de la fenomenología es *contra ella misma y contra todo* [*gegen sie selbst und alles*] lo que se presenta como conocimiento fenomenológico.

En la investigación científica no existe ningún *iurare in verba magistri*. La esencia de una auténtica generación de investigadores y de la sucesión de generaciones consiste en no perderse en las periferias de las cuestiones especializadas, sino volver de nuevo y auténticamente a las fuentes originarias de los problemas y llevarlos más a fondo.[9]

En este pasaje de Heidegger se resume –de alguna manera– el tenor de la "lectura heideggeriana" de Husserl llevada a cabo por Marion. El mandato de radicalidad, que es un mandato husserliano,[10] es entendido por Marion "contra" la propia fenomenología. En la introducción a *Réduction et donation*, "La phénoménologie comme telle", Marion sostiene:

---

8 *Ibid.*, pp. 8-9.
9 GA 58, p. 6.
10 En *Die Philosophie als strenge Wissenschaft*, Husserl sostiene que hay un "radicalismo [*Radikalismus*] que es propio de la esencia de la auténtica ciencia filosófica" y que consiste en no aceptar "nada preconcebido, no admitiendo como comienzo nada tradicional, no dejándonos cegar por ningún nombre, por grande que sea y más aún, buscando los principios, entregándonos voluntariamente a los problemas mismos y a las exigencias provenientes de ellos". Hua XXV, p. 60. Las palabras de Heidegger constituyen su lectura de este texto husserliano.

Si en fenomenología –al contrario que en metafísica– la posibilidad sobrepasa en verdad a la efectividad, es preciso llevar este principio a su término, hasta ejercerlo eventualmente *contra* la fenomenología ya efectuada; pues no se supera un pensamiento refutándola, sino repitiéndolo, inclusive tomando de él los medios para pensar con él más allá de él.[11]

Este "contra" se ve reflejado en la fenomenología de la donación en la comprensión radical del método como un "contra-método" (*contre-méthode*)[12] y de la experiencia paradigmática (la experiencia del fenómeno saturado) en términos de una "contra-experiencia" (*contre-expérience*).[13] Pero este ir "contra" la fenomenología se funda en un "volver de nuevo y auténticamente a las fuentes originarias de los problemas y llevarlos más a fondo". La fenomenología marioniana puede entenderse como una "explicitación" (*Auslegung*) de ciertas posibilidades fundamentales latentes en los problemas de la fenomenología husserliana y heideggeriana. En el transcurso de este libro y, en particular, de esta primera parte, intentaré esclarecer estas afirmaciones. Pero, en principio, pueden señalarse algunas cuestiones que comparte el proyecto marioniano con la fenomenología heideggeriana temprana.

En primer lugar, el proyecto del joven Heidegger tiene el mismo punto de partida que el de la fenomenología de Marion: una noción de fenómeno como portador de la capacidad de manifestarse desde y por sí mismo. En segundo lugar, el joven Heidegger se detiene en la noción (y en el problema) de la "donación" (*Gegebenheit*) en un sentido anticipatorio del que tendrá en la fenomenología marioniana. En tercer lugar, la concepción del fenómeno y la necesidad de ganar un acceso a la esfera preteorética de la donación que no tergiverse los términos en los que el fenómeno se manifiesta, llevan a Heidegger a radicalizar la metodología y la concepción misma de la fenomenología. Sin desconocer las diferencias entre ambas propuestas, considero que la fenomenología del joven Heidegger puede ayudar a esclarecer el funcionamiento de las categorías de la fenomenología marioniana y servir de hilo conductor para vislumbrar el alcance de la objeción hermenéutica y la objeción teológica.

---

11 RD, p. 10.
12 ED, pp. 13-23.
13 *Ibid.*, pp. 300-302.

§ 7. Ciencia rigurosa y filosofía primera

7.1. Ciencia rigurosa

Ciertamente, la propuesta marioniana conserva varios rasgos que son propios de la concepción husserliana de la fenomenología. Además de sostener la importancia decisiva de la operación metodológica de la reducción y la distinción entre la actitud natural y la actitud fenomenológica, Marion entiende que la fenomenología opera como una "ciencia rigurosa" (*strenge Wissenschaft*) y debe erigirse en una "filosofía primera" (*erste Philosophie*). Ambas ideas se encuentran relacionadas, pues Husserl considera:

> En cuanto *ego* que medito a la manera cartesiana, guiado por la idea de una filosofía que sea una ciencia universal fundamentada con absoluto rigor y cuya posibilidad he supuesto por vía de ensayo, resulta evidente para mí, después de las últimas consideraciones, que tengo que desarrollar *ante todo una fenomenología eidética* pura, y que en ella sola se lleva o puede llevarse a cabo por primera vez la realización de una filosofía, de una "primera filosofía".[14]
>
> La fenomenología puede alcanzar el estatuto de "filosofía primera" si opera como una "ciencia universal fundamentada con absoluto rigor".

Esta idea del rigor científico como una nota definitoria de la filosofía acompañará al pensamiento de Husserl desde la publicación de *Die Philosophie als strenge Wissenschaft* en 1911. Allí Husserl sostiene que la fenomenología debe asumir el proyecto más propio de la filosofía, su "objetivo histórico" (*historisches Absehen*), que consiste en constituirse en una ciencia anterior y fundadora de toda otra ciencia, pues "…los intereses más elevados de la cultura humana exigen el desarrollo de una filosofía rigurosamente humana".[15] La filosofía como ciencia rigurosa puede cumplir la función de guía al integrar la rigurosidad teórica de la ciencia con las demandas éticas de la práctica.[16] La cientificidad de la fenomenología es más rigurosa que la de cualquier otra ciencia u otro proyecto de filosofía científica, pues constituye una "ciencia de lo radical" (*Wissenschaft vom Radikalen*), una ciencia radical en su proceder, que procura

---

[14] Hua I, p. 106. En las *Pariser Vorträge*, puede leerse: "la configuración sistemática de la fenomenología apriorística contiene en sí como ramas a todas las ciencias apriorísticas en fundamentación absoluta. Ella cumple la idea de una ontología universal, a la vez formal y material (de una filosofía primera), o, lo que viene a ser lo mismo, de una completa doctrina de la ciencia, radicalmente fundamentada". Hua I, p. 193.
[15] Hua XXV, p. 7.
[16] "Desde sus primeros comienzos, la filosofía pretendió ser una ciencia rigurosa, más aún, la ciencia que satisfaga las necesidades teóricas más profundas y haga posible, desde el punto de vista ético-religioso una vida regida por normas puramente racionales". *Ibid.*, p. 5.

"principios absolutamente claros" (*absolut klaren Anfänge*) y sigue el método que dicta el sentido de sus "problemas" (*Probleme*) y de las "cosas" (*Sachen*).[17]

Marion sostiene en *Étant donné* que la fenomenología opera como una "ciencia rigurosa" (*science rigoureuse*) al decidir su proyecto, su campo y su método, asumiendo la iniciativa del modo más originario posible.[18] Sin embargo, en sus obras posteriores, Marion abandona esta idea de "ciencia rigurosa" e, incluso, la critica.

En *Certitudes négatives*, Marion sostiene que sólo una fenomenología que trabaje con objetos puede aspirar a satisfacer las exigencias de una "ciencia rigurosa", a través de ideas claras y distintas.[19] En las entrevistas recogidas en *La rigueur des choses*, cuando Dan Arbib le pregunta por la relación entre metafísica y fenomenología, Marion afirma:

> Yo siempre sostuve que la fenomenología no podía salir de la metafísica como se cruza una frontera o se evade de una prisión. La fenomenología husserliana nace en un clima totalmente metafísico y al interior de un debate sobre la teoría del objeto y su extensión, sobre la ampliación del campo de la lógica formal, sobre el cumplimiento del ideal de una ciencia rigurosa en filosofía, sobre la reanudación del sueño del joven Descartes, el de una *mathesis universalis*. Se trata aquí de cuestiones propiamente metafísicas, pues el proyecto metafísico se cumple sólo en la modernidad: los antiguos y los medievales, que ignoraban la objetidad, sólo la entrevieron (de ahí su interés). De ello resulta un esfuerzo difícil, heroico y apasionante, que conviene estudiar: cómo Husserl, empujado por la verdad misma –para retomar la fórmula de Aristóteles– pudo, poco a poco, salir de sí mismo y de su punto de partida –la ciencia rigurosa en filosofía–, gracias a la fenomenología, y cómo este esfuerzo fue continuado [...] por Heidegger y sus seguidores.[20]

El ideal de una "ciencia rigurosa" deviene ahora un rasgo metafísico, propio de una filosofía objetivante que hay que superar. Es más, Marion llega a oponer la "ciencia rigurosa" a la fenomenología.

Finalmente, en *Reprise du donné*, reflexionando sobre la operación de desmaterialización propia de la objetivación filosófica, Marion concluye:

> En cuanto a las repetidas tentativas de erigir a la filosofía en "ciencia rigurosa", incluso sólo en "teoría de las ciencias", por más grandiosas que hayan sido a veces, todas han fracasado regularmente. Hay, sin duda, buenas razones [...] En efecto, la filosofía desde Descartes y, quizás, desde Platón (pasando por encima del interdicto aristotélico que niega a la ciencia matemática el rango de ciencia primera)

---

17 *Ibid.*, p. 61.
18 Cfr. ED, p. 15.
19 Cfr. CN, p. 248.
20 RC, p. 128.

hasta Husserl y Carnap, no dejó de apoyarse sobre el privilegio de las matemáticas –la desmaterialización– para establecer su paradigma de toda ciencia cierta.[21]

La certeza, que permite erigir a la filosofía como ciencia rigurosa, se alcanza siguiendo el paradigma de desmaterialización de las matemáticas. Según Marion, la certeza, que permite una adecuación entre la intención y la intuición, se logra sólo respecto de fenómenos pobres en intuición, fenómenos desmaterializados.[22]

7.2. Filosofía primera

Por supuesto, la crítica a la "ciencia rigurosa" entendida como una concepción objetivante y desmaterializante no implica que se abandone el proyecto de situar a la filosofía como un saber previo y fundante respecto de todos los demás saberes. Esta nota va a caracterizar al proyecto marioniano durante todo su desarrollo. La aceptación del mandato husserliano de radicalización, de búsqueda de un comienzo absolutamente claro y autoevidente, es una de las características propias de la obra marioniana y de buena parte de la *nouvelle phénoménologie*. La fenomenología, en los tiempos del fin de la metafísica, está llamada a realizar una "nueva fundación" (*Neubegründung*) –en palabras de Husserl–[23], está llamada a establecer un "nuevo comienzo" (*nouveau commencement*) –en palabras de Marion–,[24] y esta refundación implica situar a la filosofía en el lugar del saber originario.

En *Ideen I*, Husserl presenta la fenomenología como una "filosofía primera":

> la fenomenología tiene por esencia que aspirar a ser la filosofía "primera" y a ofrecer los medios a toda crítica de la razón que se deba hacer; y que, por ende, requiere el prescindir lo más completamente posible de supuestos y el poseer una absoluta evidencia intelectual en la reflexión sobre sí misma. Su esencia propia es encarnar la más completa claridad sobre su propia esencia y, por ende, sobre los principios de su método.[25]

La fenomenología como "filosofía primera" debe constituirse en un saber sin supuestos, que parta de la "absoluta evidencia intelectual en la reflexión

---

21 RdD, pp. 164-165.
22 Volveré sobre esta cuestión en el § 11.
23 Cfr. Hua XXV, p. 7.
24 RD, p. 7.
25 Hua III/1, p. 136.

sobre sí misma". En el curso dictado el semestre de invierno de 1923/1924, titulado *Erste Philosophie* (filosofía primera), Husserl aclara:

> Debo anticipar que el desiderátum de una filosofía primera de ninguna manera se ha cumplido todavía en alguno de los sistemas filosóficos tradicionales, es decir, no se ha cumplido como auténtica ciencia necesariamente racional [...] Sólo de una rigurosa filosofía primera [*strenge erste Philosophie*] puede surgir una rigurosa filosofía [*strenge Philosophie*], una *philosophia perennis*, en constante devenir ciertamente, en cuanto a la esencia de toda ciencia pertenece la infinitud, pero en todo caso, en la forma esencial de lo definitivo.[26]

En *Cartesianische Meditationen*, Husserl aclara que no debe confundirse la idea de "filosofía primera" con la metafísica en el sentido habitual, ella no cae en los "delirios especulativos" (*spekulative Überschwenglichkeiten*) de las "aventuras metafísicas" (*metaphysische Abenteuer*), pues la fenomenología es de "índole puramente intuitiva, concreta y apodíctica".[27]

En el primer capítulo de *De surcroît* Marion analiza la idea de "filosofía primera".

> No hay que sorprenderse, pues la pretensión de una "filosofía primera", la decisión de su identidad y de su establecimiento no es facultativa ni excéntrica a la filosofía tomada como tal. Efectivamente, la filosofía se mantiene como un saber simplemente posible solo si permanece útil, y por tanto, si parece irremplazable como tal por ninguna ciencia (o, si pretende la función de ciencia, por ninguna *otra* ciencia).[28]

Pero, ¿para qué puede ser útil la filosofía en nuestra actualidad? Con buen tino, Marion advierte que el modelo antiguo, que atribuía a la filosofía la función de investigar los "principios" y los "fundamentos" de las ciencias, parece caduco en los tiempos del "fin de la metafísica".[29] La cuestión es compleja, pues cabe preguntarse si hay aún algún ámbito propio de la filosofía. Según Marion, la filosofía actual parece dudarlo al definirse como un saber supeditado a la ciencia (epistemología) o como mera investigación del modo correcto de usar el lenguaje (filosofía analítica).[30] Es más, en los tiempos del "fin de la metafísica", según Marion, las ciencias ya no requieren ni "fundamentos" ni "principios". Si el método, es decir, la técnica asegura resultados que inter-

---

[26] Hua VII, pp. 5-6.
[27] Cfr. Hua I, p. 166. En la nota 11 ofrecemos una breve reflexión sobre la relación entre fenomenología y metafísica en Husserl.
[28] DS, p. 1.
[29] Cfr. *idem*.
[30] Cfr. *ibid.*, p. 2.

vengan en la realidad efectiva, la ciencia actual ya no necesita interesarse por concebir la posibilidad de fundarse en una verdad absoluta.[31]

En este escenario, Marion entiende que

> deviene vital para la filosofía mantener, incluso en la actualidad, una reivindicación de la primacía o, al menos, de un cierto tipo de primacía en su definición misma, a falta de la cual desaparecería, no solamente como "filosofía primera" en relación a otras ciencias que no han cesado de perseguir esta pretensión (la física en los dos últimos siglos, la biología en la actualidad), sino simplemente como filosofía. La filosofía sólo permanece conforme a su esencia si pretende, por esencia, el rango de "filosofía primera". Pues una filosofía segunda o deviene una ciencia regional [...] o, antes bien, pierde simplemente hasta su rango de filosofía[32]

La exigencia de concebir a la filosofía y, en particular, a la fenomenología (que "asume, en nuestro siglo, la función misma de la filosofía"[33]) como "filosofía primera" responde a una necesidad de existencia misma. "No podemos reprochar a la filosofía reivindicar, del modo que sea, incluso de modo desesperado, la primacía sin la cual desaparecería como tal".[34] Por lo tanto, la pregunta adecuada no es la que puede plantearse respecto de la legitimidad de la pretensión de ser "filosofía primera". La pregunta pertinente, según Marion, es mucho más simple:

> La filosofía ¿dispone de un ámbito y de operaciones que, por un lado, le sean absolutamente propias [...] y que, por otro lado, se impongan como la condición de posibilidad de todos los otros saberes?[35]

A continuación, Marion analiza el tipo de primacía que invocan diversas figuras históricas de la "filosofía primera". En primer lugar, se detiene en la *próte philosophía* aristotélica y descarta la posibilidad de justificar la "filosofía primera" en la noción de *ousía*.[36] En segundo lugar, examina la propuesta de Tomás de Aquino y la desestima también, pues entiende que no es posible fundar una "filosofía primera" en la noción de causa.[37]

En tercer lugar, Marion analiza las concepciones de Descartes y Kant. Para la modernidad, la primacía ya no se define a partir de ciertas *ousíai* o *aitíai* ónticamente privilegiadas, sino afirmando la anterioridad noética, afirmando

---

31 Cfr. *ibid.*, pp. 2-3.
32 *Ibid.*, p. 3.
33 RD, p. 7.
34 DS, p. 3.
35 *Ibid.*, pp. 3-4.
36 Cfr. *ibid.*, p. 7.
37 Cfr. *ibid.*, pp. 9-10.

la prioridad del conocimiento. Esta nueva primacía, fundada sobre la instancia noética, implica sin más la primacía del Yo. Marion se pregunta entonces si acaso es posible que el Yo pueda fundarse a sí mismo de manera suficientemente radical para asegurar en él la primacía de la "filosofía primera".[38] Ésta es, precisamente, la pregunta que la filosofía no ha dejado de hacerse desde los comienzos de la modernidad.

Luego de un examen de los argumentos que ponen en cuestión la operatividad del yo trascendental y la posibilidad de la primacía del Yo, Marion concluye que ninguno de los tipos de primacía que ofrece la metafísica (la de la *ousía*, la de la causa o la noética) es el adecuado para sostener el privilegio de la filosofía en la actualidad.[39]

Finalmente, Marion se detiene en la cuestión de una "filosofía primera" en la fenomenología. En *Erste Philosophie*, Husserl sostiene que la fenomenología trascendental lleva a cabo la primera "irrupción" (*Durchbruch*) hacia la "filosofía primera", pero se trata de una aproximación inicial que debe ser completada.[40] Sin embargo, el retomar la idea de "filosofía primera" ¿no implica caer en las aporías metafísicas propias de esta idea? Según Marion, para entender el sentido fenomenológico de la "filosofía primera" —que comienza a desplegarse con Husserl y que se realiza en la fenomenología de la donación— es necesario primero advertir que la fenomenología escapa a la metafísica. Lo que está en juego no es poco, pues Marion entiende que

> intentar aclarar el sentido y el alcance de otra acepción de la "filosofía primera", asignable a la fenomenología, no la lleva a conformarse con lo que quiere superar, sino a intentar una experiencia crucial sobre el tipo y el modo de su primacía, para establecer si y en qué condiciones drásticas merece el título que reclama, cumple lo que promete: nada menos que recomenzar la filosofía en los tiempos del nihilismo.[41]

Marion sostiene que la fenomenología es la encargada de continuar la tarea filosófica en los tiempos del fin de la metafísica: "...luego de que Nietzsche llevó a su término y a su cumplimiento todas las posibilidades —aun inadvertidas— de la metafísica, la fenomenología, más que toda otra iniciativa teórica, ha emprendido un nuevo comienzo".[42] La nueva vía fenomenológica, según Marion, intenta desplegar una pregunta que el propio Nietzsche también había vislumbrado: "¿Puede la donación en presencia de cada cosa cumplirse sin

---

38 Cfr. *ibid.*, p. 13.
39 *Ibid.*, p. 16.
40 Cfr. Hua VII, p. 6.
41 DS, pp. 18-19.
42 RD, p. 7.

ninguna condición ni reserva?".⁴³ Al comprender la importancia decisiva de esta cuestión, la fenomenología lleva a la filosofía hacia un pensamiento postmetafísico. "Al comenzar a liberar la presencia de toda condición y cuestión previa para recibir lo que se da tal como se da, la fenomenología intenta, pues, consumar la metafísica y, de manera indisoluble, ponerle fin".⁴⁴ Esta ruptura con la metafísica –que siempre se presenta como algo "a reconquistar y a consolidar"–⁴⁵ puede comprenderse, según Marion, a través de un recorrido en cuatro etapas, que tiene por finalidad explicitar el alcance de la donación como principio último de la fenomenología.⁴⁶ Marion entiende que, primero, conviene determinar el principio de la fenomenología. Luego, corresponde exponer la relación de la donación con la reducción. En tercer lugar, es necesario contestar algunas objeciones respecto de la inteligibilidad de la donación. Y finalmente, es posible asegurar la primacía a través del nuevo ámbito de la donación.

1) Marion comenta rápidamente las insuficiencias de los tres principios de la fenomenología que pueden encontrarse en Husserl ("a tanto aparecer, tanto ser"; "¡A las cosas mismas!" y el "principio de todos los principios") y presenta su propio principio: "a tanta reducción, tanta donación".⁴⁷ Este principio, que –según Marion– puede encontrarse también en el propio Husserl,⁴⁸ tiene la ventaja de relacionar la operación metodológica fundamental de la fenomenología (la reducción) con la instancia última de la donación y, de este modo, permitir una lectura correcta del sentido de los tres principios anteriores.

2) El principio marioniano establece una suerte de imbricación entre reducción y donación. La donación debe estar controlada por la reducción porque sólo la reducción da el fenómeno en tanto tal, sólo la reducción purifica en él toda apariencia para dejarlo aparecer como dado. "La reducción elimina del curso del aparecer todo lo que no se da sin reservas".⁴⁹ Según Marion, si la reducción es llevada a cabo correctamente no puede dudarse de su resultado:

---

43 *Idem.*
44 *Ibid.*, p. 8.
45 DS, p. 18.
46 Estas etapas presentan algunos de los temas que se trabajaran en profundidad en esta primera parte del libro.
47 Cfr. *ibid.*, pp. 19-22. Marion ya había hecho una exposición detenida de los principios de la fenomenología en *Étant donné*. Cfr. ED, pp. 13-31. Me detendré en este análisis en el § 18.
48 Marion cita estos dos pasajes de *Die Idee der Phänomenologie*: "Sólo por medio de una reducción, a la que queremos llamar ya *reducción fenomenológica*, conquisto un donación [*Gegebenheit*] absoluta, que ya no presenta nada trascendente". Hua II, p. 44. "*La donación de un fenómeno reducido en cuanto tal es una donación* [*Gegebenheit*] *absoluta e indudable*". *Ibid.* p. 50. Como ya hemos mencionado en la "Introducción", Marion ha recibido críticas respecto de la pertinencia de traducir el término *Gegebenheit* por *donation*. Ver § 1. Nos detendremos en esta objeción en el § 19.
49 DS, p. 23.

ella nos da la certeza de que la donación da lo dado.[50] Y esta certeza no concierne —como en Descartes— sólo al *ego*, sino a todo un mundo, pues ella no se apoya sólo en el pensamiento, sino en lo dado tal como se da. En este sentido, Marion dice que la fenomenología "universaliza el resultado cartesiano".[51] Y, asimismo, la donación se universaliza pues no admite excepción: todo lo que aparece se da.

> La donación no se suspende jamás, incluso si y precisamente porque ella admite una cantidad indefinida de grados. Lo repito una vez más: puede haber grados indefinidos de donación, pero no excepción. La donación se erige, por tanto, por su certeza y su universalidad de principio, en principio incondicionado. Por lo tanto, puede haber una "filosofía primera", según la fenomenología.[52]

La donación, según Marion, es, pues, por su certeza y universalidad, el principio incondicionado en el cual puede fundarse la primacía de la filosofía.

3) Marion insiste en que la donación como principio incondicionado no debe malinterpretarse. La fenomenología marioniana no busca reintroducir una primacía de tipo metafísico basada en una causa.[53] Marion responde sucintamente algunas objeciones planteadas a su fenomenología de la donación,[54] dejando en claro que

> la donación no indica tanto aquí el origen de lo dado como su estatuto fenomenológico. Mejor aún, frecuentemente, la donación caracteriza a lo dado como desprovisto de causa, de origen y de antecedente identificable.[55]

La donación no somete a lo dado, sino, por el contrario, lo libera de toda condición trascendental dando cuenta, precisamente, de que aparece como dado.

4) Marion concluye que este recorrido permite advertir por qué sólo la donación puede reestablecer la "filosofía primera". El cuarto principio de la fenomenología logra alcanzar su cometido, logra superar el planteo metafísico e instaurar el "nuevo comienzo" al otorgar la iniciativa a los fenómenos mismos. La "filosofía primera" ya no opera fijando un principio primero *a priori*, ni imponiendo la anterioridad de un yo trascendental, sino entregando la prio-

---

50 Cfr. *idem*.
51 *Ibid.*, p. 24.
52 *Ibid.*, p. 27.
53 Cfr. *ibid.*, p. 28.
54 Volveré sobre estas objeciones en el capítulo segundo.
55 *Ibid.*, p. 30.

ridad a los fenómenos.⁵⁶ En este sentido el cuarto principio es el "principio último" (*dernier principe*), pues sólo toma la iniciativa de entregar la iniciativa a los fenómenos:⁵⁷ "el último porque después de él no se encuentra ningún otro, pero sobre todo el último porque no precede al fenómeno, sino que lo sigue otorgándole la prioridad".⁵⁸ La fenomenología como "filosofía primera" es, pues, en rigor, una "filosofía última".⁵⁹

§ 8. Ciencia originaria

Marion retoma las ideas de rigurosidad y primacía reconfigurándolas radicalmente. Sin embargo, no es exacto considerar que el intento de instaurar a la fenomenología en el lugar de una "ciencia rigurosa" o de un "filosofía primera" es un rasgo exclusivo de la fenomenología husserliana. También para el joven Heidegger es necesario emprender la tarea de una "nueva fundación radical" (*radikale Neufundierung*) de la filosofía.⁶⁰ Y a tal fin, siguiendo a Husserl, en el curso dictado durante el *Kriegsnotsemester*, Heidegger habla de la fenomenología como una "ciencia preteorética originaria" (*vortheoritische Urwissenschaft*), y en el curso de invierno de 1919/1920, la presenta como una "ciencia del origen de la vida en sí" (*Ursprungswissenschaft vom Leben an sich*).

Ciertamente, la idea de una ciencia originaria y rigurosa no está ausente en la fenomenología heideggeriana temprana. No obstante, para Heidegger también es fundamental revisar el tipo de primacía y de cientificidad que se le asigna a la filosofía. Como bien destaca Ramón Rodríguez, Heidegger siempre fue crítico del "ideal racionalista de ciencia", de la "visión de la ciencia como un *corpus* de verdades eternas",⁶¹ como un ámbito de "claridades absolutas", al que conduce el pensamiento de Husserl. Sin embargo, según Rodríguez, hay tres motivos provenientes de la idea husserliana de filosofía como ciencia rigurosa que se registran como constantes en el primer Heidegger: 1) la independencia absoluta de la filosofía respecto de las demás ciencias, 2) la negativa a considerar que la tarea de la filosofía sea proponer una *Weltanschauung*, 3) la idea de ciencia originaria.⁶² Efectivamente, Heidegger concibe su proyecto como el despliegue de una ciencia filosófica, independiente a todas las demás

---

56 Cfr. *idem*.
57 Cfr. *ibid*., p. 31.
58 *Idem*.
59 Cfr. *ibid*., p. 32.
60 GA 59, p. 8.
61 Dice Husserl en *Die Philosophie als strenge Wissenschaft*: "La ciencia es un título para valores absolutos, intemporales [*absolute, zeitlose Werte*]". Hua XXV, p. 52.
62 RODRÍGUEZ, Ramón, *La transformación hermenéutica de la fenomenología. Una interpretación de la obra temprana de Heidegger*, Madrid, Tecnos, 1997, pp. 19-20.

ciencias –y que no debe ser entendida como *Weltanschauung*– pues se trata de una ciencia rigurosa y originaria. Rodríguez acierta en señalar estos motivos, pero es importante no perder de vista que éstos son sometidos a una transformación radical.

1 y 3) Desde la „Vorbetrachtung" del curso dictado en el semestre de emergencia de guerra de 1919, siguiendo los lineamientos de la crítica husserliana, Heidegger propone un particular ideal de ciencia:

> La idea científica que se persigue es de tal naturaleza que, una vez que alcancemos una posición metodológica realmente auténtica, nos vemos obligados a salir y dar un paso más allá de nosotros mismos para volver metodológicamente sobre aquella esfera que siempre permanece extraña a la problemática más propia de la ciencia que se pretende fundar.[63]

Se trata pues de ganar el acceso a la esfera auténticamente científica que es ignorada por la idea de ciencia imperante (naturalista, positivista, neokantiana), pero esta crítica no se formula desde una "concepción del mundo" (*Weltanschauung*) "espiritualista" anticientífica, sino más bien en pos de la verdadera cientificidad: una cientificidad que no imponga su metodología "desde arriba", sino que surja de las cosas mismas, es decir, del origen. En el curso del semestre de invierno de 1919/1920 Heidegger dice respecto de la fenomenología:

> No le está permitido dejarse imponer su problemática y metodología científicas originarias [*urwissenschaftlichen Problematik und Methodik*] desde afuera, desde algo ajeno a ella, desde las ciencias particulares, sino que deben surgir del origen mismo [*Ursprung selbst*], surgir desde el origen mediante una generación originaria [*ursprüngliche Erzeugung*], una confirmación que debe ser continuamente renovada y un cumplimiento evidente de la tendencia.[64]

En este sentido, la fenomenología debe ser una ciencia originaria, una ciencia que tome su cientificidad del origen mismo. En el curso del *Kriegsnotsemester*, Heidegger califica de "pecado mortal" (*Todsünde*) la actitud metodológica que consiste en importar un método externo, un método que no se origine en el origen mismo, pues esto implica hacer de la filosofía un mero "punto de vista" (*Standpunkt*).

Para nuestro problema, la actitud fundamental de la fenomenología apunta en una dirección decisiva: no construir un método desde afuera o desde arriba, no idear un nuevo camino teórico por medio de reflexiones dialécticas. Dado que la fe-

---
63 GA 56/57, p. 3.
64 GA 58, p. 2-3.

nomenología se basta a sí misma y por medio de sí misma, toda asunción de un punto de vista es un pecado contra su espíritu más propio. Y sería *pecado mortal* pensar que *ella misma es un punto de vista* [*Standpunkt*].⁶⁵

El punto de vista impone una perspectiva externa, que no surge de las cosas mismas, y que tiene un carácter teórico. A diferencia de Husserl, Heidegger entiende que el camino metodológico originario no puede ser teórico, pues la esfera originaria es preteorética.⁶⁶ Se trata de lograr un acceso, de encontrar el "camino de vuelta a los motivos más originarios de la vida [*ursprünglichste Motiven des Lebens*], que ya no son teórico-científicos".⁶⁷

Heidegger es consciente de que el ámbito del origen no está dado de antemano y debe ser ganado metodológicamente. "El ámbito del origen sólo es accesible para el método radicalmente científico, no es en general objeto de otros modos de captación vivencial".⁶⁸ Es fundamental, pues, una reflexión sobre el método, una radicalización del modo de operar de la fenomenología. Por este motivo, el joven Heidegger –como Marion (o, mejor dicho, Marion como Heidegger)– también entiende que es necesario comenzar revisando el principio mismo de la fenomenología. En el § 20 del curso del semestre de emergencia de guerra, Heidegger cita el principio del § 24 de *Ideen I* y sostiene que lo que se mienta con la idea de un "principio de todos los principios" es un "principio" que debe ser entendido como algo que precede a los principios mismos, que precede a la esfera de los principios. Este es el sentido en que "ninguna teoría imaginable puede hacernos errar", pues se trata de un principio que no pertenece a la esfera teorética, sino que la excede y la precede en tanto toda postura teórica es derivada en relación a él. En este sentido, la filosofía es la ciencia originaria, independiente y fundante respecto de las demás ciencias que tiene carácter derivado.⁶⁹ La ciencia originaria preteorética ostenta la primacía frente a todas las demás ciencias, derivadas y teoréticas.

En el curso de 1919/1920, la fenomenología, entendida como "ciencia del origen de la vida" (*Ursprungswissenschaft vom Leben*), es definida como "la

---

65 GA 56/57 I, p. 110.
66 Siguiendo la indicación de Jesús Adrián Escudero, traduzco *theoretisch* y *vortheoretisch* por "teorético" y "preteorético" para enfatizar el carácter problemático que Heidegger encuentra en la actitud teórica. Cfr. Adrián Escudero, Jesús, "nota 9" en Heidegger, Martin, *La idea de la filosofía y el problema de la concepción del mundo*, traducción y notas aclaratorias de J. Adrián Escudero, Barcelona, Herder, 2005, p. 148.
67 GA 58, p. 3.
68 *Ibid.*, p. 27.
69 "...esta irrupción [*Einbruch*] de la idea de ciencia en el contexto de la conciencia natural de la vida sólo se da en un sentido originario y radical [*ursprünglicher, radikaler Sinn*], en el marco de una filosofía entendida en términos de ciencia originaria [*Urwissenschaft*]. Pero también se da hasta cierto punto y en un sentido derivado [*abgeleiteter Sinn*], en cada ciencia auténtica en función de su particular finalidad cognitiva y de su constitución metodológica". *Ibid.*, p. 3-4.

ciencia más radical y rigurosa" (*radikalste und strenge Wissenschaft*). En primer lugar, cabe detenerse en la reformulación del concepto de rigurosidad. El rigor más extremo ya no depende de una actitud teórica:

> El "rigor" [*Strenge*] de la cientificidad cultivada en la fenomenología cobra sentido a partir de esta actitud fundamental [la actitud preteorética, la actitud originaria del vivir y de la vida] y no se puede comparar con el "rigor" de las ciencias derivadas y no originarias.[70]

La filosofía gana su rigor –que es "más originario [*ursprünglicher*] que todo rigor científico"–[71] cuando logra un acceso a la esfera preteorética. No se trata ya de asumir ninguna actitud teórica objetivante, sino, por el contrario, de alcanzar una rigurosidad capaz de operar como

> una explicación que va más allá de todo rigor científico para exaltar el ser preocupado [*Bekümmertsein*] en su constante renovación en la facticidad de la existencia [*Faktizität des Daseins*] y, en definitiva, para volver insegura a la existencia presente [*aktuelles Dasein*].[72]

En segundo lugar, es interesante advertir que Heidegger señala el mismo problema que Marion. En este mismo parágrafo, el joven Heidegger se pregunta si corresponde hablar de "ciencia" cuando el procedimiento propio de la ciencia es el de la "desvivificación objetivante" (*objektivierende Entlebung*). Como la fenomenología de la donación, el proyecto fenomenológico del joven Heidegger se caracteriza por constituir un intento de captación del acontecer mismo del fenómeno en sus propios términos, sin poner en práctica una operación de objetivación. Dice Heidegger, la ciencia del origen:

> No se orienta a la vida fáctica y a sus contenidos [*Gehalte*] como tales, y no pretende, por tanto, expresarlos científicamente en el sentido de su genuina y teórica exposición y objetivación. […] La vida debe ser comprendida al modo de la ciencia del origen como emergiendo del origen [*aus dem Ursprung entspringend*].[73]

Así como Heidegger opone a una concepción objetivada de la vida, la idea de la captación de su "emerger del origen", de su acontecer, Marion también propone una contraposición entre el objeto y el acontecimiento.[74]

---

70 GA 56/57, p. 110.
71 GA 59, p. 174.
72 GA 59, p. 174.
73 GA 58, p. 82.
74 Cfr. CN, pp. 269-280. Cabe señalar que en el curso del *Kriegsnotsemester*, Heidegger refiere a la operación de objetivación en términos de *Vor-gang* y la opone sin más al "acontecer apropiador" (*Er-eignis*).

2) Finalmente, el motivo de la crítica heideggeriana a las *Weltanschauungen* también difiere del husserliano. Heidegger critica la idea de filosofía como "concepción del mundo" no tanto por miedo a un relativismo historicista, sino porque ésta asume una posición determinada e inmóvil, regional, que le impide un acceso a la esfera originaria. En los apuntes tomados por Franz Josef Brecht del curso dictado en el *Kriegsnotsemester* se encuentra una definición elocuente al respecto:

> Objetivo de la fenomenología: investigación de la vida en sí misma. [...] La filosofía fenomenológica y la concepción del mundo son opuestas. La concepción del mundo: es inmovilización. La vida [...] es objetivada e inmovilizada en un determinado momento. [...] La fenomenología nunca está cerrada, sino provisionalmente, ella siempre se sumerge en lo provisional [*das Vorläufige*].[75]

En el curso de 1927, *Grundprobleme der Phänomenologie*, Heidegger caracteriza a la auténtica filosofía como ciencia ontológica y a las *Weltanschauungen* como ciencias ónticas.

Para concluir, cabe aclarar que si bien Heidegger no utiliza la expresión *erste Philosophie*, está claro que la "ciencia ontológica" (*ontologische Wissenschaft*) ostenta una primacía por sobre todas las ciencias ónticas. Basta con recordar el carácter "correctivo" que tiene la filosofía como ciencia ontológica respecto de la teología en tanto ciencia óntica en la conferencia „Phänomenologie und Theologie" de 1927. En ese texto, la teología se subordina a la filosofía. "La fe no necesita de la filosofía, pero sí la *ciencia* de la fe en cuanto ciencia *positiva*".[76] La filosofía cumple la función de "correctivo ontológico" (*ontologische Korrektiv*) del contenido óntico de la teología. Y si bien Heidegger destaca que esto no debe ser considerado como una subordinación de la teología a la filosofía, pues esta última sólo indica formalmente los conceptos teológicos fundamentales pero no se constituye en fundamento de ellos;[77] esta competencia de la filosofía señala una primacía que bien puede entenderse en el sentido de una "filosofía primera".

Como puede observarse, las ideas de rigurosidad científica y primacía filosófica aplicadas a la fenomenología, si bien tienen un origen husserliano, encuentran en la propuesta filosófica del joven Heidegger el modelo más adecuado para entender el modo en que Marion las despliega. Como bien destaca George Kovacs, la ciencia originaria preteorética del joven Heidegger no

---

Cfr. GA 56/57, p. 74-75. Volveré sobre esta cuestión en el apartado 9.2 y en el 15.2.
75 HEIDEGGER, Martin, „Die Idee der Philosophie und das Weltanschauungsproblem (Auszug aus der Nachschrift Brecht)", *Heidegger Studien*, volume 12 (1996), pp. 12-13.
76 GA 9, p. 61.
77 Cfr. *ibid.*, p. 64-65.

mienta "un conjunto de enseñanzas, sino una manera de conocer, no es el contenido de una nueva disciplina, sino un método de develamiento, una búsqueda de la 'cosa' de la filosofía".[78] La ciencia primera heideggeriana, al igual que la fenomenología como "filosofía última" en Marion, no busca erigirse como una *mathesis universalis* que permitiría igualar toda manifestación de los fenómenos, sino que procura operar como la previsión que prohíbe toda previsión, la herramienta que impide toda objetivación o igualación prevista *a priori* de la aparición fenoménica.

Continuando con esta clave de lectura, en esta primera parte expondré las nociones marionianas de fenómeno, donación, reducción y adonado a la luz de los primeros desarrollos fenomenológicos de Heidegger. Este paralelo nos permitirá entender el sentido en el que Marion entiende la fenomenología o, mejor dicho, más allá de la intención del autor, cuál es el sentido que puede tener la fenomenología marioniana.

---

78 Kovacs, George, "Philosophy as Primordial Science in Heidegger's Courses of 1919" en Kisiel, Theodore y van Buren, John, *Reading Heidegger from the Start. Essays in His Earliest Thought*, Albany, State University of New York Press, 1994, p. 96.

Capítulo primero
El fenómeno

§ 9. El concepto heideggeriano de fenómeno

En este capítulo me detendré en la noción marioniana de fenómeno. El punto de partida para comprender el proyecto de Marion debe ser el examen de la definición de fenómeno porque la fenomenología de la donación concede la iniciativa al fenómeno: "El principio, en tanto que principio de la donación, otorga la primacía al fenómeno".[1] El principio de la donación, propuesto por Marion, "renuncia a fundar el fenómeno para dejarle –finalmente– la iniciativa de su aparición a partir de sí (*l'initiative de son apparition à partir de soi*)".[2] Marion asigna un *soi*, un "sí" al fenómeno, a partir del cual el fenómeno aparece. En este sentido, la concepción marioniana del fenómeno no es otra que la heideggeriana. En el § 7 de *Sein und Zeit*, Heidegger define el fenómeno como "lo-que-se-muestra-en-sí-mismo" (*das Sich-an-ihm-selbst-zeigende*).[3] En palabras de Claudia Serban:

> En un sentido, todo el proyecto de *Étant donné* podría ser leído como una continuación y una radicalización del § 7 a) de *Sein und Zeit*, y la reconducción del fenómeno a la donación puede aparecer como el corolario o la consecuencia última de su automostración propuesta por Heidegger. La adopción y la exploración fértil de la definición heideggeriana de fenómeno, por tanto, tiene seguramente el peso de un gesto fundador para la fenomenología marioniana de la donación.[4]

Ciertamente, Serban hace una lectura correcta que el propio Marion corrobora en diversos pasajes de *Étant donné*. En el apartado final del libro puede leerse:

---
1 ED, p. 29.
2 *Ibid.*, p. 30.
3 GA 2, p. 38.
4 SERBAN, Claudia, "La méthode phénoménologique, entre réduction et herméneutique", art. cit., p. 84.

La fenomenicidad de lo dado indica que el fenómeno no sólo aparece cuando algo que no es él (el *Yo*) lo constituye (Kant, Husserl), sino, primeramente, cuando *se muestra en sí y desde él mismo* [*lorsqu'il se montre en soi et de lui-même*] (Heidegger).[5]

E, inmediatamente, Marion se reserva –como ya lo había expresado en *Réduction et donation*–[6] cierta tarea de continuación y radicalización del planteo heideggeriano: "Falta dar el paso más peligroso, pensar ese *se/sí* [*se/soi*] que es lo único que permite que el fenómeno se muestre".[7] Esta tarea de pensar el "se/sí" será llevada a cabo, particularmente, a partir de un análisis del acontecimiento y –siguiendo la sugerencia de Jean Greisch–[8] a partir de un examen del *es gibt* heideggeriano.[9]

9.1. La manifestación del fenómeno más allá de la objetivación

Sin embargo, cabe destacar que la idea de automostración no aparece por primera vez en *Sein und Zeit*. En sus cursos tempranos, Heidegger también sostiene esta concepción del fenómeno. La primera definición de fenómeno ensayada por Heidegger se encuentra en el curso del semestre de invierno de 1919-1920:

> Que algo, algo vivenciado, se dé siempre *de algún modo* (lo que me sale al encuentro; yo mismo, que me salgo al encuentro de distintas formas), podemos formularlo también diciendo que *aparece*, que *es fenómeno*. Por de pronto no se pueden conferir otras interpretaciones a la expresión ni meter en ella de forma velada significados que se conocen por algunas otras filosofías o puntos devista filosófico-epistemológicos [*philosophisch erkenntnistheoretischen Standpunkten*], sino que fenómeno mienta ahora solamente el carácter de manifestación [*Bekundungscharacter*], muy vago todavía pero sacado de la intuición, que muestra todo lo que nos sale al encuentro al vivir.[10]

En esta primera aproximación ya puede observarse que se trata de evitar cualquier tipo de tergiversación de la manifestación del fenómeno: hay que evitar otras filosofías o "puntos de vista filosófico-epistemológicos". La fenomenología del joven Heidegger introduce una profunda reflexión sobre el método, pues se trata de aprehender al fenómeno en sus propios términos

---

5 ED, p. 439.
6 Cfr. RD, p. 9.
7 *Ibid*., pp. 439-440.
8 Cfr. GREISCH, Jean, "L'herméneutique dans la "phénoménologie comme telle", op. cit., pp. 56-57. Ver el apartado 2.1.
9 Nos detendremos en este análisis cuando examinemos la noción de donación en el § 17.
10 GA 58, p. 50.

superando todo tipo de objetivación. Según puede observarse en el § 19 del curso dictado en el *Kriegsnotsemester*[11] y en la primera sección de la segunda parte del curso del semestre de verano de 1920,[12] más allá de las críticas que Heidegger hace a la filosofía de Paul Natorp, sus objeciones a Husserl[13] dejan una huella en el joven fenomenólogo y son decisivas para entender la radicalización preteorética de la fenomenología propuesta en estos cursos tempranos. Natorp sostiene la diferencia irreductible entre sujeto y objeto, y señala las dificultades que existen al abordar el estudio de la subjetividad con una metodología que es inevitablemente objetivante. En *Allgemeine Psychologie*, Natorp afirma que si pensamos reflexivamente al sujeto, éste pierde *ipso facto* su carácter de sujeto.[14] La reflexión interrumpe el curso de las vivencias de la conciencia. Éstas devienen vivencias objetivadas. En el curso del semestre de emergencia de guerra, Heidegger se detiene en dos objeciones indicadas por Natorp. En primer lugar, según Natorp, la fenomenología de Husserl trata de acceder a las vivencias por medio de la reflexión y, de ese modo, interrumpe el fluir de la conciencia y las vivencias. "La corriente en el fluir es algo diferente a lo que se aprehende y retiene en la reflexión".[15]

Heidegger entiende la importancia de esta primera objeción. ¿Puede la descripción atenerse al modo en que se da la vivencia? "¿Está este método de la descripción reflexiva o de la reflexión descriptiva en condiciones de analizar la esfera de la vivencia y de hacerla científicamente accesible?".[16] La respuesta heideggeriana es negativa: "la mirada reflexiva convierte una vivencia que inicialmente no era observada, que se vivía simplemente de una manera arreflexiva, en una vivencia '*observada*' [*erblickten*]."[17] La reflexión implica un comportamiento teorético que conlleva una "desvivificación" (*Entlebung*). Hacer de una vivencia el objeto de una reflexión implica arrancarla del vivir inmediato, detener la corriente del fluir de las vivencias. Heidegger toma nota: la fenomenología no puede ser una ciencia descriptiva reflexiva.

La segunda objeción a la fenomenología, que se apoya en las consideraciones de Natorp, repara en que la descripción recurre a un lenguaje descriptivo que consiste en conceptos, en abstracciones, que necesariamente interponen una mediación apartándose de lo inmediato.[18] ¿Cómo expresar la espontanei-

---

11 Cfr. GA 56/57, pp. 99-108.
12 Cfr. GA 59, pp. 92-147.
13 Cfr. NATORP, Paul, „Husserls Ideen einer reinen Phänomenologie", *Lógos* 7 (1917-1918), pp. 215-240, y NATORP, Paul, *Allgemeine Psychologie nach kritischer Methode*, Tübingen, J. C. B. Mohr, 1912.
14 Cfr. NATORP, Paul, *Allgemeine Psychologie...*, op. cit., p. 31.
15 Cfr. NATORP, Paul, „Husserls Ideen einer reinen Phänomenologie", op. cit., p. 231.
16 GA 56/57, p. 100.
17 *Idem*.
18 *Ibid.*, pp. 110-111.

dad inmediata sin tergiversarla en un lenguaje conceptual? ¿Es posible encontrar conceptos que no tengan un carácter generalizador y objetivante? Heidegger también toma nota: hay que solucionar el problema de la expresión. Hay que revisar la teoría de la formación de conceptos. La filosofía se encuentra ante un dilema decisivo:

> Nos hallamos ante una encrucijada metodológica [*methodische Wegkreuzung*] que decide sobre la vida o la muerte de la filosofía en general. Nos hallamos ante un abismo en el que, o bien nos precipitamos en la nada –es decir, en la nada de la objetividad absoluta– o bien logramos el salto a *otro mundo* o, más precisamente, en realidad tan sólo al mundo.[19]

El fracaso en resolver las objeciones de Natorp implica precipitarse en la nada, pues la objetivación conlleva el ahogo de la vida, su desvivificación. El secreto de la solución heideggeriana va a pasar por no separar el problema de la intuición del problema de la expresión. El hecho de que la vivencia sea significativa permite enlazar a ambos.[20]

9.2. La vivencia de la cátedra

A fin de indagar en el carácter de la aprehensión de las vivencias, Heidegger propone a sus alumnos un ejercicio fenomenológico. Los invita a compartir la experiencia de entrar en el aula y ver el púlpito del profesor: la cátedra (*Katheder*).[21] ¿Qué es lo que ven? ¿Superficies marrones y ángulos rectos? ¿Formas geométricas? ¿Un trozo de madera? No, lo que ven es una cátedra. Afirmar que lo que primero ven son manchas de color marrón, luego formas geométricas, etc., es falsear el hecho de que lo primero que se ve es la cátedra en cuanto tal, toda "de golpe" (*in einem Schlag*).[22] Lo que se da originariamente no son aspectos de un objeto que aún carecen de significado, sino un objeto que ya se presenta como significativo. La primera conclusión del ejercicio es que los objetos se dan adheridos a un significado, se caracterizan por la significatividad.

Luego, Heidegger propone el ejercicio de considerar qué es lo que vería un senegalés. Su conclusión es que es probable que no vea la cátedra como una cátedra, sino como algo relacionado con la magia o como "algo con lo que no sabría qué hacer" (*ein Etwas, mit dem er nichts anzufagen weiß*),[23] como algo que le genera una "extrañeza instrumental" (*zeugliches Fremdsein*). Ambas

---
19 *Ibid.*, p. 63.
20 Los dos problemas serán trabajos en las lecciones subsiguientes del período de Friburgo.
21 Cfr. GA 56/57, p. 71.
22 Cfr. *idem*.
23 *Ibid.*, p. 72.

miradas son diferentes y, sin embargo, coinciden en que las dos representan algo para cada uno:

> El significado de la "extrañeza instrumental" y el significado de la "cátedra" son absolutamente idénticos en su núcleo esencial [*Wesenskern*].[24]

En ninguno de los dos casos la vivencia de la cátedra los enfrenta a un vacío de significación o a la necesidad de una construcción de un significado a partir de la sumatoria de pasos perceptivos progresivos, sino que se da en un contexto, diferente en cada caso, pero que la muestra como ya portadora de significado.

> En la vivencia del ver la cátedra se *me* da algo desde un mundo circundante inmediato [*unmittelbare Umwelt*]. Este entorno [*Umweltliche*] (la cátedra, el libro, la pizarra, el cuaderno de apuntes, la pluma, el bedel, el estudiantado, el tranvía, el automóvil, etc. etc.) no consiste en cosas con un determinado carácter significativo, objetos, y además vistos como significando esto o aquello, sino que lo significativo [*Bedeutsame*] es lo primario, se me da inmediatamente [*gibt sich mir unmittelbar*], sin ningún rodeo intelectual [*gedanklicher Umweg*] que pase por la captación de una cosa.[25]

Heidegger está explorando la radicalidad de la transformación que propone la fenomenología en la idea de significar: el significado no es algo que se añade a las cosas, sino que éste es dado en la intuición.[26] Nos movemos dentro de un mundo circundante que está cargado de significado, todo significa, "mundea" (es *weltet*).[27] La ya célebre analogía que propone Rudiger Safranski entre la magdalena de Proust y el vivenciar del mundo circundante es muy útil para comprender este "mundear" de la cátedra.

> La cátedra "mundea" significa: congrega todo un mundo, espacial y temporalmente. Es muy fácil hacer la prueba. En efecto, si más tarde llegamos a recordar algo así como la vivencia de la cátedra, advertiremos, muy bien adoctrinados por Proust, que recordamos a la vez toda una situación de la vida: sacamos a relucir la cátedra y juntamente llega todo un mundo. Proust mojaba una magdalena en el té, y se desarrollaba todo el universo de Combray. La magdalena *mundea*.[28]

La cátedra es parte de ese mundo circundante en el que nada se da aisladamente, sino que todo se muestra en un trasfondo. El "mundear" de la cátedra

---
24 *Idem.*
25 *Ibid.*, p. 72-73.
26 Volveré sobre la cuestión del sentido en fenomenología en el § 39.
27 *Ibid.*, p. 73.
28 SAFRANSKI, Rüdiger, *Un maestro de Alemania. Martin Heidegger y su tiempo*, trad. R. Gabás, Buenos Aires, Tusquets Editores, 2010, p. 126.

dispara una serie de nexos significativos, un conjunto de significaciones que se dan junto a ella.

> Yo veo la cátedra, en cierto modo, de golpe; no la veo aislada [*isoliert*], yo veo el pupitre como si fuera demasiado alto para mí. Yo veo un libro sobre el pupitre, como algo que inmediatamente me molesta (un libro, y no un número de hojas estratificadas y salpicadas de manchas negras); yo veo la cátedra en una orientación [*Orientierung*], en una iluminación [*Beleuchtung*], en un trasfondo [*Hintergrund*].[29]

Finalmente, Heidegger también considera que en estas vivencias del mundo circundante (*Umwelterlebnisse*) mi "yo" está involucrado. "Yo veo la cátedra", en tanto vivencia del mundo circundante, implica algo más que simplemente percibir la cátedra. Esto permite distinguir dos tipos de comportamientos posibles: por un lado, el comportamiento teórico que considera que lo que está en juego en la intuición es un proceso (*Vor-gang*) de objetivación. Los objetos percibidos desfilan desprovistos de caracteres temporales, escindidos de la historia y el mundo, ante la conciencia de un "yo" que observa neutralmente.

> Al acontecer objetivado, al acontecer como algo objetivo y conocido, lo designamos como *proceso* [*Vor-gang*]; este acontecer pasa simplemente delante de mi yo cognoscente y establece con ese yo sólo una relación cognoscitiva, de manera que esta depauperada referencia al yo queda reducida a un mínimo de vivencia. [...] En el comportamiento teórico me dirijo hacia algo, pero *yo no vivo* (en cuanto yo histórico) en contacto con este o con aquel elemento mundano.[30]

Heidegger afirma que este procedimiento conlleva tanto una "desvivificación" (*Entlebung*) de la vivencia, como una "designificación" (*Entdeutung*) de su carácter significativo y una "deshistorización" (*Entgeschichtligung*) del yo histórico.[31]

A esto se opone el "acontecer apropiador" (*Ereignis*)[32] como comportamiento que involucra al "yo":[33]

---

29 GA 56/57, p. 71.
30 *Ibid.*, p. 74.
31 Cfr. *ibid.*, p. 89.
32 Si bien, no opto por traducir *Ereignis* simplemente como "apropiación", como sugiere Jesús Adrián Escudero, pues considero que de esta manera se destaca un matiz subjetivo que ya no está presente en el acercamiento preteorético, entiendo que es pertinente su nota aclaratoria: "En estas lecciones *Ereignis* se utiliza para llamar la atención sobre la peculiar forma de ser de la vida humana, que, a diferencia de la forma epistemológica propia de los procesos cognitivos (*Vorgang*), no consiste en objetivar y describir las vivencias, sino en sumergirse, comprender y apropiarse de la corriente significativa en la que de hecho estamos inmersos. El prefijo *er-*, presente en las expresiones *Ereignis* y *Erlebnis*, apunta al estadio inicial o primario del que nacen la vida y las vivencias". ADRIÁN ESCUDERO, Jesús, "nota 15", en HEIDEGGER, Martin, *La idea de la filosofía y el problema de la concepción del mundo*, trad. Jesús Adrián Escudero, Barcelona, Herder Editorial, 2005, pp. 152-153.
33 Quizás no esté de más aclarar que este "yo" no designa un *ego* cartesiano. En este sentido, son elocuen-

En el ver de la cátedra estoy plenamente presente con mi yo; como dijimos anteriormente; mi yo resuena en ese ver, es una vivencia exclusivamente mía, y así la veo. Sin embargo, no se trata de un proceso, sino de un acontecer apropiador (un no-proceso, en la vivencia interrogativa un residuo de este acontecer apropiador). La vivencia no desfila ante mí como un objeto o como una cosa que yo coloco ahí, sino que yo mismo me la a-propio [*er-eigne*], y ella se a-propia de sí misma según su esencia [*es er-eignet sich seinem Wesen nach*].[34]

Una vivencia sólo puede ser comprendida si es vivida. Y esto exige un compromiso en primera persona, un movimiento de apropiación, un acontecer apropiador en el que se acceda a la vivencia despojada de toda asignación a una esfera objetiva. Este acontecer apropiador no es un abordaje "desde afuera", sino que se da en el movimiento mismo de la vida.

9.3. La intuición hermenéutica

Ahora bien, ¿es posible construir una ciencia de las vivencias teniendo en cuenta estas características de las vivencias del mundo circundante detalladas en la vivencia de la cátedra?

La respuesta de Heidegger es que para ello es necesario articular un comprender intuitivamente (*schauendes Verstehen*) o un intuir comprensivamente (*verstehendes Schauen*).[35] El conocimiento que proporciona esta ciencia consiste en un comprender. Pero, como bien aclara Friedrich-Wilhelm von Hermann, se trata de una comprensión que no puede ser entendida en términos diltheyanos como aquello que se opone a la explicación. Pues esta contraposición entre comprender (*verstehen*) y explicar (*erklären*) permanece en el campo teorético-reflexivo. La comprensión heideggeriana debe entenderse como previa a las distinciones teóricas.[36] Ella consiste en un tipo de intuición particular, en una intuición que no objetiviza como la intuición teórica reflexiva sino que acompaña a la vivencia. Esta intuición comprendedora es la intuición herme-

---

tes las palabras de Ángel Xolocotzi Yáñez: "La vivencia del mundo circundante muestra otra manera de acceder al ser y al mundo y esto es sólo posible en tanto que ya se ha llevado a cabo una transformación de la esencia del ser humano, ahora ya no visto como razón perceptiva, sino como *Dasein* comprendedor de ser. Podemos concluir que si a la base del ser humano como *animal rationale* se hallaba la percepción, a la base del ser humano como *Dasein* se halla la comprensión". XOLOCOTZI YÁÑEZ, Ángel, *Fenomenología de la vida fáctica. Heidegger y su camino a* Ser y Tiempo, México, Universidad Iberoamericana, 2004, p. 100 n. 120.

34 GA 56/57, p. 75.
35 Cfr. *ibid.*, p. 65.
36 Cfr. VON HERMANN, Friedrich-Wilhelm, *Hermeneutik und Reflexion*, Frankfurt am Main, Vittorio Klostermann, 2000, p. 23.

néutica (*hermeneutische Intution*).³⁷ En ella radica la posibilidad de una ciencia de las vivencias. Ramón Rodríguez define el rol de la intuición hermenéutica con gran claridad:

> La intuición hermenéutica es, pues, un elemento metódico capital del programa heideggeriano de una ciencia originaria. En cuanto repetición no reflexiva de la vida fáctica, la intuición hermenéutica recoge el momento fenomenológico insuprimible de la donación de la "cosa misma", del aparecer originario del sentido, y en cuanto repetición evidente, garantiza la formulación inteligible y la imprescindible comprobación de lo visto, sin las que una filosofía no puede llevar el nombre de ciencia.³⁸

Es este carácter de repetición (*Widerholung*) lo que permite entender de qué manera esta intuición no altera los términos de lo que se da y hace posible tomarlo "como se da". De esta manera, la intuición hermenéutica parece ofrecer una primera solución al problema de la intuición y de la expresión, es decir, al problema del acceso y al problema de su formulación inteligible.

Hemos visto que el acceso a las vivencias está dado por una entrega al ritmo de la vivencia (*Rhythmus des Erlebnisses*).³⁹ Heidegger utiliza expresamente metáforas sonoras, un lenguaje musical, para dar cuenta de su alejamiento respecto del planteo teórico que se vale de metáforas visuales.⁴⁰ El movimiento de comprensión se entrega a la escucha del ritmo de la motivación (*Motivation*)⁴¹ en la que resuena la vivencia en su originariedad. La comprensión hermenéutica es también una "actitud comprendedora que escucha" (*hörende*

---

37 Cfr. *ibid.*, p. 117.
38 RODRÍGUEZ, Ramón, *La transformación hermenéutica de la fenomenología*, op. cit., pp. 99-100.
39 Cfr. GA 56/57, p. 98.
40 En el § 1 de Étant donné, Marion aclara pone en cuestión el privilegio de la visión: "La distinción entre ver, escuchar y sentir (pero también gustar y oler) sólo deviene determinante a partir del momento en el que la percepción se apega a una determinación decididamente subjetiva de su rol, como aquello que filtra, interpreta y deforma la apariencia de la aparición. Inversamente, desde el momento en el que la aparición domina el aparecer y lo retoma, las especificaciones subjetivas de la apariencia por medio de uno u otro sentido ya no resultan esencialmente importantes: tanto si la veo, como si la toco, la siento o la oigo, es siempre la cosa la que me adviene cada vez en persona ; y que me advenga siempre en parte o por escorzos no impide que me llegue en la carne misma de su aparición; esta imperfección misma no se advertiría si no presupusiera ya la aparición en persona de la cosa, que la limita. El pretendido privilegio de la visión sólo deviene determinante cuando se ha perdido el privilegio –verdaderamente decisivo de la aparición de la cosa misma en el seno de su apariencia (sensible, perceptible 'subjetiva', etc.)". ED, p. 14. En consonancia con estas afirmaciones, Matías Pizzi indaga en la idea de un desplazamiento del paradigma de la visión por el del lenguaje en la obra marioniana. Cfr. PIZZI, Matías Ignacio, "El pasaje de una fenomenología de la visión a una fenomenología el lenguaje. Las huellas de Dionisio Areopagita en el fenómeno erótico de Jean-Luc Marion", *Teología y Cultura*, año 15, vol. 20 (2018), pp. 9-21.
41 *Motivation* refiere a *Motiv* que tiene el doble significado de causa del movimiento y de núcleo a partir del cual se desarrolla el tema de una composición musical.

Verstehenshaltung), según la expresión de von Hermann.⁴² "¡Hay que saber oír y ser capaz de aprender!"⁴³

9.4. "Aquello que se muestra como tal en su mostrarse"

En el curso dictado en el semestre de verano de 1923, *Ontologie. Hermeneutik des Faktizität*, Heidegger propone la siguiente definición: "Fenómeno es aquello que se muestra como tal en su mostrarse",⁴⁴ es decir, es aquello que está ahí por sí mismo, no representado ni considerado en modo indirecto. Ahora bien, puede suceder que lo que se muestre no sea la cosa misma.⁴⁵ Puede suceder que la impresión directa no me garantice la aprehensión de la cosa. Por eso Heidegger aclara que de lo que se trata es de

> aprehender la cosa libre de encubrimientos, superando el punto de partida. Para ello es necesario sacar a la luz la historia del encubrimiento [*Verdeckungsgeschichte*]. Hay que remontar la tradición del cuestionar filosófico hasta las fuentes del asunto. Hay que desmontar la tradición.⁴⁶

Esta tarea de "desmontaje" [*Abbau*] o "destrucción" [*Destruktion*] inspirada en la *destructio* luterana, junto con la "indicación formal" (*formale Anzeige*) serán las herramientas metodológicas que permitirá un genuino acceso a las cosas sin prejuzgar respecto a su modo de darse.⁴⁷

Como puede observarse, con esta definición de "fenómeno" no se establece una referencia a ningún sector acotado de cosas. "Fenómeno no es, por lo tanto, primariamente una categoría, sino que hace referencia ante todo al cómo del acceso, de la aprehensión y de la verificación".⁴⁸ En este sentido, la

---

42 VON HERMANN, Friedrich-Wilhelm, *Hermeneutik und Reflexion*, op. cit., p. 24.
43 GA 63, p. 77. Volveré sobre esta relación entre la escucha y la hermenéutica, y sobre todas estas cuestiones desarrolladas en el curso del *Kriegsnotsemester* en el capítulo quinto destinado a analizar la función de la hermenéutica en la fenomenología de la donación.
44 *Ibid.*, p. 67.
45 En este curso ya se encuentran las dos modalidades de la donación del fenómeno y los lineamientos para la distinción entre *Schein* (Gaos traduce: "el parecer ser") y *Erscheinung* (Gaos traduce: "apariencia"). En el § 7, Heidegger afirma que el término *phainómenon* tiene tanto el significado de "lo que se muestra en sí mismo", "lo patente", como el de "lo que tiene aspecto de...", "lo que parece ser". Esta segunda significación se funda en la primera y no debe ser confundida con la "apariencia". Cfr. GA 2, p. 38-42. En la "apariencia" (*Erscheinung*) no se da la cosa misma, sino algo que la representa, es "el anunciarse de algo que no se muestra por medio de algo que se muestra [...] Todos los indicios, signos, síntomas y símbolos tienen la indicada estructura básica formal del aparecer". *Ibid.*, pp. 39-40. El "parecer ser" (*Schein*), por el contrario, es un modo del mostrarse de la cosa misma bajo la modalidad del encubrimiento. Cfr. también GA 17, pp. 38-39 y, en especial, GA 20, pp. 111-115.
46 GA 63, p. 75.
47 Volveré sobre la noción de *Destruktion* en el § 21.
48 *Ibid.*, p. 71.

fenomenología no mienta una dirección ni una posición, sino un "cómo de la investigación" que nos alerta frente a los encubrimientos (*Verdeckungen*).⁴⁹ En este sentido debe interpretarse las palabras finales del § 7 de *Sein und Zeit*:

> Las aclaraciones del concepto previo [*Vorbegriff*] de la fenomenología indican que lo esencial a ella no reside en ser *efectiva* como "dirección" filosófica [*philosophische Richtung*]. Más elevada que la efectividad está la *posibilidad* [*Höher als die Wirklichkeit steht die Möglichkeit*]. La comprensión de la fenomenología radica únicamente en tomarla como posibilidad.⁵⁰

La fenomenología debe ser tomada en su posibilidad que consiste precisamente en ser una posibilidad siempre abierta.⁵¹ La fenomenología es la previsión metodológica que permite que las posibilidades no sean obturadas.

§ 10. La posibilidad más elevada que la efectividad

Como ya hemos señalado, Marion se propone llevar hasta las últimas consecuencias el *dictum* heideggeriano.⁵² La prioridad del fenómeno sólo puede ser entendida si se lleva a cabo una radical inversión de la relación entre posibilidad y efectividad. Ciertamente, como advierte Carla Canullo, la *fenomenologia rovesciata* marioniana se caracteriza por una inversión del primado de la efectividad. Y esta inversión no debe ser subestimada. Siguiendo a Claudia Serban, quizás sea posible sostener que "la fenomenología ha nacido replanteando nuevamente la cuestión de la posibilidad y respondiendo de una manera sin duda inédita"⁵³ y, en este sentido,

> El cambio de mirada que implica la actitud fenomenológica, efectivamente, se deja describir como el aprendizaje de una mirada (dirigida a las cosas, el mundo, nuestra ipseidad, nuestra existencia) *sub specie possibilitatis*. El gesto fenomenológico más elemental podría ser el *pasaje de lo efectivo a lo posible*, allí donde la metafísica se ha interesado desde siempre en el *pasaje de lo posible a lo efectivo*.⁵⁴

---

49 Cfr. *ibid.*, p. 76.
50 GA 2, pp. 51-52.
51 En el texto autobiográfico de 1963, „Mein Weg in die Phänomenologie", Heidegger explicita lo que significa tomar a la fenomenología como posibilidad: "La fenomenología es para el pensamiento la posibilidad que se modifica en cualquier tiempo y que es por eso mismo posibilidad permanente del pensamiento [*bleibende Möglichkeit des Denkens*] de corresponder a la exigencia de lo que debe ser pensado". GA 14, p. 101.
52 Cfr. RD, p. 10.
53 SERBAN, Claudia, *Phénoménologie de la possibilité...*, op. cit., p. 23.
54 *Ibid.*, pp. 21-22.

10.1. La posibilidad en régimen metafísico

En el § 19 de *Étant donné*, Marion se detiene en el estatuto de la posibilidad en la metafísica y en la fenomenología.[55] ¿Cuál es la relación entre posibilidad y fenomenicidad en cada caso? En primer lugar, Marion analiza la propuesta kantiana. En la *Crítica de la razón pura*, al enunciar los "postulados del pensar empírico en general", Kant formula lo que Marion llama la "definición metafísica de la posibilidad": "Lo que concuerda con las condiciones formales de la experiencia (según la intuición y los conceptos), es posible".[56] Kant establece un vínculo íntimo entre posibilidad y fenomenicidad en el que la posibilidad queda subordinada a la fenomenicidad: lo posible es aquello que se adapta a las "condiciones formales de la experiencia". Marion se pregunta entonces: "¿habría que concluir que el fenómeno impone su posibilidad, en vez de someterse a las condiciones de ésta?".[57] Y prontamente responde:

> De ninguna manera, porque lo posible no concuerda con el objeto de la experiencia, sino con sus "condiciones formales": la posibilidad no resulta del fenómeno, sino, al contrario, de las condiciones impuestas a todo fenómeno.[58]

Kant es claro al respecto: "Así, el postulado de la posibilidad de las cosas exige que el concepto de ellas concuerde con las condiciones formales de una experiencia en general".[59] Marion concluye pues:

> La posibilidad del fenómeno no resulta de su propia fenomenicidad, sino de una instancia diferente, otra, sino externa: la de las condiciones de la experiencia para y por el sujeto.[60]

De este modo, el acceso a la aparición del fenómeno queda supeditado a la posibilidad del fenómeno y, a su vez, su posibilidad depende de "condiciones formales" impuestas, que no son las suyas propias. Estas "condiciones formales" responden al "poder de conocer": "las categorías de la modalidad [...] sólo expresan la relación con el poder de conocer".[61] Según Marion, cabe destacar

---

[55] Marion aborda esta cuestión en dos artículos anteriores en los que introduce la noción de fenómeno saturado: "À Dieu, rien d'impossible", de 1989, y "Le phénomène saturé", de 1992. Cfr. DRI y PhS. Me detendré en la génesis de esta noción en el capítulo sexto.
[56] KrV, A 218/B 265.
[57] ED, p. 253.
[58] *Idem*.
[59] KrV, A 220/B 267.
[60] ED, p. 253.
[61] KrV, A 219/B 266.

entonces la primacía del "poder de conocer" (*pouvoir de connaître*) del sujeto por sobre el "poder de aparecer" (*pouvoir d'apparaître*) del fenómeno:

> Las condiciones formales del conocimiento se articulan aquí directamente a partir del poder de conocer, y no a partir del poder de aparecer del fenómeno. Esto significa que la intuición y el concepto determinan por adelantado la posibilidad de aparecer de todo fenómeno. La posibilidad –como también y sobre todo la imposibilidad– de un fenómeno se decreta a la medida del "poder de conocer", del juego de la intuición y del concepto en un espíritu finito. Por tanto, es posible todo fenómeno que concuerde con la finitud del poder de conocer y con sus exigencias.[62]

Kant, finalmente, concuerda con Leibniz en pensar la posibilidad fenoménica como condicionada. La posibilidad metafísica obedece al "principio de razón suficiente" enunciado por Leibniz en *Principios de la naturaleza y de la gracia fundados en razón*, obedece al

> *gran principio* habitualmente poco empleado, que sostiene *que nada se hace sin razón suficiente*, es decir, que nada ocurre sin que le sea posible al que conozca suficientemente las cosas dar una razón que baste para determinar por qué es así y no de otro modo.[63]

Como puede observarse, también para Leibniz el derecho a aparecer depende de un "poder de conocer" que establece las condiciones de posibilidad. Según este principio, la aparición no es suficiente para justificar su posibilidad, sino que debe recurrir a la razón que vuelve inteligible la posibilidad. Kant extrema el "principio de razón suficiente" de Leibniz, que apela a Dios como "razón última de las cosas", atribuyendo la condición de la fenomenicidad a la finitud de la apercepción trascendental. Marion cita el enunciado del "principio supremo de todo uso del entendimiento":

> El principio supremo de la posibilidad de toda intuición con respecto a la sensibilidad era, según la Estética transc.: que todo lo múltiple de aquélla está bajo las condiciones formales del espacio y del tiempo. El principio supremo de ella misma [de la sensibilidad], con respecto al entendimiento, es: que todo lo múltiple de la intuición está bajo condiciones de la unidad sintética originaria de la apercepción. Bajo el primero [de estos principios] están todas las múltiples representaciones de la intuición, en la medida en que ellas son *dadas*; bajo el segundo, en la medida en que deben poder ser *enlazadas* en una conciencia; pues sin esto nada puede ser

---
62 ED, p. 254.
63 Leibniz, Gottfried Wilhelm, *Principes de la Nature et de la Grâce fondés en raison. Principes de la Philosophie ou Monadologie*, éd. A. Robinet, Paris, PUF, 1954, § 7, p. 45.

pensado ni conocido por medio de ellas, porque las representaciones dadas no tendrían en común el acto de la apercepción.[64]

En este sentido, Marion destaca que en el régimen metafísico radicalizado por Kant

> La fenomenicidad ya no extrae su posibilidad directamente de los fenómenos mismos, sino que la recibe como del exterior por dos principios supremos; en primer lugar, en la estricta medida en la que "pueden ser dados" y, en segundo lugar, en tanto que "deben estar entrelazados a una conciencia". Dados, pero a una conciencia, entrelazados, pero a una conciencia, los fenómenos no aparecen más que bajo esa condición, alienados por una fenomenicidad impuesta.[65]

La fenomenicidad no proviene del fenómeno, sino de las condiciones de posibilidad que le impone el sujeto cognoscente.

10.2. La posibilidad en régimen fenomenológico

La fenomenología advierte esta alienación de la fenomenicidad e intenta restablecer los derechos del "poder de aparecer". Dice Marion:

> La fenomenología escapa precisamente –o intenta escapar– a esta fenomenicidad alienada oponiendo, tanto al principio de razón suficiente como al principio supremo de la posibilidad, el "principio de todos los principios", que amplía (en principio) sin condición la fenomenicidad hasta entonces condicional.[66]

El "principio de todos los principios" husserliano cambia el estatuto de la intuición: ésta ya no interviene como una fuente "de hecho", sino que pasa a operar como fuente "de derecho" capaz de justificarse a sí misma. Marion observa con agudeza que, de este modo,

> El fenómeno en Husserl responde por adelantado al fenómeno según Heidegger –lo que se muestra a sí mismo a partir de sí mismo–. Para decirlo más claramente: lo que se muestra a partir de sí mismo como pura aparición sin resto y no desde

---

64 KrV, B 136-137.
65 ED, p. 257.
66 *Idem*. En el discurso de ingreso a la Académie française, evocando a Jean-Marie Lustiger, Marion destaca la importancia decisiva de cuestionar el principio de razón suficiente: "¿Cómo podemos repetir que después de Auschwitz ya no se puede filosofar, ni hacer teología, ni escribir poesía (de hecho y de derecho, la urgencia ¿no exigiría, por el contrario, hacerlo, pero de un modo totalmente distinto y más honestamente? ¿No es lo que hicieron Lévinas, Henry y Derrida, Hans Urs von Balthasar y Henri de Lubac, Paul Celan y René Char?) sin poner en cuestión la autosuficiencia de esta 'razón 'suficiente' que no conoce sus límites'?" DAF, p. 38.

algo diferente de sí que no aparecería (una razón). Para justificar su derecho de aparecer, al fenómeno le basta con la intuición, sin otra razón: le basta con darse mediante la intuición, siguiendo el principio de intuición suficiente.

En este sentido, la definición heideggeriana de fenómeno no es más que el despliegue de la posibilidad esencial inscripta en la definición husserliana de fenómeno: si ya no es la razón, sino la intuición la que opera como principio suficiente, entonces se despejan los obstáculos para que la posibilidad del fenómeno se rija por su propio "poder de aparecer". Sin embargo, como bien destaca Marion, "el principio de todos los principios" no asegura a todos los fenómenos el derecho a aparecer ni una posibilidad absolutamente incondicionada. Esto es así no sólo porque la intuición misma puede limitar la fenomenicidad, sino porque ésta permanece enmarcada en dos condiciones de posibilidad no intuitivas: el horizonte y el Yo.[67]

Marion se detiene en cierto aspecto de la formulación del "principio de todos los principios" que es necesario tener en cuenta:

> que toda intuición en que se da algo originariamente es una fuente legítima de conocimiento, que todo lo que se nos da originariamente (por decirlo así, en su realidad corpórea) en la intuición, hay que tomarlo simplemente como se da [*als was es sich gibt*], pero también sólo dentro de los límites [*Schranken*] en que se da.[68]

Husserl sostiene que lo dado en la intuición debe ser tomado "como se da", pero "sólo dentro de los límites en que se da". Según Marion, estos límites son tanto "de hecho" como "de derecho": 1) "de hecho", porque no todo fenómeno puede darse plenamente. La intuición responde a cierta lógica de la penuria. 2) "De derecho" pues todo fenómeno debe inscribirse en los "límites" de un horizonte y de un Yo.

La permanente novedad en el flujo de vivencias que se integra a las vivencias pasadas se explica, según Husserl, a partir de la idea de horizonte. Toda vivencia se da en el marco de un horizonte temporal y junto con un "horizonte de vivencias no miradas". Dice Husserl en el § 83 de *Ideen I*:

> Cuando la mirada pura del yo da reflexivamente en alguna vivencia y la capta perceptivamente, existe la posibilidad apriórica de volver la mirada a otras vivencias *hasta donde* este nexo alcanza. Pero por principio no es *nunca* este nexo *entero* algo dado o que pueda darse por medio de una sola mirada pura. A pesar de ello, también él es en *cierto* modo intuitivamente captable, aunque se trate de un modo

---

67 Cfr. ED, pp. 258-259.
68 Hua III/1, p. 51.

de una índole por principio distinta, a saber, en la forma de la *"falta de límites en la marcha progresiva"* de las intuiciones inmanentes, desde la vivencia fijada hacia nuevas vivencias de su horizonte de vivencia [*Erlebnishorizont*], desde la fijación de éstas hacia las de su horizonte, etc. Mas la expresión *horizonte de vivencias* no quiere decir aquí solamente el horizonte de la temporalidad fenomenológica según las dimensiones descritas, sino diferencias de modos de dación *de nueva especie*. Según esto, una vivencia que se ha tornado objeto de una mirada del yo, o sea, que tiene el modo de lo *mirado*, tiene su horizonte de vivencias no miradas; lo captado en un modo de la "atención", y eventualmente con creciente claridad, tiene un horizonte de inatención hacia el fondo, con relativas diferencias de claridad y oscuridad, así como de relieve y de falta de relieve.[69]

Siempre está presente pues un "horizonte de indeterminación determinable, por mucho que avancemos en la experiencia". Marion se detiene en este carácter "determinable": en el horizonte, lo desconocido es siempre cognoscible, pues se inscribe en las posibilidades de lo conocido.

El exterior de la experiencia no equivale a una experiencia del exterior, porque el horizonte se apodera por adelantado de lo desconocido, de lo inexperimentado, de lo no-mirado y supone que siempre resultan compatibles, comprensibles y homogéneos a lo ya experimentado, a lo ya mirado y ya interiorizado por la intuición. La mención anticipa siempre lo que todavía no ha visto, de modo que lo no-visto tiene de entrada el rango de lo pre-visto, de visible simplemente retardado, sin novedad fundamentalmente irreductible, en definitiva, de previsible. Así pues, el horizonte no rodea tanto lo visible con un *aura* de no-visible, sino que asigna por adelantado eso no-visible a uno u otro punto focal (objeto) inscrito en lo ya visto.[70]

De este modo, el horizonte actúa como uno de los "límites" que se impone al "poder de aparecer" del fenómeno.

En su artículo "Reducción fenomenológica y figuras de la excedencia", Roberto Walton observa con agudeza que la horizonticidad puede entenderse no sólo como límite, sino como posibilidad. En este sentido, según Walton, podría afirmarse que todo fenómeno es un fenómeno saturado, pues toda acto perceptivo concreto se caracteriza por una estructura original en la que se distingue la conciencia patente (*Vordergrundbewußtsein*) y la conciencia latente (*Hintergrundbewußtsein*), esto es, la conciencia de horizonte (*Bewußtseinshorizont*), el "horizonte de vivencias no miradas", la conciencia de

---

69 *Ibid.*, p. 166.
70 ED, p. 261.

la infinita cantidad de posibilidades latentes que, de alguna manera, "saturan" nuestra aprehensión.[71] Dice Walton:

> ...la excedencia es intrínseca a la intencionalidad a través de sus horizontes abiertos, indeterminados e inagotables. Esto significa que, para Husserl, el fenómeno de derecho común es saturado en el sentido de que excede a la anticipación significativa que siempre se desenvuelve en un nivel de generalidad y pobreza respecto de la intuición, y que los fenómenos pobres en intuición también son saturados porque, en tanto objetos ideales, tienen sus horizontes.[72]

Como bien destaca Hans-Rainer Sepp, el Prof. Walton es probablemente el investigador que ha examinado más minuciosamente la cuestión del horizonte en Husserl.[73] En este sentido, lo más prudente sería aceptar la objeción sin más. Sin embargo, entiendo que es posible formular una mínima réplica. En "Función y significado de la intencionalidad de horizonte", Walton sostiene que el modo en que Husserl concibe la horizonticidad en términos de excedencia (al no poder ser agotado con ningún develamiento) lleva a la prolongación de la fenomenología posthusserliana.[74] El texto menciona a Merleau-Ponty, Rombach, Lévinas y Henry, no menciona a Marion, pero si se entiende que la reflexión lo incluye ¿no podría considerarse que su propuesta no es una mera repetición de la fenomenología husserliana, sino un necesario despliegue de una de sus posibilidades? De este modo, puede señalarse que si bien es cierto que en Husserl las posibilidades latentes se dan excediendo la mera presencia intuitiva de lo patente, ellas sólo son actualizables bajo el modo de la objetidad. Marion continúa la consideración de la excedencia husserliana, llevándola más allá de la objetidad y la enticidad.

La segunda condición de posibilidad que Husserl impone al fenómeno es el Yo. La misma noción de horizonte demanda la unificación por medio del Yo. En el § 82 de *Ideen I*, Husserl sostiene que

> Todo *ahora* vivencial tiene un horizonte de vivencias que tienen precisamente también la forma originaria del "ahora", y en cuanto tales conforman el *horizonte de originariedad único del yo puro*, su íntegro *ahora*-de-conciencia originario.[75]

---

71 cfr. Hua VIII, pp. 145ss.
72 WALTON, Roberto, "Reducción fenomenológica y figuras de la excedencia", *Tópicos*, 16 (2008), p. 187.
73 cfr. SEPP, Hans-Rainer, "Los límites del horizonte" en RABANAQUE, Luis Román y ZIRIÓN QUIJANO, Antonio, *Horizonte y mundanidad. Homenaje a Roberto Walton*, México, Silla Vacía Editorial y Jitanjáfora Morelia Editorial, 2016, p. 87.
74 cfr. WALTON, Roberto, "Función y significado de la intencionalidad de horizonte" en PINTOS PEÑARANDA, María Luz y GONZÁLEZ LÓPEZ, José Luis, *Fenomenología y Ciencias Humanas*, Santiago de Compostela, Universidad de Santiago de Compostela, 1998, p. 173.
75 Hua III/1, p. 184.

Pero, además, este Yo que actúa como horizonte último, también cumple en la fenomenología husserliana la función trascendental de constitución y dación de sentido (*Sinngebung*) de los fenómenos.

Marion entiende que para reestablecer los derechos de "poder de aparecer" hay que terminar de liberar la posibilidad de un fenómeno incondicionado (sin un horizonte determinado) e irreductible (sin un Yo constituyente).

§ 11. La noción husserliana de fenómeno

La primera etapa en este recorrido, que permitirá comprender acabadamente las limitaciones que imponen el horizonte y el Yo, demanda –según Marion– detenerse en la noción husserliana de fenómeno.

En *Réduction et donation*, Marion examina la crítica heideggeriana al "principio de todos los principios" en „Das Ende der Philosophie und die Aufgabe des Denkens":

> Para Husserl, el "principio de todos los principios" no es, en primer lugar, un principio de contenido, sino metodológico. […] El "principio de todos los principios" implica la tesis de la primacía del método. Este principio decide sobre cuál es la única "cosa" que pueda convenirle al método. Exige que la subjetividad absoluta sea la "cosa" de la Filosofía. […] Si se preguntara ¿de dónde saca el "principio de todos los principios" su inamovible legitimidad?, habría entonces que responder: de la subjetividad, que se ha dado ya por supuesto es la "cosa" de la Filosofía.[76]

Según Heidegger, Husserl contradice la máxima fenomenológica del "retorno a las cosas mismas" al formular el "principio de todos los principios" que implica más bien –como bien señala Marion– un "retornar a la evidencia brindada por la intuición a la conciencia".[77] Explica Marion:

> La crítica que formula aquí Heidegger equivale a estigmatizar el desplazamiento de la fenomenología del estatuto de ciencia de los fenómenos –como cosa del pensamiento y su puesta en juego– al de ciencia de y por la conciencia, reasumiendo el proyecto metafísico de una ciencia rigurosa y de un saber absoluto.[78]

Sin embargo, Marion acierta al preguntarse si no puede cuestionarse la crítica heideggeriana, pues puede señalarse que el principio de todos los principios, por el contrario, pretende asegurar la primacía del fenómeno que debe

---

76 GA 14, pp. 77-78.
77 RD, p. 80.
78 *Idem*.

ser considerado "como se da" (*als was es sich gibt*).⁷⁹ Como ya hemos señalado en el apartado 10.2, es fundamental advertir que aquí se encuentra en germen la concepción heideggeriana de fenómeno como "aquello que se muestra como tal en su mostrarse". No obstante, también es importante entender que este donación del fenómeno como *se* da está restringida por la conciencia misma. El "principio de todos los principios" –señala Marion– interpreta la donación como donación de una presencia efectiva para la conciencia y en vistas a la certeza.

> La conciencia determina pues la fenomenicidad reduciendo todo fenómeno a la certeza de una presencia efectiva, lejos de que la fenomenicidad imponga a la conciencia el dejarse determinar ella misma por las condiciones y los modos de la donación, siempre múltiple y desconcertante.⁸⁰

A continuación, Marion propone tres observaciones respecto del modo en que Husserl concibe al fenómeno y la fenomenicidad.

1) En primer lugar, a partir del ideal certeza, de la idea de ciencia cierta, Husserl exige que el modo de ser de la vivencia alcance el presente originario, efectivo y cierto.

> La objetividad y, por lo tanto, la presencia efectiva impuesta a todo fenómeno, se sigue de los actos intencionales de la conciencia; la conciencia determina entonces también, de antemano y en conformidad con la prevalencia en ella de la pura presencia, el modo de ser de los fenómenos: éstos sólo se dan como aparecen a condición de aparecer según el modo que la conciencia silenciosamente les impone, es decir, satisfacer la efectividad de la presencia, la cual reina, incuestionada.⁸¹

2) En segundo lugar, Marion observa que lo que aparece no es admitido simplemente porque aparece, sino porque aparece en una instancia originaria. La legitimidad de lo que aparece está dada por la instancia originaria de la intuición. Marion se pregunta cómo hay que entender la noción de una *gebende Anschauung*⁸² o una *gebende Intuition*.⁸³ "¿Quién da: la intuición o la aparición? Sin duda la intuición, porque ella legitima la aparición en tanto que ninguna otra facultad o instancia de la conciencia puede, detrás de ella, juzgar a la aparición en su aparecer".⁸⁴ La intuición tiene, pues, la última palabra. Y,

---

79 Cfr. *ibid.*, pp. 80-81.
80 *Ibid.*, pp. 81-82.
81 *Ibid.*, pp. 82-83.
82 Cfr. Hua III/1, p. 51.
83 Cfr. Hua III/1, p. 46.
84 RD, p. 83. De este modo, Marion se hace eco de la célebre observación hecha por Paul Ricœur al

de este modo, imponiéndose como condición al aparecer, la intuición también reina incuestionada.[85]

3) Finalmente, Marion destaca que la indicación más clara de la sumisión de la fenomenicidad a la conciencia está dada por "la definición misma del fenómeno a partir de la 'vivencia'".[86] En el § 2 de la quinta investigación lógica, Husserl señala la equivocidad que esto provoca en la noción de fenómeno:

> No será señalado nunca con bastante rigor el equívoco que permite llamar fenómeno [*Erscheinung*], no sólo a la vivencia en que consiste el aparecer [*das Erscheinen*] del objeto (por ejemplo, la vivencia concreta de la percepción en que el objeto mismo no está supuestamente presente), sino también al objeto que aparece [*das erscheinende Objekt*] como tal.[87]

Pero esta equivocidad será el rasgo distintivo de la concepción husserliana de fenómeno.[88] En *Die Idee der Phänomenologie*, Husserl afirma:

> La palabra "fenómeno" [*Phänomen*] es ambigua por la correlación esencial entre *aparecer* [*Erscheinen*] y *lo que aparece* [*Erscheinendes*]. *Phainómenon* significa propiamente "lo que aparece" y, sin embargo, se utiliza frecuentemente para designar el aparecer mismo, el fenómeno subjetivo (si está permitido usar esta expresión que puede inducir a malentendidos si se la toma en un tosco sentido psicológico).[89]

Existe una dualidad irreducible en la noción husserliana de fenómeno entre un polo subjetivo (*das Erscheinen*) y otro objetivo (*das Erscheinendes*). "Fenómeno" designa tanto "el aparecer" como "lo que aparece". Marion observa que esta dualidad, que se modula en diversos pares (intención/intuición,

---

"principio de todos los principios" en su traducción de *Ideen I*. Ricœur encuentra llamativo el contraste entre una "intuición donadora" (*intuition donatrice*) y "lo que se da" (ce qui *se* donne), y sostiene que "resume de manera abreviada todas las dificultades de la filosofía de la constitución que debe ser al mismo tiempo, bajo otro punto de vista, un intuicionismo". Ricœur, Paul, "Note 1, p. 78" en Husserl, Edmund, *Idées directrices pour une phénoménologie et une philosophie phénoménologique pures*, traduction et notes par P. Ricœur, Paris, Gallimard, 1950, p. 78, nota 1. En *Étant donné*, Marion hace referencia explícita a la observación de Ricœur. Cfr. ED, p. 21 n. 1 y p. 98 n. 2.

85 Cfr. RD, p. 84.
86 *Idem.*
87 Hua XIX/1, p. 359.
88 Dice Marion: "...el equívoco debe permanecer absolutamente, porque la dualidad del término de fenómeno constituye paradójicamente la adquisición fundamental de la fenomenología husserliana: fenómeno no se dice en primer lugar, ni solamente, del objeto que aparece, sino de la vivencia en la cual y según la cual aparece [...]. La *Erscheinung*, aún y sobre todo si se tiene en cuenta la intencionalidad, se encuentra abordada a partir de la inmanencia del *Erlebnis* y, por lo tanto, inevitablemente, nunca a partir del aparecer del objeto mismo, por definición condicionado". RD, pp. 85-86.
89 Hua II, p. 14. Esta dualidad subjetiva-objetiva del fenómeno también se encuentra en el § 3 de la tercera investigación lógica: "Podemos decir que esto es válido no sólo para los fenómenos [*Erscheinungen*] en el sentido de los objetos que aparecen [*erscheinenden*] como tales, sino también para los fenómenos como las vivencias en que las cosas fenoménicas aparecen [*erscheinen*]". Hua XIX/1, p. 231.

significación/cumplimiento, nóesis/nóema), lleva a Husserl a postular que la manifestación más plena de un fenómeno se da cuando hay una adecuación perfecta entre ambos aspectos, cuando el aparecer subjetivo equivale al aparecer objetivo.⁹⁰ Lo problemático de este planteo –según observa Marion– es que "el ideal de cumplimiento", la adecuación perfecta que se da en la evidencia, no es la norma, sino la excepción.⁹¹ Y esto es así, sostiene Marion:

> porque la igualdad que Husserl mantiene de derecho entre la intuición y la intención le es inaccesible. La intuición resulta (casi) siempre (parcialmente) deficiente con respecto a la intención, así como el cumplimiento falta a la significación. O dicho de otra manera, la intención y la significación sobrepasan la intuición y el cumplimiento.⁹²

La intuición husserliana es, según Marion, una intuición "deficiente, pobre, necesitada, indigente, *penía*".⁹³ La adecuación sólo se alcanza en los ámbitos en los que la intención no reclama más que una intuición formal (ej. el espacio en matemáticas), una intuición categorial (ej. las entidades lógicas) o incluso ninguna intuición (ej. la tautología vacía).⁹⁴

Esta penuria de la intuición es, según Marion, el resultado de un supuesto metafísico incuestionado. Husserl sigue a Kant en su definición de la verdad como *adaequatio* y el paralelismo entre intuición y concepto que ésta implica. Pero ¿es esto realmente así? ¿Puede decirse sin más que Husserl sigue a Kant en estas cuestiones? ¿No tiene razón Eduardo González di Pierro cuando señala que éste es precisamente el error de Marion?⁹⁵ Efectivamente, no puede reducirse la propuesta husserliana a la kantiana. Es cierto que el concepto husserliano de fenómeno es más amplio que el kantiano,⁹⁶ y que no puede

---

90 Cfr. ED, pp. 265-266.
91 Marion se detiene en la sexta investigación lógica, en las diversas figuras de la verdad como adecuación enunciadas por Husserl. Cfr. Hua XIX/2, pp. 645-656. Su análisis extrae la siguiente conclusión: "Lo sorprendente no reside tanto en esta insistente multiplicación como en el hecho de que la adecuación, a la cual la verdad restringe su ambición, resulta además un puro ideal –'el ideal de un cumplimiento', '[...] percepción idealmente cumplida'–, el objeto de una simple 'idea de la adecuación absoluta en cuanto tal'". ED, p. 267.
92 *Ibid.*, p. 268. En apoyo de esta afirmación, Marion cita la Sexta Investigación Lógica: "Pero la esfera de la significación es mucho más vasta que la de la intuición...". Hua XIX/2, p. 721. En el primer capítulo de *Réduction et donation*, Marion destaca la independencia de la significación respecto de la intuición, según es afirmada en las *Logische Untersuchungen*. Dice Husserl: "En primer lugar es dada, y dada por ella misma, la intención de significación; es sólo entonces que interviene la intuición correspondiente". Hua XIX/2, p. 567. Marion destaca que esta anterioridad de la significación provoca una ampliación de esta esfera, similar a la ampliación de la intuición.
93 ED, p. 268.
94 Cfr. *idem*.
95 GONZÁLEZ DI PIERRO, Eduardo, "*Gegebenheit* y *donation*: dos modos de la dación fenomenológica. La crítica de Marion a Husserl. Coincidencias y divergencias", *Devenires*, XII, 23 (2011), p. 126.
96 Basta mencionar la amplitud con la que es presentada la noción de fenómeno en la lección inaugural de 1917. Allí Husserl define al fenómeno como referido a todos los modos de ser consciente de algo,

pensarse a la fenomenología trascendental como un mero regreso al idealismo trascendental kantiano.⁹⁷ No obstante, considero que el problema de estas críticas es que no advierten la estrategia de lectura cuasi-deconstructiva de Marion, que siempre comporta un doble movimiento. Marion no reduce Husserl a Kant, ni tampoco a algunos de sus textos. Por el contrario, su objetivo es siempre demostrar que la propuesta de la fenomenología de la donación ya se encontraba como una posibilidad latente en la fenomenología husserliana. Sin embargo, para establecer la importancia del desarrollo de esas posibilidades, es necesario dar cuenta de aquello que en la propia obra de Husserl impidió el desarrollo. En palabras del propio Marion: "…a menudo, Husserl no ve lo que abre como posibilidad, mientras que lo que creer ver mejor, en ocasiones, cierra la posibilidad".⁹⁸ En este caso, se trata de: 1) mostrar cómo la noción de objetividad –que ciertamente tiene raigambre kantiana–⁹⁹ dejó su huella en el concepto de fenómeno que Husserl presentó en su obra publicada, es decir, en la obra que el propio autor eligió para difundir su pensamiento; 2) explorar la lógica de la objetividad hasta sus últimas consecuencias. En este sentido, es válido el desplazamiento de la problemática al propio Kant, pues se trata de establecer con claridad la naturaleza del obstáculo que la fenomenología de la donación pretende superar.

Como bien destaca Jean-François Lavigne, es el propio Husserl quien define su proyecto filosófico como un "idealismo trascendental" (§ 41 de *Cartesianische Meditationen*)¹⁰⁰ y, si bien, esto conlleva una redefinición en los términos,

> aquí la novedad semántica no puede, evidentemente, recusar la *totalidad* de las determinaciones que definen, desde Kant y Fichte, al idealismo trascendental en el discurso filosófico, si no, ¿por qué retomar tal sintagma?¹⁰¹

La elección husserliana del sintagma "idealismo trascendental", como bien señala Lavigne, implica que su fenomenología realiza la tendencia propia del idealismo kantiano y husserliano, pero supera sus límites y contradicciones,

---

incluso también "todo tipo de sentimiento, deseo y querer con su comportamiento inmanente". Hua XXV, p. 71.
97 Volveré sobre esta cuestión en el punto 18.2 del capítulo segundo.
98 RD, p. 247.
99 Dice Marion en *La rigueur des choses*: "…Husserl, al pensar o al formular espontáneamente todo fenómeno en el horizonte de la objetidad, reproduce el gesto de Kant, para quien va de suyo que los fenómenos son un caso particular del objeto, ya que el objeto es el concepto más elevado –como lo proclama y postula la conclusión de la 'Analítica' de la primera *Crítica*–, el concepto englobante de todo fenómeno posible, incluso de nosotros mismos". RC, p. 127.
100 Cfr. Hua I, pp. 118-119.
101 Lavigne, Jean-François, *Husserl et la naissance de la phénoménologie*, op. cit., p. 18.

radicalizándola.¹⁰² ¿En qué sentido? Por "idealismo trascendental" –según explica con claridad Lavigne– se entiende la tesis según la cual los objetos de nuestro conocimiento tiene sólo una realidad empírica, es decir, sólo poseen una existencia efectiva en tanto refieren a una posible experiencia vivida. Los objetos son en tanto se nos aparecen. Pero, además, estos objetos son ideales considerados desde el punto de vista trascendental, pues deben toda su realidad a operaciones del pensamiento. La tesis gnoseológica del idealismo crítico supone también una afirmación ontológica. Este es el concepto de "idealismo trascendental" (kantiano y fichteano) que hereda Husserl. El § 41 de *Cartesianische Meditationen* confirma el tipo de continuidad: la diferencia entre el "idealismo trascendental" clásico y el husserliano no radica en el contenido de sus posiciones metafísicas, sino en el "alcance de la fundación idealista de la objetividad en la actividad sintética subjetiva".¹⁰³

> Llevada a cabo en esta concreción sistemática, la fenomenología es *eo ipso* "idealismo trascendental", bien que en un sentido radicalmente nuevo. No es en el de un idealismo psicológico, en el de un idealismo que se empeña de datos sensoriales sin ningún sentido un mundo con un sentido. Tampoco es un idealismo kantiano, que cree poder dejar abierta, al menos como concepto límite, la posibilidad de un mundo de cosas en sí; sino un idealismo que, exactamente, no es nada más que una auto-exposición de mi *ego* en cuanto sujeto de todo conocimiento posible...¹⁰⁴

En este sentido, el idealismo husserliano se distingue del kantiano en que no permite ningún "mundo de cosas en sí", sino que toda posible dimensión ontológica queda absorbida en el campo de la vida intencional. En palabras de Lavigne: "la fenomenología husserliana no es idealista y trascendental de un *modo distinto* al que lo era el criticismo, ella solamente lo es de *modo más radical*".¹⁰⁵

Ciertamente, esto no implica que no existan otras posibilidades en la propuesta fenomenológica husserliana que puedan ser exploradas en un sentido distinto al del "idealismo trascendental", y que no puedan rastrearse lineamientos en este sentido en muchas de sus obras, pero Lavigne acierta al destacar la relevancia que el propio Husserl da a la comprensión de su obra como un "idealismo trascendental".¹⁰⁶

---

102 *Ibid.*, p. 19.
103 *Ibid.*, p. 20.
104 Hua I, p. 118.
105 LAVIGNE, Jean-François, *Husserl et la naissance de la phénoménologie*, op. cit., p. 21. Dominique Pradelle también comparte esta afirmación: "...la fundación de una ciencia de la dimensión trascendental no podría significar una refutación de la revolución copernicana de Kant, sino que por el contrario constituye su *radicalización*". PRADELLE, Dominique, *Par-delà la révolution copernicienne*, op. cit., p. 352. Me detendré en la posición de Pradelle en el apartado 18.2.2 del capítulo segundo.
106 Volveré sobre la lectura de Lavigne en el apartado 18.2.1 del capítulo segundo.

Marion analiza, pues, la lógica kantiana de la objetividad que habita este "idealismo trascendental" y que se juega en el equilibrio entre intuición y concepto. Kant es claro respecto del funcionamiento de cada facultad:

> Sin sensibilidad no nos sería dado objeto alguno; y sin entendimiento, ninguno sería pensado. Pensamientos sin contenidos son vacíos, intuiciones sin conceptos son ciegas. Por eso, es tan necesario hacer sensibles sus conceptos (es decir, añadirles el objeto en la intuición) como hacer inteligibles sus intuiciones (es decir, llevarlas bajo conceptos). Tampoco pueden estas dos facultades, o capacidades, trocar sus funciones. El entendimiento no puede intuir nada, y los sentidos no pueden pensar nada.[107]

El problema es que la equivalencia entre intuición y concepto no es tal. Según Marion, Kant no termina de advertir la prioridad de la intuición por sobre el concepto:

> La intuición sin concepto resulta tan ciega como el concepto sin intuición resulta vacío; pero la ceguera es mejor que la vacuidad: incluso cegada, la intuición todavía da, mientras que el concepto, incluso si puede hacer ver lo dado, resulta en cuento tal perfectamente vacío, bien incapaz pues de dar algo, sea lo que sea.[108]

No sólo no se da un paralelo entre intuición y concepto, sino que la intuición asegura la posibilidad del concepto. Sin embargo, en lugar de subrayar este privilegio, Marion afirma que Kant estigmatiza la deficiencia de la intuición circunscribiéndola a los límites de la sensibilidad finita.[109]

§ 12. La tópica del fenómeno

A partir de la constatación del privilegio histórico que se le ha dado a los fenómenos lógicos y matemáticos como modelos de certeza, es decir, a fenómenos que se dan bajo el "régimen de la deficiencia de intuición", Marion concluye que este paradigma de la pobreza de intuición: 1) excluye el acceso a las mayoría de los "fenómenos corrientes" y 2) no contempla la posibilidad contraria: la existencia de fenómenos que se den provocando un exceso de intuición.[110] Según Marion, dentro de las posibilidades que ofrece la dualidad misma del fenómeno está la de un fenómeno que recibiría una demasía de la

---

107 KrV, A 51/B 75.
108 ED, p. 270.
109 Cfr. *ibid.*, pp. 271-272.
110 Cfr. *ibid.*, pp. 273-280.

intuición respecto de la intención, el concepto o la mención, un "fenómeno saturado" (*phénomène saturé*) de intuición que "no se dejaría constituir en objeto". Esta hipótesis debe ser examinada "porque designa una posibilidad del fenómeno en general. Y, en fenomenología, la mínima posibilidad nos obliga".[111] Se trata, pues, de desplegar una posibilidad de la fenomenología o, si se prefiere, se trata de desplegar la posibilidad de la posibilidad, de liberarla de su subordinación al "poder de conocer", otorgando el "poder de aparecer" al fenómeno mismo. Como el joven Heidegger, Marion busca indagar en una instancia fenoménica más originaria, que se dan antes de la objetivación.

En razón de estas consideraciones, y asumiendo expresamente la definición heideggeriana de fenómeno,[112] Marion propone una tópica de los diferentes tipos de fenómenos posibles: 1) "fenómenos pobres en intuición" (*phénomènes pauvres en intuition*), 2) "fenómenos de derecho común" (*phénomènes de droit commun*) y 3) "fenómenos saturados".

1) Los fenómenos pobres son los fenómenos que requieren sólo una intuición formal (matemáticas) o una intuición categorial (lógica). A estos fenómenos les basta para darse con la mera inteligibilidad de su concepto. Estos son los casos que, gracias a su déficit de intuición, la metafísica convierte en paradigmas de certeza epistémica abstracta.[113]

2) Los fenómenos de derecho común se manifiestan en tanto reciben cierto cumplimiento intuitivo. Basta con una débil confirmación intuitiva del concepto para dar el fenómeno correspondiente si este se confirma repitiéndose regularmente. Entre los fenómenos de derecho común se encuentran los objetos de la física y de las ciencias naturales. Según Marion, este tipo de fenómenos proceden por una objetivación que requiere restringir lo dado a lo que confirma el concepto. De este modo, la intuición conserva el dominio sobre la manifestación.[114]

El caso paradigmático de fenómeno de derecho común es el "objeto técnico" (*objet technique*). En estos casos, el concepto y la intención son el "plano", "esquema" o "diseño" que permite un "'mostrar por concepto' (*montrer par concept*) [...] que precede, determina y a veces anula la donación intuitiva".[115] De este modo, los objetos técnicos se caracterizan por el retraso y la previsión. El retraso está dado por la manifestación por "concepto" que precede a su

---

[111] *Ibid.*, pp. 279-280.
[112] "Mantendremos de entrada en todos los casos su definición genérica como lo que se muestra en y a partir de sí (Heidegger), lográndolo sólo porque se da en sí y a partir solamente de sí [...] Los diferentes tipos de fenómenos pueden definirse como variaciones de la automanifestación (mostrarse en y a partir de sí) siguiendo el grado de donación (darse en y a partir de sí)". *Ibid.*, pp. 309-310.
[113] Cfr. *ibid.*, pp. 310-311.
[114] Cfr. *ibid.*, p. 312.
[115] *Ídem.*

donación. La producción del objeto técnico sólo viene a completar "anecdóticamente" al concepto, pues el producto no se encuentra dado en primer lugar, sino siempre dado *a posteriori* y esa donación ya se encuentra prevista enteramente por las exigencias del concepto.[116] Por su parte, la previsión está dada por la preeminencia teórica y cronológica del concepto que permite conocer las características del producto antes de que éste sea efectivamente producido. De este modo, el objeto técnico excluye toda posible innovación o modificación, excluye todo acontecimiento.[117]

3) Los fenómenos saturados o "paradojas" (*paradoxes*)[118] son fenómenos en los que la intuición desborda la expectativa de la intención, son fenómenos que aparecen cuando se despejan las dos condiciones que Husserl impone a la mostración de los fenómenos (un horizonte predeterminado y un Yo constituyente).

12.1. El fenómeno saturado y las categorías kantianas

Presentando lo que podría considerarse –según la expresión de Falque– una "suerte de *Crítica de la razón pura* invertida",[119] Marion aborda la idea de

---

116 Cfr. *ibid.*, p. 313.
117 *Ibid.*, p. 314. Marion se detiene particularmente en una crítica al modelo de producción técnica en el ámbito del arte en "Ce que cela donne". "La actual crisis de la pintura podría remontar a una crisis de los visible mismo. Esta crisis de lo visible resultaría de la presión ejercida sobre el surgimiento imprevisto de lo invisto en lo visible mediante el modelo estrictamente técnico de producción de lo visible que sigue el orden de lo previsto. El proyecto técnico gestiona las formas según la previsión multiforme del deseo (respuesta a necesidades analizadas prospectivamente, proyección de intervalos libres o fructuosos, inversiones anticipándose al desarrollo del mercado, aceleración de la investigación, etc.). En este contexto, ¿cómo podría lo imprevisto, sello de la conversión de lo invisto en visible, mantener su posibilidad?". CV, pp. 64-65. Marion extiende esta crítica al arte conceptual. Según Marion, el arte conceptual constituye un modo del "mostrar por concepto" propio de los objetos técnicos. "El academicismo no consiste más que en esto: pretender prever un cuadro, prohibir que surja de lo invisto y asignarle de entrada su figura. El academicismo pertenece a todos los tiempos y a todas las pinturas, no menos a la nuestra que a las precedentes. Quizás el arte conceptual ofrezca la figura ejemplar y definitiva del academicismo, puesto que no solamente lo visible se define por lo que el concepto comprende desde el exterior y por adelantado, sino sobre todo porque la obra misma no puede y no debe aparecer como tal". *Ibid.*, p. 55. Consideramos que la apreciación de Marion en este punto es errónea. El gesto de hacer del concepto una obra de arte, lejos de constituir un mero derivado del modo de procedimiento técnico, puede entenderse como su crítica más severa. El arte conceptual enfrenta a su "enemigo", el objeto técnico, y lo vence en su propio terreno. El arte conceptual demuestra la imposibilidad de reducir toda realidad a la dominación conceptual, pues parasita su herramienta técnica por excelencia, el concepto, desactivándolo. El concepto en el arte conceptual no opera como instrumento de previsión y objetivación, sino que al ser "expuesto", deviene inoperante respecto de toda posible utilidad o actividad constitutiva. Hice un análisis de esta crítica marioniana en ROGGERO, Jorge Luis, "Arte y concepto. La crítica de Jean-Luc Marion al arte conceptual", *Eikasia. Revista de Filosofía*, 66 (2015), pp. 205-222.
118 "Paradoja significa lo que va en contra (*pára-*) de la opinión corriente, de la apariencia, siguiendo los dos sentidos obvios de la *dóxa*; pero también significa lo que va en contra de la expectativa –'[…] *praeter expectationem offertur*'–, lo que acaece contra toda expectativa de representación, de la intención, en resumen, del concepto. La paradoja pertenece sin duda al dominio de la verdad, salvo por una característica: su donación contraviene, en su intuición, lo que la experiencia anterior debería permitir prever razonablemente". ED, p. 315.
119 FALQUE, Emmanuel, "Phénoménologie de l'extraordinaire (J.-L. Marion)", art. cit., p. 138.

saturación a partir de una inversión de las categorías kantianas. El fenómeno saturado excede las categorías porque en él la intuición sobrepasa todo concepto. En este sentido, el fenómeno saturado será "no-mentable" [*invisable*] según la cantidad, "insoportable" [*insupportable*] según la cualidad, "absoluto" [*absolu*] según la relación, "inmirable" [*irregardable*] según la modalidad. Los tres primeros caracteres se relacionan con la noción de horizonte y el último, con la acepción trascendental del Yo.[120]

12.1.1. Cantidad

En primer lugar, el fenómeno saturado no puede ser mentado, pues es esencialmente imprevisible. No puede preverse la cantidad que será dada. Según el principio de los axiomas de la intuición: "Todas las intuiciones son magnitudes extensivas". Kant define la magnitud extensiva como

> aquélla en la que la representación de las partes hace posible la representación del todo (y por consiguiente, precede necesariamente a ésta). No puedo representarme línea alguna, por pequeña que sea, sin trazarla en el pensamiento; es decir, [sin] generar poco a poco todas las partes a partir de un punto, [y sin] dibujar, ante todo, esta intuición de tal manera. Lo mismo acontece con cualquier tiempo, aun el más pequeño. En él pienso solamente el tránsito sucesivo de un momento al otro, donde, a través de todas las partes del tiempo, y de su agregación, se genera finalmente una magnitud de tiempo determinada. Puesto que la mera intuición, en todos los fenómenos, es o bien el espacio, o el tiempo, por ello todo fenómeno, como intuición, es una magnitud extensiva, puesto que sólo puede ser conocido mediante una síntesis sucesiva (de una parte a otra parte) en la aprehensión.[121]

Es posible, pues, prever siempre la cantidad, pues un *quantum* se reduce a la adición de la homogeneidad de sus *quanta*. Por medio de una "síntesis sucesiva" es posible reconstruir la representación del todo a partir de la representación de la suma de sus partes. Por el contrario, el fenómeno saturado no puede medirse a partir de sus partes, pues la saturación de la intuición sobrepasa ampliamente la suma de las partes. El fenómeno saturado es un fenómeno inconmensurable porque en él no es aplicable ninguna "síntesis sucesiva", sino que más bien habría que intentar una "síntesis instantánea, cuya representación precede y sobrepasa la de los eventuales componentes, en lugar de resultar según la previsión".[122]

---

120 Cfr. ED, p. 280.
121 KrV, A 163/B 204.
122 ED, p. 281.

12.1.2. Cualidad

En segundo lugar, el fenómeno saturado no puede ser soportado. A partir de cierto grado, la intensidad de la intuición supera todas las anticipaciones conceptuales de la percepción. Según el principio kantiano de las anticipaciones de la percepción: "En todos los fenómenos, lo real, que es un objeto de la sensación, tiene magnitud intensiva, es decir, un grado". Según Kant, así como es posible una alteración gradual desde la conciencia empírica a la conciencia pura, también es posible entonces realizar una síntesis de la generación de la magnitud de una sensación, desde el grado cero de la nada de la intuición pura hasta la magnitud intensiva determinada.[123] Marion destaca este definir la intensidad a partir del grado cero como paradigmático del modelo metafísico de la penuria de la intuición.[124]

Contrariamente a lo previsto por Kant, el fenómeno saturado contempla la posibilidad de un exceso en la intuición de tal magnitud que la mirada experimenta un "deslumbramiento" (*éblouissement*): la mirada se deslumbra y no puede soportar la intensidad, como tampoco preverla.[125] Ninguna mirada puede estar a la medida del fenómeno saturado, que sólo se percibe bajo el modo de una percepción imposible, bajo el modo del deslumbramiento.[126]

> La intuición da demasiado intensamente como para que la mirada tenga suficiente corazón para ver verdaderamente lo que no puede concebir, ni apenas recibir, ni tampoco a veces afrontar.[127]

Para toda mirada, aun cuando no se pueda determinar de modo universal, existe siempre un límite, un umbral de tolerancia más allá del cual "lo que se ve no se constituye ya en un objeto inscripto en un horizonte finito".[128]

---

123 Cfr. KrV, B 208.
124 ED, p. 285.
125 "Ante este exceso, la percepción ya no puede anticipar lo que va a recibir de intuición, ni tampoco soportar los grados más elevados, ya que la intuición, supuestamente "ciega" [*aveugle*] bajo el régimen de los fenómenos pobres o corrientes, resulta más bien –en una fenomenología radical– cegadora [*aveuglante*]: la mirada ya no puede soportarla como tampoco podría ante una luz que deslumbra y quema. La magnitud intensiva de la intuición, cuando llega a dar un fenómeno saturado, no puede soportar con la mirada, de igual manera que esa mirada no podía prever tampoco su magnitud extensiva". *Idem*.
126 Cfr. *ibid.*, p. 286.
127 *Idem*. La mirada capaz de sostenerse el deslumbramiento del fenómeno saturado es una mirada que "tiene suficiente corazón para ver verdaderamente" (*avoir assez cœur pour vraiment voir*) lo que no puede concebir. Volveré sobre esta idea de una mirada que tiene corazón, de una mirada amorosa en la segunda parte de este libro: la "mirada del corazón" es la mirada propia de la "hermenéutica del amor".
128 *Ibid.*, p. 288.

12.1.3. Relación

En tercer lugar, el fenómeno saturado es absoluto según la relación, es decir, se sustrae de toda posible analogía de la experiencia. Según el principio kantiano de las analogías de la experiencia: "La experiencia es posible sólo mediante la representación de una conexión necesaria de las percepciones".[129] La conexión se da mediante conceptos que establecen las relaciones *a priori* y se articulan según los modos del tiempo (permanencia, sucesión y simultaneidad). De este modo, se da lugar a tres tipos de relación: la de inherencia (entre el accidente y la sustancia), la de causalidad (entre efecto y causa), y la de comunidad o interacción (entre varias sustancias). Kant enuncia tres analogías: A) principio de permanencia de la sustancia ("En todo cambio de los *fenómenos* permanece la *sustancia* y el *quantum* de ella no se acrecienta ni disminuye en la naturaleza"), B) principio de la sucesión temporal según la ley de la causalidad ("Todas las alteraciones suceden según la ley de la conexión de la causa y el efecto") y C) principio de la simultaneidad, según la ley de la acción recíproca, o comunidad ("Todas las sustancias, en la medida en que pueden ser percibidas en el espacio como simultáneas, están en universal acción recíproca").

Marion advierte que estas analogías descansan en tres presupuestos que conviene cuestionar. El primer supuesto es que un fenómeno sólo puede manifestarse respetando la unidad de la experiencia, es decir "tomando lugar en una red tan limitada como sea posible de conexiones de inherencia, causalidad y comunidad".[130] Marion destaca que hay fenómenos que se nos imponen sin que podamos asignarles una permanencia como accidentes en una sustancia, ni una causa, ni un *commercium* interactivo con otros fenómenos. Habría que concluir, pues, que las analogías sólo se aplican a ciertos fenómenos, pero no a todos.

El segundo supuesto es que la unidad de la experiencia debe siempre realizarse por medio de una analogía: "…todas las determinaciones temporales empíricas deben estar bajo reglas de la determinaciones temporales universales, y las analogías de la experiencia [...] deben ser tales reglas".[131] El problema –según el propio Kant– es que cuando se trata de aplicar las analogías en filosofía, a diferencia de lo que ocurre en el campo cuantitativo de las matemáticas, éstas sólo pueden tener un valor regulativo y nunca constitutivo.[132]

---

129 KrV, B 218. La formulación del principio en la primera edición es: "Todos los fenómenos están sujetos *a priori*, en su existencia, a reglas de la determinación de sus relaciones mutuas en un tiempo único". KrV, A 176.
130 ED, p. 289.
131 KrV, A 177ss/B 220.
132 *Ibid*, A 178ss/B220ss.

De este modo, si las analogías no constituyen su objeto, sino que se limitan a enunciar necesidades subjetivas del entendimiento, frente a un fenómeno saturado, se vuelven inoperantes. Los fenómenos saturados son fenómenos absolutos pues se desligan "de toda analogía con un objeto de la experiencia, sea el que sea".[133]

El tercer supuesto es que la unidad de la experiencia se despliega sobre el fondo del tiempo,[134] es decir, existe un horizonte último que actúa como condición del aparecer de los fenómenos. Marion objeta este condicionamiento *a priori* que se impone a la fenomenicidad, pero aclara:

> No se trata de dispensarse de un horizonte en general, puesto que ello impediría sin duda toda manifestación; se trata de usar el horizonte de otro modo para liberarse de su anterioridad delimitadora, ya que esta anterioridad se opone a la pretensión del aparecer absoluto de los fenómenos.[135]

A partir de esta consideración, Marion propone tres figuras de la saturación: la primera figura se cumple en el interior del horizonte, pero contra él. La intuición alcanza los límites del concepto y del horizonte, pero no los sobrepasa. El fenómeno colma el horizonte, produce un deslumbramiento y se retira.[136]

La segunda figura se da cuando el fenómeno saturado de intuición colma y sobrepasa la delimitación del horizonte. Esta situación, según Marion, obliga a articular varios horizontes de manera conjunta respecto del mismo fenómeno saturado. Esta adición puede ser eventualmente indefinida y será esa indefinición la que recoja la desmesura de lo que se muestra.[137] En este caso tampoco se abandona la referencia al horizonte, sino que se apela a varios horizontes para dar cuenta del exceso en la intuición. Marion propone, pues, que es necesario admitir fenómenos con n + 1 horizontes. En estos casos, el deslumbramiento da lugar a una hermenéutica infinita.[138]

La tercera figura de la saturación surge al considerar la posibilidad de que en lugar de combinarse, los múltiples horizontes adicionen sus deslumbramientos. En este caso se daría un redoblamiento de la saturación que "no sólo

---

133 ED, p. 292.
134 "Todos los fenómenos están en el tiempo...". KrV, A 182/B 224.
135 ED, p. 293.
136 Cfr. *ídem*.
137 "Esta disposición no implica dispensarse sin más del horizonte, sino articular varios horizontes de manera conjunta para acoger un mismo y único fenómeno saturado. Se trata de leer este fenómeno, fuera de las normas, en varios horizontes esencialmente distintos al mismo tiempo, en horizontes incluso opuestos, cuya adición eventualmente indefinida es lo único que permitirá acoger la desmesura de lo que se muestra". *Ibid.*, p. 294.
138 Cfr. *ibid.*, p. 295. Volveré sobre esta apelación a la hermenéutica en la segunda parte del libro.

ningún horizonte, sino tampoco ninguna combinación de horizontes lograría tolerar".[139]

12.1.4. Modalidad

Finalmente, el fenómeno saturado se caracteriza como inmirable según la modalidad. Las categorías de la modalidad se distinguen de las demás porque, según Kant, éstas no determinan los objetos mismos ni sus relaciones, sino "que sólo expresan la relación con la facultad de conocimiento".[140] Como bien destaca Marion, lo que está en juego es la concordancia de los objetos con el "poder de conocer".

> Este acuerdo determina su posibilidad (así, pues, su efectividad y su necesidad) de ser y de ser conocidos a título de fenómenos a la medida tan sólo de la conveniencia para con el Yo, para y por el cual tiene lugar la experiencia.[141]

En palabras de Kant: "El postulado de la posibilidad de las cosas exige que el concepto de ellas concuerde con las condiciones formales de una experiencia en general".[142] Pero, de este modo –señala Marion–, al someter "el poder de aparecer" al "poder de conocer", se priva de "autonomía fenoménica" al fenómeno, se provoca la alienación del fenómeno respecto de sí mismo. Marion propone invertir el dispositivo kantiano para preguntar: "¿qué sucedería si un fenómeno no 'concordara' y no 'correspondiera' con el poder de conocer del Yo?".[143] En términos kantiano, ese fenómeno no aparecería. Sin embargo, reflexiona Marion, la incapacidad del Yo para objetivar no debería funcionar como una limitación respecto de la aparición del fenómeno. "El fenómeno saturado no se deja mirar como un objeto, precisamente porque aparece con un exceso múltiple e indescriptible que anula todo esfuerzo de constitución".[144] Marion distingue entre "mirar" (*regarder*) y "ver" (*voir*). El fenómeno saturado se deja ver, pero no mirar, pues "mirar" implica mantener (*garder*) lo visible bajo el control del que mira, mientras que "ver" es más bien "recibir lo que se muestra desde sí".[145]

---

[139] *Idem*. Se trata de la posibilidad de la revelación como fenómeno doblemente saturado. Volveré sobre esta posibilidad en el § 15.
[140] KrV, A 219/B 266.
[141] ED, p. 297.
[142] KrV, A 220/B 267.
[143] ED, p. 298.
[144] *Ibid.*, pp. 298-299. Marion propone distinguir entre objetividad (*objectivité*) ("uno de los caracteres del objeto, del mismo estatuto que la subjetividad") y objetidad (*objectité*) ("propiedad y estatuto del objeto, en tanto que opuesto y abandonado a la mirada del subjeto"). La fenomenicidad del fenómeno saturado escapa a la objetidad principalmente. Cfr. *ibid.*, p. 299.
[145] *Idem*.

Ahora bien, si el fenómeno saturado aparece contradiciendo toda condición de posibilidad de la experiencia, ¿cómo es posible su experiencia? Marion responde que debe pensarse en una experiencia no-objetiva que puede entenderse como "contra-experiencia" (*contre-expérience*):

> La contra-experiencia no equivale aquí a una no-experiencia, sino a la experiencia de un fenómeno no mirable, no mantenido bajo la objetidad, un fenómeno que resiste a las condiciones de la objetivación. La contra-experiencia ofrece la experiencia de lo que contradice irreductiblemente las condiciones de la experiencia de los objetos.[146]

Frente al fenómeno saturado, el Yo puede verlo, pero ya no fijarlo o controlarlo. Es más, el fenómeno saturado invierte la relación intencional con el Yo. No sólo el Yo ya no puede constituir al fenómeno, sino que es constituido por él. El sujeto constituyente deviene un testigo constituido (*témoin constitué*).[147] Testigo mienta una subjetividad despojada de las características del rango trascendental.[148]

12.2. La certeza negativa

En *Certitudes négatives*, Marion se pregunta por el estatuto epistemológico del fenómeno saturado. En la introducción a la obra se plantea el interrogante por la certeza. Marion destaca que seguimos siendo cartesianos en tanto esperamos obtener certezas, pero estas certezas se alcanzan por la vía de la ciencia. Indudablemente, la ciencia logra producir certezas, pero lo hace respecto de lo que puede ser reducido a sus criterios, es decir, respecto de lo que puede ser reducido a objeto.[149] Sin embargo, Marion plantea dos objeciones que surgen de nuestra experiencia cotidiana: 1) En primer lugar, es constatable que tenemos acceso a conocimientos sin objeto.

> Experimentamos cotidianamente la indisponibilidad de lo que constituye excepción a la objetivación, no como un dominio longincuo, reservado a experiencias extrañas, sino en la proximidad cotidiana y banal de lo que nos adviene sin causa identificable, sin razón previsible, en una contingencia virgen, banal y familiar. [...] Tanto menos podemos negar esta proximidad banal cuanto ella obra fenóme-

---

146 *Ibid.*, pp. 300-301.
147 *Ibid.*, p. 302.
148 Volveré sobre esta nueva concepción de la subjetividad en el capítulo cuarto.
149 "...una ciencia no asegura su certeza más que *reduciendo* la cosa en sí a un objeto [...] No se vuelve cierto nada que no se vuelva objeto. Por definición, el objeto aparece conocible sin resto, pues no retiene nada más que lo que, de la cosa, puede ser conocido". CN, pp. 12-13.

nos tan cercanos —más cercanos a nosotros que nosotros mismos— como nuestro nacimiento y la paternidad que la engendra.[150]

2) En segundo lugar, también es constatable que tenemos acceso a conocimientos sin certeza. La ciencia trabaja con una certeza que es de tipo afirmativo, pues ellas se alcanzan haciendo un uso predicativo, afirmativo (categorial) del lenguaje: atribuyendo una propiedad a un sujeto. Marion da los siguientes ejemplos: "el cielo es azul", "la tierra es redonda", "2 y 2 son 4", "aquel que duda es", "Dios no es visible", "el futuro es desconocido".[151] Y, sin embargo, destaca Marion, estas certezas afirmativas de la ciencia tiene la peculiaridad de ser esencialmente provisorias, revisables: siempre pueden ser falseadas. Esto implica, según Marion, que "la certeza positiva no cumple toda la certeza, que la certeza pide más que su formulación categórica y afirmativa, es decir, más que el conocimiento del objeto".[152]

Pero ¿es posible otro tipo de certeza o esta búsqueda nos llevaría a caer en una *Schwärmerei*, similar a la de la intuición intelectual o mística? Marion responde que ese sería el caso si lo que se buscara fuera superar el carácter provisional de la certeza afirmativa por medio de una "certeza afirmativa, definitiva y dogmática". Pero existe una vía distinta, la de la "certeza negativa" (*certitude négative*), que ya ha sido explorada por Descartes y Kant.[153]

> Descartes señala que quien ha aprendido bien "el método", no debe sentirse ignorante si al aplicar su conocimiento a alguna cosa descubre que "ella depende de alguna experiencia que no está en su poder [...] puesto que no es menor ciencia [*quia non minor scientia est*] conocer esto mismo".[154] Existe una certeza que surge de la constatación de que estamos frente a algo que por su naturaleza misma excede las capacidades cognoscitivas humanas. Marion señala que este "conocimiento de la incognoscibilidad", esta certeza negativa respecto de la imposibilidad de alcanzar una certeza positiva, ofrece también una ciencia valiosa.[155]

---

150 *Ibid.*, pp. 13-14.
151 Cfr. *ibid.*, p. 14.
152 *Ibid.*, p. 15.
153 Cfr. *ibid.*, pp. 15-16.
154 AT X, p. 400.
155 "Así, podemos alcanzar una ciencia no solamente por certeza positiva objetivando la naturaleza de una cosa hasta entonces desconocida, sino además, si esta afirmación se revela inalcanzable, [podemos alcanzar una ciencia] por medio de la certeza *negativa* de que, ya sea por causa de la cosa misma o de nuestra condición finita, se hace imposible la experiencia e incognoscible la respuesta. Y este último resultado –el conocimiento de la incognoscibilidad– no ofrece "menor ciencia" que la respuesta afirmativa a la pregunta; pues, ya que precisamente esta afirmación no puede hacerse ciertamente, hay que atenerse a una certeza puramente negativa". CN, p. 17.

Kant, por su parte, reconoce claramente los límites de la razón. En la *Crítica de la razón pura*, Kant señala: "La consciencia de mi no-saber [*Unwissenheit*] (si ésta no es reconocida a la vez como necesaria), en vez de poner fin a mis investigaciones, es más bien, propiamente, la causa de despertarlas".[156] Esta *Unwissenheit* puede deberse a las cosas o los límites de mi entendimiento.[157] El conocimiento de estos límites es *a priori*, se alcanza a partir de la crítica respecto de mis facultades de conocimiento. Explica Marion, según Kant: "opera tanto una certeza positiva mediante un enunciado categórico sobre un objeto, como una certeza negativa sobre los límites del poder de conocer".[158] Y, según las palabras del propio Kant, "aquel conocimiento del propio no-saber, [conocimiento] que es solo posible por medio de la crítica de la razón misma, es *ciencia*".[159] Marion comenta: "Al término de la *Crítica*, el filósofo alcanza *a priori* una *certeza negativa* de la imposibilidad de ciertos conocimientos, certeza sin objeto, pero absolutamente científica".[160]

De este modo, siguiendo estas ideas de Descartes y Kant, Marion propone presentar la noción de certeza negativa para explicar el estatuto epistemológico de los fenómenos saturados:

> Si una cuestión dotada de sentido, correctamente formulada y sin contradicción lógica, queda sin respuesta posible para un espíritu finito, e incluso no debe, por razones *a priori*, recibir respuesta según los criterios de una racionalidad finita (metafísica, los dos principios de contradicción y de razón suficiente), entonces esa cuestión en cuanto siempre es buscada y siempre dejada sin respuesta, que sobrevive sin embargo a esta ausencia ¿acaso no da ella una realidad que pensar (*cogitable*) y no merece el rango de certeza negativa? Pues incluso la denegación puede concernir a la donación.[161]

Aun en la perplejidad en las que nos encontramos en la contra-experiencia de fenómenos saturados, podemos alcanzar un tipo de certeza: la certeza negativa, la certeza de que estamos ante algo que desde su "poder de aparecer" excede nuestro "poder de conocer", la certeza de que nos encontramos frente a un fenómeno que se revela irreductible a la categoría de objeto.

---

156 KrV, A 758/B 786.
157 Cfr. *idem*.
158 CN, p. 17.
159 KrV, A 758/B 786.
160 CN, p. 18.
161 *Ibid*., pp. 19-20.

§ 13. La tópica del fenómeno saturado

En el § 23 *Étant donné*, Marion también ofrece una breve caracterización de cuatro fenómenos saturados que se corresponden con la saturación según la cantidad, la cualidad, la relación y la modalidad. La exposición es escueta, pero se completa con un desarrollo más exhaustivo de cada uno de estos fenómenos en *De surcroît*. Marion explica que la distinción no introduce ninguna jerarquía[162] y que su elección se basa en los desarrollos mismos de la fenomenología francesa actual: el acontecimiento (*événement*),[163] fenómeno saturado según la cantidad, se corresponde con el fenómeno del acontecimiento histórico trabajado particularmente por Paul Ricœur;[164] el ídolo (*idole*), fenómeno saturado según la calidad, se corresponde con el fenómeno del cuadro estudiado por Jacques Derrida en *La vérité en peinture*;[165] la carne (*chair*), fenómeno saturado según la relación, se corresponde con el fenómeno de la carne "descubierto" por Michel Henry;[166] y el icono (*icône*), fenómeno saturado según la modalidad, se corresponde con el fenómeno del rostro del otro presentado por Emmanuel Lévinas.[167]

13.1. El acontecimiento

El acontecimiento histórico se caracteriza por desbordar la singularidad de un momento, de un lugar o de un individuo empírico para marcar una época. Ser afectado por un acontecimiento histórico implica perder toda posibilidad de asumir un punto de vista absoluto que permita explicarlo u objetivarlo.[168] Marion propone como ejemplo la batalla de Waterloo descripta por Fabricio del Dongo, el personaje de *La chartreuse de Parme*. Fabricio ni siquiera está seguro de haber estado en una batalla, pero se trata de una experiencia que lo transforma. Se lee en la novela: "…Fabricio se transformó en otro hombre a fuerza de meditar sobre lo que acababa de sucederle. Solo en un punto permanecía aún niño: lo que había visto ¿era una batalla?, y en segundo lugar, ¿esa batalla era Waterloo?".[169] Dice Marion:

---

162 Cfr. ED, p. 317.
163 Cabe destacar que el término "acontecimiento" (*événement*) tiene tres significados en la obra de Marion: en primer lugar, entendido como acontecimiento histórico, constituye un fenómeno saturado que se caracteriza por saturar las categorías de la cantidad. En segundo lugar, refiere a una de las determinaciones del fenómeno (cfr. *ibid.*, pp. 225-244). Y en tercer lugar, caracteriza a todos los fenómenos saturados según la nueva tópica del fenómeno introducida en *Certitudes négatives* (cfr. CN, pp. 243-308).
164 Cfr. ED, p. 319, n. 1.
165 Cfr. *ibid.*, p. 321, n. 1.
166 Cfr. *ibid.*, p. 321, n. 2.
167 Cfr. *ibid.*, p. 324, n. 1.
168 Cfr. *ibid.*, p. 318.
169 STENDHAL, *La chartreuse de Parme*, I, révision du texte et préface par Henri Martineau, Paris, Le Divan, 1927, p. 133.

En el hacerse de la historia (*Geschichte*), la batalla se hace a partir de sí misma, a partir de un punto de vista que sólo ella permite unificar, sin ningún horizonte único; para aquellos que se encuentran arrastrados y englobados por la batalla, ninguno de esos horizontes (individuales) bastará para unificarla, decirla, ni preverla: ni Fabricio, ni Flambeau, ni Chateaubriand, con las orejas bien abiertas, la han visto. [...] La pluralidad de horizontes impide constituir prácticamente el acontecimiento histórico en *un* objeto y, así pues, impone adoptar una hermenéutica sin fin en el tiempo: la narración se desdobla en una narración de narraciones.[170]

El acontecimiento histórico desborda la previsión de un horizonte, demanda una pluralidad de horizonte y, por lo tanto, una hermenéutica sin fin.

En *De surcroît*, Marion dedica el segundo capítulo del libro a la descripción de este fenómeno saturado como el "fenómeno que adviene" (*phénomène advenant*). La exposición comienza por un análisis de la noción heideggeriana de fenómeno. Marion destaca que Heidegger no explica cómo es posible que el fenómeno tenga la iniciativa, cómo hay que entender el "sí" del fenómeno a partir del cual se da la mostración. Y la respuesta –según Marion– sólo puede encontrarse si se entiende que el fenómeno se muestra sólo si antes se da.[171] Previa a la instancia de fenomenalización está la instancia de la donación.[172] Hay un "sí" de la donación que, aunque permanece invisto, deja su huella en el "sí" de la fenomenalización. Marion entiende que el fenómeno del acontecimiento se caracteriza particularmente por hacer ostensibles las huellas del "sí" de la donación.

> Adviniendo, él [el acontecimiento] atesta un origen imprevisible, surgiendo de causas frecuentemente desconocidas, incluso ausentes, o al menos no asignables, y que por tanto no sabríamos reproducir, pues su constitución no tendría sentido.[173]

Estas características permiten establecer que los acontecimientos son los fenómenos colectivos históricos que tienen las siguientes tres notas: 1) en primer lugar, son irrepetibles e irreversibles; 2) en segundo lugar, son fenómenos a los que no se les puede asignar una única causa ni una explicación exhaustiva y que, por lo tanto, demandan una hermenéutica desde diversos enfoques posibles; y 3) en tercer lugar, son fenómenos imprevisibles.[174] A continuación, Marion aclara que estas características también son aplicables

---

170 ED, pp. 318-319.
171 Cfr. DS, pp. 37-38.
172 Me detendré en la noción de donación en el capítulo segundo.
173 DS, p. 39.
174 Cfr. *ibid.*, p. 45.

a fenómenos privados o intersubjetivos, e introduce como ejemplo el fenómeno de la amistad.[175]

Es pertinente la crítica de Christina Gschwandtner respecto de la tematización del acontecimiento histórico por parte de Marion. Es llamativo que los ejemplos de estos fenómenos siempre sean extraídos de la literatura y nunca de textos históricos. Efectivamente, la concepción marioniana de la historia es demasiado total y absoluta. Marion parece desconocer que la investigación histórica requiere grados.[176] La imposibilidad de asignar una causa, la mera "certeza negativa" que podemos tener ante el acontecimiento histórico entendido como fenómeno saturado, no puede operar como un motivo para ignorar que por medio de la investigación histórica es posible dar cierta cuenta del acontecer de la historia. Y, principalmente, tampoco hay que ignorar que este "dar cuenta" puede ser hecho de mejor o de peor manera. Es posible y necesario establecer un criterio, pues lo que está en juego es dar la voz a las víctimas de la historia.[177] Gschwandtner señala que la idea de una "hermenéutica sin fin" ante la incomprensibilidad del acontecimiento es problemática, pues no se trata meramente de sumar interpretaciones arbitrarias, sino de advertir que no todas las interpretaciones son posibles: hay interpretaciones más adecuadas que otras si asumimos nuestra responsabilidad antes las víctimas de la historia.[178]

13.2. El ídolo

En segundo lugar, atendiendo al deslumbramiento propio del fenómeno saturado, Marion propone el ídolo como el fenómeno que satura la cualidad por excelencia. El ejemplo privilegiado de ídolo es el cuadro. A diferencia de un objeto técnico, frente a una obra de arte la intuición sobrepasa todo concepto que pretenda aprehenderla. "El cuadro se da definitivamente 'sin concepto' –Kant lo comprendió perfectamente–".[179] Y por este motivo, la obra de arte no puede ser vista una sola vez, sino que me convoca a volver a verla para confrontar en cada ocasión un nuevo concepto. "Lo dado intuitivamente por el ídolo nos obliga a cambiar la mirada sin cesar, aunque no sea más que

---

175 Cfr. *ibid.*, pp. 46-47. Cabe preguntarse, siguiendo la indicación de Christina Gschwandtner, si el fenómeno de la amistad no es un fenómeno saturado del tipo del icono. Cfr. GSCHWANDTNER, Christina, *Degrees of Givenness*, op. cit., p. 25. Es más, también debería señalarse que la amistad constituye una de las figuras que componen el despliegue del fenómeno erótico. Cfr. PhE, pp. 336-339.
176 Cfr. GSCHWANDTNER, Christina, *Degrees of Givenness*, op. cit., p. 26.
177 Cfr. *ídem*.
178 Cfr. *ibid.*, p. 47. Volveré sobre estas objeciones en la segunda parte del libro y ensayaré una posible respuesta a la objeción en el apartado 15.2 de este capítulo primero.
179 ED, p. 320.

para afrontar su insoportable deslumbramiento".[180] Y, de este modo, en este convocarme, me individualiza radicalmente, pues la serie de mirada que le dirijo no alcanza para describirlo, pero sí para esbozar la temporalidad de mi ipseidad.[181]

Marion recupera una categoría (el ídolo) que ya había utilizado en sus obras teológicas tempranas. La descripción fenomenológica es similar: el ídolo es el primer visible que colma la intencionalidad y actúa como un espejo invisible.

> El ídolo se define aquí como el primer término indiscutiblemente visible porque su esplendor detiene por vez primera la intencionalidad; y ese primer visible la colma, la detiene e incluso la bloquea hasta el punto de volverla contra ella misma, como un obstáculo —o un espejo— invisible.[182]

Marion explica en *Étant donné* que tanto el ídolo como el ícono son entendidos en conformidad con su sentido fenomenológico, alcanzado en *Dieu sans l'être*.[183] Sin embargo, como bien destaca Jacob Rogozinski, pareciera que la dimensión crítica de la distinción entre el ídolo y el icono propuesta en *Dieu sans l'être* pierde toda pertinencia en las obras fenomenológicas, en las que ya no se trata de la diferencia entre el ídolo y el icono, sino entre el fenómeno común y el fenómeno saturado.[184] Marion responde que la evolución del concepto de ídolo no es tan drástica. Es más, Marion sostiene que el ídolo no tiene un sentido negativo en *Dieu sans l'être*, sino más bien una "neutralidad fenomenológica".[185] En *La rigueur des choses*, Marion insiste en esta posición:

> ...si el término debe aplicarse a Dios, el ídolo designará el "Dios" que se me parece, que sirve a mi ideal. Los empleos modernos y vulgares de ídolos, los ídolos entre las celebridades que vemos, indican cada vez la medida de una época que [...] se reconoce en ellos, se identifica con ellos, como nos reconocemos en tal cantante, en tal campeón, o incluso en tal político. Estos individuos asumen la función de ídolos de una sociedad y de un tiempo. Destaquemos que este empleo del ídolo no implica necesariamente un juicio negativo: sólo se trata de describir y de constatar que cada uno toma la medida máxima de lo que soporta su mirada, de lo que desea por su voluntad y de lo que ambiciona en su historia. El ídolo en consecuencia cumple en un espejo aquello que ve la vista del espectador.[186]

---

180 *Ibid.*, pp. 320-321.
181 Cfr. *ibid.*, p. 321.
182 *Ibid.*, p. 320.
183 Cfr. *ibid.*, p. 324, n. 1.
184 Cfr. CVCA, pp. 74-75.
185 Cfr. *ibid.*, p. 76.
186 RC, p. 180.

No obstante, la "neutralidad" o la ausencia de "juicio negativo" no parecen caracterizar a la noción de ídolo en la reflexión teológica de las primeras obras. En *L'idole et la distance*, *Dieu sans l'être* y *La croisé du visible*, la teología desempeña una suerte de función correctiva respecto de la metafísica onto-teológica.[187] En *L'idole et la distance* y *Dieu sans l'être*, el ídolo y el icono son definidos como "dos modos de aprehensión de lo divino en la visibilidad".[188] El ídolo es el primer visible en el que se fija la mirada. Y si bien, no tiene nada de ilusorio, pues simplemente da cuenta de aquello que fascina y colma la mirada,[189] precisamente por eso, porque el ídolo detiene la mirada y deviene así el "espejo invisible" de nuestra mención, es que opera imposibilitando la crítica.

> Cuando la mirada se paraliza, su mención se reposa (en el sentido en que, cuando un vino se reposa, alcanza su madurez) y, en consecuencia, lo no-mentado desaparece. Si la mirada idolátrica no ejerce ninguna crítica de su ídolo, es porque no tiene los medios para ello: su mención culmina en una posición que ocupa de inmediato el ídolo y en la que se agota toda mención.[190]

El ídolo manifiesta lo divino según el alcance y la capacidad de la mirada que lo inviste como ídolo. Lo no-mentado por la mirada no accede a la visibilidad.

En el estudio "La croisé du visible et de l'invisible", a partir de un análisis de la perspectiva, Marion da cuenta de los principales rasgos del cuadro entendido como ídolo, en régimen metafísico. La perspectiva implica una mirada constitutiva del cuadro. El ídolo sólo existe en tanto es mirado por el sujeto. Como puede leerse en *Dieu sans l'être*, el ídolo "depende de la mirada que satisface, ya que si la mirada no deseara satisfacerse allí, él no tendría a sus ojos ninguna dignidad".[191] El ídolo es producido por la mirada.[192] El "momento decisivo" no se relaciona con su fabricación, sino con su "investidura como mirable".[193] Así, el ídolo estético-metafísico depende enteramente de la mirada del sujeto para aparecer. El ídolo permanece siempre ya determinado por las condiciones de posibilidad formuladas por el sujeto. "La mirada precede al ídolo, del mismo modo que la mención precede y suscita lo que mienta".[194] La perspectiva es una manera de mentar que intenta organizar lo visible por

---

187 Me detendré particularmente en la relación entre teología y filosofía en la obra de Marion en el capítulo sexto.
188 DSE, p. 18.
189 Cfr. *ídem*.
190 *Ibid.*, p. 22.
191 DSE, p. 18.
192 "La mirada hace al ídolo, no el ídolo a la mirada". *Ibid.*, p. 19.
193 *Idem*.
194 *Idem*.

medio de lo invisible. El vacío invisible de la perspectiva "no agrega nada a lo visible real, sino que lo pone en escena".[195] Esta puesta en escena opera como una objetivación del cuadro. Lo invisible no tiene lugar en lo visible: no es más que la herramienta que permite a la mirada perspectivista dominar la manifestación de la obra. Lo visible es reconfigurado por la perspectiva, pero ningún invisto deviene visible ni ningún nuevo visible se agrega. Lo invisible permanece invisible. El ídolo funciona como espejo: muestra sólo lo que el sujeto quiere ver. "El ídolo se comporta [...] como un espejo [...] que reenvía a la mirada su imagen, o más exactamente la imagen de su mención, y el alcance de esta mención".[196] El ídolo fija la mirada. La mirada se paraliza y lo no-mentado, lo invisto, lo invisible aún no visto, desaparece.[197]

La perspectiva constituye un intento de dominar tanto lo visible como lo invisible. El problema es, según Marion, que "en pintura, como en otros ámbitos, lo invisible se recibe, pero no se produce".[198] No se puede controlar lo invisible. Lo invisible adviene de y por sí mismo. Se trata, pues, de encontrar la manera de desarticular la perspectiva para sobrepasar los límites de la objetivación.[199] Pero ¿hay alguna visibilidad que pueda darse sin la perspectiva?[200]

La respuesta, según Marion, la da el icono.

> El icono se sustrae definitivamente a la objetividad de un espectáculo dependiente de la consciencia, invirtiendo la relación entre el espectador y el espectáculo: el espectador se descubre invisiblemente visto por la mirada pintada en el icono que, desde ese momento, aparece como el precioso cofre visible de una instancia central, nunca (por definición) pintada, e invisible –la mirada del santo, de la Virgen o de Cristo–.[201]

Mientras que el ídolo resulta de la mirada que lo mienta, el icono provoca la visión mostrando lo invisible en tanto que invisible.[202] El icono no fija la

---

195 CV, p. 13.
196 DSE, p. 21.
197 Marion distingue el concepto de "invisto" (*invu*) del concepto de "invisible" (*invisible*). "Lo invisto depende ciertamente de lo invisible, pero no se confunde con él, puesto que puede transgredirlo deviniendo precisamente visible; mientras que lo invisible permanece para siempre invisible –irreductible recalcitrante a la puesta en escena, a la aparición, a la entrada en lo visible–, lo invisto, invisible solo provisionalmente, ejerce toda su exigencia de visibilidad para, a veces por la fuerza, hacer irrupción. Lo invisto no deja de surgir incesantemente en lo visible". CV, p. 51.
198 *Ibid.*, p. 46.
199 Como hemos analizado en la introducción, en este mismo sentido, Isabelle Thomas-Fogiel sostiene que es un rasgo propio de la filosofía contemporánea el intento de superar el "dispositivo perspectivista" objetivante. Ver § 1.
200 De más está aclarar que después de Cézanne la pintura prescinde de la perspectiva, pero –según Marion– solamente el icono puede realmente superarla. En este sentido, Marion recuerda que el *Cuadro blanco sobre fondo blanco* de Malevitch fue considerado un icono. Cfr. CV, p. 40.
201 *Ibid.*, p. 44.
202 Cfr. DSE, p. 29.

mirada, al contrario, suscita una mirada infinita que no puede reposar nunca. El icono abre la inmanencia estética del cuadro a una trascendencia de tipo religioso. La verdad en tanto que rigurosa correspondencia entre la mirada y el ídolo es substituida por la verdad paradojal de la mirada de lo invisible que no dominamos y que nos mira, nos concierne. Se trata de la verdad de un rostro que nos encara, que nos demanda una respuesta.

En este sentido, hay que señalar una diferencia significativa entre el ídolo en las obras teológicas y el ídolo en las obras fenomenológicas. Las descripciones no coincide exactamente, pues mientras el ídolo metafísico fija la mirada y excluye lo no-mentado, el ídolo fenomenológico convoca a volver a verlo, a "cambiar la mirada sin cesar". Rogozinski acierta al señalar esta modificación en el estatuto de la oposición crítica entre ídolo e icono. No obstante, no es cierto que la "dimensión crítica" pierda toda pertinencia en las obras fenomenológicas. La crítica al procedimiento perspectivista de objetivación propio del ídolo en régimen metafísico, permanece –aunque de modo más atenuado– como crítica a las limitaciones del *a priori* conceptual en los fenómenos pobres y de derecho común, y se acentúa con la distinción entre objeto y acontecimiento, introducida en *Certitudes négatives*.[203] Shane MacKinlay sostiene que existe cierta tensión en la obra marioniana entre una concepción de la fenomenología como descripción del modo en que los fenómenos se nos aparecen realmente y una concepción de la fenomenología como prescripción de la manera en la que debemos encarar a los fenómenos.[204] Esta observación pierde de vista que la fenomenología consiste, precisamente, en la más acabada articulación entre descripción y prescripción. Marion es perfectamente consciente de este rasgo de la fenomenología y, por este motivo, insiste en la función fundamental de la reducción. La reducción a la donación abre la posibilidad de acceder al fenómeno en su carácter originario de acontecimiento. El "tomar la iniciativa para perderla",[205] que caracteriza a la reducción, es la operación metodológica que permite dar cuenta del "sí" de la fenomenicidad y del "sí" de la donación. Poder dar cuenta del carácter acontecial de un fenómeno implica ejercer una crítica respecto de su mostración derivada como objeto constituido. La crítica entendida como un "despejar obstáculos para la manifestación" es inherente al método fenomenológico. Por este motivo Marion vincula la reducción husserliana con la *Abbau* y la *Destruktion*.[206]

---

203 Analizaré esta distinción en el § 15.
204 Cfr. MACKINLAY, Shane, *Interpreting excess...*, op. cit., p. 98.
205 Cfr. ED, p. 15.
206 Dice Marion en una nota de *Étant donné*: "En este sentido, el método fenomenológico siempre se ejerce como una deconstrucción (*Abbau*) o una destrucción; entre estos dos términos, de hecho igualmente derivados de la reducción, la diferencia radica únicamente en la naturaleza de los obstáculos

Una segunda cuestión que también es modificada en las obras fenomenológicas respecto de las obras teológicas es la relación entre el ámbito propiamente estético, representado por el ídolo, y el ámbito ético-religioso, representado por el icono. El examen del cuadro propuesto en el tercer capítulo de *De surcroît* pone en cuestión la distinción otorgando cierto talante ético también al ídolo. La pintura "produce [...] un visible que antes no había sido visto por nadie".[207]

Pero esta operación del arte, capaz de actuar sobre la fenomenicidad, demanda una gran responsabilidad. Marion destaca que no debe plantearse una oposición entre estética y responsabilidad ética. La pintura

> libera la mirada de toda inscripción en el mundo, de todo aprisionamiento cósmico [...] Esta liberación, evidentemente, no constituye aún un acto ético [...], pero nos lleva fuera de la necesidad física y nos coloca en una situación en la que, al menos, podría devenir posible una ética de la mirada.[208]

El ídolo estético ya no debe ser superado por el ícono religioso, sino que es posible comprender al arte como una propedéutica para la ética y la religión. En algunos pasajes y obras, Marion parece plantear una vía estética similar a la propuesta por Hans Urs von Balthasar.[209]

En el final del capítulo de *De surcroît*, se reintroduce cierta tensión entre ídolo e icono, pero es resuelta dentro del ámbito del arte a partir de una referencia a la obra de Marcus Rothko. Marion entiende que el ídolo, al cumplir la reducción de lo visible potencial a lo visto puro, de lo que se da a lo que se muestra, pone en práctica una reconducción de todo lo visible al plano sin profundidad, es decir, a lo que Lévinas llama "fachada" (*façade*).[210] La "fachada", a diferencia de la "cara" (*face*),[211] cierra el acceso a lo íntimo. Las cosas se muestran en una fachada, pero esto no conviene al rostro humano. La obra de Rothko es representativa –según Marion– de una inusual resistencia ética a la reducción idolátrica de lo humano a la fachada.

---

despejados: la objetividad, el ser como presencia, la 'historia del ser', etc.". *Ibid.*, p. 16, nota 1. Volveré sobre esta cuestión en el § 21.

207 DS, p. 82.
208 *Ibid.*, pp. 76-77.
209 "En ciertas experiencias excepcionales de la belleza –en la naturaleza como en el arte–, el fenómeno, por lo demás bastante velado, deviene claramente perceptible en lo que tiene de característico: lo que viene al encuentro de nosotros es irresistible como un milagro y no puede jamás ser elucidado racionalmente por el sujeto de la experiencia, sino que posee justamente como milagro su inteligibilidad particular". Von Balthasar, Hans Urs, *L'amour seul est digne de foi*, trad. R. Givord, Paris, Parole et Silence, 1999, p. 40. Volveré sobre esta sugerencia en el apartado 38.5, en el que presentaría la vía estética marioniana como un modo de acceso a la hermenéutica del amor.
210 Cfr. Lévinas, Emmanuel, *Totalité et infini*, La Haye, Nijhoff, 1963, pp. 87 y 166; y Lévinas, Emmanuel, *Entre-nous. Essais sur le penser-à-l'autre*, Paris, Grasset, 1991, p. 23.
211 Utilizo "cara" para traducir *face* y reservo "rostro" para traducir *visage*.

Rothko intuyó lo que Lévinas expresó: la fachada prohíbe pintar la cara y, por tanto, hay que elegir entre matar la cara encuadrándola en la trivialidad del cuadro y condenándola a muerte en el ídolo, o "mutilarse" como pintor y renunciar a producir la cara directamente en la visibilidad. Rothko eligió mutilarse para no matar la cara, que llamó el "drama humano".

Con esta decisión hace mucho. En primer lugar, señala sin ninguna ambigüedad lo que el ídolo oculta: la cara, el rostro, el Otro en su epifanía; pictóricamente, confirma lo que Lévinas estableció fenomenológicamente. O, más bien, pone en práctica fenomenológicamente lo que el fenomenólogo hace aparecer por conceptos. En segundo lugar, plantea para la pintura, al menos para la pintura del tiempo de la "muerte de Dios" y del "fin del arte", una prohibición propiamente ética, la misma que anuncia el filósofo: ningún ídolo puede pretender acceder a la cara del Otro; y hasta que se pruebe lo contrario la pintura moderna no dispone de otra vía [...] que ésta de la idolatría de lo visible. Para la cara del Otro tiene que haber otra vía, la del icono, pero no depende del pintor como tal seguirla desde él mismo.[212]

La vía del icono sigue estando vedada para el arte, pero, a diferencia de lo planteado en las obras teológicas, el ídolo fenomenológico puede dar cuenta de la tensión[213] y prepararnos para una ética de la mirada.

13.3. La carne

En tercer lugar, Marion presenta la carne como el fenómeno saturado que da cuenta del carácter absoluto capaz de sustraerse de la categoría de la relación. Previa a cualquier dualidad introducida por la intencionalidad (intención-intuición, mención y cumplimiento), es necesaria una auto-afección de la conciencia que se da en la carne. La auto-afección se caracteriza: 1) por la inmediatez y la ausencia de todo éxtasis intencional, la carne no puede "mirarse", y 2) se caracteriza por provocar y requerir el solipsismo, aún más radicalmente que el ídolo. La carne es insustituiblemente mía, me individualiza, me da a mí mismo, de ella resulta la más extrema *Jemeinigkeit*.[214]

En el cuarto capítulo de *De surcroît*, Marion se detiene en una descripción detallada de la carne o la "donación del sí mismo". El texto comienza preguntándose cómo se logra el acceso al sí mismo. Marion responde: "Me vuelvo hacia mí mismo experimentándome y me experimento haciéndome

---

[212] DS, pp. 98-99.
[213] Marion sostiene respecto de la *Capilla* de Rothko que ésta "despliega su sinfonía abrumadora y magistral de marrones, violetas y negros sólo para ejemplificar la tensión, incluso la contradicción libremente asumida entre la fachada y la cara, el ídolo y el icono". *Ibid.*, p. 101.
[214] Cfr. ED, pp. 322-323.

carne".²¹⁵ Pero ¿qué significa "hacerse carne" (*prendre chair*)? Marion propone un recorrido que comienza con la distinción husserliana entre "cuerpo" (*Körper*) y "carne" (*Leib*), pero que reconoce un antecedente en Aristóteles.²¹⁶ Dice Husserl en el § 44 de la quinta meditación cartesiana:

> Entre los cuerpos físicos de esta *naturaleza* captados propiamente, encuentro luego, con una preeminencia única, *mi carne* (*Leib*), a saber, como el único que no es un mero cuerpo físico (*Körper*), sino justamente *carne*, el único objeto dentro de mi estrato abstractivo del mundo al que yo le atribuyo, conforme a la experiencia, campos de sensación.²¹⁷

La carne se distingue, pues, respecto de todo objeto del mundo, respecto de todo cuerpo físico, en que antes de poder ser percibido como un objeto externo en el mundo, ella misma percibe. Husserl distingue el resultado de una reducción a lo propio en los otros hombres y en mí.

> Si yo reduzco a los otros hombres a lo propio, obtengo propiamente cuerpos físicos; pero si me reduzco a mí mismo como hombre, obtengo mi *carne* y mi *alma*, o sea, a mí mismo como unidad psicofísica y, en esta unidad, mi yo personal, el cual, en esta carne y por medio de ella, actúa sobre el mundo exterior y padece de éste.²¹⁸

La carne se caracteriza por el padecer, por una pasividad receptora que no se da en el mundo, pero sin la cual nada aparecería en el mundo.²¹⁹

> Es más: carne y cuerpo se oponen fenomenológicamente de modo radical ya que una tiene por función hacer aparecer sintiendo, al punto que ella permanece invisible en tanto tal, mientras que el otro, teniendo que aparecer como visible por definición, nunca tiene la capacidad de hacer aparecer, ni de sentir, ni de mentar. El cuerpo aparece, pero la carne permanece invisible, justamente porque hace aparecer.²²⁰

Este "hacer aparecer" ubica a la carne en un lugar central. Extremando los análisis de Aristóteles, Husserl afirma que en tanto la carne es el medio

---

215 DS, p. 103.
216 Aristóteles sostiene: "...lo tangible difiere de los objetos visibles y audibles en cuanto que éstos son percibidos al ejercer el medio cierto influjo sobre nosotros, mientras que los objetos tangibles los percibimos influidos no por el medio, sino a la vez que el medio; algo así como el que es golpeado a través de un escudo: no es que el escudo lo golpee tras ser él golpeado; antes bien, sucede que ambos resultan golpeados conjuntamente". *De anima* II 11, 423 b 12-16.
217 Hua I, p. 128.
218 *Idem*.
219 DS, p. 110.
220 *Ibid.*, p. 111.

(*Mittel*) de toda percepción, ella también es el "punto de orientación cero" (*Orientierungspunkte Null*). La carne es:

> El aquí y ahora, desde el cual el yo puro intuye el espacio y el mundo entero de los sentidos. Así, toda cosa que aparece tiene por ende, *eo ipso*, una referencia de orientación a la carne, y no solamente la cosa que realmente aparece, sino toda cosa que haya de poder aparecer. Si me imagino un centauro, no puedo más que imaginármelo en cierta orientación y en cierta referencia a mis órganos sensoriales: el centauro se encuentra a mi "derecha", se "acerca" o se "aleja", se "voltea", se vuelve dándome "a mí" la cara o la espalda.[221]

Ahora bien, precisamente porque la carne funciona como el "punto cero", no puedo separarme de ella. "Mientras que yo, frente a todas las otras cosas, tengo la libertad de cambiar a discreción mi posición respecto de ellas [...] no tengo la posibilidad de alejarme de mi carne [*Leib*] o de alejarla a ella de mí".[222] No puedo poner distancia respecto de mi carne porque no "estoy" en mi carne, sino que "soy" mi carne.[223] Mi carne me da el carácter "más originariamente mío [*das Ursprünglichst Meine*]",[224] me da a mí mismo. Dice Husserl:

> Mi carne [*Leib*], esto es la cosa originariamente dada, en la que me muevo originariamente, que modifico originariamente, que en todos estos "movimientos" y cambios suyos subsiste como la unidad existente originaria para mí y que tiene para mí el carácter de una autodonación en persona.[225]

La donación del sí mismo se cumple con la carne. En este sentido, Marion destaca que el *cogito* sólo se cumple en la carne.[226] En *Le phénomène erotique*, Marion insiste en esta idea. Sólo el "hacerme carne" (*prise du chair*) me asigna mi ipseidad, me individualiza radicalmente.[227] Aunque, en esa obra Marion

---

221 Hua IV, p. 56. Esta misma idea aparece también en otros pasajes de la obra husserliana. Entre otros: "En toda presencia [...] está también ahí mi carne [*Leib*], y ahí como centro efectivizado siempre y dondequiera que espacio y mundo son justamente efectivizados, experienciados. Es el objeto nulo, la condición de posibilidad de otros objetos". Hua XIV, p. 540. "De un modo peculiar y distinto, ella [la carne] es punto medio [*Mittelpunkt*], objeto que se encuentra en el medio [...] y se convierte, aun cuando ella misma es ya objeto (frente a mí), en el centro funcional [*Funktionszentrum*] para todos los otros objetos, para todas mis funciones en relación con ellos". Hua XIV, pp. 58-59.
222 Hua IV, p. 159.
223 Cfr. DS, p. 115.
224 Hua XIV, p. 58.
225 Hua XV, p. 567.
226 "El cogito se cumple como carne o no se cumple, porque, así como el ojo no se ve (o el oído no se escucha), el entendimiento no se experimenta". DS, p. 114.
227 "Soy allí donde se me puede alcanzar, y sólo soy alcanzable allí donde me hice carne, donde soy tomado como carne. Soy allí donde me expone mi carne, a saber, allí donde me asigna la pregunta '¿me aman?'. Sólo mi hacerme carne me asigna mi ipseidad. Con esa carne mía, aún se trata ciertamente de una modalidad de pensamiento. Me sigo pensando cuando me hago carne, aun si ya no me pienso según la representación ni el entendimiento". PhE, p. 66.

sostendrá que solamente el otro puede darme mi carne, en régimen de reducción erótica.[228]

Esta asignación del sí mismo por medio de la carne puede probarse –según Marion– a través de ciertas experiencias cruciales: el padecimiento (*souffrance*), el placer (*plaisir*) y el envejecimiento (*vieillissement*). En estas experiencias puede advertirse con claridad la imposibilidad para el *ego* de sustraerse de la carne, de aparecer sin ella.

1) El padecimiento es la experiencia de un estar "clavado" en uno mismo. En las elocuentes palabras de Lévinas:

> El padecimiento físico, en todos sus grados, es una imposibilidad de apartarse del instante de la existencia. Es el carácter mismo de irremisible del ser. El contenido del padecimiento se confunde con la imposibilidad de apartarse del padecimiento [...] hay en el padecimiento una ausencia de todo refugio. Es el hecho de ser directamente expuesto al ser. Está hecho de la imposibilidad de huir y de retroceder. La gravedad del padecimiento está en esta imposibilidad de retroceso. Es el hecho de estar constreñido a la vida y al ser.[229]

En el padecimiento se comprueba ostensiblemente nuestra imposibilidad de abandonar la carne, pues el contenido del padecimiento mismo no es otro que la imposibilidad de apartarse de él.

2) El placer también nos lleva a experimentar el carácter inmediato de la carne, el modo en que ésta se sustrae a toda relación. Marion interpreta la idea de Pascal de que no es vergonzoso para el hombre sucumbir al dolor, pero sí lo es al placer, pues la servidumbre que genera el placer avergüenza a la voluntad y a la razón.[230] Marion sostiene que estas ideas de Pascal también pueden leerse como un argumento que da cuenta de la imposibilidad de la razón de independizarse de la carne. El placer despoja a la razón de la posibilidad de sustraerse a la carne. "La carne y la pasividad última (por lo tanto, el padecimiento) se manifiestan así por primera vez sin restricción, ni excepción, en el placer".[231] El placer, en su

---

228 Volveré sobre esta cuestión en el apartado 31.3.
229 Lévinas, Emmanuel, *Le temps et l'autre*, Paris, PUF, 1983, p. 55.
230 Cfr. Pascal, Blaise, *Pensées*, Louis Lafuma ed., Paris, Seuil, 1963, § 795, p. 601.
231 DS, p. 118. Marion sigue el planteo de Michel Henry respecto de la carne en general y, en particular, respecto de la relación entre padecimiento y placer. "*La unidad del padecimiento [souffrance] y de la alegría [joie] es la unidad del ser mismo, la unidad del acontecimiento ontológico uno y fundamental en el que aquello que, sintiéndose a sí mismo y experimentándose en su pasividad absoluta respecto de sí y volviéndose como tal, en este padecer, el ser se siente y se experimenta necesariamente en el padecimiento y en el gozo de este padecer. Padecimiento y alegría no son dos tonalidades preexistentes y separadas, que se basten a ellas mismas y que a continuación y vanamente trataríamos de reducir a la unidad, como, en ciertas filosofías, lo múltiple a lo uno. Nacen conjuntamente de un mismo acontecimiento que hacen posible y constituyen, son su efectividad, su manifestación. Un solo y mismo contenido fenomenológico, una sola tonalidad se piensa como padecimiento y como alegría; tanto uno como otra componen la trama, la sustancia, la*

pasividad radical, también atestigua respecto de la imposibilidad de sustraernos de la carne.

3) El envejecimiento, por su parte, también nos muestra la inseparabilidad de la carne. La donación del sí mismo se temporaliza y esa temporalización deja sus marcas en la carne. El pasado se acumula en mi cara. El tiempo pasado se fenomenaliza en las huellas que deja en la carne que soy.[232]

Yo no puedo independizarme de mi carne, pues el *ego* no se manifiesta como un ente u objeto del mundo, sino que aparece afectándose a sí mismo: haciéndose carne.[233] Pero, yo no me doy mi carne, no la produzco como a un objeto, sino que –por el contrario– la recibo, y al recibir mi carne, me recibo a mí mismo.[234]

13.4. El icono

En cuarto lugar, Marion designa al icono como el fenómeno saturado capaz de exceder la previsión de las categorías de la modalidad. El icono expone acabadamente el modo en que el fenómeno saturado se libera de toda referencia al Yo, pues es "inmirable" (*irregardable*) e "irreductible" (*irréductible*). El icono no se ofrece como un espectáculo para la mirada, es más, el icono invierte la mirada del espectador, pues ejerce su propia mirada sobre él.[235] Marion sostiene que con el icono, la anamorfosis alcanza su expresión más acabada.[236] La mirada del Otro me adviene.

> La mirada que el Otro depone sobre mí como un peso no se deja mirar, ni siquiera ver: esa mirada invisible sólo se da para ser resistida. El Otro está así a mi cargo: estrictamente pesa sobre mi mirada como un peso, como una carga.[237]

Siguiendo a Lévinas, Marion sostiene que el Otro se me impone con su rostro, pero se trata de un rostro al que le corresponde una "invisibilidad esencial". Ver el rostro implica matarlo, i. e., reducirlo a espectáculo constituido, o reducirse a su punto de vista perdiendo el sí mismo.[238] El rostro y su mirada no

---

fenomenicidad en fin, como fenomenicidad efectiva y concreta; son un solo aparecer…". HENRY, Michel, *L'essence de la manifestation*, troisième édition, Paris, PUF, 2003, pp. 832-833.
232 Cfr. DS, pp. 119-120.
233 Cfr. *ibid.*, p. 120.
234 Cfr. *ibid.*, pp. 123-124.
235 Cfr. ED, p. 323.
236 Para una presentación de la noción de anamorfosis en Marion ver el apartado 29.3.
237 *Ibid.*, p. 324.
238 Cfr. *ídem*. Marion ahonda en esta problemática en "Le tiers ou la relève du duel" deteniéndose en la función del tercero, también introducida por Lévinas. Para acceder al Otro en tanto Otro es necesario superar el modelo de alteridad dual. "La alteridad dual, al excluir al tercero, reconoce que no cumple, que no alcanza, incluso que no abre la alteridad". FPh, p. 152. Desde Descartes hasta Heidegger –explica

me dan nada a ver más que su invisibilidad, pero se me imponen invirtiendo el sentido de la intencionalidad. El Yo renuncia a su función trascendental de constitución para devenir testigo.[239]

Como ya hemos señalado, el icono es una categoría que Marion ya había utilizado en sus obras teológicas y que recupera para sus obras fenomenológicas. En el apartado sobre el ídolo, destacamos la observación de Rogozinski respecto a la pérdida del poder crítico de la contraposición entre el icono y el ídolo cuando éstos adquieren el estatuto de fenómeno saturado. Sin embargo, cabe preguntarse si el icono pierde efectivamente toda primacía respecto del ídolo.

En *De surcroît*, el icono es presentado como el fenómeno saturado que cumple en más alto grado la tercera reducción: la reducción a la llamada pura.[240]

> El rostro [...], más que todo otro fenómeno, debe aparecer no bajo la figura de un espectáculo de objetos, sino bajo la figura de una llamada. El rostro, fenómeno saturado según la modalidad, quizás cumple más que todo otro fenómeno (saturado o no) la operación fenomenológica de la llamada: sobreviene (acontecimiento), sin causa ni razón (incidente), cuando él lo decide (arribo), e impone el punto de vista desde donde verlo (anamorfosis) como hecho consumado.[241]

Ciertamente el rostro tiene un privilegio porque cumple "mejor que todo otro fenómeno" la llamada que revierte toda intencionalidad, adviniendo "sin causa ni razón", por su propia iniciativa e imponiendo la anamorfosis. El punto de vista anamórfico invierte toda perspectiva posible, es decir, todo intento de controlar la visibilidad a partir de un sujeto trascendental, ya que otorga la iniciativa al fenómeno.[242]

Marion– se ha buscado acceder a una alteridad en primer grado: la alteridad de la dualidad "yo-tú". El encuentro con el "tú", con el primero que aparece, es el encuentro de dos *egos* que inevitablemente reabsorben todo *alter*, toda alteridad en la esfera del sí mismo. Como señala Marion: "Si cuando intento acceder a otro, me atengo al otro que viene primero, entonces, o bien él me engloba y anula mi alteridad, o bien yo lo englobo y anulo su alteridad, pero nunca ese que viene primero aparece como otro en serio". FPh, p. 161. Por eso Marion propone prestar atención a una alteridad en segundo grado: la alteridad del "él", del tercero que queda excluido de la dualidad. Según Marion, sólo un acceso mediado por el tercero puede garantizar que la otredad del otro permanezca inalterada. Pero, ¿cómo se fenomenaliza el tercero? ¿Cómo se evita que devenga un "tú"? Según Marion, el tercero no puede y no debe aparecer directamente, sino que debe permanecer invisible para el punto de vista del "yo" y el "tú". El tercero aparece testimoniado en el rostro del Otro como aquello que impide su reducción a la objetividad y a la mismidad. La mirada del Otro no sólo me mira en nombre propio, sino también en nombre del tercero. Para acceder al Otro es necesario ver al tercero en su mirada. En palabras de Lévinas: "la epifanía del rostro [...] testimonia la presencia del tercero, de la humanidad entera, en los ojos que me miran". LÉVINAS, Emmanuel, *Totalité et infini*, op. cit., p. 235. La función del tercero es dar un halo de invisibilidad al Otro para impedir que caiga en una visibilidad apresurada que tergiverse su otredad. Concluye Marion: "La función del tercero [...] no consiste, entonces ni en superar, ni en contradecir, ni en compensar al otro, sino en hacerlo aparecer por primera vez como tal, sustrayéndolo a la lógica dual". FPh, p. 164.

239 Cfr. ED, p. 324.
240 Cfr. RD, p. 296. Me detendré en la noción marioniana de reducción en el tercer capítulo.
241 DS, p. 149.
242 Cfr. ED, pp. 169ss.

En *Étant donné*, Marion sostiene que el icono

> reúne en él las característica particulares de los tres tipos precedentes de fenómenos saturados. Como el acontecimiento histórico, requiere la adición de horizonte y la narración; puesto que el Otro no puede constituirse objetivamente y adviene sin un fin asignable, el icono abre pues una teleología. Como el ídolo, el icono reclama ser visto una y otra vez, aunque bajo el modo de la resistencia incondicionada; ejerce como él (pero de una manera más radical) una individuación de la mirada que lo encara. Como la carne, finalmente, el icono cumple la individuación que afecta al Yo tan originariamente que acaba perdiendo su función trascendental, y la originariedad de esa afección la acerca tangencialmente a una auto-afección.[243]

El icono asume los rasgos decisivos de los demás fenómenos saturados, pero además cumple la función fundamental de destituir al Yo. De este modo, el icono conserva un innegable privilegio: el rostro del Otro pone en cuestión la supuesta primacía del Yo. El icono constituye la experiencia del fenómeno saturado a partir de la cual el Yo deviene adonado.[244] En este sentido, la posibilidad de todos los demás fenómenos saturados parece depender del icono en tanto fenómeno capaz de operar la transformación del sujeto.

Si prestamos atención a la noción de verdad implicada en el icono, constatamos también este privilegio. En el artículo "Une question de réponse", Marion se extiende en su concepción de la verdad. La libertad no adviene luego del establecimiento de la verdad. Por el contrario, en tiempos del nihilismo, la verdad depende de la libertad, es decir, depende de una decisión: la verdad demanda una determinación hermenéutica.[245] La hermenéutica propone diversas figuras para esta práctica de la verdad (la "fusión de horizontes" en Gadamer, la "metáfora viva" y lo que da a pensar el símbolo en Ricœur, la subordinación del "*en tanto que* apofántico" al "*en tanto que* existencial" en Heidegger). Todas estas figuras reenvían a la "forma pura de la llamada".[246]

> Pues la verdad no se des-cubre jamás inmediatamente como un espectáculo ni se pronuncia inmediatamente como un enunciado; ella sólo se des-cubre mediatamente, afrontando, atravesando y colmando la distancia [*écart*] entre lo que se da y lo que eventualmente se muestra.[247]

---

[243] *Ibid.*, pp. 324-325.
[244] Volveré sobre esta cuestión en el capítulo cuarto.
[245] Cfr. QR, p. 24.
[246] Cfr. *ibid.*, p. 25.
[247] *Idem.*

La verdad nos exige una práctica hermenéutica que consiste en administrar la distancia entre lo que se da y lo que se muestra.[248]

> Ella no solo ni siempre precede la libertad, a la que le impondría una norma invariable, sino que procede también y sin duda, en primer lugar, de la libertad, como solo una respuesta permite manifestar y sancionar una llamada.[249]

Esta noción general de verdad fundada sobre la estructura hermenéutica de la llamada y de la respuesta toma como modelo paradigmático la respuesta a la llamada del rostro del Otro en el fenómeno saturado del icono. En *De surcroît*, esta verdad del rostro se atestigua por una suerte de fe: la confianza "ofrece el único acceso fenomenológico correcto al rostro del Otro".[250]

En un artículo reciente, Claude Romano se pregunta si la verdad paradojal de los fenómenos saturados no pone en cuestión la distinción entre filosofía y teología sostenida por Marion. Según Romano, la paradoja

> Solo puede ser filosófica si es revelada primero a través de otros medios no filosóficos: en nuestra tradición europea, la paradoja es teológica y cristológica. Pascal y Kierkegaard son al respecto los filósofos de la paradoja por excelencia porque son primero pensadores religiosos y de lo religioso.[251]

En primer lugar, cabe considerar que Marion ha atenuado la posibilidad de trazar una férrea distinción entre filosofía y teología. En su artículo de 2010 "Remarques sur l'utilité en théologie de la phénoménologie", Marion destaca que ya no podemos ensayar el trazado de una frontera clara y distinta entre ambas disciplinas.[252]

Ahora bien, en vistas a esta atenuación de la distinción, es posible sostener que el icono constituye una vía de pasaje particular entre filosofía y teología. En la conclusión de *Certitudes négatives*, "Éloge du paradoxe", Marion sostiene:

> El icono abre así el espacio de la ética, pero sin duda también otros espacios: todos aquellos en los que no dispongo de un concepto para regir al fenómeno, sino que —en el mejor de los casos— lo recibo como un imperativo.[253]

Uno de esos otros espacios puede ser, ciertamente, el teológico. El "Éloge

---

248 Cfr. QPRDHD, p. 233, GH, p. 62, y RdD, pp. 89 y 97.
249 QR, p. 26.
250 DS, p. 152. Volveré sobre esta problemática de la relación entre verdad y hermenéutica en el sexto capítulo.
251 ROMANO, Claude, "Le don, la donation et le paradoxe" en CAPELLE-DUMONT, Philippe (éd.), *Philosophie de Jean-Luc Marion. Phénoménologie, théologie, métaphysique*, Paris, Hermann, 2015, p. 13.
252 Cfr. RUThPh , p. 540.
253 CN, p. 313.

du paradoxe" concluye citando a Kierkegaard.²⁵⁴ Como ya hemos analizado, la verdad del icono demanda una confianza para ser aprehendida, es decir, demanda una suerte de "salto de fe". Efectivamente es posible considerar que el icono refiere al fenómeno saturado de Cristo como "icono de lo invisible".²⁵⁵ Es posible sostener que el privilegio del icono, fundado sobre la llamada del rostro que cumple eminentemente la tercera reducción y la inversión de la intencionalidad, reposa sobre un fondo teológico e incluso sobre una convicción religiosa.²⁵⁶ Esta posibilidad de interpretación está abierta, sin embargo, no es la que desarrollaremos en este libro, cuando volvamos sobre estas cuestiones en el capítulo cuarto y el capítulo sexto.

Para concluir esta exposición de la "tópica del fenómeno saturado" cabe destacar que ésta no debe ser entendida como una clasificación exhaustiva de los únicos cuatro tipos de fenómenos saturados. Como bien sostiene Carlos Restrepo, es necesaria, más allá de la doctrina y la tópica, una casuística del fenómeno saturado.²⁵⁷ Ciertamente, las asombrosas posibilidades de esta categoría no han sido exploradas en su totalidad por Marion. Un buen ejemplo de ello es la propuesta de Christina Gschwandtner de considerar a la naturaleza como fenómeno saturado.²⁵⁸

§ 14. El fenómeno doblemente saturado: la revelación

En 1992, en "Le possible et la révélation", Marion sostiene que si la fenomenología logra regresar a las cosas mismas al liberarse del principio de razón suficiente, entonces la revelación no le es ajena.

> La fenomenología, al levantar el interdicto de la razón suficiente, libera la posibilidad y, por tanto, abre el campo a fenómenos eventualmente marcados de imposibilidad. Entre otras posibilidades, los fenómenos religiosos reaparecen de nuevo, en filosofía, como *hechos* justificados de derecho ya que son dados *de hecho*.²⁵⁹

Esta sugerencia es retomada y matizada unos años después en *Étant donné*.

---

254 Cfr. *ibid.*, p. 317.
255 Cfr. GR, pp. 61-88. Desarrollo las ideas de las páginas indicadas en el § 14.
256 Desarrollé esta posible lectura en Roggero, Jorge Luis, "La vérité de l'idole et l'icône. Le rapport entre l'art et la religion chez Jean-Luc Marion" en Grondin, Jean y Green, Garth, (éds.), *Religion et vérité*, Strasbourg, Presses de l'Université de Strasbourg, 2017, pp. 193-200.
257 Cfr. Restrepo, Carlos Enrique, "Relectura de los fenómenos saturados" en Roggero, Jorge Luis (ed.), *Jean-Luc Marion: límites y posibilidades de la Filosofía y de la Teología*, Buenos Aires, SB Editorial, 2017, p. 157.
258 Cfr. Gschwandtner, Christina, *Degrees of givenness*, op. cit., pp. 78-94.
259 VR, p. 19.

En el § 24, Marion se pregunta respecto del grado máximo en que la saturación puede desplegarse. ¿Cuál sería el fenómeno que se daría "siguiendo un grado máximo de fenomenicidad"?[260] Ciertamente, la cuestión planteada por Marion es ostensiblemente relevante para una investigación fenomenológica. No obstante, Marion constata que esta exploración no es llevada a cabo y el motivo, generalmente, es el miedo a que la causa de Dios resurja, pues lo teológico parece contradecir lo lógico. Sin embargo, argumenta Marion, lo que está en juego no es lo teológico, sino lo fenomenológico. Se trata de llevar al extremo el proyecto de "desplegar la posibilidad en la fenomenicidad".[261] Esto requiere atenerse a dos exigencias: 1) el máximo eventual debe seguir siendo un fenómeno y 2) el máximo debe seguir siendo una posibilidad en el sentido de no fijarse en ninguna figura determinada y en el sentido de constituirse con independencia respecto de todo cumplimiento efectivo e intramundano.[262]

Marion entiende que el fenómeno de la revelación cumple con estos dos requisitos. En primer lugar, se trata de un fenómeno que constituye la última expresión de la fenomenicidad: concentra en él los cuatro tipos de fenómeno saturado y, de ese modo, "satura la fenomenicidad en segundo grado con una saturación de saturación".[263] En segundo lugar, se trata de una posibilidad que permanece como posibilidad. Marion sostiene que es posible describir la revelación sin presuponer su efectividad.

> La fenomenología no podría decidir si una revelación puede o debe darse jamás, pero sí que puede (y únicamente la fenomenología puede) establecer que, en ese caso, un tal fenómeno de revelación debería tomar la figura de paradoja de paradojas: si tiene que haber revelación (y la fenomenología no tiene ninguna autoridad para decidirlo), entonces esa revelación tomará, toma o ha tomado la figura de paradoja de paradojas, siguiendo una ley de esencia de la fenomenicidad.[264]

Esta afirmación marioniana ha suscitado una reiterada objeción. Vincent Holzer,[265] Kathryn Tanner[266] y Henri-Jérôme Gagey[267] han coincidido en señalar que, de este modo, Marion parece introducir una suerte "teología

---

260 ED, p. 326.
261 *Idem.*
262 Cfr. *idem.*
263 *Ibid.*, p. 327.
264 *Ibid.*, pp. 327-328.
265 Cfr. HOLZER, Vincent, " Phénoménologie radicale et phénomène de révélation : Jean-Luc Marion, *Étant donné*. Essai d'une phénoménologie de la donation ", *Transversalités*, 70 (1999), p. 67.
266 Cfr. TANNER, Kathryn, "Theology at the Limits of Phenomenology" en HART, Kevin (ed.), *Counter-experiences: Reading Jean-Luc Marion*, Notre Dame, University of Notre Dame Press, 2007, p. 328.
267 GAGEY, Henri-Jérôme, "La théologie entre urgence phénoménologique et endurance herméneutique", *Recherches de Science Religieuse*, 98, 1 (2010), pp. 42-49.

trascendental" (más cercana a Rahner que a von Balthasar),[268] al fijar como condición de posibilidad para la manifestación de la Revelación, la figura de paradoja de paradojas. En palabras de Gagey:

> Cuando Marion trata de *pre*definir el fenómeno de revelación describiendo su posibilidad, sin pronunciarse sobre su efectividad, ¿no excede la función purificadora que él asigna a la fenomenología para imponer a la Revelación efectiva condiciones de posibilidad *a priori*?[269]

Marion es consciente de la plausibilidad de esta objeción y por eso, a continuación, en el mismo parágrafo de *Étant donné* sostiene:

> En este sentido, puesto que resulta una variación de la saturación, que es a su vez variación de la fenomenicidad del fenómeno en tanto que dado, la revelación permanece inscripta todavía en las condiciones trascendentales de posibilidad. ¿Habríamos recorrido pues todo este camino sólo para volver a encontrar lo que habíamos querido precisamente destruir –las condiciones– precediendo la posibilidad y delimitándola *a priori*? Es más, ¿no volvemos a encontrar esas condiciones precisamente a propósito de la revelación, el tipo mismo de fenómeno que no puede ni debe por principio someterse a ellas?[270]

Marion responde inmediatamente:

> De ninguna manera se trata aquí de eso [...], la condición de posibilidad no consiste en posibilitar el fenómeno delimitándolo *a priori* por imposibilidades, sino en liberar su posibilidad destruyendo todas las condiciones pre-requeridas para la fenomenicidad, suspendiendo pues todas las pretendidas imposibilidades, incluso admitiendo la posibilidad de algunas de ellas.[271]

Si bien es posible estar de acuerdo con la respuesta de Marion, pues está claro que la consideración marioniana de la revelación como paradoja de paradoja sólo implica imponerle como condición que no es posible imponerle condiciones, cabe preguntarse si se libera de este modo la posibilidad de la imposibilidad cuando no se admite –al menos en el campo filosófico– su efectivización, es decir, su fenomenalización. ¿Acaso esta liberación no correspondía

---

[268] Es interesante señalar esta supuesta cercanía con Rahner porque Marion critica expresamente su "teología trascendental". En "Le possible et la Révélation", Marion destaca que la "Cristología ontológica" de Rahner es un intento de "normar la Revelación de Dios por Dios a la medida del horizonte ontológico de la manifestación". VR, p. 27.
[269] GAGEY, Henri-Jérôme, "La théologie entre urgence phénoménologique et endurance herméneutique", op. cit., p. 43.
[270] ED, p. 328.
[271] *Idem*.

a una efectividad que se da excediendo todo posible cálculo de su posibilidad?

La distinción que introduce Marion entre posibilidad y efectividad en este § 24 es una distinción que busca preservar la distinción disciplinaria entre filosofía y teología. Dice Marion:

> La fenomenología describe posibilidades y no considera nunca el fenómeno de la revelación más que como una posibilidad de la fenomenicidad, que formularía así: si Dios se manifiesta (o se manifestara), se valdrá de una paradoja de segundo grado; si tiene lugar la Revelación (de Dios por él mismo, *teo*-lógica), tomará la figura fenoménica del fenómeno de revelación, de la paradoja de paradojas, de la saturación de segundo grado. Ciertamente, la Revelación (como efectividad) no se confunde jamás con la revelación (como fenómeno posible), respetaremos escrupulosamente esta diferencia conceptual mediante su traducción gráfica. Pero la fenomenología, que le debe a la fenomenicidad el llegar hasta ese punto, no va más allá y no debe nunca pretender decidir del hecho de la Revelación, ni de su historicidad, ni de su efectividad, ni de su sentido. No debe hacerlo pues, no solamente para distinguir los saberes y delimitar las regiones respectivas, sino en primer lugar porque no tiene los medios: el hecho (si lo hay) de la Revelación excede el dominio de toda ciencia, incluida la fenomenología; sólo una teología, y a condición de dejarse construir a partir de ese sólo hecho (K. Barth o H. U. von Balthasar, sin duda en mayor medida que R. Bultmann o K. Rahner) podría eventualmente acceder a ella. Incluso si lo deseara (y, por supuesto, jamás fue el caso), la fenomenología no tendría el poder de efectuar un giro hacia la teología. Y hay que ignorarlo todo sobre teología, sobre sus procedimientos y sus problemáticas, para considerar tan siquiera esa inverosimilitud.[272]

En *Étant donné*, Marion propone distinguir el campo de la fenomenología del de la teología, respecto de la revelación, adjudicando la consideración de la posibilidad al primer ámbito y la de la efectividad al segundo. Volveré sobre esta distinción en el capítulo sexto de este libro, pero cabe anticipar –como ya hemos mencionado en el apartado 13.4– que esta férrea posición será matizada por Marion en sus obras posteriores.

La efectiva efectividad del fenómeno de la revelación queda, pues, sin decidir desde el punto de vista de la filosofía, aunque ciertamente se anticipan todas sus características. La revelación, en la manifestación de Cristo, ostenta las características de los cuatro tipos de fenómenos saturados: es un acontecimiento no-mentable (Mc. 13,32: "Mas de aquel día y hora, nadie sabe nada, ni los ángeles en el cielo, ni el Hijo, sino sólo el Padre".); un ídolo insoportable (Jn 16,12: "Mucho tengo todavía que deciros, pero ahora no podéis con ello" y Jn 18, 6: "Cuando les dijo: 'Yo soy', retrocedieron y cayeron en tierra");

---
272 *Ibid.*, p. 329.

carne absoluta, pues la máxima visibilidad se da en la muerte (Mt 27,54: "Verdaderamente, éste era Hijo de Dios") y tiene un carácter absoluto, para la que no hay parámetro (Jn 18,36: "Mi reino no es de este mundo"); y, finalmente, es también un icono inmirable, que invierte la mirada, siendo él quien nos llama y nos constituye como testigos (Mt 28, 19: "Id, pues, y haced discípulos a todas las gentes bautizándolas en el nombre del Padre y del Hijo y del Espíritu Santo"). Todos estos rasgos se dan en un grado máximo de saturación. Por este motivo, la efectividad de la posibilidad de la revelación se identifica con un fenómeno "abandonado" (*abandonné*) en el que se da una "donación sin intuición por exceso", en la que "el exceso del don puede adoptar el aspecto de penuria".[273]

Recientemente, Marion ha retomado su reflexión sobre el fenómeno de la revelación en las *Gifford Lectures*, impartidas en la Universidad de Glasgow en 2014 y publicadas en 2016 bajo el título de *Givenness and Revelation*. En la introducción, Marion sostiene que hay que entender el concepto de revelación como un "concepto que contradice el concepto", es decir, una paradoja. Pero esta paradoja debe ser entendida como proveniente de la fenomenicidad y no tanto del formalismo lógico.[274] Marion insiste en que la revelación concierne principalmente a la fenomenicidad y no a una pregunta por entes y su ser (existencia) o relativa al conocimiento de objetos (demostración). "¿Qué vemos? ¿Qué podemos ver de lo invisible? Esa es la cuestión".[275] E, inmediatamente, Marion formula el nudo del problema:

> Pero ¿cómo concebir que al menos *un* fenómeno pueda hacer visible no sólo lo invisto (como todo fenómeno, que siempre agrega a lo ya visible un nuevo visible hasta el momento invisto), sino lo invisible, cómo concebir un fenómeno que pueda hacer visible un invisto que aparezca como *invisible* y permanezca así?[276]

Marion entiende que si la fenomenicidad encuentra su justificación en la donación, entonces la revelación constituye un fenómeno excepcional, pero coherente con los demás pues confirma la definición de fenómeno como lo que se muestra sólo en tanto que se da.[277] Es más "paradójicamente, pero lógicamente, la revelación, en virtud de la donación que sólo ella realiza perfectamente, cumpliría la esencia de la fenomenicidad".[278]

A fin de dar cuenta de estas afirmaciones, Marion estructura su reflexión en

---
273 *Ibid.*, p. 341.
274 Cfr. GR, p. 4.
275 *Ibid.*, p. 5.
276 *Idem.*
277 Cfr. *ibid.*, p. 7.
278 *Idem.*

cuatro pasos: 1) En primer lugar, se detiene en los problemas de la interpretación epistemológica de la Revelación en la teología dogmática.

La clara intención no-epistemológica de la revelación apunta a manifestar a Dios en persona. La intención de Dios no es tanto hacerse conocer, como hacerse *reconocer*, comunicarse, hacer posible para los hombres el entrar en una comunicación que los pone en comunión con él.[279]

Lo que está en juego en la Revelación, según Marion, no tiene que ver con el conocimiento "natural" de Dios.

2) Este mismo error también lo comete la filosofía, pues no advierte que lo que la revelación pretende revelar (*uncover*) no pertenece al orden de lo que la verdad de la razón desvela (*unconceal*) o explica. Dice Marion:

> Esta obviedad ha encubierto la originalidad y la dificultad del concepto (si aún es necesario hablar en estos términos) de *revelación*, ya que su revelar ha sido asimilado, sin ninguna precaución crítica, al modo en que la verdad opera cuando es explicada o desvelada.[280]

La distinción de estas dos operaciones permite abrir un camino para comprender que la revelación no opera por fuera de la lógica, sino más bien con otra lógica: una lógica paradójica.[281] La paradoja es una categoría lógica que "nos permite describir una experiencia que no es objetivable".[282] En este sentido, la experiencia de la Revelación –según Marion– constituye un fenómeno saturado paradigmático.

3) La fenomenología de la donación ofrece, pues, las herramientas ade-

---

[279] *Ibid.*, p. 27.
[280] *Ibid.*, p. 34. Marion sostiene que este cuestionamiento no fue hecho antes. Sin embargo, esta misma oposición, entre revelación y develamiento, la podemos encontrar en Emmanuel Lévinas. Dice Lévinas en *Totalité et infini*: "Reconocer la verdad como des-velamiento es referirla al horizonte del que des-vela. [...] El ser des-velado es respecto de nosotros y no *kath'autó*. [...] La manifestación de lo *kath'autó* [...] consiste para él no, en absoluto, en ser des-velado, no, en absoluto, en descubrirse a la mirada que lo tome por tema de interpretación y que ocupa una posición absoluta de dominio sobre el objeto; la manifestación *kath'autó* consiste para el ser en decirse a nosotros, independientemente de la posición que hayamos tomado a su respecto; en expresarse. [...] La experiencia absoluta no es des-velamiento sino revelación: coincidencia de lo expresado y del que expresa; por ello mismo, manifestación privilegiada del Otro, manifestación de un rostro más allá de la forma". Lévinas, Emmanuel, *Totalité et infini. Essai sur l'extériorité*, Paris, Kluwer Academic, 1990, pp. 59-61. La revelación del Otro invierte radicalmente la lógica del desvelar y su procedimiento objetivador. Cfr. *ibid.*, p. 63. Y lo invierte a tal punto que ya no se trata de dos modos de "conocimiento", pues la "relación con el rostro no es conocimiento de objeto". *Ibid.*, p. 72. Lévinas señala una instancia que es más originaria y que posibilita todo develamiento del ser y conocimiento de objetos: el plano ético que preexiste al plano ontológico. Cfr. *ibid.*, p. 220. Lo que está en juego en la revelación no es el desvelamiento de "una cosa *en tanto que* una cosa", sino la manifestación de lo manifestado que coincide con su manifestación (cfr. ibid., p. 330) y que se expresa a partir de sí mismo, resistiendo toda forma u objetivación.
[281] Cfr. GR, p. 47.
[282] *Ibid.*, p. 56.

cuadas para dar cuenta del fenómeno de la revelación. Cabe destacar que en estas conferencias Marion ya no distingue entre el acercamiento filosófico y el acercamiento teológico, pues ambos están necesitados de un enfoque fenomenológico. Para indagar en las posibilidades de este enfoque es necesario buscar confirmación en los textos bíblicos y, más precisamente, en la figura de Cristo como "ícono de lo Invisible" (Col 1, 15).

En Cristo se cumple la anamorfosis que nos permite ver al Padre en el Hijo situándonos en el punto de vista del Padre.[283]

> Buscar la anamorfosis en el caso en el que lo que se trata de fenomenalizar viene de Dios, conlleva asumir, por tanto, como una hipótesis, un desplazamiento de la mirada intencional que implica nada menos que una *conversión* del *Yo* que soporta esta mirada. En el caso del *mysterion* de Dios, la conversión (de la mente al Espíritu) define la anamorfosis. Esto es, para el *mysterion* de Dios, ninguna visión, ninguna interpretación, ninguna constitución permanece posible, a menos que se dé a través de la intencionalidad divina, de la interpretación divina, de la constitución divina de su propio fenómeno, que puede ser visto y recibido sólo como es dado.[284]

El icono es el fenómeno saturado que invierte la intencionalidad, destituyendo al Yo. Ciertamente, llama la atención que para describir el fenómeno de la Revelación se utilice el fenómeno saturado del icono. En este sentido, Marion parece confirmar la hipótesis esbozada en el apartado 13.4 respecto de la persistencia de la primacía del icono en su obra.

4) Finalmente, el cuarto paso de Marion en *Givenness and Revelation* consiste en explicar la lógica de la manifestación en términos trinitarios. El modelo icónico de la Revelación debe ser entendido a partir de la Trinidad.

§ 15. Objetos y acontecimientos

En su artículo de 2003, "Phénoménologie de l'extraordinaire", Emmanuel Falque se pregunta por la pertinencia de concebir al fenómeno saturado como el fenómeno paradigmático. ¿Cuáles son las consecuencias de hacer de la excepción la norma? Falque analiza el siguiente pasaje del § 23 de *Étant donné*:

---

283 Cfr. *ibid.*, p. 64. Me detendré en la noción fundamental de anamorfosis en el apartado 29.3.
284 *Ibid.*, p. 65.

Todo nuestro proyecto [...] intenta pensar el fenómeno de derecho común y, a través de él, el fenómeno pobre a partir del paradigma del fenómeno saturado; uno y otro ofrecen así variantes debilitadas y derivadas de este último, como si se tratara de extenuaciones progresivas del fenómeno saturado que no se da al margen de la norma ni como una excepción a la definición de la fenomenicidad; al contrario, corresponde propiamente al fenómeno saturado convertir en pensable la medida de la manifestación a partir de la donación y reencontrarla hasta en su variación de derecho común, e incluso en el fenómeno pobre. Lo que la metafísica descarta como una excepción (la paradoja saturada), la fenomenología lo adopta como su norma: todo fenómeno se muestra en la medida (o la desmedida) en que se da.[285]

Si la excepción deviene la norma, si lo extraordinario se vuelve el paradigma para juzgar lo ordinario ¿qué ocurre con la cotidianeidad del hombre que, inmediata y regularmente, se ve sometida a la penuria de intuición más que a la saturación? "¿qué queda de lo no-excepcional o, al menos, de lo no 'excesivo' como tal que, sin embargo, hace a lo esencial de la 'finitud del adonado'?"[286] Establecer un paradigma basado en la experiencia extraordinaria de la saturación no es una decisión acertada –según Falque– pues no ayuda a comprender la experiencia más común del hombre, la experiencia ordinaria de la finitud humana. Marion cae en la "preferencia de lo infinito por sobre lo finito" en la que caen también Lévinas y buena parte de la *nouvelle phénoménologie*.[287]

15.1. Una nueva tópica de los fenómenos

En 2004, Marion responde a esta crítica en la conferencia "Saturation and Counter-Experience", en el Congreso "In Excess: Jean-Luc Marion and the Horizon of Modern Theology", celebrado en la Universidad Notre Dame (Indiana).[288] El texto, en su versión definitiva, fue publicado como el capítulo titulado "La banalité de la saturation" de su libro *Le visible et le révélé*.

Luego de responder a las objeciones de Marlène Zarader respecto de la imposibilidad de tener una experiencia de lo que sobrepasa las condiciones de posibilidad de una experiencia[289] y a las de Jocelyn Benoist respecto de la

---
285 ED, p. 316.
286 Falque, Emmanuel, "Phénoménologie de l'extraordinaire", *Revue Philosophie*, 78, 2 (2003), p. 54.
287 Cfr. Falque, Emmanuel, *Le combat amoureux. Disputes phénoménologiques et théologiques*, Paris, Hermann, 2014, p. 16. Ver § 1.
288 El propio Falque reconoce que se trata de una respuesta a su objeción en su rescritura del artículo para su libro *Le combat amoureux*. "El ensayo "La banalité de la saturation" podría ciertamente interpretarse como una respuesta a la objeción aquí formulada". Cfr. Falque, Emmanuel, "Phénoménologie de l'extraordinaire (J.-L. Marion)", op. cit., p. 143, nota 7.
289 Cfr. Zarader, Marlène, "Phenomenology and Transcendence" en Faulconer, James E., Transcendence in Philosophy and Religion, Bloomington, Indiana University Press, 2003, p. 110.

posibilidad misma del fenómeno saturado,[290] Marion afirma que existe un "motivo serio" que hace que aún hoy permanezca la reticencia frente a la hipótesis del fenómeno saturado. Este motivo es el miedo a que se trate de fenómenos que se dan en "intuiciones excepcionales"[291] regidas por la modalidad "maximalista" –según la expresión de Janicaud–,[292] es decir, el miedo a que se trate de fenómenos que se alcanzan rara vez en una especie de éxtasis confuso y fuera de lo común.

Marion responde a esta última objeción distinguiendo entre frecuencia y banalidad. Ciertamente, los fenómenos pobres y los fenómenos comunes son frecuentes. Esta "frecuencia" tiene una consecuencia decisiva:

> Podemos incluso decir que el mundo está cubierto de una capa, invasiva, la más visible, de fenómenos pobres, de objetos técnicos producidos y reproducidos sin fin, que termina por ofuscar lo que recubre. ¿Y qué recubre sino otros fenómenos (por ejemplo el acontecimiento, el cuadro, la carne o el otro) que hemos propuesto llamar fenómenos saturados?[293]

En este sentido, en el sentido del "encubrimiento", los fenómenos saturados pueden pensarse como poco frecuentes. Pero esta poca frecuencia no impide que consideremos a estos fenómenos como banales. La banalidad se diferencia de la frecuencia. "Deviene banal en sentido estricto lo que, por decisión política o legal, concierne a todos y deviene accesible a todos".[294] Este tipo de banalidad que está disponible para todos no es equivalente a la frecuencia e incluso puede oponerse a ella.

> Hablar de un fenómeno saturado banal no implica pues que devenga corriente y frecuente; ni que *a contrario* devenga obligatoriamente excepcional y raro, y por lo tanto se restrinja a los márgenes de la fenomenicidad común que supuestamente fija la norma. La banalidad del fenómeno saturado sugiere, a la inversa, que la mayoría de los fenómenos, sino de todos, pueden dar lugar a la saturación por exceso en ellos de intuición sobre el concepto o la significación. En otros términos, la mayoría de los fenómenos, que aparecen a primera vista como pobres en intuición, podrían describirse no solamente como objetos, sino también como fenómenos en los que la intuición satura y desborda, por tanto, todo concepto unívoco. Ante la mayoría de los fenómenos, incluso de los más someros (la mayoría de los objetos producidos por la técnica y reproducidos industrialmente), se abre la posibilidad de una doble interpretación, que sólo depende de las exigencias de mi relación,

---

290 Cfr. BENOIST, Jocelyn, "L'écart plutôt que l'excédent", Philosophie, 78 (2003), pp. 89 y 93.
291 *Ibid.*, p. 87.
292 Cfr. JANICAUD, Dominique, "La phénoménologie éclatée", op. cit., p. 69.
293 VR, pp. 154-155.
294 *Ibid.*, p. 155.

siempre cambiante, con ellos. O más bien, cuando la descripción lo exige, tengo a menudo la posibilidad de pasar de una interpretación a la otra, de una fenomenicidad pobre o común a una fenomenicidad saturada.[295]

De este modo –al introducir la idea de la banalidad de los fenómenos saturados en respuesta a la acusación de su carácter extraordinario–, Marion reduce la tópica de los fenómenos a "dos modos de fenomenicidad".[296]

Estos dos modos de fenomenicidad recibirán el nombre de "objetos" y "acontecimientos". En su libro de 2010, *Certitudes negatives*, en continuidad con la consideración hecha en "La banalité de la saturation", Marion propone explícitamente suplantar la tópica del fenómeno presentada en el § 23 de *Étant donné* por una nueva clasificación:

> De este modo, se dispone de una nueva tabla de fenómenos. Por un lado, los fenómenos del tipo del objeto, que comprenden los fenómenos pobres (formas lógicas, entidades matemáticas, etc.) y los fenómenos de derecho común (objetos de las ciencias de la "naturaleza", objetos industriales, etc.). Por el otro, los fenómenos del tipo del acontecimiento, que comprenden los fenómenos saturados simples (el acontecimiento en sentido estricto, según la cantidad; el ídolo o el cuadro, según la cualidad; la carne, según la relación; y el ícono o rostro del otro según la modalidad), pero también los fenómenos de revelación (que combinan diversos

---

295 *Ibid.*, pp. 155-156.
296 *Ibid.*, p. 157. Cabe destacar que la noción de "banalidad de la saturación" permite, asimismo, responder a ciertas lecturas erradas del fenómeno saturado, tales como la de Bruce Bégout. En *Pensées privées*, Bégout sostiene que el marioniano fenómeno saturado no es más que un "falso concepto" sin "legitimidad fenomenológica", pues la aceptación de la inversión de las categorías kantianas para luego invertirlas no es un procedimiento que tenga su raigambre en las cosas mismas. Respecto de esta primera crítica, comparto la opinión de Éric Pommier: "no se puede considerar que la superación de las categorías kantianas propuesta por Marion sea una manera de prescindir de una descripción fenomenológica directa del fenómeno saturado, como afirma Bruce Bégout [...], puesto que, al contrario, se trata, para Marion, de poner de relieve el origen de lo que limita y dificulta la descripción fenomenológica con el fin de superar este límite". Pommier, Éric, "La donación de la carne según Marion" en Pommier, Éric (compilador), *La fenomenología de la donación de Jean-Luc Marion*, Buenos Aires, Prometeo, 2017, p. 73. Efectivamente, la superación de los límites de la objetivación implica indagar en las categorías objetivantes kantianas para desarticularlas. Y esta operación se hace en pos de una descripción fenomenológica más originaria. La segunda crítica de Bégout se relaciona con la primera, pues refiere justamente a la imposibilidad de tal descripción. Según Bégout, el fenómeno saturado es una "burbuja vacía", pues "no está saturado de intuitividad, de presencia sensible y carnal [...], sino que solamente está plenificado por una donación no fenoménica que excede toda significación o mención conceptual. Esta pretendida radicalización de la fenomenología es puramente especulativa: quiere una vez más separar el aparecer de los que aparecen y poner aparte (¿dónde? ¡No los sabemos!) este aparecer como el puro gesto de dar (en tanto que gesto es estilo, efecto de estilo, pero nada más). Pero, en este sentido, no importa qué impresión sensible, incluso la más pobre y la más común, es un fenómeno saturado. No es necesario ir a la sacristía de los iconos para buscar fenómenos saturados". Bégout, Bruce, *Pensées privées. Journal philosophique (1998-2006)*, Grenoble, Million, 2007, p. 200. Ciertamente, Bégout está en lo correcto al afirmar que Marion otorga la posibilidad a cualquier fenómeno de devenir un fenómeno saturado, pero esto no implica negar la presencia sensible y carnal, sino simplemente advertir que ésta puede ser percibida bajo las restricciones de la objetivación o, por efecto de la banalidad de la saturación, en su plenitud, bajo la modalidad irrestricta del fenómeno saturado.

fenómenos saturados, como el fenómeno erótico, los fenómenos de revelación, la Revelación, etc.). Esta tabla completa y complica la de *Étant donné* […], ligando saturación y acontecialidad: un fenómeno se muestra tanto más saturado cuando se da con una acontecialidad más grande.[297]

La nueva tabla de fenómenos reduce todos los fenómenos a dos tipos. Y nuevamente, como se sostuvo en "La banalité de la saturation", el pasaje de un tipo a otro puede realizarse por medio de una interpretación:

> La distinción de modos de fenomenicidad (para nosotros entre objeto y acontecimiento) puede articularse sobre variaciones hermenéuticas […]. Sólo depende de mi mirada que incluso una piedra pueda, a veces, aparecer como un acontecimiento […] La distinción de los fenómenos en objetos y acontecimientos encuentra por tanto un fundamento en las variaciones de la intuición. Cuanto más un fenómeno aparece como acontecimiento (se acontecializa), más resulta saturado de intuición. Cuanto más aparece como objeto (se objetiviza), más resulta pobre de intuición. O más aún: la acontecialidad fija el grado de la saturación y la saturación varía según la acontecialidad. Esta distinción tiene por tanto un estatuto estrictamente fenomenológico. Pero entonces, hay asimismo que destacar que la acontecialidad no caracteriza solamente a uno de los tipos de fenómeno saturado (el acontecimiento *stricto sensu*, por oposición al ídolo, a la carne y al icono): ella no solamente determina a cada uno de estos tipos, que la ponen en práctica, sino que también define al fenómeno como dado en general. Pues todos los fenómenos, en un grado o en otro, aparecen como advienen, ya que incluso los objetos técnicos no pueden borrar totalmente los vestigios en ellos de un advenir, aun cuando esté oscurecido.[298]

Nuevamente, Marion no sólo reduce las posibilidades de la fenomenicidad a dos tipos, sino que introduce la posibilidad de un pasaje de una a otra por medio de "variaciones hermenéuticas" determinadas por el tipo de mirada.[299]

Luego de estas respuestas de Marion, la objeción de Falque es, de alguna manera, retomada primero por Anthony Steinbock en su artículo de 2007, "The poor phenomenon", y luego por Christina Gschwandtner en su ya mencionado libro, *Degrees of saturation*. Steinbock sostiene que en la obra de Ma-

---

[297] CN, p. 301, nota 1.
[298] *Ibid.*, pp. 307-308.
[299] Esta distinción entre objetos y acontecimientos como nueva tópica de los fenómenos es retomada en el reciente *Reprise du donné* (2016), en el capítulo final. Allí Marion critica severamente el "primado del objeto" en la historia de la filosofía, que aliena a la cosa en sí. Pero también destaca cómo no dejamos de experimentar aquello que no se deja constituir como objeto. Todo fenómeno conserva, más allá de la objetivación, la posibilidad de aparecer a partir de sí mismo. Este carácter acontecial se registra en la donación de todo tipo de fenómeno (cfr. RdD, pp. 147-189). Volveré sobre esta cuestión en el cuerpo del texto de este mismo parágrafo.

rion el estatuto del fenómeno pobre permanece ambiguo. Este estatuto debe aclararse porque lo que está en juego son las experiencias cotidianas.

> ¿Es la pobreza del fenómeno pobre intrínseca a las cosas mismas? ¿Los fenómenos pobres se dan de modo uniforme? ¿Hay un déficit o una corrupción en la donación que se debe a nosotros, a nuestra inatención, o a nuestra inhabilidad para recibir fenómenos saturados? ¿Los fenómenos pobres son características esenciales o contingentes de nuestra existencia?[300]

Según Steinbock, es un error de Marion sostener que el fenómeno pobre debe ser determinado a partir del fenómeno saturado. Pues de este modo no parece posible sostener la irreductibilidad de las "tres figuras originarias de la fenomenicidad".[301] Si el fenómeno saturado es el fenómeno paradigmático, "¿todo lo demás es, en última instancia, reductible al fenómeno saturado? [...] ¿Los otros fenómenos son modos derivados?"[302]

Por su parte, siguiendo a Steinbock, como ya hemos mencionado, Gschwandtner sostiene que es necesario introducir grados de donación y de saturación. Según Gschwandtner, es problemático considerar que todo fenómeno que no se da con una saturación extrema cae en la objetidad, pues esto no refleja nuestra experiencia cotidiana.[303]

15.2. Dicotomía o gradación

Estas objeciones señalan ciertamente una cuestión fundamental en la obra de Marion. ¿Cómo hay que entender el paradigma del fenómeno saturado? ¿El fenómeno saturado es uno de los tres tipos de fenómenos o es el fenómeno originario y los otros dos son derivados? ¿La "nueva tópica de los fenómenos", que reduce la fenomenicidad a dos tipos, anula toda posibilidad de gradación?

En este punto, la hipótesis del modelo heideggeriano de definición de fenómeno es muy útil para entender la propuesta marioniana. Fenómeno es lo que se da a partir de sí mismo. Este *soi* del fenómeno es lo que permite reconducir toda fenomenalización a su donación. Por este motivo, Marion entiende que todo fenómeno tiene un carácter acontecial:

---

300 STEINBOCK, Anthony, "The Poor Phenomenon: Marion and the Problem of Givenness", *Alter. Revue de Phénoménologie*, 15 (2007), p. 358.
301 ED, p. 310.
302 STEINBOCK, Anthony, "The Poor Phenomenon...", op. cit., p. 360.
303 Cfr. GSCHWANDTNER, Christina, *Degrees of Givenness...*, op. cit., pp. 8-9.

Esta acontecialidad, por otra parte, no define solamente a un tipo entre otros de fenómenos (los acontecimientos de la historia, colectiva e individual), ni solamente a los fenómenos saturados (según la tópica del acontecimiento, el ídolo, la carne y el rostro del otro), sino que caracteriza esencialmente la propiedad de los fenómenos de aparecer siempre –cualquiera sea su diferencia de grado– por su propia iniciativa [...] y de sustraerse así a su aparente objetivación.

[...] La donación del fenómeno como acontecimiento (por tanto, la donación de todo fenómeno, en un grado u otro) incluye en ella su exceso sobre sí. La donación se cumple siempre en demasía. La saturación de ciertos fenómenos debe entenderse como la consecuencia formal de su fenomenicidad a la medida de la donación. Una donación sin demasía se contradiría.[304]

Aprehender un fenómeno en la medida de su donación implica aprehenderlo como fenómeno saturado, implica entregarse a la demasía, a la saturación que implica la donación del fenómeno desde sí. Por el contrario, la objetivación constituye un procedimiento inverso. Ya no se trata de entregarse a los términos en los que el fenómeno se da, comprometiendo nuestra subjetividad receptora según el punto de vista de la anamorfosis impuesta por lo dado.[305] La objetivación constituye al objeto según los términos que impone el yo a la cosa. En este sentido, la distinción entre la objetivación y la acontecialidad reproduce la distinción heideggeriana temprana entre el proceso (*Vorgang*) objetivador y el acontecer apropiador (*Ereignis*), que hemos analizado en el apartado 9.2. La objetivación, según Marion, establece la primacía del "poder de conocer" del sujeto.

> El objeto no se rige por la verdad de su existencia (ni de su esencia) en realidad, sino por la puesta en orden por nosotros en vista de producir evidencia para nosotros.
>
> [...] Más esencial al objeto que la cosa, se encuentra por tanto en él, o más exactamente *fuera de él*, el poder de conocer que lo constituye en tanto que cognoscible y pensable (*cogitable*), el poder del *Yo* trascendental, aquel que ya está en el *ego cogito* tal como nos instaura a nosotros, los hombres, "como amos y poseedores de la naturaleza".[306]

Esta operación de objetivación pone entre paréntesis la cosa eliminando el componente variable, contingente, indeterminado de la *hýle*, y reteniendo

---

[304] RdD, pp. 185-186. En *La rigueur des choses*, Marion ya anticipa esta afirmación: "Pienso cada vez más que, entre todos los fenómenos saturados, lo más determinante se encuentra en el acontecimiento, por tanto, pienso que todos los otros tipos de fenómenos saturados, cada uno a su manera, se encuentran regidos por la acontecialidad". RC, p. 270.
[305] Me detendré en la noción de anamorfosis como determinación de lo dado en el apartado 29.3.
[306] RdD, p. 162.

sólo los elementos que satisfacen la única condición de la ciencia: la certeza.[307] Como el *Vor-gang* heideggeriano, la objetivación es descripta por Marion como un procedimiento que produce una "desvivificación" (*Entlebung*), una "designificación" (*Entdeutung*) y una "deshistorización" (*Entgeschichtligung*), pues la cosa es reducida los términos del *ordo et mensura* del objeto.

Por el contrario, en el caso del acontecimiento, se trata de exponer nuestra subjetividad de modo receptivo al "poder de aparecer" del fenómeno, adoptando la perspectiva anamórfica que éste nos impone. Como en el acontecer apropiador (*Ereignis*) heideggeriano, en este caso ya no es posible la supuesta observación neutral de la teoría y la ciencia, sino que es preciso involucrarnos,

> es preciso, no sólo que una mirada sea curiosa, disponible y ejercida, sino sobre todo que se someta a las exigencias de la figura que hay que ver [...] [Se trata de] renunciar a organizar la visibilidad a partir de una decisión libre o del lugar propio de un espectador sin compromiso, para dejarse dictar la visibilidad por el fenómeno mismo, en [su] sí.[308]

Es decir, ante la experiencia de acontecimiento marioniano también se comprueba que "la vivencia no desfila ante mí como un objeto o como una cosa que yo coloco ahí, sino que yo mismo me la a-propio [*er-eigne*], y ella se a-propia de sí misma según su esencia [*es er-eignet sich seinem Wesen nach*]".[309] No obstante, cabe destacar una diferencia significativa que será objeto de reflexión cuando se analice la función de la hermenéutica en la fenomenología de la donación. El *Ereignis* heideggeriano "mundea", se da en el marco de un mundo, es decir, en el marco de en un conjunto de significados, se inscribe en una precomprensión. El acontecimiento marioniano se da excediendo cualquier inscripción posible en un mundo o una precomprensión.[310]

Pero ¿cuál es el sentido de enfatizar esta opción dicotómica? Marion es claro al respecto. Respondiendo en cierto modo a la objeción de Ragozinski, la contraposición entre objeto y acontecimiento devuelve la fuerza crítica a su propuesta filosófica. Si la filosofía se limita a trabajar con objetos, sin advertir la dimensión acontecial, entonces ella pierde su lugar propio. Si la filosofía olvida que existe una decisión filosófica previa a la objetivación lograda por las ciencias exactas, entonces –según Marion– comete un doble error. En primer lugar, de este modo, la filosofía da lugar a su propia marginación deviniendo

---

307 Cfr. *ibid.*, pp. 154-156.
308 ED, p. 176.
309 GA 56/57, p. 75. Me detendré en este carácter "apropiador" que demanda cierta actitud y compromiso por parte de la subjetividad receptora cuando analice la dimensión hermenéutica de la fenomenología marioniana en el capítulo quinto.
310 Retomaré este problema en el capítulo quinto.

una mera comentadora tardía y "frecuentemente superficial o anecdótica" de la práctica científica de las ciencias exactas. Y, así, pierde su dominio propio y toda autoridad. En segundo lugar, al haber privilegiado el modelo matemático que desmaterializa (desde Platón, pasando por Descartes y hasta Husserl y Carnap), la filosofía misma es culpable de la reducción del saber a las ciencias del objeto.[311]

Se trata, pues, como hemos señalado en la introducción a esta primera parte, de recuperar para la filosofía, ya no su lugar de "ciencia rigurosa" o de "filosofía primera", pero si su rol crítico de "filosofía última", capaz de actuar como el "correctivo fenomenológico" o como el "correctivo acontecial" de la mirada objetivadora.[312]

En este sentido, si bien considero en buena medida acertadas las críticas de Steinbock y de Gschwandtner respecto de la necesidad de introducir una gradación, entiendo que no hay que perder de vista el poder crítico de la propuesta marioniana. Si bien los últimos textos de Marion parecen enfatizar cada vez más esta opción dicotómica, la idea y la necesidad de una gradación, aunque pierde protagonismo, no desaparece de su consideración: la objetivación admite grados y la acontecialidad también. Ciertamente, se trata de un aspecto –como bien señala Gschwandtner– poco desarrollado por el propio Marion, pero que no implica contradecir la lógica de su propuesta, sino que puede complementarla.[313]

No obstante, cabe señalar una cuestión importante. Gschwandtner –y el propio Marion en más de un pasaje– habla de "grados de donación".[314] Según lo manifestado en otros pasajes posteriores de su obra y, por tanto, que pueden entenderse con cierto carácter correctivo, Marion enfatiza que la donación siempre se da en demasía, en exceso, con carácter saturante.[315] En este sentido, es posible afirmar que todo fenómeno, al menos potencialmente, es un fenómeno saturado. Lo que es graduable, por tanto, es la fenomenicidad, no la donación.[316] Pues en esta cuestión es en la que tiene injerencia la subjetividad receptora: si el yo interviene activamente tratando de controlar el exceso de lo dado, la indeterminación de la *hýle* de la cosa, se registrará una gradación de objetivación que puede trazarse desde el fenómeno pobre al fenómeno

---

311 Cfr. RdD, pp. 164-165.
312 En el apartado 19.4 del capítulo segundo analizaré cómo la noción de *Ereignis* en el joven Heidegger es tomada por Marion como el corrector fenomenológico que permite medir los avances de la fenomenología de la donación.
313 Cfr. Gschwandtner, Christina, *Degrees of Givenness...*, op. cit., p. 24.
314 Cfr. *ibid.*, pp. 5, 44, 52, 80, 84, 125, 139, 140, 144, 170, 181, 182, 183, 192, 193, 196, 201, 202, 203. ED, pp. 45, 310, 325, 420.
315 Cfr. RdD, p. 186.
316 Cfr. RC, p. 179; RdD, p. 179.

común, e introducir las variantes que se consideren necesarias. A la inversa, cuando el yo abandona su posición constituyente y se entrega a los dictados y exigencias del modo de darse de la cosa, estaremos frente a distintos grados de saturación que irán desde los fenómenos saturados en primer grado hasta los fenómenos de revelación.

§ 16. El concepto marioniano de fenómeno a la luz de la definición heideggeriana

Como hemos podido apreciar en este capítulo. La influencia de la noción de fenómeno propuesta por el joven Heidegger es decisiva para el proyecto fenomenológico de Marion. Si la fenomenología debe alcanzar su cometido último, que no es otro que acceder a las cosas mismas, esta tarea debe adoptar la radicalidad capaz de suspender el "poder de conocer" del sujeto en favor del "poder de aparecer" del fenómeno. Esta es la vía que la fenomenología heideggeriana anuncia desde su concepto de fenómeno capaz de automostración y que la fenomenología marioniana despliega.

Si bien no puede equiparase sin más la fenomenología de la donación a la fenomenología del joven Heidegger, sí pueden encontrarse ciertos puntos en común que permiten iluminar la propuesta marioniana. Marion recupera la preocupación heideggeriana por ajustar la metodología fenomenológica para que sea capaz de aprehender la manifestación del fenómeno en sus propios términos. De algún modo, Marion también responde a las objeciones de Natorp cuestionando la validez del procedimiento de objetivación, no sólo respecto del sujeto o la "vida fáctica" (*faktisches Leben*), sino también respecto de cualquier otro fenómeno. Y, en este sentido, Marion da un paso más que el joven Heidegger, pues, a fin de superar el planteo de Natorp, indaga radicalmente en la noción de fenómeno como "aquello que se muestra como tal en su mostrarse".[317] ¿Cómo puede ser posible que el fenómeno tome la iniciativa? ¿Qué significa que algo "se muestre"? ¿Qué significa que haya un *soi* del fenómeno? La indagación en este "sí" del fenómeno lleva a Marion a distinguir la instancia de la fenomenalización de la instancia de la donación, que Heidegger no distingue con claridad. La tesis de *Étant donné* es, precisamente: "todo lo que se muestra se da".[318] La acontecialidad del fenómeno radica en que el "sí" de la fenómenalización es el "sí" de la donación. Esa es la tesis del capítulo de *De surcroît* sobre el acontecimiento. Todo fenómeno saturado del tipo del

---

317 RdD, p. 67.
318 ED, p. 424.

acontecimiento adviene desde y por sí mismo sin que sea posible establecer cuál es su causa u origen. Pero este rasgo acontecial, que en principio sólo parece concernir al acontecimiento en sentido estricto, es extendido a todos los fenómenos con la nueva tópica de los fenómenos. El fenómeno saturado, categoría fundamental de la fenomenología marioniana, es el paradigma de toda fenomenicidad. En las últimas obras de Marion, la acontecialidad y el exceso, y, por lo tanto, la saturación, van a caracterizar a la donación de todo fenómeno. Pero ¿qué es la donación? ¿Cómo cabe entender esta noción de *donation* que Marion propone como traducción de la husserliana y heideggeriana *Gegebenheit*? En el próximo capítulo me detendré en esta categoría clave de la obra marioniana.

Capítulo segundo
La donación

§ 17. Palabra mágica o piedra de tropiezo

¿Qué significa "dado", "donación" [*Gegebenheit*], esa *palabra mágica* de la fenomenología y "piedra de tropiezo" para los demás?[1]

La interrogación del joven Heidegger será la pregunta conductora de las investigaciones fenomenológicas marionianas. Al otorgar, de modo radical, la iniciativa al fenómeno, la fenomenología de Marion se constituye en una fenomenología de la donación. Si el fenómeno es definido como *das Sich-an-ihm-selbst-zeigende* porque se muestra a partir de sí mismo prescindiendo de toda imposición de un horizonte de objetidad o enticidad que pueda preverlo, entonces el fenómeno se muestra a partir de la donación. Marion descubre, o mejor dicho, explicita la instancia última que debería operar como único horizonte en la fenomenología (si es que el término "horizonte", en su sentido husserliano, es aún aplicable).[2] En este sentido, Marion afirma que

> La donación pertenece menos a la fenomenología de lo que la fenomenología depende por entero de la donación. En efecto, la donación no ofrece solamente a la fenomenología un concepto entre otros, ni tampoco el acto privilegiado para acceder a ella misma, sino que le abre precisamente el campo de la fenomenicidad.[3]

La donación, según Marion, es el concepto fundamental de la fenomenología pues sólo ella nos da un acceso pleno al ámbito de las posibilidades de la

---

1 GA 58, p. 5.
2 Cfr. FPh, p. 19
3 ED, p. 42.

fenomenicidad. Marion rastrea esta centralidad de la *Gegebenheit* en *Die Idee der Phänomenologie* de Husserl y en el curso dictado por Heidegger en 1919, *Grundprobleme der Phänomenologie*. Nuevamente, si bien la noción es presentada por Husserl, también en esta cuestión la influencia del joven Heidegger es determinante. Heidegger advierte que se trata de una "palabra mágica", es decir, de una palabra clave en la fenomenología de Husserl, pero que no se encuentra definida en sentido estricto por el propio autor. El joven Heidegger –particularmente en los primeros cursos dictados en Friburgo– será quien retome esta tarea de precisar el sentido o, al menos el alcance, de la "palabra mágica" de la fenomenología.

Siguiendo los pasos de la investigación heideggeriana, Marion reflexiona sobre la dificultad en la determinación conceptual de la *Gegebenheit* en el § 2 de *Étant donné*: ¿por qué Husserl no propuso nunca una definición? En primer lugar, Marion destaca que la donación reproduce la aporía del ser: para definirla es necesario presuponerla. En segundo lugar, dado que la donación es un acto, corresponde realizarlo más que definirlo. En todo caso, el concepto de un acto no puede ser definido como se define una quididad, un objeto o una teoría. Estos son algunos de los motivos posibles por los que Husserl no definió la donación, pero el problema de fondo –según Marion– es que si bien el fundador de la fenomenología piensa a partir de la donación, en buena medida ésta permanece impensada. En palabras de Marion:

> queda por pensar explícitamente la donación, en el lugar en el que Husserl la cumple sin determinarla en cuanto tal. No pretendemos empezar donde Husserl se quedó, sino pensar tan sólo lo que Husserl mismo cumple perfectamente, sin decirlo completamente.[4]

En el primer capítulo de *Réduction et donation*, discutiendo con la interpretación heideggeriana de la Sexta Investigación[5] y con la interpretación derridiana de la Primera Investigación,[6] Marion procura demostrar que la verdadera "irrupción" (*Durchbruch*) husserliana es la noción de donación:

> La irrupción fenomenológica no consiste en la ampliación de la intuición ni en la autonomía de la significación, sino en la sola primacía incondicionada de la donación del fenómeno. Intuición e intención, por liberadas que sean, sólo lo

---
4 ED, p. 42.
5 Heidegger celebra como *Durchbruch* la ampliación de la intuición que permite la intuición categorial del ser. Cfr. RD, pp. 12-13.
6 Derrida entiende que el *Durchbruch* pasa por desentrañar la significación en su idealidad *a priori*, aunque luego se la reconduzca hacia una intuición que la asegure en la presencia evidente. Cfr. *ibid.*, p. 13.

son por la donación que ilustran –o, más bien, que no cesa de iluminarlas–, y de las cuales ellas sólo brindan modos, los "modos de donación" de lo que aparece. [...] La donación precede a la intuición y a la intención porque éstas sólo tienen sentido para y por una aparición, que no vale como el aparecer de algo que aparece (un ente fenómeno) sino en virtud del principio de correlación, y por lo tanto de la donación.[7]

La novedad de las *Logische Untersuchungen* no radica en la ampliación de la intuición, ni tampoco en la ampliación de la esfera de la significación (que resulta, según Marion, de la independencia y anterioridad de la intención de significación), sino que consiste en la afirmación de la correlación entre el aparecer (los modos de donación) y lo que aparece (lo dado), que es ejecutada por la donación.[8] La instancia de la donación explica cómo la ampliación de la intuición no contradice la autonomía de la significación, pues al estar implicados en una "única donación originaria", ambos modos se acrecientan mutuamente. Dice Marion:

> La intuición no puede extenderse sino extendiendo su cumplimiento, y por lo tanto dependiendo de los espacios significados a cumplir. Por lo tanto, si la intuición debe donar, ya es preciso –y sobre todo– que se liberen significaciones y, por lo tanto, que, sin intuición, [...] ellas sean ya dadas.[9]

Según Marion, en *Die Idee der Phänomenologie*, Husserl establece el carácter universal de la *Gegebenheit*: *überall ist die Gegebenheit*.[10] Nada se exceptúa de la donación. La donación es *index sui et non dati*, es el criterio último, aplicable a sí misma y a lo no dado.[11] Marion señala el pasaje de este curso en el que Husserl indica la amplitud de la donación:

> Se tratará, pues, de *mostrar los diferentes modos de la donación auténtica* [*eigentliche Gegebenheit*], *es decir, la constitución de los diferentes modos de objetidad* [*Gegenständlichkeit*] *y las relaciones de unos con otros*: la donación [*Gegebenheit*] de la *cogitatio*, la donación [*Gegebenheit*] de la *cogitatio revivida en un recuerdo fresco*, la donación [*Gegebenheit*] de la *unidad de la aparición* que dura en la corriente de fenómenos, la donación [*Gegebenheit*] de su *modificación*, la donación [*Gegebenheit*] de la *cosa* en la percepción "externa", la donación [*Gegebenheit*] de las diferentes formas de fantasía y la rememoración, así como, en los nexos correspondientes, la donación

---

7   *Ibid.*, p. 53.
8   Cfr. *idem*.
9   *Ibid.*, p. 55.
10 Hua II, p.74.
11 Cfr. ED, p. 44

[*Gegebenheit*] de múltiples *percepciones* y demás formas de *representación* que se unifican sintéticamente. Y, por supuesto, tenemos las *donaciones lógicas* [*logische Gegebenheiten*], la donación [*Gegebenheit*] de la *universalidad*, del *predicado*, del *estado de cosas*, etcétera; y asimismo la donación [*Gegebenheit*] del *contrasentido*, de la *contradicción* y del *no-ser*, etcétera.[12]

Marion destaca en una nota al pie que a esta amplia enumeración, Husserl luego también añadirá la carne, la síntesis pasiva, la intersubjetividad, la teleología como modos de donación auténtica.[13] En este sentido, Marion sostiene que la "esfera de la donación absoluta" (*Sphäre von absoluter Gegebenheit*) no admite ni una exterioridad ni un resto. Lo único que puede admitirse es una gradación. Dice Marion: "[la donación] mide los grados que se alejan de ella y es solamente ella la que puede estigmatizar las eventuales aberraciones en su uso".[14] Este pasaje es decisivo para comprender cómo debe entenderse la idea de "grados de donación". Como hemos visto en el capítulo anterior, Gschwandtner formula una importante crítica al proyecto marioniano por no haber desplegado debidamente las implicancias de la gradación de la donación. Cabe señalar –como ya hemos indicado en el apartado 15.2 del capítulo primero– que, en rigor, y siguiendo la letra del pasaje citado, no debería hablarse de "grados de donación", sino más bien de "grados de fenomenicidad". Teniendo en cuenta los desarrollos de la fenomenología de la donación posteriores a *Étant donné* y, particularmente, las nociones de "banalidad de la saturación" (*banalité de la saturation*) y "variación hermenéutica" (*variation herméneutique*), corresponde destacar que la donación, en tanto absoluta, no admite grados,[15] pero permite medir la gradación de la fenomenalización en referencia a ella, en referencia a una donación que se da siempre en demasía, bajo la modalidad de la saturación. De este modo, cabe sostener que la "tópica del fenómeno" es una gradación de la fenomenicidad, no de la donación.

Marion se basa en un segundo pasaje de *Die Idee der Phänomenologie* para sostener que Husserl establece con claridad la prioridad de la donación frente a cualquier otra instancia:

---

12 Hua II, p. 74.
13 Cfr. ED, p. 43.
14 *Ibid.*, p. 44.
15 En una nota al pie en *Figures de phénoménologie*, Marion sostiene respecto del *es gibt*: "Es posible, por el contrario, que el *es gibt* no soporte ninguna analogía ni gradación, sino que o se produce perfectamente, o no se produce de ningún modo, precisamente porque indica un hecho, un acontecimiento". FPh, p. 31 n. 2. Está claro, pues, que Marion entiende que la donación no admite grados. Hay que entender la expresión "grados de donación", que aparece en *Étant donné* en un sentido impreciso, como referida a la posibilidad de medir los grados de fenominicidad a partir de la donación.

Toda vivencia intelectual y en general toda vivencia en cuanto tal, en la medida en que es llevada a cabo, puede convertirse en objeto de una pura intuición y de un puro captar. Y en este acto de intuición es una donación absoluta.[16]

Marion destaca que, de este modo, Husserl deja en claro que el ente, para ser tal, debe primero aparecer, darse: la donación es más originaria que el ser.

Sin embargo, a continuación, Marion destaca que Husserl no es fiel a su "descubrimiento", pues la originariedad de la donación es recubierta por "cierta confusión con la objetidad". Marion señala que en el citado pasaje de Husserliana II, en el que se enumeran los diversos "modos de la donación", Husserl equipara con un *bzw.* (*beziehungsweise*), con un "es decir" o un "o sea", los "diferentes modos de donación auténtica [*eigentliche Gegebenheit*]" con "la constitución de los diferentes modos de objetidad [*Gegenständlichkeit*]". De este modo, según Marion, Husserl regula toda donación con el parámetro de la objetidad. Marion concluye:

> Husserl hipoteca así su conquista esencial [...] sometiéndola al paradigma no cuestionado de la objetidad. Asumiendo su equivalencia, Husserl no se interroga jamás sobre su contraste esencial: una fenomenicidad de la donación puede permitir que el fenómeno *se* muestre en sí y por sí porque *se* da, pero una fenomenicidad de la objetidad sólo puede constituir el fenómeno a partir del *ego* de una conciencia que lo mienta como un noéma. Husserl retrocede frente a su propio avance, restringiendo la donación a una de sus mínimas posibilidades fenomenológicas: el objeto. Lo que Husserl liberó no lo liberó él mismo, sino que se planta ante su propia irrupción [*percée*]. La donación resulta, por tanto, una abertura no practicada todavía.[17]

El paso decisivo, según Marion, será dado por Heidegger. Pues al proponer la noción de fenómeno como determinado por su capacidad de automostración, señala con claridad un *se*/*soi* del fenómeno.[18] Ese *soi* del fenómeno que reenvía a la donación es rastreado por Heidegger en el *es gibt*.

En el § 3 de *Étant donné*, Marion analiza tres pasajes de *Sein und Zeit* en los que aparece la expresión *es gibt* en un sentido técnico: 1) "El ser se encuentra en el hecho y en la manera de ser, en la realidad, la subsistencia, el fondo, la validez, el *Dasein*, en el 'se da' (*es gibt*)".[19] Marion sostiene que Heidegger está señalando una instancia no óntica que permite que el ser se

---

16 Hua II, p. 31.
17 ED, p. 50.
18 *Ibid.*, p. 439.
19 GA 2, p. 9.

torne accesible.[20] Sin embargo, esta instancia no óntica está subordinada al primado óntico-ontológico del *Dasein*. Marion cita dos pasajes que confirman esta subordinación: 2) "En todos los casos 'se da' el ser mientras el *Dasein*, es decir, la posibilidad óntica de la comprensión del ser, es";[21] 3) "Sólo mientras la verdad es, 'se da' el ser, no el ente. Y la verdad sólo es hasta que y mientras el *Dasein* es".[22] El acceso al ser y su posibilidad residen en el *Dasein*. Marion se detiene en una afirmación de Heidegger en el „Protokoll zu einem Seminar über dem Vortrag *Zeit und Sein*" de 1962:

> Recordamos los pasajes de *Sein und Zeit* en los que se empleó ya el "se da" [*cela donne*, traduce Marion] [*es gibt*] sin que hubiera sido en ese momento pensado en dirección al *Ereignis*. Esos pasajes se revelan hoy como un intento; intentos para la elaboración de la cuestión del ser, tentativas para indicarle su justa dirección, intentos que permanecen todavía como no cumplidos.[23]

Marion se pregunta si es realmente una deficiencia el hecho de que el *es gibt* no se integre en el *Ereignis*.[24] En el apartado siguiente del mismo § 3, Marion examina la relación entre *es gibt* y *Ereignis* en *Zeit und Sein*. Allí Heidegger afirma que el *es* del *es gibt* debe permanecer "enigmático" (*rätselhaft*),[25] protegido de toda interpretación metafísica como "potencia indeterminada" (*unbestimmte Macht*),[26] y debe ser escrito con mayúsculas[27]

> para que ningún nombre propio venga a relegar la donación que pone en práctica al rango de una causación o de una efectuación por medio de uno u otro ente, privilegiado o no. La indeterminación no salva solamente el enigma, sino que defiende la pura donación.[28]

Sin embargo –según Marion–, Heidegger no respeta esta indeterminación al "bautizar" al *Es* con el nombre de *Ereignis*. Como el propio Heidegger reconoce en el *Protokoll*: "El *Es gibt* es primero dilucidado por referencia al dar [*Geben*], luego por referencia al *Es*, que da. Éste se encuentra interpretado [*gedeutet*] como *Ereignis*".[29] Marion se pregunta entonces si el *Ereignis* no es acaso esa "potencia indeterminada" respecto de la cual había que proteger al

---

20 Cfr. ED, pp. 51-52.
21 GA 2, p. 281.
22 *Ibid.*, p. 304.
23 GA 14, p. 53.
24 Cfr. ED, p. 53.
25 GA 14, p. 22.
26 *Idem*.
27 *Ibid.*, p. 9.
28 ED, p. 57.
29 GA 14, p. 35.

Es del *Es gibt*:

Esta sustitución resultaría de poca importancia si no se tratara más que de meras palabras. Sin embargo, se trata, como sucede a menudo con las palabras, de lo esencial. I) ¿No interviene aquí el *Ereignis* exactamente como la "potencia indeterminada" que no debía sustituir precisamente el "se" [*cela*]? II) Cuando el ser desaparece en el advenimiento (*Ereignis*), ¿se abisma según las exigencias fenomenológicas que permiten exponerlo en el "se da" [*cela donne*] o en contra de ellas? III) ¿Señala el recubrimiento del "se da" [*cela donne*] por el *Ereignis*, perfectamente indefinido e hipotéticamente inconstituible, un avance fenomenológico o más bien un retroceso? Creemos que la irrupción del *Ereignis* tiende –sin conseguirlo completamente– a disimular que la donación que Heidegger utiliza constantemente para desvelar el ser se encuentra, finalmente, abandonada.[30]

Según Marion, Heidegger también retrocede ante la donación: no logra dar el "paso más peligroso", no piensa con radicalidad el *Es* "que es lo único que permite que el fenómeno se muestre".[31]

Marion concluye, pues, que tanto Husserl como Heidegger conocen la donación "de hecho", pero no la reconocen "de derecho". Para este reconocimiento "de derecho" es necesario revisar los principios de la fenomenología y elevar a la donación a rango de principio.[32]

---

30 ED, p. 58.
31 *Ibid.*, p. 439. Sin embargo, esta no es la interpretación final de Marion respecto a la lectura heideggeriana del *es gibt* y el *Ereignis*. En el artículo de 2008, "Remarques sur les origines de la *Gegebenheit* dans la pensé de Heidegger", Marion encuentra en la reflexión del joven Heidegger un claro parámetro para los desarrollos de la fenomenología de la donación. Desarrollaré este punto en el apartado 19.4. Cfr. FPh, p. 58. Este artículo, publicado en *Heidegger Studies*, vol. 24 y luego en *Figures de Phénoménologie*, es una ampliación y corrección del texto "Ce que donne "cela donne"", publicado en 2004, como un capítulo del libro homenaje a Jean Greisch, compilado por Philippe Capelle, Geneviève Hébert y Marie-Dominique Poperlard, *Le souci du passage*. *Mélanges offerts à Jean Greisch*, Paris, Cerf, 2004.
32 Cabe señalar que Marion modifica sutilmente su lectura de Husserl en este punto. Esto ya puede observarse en algunos pasajes de *Étant donné* (cfr. ED, pp. 104-105) y, con claridad, en un breve pasaje de *Reprise du donné*, donde Marion afirma que ya se encuentra un reconocimiento "de hecho" y "de derecho" en la donación en *Die Idee der Phänomenologie*: "La donación absoluta es un término último [...] Por otro lado, negar la donación de sí en general quiere decir negar la norma última, la norma fundamental que da todo el sentido al conocimiento fundamental". Hua II, p. 61. Marion sostiene que este pasaje deja en claro que la donación es un término último. "En contra de la comprensión habitual, no hay que concebir a la donación como una autoridad de hecho, sino como una autoridad de derecho. O más bien, concebir que el hecho de lo dado basta para asegurar a lo dado un estatuto pleno de fenómeno; todo lo que se muestra se muestra porque se da. En este sentido, el hecho de la donación vale como un derecho. Husserl no deja lugar a ninguna ambigüedad sobre el carácter de hecho e, indisolublemente, de derecho, de una norma tal". RdD, pp. 63-64. Considero que es posible leer este pasaje de Husserl adjudicándole el sentido propuesto por Marion sólo después de los desarrollos que la fenomenología de la donación presenta entre 1997 y 2016.

§ 18. Los principios de la fenomenología

Sin embargo, el análisis de los principios no sólo permite advertir la centralidad de la donación, sino que también hace posible la definición misma de la fenomenología como método que encuentra su origen en la filosofía husserliana, pero que es practicado por diversos autores de modos muy diferentes. La revisión de los principios constituye un examen de la posibilidad o no de una ortodoxia que, en última instancia, debería remitir a la definición de la fenomenología –propuesta por Husserl mismo– como un "idealismo trascendental".

18.1. La lectura de los principios de Michel Henry y de Jean-Luc Marion

En el epílogo de *Réduction et donation*, "Les figures de la donation", Marion presenta un nuevo y último principio para la fenomenología: "a tanta reducción, tanta donación" (*autant de réduction, autant de donation*). Tomando como punto de partida la tesis husserliana y heideggeriana: "a tanto aparecer, tanto ser" (*wieviel Schein, soviel Sein*),[33] Marion destaca que para que la aparición valga como fenómeno, ésta debe darse plenamente. Pero lo dado no alcanza ese estatuto meramente por aparecer, sino porque es reducido a su donación para la conciencia. Marion concluye:

> De este modo, la donación se despliega según la medida directa de la reducción; cuanto más se radicaliza la reducción, más se despliega la donación. [...] La regla precedente –"a tanto aparecer, tanto ser"– aumenta pues con un enunciado más esencial: a tanta reducción, tanta donación.[34]

En 1991, Michel Henry publica su célebre artículo "Quatre principes de la phénoménologie", para el número de la *Revue de Métaphysique et de Morale* dedicado a *Réduction et donation*. Allí Henry propone una lectura de los tres principios históricos de la fenomenología ("A las cosas mismas", "a tanto aparecer, tanto ser" y el principio de los todos los principios) y del cuarto principio introducido por Marion ("a tanta reducción, tanta donación"). La propuesta de Henry es celebrada por Marion a tal punto que en *Étant donné* asume como propia la interpretación de los tres principios clásicos de la fenomenología y,

---

[33] Como bien destaca Marion, la tesis es formulada originariamente por Johann Friedrich Herbart: „Soviel Schein, soviel Hindeutung aufs Seyn" (HERBART, Johann Friedrich, *Hauptpunkte der Metaphysik* en HERBART, Johann Friedrich, *Sämtliche Werke*, II, Frankfurt am Main, Scientia Verlag, 1964, p. 187), y luego es adoptada, a su manera, por Husserl (Hua VIII, p. 47 y Hua I, p. 133) y por Heidegger (GA 20, p. 119 y GA 2, p. 48).
[34] RD, p. 303.

por momentos, el carácter escueto de los desarrollos parece remitir a los análisis de Henry.[35] Por este motivo, a continuación, presentaré la lectura crítica de la insuficiencia de estos principios según es planteada por Henry.

El artículo de Henry comienza aseverando que los cuatro principios (incluido el marioniano), presentan dos rasgos problemáticos. 1) El primero es que, a pesar de su apariencia de radicalidad, "permanecen de hecho profundamente indeterminados".[36] Los enunciados revisten un carácter "puramente formal" que les quita, en buena medida, su rigurosidad y su fecundidad. 2) El segundo rasgo es que los principios presentan tensiones que son poco compatibles con la idea de un sistema coherente.[37]

A continuación, Henry comienza a analizar cada principio en particular. El primero de los principios examinado es "a tanto aparecer, tanto ser". El principio establece, ciertamente, una identidad entre el aparecer y el ser. Aparecer y ser tienen una misma esencia y un mismo ámbito. Sin embargo, objeta Henry, la identidad entre ser y aparecer se termina inclinando por la fundación del primero por parte del segundo.

> Identidad de esencia quiere decir aquí que no hay en ejercicio más que un único poder, pero este poder es sólo el del aparecer. Independientemente de este último, mientras no aparezca, el ser no es.[38]

En rigor, el ser toma su esencia del aparecer. Por este motivo, Henry considera que preguntarse heideggerianamente por el sentido del ser es un sin sentido. El ser es un *flatus vocis*, sin fuerza ni voluntad. Henry destaca que, de este modo, "más elevada que la ontología está la fenomenología".[39] Aunque no debe entenderse que hay un ámbito anterior al otro: fenomenología y ontología designan la misma cosa.

Marion, por su parte, agrega que esta exaltación del aparecer 1) permanece en el campo problemático de la metafísica y 2) deja indeterminada la primacía del aparecer:

> ¿qué es lo que realiza pues el aparecer para que pueda, al aparecer simplemente, evidenciar el ser mismo? ¿Cómo rebasa el estatuto de simple apariencia para convertirse en la manifestación misma de lo que es? ¿Cómo el aparecer podría, en esa indeterminación, hacer aparecer lo que es?[40]

---

35 Cfr. ED, p. 18.
36 HENRY, Michel, "Quatre principes de la phénoménologie", art. cit., p. 3.
37 Cfr. *ibid.*, p. 4.
38 *Idem.*
39 *Ibid.*, p. 5.
40 ED, p. 19.

Por estas razones, Marion considera que este primer principio de la fenomenología es "insignificante" (*insignifiant*).

El segundo principio examinado es "¡a las cosas mismas!" (*Zu den Sachen selbst*).[41] Henry destaca que nuevamente, en este principio también se da una dualidad: entre el *zu*, que mienta el acceso a algo, y las *Sachen*, que refiere a ese algo al que se accede. Pero este principio contradice al anterior. El ser ya no puede ser reducido al aparecer. La problemática del aparecer no es abandonada, porque el *zu* que nos lleva a las cosas mismas es el aparecer, pero la relación entre fenomenología y ontología se invierte: la cosa pasa a ser el único objetivo a tener en cuenta por los medios de acceso. En este sentido, la naturaleza de estos medios va a depender de la naturaleza de la cosa. Y esto conduce a una aporía:

> ¿qué podemos saber de la naturaleza de la cosa y del modo en que ella determina los medios para tener acceso a ella si esta cosa y lo que llamamos su naturaleza no están ya descubiertos para nosotros, en su aparecer y gracias a él?[42]

Henry entiende que para sortear esta aporía, para "terminar con la determinación ingenua de la fenomenología" es necesario afirmar que son los medios de acceso los que determinan la naturaleza de la cosa.[43] Pero, como en el caso anterior, este segundo principio deja sin determinar el acceso a las cosas que expresa el *zu*. Nuevamente, el aparecer queda sin elucidar.[44]

Acordando con la reflexión henryana, Marion sostiene que la máxima "¡a las cosas mismas!" refiere con claridad a la cuestión del aparecer, pero lo somete a las "cosas" que ya están ahí, disponibles y accesibles. Y, más allá de que estas "cosas" no deben entenderse empíricamente, sino como *Sachen*, como "asuntos", ellas no parecen necesitar del retorno fenomenológico. Replica Marion:

> ...incluso sin el retorno fenomenológico hacia ellas, ¿no serían igualmente esas "cosas" lo que son, precisamente lo que son sin aparecer? La primacía del ser sobre el aparecer relega pues este último al rango metafísico de un simple modo de acceso, que muestra siempre menos de lo que debería, puesto que las "cosas" lo preceden y se exponen sin él.[45]

Marion concluye que este principio vuelve a caer en una primacía metafísica del ser por sobre el aparecer.

---

41 Cfr. Hua XIX/1, p. 10; Hua III/1, pp.41-42 y Hua XXV, p. 21.
42 Henry, Michel, "Quatre principes de la phénoménologie", art. cit., pp. 6-7.
43 Cfr. *ibid.*, p. 7.
44 Cfr. *ibid.*, p. 9.
45 ED, p. 20.

En tercer lugar, Henry analiza el "principio de todos los principios" (*Prinzip aller Prinzipien*) formulado en el § 24 de *Ideen I*:

> que toda intuición en que se da algo originariamente es una fuente legítima de conocimiento, que todo lo que se nos da originariamente (por decirlo así, en su realidad corpórea [*leibhafte Wirklichkeit*]) en la intuición, hay que tomarlo simplemente como se da [*als was es sich gibt*], pero también sólo dentro de los límites [*Schranken*] en que se da.⁴⁶

Henry sostiene que este principio esconde, bajo su aparente simplicidad, una doble tesis que lo vuelve contradictorio. En primer lugar, mienta de modo explícito la universalidad: se trata del aparecer en general, de la condición universal para todos los fenómenos. Pero, en segundo lugar, al referir a la intuición, se señala un modo particular del aparecer. Henry destaca que la "intuición" designa en Husserl la estructura de la conciencia en tanto "conciencia de algo", en tanto intencional. La intuición debe su poder de fenomenalizar a la intencionalidad. En este sentido, la fenomenicidad se constituye, explica Henry, en la trascendencia del objeto, en su puesta a distancia. De este modo, el principio de todos los principios comente el error de excluir aquel otro modo del aparecer que Henry señala en todas sus obras: el aparecer de la vida que constituye la fenomenicidad originaria.⁴⁷

Marion también retoma en buena medida la crítica de Henry. Pues, si bien el principio de todos los principios libera la fenomenicidad de la exigencia metafísica de un fundamento y, al no imponer ningún *a priori* conceptual ni ninguna forma pura a la intuición, es decir, la libera de los límites de la analítica kantiana, el precio a pagar es que la intuición deviene la medida de la fenomenicidad. Esto puede observarse en cinco rasgos del principio. 1) El primero de ellos es que la intuición misma deviene un *a priori*. El principio establece que sin intuición, no hay donación. 2) El segundo es la asunción, no justificada –si se tiene en cuenta que el principio afirma que ella es "fuente de derecho"–, de que la intuición podría faltar. 3) El tercero es la falta de aclaración respecto de la posibilidad, al parecer necesaria, de que puedan distinguirse grados en la fenomenicidad. 4) El cuarto rasgo se identifica con el límite mismo que la intuición impone a la fenomenicidad. Marion refiere explícitamente a la propuesta de Henry en este punto y se pregunta:

> ¿agota la constitución de un objeto intencional, realizada a través de una intuición que cumple un éxtasis objetivante, toda forma de aparecer? O, más bien ¿debe

---

46 Hua III/1, p. 51.
47 Henry, Michel, "Quatre principes de la phénoménologie", art. cit., p. 11.

restringirse la intuición a los límites de la intencionalidad y de la transcendencia del objeto o puede extenderse a las posibilidades inmensas de lo que se muestra?[48]

Marion entiende que Husserl parece preguntarse lo mismo, parece querer liberar al aparecer de todo *a priori*, pero finalmente restringe la intuición al cumplimiento de la intencionalidad de objeto.[49] 5) El quinto rasgo es la ausencia de toda referencia a la operación de la reducción. El principio de todos los principios interviene antes y sin la efectuación de ninguna reducción. Pero si esto es así —concluye Marion— entonces el principio contradice el aparecer, pues sólo hay aparecer si hay reducción.[50]

Y esta reflexión introduce el cuarto principio, el principio propuesto por Marion para la fenomenología: "a tanta reducción, tanta donación". En *Étant donné*, Marion justifica la introducción de este principio de dos modos: 1) a partir de los textos de Husserl y 2) a partir del concepto.

1) En favor del nuevo principio, Marion cita cuatro pasajes de *Die Idee der Phänomenologie* de Husserl. El primero se encuentra en el „Gedankegang der Vorlesungen": "El fenómeno psicológico en la apercepción y la objetivación psicológicas no es realmente una donación absoluta [*absolute Gegebenheit*], sino que solo lo es el *fenómeno puro*, el fenómeno reducido [*reduzierter Phänomenon*]".[51] Marion destaca que este pasaje debe entenderse como una

---

48 ED, p. 22.
49 Como ya hemos señalado en el capítulo primero, Paul Ricœur, en su célebre nota al § 24, señala una tensión similar: "La cercanía de estas dos expresiones: la intuición donadora [*gebende Anchaaung*] y lo que se da es sorprendente. Ella resume todas las dificultades de una filosofía de la constitución que debe permanecer al mismo tiempo, desde otro punto de vista, como un intuicionismo". Ricœur, Paul, "nota 1, p. 78" en Husserl, Edmund, *Idées directrices pour une phénoménologie*, traduit de l'allemand par P. Ricœur, Paris, Gallimard, 1950, p. 78 n. 1. En una nota de *Étant donné*, Marion refiere a esta nota de la traducción de *Idées I* y sostiene que allí Ricœur advierte el pliegue de lo dado (*le pli du donné*). Cfr. ED, p. 98 n. 2. Cfr. también ED, p. 21 n. 1 y QERR.
50 *Ibid.*, pp. 22-23. Cabe destacar que ésta no es la última palabra de Marion, y, en cierto sentido cabe afirmar una contradicción o, al menos, una vacilación en la lectura de los principios de la fenomenología por parte de Marion. Pues, en otros pasajes de su obra, Marion destaca que ya en el principio de todos los principios se acepta la autoridad de la donación como criterio último de la fenominicidad. Cfr. VR, p. 18-19 y FPh, pp. 18-19. De todos modos, puede sostenerse –como bien lo ha indicado Ricœur en las ya mencionadas notas de su traducción de *Ideen I*– que la vacilación encuentra su motivo último en la indefinición del propio Husserl.
51 Hua II, p. 7. En este pasaje, tanto Miguel García Baró como Jesús Adrián Escudero traducen *Gegebenheit* por "dato". Cfr. Husserl, Edmund, *La idea de la fenomenología. Cinco lecciones*, trad. M. García Baró, México, FCE, 1982, p. 97, y Husserl, Edmund, *La idea de la fenomenología*, introducción, traducción y notas J. Adrián Escudero, Barcelona, Herder, 2011, p. 65. En las "notas aclaratorias", Adrián Escudero explica respecto de su traducción del término *Gegebenheit*: "Donación *(Gegebenheit)*. El término alemán *Gegebenheit* significa literalmente el estado *(-heit)* que tiene un objeto cuando esta dado *(gegeben)*. Se podría optar por una traducción literal como 'datitud', pero esta palabra no dice nada en castellano. En función del contexto, traducimos *Gegebenheit* unas veces como 'donación' (y ocasionalmente, 'darse') y otras como 'dato', evitando así otras soluciones quizá más estridentes como 'dadidad' y 'dación'. Así, por ejemplo, expresiones como *Gegebenheit im generellen Schauen* y *Gegebenheit der Allgemeinheit* resultan más claras si se traducen como 'donación en la intuición genérica' y 'donación de lo universal', mientras que para casos como *sinnliche Gegebenheit, kategoriale Gegebenheit* y *absoluta*

afirmación respecto de la validez del fenómeno. Lo que valida a un fenómeno y le otorga el carácter de "dado", no es su simple aparecer, sino su carácter de "reducido".[52] Esta frase se relaciona directamente con la indicación de Jean Grondin respecto de la ignorancia, por parte de Marion, de la "crítica al mito de lo dado" esbozada por Sellars.[53] En *Reprise du donné*, Marion responde expresamente a esta observación de Grondin.

En el § 11 del libro de 2016, Marion recapitula algunas afirmaciones respecto a la noción de donación. En primer lugar, siguiendo la pregunta conductora heideggeriana, Marion sostiene que debe comprenderse a la donación, más como una pregunta que como una respuesta. En todo caso, puede establecerse con claridad que no es (no se produce como causa eficiente, no se confunde ni se limita a la intuición), pero debe mantenerse cierto carácter "enigmático" respecto de su definición, debe mantener ese carácter que es propio del *es gibt*. En segundo lugar, y este punto es fundamental, Marion recuerda que la donación debe ser entendida, no como una autoridad "de hecho", sino "de derecho".[54]

Luego de esta recapitulación, Marion se detiene en el "mito de lo dado". Según el fenomenólogo francés, tal como es enunciado por Wilfrid S. Sellars, tanto el mito como su crítica encierran una contradicción: no puede considerarse, por un lado, que lo dado es inmediato y, por otro, que constituye un objeto ya preparado para el conocimiento teórico.[55] Sellars sostiene que lo dado es concebido como inmediato en términos de *sense datum*, pero si es así, entonces lo dado no constituye un objeto y, por lo tanto, no tiene validez epistemológica. Por otro lado, si deviene objeto, deja de ser inmediato y, así, deja de ser independiente, *self-sustaining, non-inferential knowledge*. En un mismo sentido, Otto Neurath[56] y luego también Willard v. O. Quine[57] indican la necesidad de que intervenga una instancia constitutiva, una mediación, para asegurar la conexión entre los *data* inmediatos y el enunciado protocolar o la proposición elemental. Según Marion, todas estas críticas se asientan sobre una concepción errónea de lo dado que pretendería combinar dos características incompatibles entre sí:

Gegebenheit preferimos las opciones 'dato sensible', 'dato categorial' y 'dato absoluto', respectivamente. Siguiendo el mismo criterio, traducimos *Selbstgegebenheit* en unas ocasiones por 'autodonación' y en otras por 'darse a sí mismo'". *Ibid.*, p. 159.

52 Cfr. ED, p. 24.
53 Desarrollo las críticas de Grondin en el apartado 19.1 del § 18.
54 Cfr. RdD, pp. 63-64.
55 Cfr. *ibid.*, p. 69. Cfr. Sellars, Wilfrid S., *Empiricism and the Philosophy of Mind*, Cambridge, Harvard University Press, 1997.
56 Cfr. Neurath, Otto, „Protokollsätze", *Erkenntnis*, 3, 1 (1932), pp. 204-214.
57 Cfr. Quine, Willard van Orman, "Two Dogmas of Empiricism", *Philosophical Review*, 60, 1 (1951), 20-43.

1) la inmediatez del *sense datum*, limitada a la intuición sensible, que se resume en una afección subjetiva, individual, indubitable y de carácter incomunicable, y 2) la validez epistemológica de un primer objeto o átomo de evidencia inteligible, constituido de forma mediata.[58] Más allá de la contradicción entre estas propiedades, lo objetable –según Marion– es la posibilidad misma de cada una de ellas. En primer lugar, si bien es posible pensar lo dado como inmediato, éste no se da nunca de ese modo. En segundo lugar, las críticas al "mito de lo dado" son formuladas desde el horizonte del objeto, pero lo dado es siempre irreductible a la objetividad. No basta con que un fenómeno sea percibido para que sea dado. Lo sentido y lo experimentado sólo devienen algo dado por medio de la reducción, es decir, de una mediatización.[59] Pero esto no implica que lo dado, en tanto mediatizado, deba constituirse en un objeto. Asimismo, contrariamente a lo que supone el constructivismo y el empirismo, los *sense data* no son algo dado. La vivencia de la cátedra –que analizamos en el primer capítulo– corrobora esta afirmación. Lo inmediato en la vivencia de la cátedra es la cátedra misma, ella es anterior a los *sense data*. Por otra parte, el ejemplo de Heidegger también permite advertir que lo dado en sentido propio ya está dotado de significación. El fenómeno se da ya siempre mediatizado por su propia significación.[60] Marion concluye su reflexión con la siguiente afirmación:

> Hay que considerar "el problema de la donación" como un enigma, que lo sitúa más allá de las dicotomías comunes de la conciencia ingenua: ni inmediato en el sentido de los *sense data* de la impresión subjetiva, ni mediato en el sentido de la objetividad construida para el conocimiento [...] La indeterminación de lo dado ofrece quizás su única determinación correcta, la que lo distingue de todo lo que viene después de él: los *sense data*, los objetos, los conocimientos, todos ellos frutos de su acontecimiento.[61]

La donación debe pues conservar cierto carácter enigmático más allá de la inmediatez de tipo subjetiva y de la mediatez de tipo objetiva.[62]

El segundo pasaje de *Die Idee der Phänomenologie* citado por Marion también se encuentra en el „Gedankegang der Vorlesungen":

> Por consiguiente, el concepto de la reducción fenomenológica [*Phänomenologische Reduktion*] adquiere una determinación más precisa y más profunda y un sentido

---

58 Cfr. RdD, p. 70.
59 Cfr. *ibid.*, p. 75.
60 Cfr. *ibid.*, pp. 76-77.
61 *Ibid*, pp. 77-78.
62 Volveré sobre este punto en el capítulo quinto en el que me detendré en la objeción hermenéutica.

más claro: no es exclusión de lo transcendente ingrediente (digamos, en el sentido psicológico-empírico), sino exclusión de lo transcendente en cuanto tal, como algo existente que hay que asumir; es decir, exclusión de todo cuanto no es donación evidente [*evidente Gegebenheit*] en el sentido genuino, donación absoluta [*absolute Gegebenheit*] de la mirada pura".[63]

De este modo, según Marion, el criterio de inmanencia no pasa meramente por una inherencia real a la conciencia, sino por lo que la reducción nos entrega como donación.[64]

El tercer pasaje está en la tercera lección: "Solo por medio de una reducción, a la que queremos llamar ya *reducción fenomenológica* [*phänomenologische Reduktion*], obtengo una donación absoluta [*asbolute Gegebenheit*], que no debe más nada a la transcendencia".[65] En este sentido, Marion entiende que la aceptación de una trascendencia sólo puede darse si ella es alcanzada por la reducción y deviene así una donación absoluta.[66]

Finalmente, el cuarto pasaje se encuentra también en la tercera lección: "La donación de un fenómeno reducido [*die Gegebenheit des reduzierten Phänomens*] en general es una donación absoluta e indubitable".[67] Marion sostiene que este pasaje revela dos cuestiones clave: la primera, como ya se lee en el primer pasaje citado, es que para alcanzar el estatuto de algo dado, el fenómeno debe ser reducido. La segunda cuestión es que la reducción tiene por objeto la donación que hace aparecer absolutamente al fenómeno.[68] De este modo, Marion entiende que el vínculo entre reducción y donación puede leerse en los propios textos del fundador de la fenomenología.

2) En segundo lugar, Marion busca justificar su cuarto principio para la fenomenología a partir del concepto mismo de reducción. Según Marion, la efectuación de la reducción implica el despliegue inmediato de la donación. Y esto se puede corroborar en los dos sentidos en puede leerse la reducción. En primer lugar, "la reducción restringe el aparecer a lo que en él alcanza una verdadera donación"[69] y, en segundo lugar, "la reducción reconduce el apare-

---

63 Hua II, p. 9.
64 Cfr. ED, pp. 24-25.
65 Hua II, p. 44.
66 Cfr. ED, p. 25. Sobre la supuesta exclusión de toda trascendencia en la fenomenología de la donación es revelador el artículo de Carla Canullo, "La inaudita de-figuración de la trascendencia. La fenomenología de la donación frente al desafío del *allende*", que comentaré en el apartado 31.1. Cfr. Canullo, Carla, "La inaudita de-figuración de la trascendencia. La fenomenología de la donación frente al desafía del allende" en Roggero, Jorge Luis (ed), *Jean-Luc Marion: límites y posibilidades de la Filosofía y de la Teología*, Buenos Aires, Editorial SB, 2017, pp. 135-152.
67 Hua II, p. 50.
68 Cfr. ED, p. 25.
69 ED, p. 26.

cer que tiene que darse hasta el absoluto apareciente, lo dado absoluto".[70] De este modo, según Marion,

> La reducción ejerce el oficio de atraer lo visible hacia la donación: conduce los visibles dispersos, potenciales, confusos e inciertos (apariencias, escorzos, impresiones, intuiciones vagas, hechos supuestos, opiniones, 'teorías absurdas', etc.) hacia la donación, mediante la cual marca el grado de fenomenicidad. La reducción mide el grado de donación de cada apariencia, estableciendo de esta manera el derecho a aparecer o no.[71]

Marion considera que sólo afirmando este cuarto principio es posible subsanar las deficiencias de los otros tres principios de la fenomenología.

En su artículo, Henry destaca el mérito del cuarto principio marioniano, pues reúne en una formulación a los dos conceptos clave de la fenomenología. Asimismo, el principio restituye el sentido positivo de la reducción, pues establece que se trata de una operación que no restringe, sino que abre y da (la donación).[72] Sin embargo, Henry considera que también este cuarto principio está afectado de cierta indeterminación, al menos en el marco de la fenomenología de la donación, pues Marion tampoco distingue con claridad entre dos tipos de aparecer.[73] Henry se detiene en un análisis del quinto estudio de *Réduction et donation* en el que Marion propone una crítica a Heidegger. Henry celebra el intento de reestablecer la prioridad de la fenomenología por sobre toda ontología, pero al recurrir a la estructura de la llamada, que responde al modo del aparecer del mundo, Marion no reconoce otro tipo posible de aparecer:

> Por el contrario: la estructura de la llamada, en tanto ella se encuentra frecuentemente descripta según la bipolaridad de la llamada y la respuesta, toma prestada esta disposición a un modo determinado de aparecer, aquel en el que la oposición es constitutiva de la fenomenicidad, y este aparecer es precisamente el del mundo. […] Lejos de escapar a la llamada del Ser y su fenomenología implícita, la estructura de la llamada reenvía a ella y recibe, justamente, de ella la "estructura" que le es propia: la oposición del Ex-stasis.[74]

Respecto de esta cuestión, Éric Pommier señala acertadamente la existen-

---

[70] *Idem*. En el § 22 examinaré la viabilidad de concebir estos dos sentidos de la reducción como compatibles.
[71] *Idem*. En el capítulo tercero y en el quinto examinaré la sorprendente proximidad de la tarea asignada a la reducción con la tarea asignada a la hermenéutica en la obra de Marion.
[72] Cfr. Henry, Michel, "Quatre principes de la phénomènologie", art. cit., p. 13.
[73] Cfr. *ibid.*, p. 9.
[74] *Ibid.*, pp. 24-25. Presentaré los rasgos de la reducción a la llamada pura en el capítulo tercero y volveré sobre la relevancia hermenéutica de la estructura de la llamada y la respuesta en el capítulo quinto.

cia de cierta tensión entre las ideas de Michel Henry y las de Jan Patočka que parecen inspirar en igual modo la relación entre la carne y el mundo en la fenomenología marioniana. Por un lado, pareciera que Henry tiene razón al formular su crítica, pues la idea de una llamada parece responder al modo de aparecer extático del mundo. Pero, además, Marion también afirma –siguiendo a Patočka– que la fenomenalización del mundo a partir de la carne se da como respuesta a una llamada del mundo.[75] Ahora bien, Pommier sostiene que la tensión entre el planteo henryano y el planteo patočkiano solo existe si no se advierte la posibilidad que la fenomenología de la donación ofrece para superar problemáticas presentes en ambas propuestas. La fenomenología marioniana –según Pommier– puede dar una respuesta al problema, en Henry, de cómo conciliar el sentir original y el aparecer del mundo trascendente al que éste da lugar, y también puede dar respuesta al problema, en Patočka, de la articulación entre la movilidad requerida para aprehender el mundo como totalidad abierta y la dimensión pasiva de la conciencia, es decir, puede explicar cómo el "sentir" puede derivarse de un "moverse". La clave está en comprender acabadamente la idea marioniana de una hétero y una autoafección que se confunden en la carne como superación del sujeto metafísico.[76] Como bien aclara Pommier, la autoafección de la carne en Marion no debe ser referida a una vida más originaria que ocurre fuera del mundo (Henry), sino a la donación originaria del mundo.[77]

> Es así como la fenomenología de la donación y la descripción del fenómeno saturado de la carne permitiría, por un lado, escapar del acosmismo y de una noción cerrada de la inmanencia, como podría ser el caso con Michel Henry, sin transformar, por otro lado, la percepción en un enigma, como parece ser el caso en Patočka. El cuerpo en Marion está en el mundo, puede hacerlo aparecer porque le pertenece. No obstante, no se caracteriza por su movilidad, sino más bien por su capacidad de atestar la visibilidad del mundo a través de su mostración sensible.[78]

Pero detengamos ahora en la respuesta que da el propio Marion en *Reprise du donné* a esta crítica final de Henry. En el § 3, Marion comenta la lectura henryana de los tres principios históricos. Al referir a la crítica de Henry a la

---

75 "Así, el mundo llama al adonado, para que lo dado allí logre mostrarse por la respuesta de este adonado". RdD, p. 143.
76 "Si una subjetividad debe superar la destrucción del sujeto metafísico, ella solo puede venir de la carne, donde se confunden la hétero y la autoafección". DS, p. 126. Esta confusión de hétero y autoafección de la carne opera de modo decisivo en el "cruce de las carnes" en reducción erótica. El adonado recibe su carne del otro. Su autoafección se remite en primer lugar a la heteroafección por parte del otro en el amor. Volveré sobre esta cuestión en el apartado 31.3 del capítulo cuarto.
77 Cfr. POMMIER, Éric, "La donación de la carne según Marion", cap. cit., p. 85.
78 *Ibid.*, pp. 86-87.

máxima "¡a las cosas mismas!", Marion sostiene que esa distinción entre el *zu* y el *Sachen*, que implica una disociación entre el ser y el aparecer, corre el riesgo de llevar a una suerte de "doctrina de la cosa en sí" invertida, necesariamente accesible, y, por lo tanto, ya no dependiente de la función de acceso de la fenomenicidad. Tal es el caso, según Marion, del "pretendido nuevo realismo" (*nouveau réalisme*), que constituye,

> sin duda, una regresión y, en todo caso, una ilusión. Pues ninguna cosa, ningún asunto podrá jamás concernirnos [...] si primero no nos alcanza, no nos afecta, es decir, si no se nos aparece.[79]

De este modo Marion contesta a la lectura de Isabelle Thomas-Fogiel que presentamos en la introducción. Si bien Marion admite que la autora acierta de modo general en su diagnóstico sobre la situación actual de la filosofía, el "realismo" marioniano sólo puede considerarse tal si se entiende como dependiente del principio fenomenológico y de la reducción.[80] Asimismo, como se aclara en la conferencia "Qu'est-ce qu'être réellement réaliste ?", dictada por Marion el 18 de noviembre de 2016, en ocasión del Coloquio Internacional "Choses en soi. Métaphysique et réalisme", se trata de afirmar un realismo que depende de la donación. "Es necesario que los fenómeno se den y es en la medida en que se dan que hay realismo".[81] Hay realismo porque hay donación y esta donación procede, no de la conciencia, sino del sí mismo de la cosa. El fenómeno que se da *kath'auto*, por sí mismo, se da como acontecimiento. El realismo marioniano es, pues, un "realismo del acontecimiento", un realismo que deviene posible porque el sí mismo de la donación lo hace posible más allá de cualquier intervención *a priori* por parte de una conciencia.[82]

En los §§ 4 y 5, Marion se detiene en el cuarto principio y en la impugnación henryana de la vía heideggeriana para llegar a su formulación, y destaca que la objeción de Henry no tiene que ver con el principio mismo, sino con la apelación a la estructura de la llamada/respuesta. Pero, entonces, Marion se pregunta si efectivamente la estructura de la llamada/respuesta reenvía al éxtasis intencional.[83] La interpretación de Henry se basa en el supuesto de que existe una distancia que separa la llamada y la respuesta. Esta distancia es lógica y cronológica. En primer lugar, se presupone que ambas deben poder ser independientes entre sí: la llamada debe poder permanecer sin respuesta

---

79 RdD, p. 26.
80 Cfr. *ibid.*, p. 26 n. 2.
81 Cfr. QERR.
82 *Idem.*
83 Cfr. *ibid.* pp. 34-35.

y la respuesta debe poder rechazar la llamada. En segundo lugar, también se presupone que entre ellas se da una separación temporal.[84]

Marion sostiene que estos supuestos son equivocados. Respecto de la distancia cronológica, conviene advertir –según Marion– que la respuesta procede de la llamada porque, fenoménicamente, la respuesta la precede. La respuesta aparece al mismo tiempo o antes que la llamada. En este sentido, no es posible afirmar una sucesión cronológica simple. Marion afirma que la llamada no se hace escuchar por un auditor que ya está en situación de escucha, pues si así fuera, si estuviera a la espera, ya habría sido llamado. Ningún yo puede preceder a la llamada, ni anticiparla al modo de una conciencia intencional. Por el contrario, el destinatario nace con la llamada, se despierta a sí mismo por la llamada. Marion destaca, pues,

> Que aquel que ha sido despertado, el llamado, no se mantiene a distancia extática de la llamada (o de cualquier otro término que se proponga), porque de hecho no era antes que ella, simplemente no estaba *ahí*, como el *Dasein*.[85]

En segundo lugar, respecto de la distancia lógica, cabe destacar que la llamada que adviene tiene tres rasgos fundamentales: 1) es indeterminada, 2) es anónima y 3) es silenciosa. 1) La llamada es indeterminada pues no sé bien si se trata de una llamada. Tengo que decidir que se trata de una llamada por medio de mi respuesta. 2) La llamada es anónima porque, en un primer momento, tengo que decidir si me concierne sin tener suficiente información respecto de su procedencia y hacia dónde me lleva. 3) La llamada es silenciosa ya que se trata de una llamada que no fija un sentido y, por lo tanto, no dice nada, permanece vacía. La llamada sólo aparece al ser constituida como fenómeno por medio de la respuesta.[86]

Por estos motivos, Marion sostiene:

> Entre la llamada y la respuesta no interviene ninguna distancia, lógica o temporal: la llamada, por definición siempre ya *ahí*, sin embargo sólo aparece *después* de su manifestación en la respuesta que ella suscita, sin la cual ella permanece invisible e inaudible hasta que alguna respuesta la ponga en escena. La paradoja de la llamada (siempre *ya* dada, pero *aún no* fenomenalizada) y de la respuesta (*primera* que fenomenaliza, pero siempre *retractiva* [*après coup*]) lleva a una prolepsis: la llamada se encuentra desde el principio en la respuesta.[87]

---

84 Cfr. *ibid.*, p. 35.
85 *Ibid.*, p. 36.
86 Cfr. *ibid.*, pp. 36-37.
87 *Ibid.*, p. 38.

Marion afirma que no sólo no corresponde hacer lugar a la crítica de Henry al cuarto principio, pues éste no implica ninguna fenomenicidad extática, sino que sólo a partir de esta nueva máxima es posible concebir acabadamente la fenomenicidad de la vida. En el § 6, Marion desarrolla la utilidad de su propuesta para resolver la objeción que frecuentemente se plantea a la fenomenología henryana respecto de la postulación de dos modos de aparecer incompatibles y discontinuos entre sí. Marion sostiene que el planteo de Henry

> sufre de una debilidad evidente: la impotencia de reconducir el aparecer intencional (extático) de los objetos del mundo (de los que, por otra parte, no podemos prescindir) a la auto-afección no-extática, que debería fundarlos y, para hacerlo, permanecer ligada a ellos.[88]

Marion entiende que el modelo de la llamada y la respuesta puede explicar la posibilidad de esta reconducción. Los rasgos de la fenomenicidad de la vida son compatibles con las características de la estructura de la llamada y la respuesta: la facticidad de la vida, "siempre ya ahí y siempre más íntima a mí que yo mismo" se asemeja a la llamada, y el cumplimiento de la facticidad de la vida, "que interviene sin distancia, ni retraso, ni demora, [esa facticidad de la vida] a la que no puedo escapar (ya que no es suficiente con ignorarla para abolirla) y que sólo puedo soportar (ya sea como un placer, como un sufrimiento, o como lo uno y lo otro), sin jamás constituirla en objeto, tiene la característica de la respuesta".[89] La inmediatez no extática de la vida con ella misma, que se realiza en la auto-afección del viviente, se asemeja a la particular identidad de la llamada y la respuesta. Marion afirma que al explicar de este modo la peculiar estrechez de la auto-afección de la vida, es posible presentarlo como un caso, ciertamente extremo, de la fenomenicidad en general, pero no incompatible con los otros. En este sentido, ambos modos del aparecer (el de la vida y el del mundo) compartiría la modalidad de la llamada y la respuesta, que admitiría variaciones.[90]

Si bien Marion no hace ninguna mención al respecto, esta propuesta permitiría resolver una tensión presente en su obra desde la introducción de la carne y el icono como fenómenos saturados. La tópica marioniana del fenómeno saturado no explica cómo es posible volver compatibles dos fenomenologías que parecen encontrarse en las antípodas: la henryana y la lévinasiana. Si la estructura de la llamada y la respuesta es válida no sólo para la trascendencia y la fenomenicidad extática, sino también para la inmanencia de la

---

88 *Ibid.*, p. 40.
89 *Ibid.*, p. 41.
90 Cfr. *ibid.*, pp. 41-42.

fenomenicidad de la vida, se abre entonces un nuevo campo de investigación que permitiría reevaluar desde una nueva clave interpretativa la relación entre la propuesta fenomenológica de Henry y la de Lévinas.

18.2. Fenomenología e idealismo trascendental

Cabe preguntarse ahora por la relación de estos principios con la noción de "idealismo trascendental", propuesta por Husserl como definición de la fenomenología. Esto nos permitirá comenzar a establecer cuál es la relación del cuarto principio con la fenomenología trascendental husserliana. Esta tarea será continuada en el siguiente capítulo, en el que nos detendremos en la reducción.

18.2.1. La lectura de los principios de Jean-François Lavigne

Jean-François Lavigne, en su riguroso y voluminoso estudio *Husserl et la naissance de la phénoménologie*, se pregunta por el "giro idealista trascendental" de Husserl. La hipótesis de Lavigne es que no existe una necesidad lógica que permita establecer un vínculo entre la fenomenología y el idealismo trascendental.[91] La tesis gnoseológica del idealismo trascendental implica una tesis ontológica:

> la *asimetría ontológica* según la cual la realidad *del mundo de nuestra experiencia*, desprovisto de toda autonomía respecto de la subjetividad, depende enteramente de los procesos subjetivos internos a la esfera de la conciencia representativa.[92]

Lavigne se pregunta por qué es necesario para Husserl interpretar la estructura de lo dado fenomenológicamente como una "*correlación ontológicamente asimétrica*", según lo postula la tesis ontológica del idealismo trascendental.

Para demostrar la falta de continuidad entre la fenomenología y el idealismo trascendental, que –por otra parte– explica las reacciones adversas de sus discípulos de Gotinga (Adolf Reinach, Theodore Conrad, Hedwig Martinus, y también Roman Ingarden y Edith Stein), Lavigne analiza los tres principios que considera comunes a todos los fenomenólogos (*auf die Sachen selbst zurückgehen*, el principio de todos los principios, y la reducción fenomenológica). Me detendré en estos análisis porque considero que también puede contemplarse la necesidad de desvincular a la fenomenología de su deriva idealista

---

91 Cfr. LAVIGNE, Jean-François, *Husserl et la naissance de la phénoménologie*, op. cit., p. 21.
92 *Ibid.*, p. 20.

trascendental como razón de la revisión de los principios por parte de Marion (por paradójica que pueda parecer, *prima facie*, su insistencia en la reducción). En este punto, el diagnóstico de Thomas-Fogiel adquiere cierta relevancia, aunque —como ya hemos indicado en el apartado 18.1— demanda una aclaración respecto del tipo de "realismo" que se pone en juego.

En primer lugar, Lavigne se detiene en la formulación de la máxima que prescribe un "regreso a las cosas mismas", tal como aparece en el contexto de la introducción al tomo segundo de las *Logische Untersuchungen*. Se trata de procurar una fundación de la lógica pura por medio de la clarificación intuitiva de sus conceptos. Con la idea de un "regreso a las cosas mismas" se busca restituir el acceso directo a los significados y, para ello, es necesaria una reconducción a los sistemas subjetivos objetivantes. Sin embargo, sostiene Lavigne, esto no implica que haya que identificar sin más a las "cosas mismas" con las vivencias de la conciencia. Lavigne destaca que no debe confundirse la "cosa-percibida" (*chose-perçue*) con la "cosa que es percibida" (*chose qui est perçue*). Por otra parte, Lavigne también señala que el problema de la articulación entre gnoseología y ontología, el problema de la relación entre el objeto intencional del acto y el ente "en sí" según la trascendencia, el "enigma de la trascendencia" es advertido por Husserl recién en 1907. Por lo tanto, concluye Lavigne, no es posible justificar la interpretación idealista trascendental de la fenomenología apelando sólo a esta máxima.[93]

En segundo lugar, Lavigne analiza el principio de todos los principios. En *Reprise du donné*, Marion destaca que, si bien desde un abordaje histórico, diferente al suyo, Jean-François Lavigne también señala la ambigüedad del principio de todos los principios.[94] Ciertamente, Lavigne sostiene la indeterminación del principio, pero también formula una crítica a la lectura marioniana. El principio del § 24, según Lavigne, no es más que una versión generalizada de la exigencia intuicionista del regreso a la cosas mismas. Lavigne sostiene que hablar de "intuición donadora" (*gebende Anschauung*) y no de objeto intencional no resuelve la cuestión del sentido ontológico que hay que darle a la "doneidad" (*donéité*). Pero a partir de esta traducción del término *Gegebenheit*, se establece una diferencia respecto de la propuesta marioniana. Lavigne aclara que propone el neologismo *donéité* para traducir *Gegebenheit*, no porque cuestione los aportes decisivos de Marion respecto de la problemática del fenómeno, sino porque busca de este modo destacar que

> la *Gegebenheit* husserliana designa el estatuto de lo que ya se encuentra dado, que no se confunde con el proceso de la *(Sinn-) Gebung*. La objetivación reflexiva que

---
93 Cfr. *ibid.*, pp. 22-25.
94 RdD, p. 28 n. 4.

efectúa la mirada fenomenológica en Husserl siempre *re*-aprehende lo dado, ya sea primario (por ejemplo, el *datum* hylético en curso de constitución), ya sea originario (la impresión originaria del presente viviente), antes de su donación: en su estar-(ya)-dado, o en su "doneidad" (*Gegebenheit*).[95]

Ciertamente, el pasaje del libro de Lavigne citado por Marion establece un punto de contacto entre ambos planteos. Los dos autores consideran que el principio husserliano: "deja enteramente en la indeterminación y la indistinción tanto el tipo de intuición considerada como las variedades de 'lo que se nos aparece'".[96] Sin embargo, esta indeterminación tiene un carácter radical que, según Lavigne, la traducción por *donation* parece ignorar. El principio

> *no tiene otro sentido que el de proclamar la indiferencia fenomenológica de tales determinaciones*. El Principio dice que lo intuitivo *es suficiente*, que basta que un "esto-ahí" *cualquiera* sea "dado", para que también sea *conocido*, en la estricta medida de su doneidad intuitiva.[97]

Husserl no determina ni óntica ni ontológicamente a lo dado. Por este motivo, debido a esta neutralidad ontológica, el principio no puede ser invocado para justificar un rasgo idealista en la fenomenología. En este sentido, Lavigne indica a Marion que, en rigor, la reducción no reconduce a la *donation*, sino a la *doneité*, al mero hecho de lo dado. Marion no responde a esta crítica, pero cabe destacar que –a pesar de lo que pueda connotar el término *donation*– en la donación marioniana: 1) permanece la indeterminación o indiferencia ontológica y, 2) a través de la noción de acontecimiento, se reformula la mera equivalencia entre lo dado y la presencia. En el primer capítulo de *Réduction et donation*, Marion se detiene precisamente en esta última cuestión. Si bien es posible acordar con Derrida que, en algún sentido, la propuesta de Husserl constituye la "última figura de la metafísica de la presencia", cabe hacer dos aclaraciones: 1) la reducción a la presencia se da tanto en la intuición como en la significación, 2) la donación contiene posibilidades –como bien advirtió Heidegger– que van más allá de la mera identificación con la presencia.[98]

Finalmente, Lavigne examina la reducción como principio fenomenológico. Y aun en el caso de esta operación característica de la fenomenología trascendental, Lavigne tampoco encuentra una conexión necesaria con el idealismo. En primer lugar, Lavigne destaca que es inexacto decir que para hacer fenomenología es necesaria la reducción. De hecho, ninguno de los con-

---

95 Lavigne, Jean-François, *Husserl et la naissance de la phénoménologie*, op. cit., p. 25, n. 1.
96 *Ibid.*, p. 28.
97 *Idem.*
98 Cfr. RD, pp. 56-57.

tinuadores de la obra de Husserl hizo de la reducción el método ineludible de acceso a los fenómenos. Pero, además, –sostiene Lavigne– la reducción sólo puede considerarse fenomenológica en tanto reconduzca a las "doneidades" absolutas. "Es, pues, la doneidad intuitiva, *y sólo ella*, lo que constituye a la vez el *telos* y la norma inmanente que guía la reducción y le da sentido".[99] De este modo, Lavigne llega al principio marioniano, que podría reformularse en sus propia terminología: "a tanta reducción, tanta doneidad". Si la reducción tiene un sentido fenomenológico no es porque se identifique con la operación propia del idealismo trascendental: la constitución, sino porque, en su esencia, ella se limita a hacer posible "la liberación de la fenomenicidad estricta de lo que aparece".[100]

Lavigne concluye que "la tesis metafísica del idealismo trascendental husserliano no está, pues, analíticamente implicada en ninguno de los conceptos metodológicos que definen 'la' fenomenología".[101] De este modo, queda demostrada –según Lavigne– la falta de consecución lógica entre la fenomenología y el idealismo. El vínculo con el idealismo no tiene carácter fenomenológico en tanto método, sino que proviene de una afirmación teórica contenida en un concepto esencial a la doctrina husserliana: la constitución. Este concepto ya no tiene un carácter descriptivo, no permanece ontológicamente neutral respecto de la doneidad intuitiva de los fenómenos, sino que implica una interpretación de la doneidad de lo dado que conduce a concebir la intencionalidad a partir de la tesis idealista de la asimetría ontológica.[102] Como se desprende de la lectura del § 41 de *Cartesianische Meditationen*,

> el ente debe al proceso de su constitución subjetiva la integralidad de lo que es, y su ser mismo. Éste es precisamente todo el sentido del idealismo trascendental husserliano.[103]

Esta es la fenomenología que Marion –siguiendo la indicación husserliana– pone "contra" sí misma en favor de la fenomenología misma.[104] La fenomenología de la donación –como analizaremos en el próximo capítulo– procura recuperar el talante fenomenológico de la reducción sin aceptar la tesis ontológica del idealismo trascendental y su operación de constitución subjetiva.

---

99 Lavigne, Jean-François, *Husserl et la naissance de la phénoménologie*, op. cit., p. 33.
100 *Idem*.
101 *Ibid*., p. 35.
102 Cfr. *Ibid*., p. 36.
103 Ibid., p. 37.
104 Cfr. el § 6 de la introducción a esta primera parte del libro.

18.2.2. Fenomenología y giro copernicano según Dominique Pradelle

Para comprender esta posibilidad de una fenomenología "contra" la fenomenología, conviene detenerse también brevemente en los análisis de Dominique Pradelle en *Par-delà la révolution copernicienne. Sujet trascendantal et facultés chez Kant et Husserl*. Allí el autor sostiene que si bien Husserl extrema el giro copernicano kantiano, también puede encontrarse un gesto anti-copernicano en su fenomenología trascendental.

El giro copernicano kantiano, por el que se afirma que los objetos cognoscibles se rigen por las reglas del conocimiento, es el equivalente a la reducción fenomenológica y a la *epoché* por la que se abre la dimensión trascendental.[105] Pradelle cita el pasaje de *Krisis* en el que Husserl refiere al giro copernicano[106] y también un pasaje de una carta a Rudolf Pannwitz, de fecha 14 de abril de 1937:

> El tema [de los últimos trabajos] es el siguiente: partiendo de una crítica de las "evidencias" que fundan las teorías kantianas, poner a la luz el problema del mundo de la vida pre-científica y, a partir de allí, determinar la motivación del verdadero "giro copernicano", a saber, la reducción fenomenológica, que jamás fue comprendida.[107]

Esta identificación del giro copernicano con la reducción fenomenológica debe ser entendida, según Pradelle, en el siguiente sentido:

> Bajo el título de revolución copernicana, por tanto, no hay que entender simplemente un gesto puramente metódico de investigación del modo de donación subjetivo de los entes; sino, en la medida en que esta revolución se identifica con la *epoché* y que, lejos de reducirse a un puro y simple método, ésta permanece indisociable de la tesis ontológica del idealismo trascendental, se trata de una *posición ontológica fundamental*, a saber, un *idealismo trascendental absoluto*.[108]

Pradelle basa su afirmación en pasajes del § 41 de *Cartesianische Meditationen*.[109] Husserl radicaliza el giro copernicano kantiano como el giro que se

---

105 Cfr. PRADELLE, Dominique, *Par-delà la révolution copernicienne*, op. cit., pp. 349-350.
106 "Según esto comprendemos que la historia de la filosofía trascendental debía ser, primero, una historia de intentos siempre nuevos de traer la filosofía trascendental en general a su comienzo y, ante todo, a una clara y correcta auto-comprensión de aquello que ella auténticamente puede querer. Su origen es un 'giro copernicano', vale decir, un giro por principio respecto del tipo de fundamentación de la ciencia objetivista ingenua". Hua VI, p. 202.
107 Hua Dok III.7, p. 227.
108 PRADELLE, Dominique, *Par-delà la révolution copernicienne*, op. cit., p. 351.
109 "Sólo cuando se entiende torcidamente el sentido profundo del método intencional, o el de la reducción trascendental, o el de ambas cosas, puede pretenderse separar la fenomenología y el idealismo trascendental". Hua I, p. 119. "[...] todo ente para ella [la conciencia] es algo que se constituye en ella

opone al realismo ontológico, es decir, a la tesis que sostiene la independencia de los entes respecto de la conciencia, a la tesis del ser en sí o del carácter absoluto de sustratos ontológicos. Por el contrario, el giro copernicano sostiene

> la tesis de la *reductibilidad de todo ente a un ob-jeto* (*Gegen-stand*) por parte de la conciencia absoluta. Ob-jeto: el término implica la idea de constancia y de permanencia del ente en el tiempo (*stans*), pero también, y sobre todo, el hecho de solo ser frente a…, con respecto a… o para la conciencia (*gegen*), es decir, la oposición, incluso la relatividad. Que el ente solo sea objeto, esto significa que es reductible a su sentido intencional puesto en una dación de sentido por la conciencia, y validado en sus actos de evidencia.[110]

Husserl extrema la lógica del giro copernicano y su tesis de la reductibilidad al objeto –explica Pradelle– por medio de un doble gesto de neutralización. 1) Por un lado, Husserl neutraliza la distinción kantiana entre una subjetividad finita receptiva (la humana) y una subjetividad infinita creadora (la divina). Ya no es relevante el tipo de subjetividad ante la que aparecen las cosas porque, por su pertenencia a cierta categoría específica, son las cosas las que prescriben su modo de donación a todo sujeto concebible (Dios, ángel, ser humano). Pradelle destaca que no hay una "analítica de la finitud" en Husserl. El término "subjetividad pura" no designa una tipo específico de sujetos, sino que refiere solamente a un ámbito ontológico: a la nueva *Seinsdimension*[111] que abre la reducción.[112]

2) Por otro lado, Husserl también neutraliza la distinción kantiana entre fenómeno (objeto que aparece) y cosa en sí. La objetivación alcanza a la cosa en sí. De este modo, como sostiene Lavigne, la fenomenología husserliana no es idealista y trascendental de un modo distinto al kantiano, sino simplemente de un modo más radical.[113]

Asimismo, Husserl transforma diversos aspectos del idealismo trascendental kantiano. Pradelle se detiene en la "refundación" de la doctrina de las facultades. Éstas ya no son entendidas en un sentido psicológico, es decir, como las invariantes que pertenecen a una subjetividad finita y que dictan

---

misma, […] toda forma de ser, inclusive toda forma caracterizada como 'trascendente' en cualquier sentido, tiene su constitución especial. La trascendencia es, en toda forma, un sentido de realidad que se constituye dentro del *ego*. Todo sentido concebible, toda realidad concebible, dígase inmanente o trascendente, cae dentro de la esfera de la subjetividad trascendental, en cuanto constituyente de todo sentido y ser". *Ibid.*, pp. 116-117.
110 Pradelle, Dominique, *Par-delà la révolution copernicienne*, op. cit., p. 352. Dice Husserl: "*Todas las unidades reales son 'unidades de sentido'*. Las unidades de sentido presuponen […] una conciencia que dé sentido que, por su parte, es absoluta y no debe su ser a una dación de sentido". Hua III/1, p. 120.
111 Cfr. *ibid.*, pp. 55 y 67.
112 Cfr. Pradelle, Dominique, *Par-delà la révolution copernicienne*, op. cit., pp. 353-354.
113 Ver § 11 del capítulo primero.

las normas a las que deben ajustarse las estructuras *a priori* de los objetos. Las facultades serán entendidas por Husserl como estructuras eidéticas del sujeto que son prescriptas por las diferentes categorías de objetos siguiendo una legalidad de esencia.[114]

Husserl no acepta la distinción kantiana entre una sensibilidad receptiva y un entendimiento activo. La receptividad ya no se identifica con la pasividad ni con la intuición. Hay una cierta actividad en la intuición, por ejemplo, en la variación eidética. Por otra parte, en la sensibilidad pueden encontrarse niveles relativos de pasividad y actividad. Hay actividad en la percepción sensible, como hay pre-constitución pasiva en la constitución de invariantes eidéticas.[115]

Otro aspecto del idealismo trascendental kantiano que es transformado es la concepción del *a priori*. Pradelle destaca que Husserl desubjetiviza el *a priori*. La distinción entre *a priori* o *a posteriori* ya no tiene que ver con la cuestión del origen interno o externo del conocimiento. El *a priori*, para Husserl, se identifica con lo dado en una intuición de esencia. Pueden distinguirse tres especies de *a priori* en la fenomenología husserliana: 1) un *a priori* noemático, que relaciona las esencia de objetos con propiedades (por ejemplo, la extensión con el color), 2) un *a priori* noético, que vincula entre ellas a los diferentes componentes de una vivencia (por ejemplo, los escorzos de una percepción espacial) y, finalmente, 3) un *a priori* de correlación, que refiere una esencia de objeto intencional a un curso de actos subjetivos y sus contenidos vividos.[116] Pradelle aclara:

> Afirmar que el *a priori* noemático es desubjetivado es plantear que el reino de las esencias de objeto tiene leyes que solo el sujeto puede reconocer, pero no instaurar; afirmar la cosa misma del *a priori* noético es plantear que los actos subjetivos no obedecen a leyes fundadas en una naturaleza humana invariante, sino que estas últimas son procedentes de un ámbito que se sustrae a la eficiencia subjetiva. Finalmente y sobre todo, afirmar la desubjetivación del *a priori* de correlación es plantear que la correlación entre tipos de objetos y modos de donación subjetivos obedece a leyes independientes de la naturaleza del sujeto y, por consecuencia, de la oposición entre finitud e infinitud.[117]

---

114 "Facultad: si este término designa un poder –a saber, la posibilidad de una relación intencional con un cierto tipo de objeto–, involucra menos la representación de una capacidad subjetiva que la imposibilidad para el sujeto de comportarse de otro modo, es decir, de transformar el estilo eidético de los actos noéticos que corresponden a una categoría de objetos. En vez de estar anclada en la naturaleza en sí del todo sujeto, una facultad se reduce a una estructura noética prescripta por los tipos de objeto y por su relación estructural de estratificación". PRADELLE, Dominique, *Par-delà la révolution copernicienne*, op. cit., pp. 365-366.
115 Cfr. *ibid.*, p. 366. Volveré sobre la cuestión de la pasividad en Husserl en el apartado 32.1 del capítulo cuarto.
116 Cfr. PRADELLE, Dominique, *Par-delà la révolution copernicienne*, op. cit., pp. 367-368.
117 *Ibid.*, pp. 368-369.

Este carácter del *a priori*, que ya no responde a estructuras subjetivas, sino a una legalidad que proviene de las esencias de objetos permite introducir lo que Pradelle designa como la "dificultad central del idealismo trascendental fenomenológico". Esta dificultad consiste en la tensión existente entre dos tesis.

> Por un lado, una tesis *ontológica*: el sujeto trascendental es el origen absoluto del sentido óntico y de la validez ontológica de todo ente. De ahí resulta la reductibilidad de todo ente a objeto, de éste a un objeto para una conciencia y, finalmente, de este último a su sentido intencional mentado y susceptible de ser validado solo por la conciencia pura. Por otro lado, una tesis, a la vez, *metodológica y ontológica*: las estructuras de toda pasividad, receptividad y actividad subjetiva no debe ser presupuestas a título de invariantes de la subjetividad finita, sino desveladas por medio de la reflexión trascendental siguiendo el hilo conductor de las esencias de objeto. En consecuencia, por un lado, el sujeto trascendental es *ratio essendi* de todo ente, pero por el otro, los tipos de objetos son a la vez la *ratio cognoscendi* y la *ratio essendi* de las estructuras reguladoras del sujeto trascendental: este último es, efectivamente, productor del sentido noemático –no hay *Sinn* intencional sin *Sinngebung* subjetiva–, pero *a contrario*, las estructuras de validación intuitiva que atestan la *Seinsgeltung* son prescriptas por los tipos de objetos mismos.[118]

Existe una tensión entre el carácter absoluto del sujeto trascendental y cierto gesto anti-copernicano por el que se le concede a los modos de donación y las esencias de objeto cierta capacidad de imponer su legalidad. Pradelle entiende que existen tres posibles caminos para resolver esta aporía. 1) El primero consiste en distinguir el primado ontológico del sujeto trascendental del carácter meramente metodológico de la legalidad de las esencias de objeto. Sin embargo, Pradelle señala que esta vía es fenomenológicamente invalida, pues el propio Husserl la descarta en el § 41 de *Cartesianische Meditationen*.[119] La distinción entre método y su alcance ontológico no es una posibilidad para la fenomenología trascendental.

2) El segundo camino es el señalado por Lévinas. Se trata de rechazar la equiparación entre el ente y el objeto, otorgando un primado ontológico al ente. Lévinas interpreta en este sentido la idea de *Mehrmeinung* de toda intencionalidad. En su traducción del § 20 de *Cartesianische Meditationen* se lee:

> ...esta "significación" *excede* en todo momento lo que, en el momento, es dado como "explícitamente mentado". Lo excede, es decir, que tiene la amplitud de un "plus" que se extiende más allá.[120]

---

118 *Ibid.*, pp. 369-370.
119 Cfr. Hua I, p. 119.
120 El texto en francés dice: "...cette "signification" *dépasse* à tout instant ce qui, à l'instant même, est don-

En "La ruine de la représentation", Lévinas destaca que este pasaje debe ser entendido en el sentido de la afirmación de la intencionalidad como siempre precedida por el ser. "La intencionalidad significa que toda conciencia es conciencia de algo, pero, sobre todo, que todo objeto *llama y suscita a la conciencia por la cual su ser resplandece y, por ello, aparece*".[121] Si toda intencionalidad excede y mienta más que lo dado a cada momento, es porque el ser llama y funda los actos y los modos de donación subjetiva. De este modo, destaca Pradelle, "hay una suerte de *rehabilitación del en sí*, bajo la forma de una exceso necesario del ente sobre el sentido intencional accesible".[122] Este "en sí" se corresponde, en el pensamiento de Lévinas, con el rostro del Otro que se resiste a cualquier dación de sentido subjetiva. Con el rostro se da, pues, una "donación de sentido invertida", ya que el sentido ya no es dado por el sujeto a las apariciones sensibles, sino que es impuesto al sujeto por medio del mandato ético. Pradelle destaca que esta inversión de la intencionalidad es extendida, en la fenomenología de Marion, a todos los fenómenos. "Un vía semejante es ciertamente posible, pero no es husserliana",[123] sentencia Pradelle, pues la *Mehrmeinung* husserliana no introduce una fisura en la reducción husserliana. El pasaje de *Cartesianische Meditationen*, argumenta Pradelle, simplemente señala

> que el *sentido intencional* es siempre excesivo respecto del sentido *constatado intuitivamente*, es decir, que la donación de sentido subjetiva se extiende siempre más allá de la donación intuitiva. Ahora bien, semejante exceso de la mención sobre lo dado y de la mención sobre la donación consagra, ya no aquel del en sí sobre el para mí, sino –por el contrario– el primado trascendental de la *Sinngebung* subjetiva sobre la constatación intuitiva.[124]

Pero, entonces ¿cómo solucionar esta "dificultad central del idealismo trascendental fenomenológico"? 3) Pradelle propone un tercer camino. Se trata, en este caso, de oponer el estatuto del *Seinssinn*, del sentido óntico, al estatuto de la *Seinsgeltung*, de la validez ontológica. Por un lado, el sentido óntico reenvía siempre a una *Sinngebung*, a una instauración de sentido subjetiva. Por

---

né comme "explicitement visé". Il le dépasse, c'est-à-dire qu'il est gros d'un "plus" qui s'étend au-delà". Husserl, Edmund, *Méditations cartésiennes*, trad. E. Lévinas-G. Peiffer, Paris, Vrin, 1953, p. 40. El original en alemán dice: „...dieses Vermeinte in jedem Momente mehr ist (mit einem Mehr Vermeintes), als was im jeweiligen Moment als *explizit* Gemeintes vorliegt". Hua I, p. 84. Gaos y García-Baró traducen: "...esto, lo presunto, es en todo momento *más* (está presunto con un *plus*) de lo que en el momento está delante como 'explícitamente' asumido". Husserl, Edmund, *Meditaciones cartesianas*, trad. J. Gaos y M. García-Baró, México, FCE, 1996, p. 95.
121 Lévinas, Emmanuel, *En découvrant l'existence avec Husserl et Heidegger*, Paris, Vrin, 1967, p. 134.
122 Pradelle, Dominique, *Par-delà la révolution copernicienne*, op. cit., p. 372.
123 *Ibid.*, p. 373.
124 *Idem.*

otro lado, si bien siempre es correlativa a un proceso de validez subjetivo, la validez ontológica debe seguir las vías de verificación impersonal que están indicadas, en cada caso, por el sentido del objeto en cuestión. De este modo, se resuelve la tensión, pues ambas tesis devienen compatibles. En palabras de Pradelle:

> El sujeto es el origen absoluto del ob-jeto –dado que ningún objeto puede penetrar en la conciencia desde afuera sin haber sido mentado como sentido en el seno de un horizonte de sentido–, pero la validación de tal sentido ob-jetal que le confiere el estatuto de ente verdadero […] resulta, por el contrario, no subjetiva.[125]

La lectura husserliana de Pradelle nos permite extraer dos conclusiones. En primer lugar, confirma la importancia de asumir que el proyecto de Husserl es el de un "idealismo trascendental", en el que la *Sinngebung* es ejecutada por un sujeto trascendental. Marion critica este Husserl y su crítica es justa, pues no "inventa" un Husserl ni se ciñe a un aspecto parcial de su obra, sino que objeta aquello que constituye la explicación última del proyecto husserliano: su autodefinición como "idealismo trascendental". Ahora bien, en segundo lugar, la lectura de Pradelle también permite advertir cierto gesto anti-copernicano que puede ser explorado como una de las posibilidades que ofrece la fenomenología husserliana. En este sentido, llama la atención como Pradelle descarta rápidamente la segunda vía como una vía "no husserliana". Si bien puede discutirse si es posible leer el pasaje del § 20 de *Cartesianische Meditationen* en el sentido indicado por Lévinas, no puede ignorarse que la concepción desubjetivada del *a priori* y el carácter de las facultades –que no se fundan en la constitución invariante del sujeto trascendental, sino en la necesidad que surge del modo de darse de los objetos– parecen señalar la posibilidad de desarrollar la idea de una inversión de la intencionalidad. Esta posibilidad no se presenta como absolutamente ajeno a la obra husserliana.

18.2.3. Fenomenología e idealismo del sentido según Jocelyn Benoist

En el último capítulo de *Les limites de l'intentionnalité*, Benoist también se pregunta por el idealismo trascendental husserliano. Benoist advierte que en la actualidad es raro que un fenomenólogo se defina como idealista trascendental y, por lo general, si alguno ensaya una defensa de esta posición, siempre se pone el acento en que se trata de un idealismo que no es metafísico u ontológico. En principio, Benoist concede este punto: en el idealismo husserliano no son los objetos los que están (en un sentido real) en la conciencia, sino más bien

---
125 *Ibid.*, p. 374.

su sentido. Y, por este motivo, Benoist considera que se trata de un idealismo del sentido y no del ser.[126] Sin embargo, esta afirmación no soluciona, sino que complejiza el problema. ¿El idealismo del sentido no es acaso igualmente cuestionable? Benoist sostiene la hipótesis de que todo idealismo es esencialmente un idealismo del sentido.[127]

El aspecto cuestionable del idealismo –según Benoist– es que autonomiza al sentido respecto del ser y hace que el primero determine al segundo. El problema del idealismo trascendental es, pues, la desactivación de la ontología. Si bien el idealismo husserliano constituye una teoría del conocimiento y no una tesis metafísica, se trata de una teoría que no mantiene una neutralidad ontológica. En primer lugar, Benoist propone detenerse en el modo en que Husserl entiende el sintagma "sentido del ser". Benoist sostiene:

> Para Husserl, el sentido de la expresión es el siguiente: el ser es algo a constituir (por lo tanto, a justificar) e incluso, sin duda, lo que hay eminentemente que constituir; toda constitución converge hacia él en la teleología de la intencionalidad. Es esta idea de que el ser sea algo constituible (por lo tanto, algo cuyo sentido podría ser especificado) que, en mi opinión, encuentro discutible. Es posible que, por el contrario, el ser sea el presupuesto más esencial y más general –y por ello mismo el límite– de toda constitución.[128]

Según Benoist, Husserl debería advertir el carácter inconstituible del ser.

En segundo lugar, Benoist destaca que la adopción de la perspectiva gnoseológica idealista es lo que posibilita, para Husserl, el regreso a la ontología:

---

[126] BENOIST, Jocelyn, *Les limites de l'intentionnalité. Recherches phénoménologiques et analytiques*, Paris, Vrin, 2005, p. 270. Husserl insiste en esta distinción en el epílogo de *Ideen I*: "Ahora bien, es también necesario poner expresamente en claro la distinción esencial y fundamental del idealismo fenomenológico-trascendental por respecto a aquel que es combatido del realismo como exclusivo antagonista de éste. Ante todo: el idealismo fenomenológico no niega la existencia real del mundo real (y ante todo de la naturaleza), como si pensara que era una apariencia que tuviera por base, aunque no advertida, el pensar natural y el de la ciencia positiva. Su única tarea y función es la de aclarar el sentido de este mundo, exactamente el sentido en que este mundo vale para cualquier hombre como realmente existente y vale así con verdadero derecho. Es absolutamente indudable que el mundo existe, que se da como universo existente en la experiencia que marcha sin solución de continuidad hacia una concordancia universal. Otra cosa es comprender esta indubitabilidad, básica para la vida y la ciencia positiva, y aclarar su fundamento de derecho. En este respecto es, según lo expuesto en el texto de las *Ideas*, algo filosóficamente fundamental el que el avance continuo de la experiencia en esta forma de concordancia universal sea una mera presunción, aunque una presunción legítimamente válida. De acuerdo con ella resulta continuamente concebible la inexistencia del mundo, mientras que hasta aquí y ahora se tiene experiencia realmente concordante de este último. El resultado de la aclaración fenomenológica del sentido del modo de ser del mundo real, y de un mundo real concebible en general, es el de que sólo la subjetividad trascendental tiene el sentido del ser absoluto, que sólo ella es "irrelativa" (esto es, relativa sólo a sí misma), mientras que el mundo real existe sin duda, pero tiene una esencial relatividad a la subjetividad trascendental, puesto que sólo puede tener el sentido de existente como producto intencional con sentido de la subjetividad trascendental". Hua V, pp. 152-153.
[127] BENOIST, Jocelyn, *Les limites de l'intentionnalité*, op. cit., pp. 270-271.
[128] *Ibid.*, p. 271.

todo debe ser constituido (determinado en su sentido por parte de la conciencia):

> Si bien la fenomenología trascendental no se identifica inmediatamente con una ontología, ella desemboca necesariamente en una ontología (el ser es lo que hay que constituir) e, inversamente, la ontología, desde su punto de vista, sólo es pensable desde y en relación a la fenomenología trascendental.[129]

La cuestión a esclarecer, según Benoist, es la noción de sentido. Al equiparar la pregunta por el ser a la pregunta por el acceso al ser se asume erróneamente que el sentido es algo de lo que la conciencia dispone. Para dar cuenta de las insuficiencias de la teoría idealista-trascendental husserliana del sentido, Benoist propone detenerse en la teoría de la significación. En un primer análisis, Benoist examina la significación lingüística en el marco de la primera fenomenología husserliana, para luego pasar a los problemas que, según Benoist, pueden encontrarse cuando la fenomenología trascendental universaliza el concepto de significación.[130]

Detengámonos en el segundo momento del análisis. Luego de demostrar que, en el terreno lingüístico, lo que llamamos "sentido" se presenta siempre en un contexto y que no es posible depurar al sentido de las vicisitudes del ser (los efectos de sentido forman parte del sentido), Benoist se pregunta qué ocurre cuando se da una relación directa con el objeto en la percepción. Proponiendo una reflexión similar a la marioniana –según ha sido expuesta en el primer capítulo–, Benoist sostiene que en tanto la adecuación del ser del objeto es medida por la mención, "el ser del objeto perceptual se agota en el 'sentido' del acto perceptual".[131] Sin embargo –objeta Benoist– esto no se da nunca de ese modo. Es fácilmente constatable que la cosa que percibimos excede siempre lo percibido. La adecuación es, ciertamente, un "mito". Y el propio Husserl lo advierte cuando insiste en que la percepción se da siempre por escorzos y en que la donación adecuada del objeto debe ser entendida como un ideal regulador. Pero, entonces ¿es pertinente utilizar la noción de sentido aplicada a la percepción? El sentido funciona en Husserl como

> lo que mide la distancia [*écart*] entre lo que es efectivamente dado (la sensación que presenta el escorzo) y aquello de lo que el acto perceptual es una percepción (el objeto en tanto polo de mención ideal).[132]

---

129 *Ibid.*, p. 272.
130 *Ibid.*, pp. 272-273.
131 *Ibid.*, p. 277.
132 *Ibid.*, p. 278.

Por medio de la idea de un "sentido perceptivo" el idealismo trascendental avanza sobre la realidad misma y la controla. Esto se da por medio de la anticipación de la intencionalidad que marca el camino a seguir al objeto. Esta anticipación, recuerda Benoist, no constituye para Husserl un juicio ni una inferencia, sino la expresión misma de la "coherencia perceptiva": espontáneamente, la percepción se organiza de ese modo. Cuando vemos una cara de una bola roja tendemos a pensar que las demás caras también serán rojas. Puede pasar que descubra que no es así, puede ocurrir que se presente otra cara de la bola y sea de color verde. En ese caso, según Husserl, experimentaremos un "conflicto" (*Widerstreit*) perceptivo.[133] Pero, ¿qué pasaría –se pregunta Benoist– si nos encontraramos con una forma de vida inconmensurable respecto de todo lo que hayamos tenido una experiencia? Benoist pone el ejemplo de una ostra vista por primera vez ¿es mineral, animal, planta? Del mismo modo que Marion, Benoist se pregunta por la experiencia de aquello que no puede ser anticipado y, así también como Marion, llega a la misma conclusión: es necesario cuestionar el privilegio y la precedencia de lo posible por sobre lo efectivo en la que se funda el idealismo.[134]

> Hay siempre en el hecho de la percepción algo que excede su sentido, en el sentido del sentido que se ha anticipado de ella. Lo propio de la percepción es que hay que tenerla. Si no la tenemos, no percibimos, y en el hecho de tenerla se forma algo que es extraño al sentido que había anticipado y que viene a desplazarlo, a empujarlo, incluso ahí donde parece efectuarlo.[135]

Según Benoist, el hecho de que algo sea efectivamente es lo que cambia todo. No es lo mismo anticipar la cara sur de la Gran Pirámide que verla efectivamente. El objeto de la percepción no debe ser pensado como un "objeto plenificado". Benoist insiste en la necesidad de advertir este "plus" del acontecimiento de una relación real con las cosas.

> No estoy diciendo que la percepción se daría por "añadidura" o como algo "extra" en relación al "sentido perceptivo", no estoy diciendo que sería "más rica" que éste (lo que permanecería aún en la lógica de la plenificación). Lo que estoy diciendo

---

[133] Cfr. Husserl, Edmund, *Erfahrung und Urteil. Untersuchungen zur Genealogie der Logik*, ausgearbeitet und herausgegeben von L. Landgrebe, Prag, Academia/Verlagsbuchhandlung, 1939, p. 95.
[134] Cfr. *ibid.*, pp. 279-280. Benoist cita un artículo de Rudolf Bernet en el que el autor sostiene que en Husserl no hay percepción que no se inscriba en un horizonte de posibilidad que lo precede (cfr. Bernet, Rudolf, "Sur le sens de l'idéalisme husserlien: les modes d'être des objets et la conscience intuitive" en Benoist, Jocelyn y Courtine, Jean-François (éd.), *La représentation vide*, Paris, PUF, 2003, pp. 225-249.), pero bien podría haber citado a Marion.
[135] Benoist, Jocelyn, *Les limites de l'intentionnalité*, op. cit., p. 280.

es que es otra cosa, inconmensurable respecto del sentido perceptivo, que es algo exterior al sentido, es el acontecimiento de una relación real solamente bajo cuya condición el sentido es posible y bajo cuya presión aquel se compone, se modifica, se altera y eventualmente se disloca. Hay naufragios perceptivos, como cuando extiendo mi mano hacia una ramita y es una sanguijuela, o la primera vez que pruebo el fruto del durio.[136]

En este sentido, "la efectividad precede a la posibilidad",[137] pues la cosa está ya ahí, y es, precisamente, este "estar-ahí" el que define a la percepción más allá de toda posible anticipación o mención. Es a partir de la confrontación de hecho con los otros aspectos de la cosa que se abre el sentido de sus posibilidades.[138]

Es en este sentido –en el de la excedencia de lo efectivo sobre lo posible y de la función conductora, del magnetismo de lo efectivo sobre lo posible– que la percepción, como acto, real, a efectuar, y necesariamente en contexto, constituye la refutación viviente del idealismo.[139]

Si bien existen significativas y obvias diferencias entre la propuesta de Benoist y la de Marion, puede afirmarse que ambos coinciden en la búsqueda de la liberación de la posibilidad a partir de la constatación fenomenológica de efectividades que no responden a posibilidades previstas *a priori*. El "giro idealista-trascendental", que –como bien demuestra Lavigne– no responde a un despliegue de la lógica metodológica fenomenológica, debe ser revisado si la fenomenología pretende constituir un "regreso a las cosas mismas". Con este fin, Benoist ensaya la vía del cuestionamiento de la noción idealista-trascendental de sentido y Marion –radicalizando la propuesta del joven Heidegger– transita la vía del cuestionamiento de las operaciones de objetivación. Es por este motivo que es indispensable en su fenomenología la clarificación de la noción de *Gegebenheit*.

§ 19. Gegebenheit y donation

La fenomenología marioniana ha recibido diversas críticas respecto de su lectura de la *Gegebenheit* husserliana. Podemos clasificar estas críticas en dos tipos de objeciones. En primer lugar, encontramos la objeción que señala el error en la traducción del término *Gegebenheit* por *donation* y, consecuentemente, el

---

[136] *Ibid.*, p. 281.
[137] *Ibid.*, p. 282.
[138] Cfr. *idem*.
[139] *Idem*.

error conceptual en su utilización. Este tipo de observación –como ya hemos indicado en la introducción– ha sido señalada por Dominique Janicaud,[140] Jocelyn Benoist[141], Jean Grondin[142], Marie-Andrée Ricard[143] y –como ya hemos analizado en el parágrafo anterior– también por Jean-François Lavigne.

En segundo lugar, encontramos la objeción que señala que la traducción es correcta, pero que el planteo de Marion no agrega nada al husserliano. Tal es el caso de las lecturas críticas de Eduardo González di Pierro y Hernán Inverso.

19.1. Las objeciones respecto de la traducción

El primer tipo de objeciones se caracteriza por una impugnación del término *donation*. En "La phénoménologie éclatée", Janicaud sostiene que las traducciones de Husserl propuestas por Marion son, por un lado, reveladoras y, por otro, discutibles. Son reveladoras pues buscan demostrar que la definición husserliana de fenómeno se basa en la noción de donación. En este sentido, pretenden revelar un aspecto poco advertido de la propuesta husserliana. Sin embargo, son discutibles, pues, "lejos de ser literales, ellas frecuentemente le hacen decir a palabras y a contextos más de lo que éstos expresan".[144]

Respecto del término *donation*, en primer lugar, Janicaud destaca que teniendo en cuenta el uso habitual de la palabra como término jurídico, Marion debería aclarar el desplazamiento semántico propuesto.

En segundo lugar, Janicaud impugna la equiparación de la *Gegebenheit* husserliana con el *Geben* heideggeriano a partir de la traducción de ambos por el término *donation*. La *Gegebenheit* designa el hecho de ser dado, pero con la ambigüedad de señalar lo dado y el hecho de ser dado. Esta ambigüedad es bien advertida por los traductores (*Löwit, Ricœur, Kelkel*) y por eso eligen distintos términos según el contexto (*le donné, la donnée* o, incluso, *la présence*). Janicaud sostiene que la unificación en el término *donation* parece no justificarse. Por otra parte, *donation* en alemán se dice *Schenkung*.[145] Janicaud sostiene que, "impuesta de modo bizarro como un hecho 'sin el más mínimo juego'", la traducción por *donation* es "demasiado uniformadora con su propia polisemia, su 'presión' y su 'autoridad' sobre el aparecer".[146]

---

140 Cfr. Janicaud, Dominique, "La phénoménologie éclatée", op. cit., pp. 204-213.
141 Cfr. Benoist, Jocelyn, "Le 'tournant théologique'", art. cit., pp. 98-99.
142 Cfr. Grondin, Jean, "La tension de la donation ultime et de la pensée herméneutique de l'application chez Jean-Luc Marion", op. cit., pp. 551-554.
143 Cfr. Ricard, Marie-Andrée, "La question de la donation chez Jean-Luc Marion", op. cit., p. 89.
144 Janicaud, Dominique, "La phénoménologie éclatée", op. cit., p. 204.
145 Cfr. *ibid.*, p. 205.
146 *Ibid.*, p. 206.

Analizando la traducción por *donation* en *Die Idee der Phänomenologie*, Janicaud destaca que ésta se aparta "de la letra (o el espíritu)" del texto husserliano en dos cuestiones: 1) la donación es provista de una ipseidad y 2) la idea de que la donación sería el objetivo de la reducción y no el estatuto de lo dado.[147] Y, analizando uno de los pasajes de Husserl citados por Marion en *Étant donné*: "...la donación [*Gegebenheit*] de un fenómeno reducido en general es una donación absoluta e indubitable",[148] Janicaud destaca que el contexto es complejo, y que no se busca establecer a la donación como el factor común que une al fenómeno reducido con la indubitabilidad.[149]

Respecto del *Geben* heideggeriano, Janicaud afirma que refiere a un *donner*, pero no al sustantivo *donation*.[150] Por otro lado, Janicaud también señala que la traducción de *Ereignis* por *avènement* también es problemática, pues se pierde el juego entre *Ereignis* y *eignen*. "Una lectura óntica del *Ereignis* violenta a la intención más expresa del pensador: pensar, a partir del *Ereignis*, el ser del ente".[151] Janicaud denuncia que las traducciones de Heidegger propuestas por Marion pretenden ocultar su pensamiento.[152]

Por su parte, Jocelyn Benoist, en "Le "tournant théologique"", le pregunta a Marion cómo es posible sostener un discurso de la *donation sans donné*, de la "donación sin lo dado", y cómo es factible lograr mantener el discurso de la originariedad y no verse obligado a abandonar la noción de la *donation* al advertir que lo esencial es que lo dado ya siempre sea dado. Asimismo, Benoist también le pregunta cómo dar cuenta de la noción de *donation* cuando esta idea es poco utilizada por Husserl y Heidegger.[153]

Marie-Andrée Ricard, en "La question de la donation chez Jean-Luc Marion", afirma que Marion interpreta erróneamente a la *Gegebenheit* husserliana, pues contrariamente a la amplitud que la noción adquiere en la obra marioniana, la noción husserliana se limita a referir al hecho del ser dado a la conciencia. En este sentido, no sin ironía, Ricard sostiene que la traducción marioniana cae "en un universo vecino a la magia y por medio de ella produce su propia piedra de tropiezo",[154] pues la noción de donación y sus operaciones de inversión lo llevan finalmente a recaer en la metafísica que pretende superar.[155]

---

147 Cfr. *ibid.*, p. 208.
148 Hua II, p. 50.
149 JANICAUD, Dominique, "La phénoménologie éclatée", op. cit., p. 208.
150 *Ibid.*, p. 209.
151 *Idem.*
152 *Ibid.*, p. 211.
153 Cfr. BENOIST, Jocelyn, "Le 'tournant théologique'", art. cit., pp. 98-99.
154 RICARD, Marie-Andrée, "La question de la donation chez Jean-Luc Marion", op. cit., p. 89.
155 Cfr. *ibid.*, pp. 89-94.

Por último, Jean Grondin, en "La tension de la donation ultime et de la pensé herméneutique de l'application chez Jean-Luc Marion", sostiene que no cuestiona la exégesis marioniana de Husserl, pero que —sin embargo—

> es evidente que Marion sobredetermina un concepto que no tiene un peso tan particular en Husserl. Y, además, no es un término específico, pues Kant, como tantos otros, se servía ya de esta noción (como bien lo sabe Marion, ya que frecuentemente cita los pasajes pertinentes de la *Crítica de la razón pura*).[156]

Grondin afirma que esta concepción general de *Gegebenheit* corresponde a los datos de las ciencias, la data positivista, pero lo que caracteriza a la fenomenología y a la hermenéutica a la que ella da nacimiento es más bien "la problematización de la noción de donación en nombre justamente de su más grande descubrimiento, la intencionalidad".[157] Por este motivo, Grondin destaca:

> Si lo que está dado no es absoluto es porque lo dado se encuentra siempre colmado de menciones, de estratos o de capas de intencionalidad, que surgen de todas partes: de la conciencia, si se la tiene, pero también de la historia, del discurso, de las valorizaciones canónicas, científicas, perceptivas, activas o pasivas, etc.[158]

Grondin considera que éste es el principal problema de la noción marioniana de donación. Marion no atiende debidamente a las críticas analíticas (la crítica de Searle al "mito de lo dado") ni a las críticas hermenéuticas respecto de la imposibilidad de una donación pura, libre de toda dimensión lingüística o histórica.[159] Y esto se debe a que Marion extrae consecuencias equivocadas respecto del pensamiento heideggeriano y lévinasiano de la donación. El pensamiento de una donación que nos precede y a la que debemos responder no busca restituir una fundación última, como —según Grondin— parece interpretar Marion.[160]

Asimismo, Grondin también cuestiona la equiparación en el análisis marioniano de la *Gegebenheit* husserliana con el motivo del *es gibt* y del *Ereignis* en el segundo Heidegger. Mientras que Husserl busca indicar algo dado en un sentido positivo, Heidegger procura dar cuenta de un "misterio" anterior al ser mismo.[161]

Finalmente, el artículo también señala cierta ambigüedad en la utilización

---

156 GRONDIN, Jean, "La tension de la donation ultime et de la pensée herméneutique de l'application chez Jean-Luc Marion", op. cit., p. 551.
157 *Ibid.*, p. 552.
158 *Idem.*
159 Cfr. *idem*. Nos detuvimos en la crítica marioniana a la crítica del "mito de lo dado" en el apartado 18.1.
160 Cfr. *ibid.*, p. 551.
161 Cfr. *ibid.*, pp. 552-553.

del término *donation* y su relación con los términos *donné* y *don*, por parte de Marion.[162]

19.2. Las objeciones respecto de la falta de originalidad

En "*Gegebenheit* y *donation*: dos modos de la dación fenomenológica. La crítica de Marion a Husserl. Coincidencias y divergencias", Eduardo González di Pierro se detiene en una cuestión de vital importancia para quienes abordamos la obra de Marion desde el idioma español. El verbo francés *donner* tiene dos significados y, por lo tanto, admite dos traducciones al español: "donar" y "dar".[163] Conviene al respecto citar *in extenso* las lúcidas notas aclaratorias de Javier Bassas Vila, incluidas en el "Glosario" de su traducción de *Étant donné*, cuyos motivos compartimos enteramente. Sirva también para aclarar nuestro propio criterio de traducción respecto de estos términos en Marion:

> Donación (y su campo semántico): nótese que, para traducir los términos relacionados con la *donation*, alternamos entre la raíz de "dar" y la de "donar". En cada caso, optamos por una u otra según convenga al significado y al uso del término en cuestión:
>
> Adonado: traducimos así el término francés *l'adonné*. Nótese también que traducimos su verbo correspondiente *s'adonner* por "donarse". Dos razones justifican esta decisión: por una parte, la forma reflexiva "donarse" contiene perfectamente la semántica del verbo francés *s'adonner* –darse, unirse, atribuirse a otro–, como es el caso del verbo en desuso "adonar" […]; por otra parte, "donarse" permite traducir algunas de las construcciones sintácticas contenidas en las argumentaciones de este libro (por ejemplo, "el adonado [que está] en esa situación en la que se trata de donarse o no", § 29), construcciones en las que no puede usarse "adonar", pues se necesitaría la forma "adonarse", la cual significa, muy diferentemente, "acomodarse, engalanarse". […]
>
> Dato: la *donnée*.
>
> Datum: término en latín que aparece tal cual en francés.
>
> Don (lo dado): *don*.
>
> Don donante: *don donant*.
>
> Donabilidad/donable: preferimos estos términos para traducir *donabilité/donable* antes bien que recurrir a "dabilidad/dable", los cuales significan "algo hacedero, posible" (*DRAE*) y no tanto la aptitud para ser dado.

---

162 Cfr. *ibid.*, pp. 553-554.
163 Cfr. González di Pierro, Eduardo, "*Gegebenheit* y *donation*…", art. cit., p. 123.

Donación: traducimos así el francés *donation* –reservamos "dación" para traducir el francés *dation*, como término propio del registro jurídico.

Donador (el que da): *donateur*.

Donatario (el que recibe): *donataire*.

Lo dado (alternando, cuando la sintaxis lo requiere, con dos expresiones: "lo que se da/algo dado): traducimos así el sintagma francés *le donné*; optamos por "algo dado" sólo cuando el hecho de que sea "algo" no constituye una contradicción o un problema conceptual para la argumentación en cuestión.

Lo dado intuitivamente: *le donné intuitif*.[164]

González di Pierro insiste en que Marion busca destacar que Husserl sólo capta los fenómenos como "dados" cuando debería entenderlos también como "donados". Sin embargo –según González di Pierro– hay más coincidencias que divergencias entre el planteo de Husserl y el de Marion.[165]

Según Marion, el fenómeno aparece realmente en toda su dación porque precisamente aparece como tal en su donación, que no puede separarse de la operación de reducción. Ahora bien, por nuestra parte, sostenemos que esto ya está presente en Husserl y que, efectivamente, en el "principio de todos los principios" del célebre § 24 del primer volumen de *Ideas* se cumple el mantenimiento de la donación de los fenómenos y lo único que Marion hace, eso sí, de una manera muy clara y muy meritoria, es explicitar este cumplimiento a través del énfasis, no suficientemente mostrado en Husserl, en el hecho de que tanto la intención como la intuición constituyen dos dimensiones de la propia donación, es decir ambas expresiones de la *Gegebenheit*.[166]

González di Pierro acierta en la expresión: la fenomenología marioniana es una explicitación, una *Auslegung* de cierta posibilidad ya presente en la fenomenología husserliana, pero no desarrollada. Y el motivo de la falta de desarrollo –y en este punto no comparto la lectura de González di Pierro– es precisamente la deriva idealista-trascendental que constituye la "última palabra" o, al menos, una afirmación que no puede soslayarse si se intenta una lectura coherente de la totalidad de la obra husserliana. No es cierto –como sostiene González di Pierro– que no hay "una pretensión de dominación por parte de la subjetividad respecto del fenómeno mismo",[167] como tampoco es cierto que

---

164 Bassas Vila, Javier, "Glosario" en Marion, Jean-Luc, *Siendo dado. Ensayo para una fenomenología de la donación*, Madrid, Síntesis, 2008, pp. 504-505.
165 Cfr. González di Pierro, Eduardo, *"Gegebenheit y donation…"*, art. cit., pp. 123-124.
166 *Ibid.*, p. 126.
167 *Ibid.*, p. 127.

"el reconocimiento del carácter de dación de los fenómenos está claramente en el pensamiento de Husserl y, por tanto, su condición de 'donados' como su rasgo preeminente",[168] no, al menos, en el sentido en que Marion entiende la donación. Si bien, efectivamente, puede leerse cierta atenuación del carácter dominante del sujeto en diversos pasajes de la obra husserliana, si se intenta una lectura de su conjunto, se advierte que los análisis de la temporalidad y de las operaciones de síntesis pasiva, y los análisis de la génesis del *ego* y de la intencionalidad se supeditan y conducen —como a su instancia final— a la afirmación de las operaciones constitutivas del *ego* trascendental.

Ciertamente, la lectura de Husserl hecha por Marion —como ya hemos señalado— está profundamente influenciada por la lectura heideggeriana y sus primeros textos fueron escritos antes de la publicación de algunos tomos decisivos de Husserliana que dan cuenta del que podríamos llamar —tomando la terminología propuesta por Javier San Martin— el "nuevo" Husserl.[169] Las escasas obras publicadas en vida por Husserl no permitían explicar algunos desplazamientos en su pensamiento. La publicación de los manuscritos y la obra inédita ofreció una visión más acabada de su fenomenología. San Martin destaca que existen tres duplicidades que operan en la comprensión de la obra de Husserl: 1) en primer lugar, la que contrapone el Husserl realista de las *Logische Untersuchungen* al Husserl trascendental de *Ideen I*, 2) en segundo lugar, la que contrapone el Husserl de *Ideen I* al Husserl de *Krisis* (al Husserl que da una dimensión histórica a la fenomenología trascendental), y 3) en tercer lugar, la duplicidad entre el Husserl "convencional" y el "nuevo" Husserl que emprenden, en los manuscritos y en textos inéditos, la revisión de algunas de las tesis de sus obras publicadas.[170] El paradigma del Husserl "convencional" se forja a partir de la publicación de *Ideen I* y, principalmente, a partir de las críticas de Heidegger.

Sin embargo, aun en sus primeros textos, la posición de Marion fue siempre la de hacer jugar las posibilidades latentes en la obra de Husserl contra el Husserl "convencional". Marion toma algunas de las críticas de Heidegger a Husserl para dejar en claro cierta concepción errada de la fenomenología, que

---

168 *Ibid.*, pp. 127-128.
169 Cfr. San Martin, Javier, *La nueva imagen de Husserl. Lecciones de Guanajuato*, Madrid, Trotta, 2015. En rigor, la expresión "nuevo Husserl" proviene del título del libro compilado por Don Welton, *The New Husserl*, publicado en 2003, en el que algunos de los más destacados especialistas en la obra husserliana aclaran algunos "malentendidos" propios de una lectura "convencional" de Husserl. Cfr. Welton, Don (ed), *New Husserl: A Critical Reader*, Bloomington, Indiana University Press, 2003. De más está decir que el "nuevo" Husserl no tiene nada de "nuevo": es simplemente el Husserl de los manuscritos y textos inéditos —ya conocidos por algunos comentaristas que visitaban los Archivos Husserl— que comienzan a publicarse en Husserliana, particularmente, a partir de 1973 (Hua XIII).
170 Cfr. *ibid.*, pp. 37-38.

debe ser superada. Pero, para lograr esa "superación", Marion siempre indaga nuevamente en Husserl. En este sentido, podríamos decir que Marion critica el Husserl "convencional" desde un "nuevo" Husserl o desde ciertas posibilidades inscriptas en la obra husserliana, pero poco desarrolladas.

Por su parte, Hernán Inverso también destaca cierta "falta de originalidad" en el planteo de Marion al señalar que la dimensión de la excedencia y la inapariencia ya estaba prevista por Husserl. Teniendo en cuenta los desarrollos más recientes de la investigación especializada en la obra de Husserl, Inverso señala que –según ha sido establecido por Anthony Steinbock– es necesario agregar al enfoque estático y al enfoque genético, el enfoque generativo.[171] El campo de fenómenos abierto por este nuevo enfoque, aclara Inverso, no debe ser entendido como "una adición, sino una instanciación del programa previsto en el material husserliano".[172] En consonancia con la caracterización de Roberto Walton respecto a los fenómenos de excedencia incluidos por Husserl en una esfera "meta-histórica"[173] (más allá de la esfera histórica analizada por la fenomenología generativa), Inverso propone una nueva distinción –que también constituye una instanciación del programa previsto por Husserl–: la dimensión de la inapariencia.

> El tema principal de la fenomenología de lo inaparente está constituido por aquello que no se muestra o se sustrae al horizonte, pero sin embargo se da. Requiere por tanto de una disposición subjetiva especial y presenta rasgos de excedencia que se asocian con el fundamento de todo mostrarse. Su método requiere mecanismos específicos que enfaticen la radicalidad y apunten al hecho mismo de darse en sus aspectos de latencia. Implica además la revisión de la intencionalidad y la redefinición de sus elementos en un plexo donde sujeto, fenómeno y su correlación se ven afectados en su funcionamiento.[174]

En este sentido, las características del idealismo trascendental no deberían aplicarse a la dimensión de la fenomenología de lo inaparente, pues en ese estrato la subjetividad, la intencionalidad y el método operan de otro modo. La propuesta de Inverso es ciertamente sugerente y, al distinguir diversos niveles de análisis, abre una vía para intentar sortear los problemas de una interpretación

---

171 Cfr. STEINBOCK, Anthony J., "Generativity and the Scope of Generative Phenomenology" en WELTON, Don (ed), *New Husserl*, op. cit., pp. 289-325.
172 INVERSO, Hernán G., "La filosofía marioniana desde la fenomenología de lo inaparente: una respuesta a la críticas de desvío teológico y ontoteológico" en ROGGERO, Jorge Luis (ed.), *Jean-Luc Marion: límites y posibilidades de la Filosofía y de la Teología*, Buenos Aires, SB Editorial, 2017, p. 192.
173 Los fenómenos principales de la esfera "meta-histórica" son la teleología y Dios. Cfr. WALTON, Roberto, "Teleología y teología en Edmund Husserl", *Estudios de Filosofía*, 45 (2012), pp. 81-103.
174 INVERSO, Hernán G., "La filosofía marioniana desde la fenomenología de lo inaparente", art. cit., p. 193.

integral de la fenomenología husserliana a partir de su definición como "idealismo trascendental". Sin embargo, cabe destacar que su aplicación de esta matriz a la fenomenología marioniana no es del todo justa. Hacia el final del artículo, Inverso afirma que la lectura marioniana de la fenomenología histórica, al enfatizar la novedad de los fenómenos inaparentes, tiende a "atacar el derecho del resto de los fenómenos" sin advertir que la novedad no es tal, sino que ya se encontraba prevista en el "sistema de filosofía fenomenológica" esbozado por Husserl en la década de los '20 y retomado –con la colaboración de Eugen Fink– en la década de los '30 (aunque nunca concluido).[175] Considero, en primer lugar, que en ningún momento la fenomenología de la donación invalida la legitimidad de los objetos o de los fenómenos pobres o de derecho común. Simplemente se limita a destacar la importancia de los fenómenos saturados que, ciertamente, no constituyen uno de los aspectos más desarrollados por la fenomenología husserliana. Asimismo, en segundo lugar, la explicitación de posibilidades ya inscriptas en el texto husserliano, llevada a cabo por Marion, no deja de tener originalidad al desplegar acabadamente diversos aspectos de la lógica de un campo que no encuentra un desarrollo suficiente en la obra del fundador.

19.3. Respuesta de Marion a las objeciones

En el § 6 de *Étant donné*, Marion responde a las objeciones respecto de la traducción y conceptualización del término *Gegebenheit*. En términos generales, el reclamo de las objeciones puede resumirse del siguiente modo: "¿no estaríamos limitándonos a jugar con la ambigüedad de un significante que no habríamos, de hecho, ni construido, ni justificado?".[176] Marion da dos respuestas. 1) En primer lugar, no se trata de explotar ninguna ambigüedad, sino de constatarla, de advertirla, de no ignorar lo que no puede ser ignorado. 2) En segundo lugar, éste es precisamente el interés de la donación: su polisemia. Según Marion, el término *donation* refiere tanto al acto de dar (*donner*) como al don (*don*), e incluso también a su actor (*donateur*) y al modo de lo dado ya cumplido (*caractère du donné*).[177] Se trata, pues, para Marion, de indagar en las ambigüedades ya presentes –como bien reconoce Janicaud– en el término husserliano *Gegebenheit*.

Marion se detiene en algunas traducciones existentes. Alexandre Lowit, traductor al francés de *Die Idee der Phänomenologie*, propone dos términos para traducir *Gegebenheit*:

---
175 Cfr. *ibid.*, p. 195.
176 ED, pp. 90-91.
177 *Ibid.*, p. 91.

Gegebenheit. Término que designa tanto lo que es dado como el carácter de ser dado. En el primer caso, traducimos por *donnée* [dato], en el segundo por *présence* [presencia]; cuando el texto juega sobre los dos sentidos al mismo tiempo, juxtaponemos —como aquí— las dos traducciones.[178]

Marion señala que, de este modo, Lowit impone una decisión arbitraria al texto, resolviendo cuándo debe entenderse en uno u otro sentido. Por otra parte, la traducción por *présence* es cuestionable, pues —según Marion— no puede darse en Husserl una presencia sin donación, aunque sí una donación sin presencia.[179]

En una nota al pie, Marion constata las diversas traducciones propuestas por otros traductores que siguen la propuesta de Lowit (Denise Souche-Dagues en su traducción de *Erfahrung und Urteil*, Éliane Escoubas en su traducción de *Ideen II*, Jacques English en su traducción de *Grundprobleme der Phänomenologie*, entre otros).[180] Si los traductores de Husserl ya encuentran esa polisemia y la resuelven, en muchos casos, utilizando distintos términos según el contexto, ¿por qué no reparar en las posibilidades que ofrece el gesto mismo de Husserl al elegir ese término? Si la *Gegebenheit* no sólo refiere al hecho de que algo esté dado, sino también a su carácter de dado, ¿cómo no examinar lo que implica ese carácter? Es precisamente ese análisis el objeto de la fenomenología marioniana: ¿qué significa que algo esté dado? ¿Cómo es esto posible? ¿Qué consecuencias tiene?

Marion entiende que estas respuestas pueden obtenerse accediendo a la donación. Y ¿cómo se accede a la donación? En lo dado.[181] Pueden leerse los rasgos de la donación en lo dado o, si se prefiere, lo dado es dado porque adviene a partir de sí mismo, sin poder ser previsto, constituido o determinado. La huella de la donación es la huella de un sí mismo que —paradójicamente— no remite a ninguna ipseidad subjetiva. Se trata, para Marion, de comprender el sentido de un fenómeno que se define heideggerianamente como "lo-que-se-muestra, *das Sichzeigende*". ¿Cómo hay que interpretar a ese sí mismo presente en esta auto-mostración del fenómeno? ¿En qué consiste? "Un tal 'sí mismo' consiste en la separación que distingue y une el surgimiento (donación) de y con lo dado".[182] La tarea es, pues, esclarecer este "sí mismo" que contiene toda la posibilidad que la "ambigüedad" de la *Gegebenheit* permite.

---

178 Löwit, Alexandre, "nota 1, p. 54" en Husserl, Edmund, *L'idée de la phénoménologie*, trad. A. Löwit, Paris, PUF, 2000, p. 54 n. 1.
179 ED, pp. 98-99.
180 Cfr. ibid. p. 98 n. 2. Cabe destacar que en esa misma nota, Marion también destaca algunas traducciones en las que se opta por *donation* (Suzanne Bachelard en su traducción de *Formale und transzendentale Logik*, Arion L. Kelkel en su traducción de *Erste Philosophie*).
181 ED, pp. 95-97.
182 *Ibid.*, p. 102.

Mostrarse equivale pues a darse: el pliegue de la donación, desplegándose, muestra lo dado que la donación concede. Para el fenómeno, mostrarse equivale a desplegar el pliegue de la donación en el que surge como un don. Mostrarse y darse juegan en el mismo campo: el pliegue de la donación que se despliega como dado.[183]

Solo la donación, que se lee en lo dado, puede explicar la auto-mostración del fenómeno, que "surge como un don".[184] El sí mismo del fenómeno da cuenta de un sí mismo de la fenomenicidad que sólo se explica a partir de un sí mismo de la donación.

19.4. La disputa por la Gegebenheit en el nacimiento de la fenomenología

Como ya hemos analizado en el § 17, según Marion, la indagación en el sí mismo no fue hecha con la debida radicalidad por el Heidegger de *Sein und Zeit* y de *Zeit und Sein*. Sin embargo, no ocurre lo mismo con las categorías de *es gibt* y *Ereignis* en el primer Heidegger. Y, más allá de que no considero que puedan equipararse estas nociones en los diversos períodos de la obra heideggeriana,[185] es significativo que Marion encuentre en el modo en que operan estas ideas en la fenomenología del joven Heidegger una propuesta adecuada para interpretar la *Gegebenheit*.

En 2012, Marion publica una serie de estudios fenomenológicos, compilados en el libro *Figures de Phénoménologie. Husserl, Heidegger, Lévinas, Henry, Derrida*. El segundo estudio, "Remarques sur l'émergence de la donation (*Gegebenheit*) dans la pensé de Husserl",[186] se pregunta por la noción de *Gegebenheit* en el marco del nacimiento de la fenomenología.

---
183 *Idem*.
184 Marion agrega que este fenómeno "surge como un don". El siguiente libro de *Étant donné* está dedicado a un análisis detallado del don como paradigma del fenómeno. El don constituye una vía de acceso a la donación. Me detengo en un análisis de esta vía en el § 44 del capítulo sexto.
185 John van Buren, en la línea de la propuesta de Gadamer de una *Kehre* antes de la *Kehre* (Cfr. GADAMER, Hans-Georg, "Heidegger's one path" en KISIEL, Theodore y VAN BUREN, John (ed), *Reading Heidegger from the start. Essays in his earliest thought*, Albany, State University of New York Press, 1994, pp. 25-26) sostiene que existe una conexión entre estos primeros cursos y la obra del segundo Heidegger: "Ciertamente, ahora sabemos que muchos de los conceptos claves y términos de su filosofía tardía –por ejemplo, el final de la filosofía, el otro comienzo, el giro, el acontecimiento/apropiación (*Ereignis*), hay/ es dado (*es gibt*), misterio, tecnología moderna– fueron también usados en sus cursos en 1919 y en los primeros años de la década del '20" (VAN BUREN, John, *The young Heidegger. Rumor of the hidden king*, Bloomington, Indiana University Press, 1994, p. 6). No obstante, está claro que es posible establecer ciertas diferencias entre el empleo del *es gibt* y del *Ereignis* en los primeros cursos y en la obra tardía. Y, en relación a la propuesta marioniana, quizás sea posible entender sus diferentes lecturas precisamente en relación al contexto estrictamente fenomenológico en el que son utilizados estos términos en los cursos del joven Heidegger.
186 Este texto fue publicado por primera vez como capítulo del libro, con el título "Quel che si donà e quel che non si donà. Heidegger e le origini della *Gegebenheit* secondo Husserl, Meinong e Natorp" en GHISALBERTI, Alessandro, *Mondo, Uomo, Dio. Le ragioni della metafisica nel debatitto filosofico contemporaneo*, Milan, Vita e Pensiero, 2010.

El texto comienza aclarando ciertos equívocos respecto de la propuesta marioniana. Marion destaca que su objetivo no es reintroducir el debate respecto de si puede darse la posibilidad de algo dado no constituido, no hay que confundir su planteo con el debate respecto al "mito de lo dado".[187] La cuestión marioniana tiene que ver con la indagación respecto de la posibilidad de ciertos fenómenos.

> Pues el principio –suponiendo que éste sea uno– que todo lo que se manifiesta debe primero darse (aun cuando todo lo que se da, sin embargo, no se manifiesta sin resto), implica que se interrogue sobre la donación como *modo de fenomenicidad*, como un *como* (*Wie*) del fenómeno. De modo que no se trataría ya de algo dado inmediato, del contenido perceptivo o de la vivencia de conciencia, es decir, de alguna cosa dada (*das Gegebene*), sino del estilo de su fenomenalización en tanto que algo dado, es decir, de su doneidad [*donéité*] (*Gegebenheit*).[188] La ambigüedad a veces sospechada del francés *donation* se limita, de hecho, a reflejar la del alemán *Gegebenheit*, que indica tanto lo que se encuentra dado (*das daß*) como su modo de manifestación (*wie*).[189]

La pregunta marioniana por la donación es una pregunta por el modo de fenomenalización de lo dado, ¿en qué consiste el carácter "dado" de algo dado?

Pero si la donación refiere a un proceso de fenomenalización ¿puede ser asociada a un proceso óntico? Marion sostiene que este es el error que lleva a suponer que su propuesta pretende encontrar en la donación algo así como un don, en el sentido estudiado por la sociología del don (no en el sentido fenomenológico que tiene este término como paradigma del fenómeno en general); o una modalidad de la producción, en el sentido económico o técnico; o incluso un sustituto de la creación, en el sentido teológico. Marion aclara al respecto:

> Nuestra intención sólo consiste aquí en verificar el estatuto estrictamente filosófico, y también fenomenológico, incluso pre-fenomenológico de la donación, consiste, por tanto, en comprenderla como una modalidad de la fenomenicidad y no como algo dado óntico, como una doneidad (*Gegebenheit*) y no como una fundación metafísica u ontoteológica.[190]

Y para alcanzar esa "doneidad" es necesario seguir la pregunta conductora heideggeriana respecto de la "palabra mágica" de la fenomenología, compren-

---

[187] Analicé esta cuestión en el apartado 18.1.
[188] Marion acepta en este pasaje la sugerencia de traducción de Lavigne. Ver apartado 18.2.1.
[189] FPh, pp. 27-28.
[190] *Ibid.*, p. 28.

diendo que en ella se juega la encrucijada metodológica de la filosofía.[191] Dice el joven Heidegger:

> El problema de la donación no es un problema particular y específico. En él se separan los caminos de la moderna teoría del conocimiento tanto entre sí como de la fenomenología; ésta debe ante todo desligar el problema de un planteamiento epistemológico que lo estrecha.[192]

Y esta problemática estrecha de la teoría del conocimiento es identificada por Heidegger como la problemática presente en Rickert y en Natorp.[193] Marion sostiene, pues, que es necesario seguir a Heidegger en este punto:

> Así, según Heidegger, la donación intervendría no solamente desde el origen de la fenomenología, sino como un concepto problemático, que se pone a sí mismo en crisis, porque retoma, en primer lugar, una crisis anterior, patente en la filosofía alemana de Marburgo y de otras partes.[194]

Marion busca verificar esta hipótesis heideggeriana en este estudio y en el siguiente. Contra la sugerencia de Grondin respecto de la falta de un carácter técnico del término *Gegebenheit* en Husserl, Marion –siguiendo a Heidegger– destaca la importancia de la apropiación fenomenológica de esta noción en un debate con el neokantismo.

Siguiendo cierta propuesta de Courtine respecto del uso anticipativo del *es gibt* en *Sein und Zeit*,[195] Marion se detiene en la noción de *Gegebenheit* en Emil Lask, Paul Natorp y Heinrich Rickert, destacando cómo estos autores influyeron a Heidegger en el desarrollo de la idea de *es gibt*. En primer lugar, Marion refiere a Lask. Para Lask lo dado no se relaciona con un contenido material, sino con el mundo. Lo dado propiamente es el mundo. Marion destaca que el pasaje del § 16 de *Sein und Zeit* en el que se afirma que no puede manifestarse ningún ente sin un *es gibt* del mundo,[196] se basa en las ideas de Lask.[197] Ciertamente, la noción laskiana de mundo influyó mucho en la idea heideggeriana de mundo, como puede apreciarse en el ejemplo de la vivencia de la cátedra. Marion cita un pasaje de *Zum System der Philosophie*:

---

191 Cfr. GA 56/57, p. 63.
192 GA 58, p. 131.
193 Cfr. *ibid.*, p. 224.
194 FPh, p. 29.
195 "El *es gibt* heideggeriano [...] aparece antes de las últimas variaciones de *Zeit und Sein* en *Sein und Zeit*, para indicar [...] que el Ser *no es*, sino que se da el Ser" COURTINE, Jean-François, "Présentation" en MEINONG, Alexius, *Théorie de l'objet et présentation personnelle*, trad. J.-F. Courtine, Paris, Vrin, 1999, p. 34.
196 "....el ente descubierto sólo puede mostrarse en su ser en la medida en que 'se da' mundo. Pero, ¿cómo 'se da' mundo?". GA 2, p. 97.
197 Cfr. FPh, pp. 34-35.

Lo *dado* [*das Gegebende*] no es meramente lo sensible, sino el mundo originario en su totalidad en general, sobre el cual el mundo contemplativo de las formas se edifica [...] Originariamente no se dan [*es gibt*] "objetos", sino solamente algo que, una vez aprehendido categorialmente, deviene objeto.[198]

La vivencia de la cátedra revela precisamente que la cátedra se da "de golpe" en su completitud y junta a ella se da el mundo en el que está inscripta, el plexo de sentidos en el que deviene comprensible. La operación de objetivación es posterior, si es que corresponde. En este sentido, Heidegger puede afirmar con Lask que lo dado originariamente es el mundo y no los objetos.

En segundo lugar, Marion refiere a Rickert. Este autor sostiene que la donación, como modalidad de lo dado, requiere también una categoría: la categoría de donación o factualidad (*Gegebenheit oder Tätsachlichkeit*).[199] La donación es una forma universal para Rickert. Marion sostiene que el pasaje del § 2 de *Sein und Zeit*, en el que Heidegger afirma que todos los significados del ente se encuentran determinados por el *es gibt*,[200] responde a las ideas de Rickert.[201]

En tercer lugar, Marion refiere a Natorp. Como ya hemos analizado en el capítulo primero, Natorp entiende que existe una excepción respecto de la donación: el Yo. Dice en *Allgemeine Psychologie*:

Lo dado [*Datum*] significa un problema: pero el Yo puro no es un problema. Es un principio: pero un principio no es nunca "algo dado" [*gegeben*], sino que es tanto más radical que se aleja de todo lo dado. Es más, "lo dado" quiere decir "dado a alguien" y esto quiere decir, a su vez, "consciente para alguien". El ser-consciente se encuentra, por tanto, presupuesto en el concepto de lo dado.[202]

Marion sostiene que así como Natorp afirma la exclusión y prioridad del Yo respecto de lo dado, también Heidegger, en los §§ 43-44 de *Sein und Zeit*[203] afirma que el *Dasein* no depende del *es gibt*.[204]

De este modo, Marion considera que no puede dudarse que el uso técnico del término *es gibt* en *Sein und Zeit* responde al debate existente en torno a la cuestión de la *Gegebenheit*.

---

198 Lask, Emil, *Zum System der Philosophie* en Lask, Emil, *Gesammelte Schriften. Band III*, Tübingen, Mohr, 1924, pp. 179-180.
199 Cfr. Rickert, Heinrich, *Der Gegenstand der Erkenntnis. Einführung in die Transzendental-Philosophie*, Tübingen, Mohr, 1915, pp. 376ss.
200 "El ser se encuentra en el hecho y en la manera de ser, en la realidad, la subsistencia, el fondo, la validez, el *Dasein*, en el 'se da' (*es gibt*)". GA 2, p. 9.
201 Cfr. FPh, p. 35.
202 Natorp, Paul, *Allgemeine Psychologie*, op. cit., p. 40.
203 "En todos los casos 'se da' el ser mientras el *Dasein*, es decir, la posibilidad óntica de la comprensión del ser, es" (GA 2, p. 281) y "Sólo mientras la verdad es, 'se da' el ser, no el ente. Y la verdad sólo es hasta que y mientras el *Dasein* es" (GA 2, p. 304).
204 Cfr. FPh, p. 36.

Todos comparten una cuestión obvia: ¿hay que definir objetos o entes? ¿Hay que empezar por una ontología o por una teoría del objeto? Pero esta cuestión obvia se formula, en todos ellos, sobre el fondo de una presuposición que permanece implícita aunque se infiltra en todos los debates: ¿podemos distinguir entre objetos o entes sin relacionarlos primero con la donación en ellos?[205]

Marion sostiene que Husserl era consciente de esta pregunta y por eso habla de *Gegebenheit* en *Die Idee der Phänomenologie*. Según Marion, Husserl, como Lask, Rickert y Natorp, recurre a la donación, pero, a diferencia de ellos, él la somete a la reducción.[206] Marion destaca que la acepción común de lo dado (empirista o incluso intuitiva en el sentido kantiano) es problemática pues se trata de algo que no está dado de modo incondicional, sino que es el resultado de algún tipo de operación de (re)constitución. Al someter la donación a la reducción, Husserl transforma la "piedra de tropiezo" en una "palabra mágica". Esto es lo que advierte Heidegger.

En un pasaje de *Die Idee der Phänomenologie*, que ya hemos citado en el § 17, Husserl universaliza la *Gegebenheit* en una extensa enumeración: son algo dado la donación de la *cogitatio*, de la *cogitatio revivida en un recuerdo fresco*, la *unidad de la aparición* que dura en la corriente de fenómenos y su modificación, la *cosa* en la percepción "externa", las diferentes formas de fantasía y la rememoración, y sus nexos correspondientes, las múltiples *percepciones* y demás formas de *representación* que se unifican sintéticamente. También son algo dado las donaciones lógicas, la donación de la *universalidad*, del *predicado*, del *estado de cosas*, etcétera; y asimismo la donación del contrasentido, de la contradicción y del no-ser, etcétera.[207] Marion se pregunta por qué Husserl incluye la contradicción y la nada. ¿Acaso la *Gegebenheit* va más allá del ente?

La explicación también debe buscarse en el contexto del debate en torno a la *Gegebenheit* y el objeto. Marion destaca que en el § 67 de la *Wissenschaftlehre*, Bernard Bolzano postula que toda representación tiene un objeto, un algo que representa, incluso la representación de la nada.[208] Y los ejemplos que da Bolzano coinciden con los tres últimos ejemplos de Husserl: el sin-sentido (Bolzano propone una "virtud verde" [*grüne Tugend*]), la contradicción (Bolzano propone un "cuadrado redondo" [*rundes Viereck*]) y, finalmente, cierta nada, al menos como imposibilidad de hecho, propuesta por Bolzano con el ejemplo

---

205 *Idem*.
206 *Ibid.*, p. 37.
207 Hua II, p. 74.
208 Cfr. BOLZANO, Bernard, *Wissenschaftslehre versuch einer ausführlichen und grösstentheils neuen darstellung der logik mit steter rücksicht auf deren bisherige bearbeiter, Erster Band*, Sulzbach, J. E. v. Seidel, 1837, p. 304.

de la "montaña de oro" (*goldener Berg*).²⁰⁹ Pero –según Marion–, es Alexius Meinong quien más claramente ha establecido la conexión entre donación y representaciones sin objeto. Meinong establece que lo que se contradice o no tiene sentido no deja de ser un objeto, aunque más no sea para ser recusado como tal.

> No se da [*es gibt*] ningún objeto que, al menos como posibilidad, no sea un objeto de conocimiento [...] todo lo conocible [*Erkennbare*] es dado [*ist gegeben*], precisamente, al conocimiento. Y, en tanto que todos los objetos puedan conocerse, sean o no sean, podemos reconocer sin excepción a la donación como el modo de propiedad más universal".²¹⁰

Lo que "no es" también depende de la teoría del objeto, pero entonces –concluye Marion–: "tal objeto no se define más por su ser, ni por su consistencia (*Bestand, bestehen*), sino por la donación".²¹¹

Este recorrido le permite afirmar a Marion que no puede ponerse en cuestión la categoría de *Gegebenheit* y la disputa en torno a su sentido como término clave en el nacimiento de la fenomenología.²¹² A continuación, Marion demuestra cómo Heidegger desplaza la asimilación de la *Gegebenheit* a la objetividad. Si bien Husserl somete la donación a la reducción, –como ya hemos analizado en el § 17– la universalización de esta noción es llevada a cabo como universalización de la objetidad (*Gegenständlichkeit*). La fenomenología del joven Heidegger, y –en particular– su expresión en *Sein und Zeit*, va a procurar una "destrucción" de la ontología del objeto. Marion destaca que será el *Dasein* quien se oponga a los objetos y a los entes intramundanos al diferir radicalmente respecto de ellos en su modo de ser:

> Para *Sein und Zeit*, efectivamente, el *es gibt* no solamente no califica más al objeto (imposible o en general), sino, por el contrario, califica a todo lo que no es más en el sentido de la ontología o de la ontología formal, porque su modo de ser difiere ontológicamente de todos los otros entes: el *Dasein*, o más bien todo lo que pone en práctica su privilegio ontico-ontológico: la verdad, el mundo, el tiempo y el ser. Heidegger vuelve al *es gibt* contra el objeto, cuando sus predecesores lo invocaban para separar el objeto del ente (posible).²¹³

---

209 *Ibid.*, pp. 304-305. FPh, p. 39.
210 MEINONG, Alexius, *Über Gegenstandstheorie* en MEINONG, Alexius, *Gesamtausgabe, Band II. Abhandlungen zur Erkenntnistheorie und Gegenstandstheorie*, Graz, Akademische Druck- und Verlagsanstal, 1971, p. 500.
211 FPh, p. 40.
212 Cfr. *ibid.*, p. 42.
213 *Ibid.*, p. 43.

En el tercer estudio se profundiza en la importancia de la lectura heideggeriana del concepto de donación (*Gegenbenheit*) a partir de un análisis de esta noción en el pensamiento temprano de Heidegger. Allí, Marion se detiene en el curso dictado por Heidegger en el *Kriegsnotsemester* de 1919. Como ya hemos mencionado en el capítulo primero, en el § 13, Heidegger presenta la encrucijada metodológica en la que se encuentra la filosofía:

> Nos hallamos ante una encrucijada metodológica que decide sobre la vida o la muerte de la filosofía en general. Nos hallamos ante un abismo en el que, o bien nos precipitamos en la nada —es decir, en la nada de la objetividad [*Sachlichkeit*] absoluta— o bien logramos el salto a *otro mundo* o, más precisamente, en realidad tan sólo al mundo [*Welt*].[214]

La objetividad o el mundo. La filosofía puede orientarse hacia el conocimiento objetivante de las cosas o puede constituir un acceso a la experiencia del mundo. ¿A qué se refiere Heidegger? ¿Qué dos modos de hacer filosofía está contraponiendo? Marion sugiere leer este pasaje a la luz del pasaje del curso del semestre de invierno de 1919-1920 —que ya hemos mencionado en este mismo apartado— en el que se sostiene que el "problema de la donación" divide los caminos de la teoría del conocimiento y marca también el camino de la fenomenología.[215]

El destino de la filosofía se juega en la comprensión de la donación, en la comprensión del *es gibt*: 1) o se entiende la *Gegebenheit* al modo de la teoría del conocimiento neokantiana, que la circunscribe al ámbito de la actitud teórica y la reduce a categoría, y entonces nos precipitamos en la nada de la objetividad absoluta; 2) o se la comprende en toda su dimensión, en su carácter preteorético. Éste es el camino de la fenomenología que postula el problema de la donación aceptando que

> el ámbito originario no nos está dado. Desde la "vida práctica" no sabemos nada de él. Nos es lejano, debemos acercarlo metodológicamente a nosotros.[216]

No basta con utilizar acríticamente el *es gibt*, sino que, para acceder al ámbito originario y preteorético de la donación, es necesario proceder metodológicamente. Se trata de indagar en el *es gibt* a partir de una metodología fenomenológica estricta, una metododología que se entregue al fenómeno sin imponerle —como hacen las propuestas neokantianas— términos *a priori*.

---

214 GA 56/57, p. 63.
215 Cfr. GA 58, p. 131.
216 *Ibid.*, p. 203.

Ahora bien, esta entrega (*Hingabe*) a los propios términos del fenómeno, esta entrega a "lo que se muestra" permite advertir el carácter de significatividad de "lo que se muestra". Marion comenta el ejemplo heideggeriano de la vivencia de la cátedra, al que referimos en el capítulo primero. Heidegger intenta establecer que el *es gibt* excede la relación sujeto-objeto.

> El fenómeno que, no obstante, implica en sí al orador y su audiencia, a saber, el fenómeno de la cátedra, no remite sin embargo al más mínimo *yo* como a la condición necesaria de su aparición ni de su sentido.[217]

Marion sostiene que una primera característica del *es gibt*, que se desprende del texto heideggeriano, es que el "yo" que se encuentra involucrado es sólo su destinatario, pero no su autor. El "yo" depende del *es gibt* y de lo que éste dé a experimentar. Ya no hay sujeto, el "yo" es puesto entre paréntesis. Y esto es posible, pues tampoco hay ya objeto. "Lo que se muestra" no es un objeto, ni una cosa, sino una significación que se articula en un plexo de significados, en un mundo circundante (*Umwelt*).[218] Ahora bien, estamos en la encrucijada metodológica porque este mundo circundante se encuentra ya alcanzado por la modalidad teórica. La reflexión sobre el *es gibt* puede permitir el acceso a una auténtica experiencia del mundo, pero también puede precipitarnos en la objetidad. Por eso Heidegger sostiene que hay que entender el *es gibt* a partir del *es weltet*. De esta manera es posible advertir que el darse originario del fenómeno no constituye nunca un *Vor-gang*, un proceso de objetivación, sino un *Ereignis*, un acontecimiento.[219] El *Ereignis*, en este caso, adquiere un sentido fenomenológico decisivo. Por este motivo, Marion concluye su estudio afirmando:

> El *Ereignis* se constituiría entonces así en la corrección fenomenológica que, de un extremo al otro, asegura a los ojos de Heidegger, el acceso fenomenológico (y no teórico) al *es gibt*. Será entonces esta corrección la que deberá discutirse en el momento en que se trate de medir hasta dónde llegó la fenomenología de la donación y a partir de qué punto ella está precluida.[220]

El *Ereignis* ya no debe ser considerado un modo de traicionar el "carácter indeterminado" del *es gibt*, sino el corrector fenomenológico que permite no tergiversar el darse preteorético del *es gibt*.

En un texto recientemente publicado, Francisco de Lara pone en cuestión la exactitud de la lectura marioniana de estas *frühe Freiburger Vorlesungen*. De

---
[217] FPh, pp. 53-54.
[218] Cfr. *ibid.*, pp. 54-55.
[219] Ya analizamos la contraposición entre *Vor-gang* y *Ereignis* en el apartado 9.2.
[220] FPh, p. 58.

Lara sostiene que Marion acierta al señalar la relación entre *es gibt* y donación, pero es un error asociar sin más el pasaje del curso del *Kriegsnotsemester* (GA 56/57) en el que se hablar de la "encrucijada metodológica" con el pasaje del curso de invierno de 1919/1920 (GA 58) en el que se hace referencia al problema de la donación.[221]

En primer lugar, De Lara destaca que es incorrecto sugerir que para el joven Heidegger el problema fundamental de la fenomenología es el "problema de la donación". En la "encrucijada metodológica" (GA 56/57) se trata de elegir entre: la vía neokantiana —que conduce a la objetivación y a la versión epistemológica de la donación— o el salto que lleva a una consideración no teórica de las cosas, pues se apega al mundo de la vida. En rigor, señala De Lara, la elección por la vida implica en este curso el abandono del problema de la donación, pues si se considera lo circundante bajo la perspectiva de la donación (neokantiana), se cae necesariamente en una elaboración teórica y objetivante del mundo.[222]

En segundo lugar, se presenta un análisis del curso de 1919/1920 (GA 58). Si bien es cierto —admite De Lara— que "Heidegger se plantea en estos primeros cursos algunas de las preguntas que Marion retomará años después",[223] es preciso indagar si se trata de las mismas preguntas y de las mismas respuestas. De Lara destaca que en GA 58, Heidegger tiene un doble objetivo: por un lado, procura demostrar que a la donación neokantiana de objetos la precede —como su condición de posibilidad— la pre-dación del mundo. Pero, por otro lado, su objetivo final es mostrar que, a su vez, ese mundo de la vida en sí está precedido —según la génesis de sentido— por el mundo del sí mismo.[224]

En este sentido, De Lara señala que el problema de la donación no está planteado en estos primeros cursos del mismo modo que propone plantearlo Marion. El tema de la ciencia originaria preteorética es "el origen de la vida en y para sí". La indagación en el ámbito del mundo de la vida tiene por finalidad constatar si en ese dominio se da el origen de la vida en y para sí, y la respuesta de Heidegger será negativa. De Lara enfatiza que, en este sentido,

> lo pre-dado, lo que parece darse sin más en el sentido de Marion, para Heidegger es ello mismo dependiente de una instancia particular, mundana y pre-mundana a un tiempo, el mundo del sí-mismo.[225]

---

[221] Cfr. DE LARA, Francisco, "El primer Heidegger de Marion. Sobre el problema de la donación en las *frühe Freiburger Vorlesungen*" en POMMIER, Éric (compilador), *La fenomenología de la donación de Jean-Luc Marion*, Buenos Aires, Prometeo, 2017, p. 118.
[222] Cfr. *ibid.*, pp. 118-120.
[223] *Ibid.*, p. 120.
[224] Cfr. *ibid.*, pp. 121-125.
[225] *Ibid.*, p. 125.

Ciertamente, no puede dudarse que el tema de la fenomenología del joven Heidegger es la "vida en y para sí", que en los cursos posteriores será designada como "vida fáctica", "facticidad" y, finalmente, *Dasein*. La vida es el fenómeno eminente, el *Grundphänomen*,[226] en estos cursos tempranos.

A continuación, De Lara destaca que Marion busca dar cuenta de la autoaparición de los fenómenos, "sin remitirla ni referirla a una conciencia":

> Marion [...] pretende dilucidar el aparecer del fenómeno sin remitirlo ni a una conciencia ni a un ente particular del mundo. Se trata de considerar la aparición incondicionada de los fenómenos, tomarlos en cuanto dados puramente.[227]

Esta afirmación no es exacta. Si bien Marion indaga en la "aparición incondicionada" del fenómeno, no abandona la correlación fenomenológica. El adonado —como analizaremos en el capítulo cuarto— cumple una función necesaria en la aparición del fenómeno, pues actúa como la pantalla que permite que se muestre lo que se da. Como se aclara en el epílogo de *Étant donné*:

> Para acabar con el "sujeto", no hay que destruirlo, sino invertirlo, darle la vuelta. El "sujeto" se pone como un centro: esto no se le refutará, pero sí que se le refutará el modo de ocupación y la práctica de ese centro que reivindica, a título de un "yo" (pensante, constituyente, que se decide); se le refutará la ocupación de ese centro como un origen, como un ego en primera persona, en una "mieidad" [*mienneté*] trascendental; se le objetará que no domina ese centro, sino que se mantiene en él solamente como beneficiario y situado donde se muestra lo que se da; se le objetará que él mismo está dado a y en tanto que polo de donación en el que no cesa de advenir todo lo dado.[228]

El adonado no constituye al fenómeno, el fenómeno no "depende" de una subjetividad como la instancia última que le da su sentido, pero la correlación no desaparece. El adonado conserva la función "central" de dar lugar al pasaje de la donación a la mostración.[229]

De Lara concluye su crítica con las siguientes afirmaciones:

> En conclusión, este primer Heidegger puede resultar un interlocutor válido para Marion por cuanto ensancha el problema de la donación, lo saca de su versión epistemológica y muestra que se trata de un problema fundamental también para la fenomenología. Además, Marion puede apoyarse en Heidegger para remitir al

---

[226] GA 61, p. 80.
[227] DE LARA, Francisco, "El primer Heidegger de Marion. Sobre el problema de la donación en las *frühe Freiburger Vorlesungen*", cap. cit., p. 126.
[228] ED, pp. 441-442. Me detendré en las características del adonado en el capítulo cuarto.
[229] Volveré sobre esta cuestión en el capítulo quinto.

mundo como ámbito pre-dado y de que toda donación teórica depende en último término. Pero el modo de plantear el problema y, más aún, la solución heideggeriana está lejos de las pretensiones de Marion de una fenomenología del don y del darse de los fenómenos. Heidegger sigue considerando que hay condiciones de posibilidad que prefiguran el aparecer, y además les otorga a dichas condiciones un carácter existencial-decisionista.[230]

Frente a estas objeciones, corresponde responder lo siguiente. En primer lugar, cabe destacar que De Lara concuerda con las ideas de este libro al admitir que "este primer Heidegger puede resultar un interlocutor válido para Marion por cuanto ensancha el problema de la donación, lo saca de su versión epistemológica y muestra que se trata de un problema fundamental también para la fenomenología". Si bien el problema de la donación no es sin más el problema de la fenomenología heideggeriana temprana, su obra ciertamente contribuye de modo decisivo a mostrar la importancia radical de la cuestión.

En segundo lugar, es absolutamente cierto que el proyecto de Marion no es el del joven Heidegger. En este sentido cabe señalar que en este libro no se afirma lo contrario. Nuestra hipótesis es que la fenomenología del joven Heidegger tiene ciertos rasgos que ayudan a elucidar las características principales de la fenomenología de la donación. La obra heideggeriana temprana puede actuar como clave heurística, como modelo, para comprender algunos planteos decisivos de la obra de Marion. Pero esto no implica sostener que los proyectos de ambos autores son iguales. Y huelga decir que el propio Marion entiende que esto es así, pues presenta su fenomenología de la donación como una superación de la fenomenología husserliana (y su *ego* constituyente) y de la fenomenología heideggeriana (y su *Dasein* –que también actúa como instancia trascendental–).[231] No obstante, Marion claramente considera que la obra de Heidegger da un paso fundamental hacia la fenomenología de la donación. Refiriéndose a los primeros cursos heideggerianos, Marion se expresa de modo elocuente en sus entrevistas con Dan Arbib:

> Sobre el monte Nebo de su punto de vista aún trascendental, él [Husserl] ve una tierra prometida en la que no entra. Sólo Heidegger, no sin violencia, comenzó a hacer temblar las murallas.[232]

Husserl señala el camino, pero Heidegger comienza a recorrerlo. Y, principalmente, lo hace a partir de su definición de fenómeno como "aquello que se

---
[230] DE LARA, Francisco, "El primer Heidegger de Marion. Sobre el problema de la donación en las *frühe Freiburger Vorlesungen*", cap. cit., p. 128.
[231] Cfr. ED, pp. 50-53.
[232] RC, p. 129.

muestra a partir de sí mismo". Como hemos visto en el capítulo primero, esta idea ya se encuentra en las *frühe Freiburger Vorlesungen*.

En tercer lugar, respecto de las "condiciones de posibilidad" que Heidegger impone a la aparición del mundo, De Lara está en lo correcto al señalar que:

> Heidegger sigue considerando que un peculiar ente del mundo constituye el mundo, dado que posee dimensiones pre-mundanas, meramente formales y configuradoras, por más que en este caso sean de índole existencial e histórica.[233]

Estas "dimensiones pre-mundanas" constituyen las estructuras de anticipación, la pre-comprensión con la que opera la hermenéutica heideggeriana. Como ya hemos examinado en el apartado 9.3 del capítulo primero, en GA 56/57, Heidegger ya habla de una "intuición hermenéutica", y en los cursos posteriores llevará a cabo una radical "transformación hermenéutica de la fenomenología". Como analizaremos en el capítulo quinto, la fenomenología de la donación no abandonará la problemática de la hermenéutica, sino que buscará repensar el estatuto de las estructuras de anticipación para dar lugar a una hermenéutica del fenómeno saturado, del acontecimiento, de lo no anticipable, de lo imprevisible.

§ 20. El concepto marioniano de donación a la luz de la pregunta conductora heideggeriana

¿Qué es esa "palabra mágica" de la fenomenología? Marion, siguiendo al joven Heidegger, prefiere mantener el estatuto de una incógnita, de un enigma: la donación se mantiene en la indeterminación como su única determinación posible. Y, de este modo, al no identificarse con lo inmediato ni con lo mediato, al no definirse ni por lo subjetivo ni por lo objetivo, la donación constituye la instancia misma en la que puede darse la liberación de la posibilidad del fenómeno.

Las diversas críticas respecto a la pertinencia de traducir el término husserliano *Gegebenheit* por *donation*, debería prestar atención al objetivo de fondo que Marion se plantea respecto de esta noción. La propuesta marioniana busca enfatizar la decisiva importancia de la posición de Heidegger en cierto debate "fundador" de la fenomenología en torno a este término. *Gegebenheit* es un término que no sólo es utilizado por Husserl, sino también por Natorp,

---

[233] DE LARA, Francisco, "El primer Heidegger de Marion. Sobre el problema de la donación en las *frühe Freiburger Vorlesungen*", cap. cit., p. 126.

Rickert y Lask. La única diferencia es que Husserl somete la donación a la reducción, que la sustrae de toda operación de reconstitución o categorización. Heidegger señala con agudeza el problema de la donación y da un paso más allá de Husserl al poner en cuestión la objetivación. Marion asume el legado heideggeriano, adoptando la noción de fenómeno como determinado por su capacidad de automostración. El fenómeno se da, en primer término, como acontecimiento inobjetivable, en un acontecer apropiador (*Ereignis*), nunca en un proceso (*Vor-gang*). Y es sólo a partir de esta instancia de donación que puede desplegarse una fenomenología que busque "ir a las cosas mismas" sin desvirtuarlas a partir de operaciones constitutivas de un sujeto trascendental ni tampoco a partir de las estructuras configuradoras pre-mundanas de la "vida en y para sí".

Capítulo tercero
La reducción

§ 21. Reduktion, Grunderfahrung y epoché

La fenomenología de la donación sostiene la necesidad imperativa de recurrir a la reducción como el método indispensable para hacer fenomenología. Marion afirma que aun cuando no exista una "vía regia" para la fenomenología ni tampoco para la filosofía –como bien destaca el propio Husserl–, "la reducción y su práctica no son opcionales [...] toda iniciativa fenomenológica se juega (o se pierde) en la puesta en práctica de la reducción".[1] Sin embargo, como ya hemos mencionado en el § 1 y en el § 4, la objeción de Claude Romano parece tener cierto asidero: ¿es posible compatibilizar un tema asubjetivo (la automostración del fenómeno) con una metodología subjetiva (la reducción)?

Ciertamente, la operación metodológica de la reducción retomada y férreamente defendida por Marion *prima facie* no parece ser la elección adecuada para el tema de la automostración del fenómeno. Sin embargo ¿cabe afirmar sin más que Marion se equivoca en esta elección metodológica o acaso existen motivos que justifican esta decisión?

En este capítulo intentaré demostrar que no sólo existen buenos motivos para postular la pertinencia de la reducción en el marco de una fenomenología que no responde a la concepción idealista-trascendental, sino que además, nuevamente –y aún respecto de una cuestión que parece restringirse al marco de la propuesta husserliana–, la fenomenología del joven Heidegger puede iluminar la comprensión marioniana del método. Como bien destaca Jérôme de Gramont, esa primera "herejía" husserliana cometida por Heidegger en

---

1 RdD, p. 19.

el curso del semestre de verano de 1927 define una nueva concepción de la reducción o, mejor dicho, permite advertir con claridad las posibilidades que la habitan. Heidegger dice:

> *Para Husserl*, la reducción fenomenológica que por primera vez elaboró de forma expresa en las *Ideas para una fenomenología pura y una filosofía fenomenológica* (1913), es el método de la reconducción de la mirada fenomenológica [*Rückführung des phänomenologischen Blickes*], desde la actitud natural propia del hombre que vive en el mundo de las cosas y de las personas hasta la vida trascendental de la conciencia y sus vivencias noético-noemáticas, en las cuales se constituyen los objetos como correlatos de la conciencia. *Para nosotros*, la reducción fenomenológica significa la reconducción de la mirada fenomenológica desde la comprensión, siempre concreta, de un ente hasta la comprensión del ser de ese ente (proyectada sobre el modo de su estar develado).[2]

En este breve pasaje, más allá de la justeza del análisis propuesto por Jean-François Courtine respecto de la permanencia de cierto carácter trascendental en la reducción ontológica heideggeriana,[3] también es factible advertir la posibilidad –presente en estas líneas– de una variación decisiva respecto de la concepción husserliana. La reducción ya no reconduce a las operaciones de la conciencia, sino al ser y a su verdad como develamiento. En *Réduction et donation*, Marion da cuenta expresamente de la importancia de este desplazamiento:

> El giro que toma la idea misma de fenomenología de Husserl en Heidegger, y esto desde antes de *Sein und Zeit*, puede notarse en un indicio: la inversión de su relación con la ontología; en lugar de abolirla sustituyéndola, intenta acceder a ella convirtiéndose en su método. Este indicio remite a un desplazamiento subyacente: lo fenomenológico ya no concierne al conocimiento de los fenómenos, sino al conocimiento de su modo de exposición y, por lo tanto, ya no apunta a la fundación de las ciencias, sino al pensamiento de la fenomenicidad.[4]

Heidegger, según Marion, con su replanteo de la relación entre fenomenología y ontología, abre la puerta hacia una indagación radical en la fenomenicidad, que será decisiva para los desarrollos fenomenológicos posteriores. Comentando puntualmente el pasaje en cuestión del curso dictado por Heidegger en 1927, Marion también agrega:

---

2 GA 24, p. 29.
3 Cfr. Courtine, Jean-François, "L'idée de la phénoménologie et la problématique de la réduction" en Marion, Jean-Luc y Planty-Bonjour, Guy, *Phénoménologie et métaphysique*, Paris, PUF, 1984, pp. 226-231. Me detendré en el análisis de Courtine en el apartado 23.1.
4 RD, p. 78.

Por tanto, Heidegger es fenomenólogo, ya que retoma la reducción. Ciertamente, esta recuperación no se da sin un profundo desplazamiento; sin embargo, este desplazamiento siempre conduce a liberar en cierto sentido algún fenómeno: en lo sucesivo, la reducción no conduce de la tesis del mundo (del ente) a la inmanencia, en una presencia quieta del fenómeno, sino del fenómeno como descubrimiento de un ente a su comprensión en profundidad en vistas de su ser. Lejos de provocar la destitución de la *Seinglaube*, la reducción, así relanzada por el retorno radical a la cosa misma, despeja el sentido de ser del ente.[5]

Marion destaca la necesidad del "desplazamiento" a fin de procurar la liberación de nuevos fenómenos. Esta liberación y ampliación de la fenomenicidad será la posibilidad más propia de la reducción que será, a su vez, "liberada" por la concepción marioniana de la reducción.

Por su parte, De Gramont entiende que en ese pasaje se juega el sentido mismo de la transformación en la mirada. Lo que pasa a estar en juego, en lo sucesivo, es la pregunta heideggeriana respecto del fenómeno –o la fenomenicidad– que la fenomenología debe hacernos ver. Es esta concepción la que marcará los derroteros de las "herejías" posteriores. En palabras de De Gramont:

> A partir de ese momento, el problema de la decisión fenomenológica ya no pasa solamente sobre el hecho de la reducción [...], sino sobre su apuesta: lo que ella tiene propiamente en vistas, de tal modo que la pregunta en debate es ahora aquella que plantea Heidegger en el § 7 de *Sein und Zeit*: "¿Qué es, pues, lo que la fenomenología tiene que 'hacer ver'?".[6]

La reducción es principalmente la operación de reconducción de la mirada hacia aquello que solo la fenomenología nos puede dar acceso.

La concepción marioniana de la reducción es heredera –en líneas generales– de este sentido más amplio de reducción, más preocupado por la tarea de develamiento y exploración en la fenomenicidad que por la reconducción a las operaciones constitutivas de la conciencia. Como bien destaca Rudolf Bernet, Heidegger advierte y critica la noción husserliana de reducción fenomenológica en *Ideen I*, pues entiende que ella es planteada como una operación de separación (entre el hombre y su conciencia, *intentio* inmanente e *intentum* trascendente, ente constituyente y ente constituido). La intención cartesiana de Husserl es fundar una ciencia absolutamente cierta con un campo de investigación autónomo. Esto es lo que lo lleva a alejarse de la facticidad individual

---

5   RD, p. 102.
6   DE GRAMONT, Jérôme, "Le pluriel des réductions et l'univoque *épochè*", *Archivio di Filosofia*, LXXXIII, 1-2 (2015), p. 72.

de los fenómenos.⁷ Según Bernet, la intención heideggeriana es completamente distinta. Heidegger

> ...insiste particularmente sobre el hecho de que el sentido de la reducción fenomenológica no consiste en separar *intentio* de *intentum*, sino más bien, por el contrario, en hacer aparecer el ser de su co-pertenencia. Es cierto que esto demanda que el hombre se separe de su estancamiento en las cosas, pero eso no quiere decir tanto como que deba precipitarse hacia la transparencia de una subjetividad trascendental. Es cierto que no es suficiente con ser un hombre y existir para comprender el sentido del ser, pero esto no quiere decir tampoco que sea necesario apartarse del hombre y de la facticidad de su existencia para volverse hacia una conciencia trascendental absoluta y separada.⁸

Esta crítica heideggeriana al idealismo trascendental husserliano será asumida por Marion en su noción de la reducción. Pero la especificidad propia de su concepción estará dada por dos rasgos presentes en la metodología del joven Heidegger, que Jan Patočka, y Jean-François Courtine y el propio Marion en Francia, contribuyen a ponerlos en evidencia. El primero está dado por la transformación del estatuto de la *epoché*, que pasa de ser un acto reflexivo a estar dada en una "experiencia fundamental" (*Grunderfahrung*), bajo la modalidad de una "tonalidad afectiva fundamental" (*Grundstimmung*).

En la fenomenología del joven Heidegger se observa, en primer lugar, una transformación del sentido de la noción de experiencia. Con el término "experiencia", Heidegger no se refiere a un "tomar conocimiento" (*Kenntnis nehmen*) en sentido gnoseológico, sino a una doble actividad: el "afrontar lo experienciado" y el "autoafirmarse de las configuraciones de lo experienciado".⁹ De esta manera, la palabra "experiencia" da cuenta de un doble significado (activo y pasivo). En las elocuentes palabras de Jean Greisch:

> El concepto de experiencia debe ser entendido en el sentido más amplio posible. Lejos de reducirse a una simple "toma de conciencia" o una "toma de conocimiento" (*Kenntnisnahme*), ella incluye conjuntamente una "toma de posición" [*prise de position*] activa y pasiva, del sujeto ante la vida.¹⁰

Para esta "toma de posición", lo experienciado –como ya hemos analizado en el capítulo primero– no se presenta como objeto (*Objekt*), sino como mundo (*Welt*).

---

7   BERNET, Rudolf, *La vie du sujet. Recherches sur l'interprétation de Husserl dans la phénoménologie*, Paris, PUF, 1994, pp. 57-58.
8   *Ibid.*, p. 58.
9   GA 60, p. 9.
10 GREISCH, Jean, *L'arbre de vie et l'arbre du savoir. Le chemin phénoménologique de l'herméneutique heideggérienne (1919-1923)*, Paris, Cerf, 2000, p. 195.

Asimismo, en estos primeros cursos, Heidegger propone la idea de las "experiencias fundamentales". Existen ciertas experiencias que por la conmoción que nos provocan tiene el poder de operar una fuerte transformación en nosotros que da lugar al cuestionamiento filosófico:

> La filosofía, como experiencia de la vida fáctica, requiere un motivo [*Motiv*] en el que permanezca la preocupación por la experiencia de la vida fáctica. Esto lo calificamos como la *experiencia fundamental* filosófica [*philosophische Grunderfahrung*] (esta es la confirmación de este motivo). No es ninguna iluminación especial, sino que es posible en cada existencia concreta donde la preocupación trae de vuelta a la existencia actual.[11]

Hay filosofía, hay cuestionamiento, porque en la misma vida se dan ciertas experiencias fundamentales que la ponen en marcha. Heidegger señala que existen ciertos momentos extraordinarios que son reveladores del carácter propio de nuestra existencia. Esta revelación opera como una suerte de "conversión"[12] respecto del abandono de nuestra creencia anterior en lo que la tradición dice de la vida fáctica. A partir de ella es posible el "contra-movimiento" (*Gegenbewegung*) respecto de "movilidad ruinante" (*ruinante Bewegtheit*). Es importante no olvidar que no se trata de una actitud externa a la vida, sino que se encuentra motivada por ella misma.

> Justamente por ello la tarea más alta es ganar la parada auténtica y no arbitraria [*echte und nicht beliebige Aufenthalt*] [...]. En la parada se hace visible el movimiento y, así, desde ella como parada auténtica, la posibilidad del contramovimiento [*Gegenbewegung*]. Pararse en la vida misma, en su sentido objetivo y en su sentido de ser: facticidad. Abstenerse de la movilidad ruinante [*ruinante Bewegtheit*], es decir, tomar en serio la dificultad, y con ello resguardar, llevar a cabo, la *viva* complicación.[13]

Ganar la parada auténtica es lo que permite advertir la tendencia a la "ruinancia" [*Ruinanz*]. No puede pretenderse aprehender la movilidad siguiéndola en tanto tal. Es necesaria una parada que nos permita advertir la movilidad.[14] Esta parada no es otra cosa que una experiencia fundamental. Experiencia que se caracteriza por su carácter excepcional e indisponible.

---

11 GA 59, p. 174.
12 Barbara Merker indaga en la transformación que opera en la experiencia fundamental como una conversión religiosa. Cfr. MERKER, Barbara, „Konversion statt Reflexion. Eine Grundfigur der Philosophie Martin Heideggers" en FORUM FÜR PHILOSOPHIE BAD HOMBURG (Hrsg), *Martin Heidegger: Innen- und Außensichten*, Frankfurt am Main, Suhrkamp, 1991, p. 231.
13 GA 63, p. 109.
14 "Es erróneo [...] pretender seguir la movilidad como tal. La *movilidad* se ve verdaderamente sólo desde la parada auténtica [*echte Aufenthalt*] en cada ocasión". Idem.

En estos primeros cursos en Friburgo, la experiencia fundamental queda indeterminada. Como bien señala Ramón Rodríguez, Heidegger no tematiza en qué consisten concretamente estas experiencias, pues todavía no advirtió la importancia radical de los temples anímicos.[15] Será en el curso del semestre de verano de 1924, en Marburgo, a partir del análisis de la noción aristotélica de *páthos*, donde Heidegger descubrirá la función decisiva de los afectos. En este curso utilizará por primera vez el término *Befindlichkeit* para designar la *diáthesis*, la disposición de quien escucha y es afectado por el discurso retórico. Como bien señala Pablo Redondo Sánchez, Heidegger destaca que esta *Befindlichkeit* no consiste en una distorsión subjetiva de un contenido supuestamente objetivo, sino que los *páthe* actúan como aquello que "*abre* lo oído como tal" y "determina lo que las palabras *son* para el que las escucha".[16] En este sentido, Heidegger entiende que es necesario reivindicar la función de los afectos.

> Estos *páthe*, "afectos", no son estados del alma, se trata de *un encontrarse* [Befindlichkeit] *del viviente en su mundo*, en el modo en el que está (dis)puesto hacia algo, en el modo en el que se deja concernir por algo. El afecto juega un papel fundamental en la determinación del ser-en-el-mundo, del ser-con-y-hacia-otros.[17]

Los *páthe* no son meros "estados del alma" que se traducen en "efectos corporales". En su relación con la *héxis*, los *páthe* proveen una "orientación fundamental" (*Grundorientierung*) y "expresan el *ser del ser humano*".[18] El ser-

---

15 Cfr. RODRÍGUEZ, Ramón, *La transformación hermenéutica de la fenomenología*, op. cit., p. 208.
16 REDONDO SÁNCHEZ, Pablo, *Filosofar desde el temple de ánimo. La "experiencia fundamental" y la teoría del "encontrarse" en Heidegger*, Salamanca, Ediciones Universidad de Salamanca, 2005, p. 46.
17 GA 18, p. 122. Propongo traducir *gestellt sein* por "estar (dis)puesto" porque sigo la sugerencia de Theodore Kisiel y Brian Hansford Bowles para su traducción de la ponencia de Heidegger „Das Problem der Sünde bei Luther", para el seminario de Rudolf Bultmann del semestre de verano de 1924. Se puede afirmar que Gestelltsein (vor Gott) es el antecedente del término *Befindlichkeit* que Heidegger utilizará para traducir el término griego *diathesis* (cfr. KISIEL, Theodore y SHEEHAN, Thomas (eds.), *Becoming Heidegger. On the trail of his early occasional writings, 1910-1927*, Evanston, Northwestern University Press, 2007, pp. xxiv, xxxii y 188). Como bien señalan Kisiel y Bowles, los términos *Gestelltsein* y *Befindlichkeit* se encuentran relacionados en este curso sobre Aristóteles que será dictado unos meses después de su participación en el seminario de Bultmann. Heidegger alude expresamente al carácter afectivo del pecado en su análisis de los conceptos aristotélicos de *héxis* y *páthos*. La cuestión de los afectos planteada por Aristóteles –sostiene Heidegger– fue una pregunta fundamental para el pensamiento medieval y particularmente para Lutero. La afección del temor (*Furcht*) juega un rol decisivo en el planteo luterano del pecado como el concepto opuesto (*Gegenbegriff*) a la fe (cf. GA 18, p. 177). Si bien el término *gestellt* es el participio pasivo (*Partizip II*) del verbo *stellen* que significa principalmente "poner", "colocar", "parar", "situar", a fin de destacar la relación entre *Gestelltsein* y *Befindlichkeit* –tomando la sugerencia de Kisiel y Bowles– traduzco *gestellt* como " (dis)puesto". Hice una traducción al español de la ponencia de Heidegger sobre el pecado en Lutero. Cfr. HEIDEGGER, Martin, "El problema del pecado en Lutero", traducción y notas J. Roggero, *Escritos de Filosofía* (segunda serie), 2 (2014), pp. 214-228.
18 Cfr. *ibid.*, p. 177.

en-el-mundo, en su totalidad, es caracterizado por esta *Befindlichkeit* de los *pathé*.[19] Pero, además, el *páthos* provee un acceso privilegiado, en tanto no teórico, al sí mismo. "Lo afectivo como tal tiene ya el carácter de un tenerse a sí mismo [*Sich-selbst-Haben*]".[20]

En *Sein und Zeit*, esta experiencia fundamental será la "angustia" (*Angst*). Cabe señalar que si bien la primera tematización y reflexión expresa sobre los temples se da en el mencionado curso de 1924, en el curso del semestre de verano de 1920 –intuyendo el carácter de "tonalidad" que tendrán las experiencias fundamentales en tanto temples anímicos–, Heidegger llega a decir que la filosofía está completamente "gobernada por una experiencia fundamental que se renueva permanentemente, de modo que la racionalidad está dada en la propia experiencia fundamental y en ella debe formarse respecto de su contenido".[21] Es interesante tener en cuenta esta afirmación para analizar –en el capítulo sexto– esa racionalidad propia de la experiencia fundamental del amor, la "gran razón" de la que habla Marion, siguiendo a Nietzsche.

Asimismo, también es posible encontrar en los primeros cursos un antecedente claro de la angustia en el *timor castus* agustiniano. En el curso sobre Agustín del semestre de verano de 1921, Heidegger reflexiona sobre la distinción entre *timor servilis*, el temor a un objeto concreto, y *timor castus*, el temor que proviene del amor a Dios en la experiencia de lo divino como misterio.[22] "En esta existencia auténtica [*eigentliche Existenz*] el temor más radical [*radikalste Furcht*] es constitutivo para la preocupación [*Bekümmerung*]".[23] En *Sein und Zeit*, el *timor servilis* será el simple temor, que no tiene la capacidad reveladora que tiene el temple anímico fundamental de la angustia.

En este capítulo seguiremos, pues, la interpretación de la angustia como la *epoché* heideggeriana, propuesta por Patočka, y desarrollada ampliamente en el ámbito francés por Courtine y Marion. La *epoché* marioniana también consistirá en la experiencia de una disposición afectiva fundamental.

El segundo rasgo que puede observarse en la fenomenología del joven Heidegger y que también opera en la fenomenología de la donación tiene que ver con la importancia decisiva que adquiere la *epoché* en el marco de la reducción. En este punto seguiremos también a Patočka y a la lectura del cuarto

---

19 Cfr. *ibid.*, p. 271.
20 *Ibid.*, p. 247. Esta característica de los *pathe* es importante, pues Marion va a señalar que con la reducción se da, en primer lugar, una transformación en quien la opera.
21 GA 59, p. 172. El texto continúa del siguiente modo: "Por eso no hay ninguna disciplina filosófica (tales como lógica, ética, estética, filosofía de la religión). Esta división en disciplinas debe ser cancelada". De algún modo, Marion sigue a Heidegger en esta idea: el análisis fenomenológico no distingue una ética, una estética, etc. Sin embargo, esto no quiere decir que no tenga consecuencias éticas, estéticas, etc.
22 Cfr. GA 60, p. 293-297.
23 *Ibid.*, p. 260.

principio de la fenomenología propuesta por Émilie Tardivel en base a ideas patočkianas. Patočka sostiene que la *epoché* es el núcleo de la reducción[24] y que deberían radicalizarse sus pretensiones poniendo entre paréntesis también al *ego* transcendental que la opera.[25] Apoyándose en estas ideas, Tardivel sostiene que la radicalización de la reducción llevada a cabo por Marion es en rigor una radicalización de la *epoché*; el cuarto principio debería enunciarse del siguiente modo: "A tanta *epoché*, tanta donación".[26]

La importancia de la puesta entre paréntesis de la *epoché* en las *frühe Vorlesungen* puede rastrearse —como ya hemos examinado— en la *Grunderfahrungen*, pero también a partir de la noción de *Destruktion*. Si bien esta noción se relaciona en primer término con la hermenéutica: "¡Hermenéutica es *Destruktion*!",[27] también se encuentra fuertemente relacionada con las experiencias fundamentales (de las que parte y hacia las que apunta) y Marion la concibe —en buena medida— como una suerte de *epoché*, pues a su manera también permite "despejar los obstáculos" de las "teorías absurdas" y las "falsas realidades".[28]

El joven Heidegger entiende que la confrontación con la historia de la filosofía es una exigencia propia de la fenomenología.

> Volver a las cosas mismas [...] consiste más bien en la realización [*vollziehen*] de la propia situación fáctica [*faktische Situation*] de manera cada vez más originaria y en prepararla para la autenticidad [*Genuität*] en la realización [*Vollzug*].[29]

La destrucción es un proceder metodológico que dicta el mismo fenómeno, que es acorde a sus términos en tanto éste se muestra en la forma del "ocultamiento" (*Verdeckung*). El origen de los conceptos es histórico, ellos surgen de la vida fáctica, pero la pluralidad de sus significaciones también surge de esa vida fáctica. Heidegger afirma que la "vida fáctica se da en una *deformación* determinada [*bestimmte Deformation*]. Esta conformación en figuras objetivas debe ser anulada".[30] En los cursos y textos posteriores, esta "deformación" será producto de cierta tendencia a la "caída" [*Verfallen*]. En la Introducción al libro sobre Aristóteles, Heidegger sostiene que existe en la vida fáctica una cierta propensión a quedar absorbido por el mundo, existe una tendencia a la caída.

---

24 Patočka, Jan, "¿Qué es la fenomenología?" en Patočka, Jan, *El movimiento de la existencia humana*, trad. T. Padilla, J. M. Ayuso y A. Serrano de Haro, Madrid, Ediciones Encuentro, 2004, p. 272.
25 Patočka, Jan, "*Epoché* y reducción" en Patočka, Jan, *El movimiento de la existencia humana*, trad. T. Padilla, J. M. Ayuso y A. Serrano de Haro, Madrid, Ediciones Encuentro, 2004, p. 247.
26 Tardivel, Émilie, "Monde et donation...", art. cit., p. 125.
27 GA 63, p. 105. Volveré sobre este aspecto hermenéutico de la *Destruktion* en el capítulo quinto.
28 Cfr. ED, p. 16.
29 GA 59, p. 30.
30 GA 58, p. 240.

En la movilidad del cuidado [*Sorgensbewegtheit*] se manifiesta una *inclinación* hacia el mundo [*Geneigtheit des Sorgens zur Welt*] que se plasma en una *propensión* [*Hang*] a quedar absorbido *por* él, a dejarse arrastrar por él. Esta propensión del cuidado expresa la tendencia fáctica fundamental de la vida que la conduce hacia su propio *declinar* [*Abfallen*] y por la que se produce la *caída* [*Verfallen*] en el mundo que, a su vez, desemboca en la *ruina* [*Zerfall*] de la vida misma.³¹

Esta caída no es algo que puede ser objetivado, sino que se trata de una modalidad intencional de la vida.³² Esta modalidad intencional, que cierra los ojos ante el carácter dinámico más propio de la vida, implica una particular interpretación "tranquilizadora" (*beruhigend*) y "alienante" (*entfremdend*) en la que la vida fáctica deviene cada vez más extraña a sí misma.³³ "La vida fáctica se mueve en todo momento en un determinado *estado de interpretado* [*Ausgelegtheit*] heredado [*überkommen*], revisado [*umgearbeitet*] o elaborado de nuevo [*neuerarbeitet*]".³⁴ Por este motivo, Heidegger aclara que la destrucción no consiste en un mero análisis del sentido de las palabras, una eliminación de equívocos, sino más bien en un elucidar el nexo de realización que se esconde en ellas, en un encontrar el significado "existencial".³⁵ La destrucción apunta a acceder, más allá del estado de interpretado en que se encuentra, al contexto en el que el concepto filosófico se originó, es decir, a qué motivaciones responde. Se trata de una "destrucción del orden racional", de una destrucción del orden teorético que encubre el ámbito preteorético. El resultado no es el caos,³⁶ sino ciertos "fragmentos de formas de expresión que hay que investi-

---

31 GA 62, p. 356. En el curso del semestre de invierno de 1921-1922, Heidegger habla de una ruinancia (*Ruinanz*) que caracteriza el movimiento de la vida fáctica (cfr. GA 61, pp. 131-155). Se trata de un claro antecedente de la caída.
32 *Id.*
33 *Ib.*, p. 357.
34 *Ib.*, p. 354.
35 Cf. GA 58, p. 185.
36 Como se aclarará en *Sein und Zeit*, la finalidad de la destrucción no es hacer *tabula rasa* con la tradición [*Tradition*], sino descubrir las posibilidades encubiertas en ella. De lo que se trata es, precisamente, de hacer posible una "apropiación productiva" (*produktive Aneignung*) de la tradición luego de su "desmontaje crítico" (*kritischer Abbau*). Esta apropiación no es otra cosa que devolver a la tradición a su posibilidad más propia que, en términos de *Sein und Zeit*, consiste en repetir la olvidada pregunta por el sentido del ser en su forma más radical. En el § 6 se lee: "El *Dasein* no tiene sólo la propensión a 'caer' en su mundo, en el cual es, e interpretarse reflejamente desde él; el *Dasein* 'cae', a una con ello, en su tradición más o menos expresamente tomada. Ésta le quita la dirección de sí mismo, el preguntar y elegir. [...] La tradición, que así viene a imperar, hace inmediata y regularmente lo que 'transmite' tan poco accesible que más bien lo encubre. Considera lo tradicional como comprensible de suyo y obstruye el acceso a las 'fuentes' originales [*ursprüngliche Quellen*] de que se bebieron, por modo genuino en parte, los conceptos y categorías transmitidos. La tradición llega a hacer olvidar totalmente tal procedencia [*Herkunft*]. Desarrolla el sentimiento de que no se ha menester ni siquiera de comprender la necesidad de semejante regreso. La tradición arranca la historicidad del *Dasein* tan de raíz, que sólo se muestra ya dentro del campo del interés por la multiformidad de los posibles tipos, direcciones, posiciones del filosofar en las más alejadas y extrañas culturas, y con este interés trata de embozar su peculiar falta de base. La consecuencia es que con todo su historiográfico interés y todo su celo por la

gar, seguir su pista conformándolos interpretativamente, en una comprensión del origen [*Ursprungsverstehen*]".³⁷ La labor interpretativa busca distinguir los sentidos derivados del originario. Es necesaria, por lo tanto, una decisión que responda a un criterio. Heidegger introduce el término de origen latino *Diiudication* para designar a esta decisión sobre la ubicación genealógica (*genealogische Stelle*).³⁸ El criterio de la *diiudication* es el mismo que rige en esos años a toda la filosofía heideggeriana: la originariedad entendida como la presencia del "sentido de realización" que permite la "a-propiación" (*An-eignung*), la aprehensión propia del fenómeno. Los sentidos derivados son distinguibles, precisamente, por haber obturado el "sentido de realización" asignando un contenido al "sentido de referencia". La indicación formal tendrá como tarea prevenir respecto de este movimiento característico de la conceptualización tradicional.³⁹

Ahora bien, la posibilidad misma de la destrucción debe surgir de la vida fáctica. Heidegger observa que existen ciertas vivencias, ciertas experiencias fundamentales que se dan en la vida fáctica y operan como "motivación existencial" (*existenzielle Motivierung*) para la destrucción.⁴⁰ Estas experiencias fundamentales se caracterizan por ser momentos en que el acceso al fenómeno no está mediado por ninguna postura teorética, sino que se lo experimenta en un nexo existencial. Por tanto, la destrucción no es un procedimiento arbitrario, sino que está motivado por la misma vida fáctica, responde a un motivo existencial y extrae de ella su dirección, es un "desmontaje dirigido" (*gerichteter Abbau*)⁴¹ por la experiencia de la vida fáctica en que se originó.

En una nota al pie en *Étant donné*, Marion dice lo siguiente:

> En este sentido, el método fenomenológico siempre se ejerce como una deconstrucción (*Abbau*) o una destrucción; entre estos dos términos, de hecho igualmente derivados de la reducción, la diferencia radica únicamente en la naturaleza de los obstáculos despejados: la objetividad, el ser como presencia, la "historia del ser", etc.⁴²

---

exégesis filológicamente 'positiva', el *Dasein* ya no comprende las condiciones más elementales y únicas que hacen posible un regreso fecundo al pasado en el sentido de una apropiación productiva [*produktive Aneignung*] de él" (GA 2, p. 29). Sin embargo, Heidegger aclara más adelante: "La destrucción tampoco tiene el sentido *negativo* de un deshacerse de la tradición ontológica. Por el contrario, ella debe circunscribirla en lo positivo de sus posibilidades, lo que significa acotarla siempre a sus *límites* [...] La destrucción tiene un propósito positivo [*positive Absicht*], de ninguna manera quiere sepultar el pasado en la nada, su función negativa permanece inexpresada e indirecta." (GA 2, p. 30-31).

37 GA 58, p. 150.
38 Cfr. GA 59, p. 74.
39 Ver § 28 del capítulo cuarto.
40 Cfr. GA 60, p. 252.
41 GA 59, p. 35.
42 ED, p. 16 n. 1.

La nota es aclaratoria de la paradoja del método fenomenológico, que debe ser entendido como un "contra-método" (*contre-méthode*). En el primer apartado del § 1 de *Étant donné*, Marion presenta una oposición radical entre fenomenología y metafísica. Según Marion, la metafísica opera como una ciencia y, por lo tanto, se caracteriza por la operación de la demostración.

> En todas la ciencias –y, por tanto, en metafísica– se trata de demostrar [*démontrer*]. Demostrar consiste en fundamentar la apariencia para conocerla, para reconducirla al fundamento, para conducirla a la certeza.[43]

Por el contrario, en la fenomenología "como intento de pensar bajo un modo no metafísico" se trata de mostrar (*montrer*).

> Mostrar implica dejar que la apariencia aparezca de tal manera que cumpla su plena aparición, para recibirla exactamente como se da.[44]

La fenomenología –según Marion– tiene por objeto mostrar, es decir, "acceder a la aparición en la apariencia" o, si se prefiere, describir el darse mismo del fenómeno sin necesidad de encontrar para él una causa o una razón. En este sentido, este "mostrar" debe ser entendido como un "dejar que la aparición *se* muestre en su apariencia según su aparecer".[45] Por este motivo, Marion destaca que es necesario dar ese último paso: "pasar de mostrar a dejar mostrarse, de la manifestación a la manifestación de sí a partir de sí de lo que, entonces, *se* muestra".[46] Sin embargo, según Marion, para alcanzar este "dejar mostrarse" es aún necesaria una operación metodológica. En palabras del joven Heidegger: "el ámbito originario no nos está dado [...] Nos es lejano, debemos acercarlo metodológicamente a nosotros".[47] Marion sigue al pie de la letra esta indicación heideggeriana y por eso postula la paradoja del método fenomenológico:

> La paradoja inicial y final de la fenomenología consiste precisamente en que toma la iniciativa para perderla. Como toda ciencia rigurosa, decide su proyecto, su terreno y su método, tomando así la iniciativa tan originariamente como le es posible; pero, contrariamente a toda metafísica, sólo ambiciona perder esta iniciativa lo más pronto y lo más completamente posible, puesto que pretende alcanzar las apariciones de las cosas en su originariedad más inicial: en el estado, por así decirlo, nativo de su manifestación incondicionada en sí y a partir de sí. Este comienzo

---

43 *Ibid.*, p. 13.
44 *Idem*.
45 *Ibid.*, p. 14.
46 *Ibid.*, p. 15.
47 GA 58, p. 203.

metodológico no establece más que las condiciones de su propia desaparición en la manifestación original de lo que *se* muestra. Este vuelco debe respetar operaciones precisas (menciones, impleciones, reducciones, constituciones, apresentaciones, etc.) siguiendo una racionalidad muy estricta, pero ello no invalida esa paradoja, sino que confirma solamente su exigencia formal.[48]

Marion destaca que aun en la fenomenología idealista trascendental husserliana se pueden constatar estos rasgos del "contra-método". El método fenomenológico contiene en su núcleo mismo una potencialidad, una posibilidad que debe ser desplegada. Como cualquier método, Marion destaca que el método fenomenológico debe asegurar la indubitabilidad, pero esta indubitabilidad no debe provenir de una "posesión de objetos ciertos al estar producidos según las condiciones *a priori* de la conciencia".[49] La indubitabilidad fenomenológica debe provenir de las "apariciones de las cosas".[50]

> El método no provoca tanto la aparición de lo que se manifiesta, sino que despeja a su alrededor los obstáculos que la ofuscarían; la reducción no hace nada, sino que deja que la manifestación se manifieste; toma la iniciativa [...] solo para entregarla a lo que se manifiesta.[51]

Este "despejar los obstáculos" es lo que caracteriza, según Marion, a la reducción.

> La reducción opera por excelencia de esta manera: suspende las "teorías absurdas", las falsas realidades de la actitud natural, el mundo objetivo, etc., para dejar que las vivencias dejen aparecer tanto como sea posible lo que se manifiesta como y por ellos; su función culmina al despejar los obstáculos para la manifestación.[52]

La nota respecto de la *Destruktion* es agregada en referencia a esta cita. Cabe sostener entonces las siguientes afirmaciones. En primer lugar, Marion identifica la reducción con lo que –siguiendo a Jan Patočka– podríamos definir como su núcleo: la *epoché*.[53] Es la *epoché* la encargada de "suspender las teorías absurdas" y "las falsas realidades de la actitud natural", y de este modo, es ella la encargada de "despejar los obstáculos para la manifestación". Y, en este sentido, ciertamente puede considerarse la metodología de la *Destruktion*,

---

48 ED, p. 15.
49 *Ibid.*, p. 16.
50 *Idem.*
51 *Ibid.*, pp. 16-17.
52 *Ibid.*, p. 16.
53 Cfr. Patočka, Jan, "¿Qué es la fenomenología?" en Patočka, Jan, *El movimiento de la existencia humana*, trad. T. Padilla, J. M. Ayuso y A. Serrano de Haro, Madrid, Ediciones Encuentro, 2004, p. 272.

propuesta por el joven Heidegger como una suerte de *epoché*. Sobre todo si se tiene en cuenta que la *Destruktion* se articula, en los cursos tempranos, con la reformulación de la noción de "concepto" a través de la "indicación formal" (*formale Anzeige*).[54] Ambas herramientas metodológicas (la *Destruktion* y la *formale Anzeige*) constituyen, de algún modo, la apropiación heideggeriana de la *Voraussetzungslosigkeit* husserliana.[55]

Asimismo, en segundo lugar, si tenemos en cuenta la importancia de las "experiencias fundamentales" en las *frühe Vorlesungen* heideggerianas –que luego serán entendidas como *Grundbefindlichkeiten* y *Grundstimmungen*– en su doble función, como capaces de despertar el impulso del cuestionamiento filosófico[56] y como la instancia originaria desde la cuál es posible adquirir una comprensión auténtica del fenómeno analizado,[57] de este modo también se encuentra delineada en el joven Heidegger la función reductora de las tonalidades afectivas fundamentales que actúan como *epoché*. Bajo esta influencia heideggeriana, afirmamos que Marion desplaza la *epoché* al campo no teórico al entenderla como operada por un temple anímico. Pero –al modo patočkiano–, Marion extrema la *epoché*, la generaliza. Buscando una radicalidad mayor a la de la angustia, Marion propone como disposición afectiva fundamental al aburrimiento. Y esta ampliación permite que la suspensión de la *epoché* devenga ella misma una reconducción. Como bien destaca Michel Henry, la reducción marioniana (podríamos agregar: operando como una *epoché* radicalizada) constituye una restitución de la reducción a su sentido positivo, pues ella ya no limita, ni restringe ni omite, sino que "abre y da [*ouvre et donne*]".[58]

En este capítulo, intentaré pues esclarecer en qué consiste la concepción marioniana de la reducción siguiendo las indicaciones del propio Marion. En *Reprise du donné*, Marion celebra la lectura de Jérôme de Gramont respecto de la posibilidad de una pluralidad de reducciones que encuentra su punto

---

54 Me detendré en la noción de "indicación formal" en el § 28 del capítulo cuarto.
55 En este punto compartimos la opinión de Courtine, quien señala la relación de la *Destruktion* con la *Voraussetzungslosigkeit* husserliana. Cfr. COURTINE, Jean-François, "L'idée de la phénoménologie et la problématique de la réduction", art. cit., p. 228.
56 "La filosofía, como experiencia de la vida fáctica, requiere un motivo [*Motiv*] en el que permanezca la preocupación por la experiencia de la vida fáctica. Esto lo calificamos como la *experiencia fundamental filosófica* [*philosophische Grunderfahrung*] (esta es la confirmación de este motivo). No es ninguna iluminación especial, sino que es posible en cada existencia concreta donde la preocupación trae de vuelta a la existencia actual". GA 59, p. 174.
57 En su lectura de las cartas paulinas, el joven Heidegger expresa que lo decisivo para comprender a Pablo es lograr un acceso a su experiencia religiosa fundamental (*religiöse Grunderfahrung*). Según Heidegger, "la idea de un sistema teológico de Pablo es equivocada. Más bien, debe mostrarse la experiencia religiosa fundamental y, permaneciendo en esta experiencia fundamental, tratar de comprender la conexión de todos los fenómenos religiosos originarios con ella". GA 60, p. 73.
58 HENRY, Michel, "Quatre príncipes de la phénoménologie", art. cit., p. 13.

común en la *epoché*.⁵⁹ Puede afirmarse entonces que la reducción marioniana es una radicalización de la *epoché*, en el sentido explorado por Patočka, pero hecho posible por el nuevo acento en el "cambio de la mirada" y por la transformación de la *epoché* propuestas por Heidegger. En el curso del semestre de verano de 1925, analizando la reducción husserliana, Heidegger sostiene que el "cambio de la mirada" es operado en la *epoché*:

> Esta puesta entre paréntesis [*Einklammerung*] de lo ente no afecta para nada a lo ente mismo, ni tampoco significa que lo ente no sea; el sentido de ese cambio de la mirada [*Umschaltung des Blickes*] tiene justamente el sentido de volver presente el carácter de ser del ente.⁶⁰

La tercera reducción, la reducción a la donación, pone en práctica un "cambio de la mirada" que finalmente nos "hacer ver" aquello que tras la apariencia de objeto no era posible ver: el carácter "dado" del fenómeno.

§ 22. La noción husserliana de reducción

En este apartado presentaré brevemente los rasgos decisivos de la noción husserliana de reducción siguiendo la clara exposición de Javier San Martin. La teoría husserliana de la reducción comienza a desarrollarse a partir de 1905 y se despliega en algunos textos clave de la obra de Husserl: *Die Idee der Phänomenologie* (1907), *Philosophie als strenge Wissenschaft* (1910/1911); *Ideen I* (1913), el segundo volumen del curso *Erste Philosophie* (1923-1924), *Cartesianische Meditationen* (1929) y *Die Krisis der europäischen Wissenschaften und die transzendentale Phänomenologie* (1935). En este sentido, puede afirmarse que Husserl continúa elaborando su doctrina de la reducción durante toda su vida. Sin embargo, como bien destaca Javier San Martin, es posible distinguir dos tendencias en esta elaboración: 1) una que responde a la concepción tradicional de la teoría de conocimiento y que San Martin propone llamarla "teoría fenomenológica"; 2) otra que representa el aporte más concreto de Husserl a la filosofía del siglo XX y que San Martin propone llamarla "práctica fenomenológica".⁶¹

---

59 Cfr. RdD, p. 54 n. 3. En su análisis de *Die Idee der Phänomenologie* en *Réduction et donation*, Marion da cuenta de la centralidad que él le otorga a la *epoché* respecto de la reducción: "Sólo la *epoché*, por tanto la reducción fenomenológica obtenida en 1907, permite alcanzar al ente en tanto tal, a saber, como absolutamente dado en y a la intuición pura de una mirada trascendental". RD, p. 68.
60 GA 20, p. 136.
61 Cfr. SAN MARTIN, Javier, *La estructura del método fenomenológico*, Madrid, Universidad Nacional de Educación a Distancia, 1986, pp. 12-13.

Para comenzar a acercarse a una comprensión de la idea husserliana de reducción, es preciso distinguir la *epoché* de la reducción. La *epoché* –que etimológicamente refiere a un "retenerse" o "abstenerse"– implica un "echarse para atrás" (*Zurückhaltung*) para mirar mejor, implica la puesta en práctica de un distanciamiento crítico. Practicar la *epoché* consiste en abstenerse de contar con ciertos supuestos. Pero este momento negativo necesita un momento positivo: el momento de la reducción propiamente dicho. La relación entre la *epoché* y la reducción permite distinguir dos sentidos de reducción presentes en la obra de Husserl.

1) El primer sentido se relaciona con la idea de limitación (*Einschrankung*). La reducción consiste, en este caso, en un movimiento en el que se hace *epoché* respecto de algo para obtener un "residuo". Según San Martin, es posible distinguir tres variantes de esta concepción de la reducción como limitación:[62]

Reducción como *epoché* del mundo externo, limitándonos al mundo interno de la vida mental del sujeto.

Reducción como limitación a la esfera egológica. Para esta concepción, los problemas sociales serían problemas extrafenomenológicos.

Reducción como restricción de la investigación a las estructuras y relaciones esenciales. Este tipo de concepción cae en el error de confundir la reducción fenomenológica con la reducción eidética. Para realizar la reducción eidética se requiere una actitud eidética opuesta a la actitud dirigida a lo concreto fáctico. Pero esta actitud eidética, según Husserl, bien puede alcanzarse en la actitud natural, sin necesidad de acceder a la actitud fenomenológica. Es más, la actitud fenomenológica no implica la actitud eidética. Dice Husserl: "todas las objetividades que llamamos fenomenológicas son pensadas como singulares, objetividades individuales, cada fenómeno como un esto-aquí [*Dies-da*] individual".[63]

2) El segundo sentido de reducción es el que la entiende como una "reconducción" (*Zurückführung*). Ya no se trata de poner en práctica ninguna limitación, sino de reconducir a la originariedad. No se trata pues de excluir ningún fenómeno, sino de preguntarse por las operaciones que los sostienen. Este es el verdadero sentido de la reducción; aquel que permite una verdadera "práctica fenomenológica" más allá de las limitaciones de la teoría del conocimiento moderna.

San Martin analiza como estos dos sentidos conviven en la obra de Husserl como sus dos tendencias.

---

62 Cfr. *ibid.*, pp. 29-32.
63 Hua XIII, p. 168.

1) En primer lugar, en discusión con la psicología, Husserl desarrolla una concepción de la fenomenología como "psicología descriptiva", en *Logische Untersuchungen*, y luego como "psicología trascendental".[64] La psicología fenomenológica busca corregir los problemas de la ciencia psicológica que pretende una acceso a lo psíquico prescindiendo de los modos subjetivos de donación. En *Krisis*, Husserl se detiene en la posibilidad de acceso siguiendo el método de la física. La naturaleza, según la física, se alcanza siguiendo el "método de abstracción", por el que sólo se ve lo corporal en el mundo de la vida,[65] pero ¿es factible aplicar este método de modo paralelo a la psicología, como si esta fuera su ciencia complementaria? ¿Es posible que la psicología alcance su objeto de estudio por abstracción de lo corporal físico? La respuesta de Husserl es negativa. No se trata de distinguir —siguiendo los "prejuicios de la tradición naturalista" (*Vorurteilen der naturalistischen Tradition*)– entre una experiencia externa que nos daría las cosas del mundo y una experiencia interna que nos daría las cosas del mundo de la vida psíquica. De hecho, la supuesta "experiencia interna" nos da actos que implican relaciones con objetos externos. No alcanza con esta mera distinción. Husserl propone entonces que es necesaria una "reducción fenomenológica psicológica" (*phänomenologisch-psychologische Reduktion*) que haga *epoché* de lo extra-psíquico para "ganar el tema puro y propio de la psicología descriptiva".[66] Se trata, pues, de suspender el mundo real-objetivo para ver el mundo subjetivo-fenoménico. Pero de este modo, la *epoché* es concebida como la exclusión del interés teórico de todo lo que pertenezca al mundo en sí para limitarme a mi representación del mundo. Se pone en práctica una limitación temática.

San Martin sostiene que esta concepción de la reducción propia de la psicología fenomenológica husserliana permanece en una conceptualidad natural basada en la distinción entre el mundo y la representación del mundo.[67]

> La psicología fenomenológica es una ciencia limitada, pues su interés se reduce al estudio de lo psíquico y de lo subjetivo fenomenológico que la ciencia dejaba al margen: por eso mismo la psicología no pretende conocer las cosas mismas, sino sólo la representación que nosotros tenemos de las cosas.[68]

La fenomenología psicológica es una fenomenología pre-trascendental que permanece presa de las dicotomías propias de la teoría moderna del conocimiento. La fenomenología psicológica busca describir y analizar la vida subjetiva.

---

64 Cfr. Hua XIII, p. 169.
65 Cfr. Hua VI, p. 230.
66 *Ibid.*, p. 239.
67 Cfr. San Martin, Javier, *La estructura del método fenomenológico*, op. cit., p. 128.
68 *Ibid.*, p. 135.

2) Los problemas de esta concepción pre-trascendental son superados –según San Martin– con la introducción de la fenomenología trascendental, que tiene por objeto describir la realidad misma superando la polaridad propia de la actitud natural entre el mundo y su representación.[69] Sólo la reducción trascendental puede superar la dicotomía al descubrir la trascendentalidad. Descubrir la trascendentalidad de la subjetividad es convertir al fenómeno psicológico en trascendental. La trascendentalidad no es otra cosa que la constitución. Se trata de advertir que el yo trascendental constituye al fenómeno trascendental. Por medio de la reflexión trascendental es posible acceder a la experiencia trascendental del yo trascendental, experiencia que es previa a la reflexión misma. "Yo sé, a partir de mis estudios fenomenológicos, que yo, el yo que he sido ingenuamente, no era sino el yo trascendental en el modo del cerramiento ingenuo [*naive Verschlossenheit*]".[70]

Esta reducción se alcanza a través de la combinación de tres niveles de subjetividad: el primero es el nivel del yo que reflexiona, el nivel del observador desinteresado o "yo fenomenologizante".[71] El segundo nivel es el del yo trascendental o constituyente. Y el tercer nivel es el del yo mundano. Dice Husserl:

> Con la reducción fenomenológica se produce por lo tanto una especie de división del yo: el observador trascendental se sitúa sobre sí mismo, se mira y se ve a la vez como el yo anteriormente entregado al mundo, se encuentra por lo tanto en sí mismo pensando (*cogitatum*) como hombre, encontrando en las *cogitationes* correspondientes (a ese *cogitatum*) la vida y el ser trascendental que constituye el conjunto humano.[72]

En este sentido, como bien destaca San Martin, toda fundamentación trascendental supone distinguir: 1) un nivel empírico-positivo donde se sitúa, en un comienzo, el propio sujeto de conocimiento, 2) un nivel trascendental en el que se origina el conocimiento, y 3) la actitud reflexiva del filósofo que descubre esta doble dimensión.[73] Sin embargo, como ya hemos destacado, no hay que entender que hay tres yos, ni tampoco que la conciencia está dividida en una parte trascendental y otra empírica, sino que se trata del mismo yo que pone en práctica tres actitudes distintas.

La reducción trascendental advierte el carácter trascendental de la subjetividad, capaz de convertir el fenómeno psicológico del mundo en fenómeno

---

69 Cfr. *ibid.*, p. 189.
70 Hua VI, p. 214.
71 Cfr. Hua VIII, p. 440, o Hua I, p. 73.
72 Hua I, p. 16.
73 Cfr. *ibid.*, p. 209.

trascendental. En esto consiste la diferencia entre la reducción como limitación y la reducción como reconducción: la reducción trascendental descubre la trascendentalidad del *cogitatum*. La reducción consiste precisamente, como aclara Husserl en *Krisis*, en efectuar una "reducción 'del' mundo al fenómeno trascendental 'mundo' y con ello a su correlato: a la subjetividad trascendental".[74]

Para la fenomenología psicológica, el mundo se da en una representación. Nuestra representación del mundo depende de nosotros, pero no así el mundo mismo. Es esta distinción la que deja sin efecto la reducción trascendental. Pero ¿por qué es necesario abandonar esa distinción? ¿Por qué es problemática? Husserl es claro al respecto: "No tenemos un mundo existente y después conocimiento de él".[75] Sabemos de un mundo en sí sólo a través de la representación que nos hacemos de él. No es posible suponer un saber anterior a esta representación. San Martin explica de modo elocuente el razonamiento de Husserl:

> La ambigüedad fundamental de esta distinción consiste en que sólo sé de un mundo real en sí mediante mi representación del mundo: esa distinción supone, por tanto, que yo sabría de la realidad del mundo antes de mi representación del mundo, antes de tener un fenómeno del mundo, como si mi representación del mundo fuera representación de un mundo que yo tuviese de antemano sin representación y respecto al cual el fenómeno o la representación no fuese sino una especie de determinación posterior. Ahora bien ¿cómo puedo tener un mundo independientemente de la aparición del mundo, del fenómeno del mundo? ¿Cómo puedo saber de un mundo real sin que sepa algo de ese mundo?[76]

Husserl concluye que el ser del mundo se nos da en la representación del mundo. La representación que tengo de un objeto incluye su modo de ser. Husserl entiende que sólo en la representación o, mejor dicho, en la donación podemos investigar en qué consiste lo real. La realidad será el correlato de algún tipo de experiencia. "No tenemos otro mundo existente que el que se nos 'aparece' y que toma su sentido de nuestras representaciones [*Erscheinungen*] y opiniones".[77] No tiene sentido hablar de otro mundo porque el fenómeno del mundo "lleva en sí al mundo en verdad óntica [*ontische Warheit*]".[78]

De este modo, Husserl entiende haber resuelto el problema tradicional de la teoría del conocimiento respecto al acceso al en sí del objeto de conocimiento: "el ser objetivo (trascendente a la conciencia) no es un ser en sí míti-

---

[74] Hua VI, p. 155.
[75] Hua VIII, p. 384.
[76] San Martin, Javier, *La estructura del método fenomenológico*, op. cit., p. 213.
[77] Hua VIII, p. 462.
[78] Hua XV, p. 392.

co, sino un en sí cuyo sentido es puramente subjetivo".⁷⁹ Como bien destaca San Martin, para Husserl ya no cabe afirmar una oposición entre el en sí y la subjetividad pues todo el sentido del en sí proviene de las operaciones trascendentales de la subjetividad.⁸⁰ El planteo respecto de cómo articular el pasaje de la interioridad del conocimiento hacia la exterioridad del conocimiento presenta un falso problema pues "el mundo de la exterioridad se constituye en la interioridad trascendental [*transcendentales Innen*]".⁸¹ Las palabras "externo" o "interno" adquieren sentido sólo a partir del pasaje por la experiencia y de la "configuración de sentido" (*Sinnbildung*) que les demos.⁸² Todo ser es el correlato real o posible de una experiencia o actividad de la subjetividad y su sentido proviene de ella: esto es lo que no advierte la actitud natural.

De este modo, la reducción trascendental no prescinde de nada, sino que reconduce todo al ámbito originario trascendental a partir del cual se da el sentido. En este marco, la *epoché* adquiere un nuevo significado: no se trata ya de abstenerse respecto de ninguna parte de la realidad, sino de abstenerse del olvido de que el mundo es resultado de las operaciones trascendentales del sujeto.⁸³

La reducción trascendental permite a Husserl dar un paso más en el establecimiento del *a priori* de correlación universal. Así como la intencionalidad descubre que toda conciencia es "conciencia de…", es decir, que ninguna conciencia está cerrada en sí misma, tampoco hay objetos cerrados, al margen de la subjetividad intencional: todo objeto es "objeto de…". Pero el verdadero sentido de este *a priori* radica en la relatividad de todo ser a la conciencia a partir de la cual adquiere su sentido de ser. La reducción trascendental nos permite descubrir el carácter constitutivo de la intencionalidad.

Como bien destaca Lavigne,⁸⁴ la idea de constitución, que supone asumir la tesis idealista de la asimetría ontológica, que supone equiparar al objeto real con el objeto intencional, constituye el rasgo decisivo de la fenomenología trascendental husserliana. Pero ¿en qué consiste la constitución? Si bien la constitución implica la afirmación de la absoluta dependencia de todo correlato que se dé en la experiencia respecto de la subjetividad, existe cierta ambigüedad en el término, pues es aplicado a realidades diversas y en distintos niveles. San Martin propone dos nociones fundamentales:

---

79 Hua VIII, p. 441.
80 Cfr. San Martin, Javier, *La estructura del método fenomenológico*, op. cit., p. 218.
81 Hua XV, p. 554.
82 Hua XXVII, p. 175.
83 Cfr. San Martin, Javier, *La estructura del método fenomenológico*, op. cit., p. 221.
84 Cfr. apartado 18.2.1 del capítulo segundo.

1) En primer lugar, la constitución puede ser entendida como síntesis objetiva. En *Die Idee der Phänomenologie*, Husserl sostiene:

> el constituirse significa que las donaciones inmanentes [*immanente Gegebenheiten*] no están, como parece al principio, simplemente en la conciencia como en una caja, sino que se presentan en cada caso en algo así como "apariciones" [*Erscheinungen*], en apariciones que no son ellas mismas los objetos ni contienen como ingrediente los objetos; apariciones que, en su cambiante y peculiarísima estructura, en cierto sentido crean los objetos para el yo.[85]

Se trata pues de "crear", por vía de la síntesis, un objeto a partir de las apariciones presentes en la conciencia. En las *Cartesianische Meditationen*, Husserl también insiste sobre la síntesis de las diversas fases perceptivas que permite "constituir" la unidad de una objetividad intencional.[86]

Por su parte, en los textos sobre fenomenología de la intersubjetividad se lee:

> La constitución de un objeto significa una intencionalidad que se desarrolla genéticamente en una subjetividad, en la cual aparece originariamente al sujeto una idea.[87]

En este pasaje se asocia a la constitución con la producción de una idea, de un concepto o sentido.

2) En segundo lugar, la constitución puede ser entendida como "fundación originaria" (*Urstiftung*). Para comprender este segundo sentido hay que distinguir entre el análisis fenomenológico estático y el genético. El análisis estático se interesa por la estructura del objeto dado a la experiencia, determina el sentido de la cosa y la síntesis que lo fundamenta. Por su parte, el análisis genético entiende que el sentido tiene una génesis, "surge de una fundación".[88] Esta génesis es activa y pasiva. La constitución activa, en la que "el yo funciona como constituyente, como productivo, por medio de actos específicos del yo",[89] supone la pasiva que le procura los materiales para su acción. Esto nos remite a una historia en la que se aprende a percibir las cosas. Dice Husserl en el mismo § 38 de *Cartesianische Meditationen*: "todo lo conocido remite a una aprender a conocer originario".[90] En este aprender a conocer se manifiesta un estilo general que queda fijado como "forma estructural de familiaridad" (*Strukturform der Bekanntheit*) por la *Urstiftung*, y que será aplicado del mismo modo a las mismas donaciones.

---

85 Hua II, p. 71.
86 Cfr. Hua I, p. 79.
87 Hua XIV, p. 287.
88 Hua XV, p. 616.
89 Hua I, p. 111.
90 *Ibid.*, p. 113.

Pero, más allá de las distinciones entre distintos tipos de constitución, todos ellos sostienen una concepción de la fenomenología como "idealismo trascendental". La reducción trascendental da cuenta de cómo todo ser se reduce a sentido de ser[91] y, por lo tanto, es resultado de la constitución por parte de la subjetividad. Husserl considera de una evidencia absoluta el hecho de que "todo ser está intencionalmente (y de modo esencial) relacionado al ser del *ego*".[92]

San Martin concluye que una correcta comprensión del idealismo trascendental husserliano no pone el acento en la constitución de sentido por parte de la conciencia, sino más bien en la afirmación del hecho de que

> no hay acceso a la realidad si no es 'aprendiendo a acceder' a ella, es decir, constituyendo esquemas interpretativos de la realidad, que en unos aspectos tendrán una fundamentación práxico-vital de tipo adaptativo biológico, y en otros nos vendrán dados por una praxis social.[93]

De más está decir que no es nuestra intención negar este aspecto de la teoría de la constitución husserliana. Sin embargo, nuestro objetivo no es indagar en la doctrina husserliana, sino en la marioniana, y a esos fines, en los próximos apartados, me detendré en los motivos por los que Marion plantea las limitaciones de la reducción husserliana. Como ya hemos manifestado en el § 11 del capítulo primero, se trata para Marion de indagar en la lógica de la objetividad que impide desplegar la posibilidad de otros tipos de fenomenicidades.

§ 23. La noción heideggeriana de reducción

Marion plantea que existe una reducción ontológica en la fenomenología heideggeriana. Esta cuestión no parece tan evidente si se tienen en cuenta las escasas menciones de este término que pueden encontrarse en su obra, la opinión de algunos de los especialistas en su obra (Walter Biemel,[94] Alphonse de Waelhens,[95] Ludwig Landgrebe[96], entre otros) y la opinión del propio Husserl

---

91   Ver apartado 18.2.3 en el que se analiza la lectura de Benoist respecto del idealismo husserliano como idealismo de sentido.
92   Hua VIII, p. 505.
93   San Martin, Javier, *La estructura del método fenomenológico*, op. cit., p. 266.
94   Biemel entiende que hay una ausencia absoluta de la reducción en Heidegger. Cfr. Biemel, Walter, „Husserls Encyclopædia-Artikel und Heideggers Anmerkungen dazu", *Tijdschrift voor Philosophie*, 12 (1950), pp. 246-280.
95   Waelhens considera que la fenomenología es absolutamente accesoria en la obra de Heidegger, que sólo cumple una función metodológica para acceder a la ontología. Cfr. de Waelhens, Alphonse, *La philosophie de Martin Heidegger*, Louvain, Publications Universitaires de Louvain, 1955, pp. 17-18.
96   Según Landgrebe, Heidegger no sigue el camino husserliano: no practica la reducción ni parte de ese suelo para realizar un análisis de la conciencia, porque está más interesado por elucidar el concepto

respecto de *Sein und Zeit*, expresada en la carta del 2 de diciembre de 1929 a Roman Ingarden:

> ¿El minucioso "estudio de Heidegger"? He llegado a la conclusión de que no puedo inscribir a esta obra en el marco de mi fenomenología y que, lamentablemente, debo recusarla entera y absolutamente, tanto respecto del método como, por lo esencial, respecto de la cosa misma.[97]

23.1. La reducción heideggeriana según Jean-François Courtine

En un texto célebre, "L'idée de la phénoménologie et la problématique de la réduction", Jean-François Courtine sostiene que existe una operación de reducción en *Sein und Zeit* que conserva los rasgos de la reducción trascendental husserliana.

Confrontando a los intérpretes que proponen que no hay reducción en Heidegger o que su filosofía se aparta de la fenomenología, Courtine comienza su artículo planteando las dificultades que esas lecturas implican. En primer lugar, estos comentaristas no pueden dar cuenta de por qué Heidegger, a partir de los años cincuenta, afirma reiteradamente que su obra constituye una expresión de la fenomenología.[98]

En segundo lugar, algunos comentaristas tienden a oponer a Husserl y a Heidegger de un modo bastante simplificado, enfatizando unilateralmente la crítica heideggeriana respecto del *ego* trascendental husserliano como un "yo privado de mundo" (*weltloses Ich*).[99]

En tercer lugar, estas interpretaciones que simplifican la relación entre Husserl y Heidegger olvidan que en el § 7 de *Sein und Zeit* no sólo se plantea un *Vorbegriff* de la fenomenología como *Methodenbegriff*, sino que también se propone la futura elaboración de la idea de la fenomenología. Courtine destaca que esta idea anunciada de la fenomenología ya opera en *Sein und Zeit*.[100]

Finalmente, en cuarto lugar, Courtine sostiene que hay que tomar en serio las palabras de Eugen Fink:

> No hay fenomenología que no pase por la "reducción" [*Es gibt keine Phänomenologie, die nicht durch die „Reduktion" hindurchgeht*]. Aquella que renuncia a la reducción

---

natural de mundo. Cfr. LANDGREBE, Ludwig, „Husserls Phänomenologie und die Motive zu ihrer Umbildung", *Revue Internationale de Philosophie*, 1, 2 (1939), pp. 277-316.
97 HUSSERL, Edmund, *Briefe an Roman Ingarden*, Den Haag, Martinus Nijhoff, 1968, p. 56.
98 Cfr. COURTINE, Jean-François, "L'idée de la phénoménologie et la problématique de la réduction", art. cit., pp. 213-214.
99 Cfr. GA 2, p. 273.
100 Cfr. COURTINE, Jean-François, "L'idée de la phénoménologie et la problématique de la réduction", art. cit., pp. 215-216.

y que podría describirse como "fenomenología" es en principio una filosofía mundana, esto es, una filosofía "dogmática" (desde la comprensión fenomenológica).[101]

Si la reducción es la operación que permite discernir si estamos ante una filosofía fenomenológica o no, entonces conviene indagar rigurosamente en el lugar de la reducción en la obra heideggeriana. Y esta investigación se torna más factible hoy en día –destaca Courtine– pues ya contamos con la publicación de los cursos dictados en Friburgo y Marburgo, previos a *Sein und Zeit*.[102]

Como ya hemos señalado en el § 21, en el curso dictado en el semestre de verano de 1925, *Prolegomena zur Geschichte des Zeitbegriffs*, pueden encontrarse afirmaciones sobre la *epoché*, la reducción y la fenomenología. La parte preparatoria, que lleva por título „Sinn und Aufgabe der phänomenologischen Forschung" (sentido y tarea de la investigación fenomenológica), permite a Heidegger exponer sus críticas y su radicalización de la fenomenología husserliana. Allí Heidegger se detiene en los que él considera los "tres descubrimientos fundamentales de la fenomenología": la intencionalidad, la intuición categorial y la elucidación del sentido originario del *a priori*. El análisis de la *epoché* y de la reducción se encuentra en el § 10 destinado a la elaboración del campo temático de la fenomenología y, en particular, en el apartado b), en el que Heidegger se detiene en la conciencia pura. Examinando el modo en que es posible que la conciencia se presente como la región de las vivencias puras, Heidegger destaca que es necesario un cambio respecto de la actitud natural y que esto se logra por medio de una "puesta entre paréntesis" (*Einklammerung*).

> Este poner entre paréntesis lo ente no afecta para nada a lo ente mismo, ni tampoco significa que lo ente no sea; el sentido de este cambio de la mirada no es otro que el de hacer presente el carácter de ser de lo ente. La única función de esta suspensión fenomenológica de la tesis trascendente es hacer presente lo ente por lo que hace a su ser. En consecuencia, la expresión "suspensión" [*Ausschaltung*] se entiende mal siempre que se piense que con la suspensión de la tesis de existencia la contemplación fenomenológica ya no tiene nada que ver con lo ente; por el contrario, precisamente de lo único de que se trata en última instancia es de determinar el ser de lo ente mismo.[103]

Courtine señala que a partir de esta determinación de la *epoché* como aquella operación que, por medio de la suspensión, se abre a la fenomenicidad de

---
101 FINK, Eugen, „Die phänomenologische Philosophie Edmund Husserls in der gegenwärtigen Kritik", *Kant-Studien*, 38, 1-2 (1933), p. 342 n. 1.
102 Cfr. COURTINE, Jean-François, "L'idée de la phénoménologie et la problématique de la réduction", art. cit., p. 217.
103 GA 20, p. 136.

los fenómenos, Heidegger precisa el estatuto de la reducción trascendental como reconducción a los actos de la conciencia, al flujo de la vivencias, como a una "esfera de posición absoluta" (*Sphäre absoluter Position*).[104]

Sin embargo, a continuación se desliza la crítica heideggeriana: la reducción es reconducción, pero también implica esencialmente una abstracción.

> En la reducción se hace abstracción de la realidad de la conciencia, dada en la actitud natural del hombre fáctico. La vivencia real se suspende en cuanto real, para alcanzar la vivencia absoluta y pura (*epoché*). El sentido de la reducción es precisamente no hacer uso de la realidad intencional; no se pone ni se experimenta nada en cuanto real. [...] Así, pues, la reducción, si nos atenemos a su sentido metódico, el de hacer abstracción [*Absehen von*], es por definición inadecuada para determinar de modo positivo el ser de la conciencia. En la reducción precisamente se renuncia al suelo único sobre el que se podría preguntar por el ser de lo intencional.[105]

La reducción, según Heidegger, no logra su cometido, pues no cumple con la tarea de determinar la "región conciencia" en su especificidad. El problema radica –según Heidegger– en que:

> La cuestión primordial para Husserl no es en absoluto la cuestión acerca del carácter de ser de la conciencia; lo que a él le guía es, más bien: *¿cómo puede hacerse de la conciencia el objeto posible de una ciencia absoluta?* Lo primordial, lo que a él le guía es la *idea de ciencia absoluta*. Esta idea: *la conciencia ha de ser la región de una ciencia absoluta*, no es que sea algo simplemente inventado, sino que es la idea que ocupa a la filosofía moderna desde Descartes. La elaboración de la conciencia pura en cuanto campo temático de la fenomenología *no* se ha realizado *fenomenológicamente, volviendo a las cosas mismas*, sino siguiendo una idea tradicional de la filosofía. Por eso ninguno de los caracteres definidos, que se presentan como características del ser de las vivencias, son originarios.[106]

Según Heidegger, los rasgos de la conciencia pura propuestos por Husserl: el ser inmanente, el ser absoluto en tanto dado absolutamente, etc., no son "determinaciones originarias" que permitan una auténtica aprehensión del ser de la conciencia.

> Ciertamente, los *Prolegomena* presentan una dura crítica a la reducción como incapaz de determinar el modo de ser de lo intencional. Sin embargo, Courtine considera que no debe entenderse que de este modo Heidegger descarta absolutamente

---

[104] *Ibid.*, p. 138. Cfr. COURTINE, Jean-François, "L'idée de la phénoménologie et la problématique de la réduction", art. cit., p. 219.
[105] GA 20, p. 150.
[106] *Ibid.*, p. 147.

a la reducción. Ella permanece en *Sein und Zeit*, pues sigue cumpliendo la tarea fundamental de ofrecer un acceso a la fenomenicidad del mundo.[107]

Para comenzar a comprender la función de la reducción en el proyecto ontológico-fundamental de la *Seinsfrage*, conviene detenerse en el curso del semestre de verano de 1927, inmediatamente posterior a la publicación de *Sein und Zeit*. Se trata de un curso relevante respecto de la consideración de la reducción, no sólo por las afirmaciones que en él pueden encontrarse, sino porque en el plan del curso, la tercera parte, que no llegó a concretarse, iba a esta destinada a la idea y los problemas fundamentales de la fenomenología.

En el § 5 de este curso, Heidegger analiza los tres "componentes fundamentales del método fenomenológico": la "reducción" (*Reduktion*), la "construcción" (*Konstruktion*) y la "destrucción" (*Destruktion*). Courtine destaca que en este curso se presenta la diferencia ontológica y es en relación a esta noción que Heidegger define la reducción como "reconducción del ente al ser", independientemente de toda referencia a Husserl.[108] Dice Heidegger:

> El ser debe ser comprendido y tematizado. El ser es en cada caso el ser de un ente y, por consiguiente, es accesible, de entrada, sólo partiendo de un ente. Por esta razón, la mirada fenomenológica debe dirigirse a un ente, pero de tal manera que el ser de ese ente pueda ponerse en descubierto y quepa llegar a una posible tematización. La comprensión del ser, esto es, la investigación ontológica se dirige primero y necesariamente al ente, pero después *se aleja, de algún modo, de ese ente y se vuelve al ser de ese ente*. El componente fundamental del método fenomenológico, en el sentido de reconducción [*Zurückführung*] de la mirada escrutadora desde el ente comprendido ingenuamente hasta el ser, lo designamos como *reducción fenomenológica*.[109]

La reducción, entendida como "reconducción", es la operación que reorienta la mirada, pero es también entendida por Heidegger en este curso como aquella operación capaz de abrir la diferencia del ente respecto del ser.[110] De este modo, como ya hemos indicado en el § 20, Heidegger introduce una diferencia decisiva respecto de la concepción de su maestro. Y, consciente de esa diferencia, Heidegger la enfatiza:

---

107 "Por más radical que efectivamente sea, la crítica de la reducción entendida como abstracción de la singularidad de la existencia, no obstante, no significa que la reducción –en un sentido amplio del término–, como posibilidad principal de acceso a la fenomenicidad del mundo (al *Weltphänomen*), permanezca absolutamente extraña al procedimiento metodológico de *Sein und Zeit*". COURTINE, Jean-François, "L'idée de la phénoménologie et la problématique de la réduction", art. cit., p. 222.
108 Cfr. *ibid.*, p. 223.
109 GA 24, pp. 28-29.
110 Cfr. COURTINE, Jean-François, "L'idée de la phénoménologie et la problématique de la réduction", art. cit., p. 224.

Para Husserl, la reducción fenomenológica que por primera vez elaboró de forma expresa en las *Ideas para una fenomenología pura y una filosofía fenomenológica* (1913), es el método de la reconducción de la mirada fenomenológica [*Rückführung des phänomenologischen Blickes*], desde la actitud natural propia del hombre que vive en el mundo de las cosas y de las personas hasta la vida trascendental de la conciencia y sus vivencias noético-noemáticas, en las cuales se constituyen los objetos como correlatos de la conciencia. *Para nosotros*, la reducción fenomenológica significa la reconducción de la mirada fenomenológica desde la comprensión, siempre concreta, de un ente hasta la comprensión del ser de ese ente (proyectada sobre el modo de su estar develado).[111]

Heidegger se refiere al § 33 de *Ideen I*, la reducción reconduce desde el ente tal como es dado en la actitud natural, al ser en el sentido de la conciencia constituyente, pero este "ser" ya no es comprendido de la misma manera. Para Heidegger ya no se trata de un ser entendido como "ser absoluto de la conciencia".[112]

Sin embargo, según Courtine, la cuestión reviste una complejidad mayor. Heidegger no opone sencillamente la reducción trascendental husserliana –destinada a reconducir reflexivamente a la esfera inmanente de la conciencia pura– a una reducción ontológica, que frente a todo ente nos reenvía más allá del ser de ese ente al ser mismo. Y esto no es así –aclara Courtine– porque Heidegger no habla del ser, sino de la comprensión del ser. La reducción heideggeriana sigue siendo una reducción trascendental, pues ella articula el ser con la comprensión del ser y el Dasein.[113]

Pero, entonces, ¿cómo queda establecida la relación entre la reducción ontológica heideggeriana y la reducción trascendental husserliana? En *Grundprobleme der Phänomenologie*, la reducción, como primer componente del método fenomenológico, es definida en un sentido negativo, como una etapa preparatoria:

> La reducción fenomenológica como vuelta de la mirada desde un ente al ser no es, sin embargo, el único, ni siquiera el principal de los componentes fundamentales del método fenomenológico. Pues esta reconducción [*Zurückführung*] de la mirada desde el ente al ser exige a la vez el acto positivo de dirigirse al ser mismo. La

---

111 GA 24, p. 29.
112 Cfr. Courtine, Jean-François, "L'idée de la phénoménologie et la problématique de la réduction", art. cit., p. 226.
113 "Ahora bien, es precisamente por eso que la reducción en el sentido de los *Grundprobleme der Phänomenologie*, e igualmente en *Sein und Zeit*, sigue siendo trascendental. La "recuperación" heideggeriana de la problemática de la reducción, lejos de borrar el motivo trascendental, lo acentúa en la medida en la que tiende a articular lo más estrechamente posible: ser, comprensión del ser y ser-ahí (*Dasein*)". *Ibid.*, pp. 226-227.

mera desviación [*Abwendung*] es sólo un comportamiento metodológico negativo que ha de ser completado, no sólo mediante otro positivo, sino que expresamente requiere de un dirigirse al ser, es decir, de una conducción [*Hinführung*].[114]

El movimiento positivo es, en términos de Heidegger, la "construcción" y se trata –según Courtine– de la apropiación heideggeriana de la noción husserliana de constitución. Heidegger asocia la reducción y la construcción a partir de la idea de una *Führung*, de una dirección, de un dirigirse a...[115]

Y, finalmente, la reducción y la construcción requieren de una *Destruktion* que, en tanto refiere a la desestructuración, al desmontaje de la tradición –como ya hemos mencionado en el § 21– puede ser relacionada con la idea husserliana de *Voraussetzungslosigkeit*. Dice Heidegger:

> ...pertenece necesariamente a la interpretación del ser y de sus estructuras, esto es, a la construcción reductiva del ser, una destrucción [*Destruktion*], esto es, un desmontaje [*Abbau*] crítico de los conceptos tradicionales –que, al comienzo, deben ser necesariamente empleados– que los desmonte hasta las fuentes a partir de las cuales fueron creados.[116]

Courtine concluye que más allá de las diferencias entre la reducción heideggeriana y la reducción husserliana, el motivo trascendental conduce las reflexiones del curso de 1927. Si bien el procedimiento heideggeriano se dirige al ser, el movimiento de regreso a la comprensión implica un regreso al sujeto que da cuenta de cierta trascendentalidad.[117]

Estas hipótesis de Courtine son compartidas por Marion. Como ya hemos analizado en el § 17 del capítulo segundo, el *Dasein*, con su privilegio óntico-ontológico, se constituye en la instancia trascendental a partir de la cuál es posible plantear la pregunta por el ser. La segunda reducción, la reducción ontológica, también se verá limitada por la instancia del *Dasein* y el horizonte del ser.[118]

A continuación, Courtine plantea su hipótesis respecto de la reducción en *Sein und Zeit*. Su planteo se basa en la afirmación de que la estructura formal de la pregunta por el ser está supeditada enteramente a la articulación

---

114 GA 24, p. 29.
115 Cfr. COURTINE, Jean-François, "L'idée de la phénoménologie et la problématique de la réduction", art. cit., p. 228.
116 GA 24, p. 31.
117 "La reducción no es más que el primer paso en un procedimiento de conjunto que se dirige en dirección del ser, pero este último, a su vez, sólo se descubre en un movimiento metafísico fundamental de regreso, en última instancia, a la comprensión y, para emplear un lenguaje más 'clásico', de 'regreso al sujeto'". COURTINE, Jean-François, "L'idée de la phénoménologie et la problématique de la réduction", art. cit., p. 229.
118 Volveré sobre esta cuestión en el siguiente apartado.

entre la reducción ontológica y la reducción fenomenológica trascendental. Courtine sostiene que el análisis de la angustia en *Sein und Zeit* constituye la "repetición" heideggeriana de la problemática husserliana de la *epoché* y de la reducción trascendental.[119]

Por lo general –lamenta Courtine–, cuando se interpreta la exégesis heideggeriana de la angustia en *Sein und Zeit* no se repara en la situación sistemática de este análisis en la obra. Heidegger introduce la cuestión de la angustia en el § 39, en el marco de la pregunta por la posible totalidad (*Ganzheit*) originaria del *Dasein*. Es a través del fenómeno de la angustia que el *Dasein* se da como unidad de sus determinaciones estructurales. Y es gracias a la angustia que se alcanza el suelo a partir del cual puede progresar la pregunta por el ser del *Dasein*.[120] Así, el análisis de la angustia tiene una doble función: 1) posibilitar la unidad y 2) liberar el sentido ontológico y existencial del cuidado como la unidad de las estructuras ontológicas del Dasein.[121]

Courtine se detiene en la primera tarea. La explicitación de los diversos aspectos puede desorientarse. Heidegger se pregunta cómo asegurar la mirada fenomenológica sobre la unidad de la totalidad estructural. En palabras de Heidegger: "*¿cómo ha de ser determinada ontológico-existencialmente la totalidad del todo estructural que se ha mostrado?*"[122] Heidegger se pregunta cómo acceder al *Dasein* a partir del *Dasein* mismo. "¿será posible encontrar la vía de acceso óntico-ontológica al *Dasein* exigida *por él mismo* como la única adecuada?".[123] Y, teniendo en cuenta que el *Dasein*, simplemente siendo, está abierto para sí mismo. Y que ese "estado de abierto" (*Erschlossenheit*) se compone de un "comprender" (*Verstehen*) y de una "disposición afectiva" (*Befindlichkeit*), "¿habrá en el *Dasein* alguna disposición afectiva comprensora [*verstehende Befindlichkeit*] que lo deje abierto para sí mismo en forma eminente?"[124]

La respuesta, como es sabido, está dada por la angustia. Ella constituye la *Grundbefindlichkeit* que actúa como el modo de "estado de apertura" en el que el *Dasein* se lleva ante sí mismo.[125] Courtine destaca la importante diferencia de este planteo respecto de la "autodonación" (*Selbstgegebenheit*) husserliana. La analítica existenciaria del *Dasein* fáctico se despliega contra la supuesta evidencia del yo y del ser dado a sí mismo.[126] Courtine destaca que si bien esta vía

---

119 Cfr. Courtine, Jean-François, "L'idée de la phénoménologie et la problématique de la réduction", art. cit., pp. 231-232.
120 Cfr. *ibid.*, pp. 233-234.
121 Cfr. *ibid.*, p. 234.
122 GA 2, p. 240.
123 *Ibid.*, p. 242.
124 *Idem.*
125 Cfr. *idem.*
126 Cfr. Courtine, Jean-François, "L'idée de la phénoménologie et la problématique de la réduction", art.

de la analítica de la angustia es bien distinta de la de la reducción trascendental husserliana, esto no implica que ésta no siga su modelo. La angustia revela el *Dasein* a sí mismo. Courtine insiste en que allí se observa la "repetición del motivo del *Rückgang auf das Subjekt*".[127]

Por otra parte, el fenómeno de la angustia actúa ciertamente como una suerte de "puesta entre paréntesis" del mundo en el sentido de la totalidad de los entes intramundanos. La angustia, por un lado, anula al mundo, pero lo recupera como la posibilidad del "mundo en cuanto tal" (*Welt als solche*).[128]

Courtine se pregunta por qué Heidegger privilegia a la *Stimmung* por sobre cualquier otra posibilidad reveladora de conocimiento. La respuesta es clara: la *Stimmung* devela al *Dasein* en su *Geworfenheit*, es su "estado de yecto", en su "condición de arrojado".[129]

> Desde un punto de vista ontológico-existencial no hay el menor derecho para rebajar la "evidencia" de la disposición afectiva, midiéndola por la certeza apodíctica propia del conocimiento teórico de lo puramente "ante los ojos" [*Vorhanden*].[130]

El camino heideggeriano, destaca Courtine, no es el husserliano, pero ambos comparten el objetivo de acceder a la instancia trascendental. Heidegger —como ya hemos examinado— cuestiona la falta de facticidad en la reducción según es propuesta por Husserl. "El 'que es' [*das daß*] de la facticidad jamás puede ser hallado en una intuición".[131] Por este motivo, no debe buscarse el espacio en el que se despliega el procedimiento regresivo trascendental ni en el análisis de las vivencias puras, ni en la esfera de la intuición pura. Por otra parte, de este modo, Heidegger también da respuesta a la problemática de la "motivación" husserliana como ejercicio de la "libertad absoluta" [*vollkommene Freiheit*],[132] pues la *Stimmung* "nos sobreviene".[133]

Courtine concluye su ensayo resumiendo sus resultados. En primer lugar, teniendo en cuenta lo manifestado por el propio Heidegger en los *Prolegomena* y en *Grundprobleme der Phänomenologie*, es posible sostener que —más allá de las criticas formuladas— la propuesta de *Sein und Zeit* constituye una radicalización de la reducción fenomenológica y trascendental de Husserl.[134]

---

cit., p. 236.
127 *Ibid.*, p. 238.
128 GA 2, P. 248.
129 Cfr. GA 2, p. 181.
130 *Idem*.
131 *Ibid*, p. 180.
132 Hua III/1, p. 62.
133 „Die Stimmung überfällt". GA 2, p. 182.
134 Cfr. COURTINE, Jean-François, "L'idée de la phénoménologie et la problématique de la réduction", art. cit., pp. 242-243.

Según Courtine, Heidegger no sólo no abandona la reducción husserliana, sino que la radicaliza solucionando sus limitaciones. Y es precisamente esta fidelidad a la reducción la que justifica –según Courtine– que la obra de Heidegger pueda ser considerada "fenomenológica".[135]

Ciertamente, con la radicalización heideggeriana operan algunas transformaciones decisivas en la reducción. Por un lado, por medio de la angustia, el *Dasein* es conducido ante sí mismo, ante su ipseidad que se da en su facticidad, en su ser libre para su poder-ser más propio. Y en ese mismo gesto, también se devela el mundo en tanto tal, el *Weltphanomen*. Courtine insiste en que la "angustia reductora" no opera de modo absolutamente diferente al de la reducción trascendental husserliana, aun cuando ya no se despliega en la dimensión de la reflexión, la ideación, la abstracción y la intuición, sino en la dimensión de la tonalidad afectiva que nos devela el "ahí" y la "condición de arrojado".[136]

Por otro lado, también es importante destacar el carácter propio de la *Grundstimmung* de la angustia como algo que "nos sobreviene", que acontece, sin que pueda –como en el caso de la reducción husserliana– ser puesta en práctica a partir de un operar metodológicamente activo por parte del sujeto.[137]

Finalmente, Courtine concluye que –a diferencia de la reducción husserliana que separa la esfera de la inmanencia pura de la conciencia respecto de la realidad trascendente– la angustia tiene por objeto develar al *Dasein* de modo más originario, como *Da-Sein*, como el lugar mismo del surgimiento de la Diferencia.[138]

23.2. La reducción heideggeriana según Jean-Luc Marion

En *Réduction et donation*, Marion se extiende en minuciosos y originales análisis sobre el modo en que opera la reducción en Heidegger. Marion pensará su propia reducción a la donación bajo el modelo heideggeriano que implica un desplazamiento desde el estatuto teórico de la reducción husserliana al estatuto existencial de la reducción ejercida desde un temple anímico fundamental.

A continuación, me detendré en los pasos más representativos de la lectura marioniana de Heidegger, que conduce a postular la tercera reducción, y en

---

135 Cfr. *ibid.*, p. 243.
136 Cfr. *ibid.*, p. 244.
137 Cfr. *ibid.*, p. 245.
138 Cfr. *idem*.

la que por momentos parece comenzar a vislumbrarse la posibilidad de una "hermenéutica del amor".

23.2.1. El "enigma" del fenómeno y la "transgresión" heideggeriana

El segundo estudio de *Réduction et donation*, "L'étant et le phénomène",[139] procura distinguir la propuesta husserliana de la heideggeriana a partir de su relación con la ontología. Marion destaca que mientras que Heidegger identifica la fenomenología con la ontología en los *Prolegomena*,[140] Husserl excluye la ontología en *Ideen III*.[141] Esta oposición no pude ser ignorada y debe ser indagada. Con este objetivo, conviene esclarecer las nociones de fenomenología, fenómeno y ente en cada uno de estos autores.[142] Marion comienza analizando el procedimiento metodológico en Husserl. La práctica de la reducción prescinde de la apelación al ser, pues no le otorga ninguna "confianza teórica". Marion explica que el ser no interviene en la donación, ya que los entes o desaparecen o se reducen a ella. El mundo deviene el mundo de la experiencia y solo la experiencia, abierta por la reducción, es capaz de hacer mundo.[143]

Sin embargo, este desinterés por el ser, que podría ser leído en un sentido positivo por Marion, como anticipador de su propia posición, es desestimado, pues tiene su origen –según indica Heidegger– en el ideal de una ciencia absoluta por parte de Husserl, que le impide indagar de modo radical. Heidegger entiende que la fenomenología es ontología, pero no el sentido de que ella deba tratar con entes en vez de fenómenos, sino porque sólo la fenomenología puede permitir el desplazamiento del ente al ser. Marion analiza algunos pasajes del § 8 de los *Prolegomena*, en los que Heidegger formula su posición de modo casi paradójico. La investigación fenomenológica "nunca jamás ha de tener que ver con *Erscheinungen* o aún menos con meras *Erscheinungen*".[144] Esto es así porque la pregunta de la fenomenología no es respecto de los fenómenos, sino respecto de su "modo de exposición" (*Art der Aufweisung*). La pregunta de la fenomenología debe dirigirse hacia la fenomenicidad. Husserl,

---

[139] La primera versión de este texto se encuentra como capítulo del mismo libro en que Courtine publica su ensayo "L'idée de la phénoménologie et la problématique de la réduction". Cfr. MARION, Jean-Luc, "L'étant et le phénomène" en MARION, Jean-Luc et PLANTY-BONJOUR, Guy, *Phénoménologie et métaphysique*, Paris, PUF, 1984, pp. 159-209.
[140] Cfr. "…la ontología como ciencia no es otra cosa que la fenomenología". GA 20, p. 98.
[141] "Pues en sí, y tendremos mucho que decir con respecto a este tema, *la ontología no es la fenomenología*". Hua V, p. 129.
[142] Cfr. RD, p. 65. Ver el § 11 del capítulo primero.
[143] Cfr. *ibid*., p. 69.
[144] GA 20, p. 118.

según Heidegger –comenta Marion–, no sigue el hilo conductor de la fenomenología que lleva a la *Seinsfrage*.[145]

Según Marion, el fenómeno husserliano –como hemos examinado en el § 11 del capítulo primero– es un "fenómeno *llano* [*plat*] (sin resto, raso, en superficie) y, por lo tanto, perfectamente presente".[146] Por el contrario, el fenómeno heideggeriano se caracteriza por su profundidad y su carácter enigmático. El fenómeno husserliano se puede definir –según Marion– como "presencia permanente a la mirada de la conciencia".[147] Heidegger se aparta de esta concepción husserliana por dos motivos: 1) En primer lugar –como ya hemos analizado en el § 9 del capítulo primero–, la concepción heideggeriana del fenómeno ya no pone el acento en la presencia, sino en la auto-mostración del fenómeno. El fenómeno ya no se deja reducir a mera presencia para una conciencia, sino que surge a partir de su propia iniciativa.

2) En segundo lugar, lo que caracteriza al fenómeno heideggeriano es su inaparencia, es el hecho de encontrarse en "estado de encubierto" (*Verdecktheit*) y de necesitar, por lo tanto, de la fenomenología para alcanzar su mostración.[148] Marion destaca, pues, que para Heidegger: "la fenomenología tiene como trabajo el hacer aparente no solo lo inaparente, sino también el juego de lo aparente con lo inaparente en la aparición".[149]

Esto dos motivos permiten advertir el carácter "enigmático" del fenómeno heideggeriano que se muestra a partir de sí mismo, pero se encuentra bajo el modo de la inaparencia. A la evidencia del fenómeno husserliano, Heidegger opone el enigma del fenómeno. "El fenómeno se experimenta como enigmático [*rätselhaft*]".[150] Comenta Marion:

> ...el fenómeno heideggeriano, originándose en el ascenso a lo visible de lo aún-no-visible, implica, por derecho y por principio, lo inaparente de la aparición. En un caso, la evidencia reduce la aparición a la presencia (y por lo tanto a la objetividad para la conciencia); en el otro, la aparición revela como tal lo inaparente cuyo contraste nubla lo aparente. En lugar de ofrecer la evidencia cierta de un objeto para la conciencia, el fenómeno se ofrece como un enigma del juego siempre inobjetivable de lo aparente con lo inaparente.[151]

Este pasaje condensa buena parte del plan de trabajo marioniano. Este sur-

---

145 Cfr. RD, p. 76.
146 *Ibid.*, p. 97.
147 *Ibid.*, p. 90.
148 Cfr. GA 2, pp. 46-49.
149 RD, p. 93.
150 GA 24, 446.
151 RD, p. 93.

gir de lo aún-no-visible, es decir, de lo "invisto" que no puede ser reducido a la objetividad, será el objeto de la investigación de Marion en la fenomenicidad.

Ahora bien, este rasgo enigmático del fenómeno en la fenomenología heideggeriana impone ir más allá del "fenómeno llano" husserliano, impone ver al ente de otro modo: demanda interpretarlo.[152] Esta interpretación no implica ver otro ente, sino ver de otro modo al ente, verlo "en tanto que no cesa de aparecer" a partir de sí mismo.[153] De este modo, interpretar es transgredir dirigiéndose más allá del fenómeno hacia la fenomenicidad. Marion sostiene que Heidegger introduce una "transgresión" (*transgression*) que permite articular los pares fenómeno/fenomenicidad y ente/ser. Hay una doble "transgresión". Se transgrede al fenómeno en pos de la fenomenicidad misma y se transgrede al ente en pos del ser. Esta "transgresión", según Marion, opera como una pregunta radical que busca alcanzar el origen: el ser en tanto fenomenicidad.[154]

23.2.2. La reducción redoblada y las dos tácticas heideggerianas

A continuación, Marion se detiene en la redefinición de la reducción propuesta por Heidegger en *Grundprobleme der Phänomenologie*.[155] Como ya hemos analizado, Heidegger propone un desplazamiento: ya no se trata de operar una reconducción de los fenómenos a la inmanencia de su donación a la conciencia, sino de reconducir el ente/fenómeno a su ser/fenomenicidad. Marion destaca —concordando con Courtine— que no cabe sostener que Heidegger no haya comprendido el sentido de la reducción, por el contrario, la "transgresión" heideggeriana no implica un regreso a la posición ingenua de la actitud natural, sino un atravesar la reducción husserliana e ir más allá en dirección del sentido del ser del ente.[156] Pero, entonces, Marion se pregunta por qué Husserl ve un contrasentido en Heidegger. Y el motivo lo encuentra en que Husserl no advierte la nueva disposición de los elementos en Heidegger que provocan una "reducción redoblada" (*réduction redoublée*). Explica Marion:

> Husserl solo considera dos términos, que constituyen las dos vertientes de una única reducción (tesis del mundo/fenómeno reducido), sin sospechar que Heide-

---

[152] Volveré sobre esta cuestión cuando trate la problemática de la hermenéutica en el capítulo quinto.
[153] Cfr. RD, p. 99.
[154] "La transgresión consiste en preguntar hasta el fin, y por lo tanto penetrando (*Hineinfragen*) hasta el comienzo radical, a saber hasta aquello que se pone en juego en el ente que aparece como tal: el ser a título de fenomenicidad. La transgresión se mueve en el fenómeno/ente mismo, porque la trascendencia, para Heidegger, no sobrepasa la inmanencia del fenómeno; por el contrario, si el fenómeno vale como ente, entonces el ser que ofrece el ente a sí mismo se transforma, a título de fenomenicidad, en lo trascendente por excelencia". *Ibid.*, p. 100-101.
[155] Cfr. GA 24, p. 29. Ver § 21 de este mismo capítulo.
[156] Cfr. RD, p. 103.

gger ve tres de ellos, dispuestos en dos reducciones: tesis del mundo/fenómeno por reducción fenomenológica puramente husserliana, y luego también ente/sentido del ser por interpretación fenomenológica.[157]

El tercer elemento que posibilita la transgresión del ente al sentido del ser es el que le permite a Heidegger cumplir e ir más allá de la reducción husserliana. La "ceguera" husserliana –sostiene Marion– se debe a que el moravo se niega a considerar al fenómeno como ente. Husserl ve en el fenómeno reducido un correlato para la conciencia, pero no un ente que pudiera remitir al sentido del ser. De este modo, Heidegger ve un alejamiento de las cosas mismas en Husserl y busca el regreso a ellas por medio del "desplazamiento de la reducción a la interpretación".[158]

Esta "reducción redoblada" heideggeriana, según Marion, actúa por medio de dos dispositivos que operan en conjunto: 1) la pregunta y 2) el temple anímico fundamental de la angustia. Teniendo en cuenta estas dos modalidades de reducción (la pregunta y la angustia), que se encuentran imbricadas entre sí, Marion entiende necesario analizar las dos tácticas que Heidegger utiliza para dar cuenta de la fenomenicidad como ser del fenómeno entendido como ente. 1) La primera es la de la analítica del *Dasein* (1927) y 2) la segunda es la de la diferencia ontológica a partir de un análisis de la pregunta por la nada en „Was ist Metaphysik?" (1929).[159]

1) La primera táctica, es decir, el primer intento de Heidegger de alcanzar la fenomenicidad como ser del fenómeno entendido como ente, se encuentra en *Sein und Zeit*. El análisis de Marion se detiene en el tipo de reducción que puede encontrarse en la actividad misma del cuestionamiento.[160] En este punto, Marion concuerda con la lectura de Patočka. El filósofo checo entiende que el "volver a las cosas mismas" de la fenomenología, que implica un "retroceder a la experiencia genuina originaria", se cumple (en Husserl y en Heidegger) por el procedimiento metodológico básico del preguntar, "del cuestionar retrospectivo y crítico".[161] Explica Patočka:

> El mostrarse de la cosas se descubre al preguntar a las cosas que aparecen por aquello que las hace aparecer tal como aparecen, y al intentar uno abrirse paso, mediante un preguntar que va diferenciando, hasta ese fundamento de lo que aparece.[162]

---
157 *Ibid.*, p. 104.
158 *Idem*. En el capítulo quinto analizaremos si este "desplazamiento de la reducción a la interpretación" no se da también, de algún modo, en la obra de Marion.
159 Cfr. *ídem*.
160 Marion pondrá en práctica este tipo de reducción que opera a través de la pregunta al desarrollar su reducción erótica en *Le phénomène érotique*.
161 Patočka, Jan, "¿Qué es la fenomenología?", cap. cit., p. 253
162 *Idem*.

La estructura de la reducción responde a la estructura de la pregunta. Según Marion, el dispositivo de la pregunta en *Sein und Zeit* modifica el carácter de la reducción a partir de su estructura ternaria, pues el objetivo es ahora reconducir todo lo dado a aquello que no es inmediata ni mediatamente dado: el ser.[163]

Como es bien sabido, el dispositivo heideggeriano de la pregunta se establece según tres términos: 1. Lo que se pregunta (*Gefragtes*). 2. Aquel a quien se pregunta (*Befragtes*). 3. Aquello que se quiere llegar a saber a través de la pregunta (*Erfragte*). Aclara Marion:

> Llevado al lenguaje policíaco, se trataría de plantear una pregunta (¿dónde, cuándo, cómo, *quibus auxiliis*?) a un testigo (o sospechoso) para descubrir la verdad acerca de un suceso. Lo que importa, por sobre todo, es distinguir bien aquí la irreductibilidad de lo que se pregunta (a aquel a quién se interroga) a lo que en última instancia se quiere saber; esta diferencia es la que ya hemos hallado con la noción de *Ablesung*: lectura de segundo grado, que recoge lo que encuentra en vistas de algo otro que esto mismo que se acaba de encontrar. La pregunta ternaria se convierte, estrictamente hablando, en una búsqueda: ella quiere informaciones, obtenidas de un ente, en vistas de lo que este ente mismo ignora o, al menos, disimula. La pregunta demanda del ente mucho más que lo que él puede o quiere decir; ella quiere saber no lo que puede saberse, sino aquello que no puede, de entrada (y quizá nunca), descubrirse.[164]

En esta primera vía señalada por Marion, la estructura de la pregunta modifica radicalmente la estructura de la reducción. Pero ¿por qué motivo es necesaria esta modificación ternaria de lo binario? La respuesta heideggeriana es clara: por la naturaleza enigmática del fenómeno, por su "profundidad". La pregunta no busca meramente el "ser del ente", sino el "sentido del ser mismo". Sin embargo, el pasaje por el ente es indispensable. El camino a recorrer es desde el ser del ente al ser sin el ente.[165] Marion no se detiene demasiado en este primer intento y pasa sin más a la segunda táctica heideggeriana, la implementada en la conferencia de 1929. Cabe recordar que en ambas oportunidades (en 1927 y en 1929) la pregunta y el temple anímico de la angustia actúan de forma conjunta.

2) La segunda táctica que Heidegger emplea para alcanzar la fenomenicidad como ser del fenómeno en tanto ente es implementada en el texto de 1929, „Was ist Metaphysik?". Nuevamente, se da una concordancia con la

---

163 Cfr. RD, pp. 104-105.
164 *Ibid.*, pp. 106.
165 Cfr. *ibid.*, pp. 107-108.

propuesta de Patočka en "¿Qué es fenomenología?". El fenomenólogo checo entiende que en la conferencia de 1929, Heidegger "funda la *epoché* en la vida".¹⁶⁶ La propuesta heideggeriana, según Patočka, logra superar las limitaciones de la *epoché* husserliana:

> Aunque la *epojé* husserliana se oriente hacia la superación del dominio ejercido por la lógica, no puede, empero, consumar tal superación de una manera radical y consecuente, sino que se detiene en la idea indeterminada de una "tesis general" de la actitud natural. Heidegger intenta, por el contrario, una ofensiva general contra el dominio ejercido por la lógica al tratar de mostrar cómo uno de los presupuestos de ésta, a saber: la negación, se funda en lo pre-lógico, en la apertura del "ser-ahí" al ser, y justamente en el anonadamiento.¹⁶⁷

Patočka entiende que en „Was ist Metaphysik?" Heidegger polemiza con Husserl. Pero su intención no es abandonar el trabajo del maestro, sino "buscar una interpretación ontológica de los logros de la fenomenología".¹⁶⁸ Según el checo, el padre de la fenomenología somete la *epoché* a la lógica. De ese modo, permanece preso de la relación sujeto-objeto y del idealismo trascendental. Por el contrario, el filósofo de Meßkirch pone en cuestión a la lógica, pues indaga profundamente en la posibilidad de la *epoché*. La "tesis general" de la actitud natural es un concepto problemático, porque presupone que la conducta primaria hacia el mundo es una tesis. Patočka destaca que Heidegger advierte que la conducta primaria hacia el mundo se da en la "esfera afectiva", en una disposición anímica desde la que se produce la apertura originaria a lo ente en su totalidad. Por lo tanto, la *epoché* no debe pensarse como acto teórico (¿cómo podría un acto teórico suspender un "todo" que nunca puede darse como objeto?), sino como un modo de comportarse fundado en el anonadamiento.¹⁶⁹ Explica Patočka:

> ¿En qué medida es la *epojé* un comportarse que anonada? En la medida en que es un no hacer uso de ninguna tesis. En ella se experimenta una libertad, una ausencia de ataduras al ente. *Frente* al comportarse judicativo, que no es libre, que depende del ente, se descubre una esfera en que el ente no impera, en que no *fuerza* a afirmar ni a negar.¹⁷⁰

Heidegger, según Patočka, reconoce este rasgo de la *epoché*, que presupone la "experiencia del quedar en suspenso, el anonadamiento al que remite, como

---
166 Patočka, Jan, "¿Qué es la fenomenología?", cap. cit., p. 269.
167 *Ibid.*, p. 272.
168 *Ibid.*, p. 277.
169 Cfr. *ibid.*, p. 271.
170 *Ibid.*, p. 269.

su origen, toda actitud (negativa) de renuncia",[171] y lo explora a partir de la angustia.

> Según la lectura de Marion, que es similar a la patočkiana, tanto en la obra de 1927 como en la conferencia de 1929 hay una reducción que se cumple por medio de la angustia, pero en „Was ist Metaphysik?" ésta se da con un sentido diferente. Marion destaca que en 1929 la angustia ya no se ejerce como referida al *Dasein*, sino al ente en general, y opera sobre el resultado obtenido por el aburrimiento.[172] Ahora bien, ¿cómo hay que entender este nuevo estatuto de la angustia que opera sobre todo lo ente y no sólo sobre el *Dasein*? Se abren dos opciones: o se entiende que en 1929 Heidegger abandona la reducción fenomenológica, o estamos ante un nuevo tipo de reducción, una reducción ampliada.[173] Coincidiendo con Courtine, Marion sostiene que Heidegger no abandona la reducción, sino que la radicaliza.[174] En este sentido, cabe destacar que la angustia en 1929 también se despliega a partir del *Dasein*, pero lo hace de un modo generalizado y más allá de su campo.

> Asimismo, la generalización de la reducción puede advertirse en el modo que la angustia, al suprimir a distinción entre los entes, ya no teme a un ente en particular, sino a lo ente en su totalidad. Pero, a ese primer momento, al momento del rechazo de lo ente en su totalidad, le sigue el momento de la remisión al ser. "La angustia opera de este modo una reducción fenomenológica, reconduciendo lo ente en su totalidad hacia el ser".[175]

> Sin embargo, con buen tino, Marion advierte que puede plantearse la siguiente objeción: la reducción de 1929 no culmina en el "ser del ente", sino en la nada. La pregunta en 1929 no es por el ser, sino por la nada. Marion responde a partir de una clara explicitación de las dos etapas de esta reducción por vía de la angustia: 1) la primera etapa reconduce desde el "ente en su totalidad" hacia el "ser del ente", por medio de un "rechazo" que remite a (*abweisende Verweisung*). En este sentido, la nada a la que conduce la angustia es la "transgresión" misma entendida como la trascendencia del ente hacia el ser del ente. En la primera etapa la nada es la nada del ente, es su anonadamiento óntico. 2) Pero, en una segunda etapa, el anonadamiento ya no se relaciona solo con el ente, sino que también revela una relación con el ser del ente mismo. Sostiene Marion: "La Nada como tal no solamente anonada al ente, sino

---

[171] *Ibid.*, p. 270.
[172] Cfr. RD, pp. 111-112.
[173] *Ibid.*, p. 112.
[174] En una nota al pie, Courtine destaca el análisis de la angustia y el aburrimiento propuesto por Marion en su artículo " L'angoisse et l'ennui. Pour interpréter Was ist Metaphysik ? ", *Archives de Philosophie*, XLIII (1980), pp. 121-146. Cfr. COURTINE, Jean-François, " L'dée de phénoménologie et la problématique de la réduction ", cap. cit., p. 233.
[175] *Ibid.*, p. 114.

que sobre todo lo anula por una trascendencia que manifiesta la función de portavoz del ser del ente".[176]

> En 1929, aquel al que se interroga (*das Befragte*) tiene nombre: el ente en su totalidad; lo preguntado (*das Gefragtes*) conserva la misma identidad que en 1927: el ser del ente (develado en la Nada del ente en general); pero ¿qué ocurre con lo que queremos saber (*das Erfragte*)? [...] A modo de simple hipótesis, arriesgamos la siguiente equivalencia: lo que en 1927 *Sein und Zeit* designaba (sin alcanzarlo verdaderamente) con el título de "sentido del ser", la conferencia de 1929 lo mienta –sin incluirlo allí expresamente– con el nombre de diferencia ontológica.[177]

La pregunta de 1929, según Marion, encuentra un nuevo *Erfragte*. Si bien la conferencia no menciona la diferencia ontológica, Marion aclara que ésta actúa como el horizonte de investigación en todos los cursos y textos a partir de 1927. Se trata pues de reconducir el ser del ente a la diferencia ontológica, es decir, de reconducir a la diferencia entre el ente y el ser, pero desde el punto de vista del ser y ya no del ente.[178]

El objetivo de ambas reducciones (1927 y 1929) es alcanzar la donación del ser como fenómeno. Marion concluye el estudio enfatizando que Heidegger no solo no abandona la fenomenología husserliana, sino que la reactiva al indagar respecto del ser entendido como fenómeno.[179] Pero ¿cómo hay que entender esta reconducción a la diferencia ontológica operada en 1929, en la que se atisba la posibilidad de un ser sin el ente?

23.2.3. La "hermenéutica de la nada"

Marion responde en el sexto estudio de *Réduction et donation*, "Le Rien et

---

176 *Ibid.*, p. 115.
177 *Ibid.*, pp. 115-116.
178 Marion dedica el cuarto estudio de *Réduction et donation*, "Question de l'être ou différence ontologique", a establecer cómo opera ya la noción de diferencia ontológica en *Sein und Zeit*. Sin embargo, Marion concluye que, en rigor, en *Sein und Zeit*, bajo la influencia de la distinción husserliana entre conciencia y realidad, se establece una "diferencia ontológica" (entrecomillada) que ocupa el lugar de la diferencia ontológica. La "diferencia ontológica" entre el *Dasein* como ente con el privilegio óntico-ontológico y los demás entes ocupa el lugar de la diferencia ontológica entre el ente y el ser en general. Cfr. RD, pp. 164-210. "Llegamos así a una doble conclusión en forma de paradoja. Por una parte, contra la interpretación autorizada, *Sein und Zeit* sabe de una 'diferencia ontológica'. Por otra parte, siguiendo la interpretación recibida, *Sein und Zeit* no piensa todavía la diferencia ontológica por el simple hecho de que nombre una 'diferencia ontológica'. Creemos poder asignar un motivo para esta paradoja: la 'diferencia ontológica' obedece, en *Sein und Zeit*, a la construcción ternaria de la pregunta por el ser, de manera de impedirse el acceso a la dimensión estrictamente dual de la futura diferencia ontológica. Y el tercer término se introduce aquí con el *Dasein*, que, entre el ente y el ser, provoca la mediación –opaca tal vez– de un ser del ente". *Ibid.*, pp. 202-203.
179 Heidegger "ni abandona ni refuta la fenomenología husserliana; reactiva su impulso provisoriamente aminorado, porque se atreve a preguntar en su posibilidad lo que su efectividad ya no permitía dar: el ser como fenómeno". *Ibid.*, p. 118.

la revendication". Allí retoma la cuestión del acceso al ser por medio de la angustia, y se pregunta cómo cabe considerar el intento "fallido" de *Sein und Zeit* de acceder al fenómeno del ser por intermediación del *Dasein*. Como hemos examinado, según Marion, la respuesta la da el propio Heidegger en „Was ist Metaphysik?". Allí, el filósofo de Meßkirch –destaca Marion– ensaya la posibilidad de un acceso directo al ser conservando de la analítica del *Dasein* sólo la analítica de la angustia. Esto es posible gracias al desplazamiento respecto de la relación entre el ente y el ser tal como había sido establecida en 1927. En *Sein und Zeit*, el ser no se da sin el ente. Sin embargo, en la „Nachwort zu *Was ist Metaphysik?*", de 1943, Heidegger sostiene: "…pertenece a la verdad del ser que el ser 'se haga presente' plenamente sin el ente, pero que nunca el ente sea sin el ser".[180] Heidegger va a buscar, pues, otorgar el estatuto pleno de fenómeno al ser mismo, va a indagar si acaso el ser se da a partir de sí mismo, sin depender de ningún ente, es decir, sin tener que recurrir a la intermediación del ser del ente *Dasein*.[181]

Pero la pregunta de „Was ist Metaphysik?" es por la nada. El texto plantea dos interrogantes clave: 1) ¿la negación produce la nada o es a la inversa: hay negación porque hay nada? Y 2) ¿puede encontrarse la nada como algo dado? A la primera pregunta, Heidegger responde contundentemente: "Afirmamos: la nada [*das Nichts*] es más originaria que el no [*das Nicht*] y que la negación [*die Verneinung*]".[182] A la segunda pregunta, Heidegger también responde con seguridad:

> Si, pase lo que pase, la nada –ella misma– debe ser interrogada, entonces previamente tiene que haber sido dada. Tenemos que encontrarnos con ella.[183]

Y ¿qué tipo de fenómeno debemos esperar? Si indagamos en la cotidianeidad, desde la precomprensión, puede entenderse la nada como "la negación completa de la totalidad de lo ente [*die vollstandige Verneinung der Allheit des Seienden*]".[184]

Si partimos de esa definición de nada es posible advertir ya la dirección en la que podemos encontrar la donación de la nada: en primer lugar debemos encontrar la donación de la totalidad de lo ente. ¿Es esto posible? ¿Puede darse una totalidad? Kant respondería negativamente. Si bien Heidegger concuerda con Kant en que no es posible aprehender sin más lo ente en su totalidad, sí admite que puede experimentarse el encontrarse en medio de lo ente en su to-

---

180 GA 9, p. 306.
181 RD, pp. 249-252.
182 GA 9, p. 108.
183 *Idem*.
184 *Ibid.*, p. 109.

talidad, y ésta no es una experiencia inusual. Heidegger ejemplifica esta situación a través del temple anímico del "aburrimiento" [*Langeweile*]. El aburrimiento provoca una pérdida de interés por el ente antes privilegiado. Ese ente se vuelve indiferente, se confunde con los demás entes en la indiferenciación generalizada. Pero, además del aburrimiento puntual ante este o aquel ente, espectáculo, ocupación, etc., Heidegger presenta la noción de "aburrimiento profundo" (*tiefe Langeweile*).

> El aburrimiento profundo, que va de aquí para allá en los abismos del *Dasein* como una niebla callada, reúne a todas las cosas y a los hombres y, junto con ellos, a uno mismo en una común y extraña indiferencia [*Gleichgültigkeit*]. Este aburrimiento revela lo ente en su totalidad.[185]

En „Was ist Metaphysik?", Heidegger no dice mucho más respecto de este temple fundamental, pero ese mismo año dedica buena parte del curso del semestre de invierno (1929-1930) a analizar las diversas modalidades del aburrimiento y su relación con la temporalidad. El primer tipo examinado es el del "ser aburrido por algo" (*Gelangweiltwerden von etwas*). Este modo del aburrimiento pone en cuestión el privilegio acordado a algo en la manipulación utilitaria. Los entes tienen su propio tiempo relacionado con su funcionalidad. Al no sintonizar con el tiempo de la cosa nos aburrimos.[186]

El segundo tipo de aburrimiento analizado es el "aburrirse con algo" (*Sichlangweilen bei etwas*). En este caso el aburrirse se da respecto de sí mismo. El disponer de tiempo, el tiempo liberado de obligaciones, también puede devenir fuente de aburrimiento. "¿*Cómo se transforma todo nuestro tiempo mediante este tomarse tiempo? Lo llevamos a la detención*, pero no a la desaparición. Al contrario: nos dejamos tiempo; pero el tiempo no nos deja a nosotros…".[187] La liberación del tiempo de la funcionalidad nos revela nuestro propio anclaje en el tiempo, "nuestra sujeción [*Gebundenheit*] a él"[188] y, de este modo, es el propio tiempo el que aburre al exponernos al detenimiento en un ahora sin antes ni después.

Finalmente, el tercer tipo es el del "aburrimiento profundo". Frente a este aburrimiento, ya no hay "pasatiempos" (*Zeitvertrieb*) ni modos de resistencia que puedan ejercerse con éxito. Se trata de una modalidad de aburrimiento que nos sorprende sin ser esperada. Lo ente en su totalidad, repentinamente, deviene indiferente. El aburrimiento profundo es un modo de temporaliza-

---

185 *Ibid.*, p. 110.
186 Cfr. GA 29/30, pp. 117-159.
187 *Ibid.*, p. 183.
188 *Idem*.

ción del tiempo mismo. El tiempo se retira y mantiene suspendido al *Dasein* en el mundo. La retirada del tiempo implica la imposibilidad de relacionarnos con los entes. La totalidad de lo ente está allí frente a nosotros, pero nos resulta indiferente.[189] Marion enfatiza que en el aburrimiento profundo no sólo se difumina la diferencia entre los entes, sino también la diferencia entre los entes intramundano y el *Dasein* (el aburrimiento profundo "reúne a todas las cosas y a los hombres y, junto con ellos, a uno mismo en una común y extraña indiferencia"). Esta nota –que torna inoperante a la diferencia ontológica misma– será importante cuando el propio Marion retome la centralidad de este temple anímico para ensayar la tercera reducción.

El aburrimiento, entonces, abre a la totalidad de lo ente, esta totalidad debe ser entendida, según Heidegger, como "mundo" (*Welt*).[190] El ente en su totalidad se muestra precisamente porque el aburrimiento torna indiferentes todas las diferencias cuantitativas y cualitativas entre los entes. De este modo, el *Dasein* se experimenta a sí mismo como arrojado en medio de lo ente en su conjunto. Pero esta conclusión lleva a Marion a formular algunas preguntas decisivas para su propia propuesta: 1) ¿Podría el aburrimiento escapar a la tematización del fenómeno del ser?[191] 2) En „Was ist Metaphysik?", Heidegger también nombra la alegría ante la presencia del *Dasein* amado [*die Freude an der Gegenwart des Daseins - nicht der bloßen Person - eines geliebten Menschen*],[192] es decir, nombra a la alegría y al amor, pero no ofrece un análisis de estas disposiciones afectivas. ¿Por qué no lo hace? Marion entiende que el motivo puede ser que estos temples no llegan a los mismos resultados que el aburrimiento. Pero, entonces, ¿por qué mencionarlos? ¿Cuál es su relación con el "fenómeno del ser"? Si no se corresponden con este último ¿es por defecto o por exceso?[193]

> El desarrollo de la argumentación heideggeriana en la conferencia continúa, pues se trata de aprehender a la nada. El aburrimiento tiene una "función provisoria": nos pone ante la totalidad de lo ente, pero es necesario proseguir el camino hacia la nada. El temple anímico fundamental que nos da la nada es la angustia. Marion destaca que la angustia repite la indiferenciación del aburrimiento, pero invirtiéndolo. Mientras en el aburrimiento el ente en su totalidad desaparece en la indiferencia dejándome libre a mí mismo, en la angustia el ente en su totalidad retrocede

---

189 Cfr. *ibid.*, pp. 199-238.
190 Cfr. *ibid.*, p. 251.
191 Como ya hemos señalado, Marion responderá afirmativamente a esta pregunta e indagará en la indiferencia ontológica que posibilita el aburrimiento. Volveré sobre esta cuestión en el próximo parágrafo.
192 GA 9, p. 110.
193 RD, p. 262. Retomaré la cuestión del amor como temple anímico fundamental en capítulo sexto.

en la indiferenciación, pero sólo para amenzarme y oprimirme.[194]

Pero, entonces ¿cómo se fenomenaliza la nada? ¿Qué es lo que ella manifiesta? Marion destaca la ambigüedad de la angustia y la "enigmática plurivocidad de la nada".[195]

> Ni la angustia ni la Nada permitirán identificar el fenómeno que, no obstante, ponen en escena [...] La entrada de la nada en fenomenicidad no es de ningún modo suficiente para la manifestación del "fenómeno de ser", dado que la Nada permanece ella misma todavía equívoca.[196]

En primer lugar, en ambos casos (1927 y 1929), se da una remisión que impide otorgar a la nada el estatuto de fenómeno pleno. La nada, en tanto *abweisende Verweisung*, plantea un doble juego con el ente: lo expulsa en su particularidad para remitir a él en su conjunto. Sin embargo, la "remisión", en *Sein und Zeit*, se ajusta sin más a la definición de *Erscheinung*, es decir, a aquello que no debe ser considerado fenómeno, pues no se muestra en sí mismo. La nada –destaca Marion– no aparece como fenómeno en sentido absoluto,[197] pues se inscribe en una cadena de remisiones.

En segundo lugar, ciertamente, el estatuto de la angustia y de la nada no es el mismo en *Sein und Zeit* que en „Was ist Metaphysik?". En 1929 la angustia remite a la nada y la nada aparece como el indicio de la trascendencia del *Dasein*.[198] Pero estas remisiones –señala acertadamente Marion– no coinciden con las de 1927. En *Sein und Zeit*, la angustia remite a la aparición angustiada de la nada en el ser-en-el mundo, es decir, remite a una nada óntica, y esta nada óntica remite al fenómeno del mundo.[199] Pero, entonces, si en 1927 la aparición de la nada no remite al fenómeno del ser, Marion se pregunta cómo es posible que un mismo análisis existencial, en 1929, conduzca en sus remisiones a la aparición del ser en su diferencia con el ente.[200]

Marion entiende que las dos referencias a la relación entre la nada y el ser, en 1929, no son suficiente para establecer la equivalencia.[201] Según Marion, Heidegger ejerce una hermenéutica de la nada que, por medio de ciertas acen-

---

194 Cfr. *ibid.*, p. 263.
195 GA 9, p. 306.
196 RD, p. 264.
197 *Ibid.*, pp. 265-266.
198 Cfr. GA 9, p. 118.
199 Cfr. GA 2, p. 187.
200 Cfr. RD, p. 267.
201 "En el ser del ente adviene el desistir [*das Nichten*] de la nada" (GA 9, p. 115) y "La nada no permanece siendo el opuesto indeterminado del ente, sino que se devela como perteneciente al ser del ente [...] Ser y nada se pertenecen mutuamente [...] porque el propio ser es finito en su esencia y solo se manifiesta en la trascendencia de ese *Dasein* que se mantiene fuera, que se arroja a la nada" (*ibid.*, p. 120).

tuaciones, sustituciones y añadidos (*accentuations, substitutions et additions*), le permiten sostener la equivalencia. Pero estas operaciones son posteriores a 1929.[202] 1) Las acentuaciones tienen por objeto interpretar la nada como el ser. En una nota agregada en 1949 se lee "la nada como 'ser'".[203] Asimismo, en una glosa también agregada por Heidegger con posterioridad se lee: "es decir, nada y ser son lo mismo".[204] 2) Por su parte, las sustituciones introducen la palabra "ser" donde antes decía "ente" o donde antes se había omitido. Por ejemplo, en una nota agregada en 1949 se lee: "rechazar [*ab-weisen*]: el ente para sí mismo; remitir [*ver-weisen*]: al ser del ente".[205] 3) Finalmente, los añadidos buscan establecer que la "esencia bífida" de la nada refiere a la diferencia ontológica. Por ejemplo, en un pasaje en el que Heidegger se refiere al juego de la remisión se añade que ésta refiere a la diferencia.[206]

Marion enfatiza que estas operaciones posteriores dan cuenta de que con la aparición de la nada no basta para alcanzar el fenómeno del ser. Marion destaca que por este motivo Heidegger introduce una hermenéutica.

> Pero ¿cómo se guiará, dado que, lejos de poder regirse según el "fenómeno del ser", es precisamente a ella a la que le corresponde finalmente permitir su aparición?[207]

Esta pregunta será decisiva para comprender, en el capítulo quinto, el modo en que opera la hermenéutica marioniana. En este texto fenomenológico temprano, Marion ya indaga en la posibilidad de una hermenéutica capaz de no imponer términos al fenómeno.

Buscando una respuesta a esta cuestión respecto de la obra heideggeriana, Marion formula tres preguntas: 1) ¿Por qué motivos fenomenológicos se impone la interpretación de la nada como ser? 2) ¿Qué hilo conductor debe seguir la interpretación? 3) ¿Se debe llegar inevitablemente a un resultado?[208]

1) En primer lugar, la necesidad de una interpretación surge de la indistinción que provoca la angustia. La nada aparece bajo la figura de la indistinción. Marion se detiene particularmente en una nota introducida en 1949: *das Seiende spricht nicht mehr an*.[209] Por lo general se traduce este pasaje del siguiente modo: "el ente ya no nos dice nada", pero el verbo *ansprechen* y su sustantivo *Anspruch* permiten hablar de una reivindicación, de una llamada.

---

202 Cfr. RD, pp. 270ss.
203 GA 9, p. 106, n. b.
204 *Ibid.*, p. 115, n. c.
205 *Ibid.*, p. 114, n. a.
206 *Ibid.*, p. 114, n. d.
207 RD, p. 272.
208 Cfr. *ibid.*, p. 273.
209 GA 9, p. 111, n. a.

Marion destaca que el pasaje podría ser traducido de la siguiente manera: "el ente ya no nos reivindica". La nada que se devela en la angustia no dice nada, no reivindica, no nos llama. Marion busca de este modo empezar a dar cuenta de la estructura de la llamada en relación a „Was ist Metaphysik?". Pero, además, ese "no decir nada" no reenvía a nada más que a sí mismo. La nada parece mostrarse como el fenómeno último, que solo reenvía a sí mismo.[210]

En el „Nachwort zu *Was ist Metaphysik*?", de 1943, Heidegger sostiene: "La nada, como lo otro del ente, es el velo del ser [*Schleier des Seins*]".[211] La nada enmascara al ser, lo oculta en vez de ponerlo en escena. Es más, la nada no dice nada. Por estos motivos fenomenológicos es necesaria una interpretación, una hermenéutica que quite el velo.

2) Pero ¿cuál es el hilo conductor que debe seguir esta interpretación? ¿Qué instancia puede conducir esta interpretación? Encontrar una respuesta es complejo pues en situación de angustia ya nada reivindica. Sin embargo –destaca Marion–, Heidegger encuentra una solución en el „Nachwort" de 1943 refiriendo a una instancia que no estaba presente en 1929: el *Anspruch des Seins*, la reivindicación del ser, la llamada del ser:

> ...la voz del ser [*Stimme des Seins*] [...] que toma como reivindicación [*in den Anspruch nimmt*] al hombre en su esencia a fin de que aprenda a experimentar al ser en la nada.[212]

Explica Marion:

> Ya que la llamada del ente se pierde, es necesario, como último recurso, recurrir a la llamada del ser. La transición, que permanece impracticable a partir de la Nada y del ente, debe emprenderse a partir del término último, el ser mismo. Así, la separación entre la Nada y el ser ya sólo podría recorrerse a partir de su fin extremo, el ser, y de ningún modo a partir de su comienzo próximo, la Nada; el recorrido comienza por el fin –la llamada desde lo lejano, el ser– y no por su comienzo, la Nada próxima, en la que estamos.[213]

Marion extrae tres consecuencias. En primer lugar, si esto es así, si el pasaje de la nada al ser es operado por el ser mismo, entonces la analítica de la angustia reviene redundante. En segundo lugar, la reinvindicación del ser se da como pensamiento no calculador y exige como respuesta del hombre también

---
210 Cfr. RD, pp. 273-76.
211 GA 9, p. 312.
212 *Ibid.*, p. 307.
213 RD, p. 278.

un dar, un "adonarse" –si se nos permite anticipar la terminología de *Etant donné*–.[214] En tercer lugar, según se aclara en 1949, "el ser reivindica por *er-eignet*",[215] la reivindicación del ser adviene en el *Ereignis*. Hay pues una llamada del ser, que conduce la interpretación de la nada, y que acontece en el *Ereignis* y demanda un dar como respuesta.

§ 24. La tercera reducción

3) Al analizar el tercer interrogante, "¿se debe llegar inevitablemente a ese resultado?", Marion manifiesta sus dudas. En primer lugar, Marion recuerda que el ser reivindica sin pronunciar palabra alguna. ¿Cómo discernir entonces el silencio óntico del silencio ontológico?[216]

En segundo lugar, Marion recuerda cierta reserva de Heidegger respecto de la llamada de la conciencia, en *Sein und Zeit*. La llamada en 1927, que no enuncia nada y que no da ninguna información, no remite de la nada al ser, sino que congela al *Dasein* en la indeterminación. Marion destaca que el propio Heidegger da cuenta de cierta ambigüedad: "...el sentido ontológico de la negatividad [*ontologischer Sinn der Nichtheit*] de esta nulidad existencial [*existentiale Nichtigkeit*] permanece aún oscuro".[217]

En tercer lugar, Marion señala que aun cuando se conceda que la llamada silenciosa transmite lo propio del ser, la reivindicación exige también una respuesta y, por lo tanto, supone también la posibilidad de un rechazo. Es más, "si el *Dasein* no tiene oídos para escuchar, entonces el ser mismo no podrá hacerse audible, ni su 'fenómeno' manifiesto".[218]

En cuarto lugar, también es problemático que, en una corrección al „Nachwort" de 1943, introducida en 1949, Heidegger finalmente subordine la respuesta, que consiste en la gratitud (*Danken*) de la ofrenda, al pensamiento (*Denken*).[219] Marion entiende que solamente la anterioridad incondicionada de la gratitud puede responder adecuadamente a la llamada del ser.[220]

A partir de estas reflexiones, Marion concluye que debe ser posible que la

---

214 "Ese pensar cuyos pensamientos no sólo no calculan [*rechnen*], sino que en general están determinados a partir de lo otro del ente, se denomina pensar esencial [*wesentliches Denken*]. En lugar de calcular con lo ente contando con lo ente, se prodiga en el ser para la verdad del ser. Este pensar responde a la reivindicación del ser [*Anspruch des Seins*], en la medida en que el hombre da como respuesta su esencia historial a la simplicidad de esa única necesidad que obliga sin apremiar, limitándose simplemente a crear la necesidad que se satisface en la libertad de la ofrenda [*Freiheit des Opfers*]". GA 9, p. 309.
215 *Ibid*, p. 311, n. a.
216 Cfr. RD, p. 280.
217 GA 2, p. 379.
218 RD, p. 282. Volveré sobre esta cuestión el capítulo cuarto, y analizaré la objeción planteada por Jocelyn Benoist en *Logique du phénomène*.
219 Cfr. GA 9, p. 310.
220 Cfr. RD, p. 283.

hermenéutica de la nada fracase: para cumplirse debe poder fracasar. Esto lo lleva a reflexionar respecto de la posibilidad de un "contra-existenciario" (*contre-existential*) que permita el rechazo de la llamada, que suspenda la analítica existenciaria. Con este "contra-existenciario", el

> *Dasein* se descubre allí, pero no necesariamente para y por el ser, sino para y por una indistinción más originaria que toda indeterminación óntica: la indecisión ante la "resolución precursora" se sigue ella misma de la indecisión del ser para darse inmediatamente en un fenómeno. Formulado de otra manera: la voz sin timbre de la que el ser se reivindica ¿reivindica en nombre del ser? O, por su silencio indistinto ¿no podría dejar aparecer un nuevo abismo, anterior, o al menos irreductible, al ser?[221]

Marion entiende que este "contra-existenciario" capaz de dar cuenta del abismo anterior e irreductible al ser se identifica con el aburrimiento. La suspensión ya no proviene del poder reductor de la angustia, sino del aburrimiento. Se trata, pues, de indagar en las posibilidades del "aburrimiento profundo" que no han sido exploradas acabadamente por Heidegger. El aburrimiento no debe ser limitado a la "función subsidiaria" de ubicarnos ante el ente en su conjunto, sino que debe indagarse en su capacidad de liberarnos de la llamada del ser.[222]

Siguiendo a Pascal,[223] Marion sostiene que el aburrimiento determina originariamente a la condición humana, pues implica la posibilidad radical de separación respecto de su onticidad. El aburrimiento es aún más radical que una actitud nihilista, pues no busca instaurar nuevos valores, sino que permanece en una suspensión que no evalúa, no afirma ni niega. En el aburrimiento no hay antagonista.

> El aburrimiento deja en su lugar al ente, sin negarlo, despreciarlo o sufrir su asalto ausente [como en el caso de la angustia]. Deja al ente en su lugar, sin afectarlo, y sin, sobre todo, dejarse afectar por él; abandona al ente pacífica y serenamente a sí mismo, como si fuera nada. Pero este abandono mismo lo define: considerando la interpelación muda del ente, de lo otro, incluso del ser, se sustraería a ello con una constancia igualmente muda. Ninguna admiración lo pone nunca en éxtasis de sí mismo. El aburrimiento neutraliza el esplendor de toda llamada, sea cual fuere; se pone a cubierto, evita exponerse, desarma el conflicto desertando del campo. Ausente de los entes, del otro, incluso del ser, no es para nadie, al punto que, en un sentido, aquel que cede al aburrimiento ya no es.[224]

---

221 *Idem.*
222 Cfr. *ibid.*, pp. 283-284.
223 Cfr. Pascal, Blaise, *Pensées*, op. cit., §§ 24, 136, 941 y 919.
224 RD, pp. 286-287.

El radical desinterés del aburrimiento nos expone a una indiferencia óntica. Ese es su poder. Marion constata un doble fracaso producto del carácter extremo del aburrimiento.

1) En primer lugar, al abandonarse, al no responder a ninguna llamada (incluso a la llamada proveniente de sí mismo), el yo abandona la posibilidad misma de ser un yo. Deviene una forma impersonal, pues ya no se inscribe en el ente.

2) En segundo lugar, al desaparecer el yo como ente, también desaparecen los entes del mundo. O, mejor dicho, los entes del mundo permanecen allí, pero teñidos de vanidad.[225]

De este modo, el aburrimiento suspende la reivindicación del ser respecto del *Dasein*. Pero, esta suspensión, además de implicar una descalificación óntica ¿tiene también un alcance ontológico? Marion entiende que para legitimar fenomenológicamente la aplicación del aburrimiento a la reivindicación del ser es necesario demostrar dos tesis: 1) que el ser se abre a la fenomenicidad de modo tal que se expone al aburrimiento, y 2) que el *Dasein* puede verse afectado ontológica y no sólo ónticamente en la disposición afectiva del aburrimiento.[226]

1) Respecto de la primera tesis, Marion da dos respuestas. En primer lugar, si el ser reivindica, la reivindicación del ser —como ocurre con toda reivindicación— se expone inevitablemente a la posibilidad del aburrimiento. En segundo lugar, el ser se expone al aburrimiento porque suscita y exige admiración. Dice Heidegger: "Entre todos los entes, el hombre es el único que, reivindicado por la voz del ser, experimenta la maravilla de las maravillas: que lo ente *es*".[227] En este doble sentido, la fenomenicidad del ser se expone al aburrimiento.[228]

2) Respecto de la segunda tesis, Marion sostiene que existen dos puntos donde es posible anclar el aburrimiento en el ente privilegiado ontológicamente. El primer punto es la resolución o, mejor dicho, la posibilidad de la resolución. Marion afirma que el hecho de que la impropiedad (*Uneigentlichkeit*) del *Dasein* sea posible implica negar que la remisión al ser constituya la posibilidad última de lo que soy. Si la impropiedad define tan esencialmente al *Dasein* como la propiedad, entonces por medio de la indecisión del aburrimiento es posible liberarse del destino de *Dasein*. El segundo punto es el "tener que ser" propio del *Dasein*. Este "tener que ser" que define también el modo de ser del *Dasein* implica que éste tiene que ser su ser, pero también

---

225 Cfr. *ibid.*, pp. 287-288.
226 Cfr., *ibid.*, p. 290.
227 GA 9, p. 307.
228 Cfr. RD, pp. 290-291.

que puede no serlo.²²⁹ Es en estos aspectos del *Dasein* donde puede radicar el aburrimiento.

Ahora bien, Marion aclara que no se trata de negar la posibilidad de un ser propio del *Dasein*. El aburrimiento despeja el vínculo del Dasein con el ser, pero en favor de una "propiedad más esencial" que lo constituye en el ahí de una instancia más originaria que el ser.²³⁰ Se trata de exponerse a una llamada no ontológica. Marion destaca que este paso ya ha sido dado en la fenomenología por Emmanuel Lévinas. La llamada del otro sustituye a la llamada del ser porque se prueba más originaria que ésta. Pero, entonces –reflexiona Marion–:

> En realidad, la palabra que demanda: "¡escucha!" no pronuncia tanto *una* llamada entre otras posibles en beneficio de tal o cual autoridad, cuanto realiza *la* llamada como tal, la llamada a rendirse a la llamada misma, con la única intención de mantenerse allí y exponerse a ella. La llamada misma interviene como tal, sin o antes de todo otro "mensaje" que el de sorprender al que escucha, incluso captar a aquel que no la espera. El modelo de la llamada se ejerce antes de la simple reivindicación del ser, y más ampliamente. Antes que el ser haya reivindicado, la llamada como pura llamada reivindica.²³¹

Aun más originaria que la llamada del ser (Heidegger) y que la llamada del otro (Lévinas), se devela la llamada misma, la llamada en tanto tal, la llamada pura. Marion entiende entonces que cabe una reconducción de la reivindicación del ser a la llamada pura.

> Ahora bien, la reconducción de la reivindicación del ser a la forma pura de la llamada que, por otra parte, es la única que la hace posible, repite también la reducción: más esencial que la reducción de los objetos a la conciencia de un *Yo*, intervenía su reducción al rango de entes, y por lo tanto la reducción de los entes al *Dasein* como único ente ontológico; más esencial aún se afirmaba la reducción de todos los entes al ser, al reivindicar la puesta en juego del *Dasein*; más esencial, en fin, que esta (reducción por) reivindicación aparece finalmente la reducción de toda reivindicación a la forma pura de la llamada. Luego de la reducción trascendental y la reducción existencial, interviene la reducción a y de la llamada. Lo que se da solo se da a aquel que se entrega [*s'adonne*] a la llamada bajo la forma pura de una confirmación de la llamada reproducida en tanto que recibida.²³²

En la reconducción de la llamada del ser a la llamada pura opera una reducción de toda reivindicación a la reivindicación misma. De este modo, Ma-

---

229 Cfr. *ibid.*, pp. 291-293.
230 *Ibid.*, p. 294.
231 *Ibid.*, pp. 295-296.
232 *Ibid.*, p. 296.

rion presenta su tercera reducción: la reducción a la forma pura de la llamada, que tiene la particularidad de contener y, a la vez, en cierto sentido, superar a las otras dos reducciones (trascendental y existencial).[233] Explica Marion:

> La llamada aparece de este modo como el esquema originario [*schème originaire*] de las dos reducciones anteriores, precisamente porque solo ella permite reconducir a…, en lo que se exige entregarse a lo dado de la llamada como tal [*s'adonner à la donne de l'appel*]: rendirse a la llamada [*se rendre à l'appel*], en el doble sentido de abandonarse a ella y de desplazarse hacia ella. En tanto que pura reducción –dado que es perfecta reconducción a…–, la llamada que reivindica para sí misma incumbe eminentemente a la fenomenología.[234]

La tercera reducción constituye pues el núcleo inadvertido de las reducciones anteriores: la reivindicación en estado puro. En este sentido, la reducción a la forma pura de la llamada no deslegitima a la reducción trascendental ni a la reducción existencial, pero sí las reubica en relación al carácter originario y más amplio que la reducción marioniana ostenta, explicitando los límites de sus respectivos campos de aplicación.

En el siguiente parágrafo, Marion indaga en las características de este "ahí" que ya no es el "ahí" del ser.[235] El aburrimiento hace aparecer a la llamada en tan-

---

[233] En palabras de Marion: "La tercera reducción retoma, valida y descalifica a la vez a las dos primeras". P, p. 14. Según Marion, esto es así porque el esquema de las tres reducciones repite la modalidad de relación entre los tres órdenes pascalianos. "La distinción entre el orden del cuerpo, el orden del espíritu y el orden del corazón, en una jerarquía en la que cada orden superior ve a los órdenes inferiores sin que estos puedan verlo, nos conduce (con todas las aproximaciones necesarias) a las reducciones distinguidas por *Reducción y donación* y puestas por obra posteriormente en *Siendo dado*". P, pp. 13-14. Marion también refiere explícitamente al modelo pascaliano en la entrevista "Réponses à quelques questions". cfr. RQQ, p. 66.
[234] RD, pp. 296-297.
[235] Juan Carlos Scannone sostiene que es posible relacionar esta liberación del "ahí" con la propuesta de Rodolfo Kusch. "La contraposición con Heidegger ayuda a Marion para explicar la figura del interlocucionado. Pues, según él, la reivindicación, no el ser, es la que le asigna al hombre un *ahí*, es decir, un *lugar* en el espacio y un *ahora* temporal e histórico, aún más, su irreductible *singularidad*, pues la llamada precede al ser y lo determina. Por ello puede hablar de un "*ahí*" fuera del ser, sin definir todavía si se trata sólo de un *antes* o también de un *sin* el ser. De modo que el *estar* aquí y ahora, inclusive la ipseidad del interlocucionado son fruto del don del llamado. Por consiguiente, no se trata del Ser(ahí), poniendo Ser con mayúscula y ahí entre paréntesis y con minúscula, sino, por el contrario, del Ahí con mayúscula y ser entre paréntesis y con minúscula: (ser)Ahí. Tal comprensión de Marion me evoca el "estar siendo" de Rodolfo Kusch, para quien el "estar" precede al "ser" y le da un *situs* o situacionalidad, no solamente espacio-temporal sino también existencial y geocultural" (Scannone, Juan Carlos, "Otro como sí mismo. El llamado y el responsorio según Jean-Luc Marion" en Roggero, Jorge Luis (ed.), *Jean-Luc Marion: límites y posibilidades de la Filosofía y de la Teología*, Buenos Aires, SB Editorial, 2017, p. 47). Por otra parte, Scannone considera que es posible leer la anterioridad de la llamada en *Réduction et donation*, como una anterioridad que precede al ser, pero que no inaugura otro orden y, en ese sentido, se da "con el ser" (cfr. *ibid.*, pp. 45-46). Esta posibilidad –que según Scannone– permanece abierta para Marion, constituiría una buena respuesta respecto de objeciones del tipo de las planteadas por Lorenz Puntel, que ponen en cuestión la posibilidad de un orden más allá del ontológico. Desde una análisis teológico-filosófico, Pun-

to tal. Esta aparición se da aún antes de que pueda decir "yo". Con la llamada se da un desplazamiento del nominativo del "yo" al acusativo del "a mí" (*me*). Más originario que el yo trascendental o el yo constituyente es el "a mí" constituido al que se dirige la llamada, que "me" llama.[236] Este "a mí", el interlocutor al que se dirige la llamada (*Anspruch*), es denominado por Marion como el interpelado (*l'interloqué*) (*der Angesprochene*) y se caracteriza por cuatro rasgos:

1) Convocatoria. El interpelado renuncia a la autarquía autista de la subjetividad absoluta al ser convocado.[237] El interpelado da cuenta de la anterioridad de las categorías de relación respecto de la sustancia, pues se un "sujeto sin subjeti(vi)dad" (*sujet sans subjecti(vi)té*) en tanto se descubre siempre como ya derivado de una relación anterior.[238]

2) Sorpresa. El interpelado experimenta una sorpresa que se apodera de él desde un lugar ajeno a él. La sorpresa hace que la llamada sobrevenga sobre él como un acontecimiento, sin poder ser anticipada ni comprendida.[239]

3) Identificación. Si bien el interpelado es sorprendido por la llamada, ésta no lo disuelve en la indistinción, sino que desde el "ahí", el "a mí" elabora la respuesta a la llamada en la puede reconocerse a sí mismo. De este modo, puede afimarse que la reivindicación no destruye la identidad al destituir el Yo, sino que la provoca.[240]

4) Facticidad. El interpelado se haya expuesto a una pregunta de hecho (¿qué reivindicación lo sorprende originariamente?) antes que a cualquier pregunta de derecho sobre el estatuto de su subjetividad. Hay una facticidad que precede a la teoría, pero no es la mía, sino la facticidad "absolutamente otra" que me convoca.[241]

Estos cuatro rasgos del interpelado responden a las cuatro características de la reivindicación: 1) convocatoria, 2) sorpresa, 3) identificación y 4) facticidad.[242]

---

tel señala con insistencia la supuesta lectura equivocada de la metafísica por parte de Marion y el error de considerar la posibilidad de un "Dios sin el ser" (cfr. PUNTEL, Lorenz B., *Ser y Dios. Un enfoque sistemático en confrontación con M. Heidegger, É. Lévinas y J.-L. Marion*, trad. G. Cresta, Buenos Aires, Prometeo, 2015, pp. 302-401). Si bien es cierto que Marion deja abierta la cuestión: "que esta reivindicación exige el pasaje a otro orden o que el ser pueda suscitar las condiciones mismas de su recepción, es una cuestión que no decidiremos aquí" (RD, p. 297). Sin embargo, Marion parece inclinarse por la posibilidad contraria al enfatizar que se trata de un "*ahí* fuera del ser [là *hors d'être*]" (*idem*).
236 *Ibid.*, p. 298.
237 Scannone destaca con acierto que, si bien Marion no señala este aspecto, el prefijo "con" del término "con-vocatoria" permite afirmar que la reivindicación, la interpelación "sin dejar de ser personal, es también comunitaria". SCANNONE, Juan Carlos, "Otro como sí mismo. El llamado y el responsorio según Jean-Luc Marion", art. cit., p. 47.
238 Cfr. *ibid.*, p. 300.
239 Cfr. *ibid.*, pp. 300-301.
240 Cfr. *ibid.*, p. 301.
241 Cfr. *idem*.
242 Cfr. *ibid.*, p. 302.

A continuación, Marion anticipa la posible objeción teológica: ¿quién o qué reivindica al interpelado? Nombrar a Dios, al otro, al ser o a la autoafección es problemático pues, al identificar al reivindicante, el interpelado deviene una simple variación del sujeto. En rigor, desde un análisis fenomenológico es posible constatar que me reconozco convocado antes de poder reconocer mi subjetividad y quién me ha convocado. La clave para entender la propuesta marioniana está en el carácter sorpresivo de la llamada:

> Únicamente la indeterminación de la instancia reivindicadora hace posible la reivindicación que, si no, no sorprendería y, por lo tanto, no provocaría ningún interpelado.[243]

Si opera la sorpresa es porque no puedo identificar a la instancia reivindicadora, ella permanece en su otredad indeterminada.

En el epílogo de *Réduction et donation*, Marion recapitula los resultados del libro exponiendo sucintamente los rasgos de los tres tipos de reducción descriptos. Si se tienen en cuenta los siguientes cuatro puntos, sostiene Marion, es posible establecer las diferencias entre estas tres reducciones:

La pregunta: "¿A quién?", es decir, aquello o aquel que reduce, al cual se trata de reconducir las cosas de las cuales se trata.

La pregunta: "¿qué es lo dado?", es decir, lo que se trata de dar como tal.

La pregunta: "¿De qué modo es dado?", es decir, el modo de donación y, por lo tanto, su horizonte.

La pregunta: "¿hasta dónde?", es decir, ¿qué excluye este modo de donación?[244]

La primera reducción es la reducción trascendental que puede encontrarse en la obra de Husserl y equivale a una constitución de objetos.

Se despliega para el Yo constituyente.

Da objetos constituidos.

Estos objetos son considerados en diversas ontologías regionales, todas conformes —a través de la ontología formal— al horizonte de la objetidad.

Excluye la donación de todo aquello que no se deja reducir a la objetidad.[245]

---

243 *Idem*.
244 Cfr. *ibid*., p. 304.
245 Cfr. *idem*.

La segunda es la reducción existencial u ontológica, llevada a cabo por Heidegger, y abre a la cuestión del ser.

Reduce al *Dasein*.

Da los diferentes modos de ser, la diferencia ontológica y el fenómeno de ser.

Lo dado se da según el horizonte del tiempo y, por lo tanto, según el ser mismo como fenómeno originario y último.

Excluye la donación de lo que no es.[246]

Finalmente, la tercera reducción es la reducción propuesta por Marion, que proviene de la pura forma de la llamada.

Reduce al interpelado.

Da el don (*le don*) mismo. Marion caracteriza este don como "el don de entregarse o sustraerse a la reivindicación de la llamada",[247] es decir, el don de devenir lo que en *Étant donné* será llamado "adonado".

El único horizonte es el de la llamada absolutamente incondicionada y de la respuesta absolutamente sin restricción.

Nada queda excluido porque como se trata de una reivindiación sin condiciones ni determinaciones, puede llamar sin límite a todo lo que puede ser llamado: a lo que no se objetiva y a lo que se objetiva, a lo que no tiene que ser y a lo que debe ser.[248]

En *Étant donné*, Marion retoma este esquema de la triple reducción planteando la necesidad de superar el horizonte de la objetidad –postulado por la reducción husserliana– y el horizonte de la enticidad –postulado por la reducción heideggeriana–. Según Marion, solo la tercera reducción, entendida como una reducción a la donación, es capaz de superar las limitaciones del objeto y del ser, pues la donación es la "figura extrema de la fenomenicidad" que "precede y rebasa cualquier otra especificación".[249]

§ 25. Dos objeciones a la tercera reducción

A continuación analizaré las objeciones planteadas a la tercera reducción por Claude Romano y por Emilie Tardivel, para luego examinar, en el § 26, el debate actual y la posición final de Marion esbozada en *Reprise du donné*.

---

246 Cfr. *idem*.
247 *Ibid.*, p. 305.
248 Cfr. *idem*.
249 ED, p. 60.

25.1. ¿Método o modo de manifestación?

El punto de partida de la crítica de Claude Romano es la constatación de la inspiración heideggeriana del concepto marioniano de fenómeno. Como hemos analizado en el capítulo primero, Marion acepta la definición del § 7 de *Sein und Zeit*, pero entiende que debe ser radicalizada. Si la fenomenología consiste en "hacer ver desde sí mismo aquello que se muestra, y hacerlo ver tal como se muestra desde sí mismo",[250] es fundamental indagar en ese "sí", en esa ipseidad del fenómeno, y otorgarle la iniciativa absoluta.[251] Ahora bien, según Romano, si el objetivo de Marion es reivindicar este privilegio para el fenómeno, no parece adecuada la metodología elegida.[252] Romano destaca que la reducción reenvía necesariamente a un "sí", a una ipseidad, pero no a la del fenómeno, sino a la del sujeto trascendental. La reformulación del sujeto propuesta por Marion en la figura del "interpelado" y, luego, del "adonado" no alcanza para evadir este reenvío. Según Romano, es paradójico pretender que la iniciativa la tenga el fenómeno y no la mirada, y, al mismo tiempo, someter la donación a la puesta en práctica de una reducción, es decir, a la puesta en práctica de una modificación de la mirada.[253]

La tesis de Romano es que Marion da al término "reducción" un sentido muy distinto del que tiene en la obra de Husserl. Según Romano, el propio Marion parece advertirlo cuando en un pasaje de *Étant donné* insinúa que "la donación misma reduce",[254] es decir, que el operador de la reducción es la misma donación. Pero, si éste es el caso, entonces la reducción ya no cumple una función metodológica. Romano señala la encrucijada en la que se encuentra Marion:

> o bien la reducción –en el sentido en que usted [Marion] la entiende– debe poder permanecer como un procedimiento metódico que el sujeto (cualquiera sea el nombre que le demos) continuaría llevando a cabo, y en este caso, la reducción seguiría siendo un método trascendental que contradiría toda manifestación de un fenómeno saturado; o bien la reducción deviene un modo de manifestación de éste (de un manera que debería, sin duda, precisarse) y debe perder su rango de método.[255]

---

250 GA 2, p. 46.
251 "Falta dar el paso más peligroso, pensar ese *se/sí* [*se/soi*] que es lo único que permite que el fenómeno se muestre". ED, pp. 439-440.
252 "Efectivamente, si su objetivo es develar el 'sí' del fenómeno y dejarlo a su propia iniciativa, si su objetivo es liberarlo de toda instancia trascendental que proveería la medida de su fenomenicidad, ¿por qué apelar a un procedimiento que designa el *método trascendental por excelencia*, aquel por el cual el sujeto trascendental se asegura su derecho sobre la fenomenicidad reconduciéndola a sus prestaciones constitutivas?". ROMANO, Claude, "Remarques...", art. cit., p. 11.
253 Cfr. *ibid.*, p. 12.
254 ED, p. 77.
255 ROMANO, Claude, "Remarques...", art. cit., p. 13.

Romano señala, pues, que si Marion desea ser coherente con su propuesta, debería explicitar su concepción de la reducción en términos de un "modo de manifestación" más que de una operación metodológica.

Marion afronta estas críticas en *De surcroît*. En primer lugar, su réplica destaca la importancia de la reducción para la fenomenología. Según Marion, todo fenomenólogo pone en práctica, de manera innegociable, ya sea explícita o implícitamente, una reducción,

> pues no se trata de un concepto entre otros ni de una doctrina a discutir, sino de una operación: la que conduce la apariencia del aparecer al aparecer de fenómenos en tanto tales.[256]

No hay fenomenología sin reducción. Todo fenomenólogo adopta, a su manera, algún tipo de reducción.

En segundo lugar, toda reducción implica una necesaria transformación en quien la opera. Con Husserl, la reducción no se limita a reconducir las cosas del mundo a sus vivencias de conciencia, sino que también el yo se reduce él mismo a su inmanencia pura. Explica Marion:

> ...el *Yo* deviene trascendental en la acepción fenomenológica porque se reduce a sí y se extrae del mundo natural renunciando, primero, por sí mismo a la actitud natural.[257]

En el caso de Heidegger, también se da una transformación en el Yo. Según Marion, en *Sein und Zeit* se da una reducción de los objetos ("ante los ojos" y "a la mano") a entes, que finalmente conduce a una modificación en el *Dasein*, que lo lleva desde su modo impropio al modo propio, al entenderse como trascendente a los entes intramundanos.[258]

Basándose en Husserl y en Heidegger, Marion afirma que la reducción reduce primero a quien la opera.[259] El rasgo principal de la reducción no es su carácter trascendental, ni la modificación en el estatuto del mundo implicada en la reconducción a las operaciones constitutivas, sino la transformación que produce en quien la pone en práctica. Con la tercera reducción, el sujeto se reduce a adonado, y esto implica la transferencia de su "sí" al fenómeno. Sólo de esta manera, sostiene Marion, es posible atenerse al modo en el que el fenómeno se muestra, sin tergiversarlo con "teorías absurdas" *a priori*.

---

256 DS, p. 57.
257 *Ibid.*, p. 58.
258 "El *Dasein* debe reducirse él mismo a sí mismo, a su estatuto de ente que trasciende todos los entes intramundanos en virtud del Ser mismo". DS, p. 58.
259 Cfr. *ibid.*, p. 58.

25.2. ¿Reducción o epoché?

En 2015, en "Monde et donation. Une révision du quatrième principe de la phénoménologie", apoyándose en la fenomenología patočkiana, Emilie Tardivel plantea una nueva objeción a la tercera reducción. Cabe señalar que el paralelo entre Patočka y Marion es muy acertado.[260] Los proyectos de ambos autores buscan una articulación entre la fenomenología de Husserl y la de Heidegger,[261] y es precisamente en este aspecto en el que radica su riqueza y no su equivocidad, como sugiere Romano.[262] ¿Pero cómo se logra esta difícil conciliación?

---

260 Cabe destacar que es el propio Marion, en su artículo "La donation, dispense du monde", quien sugiere un posible vínculo de su fenomenología con la de Patočka. Cfr. DDM, pp. 78-90. Las ideas de este artículo son recogidas en el capítulo tercero de *Reprise du donné*, "La donation, ou la dispense du monde". Cfr. RdD, pp. 99-146. Frédéric Jacquet pone en cuestión este acercamiento del pensamiento marioniano de la donación y la fenomenología de Patočka, pues entiende que la preeminencia de la noción de acontecimiento en Marion, el énfasis puesto en la idea del mundo como acontecimiento, conduce al olvido de la dimensión ontológica cosmológica, que es decisiva en el checo. "No adoptamos la lectura acontecial de la filosofía patočkiana propuesta por Émilie Tardivel, que se inscribe, por otra parte, más en la estela de Jean-Luc Marion y Claude Romano, que en la de Henri Maldiney, a quien no refiere. Para Marion, como para Patočka, el mundo es del orden de lo 'dado', sin ser constituido ni proyectado; Patočka mismo subraya que el mundo 'nos es dado en totalidad'. Sin embargo, el 'acontecimiento del mundo' toma un sentido menor, que contrasta con el acontecimiento metafísico y, por otro lado, la cosmología, de la que éste trata, excluye la idea un acontecimiento del mundo en el sentido teológico de la creación; el mundo atesta una Eterna Natalidad y la filosofía de Patočka es 'no teológica'...". JACQUET, Frédéric, *Patočka. Une phénoménologie de la naissance*, Paris, CNRS Éditions, 2016, pp. 209-210. Es más, según Jacquet, a partir de esta consideración es posible distinguir dos rumbos en la fenomenología francesa actual: "Veremos que se dibuja una alternativa en el seno de la filosofía contemporánea entre las filosofías que se comprometen en un pensamiento del mundo, reaprehendido en un sentido arcaico (Merleau-Ponty, Dufrenne, Patočka), siendo el sujeto de la correlación abordado desde su pertenencia ontológica, sin perder la diferencia fenomenológica, y las filosofías, como la de Maldiney y Marion, que ponen el acento sobre la cuestión del acontecimiento, sin emprender una profundización cosmológica de la fenomenología". *Ibid.*, p. 199. En particular, Jacquet destaca dos diferencias entre Marion y Patočka. La primera refiere a la consideración del horizonte. El mundo, según el checo –señala Jacquet–, en su incabamiento constitutivo, posee la plasticidad del sobrevenir acontecial, pero lo que acontece, si bien tiene el carácter de inédito, se inscribe en cierto "estilo de mundo" que actúa como horizonte. Asimismo, la "subjetividad asubjetiva" patočkiana se inscribe en el mundo como horizonte. La segunda diferencia refiere al carácter cosmológico de la subjetividad. Jacquet considera que la actividad de interpretación (el pasaje de lo que se da a lo que se muestra), que ocurre en el seno de la pasividad del adonado marioniano, es irreductible a la aspiración a la totalidad propia de la subjetividad asubjetiva patočkiana, pues la fenomenología de la donación es acosmológica. Cfr. *ibid.*, pp. 228-229. Si bien pueden aceptarse estas observaciones de Jacquet, cabe destacar que éstas no anulan el poder heurístico que tiene la propuesta patočkiana para iluminar aspectos fundamentales del proyecto marioniano.

261 "Mal iría, pues, la cosa, el asunto de la fenomenología si no hubiese forma de conciliar las oposiciones entre las dos teorías fenomenológicas fundamentales de un modo tal que descubra el fundamento de su diferencia, y que lo haga además fenomenológicamente, en las cosas mismas, y esto si en la cosa misma no puede decidir sobre los puntos en disputa. A este fin es necesario indagar los temas que son comunes a ambos pensadores, o que muestran aspectos comunes, y más allá de su oposición y por debajo de ella es necesario tratar de elaborar aquello que une a ambos. Lejos de conducir a un eclecticismo, lo que los une ha de servir de ayuda justamente para una toma de postura crítica en relación con ambas teorías". PATOČKA, Jan, "¿Qué es la fenomenología?" art. cit., p. 252.

262 "Podría preguntarse si no hay en *Étant donné* una especie de sincretismo entre las fórmulas que invocan bajo el título de 'reducción' una operación subjetiva metódica de puesta entre paréntesis en tanto condición de toda donación, en una línea husserliana ('la donación se cumple por reducción', ÉD, p. 29), y las

En su texto, Tardivel analiza el planteo de Romano sobre la necesidad de elegir entre la reducción o la donación, y el modo en que esta objeción es retomada por Claudia Serban como una exigencia propia de la idea de auto-donación. Según Serban, no sólo un "contra-método" acorde a esta idea demandaría una crítica de la reducción, sino que Marion debería asumir la consecuencia hermenéutica de la definición heideggeriana de fenómeno que él acepta.²⁶³ Frente a estos planteos, Tardivel entiende que es necesario introducir un tercer término entre reducción y hermenéutica: la tercera reducción debe pensarse como una *epoché*.²⁶⁴ Pero esta *epoché* no debe ser entendida como algo opuesto a los otros dos términos, sino que debe comprenderse como el núcleo mismo de la reducción y el presupuesto de toda hermenéutica.²⁶⁵

Según Tardivel, es posible pensar la "tercera reducción" como una patočkiana "universalización de la *epoché*".²⁶⁶ En "*Epoché* y reducción", Patočka se pregunta qué sucedería si la *epoché* no se detuviese ante la tesis del sí mismo propio, sino que fuese aplicada de modo universal; qué ocurriría si no se utilizara de "manera automática" la tesis del *cogito*, sino que también se la pusiera entre paréntesis. Patočka concluye que

> entendida así, la *epoché* no es un acceso a ningún ente o pre-ente, sea mundano o no-mundano, pero justamente por ello es quizás el acceso al aparecer en lugar de lo que aparece, esto es al aparecer en tanto tal.²⁶⁷

La *epoché* radicalizada da acceso al aparecer mismo. Siguiendo a Patočka, Tardivel propone que

> la tercera reducción no radicaliza la reducción, sino la *epoché*, porque ella no reduce ni a la conciencia ni al ser ni a cualquier instancia regional. La llamada no es una nueva instancia regional, más extensa que la conciencia, más profunda que el ser. La llamada ni siquiera "es", sino que describe el efecto de los fenómenos sobre eso a lo que se dan, y que no conviene llamar más *ego*, ni siquiera *Dasein*, sino "interpelado" o incluso "adonado". La reducción a la llamada ofrece así la *paradoja*

---

fórmulas que consideran el pliegue de la donación y la retirada de la donación en relación a lo dado, en una línea totalmente heideggeriana, o incluso una 'asimetría del pliegue: lo dado, nacido del proceso de donación, aparece, pero deja disimular la donación en sí misma, que deviene enigmática (ÉD, p. 100)'". Romano, Claude, "Le don, la donation et le paradoxe", cap. cit., pp. 21-22 n. 4.
263 Serban, Claudia, "La méthode phénoménologique, entre réduction et herméneutique", art. cit., p. 83 y p. 87.
264 Cf. Tardivel, Émilie, "Monde et donation…", art. cit., pp. 123-124.
265 Cf. *ibid.*, p. 124.
266 *Idem.*
267 Patočka, Jan, "*Epoché* y reducción" en Patočka, Jan, *El movimiento de la existencia humana*, trad. T. Padilla, J. M. Ayuso y A. Serrano de Haro, Madrid, Ediciones Encuentro, 2004, p. 247.

de una reducción que no reduce, e incluso muestra, a su vez, que toda reducción no reduce, sino que amplía y da.[268]

Si la tercera reducción extrema la *epoché*, se trata entonces de una reducción que no se circunscribe a los límites de la objetividad o de la enticidad, sino que, por el contrario, opera excluyendo toda posible exclusión.

A partir de esta lectura de la tercera reducción como una *epoché* es posible responder a la objeción de Romano respecto de la imposibilidad de conciliar en la obra de Marion un método decididamente subjetivo, como la reducción, con un tema radicalmente asubjetivo. Si bien es cierto que la reducción es un procedimiento subjetivo, cabe preguntarse si puede decirse lo mismo de la *epoché*. Según Patočka, el acto de libertad que implica la *epoché* se basa en algo distinto a la libertad del sujeto, pues, "¿cómo sería posible un comportarse de esta índole, una libertad tal, si a su base no hubiese una experiencia de la posibilidad fundamental de distanciarnos de toda actividad, incluida la judicativa?"[269] La *epoché*, a diferencia de la reducción, no consiste en un procedimiento completamente subjetivo, sino que deviene posible gracias a una experiencia previa que es de carácter asubjetivo. Como ya hemos examinado en el apartado 23.2, esta experiencia asubjetiva, indisponible, no es otra que la *Grunderfahrung* heideggeriana, la experiencia fundamental: la experiencia del anonadamiento en la disposición afectiva de la angustia.

Según Tardivel, la respuesta que permite resolver la paradoja señalada por Romano de una reducción operada por el propio fenómeno está dada por la pasividad originaria del yo que la tercera reducción pone de manifiesto.[270] La reducción a la llamada pura reduce el yo a una pasión:[271] el yo es originariamente pasivo. La auto-reducción es posible gracias a la reducción del sujeto a su asubjetividad originaria.[272] Según Patočka, la *epoché* es posible gracias a la angustia y la experiencia de la nada que ésta provoca en el sujeto.[273] Tardivel concluye entonces que "la angustia da así acceso no solamente a la nada, o a lo no-ente, sino también a un sujeto sin conciencia, un sujeto paradójicamente asubjetivo".[274]

---

268 Tardivel, Émilie, "Monde et donation...", art. cit., p. 125.
269 Patočka, Jan, "¿Qué es la fenomenología?", cap. cit., pp. 269-270.
270 Volveré sobre esta pasividad del adonado en el § 32 del capítulo cuarto.
271 Cfr. RD, pp. 290-291. Tardivel sostiene –dando respuesta a la objeción de Michel Henry respecto de un formalismo en la reducción a la llamada pura– que "*la indeterminación de la llamada no se distingue de la pasión que ella pone en práctica* [...] Lejos de vaciar el aparecer de todo contenido concreto, la forma pura de la llamada le da una 'materia fenomenológica impresional'". Tardivel, Émilie, "Monde et donation...", art. cit., p. 127.
272 Cfr. *ibid.*, pp. 127-128.
273 Patočka, Jan, "¿Qué es la fenomenología?", cap. cit., p. 270.
274 Tardivel, Émilie, "Monde et donation...", art. cit., p. 133.

Este "sujeto asubjetivo" se experimenta en el temple del aburrimiento en la tercera reducción marioniana.

§ 26. El debate en torno a la reducción

Como bien destaca Rudolf Bernet, en su ya célebre *La vie du sujet. Recherches sur l'interprétation de Husserl dans la phénoménologie*, a partir de 1990, con la obra de Marion, con la publicación de *Phénoménologie matérielle* de Michel Henry y de su comentario sobre los principios de la fenomenología, y con la publicación de *Heidegger et la phénoménologie* de Jean-François Courtine, se abre en Francia un debate en torno a la reducción y el método fenomenológico.[275] ¿Es la reducción una operación fundamental para la fenomenología sin la cual no es posible atenerse a este método o puede prescindirse de ella? Este debate aún reviste actualidad principalmente porque la obra de Marion aún se encuentra en vigor y ha despertado un profundo interés en investigadores de la fenomenología de diversas partes del mundo.

En *Reprise du donné*, publicado en 2016, Marion refiere al cuestionamiento de la reducción en la escena francesa contemporánea, en autores como Claude Romano, Dominique Pradelle y Jocelyn Benoist. Marion señala que esto no es nuevo: no sólo encuentra un temprano antecedente en los planteos de los discípulos de Gotinga, sino que se inscribe en una cierta tendencia histórica entre los fenomenólogos a rechazar o, al menos, a atenuar la reducción. Tal es el caso de Maurice Merleau-Ponty, Hans-Georg Gadamer, Paul Ricœur.[276]

La posición de Marion es muy particular porque, como hemos analizado, si bien defiende la necesidad de aplicar la reducción como método propio de la fenomenología, ciertamente no la entiende en el sentido husserliano de la reducción trascendental que reconduce a las operaciones de constitución y dación de sentido por parte de la conciencia, ni tampoco en el sentido heideggeriano de una reconducción del ente al ser. En *Reprise du donné*, Marion destaca que la historia de la fenomenología no es sólo la historia de las herejías husserlianas, sino también, y principalmente, la historia de la sinuosa explicitación –hecha por Husserl mismo– de la operación de la reducción y de las interpretaciones incongruentes que se han hecho de la doctrina de la reducción.[277]

Marion entiende que el debate podría ser estructurado en torno a dos cuestiones:

---

275 Cfr. BERNET, Rudolf, *La vie du sujet*, op. cit., p. 5.
276 Cfr. RdD, pp. 20-21.
277 Cfr. *ibid.*, p. 20.

1) En primer lugar la de la posibilidad de una excepción respecto de la reducción. Según Marion, cuanto más se radicaliza la reducción, más se vuelve evidente la posibilidad e incluso la necesidad de un irreductible. Este irreductible puede identificarse con un fenómeno finalmente no reductible. Tal es el caso de Dios, según es expuesto por Marion en el estudio "L'irréductible" de *Figures de Phénoménologie*.[278] Pero el irreductible también puede identificarse con la operación de la reducción misma. Ambas modalidades de lo irreductible enfrentan, según Marion, la misma objeción: la de la inmediatez de lo dado. Esta objeción es respondida por Marion, como ya hemos examinado en el capítulo segundo, a partir de una crítica a la crítica del mito de lo dado y, principalmente, a partir del esclarecimiento del carácter indeterminado y enigmático, ni inmediato ni mediato, de la donación.[279]

2) La segunda objeción que se plantea respecto de la práctica de la reducción tiene que ver con el estatuto del *ego* que la opera. Marion destaca que para dar una respuesta adecuada es indispensable seguir la indicación husserliana al respecto. En *Krisis*, Husserl afirma: "…la reducción fenomenológica necesita, para alcanzar su horizonte total, de una 'fenomenología de la reducción fenomenológica' [*Phanomenologie der phanomenologischen Reduktion*]".[280] Marion sostiene que si se pone en práctica un acercamiento fenomenológico a la reducción puede advertirse con claridad que Husserl busca hacer del yo kantiano el resultado y no el origen de la reducción.[281] En los desarrollos de la filosofía contemporánea, según Marion, ya no se admite ningún yo con carácter trascendental. Por lo tanto, si la reducción proviene de un yo trascendental, se vuelve inadmisible: el yo trascendental es no es el origen, sino el resultado.[282]

Las objeciones respecto de la reducción –señala Marion– son similares a la planteada por Henry respecto de la reducción a la llamada.[283] Su punto de partida es el éxtasis intencional, es decir, la distancia entre el sujeto que mienta y su objeto. En este sentido, la objeción a la reducción se asienta sobre el "quién" y el "qué", quién reduce qué a qué, o, más precisamente, la objeción presupone la relación de exterioridad y de dominación unilateral del "quién" sobre el "qué". De este modo, la objeción recusa la reducción, entendida co-

---

278 "No podemos no tener una idea de Dios, sobre todo después de la reducción [después de la puesta entre paréntesis de su esencia y de su existencia]. Irreductible, la idea de 'Dios' se da como aquella que no podemos no tener […] Aquello por lo que Dios viene a la idea no presupone nada, ni siquiera la nada, y permanece irreductible a todo, incluso a la reducción. Lo irreductible se impone como lo irremediable, la 'imposibilidad de escapar de Dios', siempre ya allí y para siempre". FPh, p. 188.
279 Ver el punto 18.1 del capítulo 2.
280 Hua VI, p. 250.
281 Cfr. RdD, p. 22.
282 *Ibid.*, p. 42.
283 Ver el apartado 18.1 del capítulo segundo.

mo una relación desigual entre dos términos heterogéneos, porque, en primer término, recusa la trascendentalidad del yo y sus consecuencias.[284]

Marion entiende que deben tenerse en cuenta dos cuestiones para poder responder a la objeción.

1) En primer lugar, no hay que intentar comprender la reducción –o, más precisamente, la posibilidad más propia de la reducción– a partir de la actitud natural, pues esto nos lleva a concebir al yo bajo el modelo del yo transcendental kantiano que constituye objetos. Marion sostiene que no hay que entender que la reducción se dirige a una región que se opone a otra, como si ambas pudiesen sumarse. Como ya hemos señalado en el § 22, esto implicaría caer en una concepción errada de la reducción como "limitación" que impide entenderla adecuadamente como "reconducción". Pero además, Marion destaca que no puede restringirse la correlación noético-noemática a la relación desigual entre objetos constituidos e instancia constituyente. Este modo de concebir la reducción bajo el modelo de la objetivación impide acceder a la reducción a la donación.[285]

2) En segundo lugar, afinando el argumento de *De surcroît*, Marion sostiene que la reducción, lejos de constituir una relación unilateral y desigual, implica una relación recíproca y mutua entre el "quién" y el "qué".

> La reducción siempre reduce *simultáneamente* el sujeto y el objeto [...] El operador de la reducción [...] no sale de la reducción del mismo modo que entra en ella [...] porque el *yo* mismo se encuentra allí metamorfoseado en operador de la reducción y ministro de la donación, que, lejos de sintetizar y construir objetos, se recibe según su modalidad (el modo del adonado), como las cosas se reciben según sus modalidades (los modos de lo dado).[286]

Marion cita un pasaje de *Krisis* para reforzar la posibilidad de considerar la reducción en el modo propuesto. Husserl dice en el § 54:

> Pero los sujetos trascendentales, es decir, *los que funcionan* para constituir el mundo ¿son *seres humanos*? La *epoché* los ha convertido en "fenómenos", de modo que el filósofo en la *epoché* no tiene ni a sí mismo ni a los otros ingenua y directamente válidos como seres humanos, sino precisamente solo como "fenómenos", como polos de las preguntas retrospectivas trascendentales. Manifiestamente aquí ha de ser tomado en consideración, en la consecuencia radical de la *epoché*, cada yo puramente como polo yoico de sus actos y habitualidades y habilidades, a partir de ahí, como "mediante" sus apariciones, a través de sus modos de darse, dirigido hacia lo que aparece.[287]

---

284 Cfr. *ibid.*, p. 43.
285 Cfr. *idem*.
286 *Ibid.*, p.44.
287 Hua VI, p. 187.

Marion aclara que no pretende negar que hay constitución de fenómenos, pero que ésta puede ser entendida, más que como objetivación, como donación de *su* sentido a lo que aparece. Por otra parte, Marion sostiene que tampoco se trata de negar sin más la trascendentalidad:

> Hay trascendentalidad, pero significa, más que producción de objetos, el regreso al polo del *ego* de lo que aparece. La reducción, trascendental sin duda, impone al *ego* el rol de funcionario de la donación, que no puede ser cumplido sin experimentar de parte de ella una reacción recíproca.[288]

Ciertamente hay una indecisión en la obra marioniana respecto de la aceptación o no de la terminología husserliana (trascendentalidad, constitución, dación de sentido), pero la indecisión no es más que el reflejo de la compleja estrategia marioniana que pretender contraponer –siguiendo la terminología propuesta por San Martin y ya analizada en el capítulo segundo– el Husserl "convencional" y el "nuevo" Husserl.[289] El Husserl "convencional", el Husserl cartesiano severamente criticado por Heidegger, entiende la reducción como operación de objetivación, pero también hay elementos en el "nuevo" Husserl que permiten dar otro sentido a la trascendentalidad y a la constitución. Marion indaga en las posibilidades inscriptas en este otro Husserl para hacerlas jugar –si se quiere– contra el propio Husserl, contra el Husserl "convencional".

Marion propone, entonces, que el "quién" de la reducción también es reducido y solo de ese modo puede modificar al "qué". Existe una reciprocidad entre el "qué" y el "quién". El "qué" es reducido a la dado solo en tanto el "quién", recíprocamente, es reducido a adonado por el "qué" en la donación. Marion destaca que esta concepción de la reducción, su carácter unívoco (siempre opera del mismo modo) y su carácter recíproco, pueden rastrearse en la historia de la fenomenología. Un primer ejemplo puede encontrarse en la reducción a la esfera de lo propio. Husserl propone una reducción que no se dirige a nada del mundo ni a otro yo, sino al mismo yo trascendental que soy. Se trata, pues, de reducirme a mí mismo poniendo entre paréntesis todo lo dependa de una trascendencia inmanente para atenerme solo a las inmanencias reales. De este modo, entre los cuerpos encuentro mi carne y, de este modo, el yo trascendental se ve reducido a carne.[290]

---

[288] RdD, p. 45. En las "Réponses" a las lecturas de su obra presentadas en el coloquio "La philosophie de Jean-Luc Marion: sources et débats", celebrado en el Collège des Bernardis, el 23 de enero de 2013, Marion habla de un carácter "cuasi-trascendental" (*quasi-transcendantal*) del adonado, en tanto éste conserva un "rol iniciador" (*rôle initiateur*) al fijar lo que terminará mostrándose de lo dado, según su capacidad de recepción. Cfr. R, p. 128. Volveré sobre esta cuestión en siguiente apartado y en el capítulo cuatro.
[289] Ver apartado 19.2 del capítulo segundo.
[290] Cfr. Hua I, pp. 124-130. Y cfr. RdD, pp. 46-47.

Un segundo ejemplo evocado por Marion es el de reducción ontológica heideggeriana. Según lo establecido en el § 7 de *Sein und Zeit*, los fenómenos deben aparecer por sí mismos. Esto se logra, según Heidegger, si se abandona el horizonte de la objetidad y se los ve desde el horizonte del ser. Ahora bien, este pasaje del "qué" de un modo de fenomenicidad a otro sólo puede alcanzarse si se da también una modificación recíproca en el "quién": el yo trascendental debe devenir un *Dasein*. Según Marion, la analítica existenciaria reduce la figura del yo trascendental al *Dasein*. Y, a su vez, el *Dasein* debe reducirse él mismo a su estatuto ontológico propio a través de la "resolución precursora" para poder reducir a los objetos a su estatuto óntico.[291]

El tercer ejemplo es el de la reducción ética lévinasiana. Esta reducción transforma la fenomenicidad de la totalidad en infinito. La reducción ética reconduce la actitud natural, en la que se ve al otro hombre como objeto, como fachada, a un aparecer en su otredad como rostro. Ahora bien, este aparecer del otro no responde a los términos de mi mención intencional, sino que, por el contrario, opera según una contra-intencionalidad que modifica todo estatuto trascendental para transformar al yo en responsable por el otro.[292]

Marion concluye:

> La reducción puede tomar múltiples formas, de las que el éxtasis trascendental y la auto-afección constituyen, sin duda, los dos extremos; pero todas respetan la connivencia entre lo dado y el adonado, según la misma univocidad de la reducción y la constante reciprocidad de sus términos.[293]

De este modo, Marion entiende que es posible responder a la lectura de Tardivel, señalando que no deben oponerse la reducción y la *epoché*, sino que –siguiendo a Jérôme de Gramont (que, a su vez y paradójicamente, también sigue a Patočka)– debe entenderse a la *epoché* como aquello que permanece en toda reducción dándole su univocidad. Dice Jérôme de Gramont: "...la pluralidad de nombres de la reducción no impide su imantación hacia un primer nombre que constituye su figura última".[294] Esta figura última es la *epoché*. Retomando estas ideas, Marion sostiene que no debe confundirse a la reducción con la *epoché*, pues existe una pluriralidad de modalidades de reducción, pero todas ellas ponen en práctica la única *epoché*.[295] De este modo, Marion concluye que la relación entre *epoché* y reducción debe ser entendida en los siguientes términos:

---

291 Cfr. *ibid.*, pp. 48-49.
292 Cfr. *ibid.*, pp. 49-50.
293 *Ibid.*, p. 51.
294 DE GRAMONT, Jérôme, " Le pluriel des réductions et l'unique épochè", art. cit., p. 75.
295 Cfr. RdD, p. 54.

La reducción sigue un método, es decir que ella toma prestado, en todas sus puestas en práctica, el camino indicado por la *epoché*, de tal modo que en todo momento de la actualización de la donación, la reducción practica aún y siempre la suspensión, la retención y la puesta entre paréntesis de lo que no se encuentra aún absolutamente dado [...] La *epoché* no rivaliza con la reducción, sino que la sirve.[296]

Marion sostiene que la reducción se sirve de la *epoché* como un ministro. Esta "relación ministerial" (*relation ministérielle*) permite, según Marion, extraer tres conclusiones: 1) la *epoché* es tan subjetiva como asubjetiva, pues interviene en todos los casos de reducción y respecto de los diversos estatutos del yo; 2) La *epoché* se opone a la reducción tanto como esta última depende de ella; 3) la singularidad de la *epoché* es precisamente lo que permite las múltiples modalidades de reducción.[297]

§ 27. La reducción marioniana a la luz de la propuesta heideggeriana

Ahora bien, la respuesta de Marion –que asienta su posición última al respecto– no parece suficiente frente a la objeción. Llama la atención este intento de distanciamiento, cuando un año antes, Marion acepta sin más la sugerencia de Tardivel como válida. En sus "Réponses" a las lecturas de su obra presentadas en el coloquio "La philosophie de Jean-Luc Marion: sources et débats" –celebrado en el Collège des Bernardis, el 23 de enero de 2013, y cuyas intervenciones fueron publicadas en 2015– luego de explicar la ausencia de un donador originario, único y trascendental, y de señalar la función de los adonados respecto de la recepción de la donación y su fenomenalización, Marion sostiene:

> En este caso ¿no convendría comprender la tercera reducción, en su sentido a-subjetivo (sin sujeto trascendental), a la manera de Patočka, y hablar más bien de *epoché*, de la donación? Una comentadora [Marion cita en una nota al pie el artículo de Émilie Tardivel] acaba de hacer esta sugerencia, me parece que quizás podríamos tomarla.[298]

Por otra parte, la propuesta de Tardivel también encuentra respaldo en el libro de 2014 sobre Courbet. Allí, siguiendo a Patočka, a fin de explicar el operar propio del artista, Marion sugiere que éste pone en práctica una "*epoché* sin reducción":

---

296 *Ibid.*, p. 55.
297 Cfr. *ibid.*, p. 56.
298 R, pp. 128-129.

Mientras que la reducción, según es habitualmente definida por Husserl, sólo pone entre paréntesis la región-mundo reforzando la certeza de la región-conciencia, la *epoché* suspende el primado de este *ego* exponiéndolo directamente a lo dado anterior del mundo, que no constituye más la colección estática, eventualmente total y totalizante, sino que surge como un acontecimiento.[299]

La verdadera creación artística no parte de la voluntad del artista, sino de la "neutralización" de su *ego* por medio de la *epoché* sin reducción que le permite entregarse al acontecer imprevisible de la obra. El ámbito del arte parece ofrecer la posibilidad de una fenomenología sin reducción. Pero entonces, ¿cómo conciliar la defensa marioniana de la reducción y esta nueva vía de la *epoché* sin reducción ensayada en esta obra?

La respuesta pasa por comprender el modo en que Marion se apropia de la modalidad heideggeriana de la reducción. La *epoché* sin reducción actúa, ciertamente, como una reducción radical, pues es reducida a su núcleo: la *epoché*. Y, a su vez, ese núcleo es liberado en el sentido patočkiano de su universalización. Esto se logra porque –siguiendo el modelo heideggeriano– la *epoché* marioniana es una *Grundstimmung*. Pero, para radicalizar la operación de la *epoché* en un sentido extremo, es preciso que esa disposición afectiva ya no sea la angustia (que reconduce a la nada, al ser o incluso al mundo en el sentido patočkiano). El temple anímico reductor debe ser capaz de poner entre paréntesis también a la diferencia ontológica. En *Réduction et donation*, como hemos examinado, ese temple es el aburrimiento. Sin embargo, la búsqueda de Marion continúa y –como analizaremos en el capítulo sexto y, en parte, en el capítulo cuarto– la última palabra la tendrá una tonalidad afectiva que actúa como el reverso del aburrimiento: el amor.[300]

Marion sostiene que existe una "relación ministerial" entre reducción y *epoché*. Sin embargo, también destaca que la reducción sigue el "camino indicado por la *epoché*". Habría que decir, pues, que la particularidad de la noción marioniana de reducción es que ella se solapa sin más con la *epoché*. La reducción marioniana opera por el gesto mismo de la *epoché*, pues ésta es tan radical, que lejos de excluir, limitar o restringir, "abre y da", es decir, reconduce a la donación. Ciertamente, para poder dar cuenta acabadamente de esta capacidad de reconducción presente en la *epoché* hay que dar cuenta del desplazamiento del temple anímico paralizante del aburrimiento al temple anímico activo/pasivo, receptivo, del amor, pero con los elementos analizados en este capítulo

---
299 C, pp. 94-95.
300 "Lecho vacío de un amor ausente, el mundo se ofrece desolado a la mirada del aburrimiento, cuya impotencia para la caridad tan solo vierte vanidad: el reverso de la caridad". DSE, p. 188.

ya es posible advertir esta peculiar imbricación entre reducción y *epoché* que caracteriza a la concepción marioniana.

En *La rigueur des choses*, Marion define la reducción en los siguientes términos:

> La reducción, en sentido técnico, consiste en no tener por adquirido todo lo que percibo, en no recibir todo lo que me adviene con el mismo grado de evidencia y, por tanto, de certeza, sino en interrogar sobre lo que se encuentra, en cada caso, efectivamente adquirido para distinguirlo de lo que solo está reconstituido, inferido, adquirido, por así decirlo, por medios indirectos, indirectamente.[301]

Se trata, pues, de una operación crítica que busca "despejar los obstáculos", suspender falsas teorías, inferencias y presupuestos. Esta es precisamente la tarea y el poder de la *epoché* que, como bien señala San Martin, consiste ciertamente en un distanciamiento crítico por el que nos abstenemos de tener por adquiridos ciertos supuestos, incluso el del *a priori* de mi subjetividad entendida como *cogito*. Como bien señala Marion, su reducción opera tanto una transformación en las cosas como una transformación en quien la pone en práctica. Su particular constitución, su *Sinngebung* es sólo posible en razón del "no hacer", del "dejar hacer" operado por el sujeto que deviene adonado. Quien pone en práctica la reducción, como bien destaca Tardivel, encuentra su motivación en una tonalidad afectiva que lo destituye como sujeto. En el libro sobre Courbet, esta tonalidad es la "pena" (*peine*) –una modalidad del amor–.[302] Courbet pone en práctica una suerte de "ascesis activa" (*ascèse active*)[303] que le permite ver y hacer ver las cosas mismas, dejándose afectar por la pena.[304]

La pena es el temple que permite neutralizar el *ego*. El autorretrato "El hombre herido"[305] de Courbet pone de manifiesto precisamente esta "muerte del pintor como sujeto dominante y organizador de su pintura".[306] Courbet no es el autor de sus cuadros, sino un testigo que registra lo que ve, lo que le adviene tal como le adviene.[307]

Este es el sentido del "contra-método" al que referimos en el § 21.

---

301 RC, p. 123.
302 Según expresó Marion en una entrevista que tuve con él en el Institut Catholique de Paris, el 14 de enero de 2015, el temple anímico de la pena debe ser entendido como una modalidad del amor y el amor es la disposición afectiva fundamental de su filosofía.
303 *Ibid.*, p. 165.
304 "Pintar las cosas en su verdad, en la luz ocre [...] de su pena, esto no puede cumplirse más que por una condición al menos: sentir uno mismo esta pena" *Ibid.*, p. 69.
305 Courbet, Gustave, "L'homme blessé" (1844-1854), Paris, Museo de Orsay.
306 C, p. 82.
307 "Pintor herido, como se pudo hablar de un *cogito herido*: un *ego* cuyo pensamiento no (se) domina más y deja hacer, deja venir, deja aparecer lo que ve sin jamás prever". *Idem*.

La reducción no hace nada, sino que deja que la manifestación *se* manifieste; toma la iniciativa (de considerar seriamente lo que es vivido por la conciencia) sólo para entregarla a lo que *se* manifiesta.[308]

Y esta entrega de la iniciativa, esta entrega del "sí" es la permite la transformación del sujeto en adonado. La reducción no pierde su carácter metodológico porque no implica la mera acción del fenómeno. Ciertamente, como señala Stéphane Vinolo, "no se trata de negar que la aparición del fenómeno se da siempre en relación a un sujeto. Pero es necesario repensar el rol del sujeto en esta aparición".[309] La reducción marioniana opera, en primer lugar, sobre quien la realiza, y consiste en una operación paradójica, de carácter asubjetiva, pero puesta en obra por un sujeto. Consiste en la actividad de poner en práctica una "ascesis activa" por medio de la cual el adonado se entrega a la pasividad cediendo su primacía ante el fenómeno. Su paradójica acción consiste en "no hacer nada", en entregarse al acontecer del fenómeno. Por medio de la *epoché* radicalizada, que se aplica también a la tesis del *cogito*, se alcanza una particular reducción que reconduce a la donación. Esta reducción descubre una "cuasi-trascendentalidad",[310] una singular *Sinngebung*, que ya no pretende dar un sentido, sino más bien "reconocer el sentido que el fenómeno se da de sí mismo y a sí mismo".[311] Esta mirada capaz de "reconocer el sentido" es sólo posible si deviene una mirada asubjetiva, si se ejecuta a partir de una experiencia fundamental que transforma al sujeto en adonado, que modifica su carácter primero en derivado. De este modo, la metodología marioniana encuentra el modo de articular Husserl y Heidegger, subjetividad y asubjetividad, para alcanzar las cosas mismas más allá del horizonte de la objetividad y la enticidad.

En el próximo capítulo me detendré en este sujeto marioniano que debe pensarse como adonado. Y en el capítulo quinto desarrollaré el vínculo de la reducción con la hermenéutica que puede inducirse de algunos pasajes ya comentados en este capítulo.

---

308 ED, p.17.
309 Vinolo, Stéphane, *Dieu n'a que faire de l'être. Introduction à l'œuvre de Jean-Luc Marion*, Paris, Germina, 2012, p. 35.
310 R, p. 128.
311 ED, p. 16.

Capítulo cuarto
El adonado

§ 28. La subjetividad en el joven Heidegger

En un artículo publicado en 1991, en el número de la *Revue de métaphysique et de morale* dedicado a *Réduction et donation*, Marion sostiene que el desafío más urgente de la fenomenología es determinar qué o quién sucede al sujeto.[1] Repensar la subjetividad es, pues, una cuestión central para la propuesta marioniana. En este artículo, Marion se pregunta si acaso la fenomenología es capaz de ofrecer un camino seguro que conduzca más allá del sujeto y propone indagar en el *Dasein* en busca de una respuesta.[2] Unos años antes, en 1987, Marion había publicado otro artículo, en esta misma revista, sobre la crítica heideggeriana al *ego* cartesiano en *Sein und Zeit*.[3] Ese artículo, intitulado "L'*ego* et le *Dasein*. Heidegger et la "destruction" de Descartes dans *Sein und Zeit*", sería la base para el capítulo III de *Réduction et donation*. Como puede observarse, la pregunta de Marion por la subjetividad proviene de la reflexión heideggeriana sobre esta cuestión. Ahora bien, la respuesta final marioniana reconoce, como influencia decisiva, la reformulación de la intencionalidad y de la responsabilidad del sujeto en la obra de Lévinas.

El análisis de Marion parte de Heidegger, asumiendo las críticas del filósofo a Meßkirch a Descartes y a Husserl, pero luego plantea una superación de Heidegger a partir de la lectura de Lévinas y de cierto uso de la noción henryana de carne. Sin embargo, esta constelación de autores, Descartes-Husserl-Heidegger-Lévinas-Henry, y, particularmente, la crítica a Descartes, será reconfigurada a partir de 2013, con la publicación de *Sur la pensée passive de*

---

1 Cfr. SDA, p. 77.
2 Cfr. *idem*.
3 Cfr. EDSZ, pp. 25-53.

Descartes. La relectura de *Passions de l'âme* permitirá esclarecer la noción marioniana de pasividad.

Nuestra hipótesis para este capítulo es, pues, que si bien las figuras marionianas de la subjetividad (el interpelado, el asignatario y el adonado) constituyen una prolongación de las reflexiones lévinasianas, la inversión de la intencionalidad llevada a cabo por Lévinas tiene un antecedente en la revisión de la intencionalidad propuesta por el joven Heidegger. Asimismo, la función que las disposiciones afectivas desempeñan en la aprehensión del sí mismo en estos primeros cursos heideggerianos, también opera como modelo para el adonado marioniano que deviene tal dejándose afectar en la experiencia de un temple anímico fundamental; temple que pone en práctica la reducción y, en el mismo acto –como ya hemos analizado–, transforma el estatuto de la sujeto. En este sentido, puede afirmarse que la temprana fenomenología heideggeriana también puede ofrecer herramientas para comprender la problemática de la subjetividad en la fenomenología de la donación.

En los primeros cursos dictados en la Universidad de Friburgo, indagando sobre el fenómeno eminente de la vida fáctica, Heidegger se pregunta por la "intencionalidad originaria" (*Urintentionalität*) de la vida como "actitud originaria del vivir y de la vida", que se identifica con el vivir mismo.[4] Como bien se aclara en los *Prolegomena*, la comprensión heideggeriana de la intencionalidad busca superar cierto empleo acrítico de las ideas de lo psíquico y las vivencias:

> La intencionalidad no es la última explicación de lo psíquico, sino el planteamiento, nuevo, que pretende superar el empleo acrítico de realidades tradicionalmente definidas como son lo psíquico [*Psychisches*], la conciencia [*Bewußtsein*], la trama de vivencias [*Erlebniszusammenhang*] o la razón [*Vernunft*], [...] designa más bien aquello cuya apertura permitiría a la fenomenología encontrarse en sus posibilidades.[5]

Se trata de pensar a la intencionalidad de modo radical, liberando sus posibilidades. En este sentido, Heidegger propone situarla en la esfera preteorética misma en donde ya no cabe la distinción sujeto-objeto, ni la polaridad esfera psíquica-esfera física.

Esta intencionalidad se desplegará, en estos cursos, en tres sentidos: un "sentido de contenido" (*Gehaltssinn*), un "sentido de referencia" (*Bezugssinn*) y un "sentido de realización" (*Vollzugssinn*).[6] El sentido de contenido es el qué

---

4 GA 56/57, p. 110.
5 GA 20, p. 63.
6 Cfr. GA 58, p. 261; GA 59, p. 10; GA 60, p. 63.

hacia el cual me dirijo, el objeto, el correlato de la intención. El sentido de referencia señala la característica definitiva de la intencionalidad como estructura de correlación en tanto *sich-richten-auf*, puro "referirse a", puro "dirigirse a". El sentido de referencia responde al "cómo" en el que el fenómeno se da. Finalmente, el sentido de realización indica las diversas modalidades posibles en las que esta estructura de correlación puede efectivizarse, responde al "cómo" en el que el sentido de referencia se realiza. Este sentido marca la ruptura con la actitud teórica pues exige una apropiación concreta que ya no puede ser caracterizada como la neutralidad de un acto teórico, sino como un comportamiento que nos involucra individualmente en cada ocasión. Este comportamiento, caracterizado en la introducción al libro sobre Aristóteles como trato cuidadoso (*sorgender Umgang*), registra diversos modos de realización que nos implican de diferentes maneras: la "manipulación de" (*Hantieren an*), la "preparación de" (*Bereitstellen von*), la "elaboración de" (*Herstellen von*), el "asegurarse por medio de" (*Sicherstellen durch*), el "servirse de" (*in Gebrauchnehmen von*), el "uso para" (*Verwenden für*), el "tomar posesión de" (*in Besitznehmen von*), el "custodiar" (*in Verwahrung halten*), el "extraviar" (*in Verlust geraten lassen*).[7] En el curso sobre Aristóteles del semestre de invierno de 1921/1922, Heidegger introduce un cuarto sentido en el que se efectúa la intencionalidad: el "sentido de despliegue temporal" (*Zeitigungssinn*),[8] que refiere a la temporalización propia en que se dan los tres sentidos mencionados.

En el semestre de verano de 1920, Heidegger dicta el curso: *Phänomenologie der Anschauung und des Ausdrucks. Theorie der philosophischen Begriffsbildung*. En las primeras líneas se pone el acento en la cuestión metodológica. Heidegger quiere destacar que no se trata de un problema secundario como parece desprenderse de las teorías filosóficas tradicionales. No se trata de una reflexión que surge después de que un sistema filosófico está construido. Nos hallamos frente a una "encrucijada metodológica" porque llegó el momento de considerar al método como un problema filosófico fundamental. Abandonar los enfoques tradicionales y avanzar en la "radical nueva fundación de la filosofía" (*radikale Neufundierung der Philosophie*) obliga, principalmente, a plantear ciertas preguntas:

> Primero, si el concepto tiene una posición central en la filosofía; y entonces fundamentalmente, si tiene algún sentido hablar de conceptos en filosofía; más aún, si los conceptos, en su acepción más usual, significan algo lejano a la filosofía, si constituyen la estructura básica de la objetividad de la filosofía o si la pueden afectar, y si es así, en qué sentido.[9]

---

7 GA 62, p. 353.
8 GA 61, p. 53.
9 GA 59, p. 8.

Estos interrogantes exponen la necesidad de una "teoría de la formación filosófica del concepto". Ahora bien, la radicalidad de la refundación de la filosofía no puede pensarse en términos de un hacer *tabula rasa* respecto de toda filosofía anterior. "Es *naive* creer que uno podría hoy o alguna vez, empezar de nuevo en filosofía y ser tan radical como para desplazarse de toda la renombrada tradición".[10] Esto implicaría caer en el "pecado mortal" del constructivismo que impone un método "desde afuera o desde arriba" o que idea "un nuevo camino teorético" a través de reflexiones abstractas que no atienden al fenómeno. La refundación de la filosofía y su respectiva teoría de la formulación del concepto debe partir del filosofar mismo. En la introducción del curso, Heidegger afirma que el filosofar es siempre una reformulación (*Neugestaltung*) de la filosofía.[11] Una teoría de la formación filosófica del concepto que no se plantee como algo impuesto exteriormente debe, en primer lugar, dar cuenta de esta reformulación, de este aspecto crítico-destructivo que se da en el filosofar mismo como una necesaria confrontación con la historia de la filosofía. Por otra parte, la posibilidad de la reformulación misma mienta un carácter incompleto en el filosofar. El concepto filosófico debe estar a la altura de la radical incompletitud de la filosofía sin caer en una configuración con pretensión definitiva que no respete este carácter.

En el curso del semestre de invierno de 1919-1920, Heidegger afirma que el ámbito fenomenológico originario (*phänomenologisches Ursprungsgebiet*) no está nunca dado sin más, por eso "debemos acercarlo hacia nosotros *metodológicamente*".[12] Esta es la importancia decisiva del método. "Toda filosofía auténtica es, en sus propias fuerzas motrices, una lucha por el método".[13] De él depende la posibilidad de lograr un acceso auténticamente filosófico. En el marco de estas apreciaciones, Heidegger introduce por primera vez sus dos herramientas metodológicas fundamentales: la "destrucción" (*Destruktion*)[14] y la "indicación formal" (*formale Anzeige*).[15]

Dar cuenta de la vida fáctica, en sus propios términos, sin tergiversarla, implica desarrollar algún tipo de herramienta conceptual que opere como una simple "llamada de atención" (*aufmerksam machen*), como indicador de una dirección que no puede ser objetivada. Esta herramienta será la "indicación formal" (*formale Anzeige*) que Heidegger comienza a vislumbrar en el curso del semestre de invierno de 1919-1920: *Grundprobleme der Phänomenologie*,

---

10 *Ibid.*, p. 29.
11 *Ibid.*, p. 4.
12 GA 58, p. 203.
13 *Ibid.*, p. 135.
14 *Ibid.*, p. 150. Ver § 21 del capítulo tercero.
15 *Ibid.*, p. 198.

en el curso del semestre de verano de 1920: *Phänomenologie der Anschauung und des Ausdrucks* y en la reseña del libro de Jaspers, *Psychologie der Weltanschauungen*, y que termina de desarrollar en el curso del semestre de invierno 1920-1921: *Einleitung in die Phänomenologie der Religion* y en el curso del semestre de invierno de 1921-1922: *Phänomenologische Interpretationen zu Aristoteles*.

> En la metodología llamamos "indicación formal" al empleo de un sentido que guía la explicación fenomenológica. [...] [que] si bien orienta la consideración, no introduce ninguna opinión prejuzgadora en los problemas.[16]

Según Günther Stern,[17] asistente a los primeros cursos de Heidegger, es probable que el término "indicación" (*Anzeige*) refiera a la distinción entre "expresiones objetivas" (*objektive Ausdrücke*) y "expresiones ocasionales" (*okkasionelle Ausdrücke*) propuesta por Husserl en la primera investigación lógica. Las expresiones objetivas son aquellas que por tener un significado objetivo son comprendidas sin necesidad de atender a quién las manifiesta y las circunstancias en que son dichas. Ejemplo de este tipo de expresiones son las utilizadas para principios y teorías de las ciencias "abstractas". Las expresiones ocasionales, por el contrario, son aquellas que sólo adquieren significación en relación con las "efectivas circunstancias de la manifestación" y con quien las emite. Husserl afirma que se trata de las expresiones que "sirven a las necesidades prácticas de la vida común".[18] Y unos renglones más adelante, da como ejemplo una expresión que contenga un pronombre personal. Con la palabra "yo", destaca Husserl, se nombra en cada caso a alguien distinto. Su significado está determinado, cada vez, por el "discurso viviente" y su relación con ciertas "circunstancias intuitivas".[19] La palabra "yo" tiene una particular "función indicativa" (*Anzeigende Funktion*): reenvía el discurso a quien lo está emitiendo, "dice al oyente: tu interlocutor se mienta a sí mismo"[20] y, de esta forma, superpone dos tipos de significaciones. Por un lado, la significación indicativa (*anzeigende Bedeutung*) que refiere a la función general vacía del "yo"; por el otro, la significación indicada (*angezeigte Bedeutung*) que remite al yo singular y concreto en su aquí y ahora. En la sexta investigación, Husserl insiste en la importancia de la indicación. Cuando el oyente escucha "yo" o "esto" o "aquí" entiende cierta generalidad, sabe que se está indicando algo,

---

16 GA 60, p. 55.
17 Citado por John van Buren. Cfr. VAN BUREN, John, *The young Heidegger. The Rumor of the Hidden King*, Bloomington, Indiana University Press, 1994, pp. 328 y 406 n. 5.
18 Hua XIX/l, p. 87.
19 *Idem*.
20 *Ibid.*, p. 88.

pero "el verdadero objetivo de la expresión no reside en este universal, sino en la intención directa hacia el objeto respectivo".[21] El oyente necesita tener una intuición directa de lo mentado por el hablante para comprender lo expresado. Heidegger toma este carácter indeterminado de la indicación que necesita ser apropiada, ser referida a circunstancias concretas, a un aquí y ahora, para adquirir significación.

Con el adjetivo "formal" (*formal*), Heidegger alude a la distinción husserliana de dos tipos de universalización: la "generalización" (*Generalisierung*) y la "formalización" (*Formalisierung*). La generalización es la universalización de acuerdo al género y a la especie. Por ejemplo, rojo es un color, color es una cualidad sensible. En estos pasajes de niveles de generalización se da una continuidad asegurada por una limitación a un sector temático en base a un contenido. Ahora bien, el tránsito que va de la "cualidad sensible" (*sinnliche Qualität*) a la "esencia" (*Wesen*) o de "esencia" a "objeto" (*Gegenstand*) implica una fractura en la delimitación del sector temático.[22] Heidegger se pregunta si la nota "cualidad sensible" califica a "color" del mismo modo que la determinación formal "objeto" a cualquier objeto.[23] "Objeto" no sólo no tiene un lugar asignado en la secuencia de niveles de género y especie, sino que puede predicarse de cualquiera de ellos. La formalización, a diferencia de la generalización, no está sujeta a un sector temático ni a una secuencia de niveles. Ella no surge de un contenido objetivo, sino de la "referencia postural" (*Einstellungsbezug*) misma.

> La formalización no está ligada a un determinado qué del objeto que hay que determinar. La determinación se desvía del contenido temático del objeto, lo considera según su estar dado.[24]

En este sentido, la formalización no prejuzga, pues sólo da cuenta del cómo del darse sin referir a un qué. Sin embargo, a partir del curso sobre Pablo, Heidegger va a considerar que la formalización husserliana aún contiene la limitación de encontrarse en el campo de una postura (*Einstellung*) teorética.[25] La indicación

---

21 Hua XX/1, p. 26.
22 En este sentido, Husserl afirma: "Para la verificación de esta radical distinción hay que remontarse, como en todos los casos semejantes, a la intuición de esencias, que nos enseña inmediatamente que las esencias-formas lógicas (por ejemplo, las categorías) no 'residen' en los casos singulares dotados de contenido, como el rojo general en los distintos matices de rojo, o como el 'color' en rojo o azul, y que en general no están 'en' [*darin*] ellos en el sentido propio, sentido que tendría con una relación entre todo y parte, en el usual sentido estrecho, una comunidad de naturaleza suficiente para justificar el hablar de un *estar contenido*". Hua III/1, p. 32.
23 Cfr. GA 60, p. 58.
24 *Ibid.*, p. 61.
25 Dice Heidegger: "La postura [*Einstellung*] es una referencia a objetos [*Objekte*] tal que en ella el comportamiento se sume en el *complejo temático* [*Sachzusammenhang*]. Yo *me* dirijo sólo al *tema*, yo me

formal heideggeriana no es un tipo de universalización, pues ella orienta la explicación fenomenológica de tal manera que ésta sea determinada por el fenómeno mismo y no por algún tipo de postura teorética externa. Tanto la generalización como la formalización husserlianas están teorética o posturalmente motivadas y, por lo tanto, constituyen algún tipo de imposición "desde afuera" a los términos en que el fenómeno se manifiesta. Ambas buscan el orden, de manera directa en la generalización, de manera indirecta en la formalización. La indicación formal, por el contrario, no está preocupada por el orden, sino más bien por liberarse de toda disposición o clasificación, permaneciendo abierta e indeterminada.

> Lo común a la formalización y la generalización radica en el sentido de "general" [*allgemein*], mientras que la indicación formal nada tiene que ver con la generalidad [*Allgemeinheit*]. El significado de formal en "indicación formal" es *más originario*.[26]

La indicación formal es el instrumento conceptual que, alejándose del sentido de contenido enfatizado por las teorías tradicionales, permite aprehender y expresar los sentidos de referencia y de realización de la vida fáctica. En esta posibilidad está su originariedad, en su carácter "formal" que se limita a indicar un cómo, una forma, una manera de darse del fenómeno, anterior a cualquier aprehensión teórica. Ahora bien, en su carácter de "indicación", la indicación formal

> tiene que indicar anticipando la referencia del fenómeno, pero en un sentido negativo [*negativer Sinn*], ¡como si de una advertencia [*Warnung*] se tratase! Un fenómeno tiene que estar previamente dado de tal modo que su sentido de referencia quede en suspenso. [...] La referencia y la realización del fenómeno no se determinan de antemano, sino que están en suspensión. Esto es una posición que se opone frontalmente a la ciencia. No existe ninguna inserción en un campo temático, sino que, por el contrario, la indicación formal es un rechazo, un aseguramiento previo de modo que el carácter realizativo queda aún libre.[27]

---

aparto de mí para arrimarme al *tema*. Con esta 'postura' se suspende a la vez la referencia *viva* al objeto del conocimiento (en el sentido de que algo cesa, por ejemplo, cuando se dice 'los combates se suspendieron')" (GA 60, p. 48). El término *Einstellung* permite a Heidegger destacar este aspecto "suspensivo" propio de la comprensión postural (*einstellungsmäßiges Verstehen*) y contraponerlo a la comprensión fenomenológica (*phänomenologisches Verstehen*) (cfr. *ibid.*, p. 48-49). La postura consiste en la actitud gnoseológica que comprende por medio de la suspensión, de la "desvivificación" (*Entlebung*) de su objeto. La comprensión fenomenológica, por su parte, busca evitar toda tipificación, limitándose a procurar el espacio para que el fenómeno se muestre en sus propios términos. Por otra parte, cabe destacar que en el curso del *Kriegsnotsemester*, en un intento por encontrar una forma de expresión que no caiga en la desvivificación teorética, Heidegger ya se había detenido en el procedimiento de formalización y aún lo consideraba una alternativa plausible (Cfr. GA 56/57, pp. 112-115).

26 GA 60, p. 59.
27 *Ibid.*, pp. 63-64.

La indicación formal tiene un carácter radicalmente negativo, no sólo rechaza todo contenido sino que también previene de cualquier reenvío a un sector temático a través de una predeterminación teorética de un cómo del darse del fenómeno. El sentido de referencia queda suspendido, pues la plenitud de sentido sólo puede alcanzarse a través del sentido de realización, en el que el intérprete es reenviado a la experiencia misma del fenómeno que la indicación formal señala. Como bien destaca John D. Caputo, las "indicaciones formales" son pues

> principios fáctico-históricos cuyo contenido real está siempre concretamente por ser determinado por la manera en que el principio es apropiado.[28]

La tripartición de la intencionalidad y el acento puesto por la indicación formal en el "sentido de realización" no sólo permiten la mostración del fenómeno a partir de sí mismo, sino que constituye un antecedente respecto del planteo lévinasiano ya que la indicación formal no opera como el concepto, en tanto "tercer término que encuentro en mí".[29]

Asimismo, cabe señalar que estas previsiones metodológicas dan cuenta de la apertura pre-teorética al mundo que va a caracterizar a la subjetividad heideggeriana en *Sein und Zeit* y que comienza a delinearse en estos cursos:

> Yo no me experiencio a mí mismo en la vida fáctica ni como complejo de vivencias [*Erlebniszusammenhang*] ni como conglomerado de actos y de procesos [*Konglomerat von Akten und Vorgängen*], ni siquiera como algo yoico-objetual [*Ichobjekt*] cualquiera en un sentido bien delimitado, sino que me experiencio en *aquello* que yo realizo, padezco, en lo que me sale al encuentro, en mis estados de depresión y euforia, etc. *Yo mismo no me experiencio, ni siquiera mi yo en su estar delimitado de lo demás; por el contrario*, estoy siempre sujeto al mundo circundante. Este experienciarse a sí mismo no es una "reflexión" teorética [*theoretische Reflexion*], tampoco una "percepción interna" [*innere Wahrnehmung*], etc., sino una experiencia del mundo del sí mismo [*selbstweltliche Erfahrung*], porque este experienciar tiene un carácter mundanal, por estar volcado a la significatividad, de tal modo que el mismo mundo del sí mismo experienciado no queda resaltado de hecho frente al mundo circundante.[30]

Frente a la constitución teorética-reflexiva, Heidegger opone una constitución pre-teorética-experiencial. El sí-mismo no se constituye por medio de

---

28 Caputo, John D.. "Heidegger's *Kampf* en Caputo, John D., *Demythologizing Heidegger*, Bloomington, Indiana University Press, 1993, p. 43.
29 Lévinas, Emmanuel, *Totalité et infini*, Paris, Kluwer Academic, 1990, p. 35.
30 GA 60, p. 13.

acto reflexivo gnoseológico en delimitación respecto de los demás objetos, sino que es constituido como apertura en su experienciar el mundo. Este constituirse en la recepción será un rasgo propio del adonado marioniano.

§ 29. El asignatario

Pero ¿cuál es la concepción de la subjetividad sostenida por Marion? El libro V de *Étant donné* está dedicado específicamente a esta cuestión. El § 25 comienza destacando la necesidad de revisar el estatuto trascendental del yo. El proyecto marioniano, que entrega la iniciativa al fenómeno, está obligado a repensar al sujeto que recibe ese fenómeno. En palabras de Marion: "La recuperación de la iniciativa de la propia fenomenicidad por parte del 'sí' del fenómeno en persona nos obliga desde ese momento a redefinir el Yo...".[31] Necesariamente, el "sí" del fenómeno transforma al yo en un testigo, porque –como ya hemos analizado respecto de la figura del interpelado en *Réduction et donation*–[32] la iniciativa del fenómeno invierte el nominativo (el sujeto) en un dativo que designa el "a quien/a lo que" de quien lo recibe, a quien Marion denomina: el "asignatario" (*attributaire*).[33]

> El asignatario en cuanto tal ya no puede pretender poseer, ni producir el fenómeno. Ya no mantiene con el fenómeno ninguna relación de posesión, sino una relación puramente de beneficiario [*allocatif*] [...] El asignatario viene pues después del "sujeto", en el doble sentido de suceder a su figura metafísica y de proceder sobre todo del fenómeno, sin prevenirlo ni producirlo.[34]

El sujeto moderno es "superado" por el "asignatario", quien abandona todo gesto de posesión a partir de una entrega al fenómeno.

29.1. Las aporías del sujeto

A continuación, Marion señala cuatro objeciones formales a la noción moderna de sujeto: dos respecto del sujeto trascendental y dos respecto del sujeto empírico. La primera refiere a la imposibilidad del "yo pienso", en tanto "yo trascendental" de realizar ninguna individuación. Marion destaca que en la

---

31 ED, p. 343.
32 Ver § 24 del capítulo tercero.
33 Cabe destacar que en *Étant donné* Marion corrige la afirmación de *Réduction et donation*: ya no se trata de un caso acusativo, sino de uno dativo.
34 *Ibid.*, p. 344.

Crítica de la razón pura, cuando se analiza cómo el "yo pienso" acompaña todas mis representaciones, se afirma que la representación "yo" interviene como "una y la misma en toda conciencia".[35] El "yo pienso" asegura la unidad trascendental de la conciencia, pues permanece siempre idéntico sin confundirse con la diversidad de las representaciones. Pero para lograr esta unidad, el "yo" debe ser despojado de toda particularidad. Marion sostiene que, de este modo, ese "yo pienso" trascendental no puede caracterizarse como un "yo" propio, pues no puede alcanzar ningún "sí mismo".[36] En este sentido, Marion afirma que es necesario buscar una determinación más originaria que el "yo pienso" para establecer la individualidad del yo.

La segunda objeción planteada por Marion al yo trascendental, que revela su carácter aporético, es que éste no puede sortear el solipsismo. Marion aclara que no se refiere al solipsismo cartesiano de no poder demostrar la existencia del mundo exterior, sino al solipsismo más fundamental que implica reducir toda representación a una representación de sí.

> Se trata sobre todo de las implicaciones trascendentales de la primacía de un "yo pienso" que acompañaría a cualquier otra representación: este dispositivo supone que toda representación equivale, en el fondo, a una representación de sí, que toda *cogitatio* entraña una *cogitatio sui*, que todo "yo pienso" se desarrolla pues implícitamente en un "yo me pienso".[37]

Marion argumenta que la primacía del "yo pienso" reproduce la lógica del argumento ontológico que identifica la esencia con la existencia. "todo pensamiento (de cualquier esencia) comprende en él la existencia (el primado óntico-epistémico) del Yo como 'yo pienso', cuya esencia basta para causar su propia existencia".[38] Estos rasgos deberían ser suficientes para desestimar la trascendentalidad del sujeto. Pero, incluso si se admitiera este tipo de operación solipsista, Marion destaca que por esta vía no es posible dar cuenta de la finitud, rasgo decisivo de la subjetividad.[39]

Luego de señalar estos dos problemas (falta de individualidad y solipsismo) que provienen de la atribución al "yo pienso" de la función de yo trascendental, Marion se pregunta si podrían sortearse las dificultades si no se otorgase esa función y se interpretara al "yo pienso" como yo empírico.

---

35 KrV, B 132.
36 "El 'yo pienso', entendido trascendentalmente, no puede jamás ni decir ni llamarse precisamente 'yo'; o, si así se llama, no puede realizarlo como siendo el suyo porque no puede alcanzar ningún 'sí mismo'". ED, p. 349.
37 *Ibid.*, pp. 349-350.
38 *Ibid.*, p. 350.
39 Cfr. *idem*.

Esta consideración da lugar a dos nuevas aporías. La primera aporía formal del yo empírico o, mejor dicho, de la distinción entre un yo trascendental y un yo empírico, tiene que ver con la relación del "yo" con la intuición. El primer acto del "yo pienso", en tanto espontaneidad del entendimiento, consiste en realizar una síntesis de lo diverso. De este modo, explica Marion, el "yo pienso" aparece después o, a lo sumo, junto con el advenimiento de la diversidad de la intuición. En este sentido, el "yo pienso" depende de la intuición. Marion destaca que esta dependencia fue advertida por Kant, pero adquiere una relevancia particular en la fenomenología de Husserl. Puede leerse en la obra del moravo un desplazamiento de lo originario del "yo pienso" al "yo soy afectado" en la intuición. Marion destaca que la impresión originaria, que da acceso a la temporalidad, no puede darse en una unidad originariamente sintética ni tampoco en una constitución trascendental de objeto.[40] La prioridad de la impresión originaria demanda que el "yo" abandone el estatuto de representación que acompaña toda representación y que sintetiza de modo originario, para adoptar una función receptiva. En este sentido, el yo trascendental y el yo empírico, las dos caras de la subjetividad metafísica, devienen suplantadas por el asignatario que impone la receptividad como único *a priori* de la donación.[41]

Finalmente, Marion señala una última aporía. La distinción, el desdoblamiento del sujeto en yo trascendental y yo empírico se funda en dos afirmaciones paradójicas: 1) lo dado de hecho, es decir, el "yo" no tiene un estatuto originario (no es trascendental), y 2) lo que ejerce la función trascendental no puede ni debe darse.[42] De este modo, destaca Marion, este desdoblamiento niega la donación como principio, pues ya no tiene carácter originario y además hay algo que se le sustrae.[43]

Pero además de estas cuatro objeciones formales, Marion plantea una aporía fenomenológica respecto del sujeto: su modo de aparición está determinado por el de la objetidad.[44]

> En efecto, reduciéndose al "yo pienso", el "sujeto" se focaliza en el objeto y se erige así exclusivamente en su representador y representante en virtud de la esencia de

---

40 Cfr. *ibid.*, pp. 351-352.
41 Cfr. *ibid.*, p. 352.
42 Cfr. *ibid.*, pp. 352-353.
43 "...ese desdoblamiento reconoce, bajo el modo de la denegación, que el "sujeto" definido por el "yo pienso" escapa, en primer lugar, al estatuto de dado puesto que, fijando las condiciones de la experiencia, se sustrae inmediatamente al conjunto de objetos de la experiencia a riesgo de contradecir así el "principio supremo de los juicios sintéticos" que pretendía garantizar; y reconoce también que, en segundo lugar, ese "sujeto" acaba por convertir en secundaria la donación misma, recusándola en cuanto tal". *Ibid.*, p. 353.
44 Cfr. *ibid.*, p. 354.

la representación; y ello hasta tal punto que, desde el momento en que quiere representarse directamente a sí mismo por sí mismo, el "sujeto" ya sólo dispone de la posibilidad de asumir una vez más (y de más) la fenomenicidad más pobre –la del objeto–. "Yo pienso" se somete al objeto hasta tal punto que ya no puede aparecer ni aparecerse más que como otro objeto o, al menos, en el horizonte de la objetidad.[45]

Marion cita un pasaje de la *Crítica de la razón pura* en apoyo de estas reflexiones. Kant mismo señala la aporía:

cómo es que puedo, por consiguiente, decir: *Yo*, como inteligencia y como sujeto *pensante*, me conozco *a mí* mismo como objeto *pensado*, en la medida en que además de ello me soy dado [a mí mismo] en la intuición; solo que no [me conozco] tal como soy ante el entendimiento, sino que, al igual que los otros fenómenos [*gleich anderen Phänomen*], [me conozco] como me aparezco a mí mismo; esto no tiene ni más ni menos dificultad que [la que tiene la cuestión de] cómo es que yo puedo ser, para mí mismo, en general, un objeto de la intuición y de las percepciones internas.[46]

Marion destaca el *gleich anderen Phänomen* para señalar que la aparición del sujeto, según Kant, sólo puede darse bajo el modo de la objetidad. Pero si esto es así, si se da una asimilación del sujeto al objeto, entonces –argumenta Marion– el "yo pienso" no puede asegurar los caracteres propios de la subjetividad.[47]

29.2. El último heredero del sujeto: el Dasein

Será Heidegger, según Marion, quien mejor advierta esta deficiencia del planteo de Kant, que también se encuentra en Husserl. Heidegger entiende que no puede alcanzarse el modo de ser de la subjetividad si se la somete al modo de ser del objeto. Por este motivo, Heidegger suplanta al "yo pienso" por el *Dasein*. Sin embargo, Marion entiende –como ya había planteado en su artículo "Le sujet en dernier appel" y en *Réduction et donation*– que el *Dasein* no supera al sujeto.[48]

Si bien en muchos aspectos el *Dasein* va más allá que el sujeto (la intencionalidad constitutiva de objetos pasa a ser sólo un modo derivado del originario ser-en-el-mundo; la individuación se alcanza, pues el *Dasein* abandona la perspectiva del *ego cogito* y se expone en primera persona a la muerte en un *ego*

---

45 *Idem.*
46 KrV, B 155-156.
47 ED, pp. 354-355.
48 Cfr. *ibid.*, p. 355.

moribus), la subjetividad heideggeriana sigue presa: 1) del solipsismo y 2) de la objetidad de un sustrato.⁴⁹

1) En primer lugar, Marion destaca que la *Jemeinigkeit*, el "en cada caso mío", ser-cada-vez-mío —que Marion traduce como *mienneté*–, deviene *Selbstheit*, "ser sí mismo" (Gaos), mismidad —que Marion traduce como *ipseité*–. La mismidad o ipseidad solo trata consigo misma e implica el solipsismo. En *Sein und Zeit*, la individuación se gana en un proceso que aísla al *Dasein*. Marion destaca que la serie de fenómenos que están en torno a la resolución son fenómenos que se caracterizan por la ausencia de alteridad: la angustia, la conciencia que experimenta la deuda, el ser para la muerte. El *Dasein* se resuelve a nada y no se expone a ninguna alteridad. En este sentido, el *Dasein* deviene una ipseidad que enfrenta no sólo un solipsismo óntico, sino fundamentalmente ontológico.⁵⁰

2) En segundo lugar, la ipseidad alcanzada es entendida como "constancia de sí mismo" (*Ständigkeit des Selbst*). Marion cita un extenso pasaje del § 64 de *Sein und Zeit*:

> La ipseidad [*Selbstheit*] sólo puede ser leída existencialmente en el modo propio de poder-ser-sí mismo [*Selbstseinkönnen*], es decir, en la propiedad del ser del *Dasein* como cuidado [*Sorge*]. Desde aquí recibe su aclaración la *constancia de sí mismo* [*Ständigkeit des Selbst*] como una presunta persistencia del sujeto [*Beharrlichkeit des Subjektum*]. Pero el fenómeno del poder-ser propio abre también la mirada para la *constancia del sí mismo* en el sentido de haber alcanzado un cierto estado [*Standgewonnenhaben*]. La *constancia del sí mismo*, en el doble sentido de la constancia y de la firmeza de estado es la contraposibilidad *propia* de la constancia del sí mismo de la caída irresuelta. La *auto-constancia* [*Selbst-ständigkeit*] no significa existencialmente otra cosa que la resolución precursora.⁵¹

Marion destaca como la identificación de la ipseidad [*Selbstheit*] con la "constancia de sí mismo" [*Ständigkeit des Selbst*] que termina comportándose como una "auto-constancia" [*Selbst-ständigkeit*] conduce al *Dasein* a una suerte de identidad consigo mismo. El *Dasein* reproduce al sujeto trascendental al restablecer una autarquía y una auto-posición.

Sin duda, Heidegger anula para el *Dasein* la permanencia de la *ousia* y de la *res cogitans*; sin embargo, la autarquía del Sí mismo, que sigue manteniendo, llega a rozar el extraño título de "fundamento constantemente ante-los-ojos".⁵²

---

49 Cfr. *ibid.*, pp. 355-357.
50 Cfr. *ibid.*, pp. 357-358.
51 GA 2, p. 427.
52 ED, p. 359.

Marion está citando otro pasaje del mismo § 64 en el que se lee que "el sí mismo es el fundamento constantemente ante-los-ojos del cuidado [*Das Selbst ist dann der ständig vorhandene Grund der Sorge*]".⁵³ El solipsismo del *Dasein* conlleva el restablecimiento de una subsistencia similar a la del sujeto que se intenta superar. El *Dasein* no es más que el "último heredero" (*dernier héritier*) del sujeto.⁵⁴ Marion sostiene que las aporías del "sujeto" solo pueden desarticularse a partir de la figura del asignatario.

29.3. Las determinaciones de lo dado y los rasgos del asignatario

El libro III de *Étant donné* analiza las determinaciones de lo dado. Marion entiende que es posible describir los rasgos de la inmanencia de la donación que caracterizan a todo fenómeno como dado.

1) La primera determinación es la "anamorfosis" (*anamorphose*).⁵⁵ Marion toma esta noción de la pintura. Se trata de una técnica que consiste en presentar a la mirada del espectador una superficie de pigmentos coloreado que, en apariencia, no constituyen una forma reconocible, pero que si la mirada se desplaza hacia un punto preciso (previsto por el pintor), el espectador percibe como la superficie amorfa toma forma. Un ejemplo clásico de anamorfosis pictórica lo constituye el cuadro de Holbein el joven, *Los dos embajadores*. Marion señala:

> ...que el *mismo* cuadro puede verse a) sin anamorfosis, en perspectiva frontal –como una afirmación de la objetidad y de la enticidad–, y , el mismo marco, b) con anamorfosis (una calavera, la *vanitas*, una donación pues) si el espectador consiente desplazarse hacia la derecha, ligeramente más abajo, como la disposición [del cuadro] lo preveía. Dos fenomenicidades en un solo fenómeno.⁵⁶

---

53 GA 2, p. 427.
54 Cfr. ED, p. 360.
55 Marion refiere por primera vez a la noción de anamorfosis en el texto de 1985 " La croisée du visible et de l'invisible " y en el texto de 1986 " Ce que cela donne ", incluidos posteriormente en *La croisé du visible*. Cfr. CV, pp. 28 y 75. Luego de su presentación como término técnico de la fenomenología de la donación, Marion se vale de la anamorfosis en varias de sus obras. En *Ce que nous voyons et ce qui apparaît*, Marion destaca que la anamorfosis no es un dispositivo de "pre-visión" (*pré-vision*), sino de "post-visión" (*post-vision*). La anamorfosis da cuenta de la imposibilidad de la previsión y del hecho de que toda visión es siempre el resultado de una convocatoria y una sumisión al aparecer. Cfr. CVCA, p. 48. En *La rigueur des choses*, Marion señala la importancia del lugar y el momento precisos, indicados por la anamorfosis, pues solo ellos hacen posible la visión de la donación del fenómeno en tanto tal: "Pues, en todos los casos, es él, lo dado, que me impone el lugar y el momento a partir de los cuales él puede ser visto. Es lo que llamo anamorfosis: hay sólo un lugar y un momento en el que puedo ver lo dado como tal, y yo no puedo fijar ni cambiar ese lugar, ni repetirlo ni reproducirlo por previsión, como [podría hacerlo] el sujeto en posición trascendental. Esto solo puede hacerlo el acontecimiento del fenómeno que se da. De allí el carácter fundamental de lo dado, a saber, que se da a partir de sí mismo". RC, pp. 135-136.
56 ED, p. 174, n. 1.

El dispositivo anamórfico es clave para entender los alcances de la propuesta marioniana y –como bien señaló Jean Greisch–[57] es ciertamente significativo para comprender cómo opera la dimensión hermenéutica de la fenomenología de la donación. Volveré sobre esta cuestión en el próximo capítulo.

Marion sostiene que la anamorfosis permite explicar el modo de aparición del fenómeno:

> Que el fenómeno sólo accede a su visibilidad por medio de una donación; que, para ascender al aparecer, tiene que atravesar una distancia (un 'allende' [*ailleurs*]) que lo separa de ese su aparecer y entregarse [*se rendre*] pues a él (en el doble sentido de llegar a y de abandonarse); que ese surgimiento se desarrolla siguiendo un eje inmanente, sobre el cual el Yo debe alinearse para recibir un aparecer, todo ello define uno de los rasgos esenciales del fenómeno dado, su anamorfosis.[58]

La anamorfosis está constituida, pues, por ese "eje inmanente" según el cual es posible la ascensión del fenómeno a lo visible y respecto del cual el yo debe "alinearse" si pretende "recibir un aparecer", al menos tal como este aparecer se da desde sí mismo. Como en el caso de la pintura, para recibir el fenómeno sin tergiversarlo es necesario disponerse según el modo en el que el propio fenómeno lo prescribe.

Continuando la analogía con el dispositivo estético de la anamorfosis es posible comenzar a delinear el proceso de mostración del fenómeno. En primer lugar, Marion destaca que el fenómeno alcanza el aparecer en un pasaje que va desde una primera forma informe a una segunda forma, que constituye una "figura de aparición" (*figure d'apparition*). Se trata, según Marion, en este tránsito de la primera a la segunda forma, "de pasar de lo que va de suyo (para una mirada confusa) a lo que viene de sí (de lo que se muestra)".[59] En segundo lugar, es posible distinguir las dos formas en sus características peculiares. La primera no ofrece ninguna figura identificable ni ejerce ninguna autoridad sobre la mirada. Por el contrario, la segunda, exige que "una mirada sea curiosa, disponible y ejercida" y, principalmente, "que se someta a las exigencias de la figura que hay que ver". Se trata de encontrar un "punto de perspectiva único". Se trata de "dejarse dictar la visibilidad por el fenómeno mismo", renunciando a "organizar la visibilidad a partir de una decisión libre o del lugar del espectador sin compromiso".[60]

Sobre el final del § 13, Marion da una definición precisa de la anamorfosis fenomenológica:

---

57 Cfr. Greisch, Jean, "Index sui et non dati…", art. cit., p. 37.
58 ED, p. 174.
59 *Ibid.*, p. 176.
60 *Idem.*

Aparecer tocándome [*apparaître en me touchant*] define la anamorfosis. El fenómeno atraviesa la distancia que lo conduce (ana-) a su tomar forma (morfosis), siguiendo un eje inmanente que convoca en cada caso a un *yo/mí* siguiendo las diversas modalidades (llegada [*arrivée*], advenir, imponer) sobre un punto fenomenológico preciso. Este alinearse me alinea en una dirección rigurosamente determinada por la anamorfosis del fenómeno, que para nada está determinado por el arbitrio del sujeto, sino que, por el contrario, somete a éste a su aparecer: si no me encuentro exactamente en el punto designado por la anamorfosis del fenómeno, simplemente no lo veré, al menos en cuanto tal, como se da.[61]

Cabe destacar dos rasgos de la anamorfosis, sobre los que volveré en el próximo capítulo, que son decisivos. En primer lugar, la anamorfosis da cuenta del modo en que el fenómeno aparece "tocándome". La anamorfosis demanda un yo comprometido y ese compromiso surge de una afección. El fenómeno me "toca", despierta en mi un estado de ánimo. En segundo lugar, la anamorfosis exige un "alineamiento", un sometimiento a las condiciones del fenómeno, que de ningún modo dependen del "arbitrio del sujeto".

La anamorfosis, pues, señala fundamentalmente que el fenómeno se da desde sí mismo, a partir de sí mismo. La acción del sujeto queda limitada a reconocer esa "perseidad" (*perseité*)[62] del fenómeno.

2) La segunda determinación es el "arribo" (*arrivage*). El fenómeno, en tanto dado, arriba (*arriver*). Marion opone la "llegada" (*arrivée*) al "arribo" (arrivage):

> *Arribar* [*arriver*] debe entenderse aquí en el sentido más literal: no en el sentido de una llegada [*arrivée*] continua y uniforme, librando ítems idénticos y previsibles, sino en el sentido de llegadas discontinuas, imprevistas y completamente desemejantes. [...] Más que de "llegadas", habría pues que hablar de "arribos" [*arrivages*] de los fenómenos, en ritmos discontinuos, por sacudidas, inopinados, por sorpresa, despegados los unos de los otros, por ráfagas, estocásticos: se hacen esperar, se hacen desear antes de hacerse ver.[63]

De estos caracteres del arribo se siguen dos rasgos fundamentales del fenómeno. En primer lugar, el arribo prueba que el fenómeno es contingente de modo intrínseco y absoluto. En este sentido, Marion destaca que puede definirse al fenómeno como "lo que, en tanto que dado, aparece siempre como, en cada caso, habiendo podido no aparecer".[64] El fenómeno se muestra dando

---
61 *Ibid.*, p. 184.
62 Cfr. *ibid.*, p. 197.
63 *Ibid.*, p. 186.
64 *Ibid.*, p. 196.

cuenta de su no-necesidad de mostrarse, de su contingencia. En segundo lugar, el arribar del fenómeno asegura su individuación postrera precisamente en y por el "momento único, irremplazable e irrepetible" de su arribo. "Lo dado solo es el mismo en el momento de su advenimiento [*advenue*]".[65]

3) La tercera determinación es el "hecho consumado" (*fait accompli*). La particular contingencia del fenómeno, que debe ser entendida en términos fenomenológicos y ya no metafísicos, no radica en la problemática de una incerteza epistemológica, sino más bien en que el hecho de que el fenómeno debe primero manifestarse para que un eventual conocimiento pueda darse. El carácter de "hecho" del fenómeno, su facticidad, caracteriza a la contingencia fenomenológica. Lo que "de hecho" me arriba solo puede conocerse "de hecho", *a posteriori*, cuando ya ha arribado.[66]

El "hecho consumado", la facticidad señala, pues, el carácter de irrevocable del arribo del fenómeno. Pero ¿cómo debe entenderse este rasgo? Siguiendo a Heidegger, Marion destaca que no debe confundirse la "facticidad" (*facticité/ Faktizität*) con la "factualidad del hecho bruto" (*factualité du fait brut/ Tatsächlichkeit des factum brutum*):

> La facticidad no consiste en dejarme reducir a la factualidad de un hecho, sino en exponerme al hecho que no puede entonces cumplirse más que cargandose sobre mí, ya no como sobre un espectador sin compromiso alguno, sino como sobre un actor comprometido —o mejor, como un paciente prendado sobre el que el hecho acaba estrellándose para cumplirse visiblemente.[67]

El "hecho consumado" se me impone. La facticidad deviene un rasgo que me corresponde en la medida en que ella me expone al hecho consumado del fenómeno.

Marion destaca la voz media de la expresión *je me suis fait* ("me he hecho", propone como traducción Bassas Vila) como la única capaz de dar cuenta del modo en que hay que relacionarse con el hecho consumado del fenómeno.

> El sintagma corriente *je me suis fait*, teniendo en cuenta todos los complementos verbales posibles, indica además sin ambigüedades esa especie de voz media en la que no soy ni el autor, ni el espectador del fenómeno, sino en la que mi encuentro con el fenómeno, expuesto sin escapatoria, le permite llamarme su hecho y aparecer en su hecho consumado.[68]

---

65 *Ibid*., p. 197.
66 Cfr. *ibid*., pp. 198-199.
67 *Ibid*., p. 207.
68 *Idem*.

La voz media, en primer lugar, permite mantener tanto la irreductibilidad de la facticidad a la factualidad como la dependencia de la segunda respecto de la primera y, en segundo lugar, permite exponer el modo en que los fenómenos nos salen al encuentro en la facticidad. En este sentido, se puede decir que nos encontramos "ya en" (*déjà en*) el fenómeno, precedidos, determinados, "hechos" (*faits*) siempre por él.[69]

4) La cuarta determinación es el "incidente" (*incident*). Es propio del fenómeno que su surgimiento se dé de modo extraordinario, fuera de la norma y, por lo tanto, de modo inconstituible. El incidente refiere al momento del "estallido" (*éclatement*) del fenómeno en la visibilidad, refiere al fenómeno en tanto que éste es

> lo que adviene de tal modo que no consiste en nada más que en ese advenimiento primero y último, sin preexistirle de ninguna manera, ni hacerse visible antes que él. Antes de que el incidente estalle sobre la pantalla de las vivencias y atraviese su invisto, nada se muestra todavía: su último momento, el del hecho consumado (§ 15), coincide con su primer momento, el del estallido que adviene (§ 16). El incidente radica enteramente en el hecho de su cumplimiento iniciador, sin ningún fondo detrás de él, sin previsión, sin provisión, reducido a su hecho.[70]

El incidente designa la irrupción absoluta del fenómeno en su aparecer. Marion propone que es posible encontrar ciertos rasgos del incidente ya en la descripción que hace el propio Aristóteles del *symbebekós*. Marion señala que en los ejemplos aristotélicos (tesoro encontrado al cavar un foso, azar en el mar, la propiedad del triángulo de que la suma de sus ángulos es igual a dos ángulos rectos) pueden encontrarse dos rasgos del incidente: 1) se da como un advenir que no puede ser inducido ni deducido ni previsto, y 2) se cumple sin ningún requisito previo, ni preparación, pues surge sin "causa definida".[71]

Pero, además, el incidente permite desarticular la relación metafísica entre sustancia y accidente, y poner en cuestión el privilegio de la sustancia. Marion recuerda que ya Descartes constata la falta de legitimidad del privilegio de la sustancia si se tiene en cuenta una doble perspectiva. Desde el punto de vista metafísico, la sustancia goza del privilegio de ser el sustrato frente al accidente, pero desde el punto de vista gnoseológico, la sustancia es incapaz de afectarnos. Marion cita un pasaje de *Principia Philosophiae*:

> Pero cuando se trata de saber si alguna de esas sustancias existe verdaderamente, es decir, si está presente en el mundo, no basta con que exista de esa manera para

---
69 Cfr. *ibid.*, p. 212.
70 *Ibid.*, p. 213.
71 Cfr. *Metafísica*, V, 30, 1025 a 5ss. y VI, 2, 1026 a 33ss.

que la percibamos [a la manera de la *substantia*, que subsiste por sí y precede a sus atributos]; ya que eso solo no nos revela nada que excite algún conocimiento particular en nuestro pensamiento. Es preciso, además, que tenga algunos atributos que podamos advertir.[72]

Si bien los atributos son en y por la sustancia, ésta no se conoce más que por los atributos. En este sentido, es posible afirmar que la sustancia sólo se muestra a título de "accidente de accidente" (*accident de l'accident*), es decir, de "incidente en segundo grado". Marion concluye, pues, que "solo el incidente se muestra, porque solo él se da: lo que se muestra, se da".[73] Pero si el fenómeno se muestra bajo el modo del incidente, entonces es inconstruible, inconstituible, indisponible, permanece indeterminado, pues no se apoya en ninguna *ousía*, sino que consiste en el estallido mismo de su surgimiento.[74]

5) La quinta determinación es el "acontecimiento" (*événement*). El análisis del acontecimiento como determinación se solapa en parte con el análisis del acontecimiento como fenómeno saturado.[75] Marion destaca que las cuatro determinaciones anteriores permitieron definir acabadamente que el fenómeno se muestra porque se da, es decir, que la iniciativa la tiene el fenómeno y no la mirada. Y el fenómeno, en tanto que dado, se caracteriza por: 1) ascender a la visibilidad a partir de sí mismo (anamorfosis), 2) individualizarse (arribo), 3) imponerse irrevocablemente (hecho consumado) y 4) rechazar toda posible construcción o constitución (incidente).[76] Pero aún queda por indagar en el "sí" que está implicado en la donación y en la fenomenalización a partir del fenómeno. Marion entiende que este "sí" solo se advierte en la determinación del fenómeno como acontecimiento. El "sí" del fenómeno

> viene, sobreviene y se va desde él mismo y, mostrándose, muestra también el *sí* que toma (o deja) la iniciativa de darse. Puedo esperar el acontecimiento (aunque frecuentemente me sorprende), puedo acordarme de él (u olvidarlo), pero no puedo ni hacerlo, ni producirlo, ni provocarlo.[77]

Esta imposibilidad de producir o provocar voluntariamente el acontecimiento da cuenta de ese "sí" del fenómeno a quien pertenece la iniciativa de la donación y de la fenomenalización. Pero, además, el acontecimiento opera

---

72 AT VIII, 1, p. 25. Seguimos la traducción de Bassas Vila de la traducción propuesta por Marion del latín al francés.
73 ED, p. 223.
74 Cfr. *ibid.*, p. 224.
75 Ver apartado 13.1 del capítulo primero.
76 Cfr. *ibid.*, p. 225.
77 *Ibid.*, p. 226.

como la determinación que desarticula la oposición entre causa y efecto. Si para la metafísica la noción de causa es fundamental, pues constituye la categoría universal de todos los entes,[78] el acontecimiento es aquello que pone en cuestión este privilegio. El acontecimiento es el fenómeno que "cuanto menos se deja inscribir en la causalidad, más se muestra y deviene inteligible en tanto tal".[79] La "acontecialidad" (*événementialité*) es el rasgo que da cuenta del modo en que el fenómeno se da y se muestra sin que se le pueda asignar ninguna causa. Es más, desde un análisis fenomenológico estricto, corresponde invertir el privilegio de la causa en favor del efecto. Marion se detiene en el "principio de causalidad" tal como es enunciado por Descartes:

> ...es algo manifiesto por la luz natural que tiene que haber por lo menos tanta realidad en la causa eficiente y total como en su efecto; ya que, ¿de dónde puede el efecto extraer su realidad, sino es de su causa? Y, ¿cómo podría esta causa comunicársela si no la tuviera en sí misma?[80]

Frente a esta "superioridad" de la causa que Descartes plantea como evidente, Marion afirma que, desde un punto de vista fenomenológico, ésta no tiene nada de "manifiesto". En primer lugar, siguiendo cierta objeción clásica, Marion destaca que la causa eficiente puede provocar el efecto, pero no producirlo enteramente, pues también es necesaria la concurrencia de una causa formal y una causa final. Y aun cuando se aceptara restringir la causa a la causa eficiente, surge también la cuestión de que no es posible asignar el efecto a una única causa eficiente. Pero, además, estas consideraciones excluyen la indeterminación propia de la *hýle*, de la materia, que produce un segundo efecto, un efecto que no depende de la causa y que no puede ser previsto.[81] En este sentido, hay un "efecto del efecto" que escapa al proceso causal.[82]

En segundo lugar, el planteo cartesiano presupone que es posible tratar a la causa y al efecto como términos que permanecen estables y pueden ser comparados cuantitativamente. Sin embargo, claramente, esto no es así. La metafísica sostiene la ficción epistemológica de la estabilidad y permanencia de la causa y el efecto, y plantea la anterioridad lógica de la causa respecto del

---

78 Marion cita a Suarez, a Pascal y a Kant. Dice Suarez: "[...] no hay ningún ente que no sea efecto o causa" (SUAREZ, Francisco, *Opera Omnia. 25: Disputationes Metaphysicae*, ed. Charles Berton, Paris, Vives, 1856, XII, p. 372). Dice Pascal: "[...] siendo todas las cosas causadas o causantes" (PASCAL, Blaise, *Pensées*, op. cit., § 199). Dice Kant: "Todo lo que adviene tiene su causa" (KrV, A 9/B 13).
79 ED, p. 229.
80 AT VII, p. 40.
81 Marion se detiene particularmente en la problemática de la indeterminación de la *hýle* en el último capítulo de *Reprise du donné* al oponer el objeto al acontecimiento. Cfr. particularmente RdD, pp. 176-177. Ver apartado 15.2 del capítulo primero.
82 Cfr. ED, p. 230.

efecto. Desde un punto de vista fenomenológico corresponde poner en cuestión esta ficción. Por un lado, hay que distinguir cualitativamente a ambos: la causa permanece o desaparece en el efecto, pero siempre en el modo de la subsistencia, mientras que el efecto se da en el modo del surgimiento. Por otro lado, el efecto tiene un privilegio sobre la causa (y una anterioridad), pues acaece en la fenomenicidad. Marion explica esta primacía:

> sólo el efecto instaura una nueva metamorfosis, según un nuevo arribo; en resumen, sólo en el efecto un incidente se añade a la fenomenicidad. [...] El privilegio temporal del efecto no radica en su presencia en el presente (persistencia, subsistencia), sino en que ese presente en la presencia le sirve para surgir, para aparecer, en definitiva, para darse al y en presente. [...] Solo el efecto es en efecto en el presente, ya que sólo él provoca ahí un acontecimiento, mientras que la causa, en el mejor de los casos, persiste en la presencia. Por consiguiente, el efecto, como acontecimiento, depende de la fenomenicidad, pero la causa, como persistencia en la presencia, depende de la ontología (metafísica).[83]

El efecto es propiamente lo que surge al modo de un fenómeno, de un aparecer que hace su "estallido" en la visibilidad. La causa debe ser considerada a partir del efecto, como un "efecto del efecto" (*effet de l'effet*).[84]

Para finalizar, Marion enumera tres notas características del acontecimiento. La primera es la irrepetibilidad. Si se consideran los factores de la *hýle* y de la separación temporal el aparecer del fenómeno se ve afectado por una diferencia que lo vuelve irrepetible. Pero, además, la imposibilidad de reducir el acontecimiento a su causa, provoca una individuación radical.

> Cada acontecimiento, absolutamente individualizado, no acaece más que una sola vez (*hápax*) y de una vez por todas (*ephápax*), sin antecedentes que se basten, sin resto, sin retorno.[85]

La segunda nota es su carácter excedente. Ciertamente es posible encontrar antecedentes respecto de un acontecimiento, pero el acontecimiento es tal en tanto excede esos antecedentes. Y es precisamente este excedente, que ofrece cada acontecimiento, el que acrecienta la visibilidad y fenomenicidad del mundo. El mundo, en su finitud, contiene una "fenomenicidad indefinida, inconstituible, saturante". El darse de los fenómenos va indefiniendo al mundo, pues lo convierte en "no finito" y en "indefinible".[86]

---

83 *Ibid.*, p. 231.
84 Cfr. *ibid.*, p. 232.
85 *Ibid.*, p. 241.
86 Cfr. *ibid.*, p. 242. En *Reprise du donné*, Marion vuelve sobre esta idea de una finitud indefinida: "¿qué significaría una finitud definida, sino una contradicción en los términos? Por definición, la finitud no puede finalizarse. En tanto que agente de los límites de la filosofía, la finitud no puede sino prolongarse

El tercer rasgo del acontecimiento es la posibilidad. El acontecimiento rompe con la situación que le antecede e instaura una nueva. De este modo, el acontecimiento no puede ser entendido desde la concepción metafísica de la posibilidad como aquello "factible", "calculable", previsible. La posibilidad del acontecimiento es una posibilidad liberada de toda necesidad de efectuación según condiciones preestablecidas.[87]

En el parágrafo siguiente, Marion destaca que estas determinaciones permiten conducir la fenomenicidad a la donación.[88] Y en el § 25, Marion retoma estas determinaciones para aplicarlas al asignatario: sólo el asignatario es capaz de recibir estas determinaciones del fenómeno dado y, de ese modo, se recibe a sí mismo, pues solo él:

> se individualiza por la facticidad (§ 15), rompe el solipsismo por la alteridad del arribo (§ 14) y del incidente (§ 16), rebasa la espontaneidad del "yo pienso" en la receptividad del "yo soy afectado" por el efecto del acontecimiento (§ 17), recibiéndose él mismo como un ente dado (§ 18) se libera de la substancia de un sustrato, de la subjetividad del "sujeto".[89]

Habría que agregar que por efecto de la anamorfosis, el asignatario se dispone a recibir el fenómeno en los términos que éste imponga. Marion concluye que el asignatario es aún un "sujeto", pero liberado de toda subjetividad.[90]

§ 30. El adonado

En el parágrafo siguiente, el § 26 de *Étant donné*, Marion introduce una nueva figura de la subjetividad: el "adonado" (*adonné*).[91] Marion sostiene que

---

en una indefinición esencial" (RdD, p. 152). De este modo, Marion busca poner en cuestión el tipo de finitud que sostiene el primado del objeto (cfr. *ibid.*, p. 165) y oponerle la labor de pensar una finitud indefinida, positivamente infinita, como la tarea prioritaria para una filosofía que intente superar el nihilismo aceptando la ampliación de la fenomenicidad a partir de la concepción del fenómeno como acontecimiento y las consecuentes "ampliaciones indefinidas de la racionalidad" (cfr. *ibid.*, p. 186). La lógica del fenómeno que se da a partir de sí mismo es la lógica que da cuenta del modo en que la infinitud se da en la finitud.

87 Ver § 10, capítulo primero.
88 Cfr. ED, pp. 244-250.
89 *Ibid.*, p. 360.
90 Cfr. *ibid.*, pp. 360-361.
91 Luis Flores nos recuerda la riqueza y pertinencia de la polisemia en juego en la noción de adonado: "... en francés, *adonner* como verbo intransitivo es interesante porque significa 'Mar. en parlante du vent. Tourner en permettant au bateau d'adopter une allure plus arrivée sans changer le cap' (*Le Petit Robert*, 26). Lo esencial es que el barco cambie de dirección de tal modo que su marcha le permita dejarse ir con el viento, sin cambiar de rumbo. Y como verbo pronominal significa: 's'appliquer avec constance à une activité, une pratique' (*Le Petit Robert*, 26). Esta significación comprende como ejemplos tanto el dedicarse apasionadamente al estudio como el entregarse a la bebida". Flores, Luis, "Marion ante

cuando el "fenómeno dado" en cuestión es un "fenómeno saturado", el impacto debe entenderse de modo radical como llamada y el asignatario deviene un adonado.[92] En este punto cabe hacer un comentario. Como hemos analizado en el capítulo primero, el único fenómeno que cumple el requisito de darse a partir de sí mismo es el fenómeno saturado.[93] En este sentido, sólo el fenómeno saturado es, en sentido estricto, un fenómeno dado. Los fenómenos pobres y los fenómenos de derecho común, que –como hemos expuesto en el apartado 15.1 del capítulo primero– son englobados en la categoría de "objetos" según la nueva tópica de los fenómenos, justamente por ser constituidos como tales, no alcanzan la manifestación a partir de sí, en sus propios términos. Y, por este motivo, no puede decirse respecto de ellos, al menos en sentido riguroso, que son fenómenos que han alcanzado su estatuto de "dados" en su plenitud. La donación y su exceso, en estos casos, se ve disimulada por las operaciones objetivadoras de la conciencia. Está claro que el asignatario no actúa como el substituto del sujeto respecto de la recepción de fenómenos del tipo del objeto. Marion aclara que habla de asignatario respecto del fenómeno dado y de adonado respecto del fenómeno saturado. Pero, ¿cuál es el sentido de esta distinción si sólo el fenómeno saturado puede ser considerado, *stricto sensu*, "fenómeno dado"? Marion aduce que la complejidad de la cuestión exige proceder metodológicamente en dos pasos.[94] El asignatario constituye, pues, el paso previo metodológicamente necesario para poder plantear y comprender la radicalidad del adonado.

Marion vuelve entonces sobre el "primer paso", el asignatario, y explica su modo de recepción deteniéndose en el ejemplo del trozo de cera en Descartes. La cuestión clave que Marion quiere destacar es el carácter receptivo del asignatario: la cera, "antes de y sin su modelización, ni su cuantificación por las naturalezas simples" ya se da mostrándose al "sentimiento" (*sentiment*). En primer lugar, antes de su conceptualización, la cera se manifiesta "según la inmediatez sensible de mis cinco sentidos".[95] En primera instancia, actúa, pues, un "yo" receptor de lo sensible y no un *ego* constituyente. Este "yo" goza de un privilegio especial: un privilegio fenomenológico. Explica Marion: "lo que la metafísica descalifica brutalmente como fenómeno no-objetivado es lo único que logra darse en plenitud".[96] El asignatario viene después del sujeto

---

Husserl" en POMMIER, Éric (compilador), *La fenomenología de la donación de Jean-Luc Marion*, Buenos Aires, Prometeo, 2017, pp. 115-116.
92 Cfr. *ibid.*, p. 366.
93 Ver apartado 15.2 del capítulo primero.
94 Cfr. ED, p. 361.
95 *Ibid.*, pp. 362-363.
96 *Ibid.*, p. 363.

porque es la figura de la subjetividad que advierte la importancia radical de la recepción de esa plenitud. El asignatario asume una doble tarea: 1) recibir lo que se da tal como se da, 2) permitir que lo que se da se muestre en tanto dado. Marion define esta tarea de recepción por parte del asignatario:

> Recibir [*recevoir*] significa pues, para el asignatario, nada menos que realizar la donación transmutándola en manifestación, permitiendo que lo que se da se muestre a partir de sí. Huelga decir que esa receptividad [*réceptivité*] no puede definirse en el marco de una oposición trivial entre la pasividad y la actividad, puesto que su privilegio es mediar entre ellas.[97]

El asignatario actúa como un prisma capaz de transformar, por medio de su recepción, lo que se da en lo que se muestra. Volveré sobre los rasgos de esta receptividad en el § 32.

30.1. La llamada

A continuación, Marion introduce finalmente la figura del adonado. Cuando el impacto del fenómeno puede ser entendido como una llamada estamos ante un adonado. Hay que detenerse, pues, en la llamada.

Marion señala dos antecedentes del uso de la llamada en fenomenología, que constituyen dos modos aún insuficientes de comprenderla. Por un lado, Heidegger no logra una descripción fenomenológica adecuada de la llamada en tanto tal porque la supedita a la cuestión del ser.[98] Por otro lado, Lévinas acierta en destacar la inversión de la intencionalidad, la contra-intencionalidad que pone en juego la llamada, pero la hace depender de un solo fenómeno: el rostro. Marion destaca que su propuesta, en cambio, es separar a la llamada de todos los usos en la que ha sido empleada. Se trata de reparar en el tipo de fenomenicidad de la llamada en tanto tal y de entenderla como rasgo decisivo del modo de darse de todo fenómeno saturado (no sólo del rostro).[99] Cabe destacar que esta ampliación de la llamada a todos los fenómenos se puede encontrar también en Jean-Louis Chrétien: "Todo en nosotros escucha, porque todo en el mundo y del mundo habla".[100] Chrétien, a su vez, cita a Merleau-Ponty cuando señala "ese *logos* que se pronuncia silenciosamente en cada cosa sensible".[101]

---

97 *Ibid.*, p. 364.
98 Marion repite la crítica a Heidegger que formuló en *Réduction et donation*. Ver apartado 23.2 del capítulo tercero.
99 Cfr. ED, pp. 366-368.
100 Chrétien, Jean-Louis, *L'appel et la réponse*, Paris, Minuit, 1992, p. 25.
101 Merleau-Ponty, Maurice, *Le visible et l'invisible*, op. cit., p. 258.

El adonado es, entonces –según Marion–, aquel capaz de responder a la llamada. Siendo coherente con lo propuesto en *Réduction et donation*, Marion sostiene que el adonado se caracteriza por los mismos cuatro rasgos que caracterizaban al interpelado: 1) convocatoria, 2) sorpresa, 3) identificación y 4) facticidad.[102]

1) El adonado se define por su renuncia a la autarquía de una auto-posición, a partir de una relación que precede a la individualidad. La esencia individual resulta de una relación, que además es de tipo desconocido. Marion califica esta situación como la de una "paradoja originaria" (*paradoxe primordial*), pues el adonado se identifica por la convocatoria, pero esta identificación opera sin un conocimiento previo. El adonado se recibe a sí mismo sin un "yo pienso" previo, sometiéndose a la alteridad originaria de la llamada.[103]

2) En segundo lugar, el adonado se identifica en y por la sorpresa en la que se reconoce tomado, prendido (*pris*), y dominado (sor-prendido, *sur-pris*) por un control (*emprise*) de origen desconocido.[104]

3) En tercer lugar, el adonado se descubre en una relación dialógica que no se da entre iguales, se descubre en una interlocución que lo conmina a comprenderse y recibirse a sí mismo, ya no en caso nominativo (mentando el objeto, como propone Husserl), ni en caso genitivo (como supeditado al ser, como plantea Heidegger), ni en caso acusativo (acusado por el Otro, como postula Lévinas), sino en caso dativo: "*me* recibo de la llamada que me da a mí mismo, antes de darme cualquier otra cosa".[105]

4) En cuarto lugar, el adonado resiste la llamada comprendiéndola en su facticidad, como un hecho siempre ya dado. Siempre nos encontramos en situación de ya haber sido llamados. En palabras de Chrétien:

> Lo que sea que hagamos, e incluso cuando no hacemos nada, donde estemos, ya somos siempre llamados y requeridos, y nuestra primera palabra, como nuestra primera mirada, responde ya a este requerimiento donde es tomada.[106]

En palabras de Marion:

> ...para todo mortal, la primera palabra ha sido oída antes de poder ser proferida. Hablar equivale siempre y en primer lugar a oír pasivamente una palabra que pro-

---

[102] Ver § 24 del capítulo tercero.
[103] ED, p. 370.
[104] Cfr. *idem*.
[105] *Ibid.*, p. 371.
[106] CHRÉTIEN, Jean-Louis, *L'appel et la réponse*, op. cit., p. 25.

viene del otro, palabra en primer lugar y siempre incomprensible, que no anuncia ningún sentido ni significación, sino en primer lugar la alteridad misma de la iniciativa cuyo hecho puro (se) da (a pensar) por vez primera.[107]

Como puede observarse, para ambos autores, la llamada nos precede y siempre se encuentra allí, ya dada.

Asimismo, la llamada nos enfrenta a una doble paradoja. En primer lugar, ella me individualiza separándome de toda apropiación de "lo propio", pues es la llamada, y no yo, la que decide de mí antes de mí. Solo de este modo puede darse el "nacimiento del adonado", como "subjeti[vi]dad completamente conforme a la donación, que se recibe enteramente de lo que recibe, dada por lo dado, dada a lo dado".[108]

En segundo lugar, Marion destaca que la llamada nos impone también la paradoja de la imposibilidad de negarla. Si intento negar la llamada la confirmo en un doble sentido: por un lado, al negarla ya estoy reconociendo que ella nos precede y que hay que responder, y por otro lado, si rechazo sus palabras reconozco que ella ocurrió de hecho, pues no la rechazaríamos si no la hubiéramos oído.[109]

> Pero ¿cómo opera esta llamada que se impone aun en su indeterminación, anonimato y silencio? En el § 28, Marion se detiene en dos posibles objeciones. La primera refiere al carácter vacío de la llamada, es decir, a su falta de entidad como tal. Si no puedo presuponer una conciencia que la miente dándole una significación confirmable en un cumplimiento intuitivo, entonces la llamada parece "definitivamente vacía".[110] La segunda objeción refiere a su carácter silencioso y a la consecuente imposibilidad de una respuesta. Una llamada vacía no puede hacerse escuchar y, por lo tanto, no puede suscitar ninguna respuesta.[111]

Marion entiende que estas dos objeciones son planteadas desde un doble supuesto que debe ser puesto en cuestión: que la llamada precede a la respuesta y que se distingue de ella. A partir de un análisis de *La vocación de san Mateo* de Caravaggio, Marion responde a las posibles críticas. En ese cuadro, el pintor procura precisamente mostrar la fenomenicidad propia de la llamada. Pero ¿cómo hacer visible aquello que es invisible? Hay una doble invisibilidad de la llamada:

---

107 ED, p. 372.
108 *Ibid.*, p. 373.
109 Cfr. *ibid.*, p. 374.
110 Cfr. *ibid.*, p. 390-391.
111 "¿Cómo podría una llamada vacía, en consecuencia, recibirse, es decir, hacerse escuchar? Y si no permite ninguna escucha real ¿cómo podríamos responder a esa llamada? En una palabra, si la llamada no dice nada, la respuesta faltará por principio". *Ibid.*, p. 391.

1) no aparece al ojo, sino al oído y 2), en tanto constituye una vocación (una llamada a una decisión de vida), es no-visible en un sentido definitivo.

Caravaggio encuentra el modo de hacer visible lo invisible: la llamada de Cristo aparece en la mirada de Mateo y no tanto en el gesto de Cristo. Es más, Marion destaca que Mateo no parece percibir a Cristo, sino más bien al peso de la mirada que lo alcanza. La pintura de Caravaggio muestra un momento decisivo: muestra la respuesta silenciosa de Mateo, en el cruce de miradas, que se fenomenaliza en un auto-designarse con la mano. Se trata, aclara Marion, de una llamada que no podía ser dicha ni oída.

> Lo que hace ver la vocación, es decir, la llamada doblemente invisible, no viene de una señal visible (de hecho, siempre indistinta), sino de la respuesta misma. Mientras que, alrededor de la mesa, tres hombres han visto la señal (los otros dos no pueden desviar su atención del dinero), sólo Mateo ha visto ahí una llamada, porque sólo él la ha tomado como para sí.[112]

Mateo experimenta la llamada silenciosa de la vocación –que, según destaca Marion, es siempre la misma para todos–[113] porque se pregunta si le está dirigida a él. Al considerar la llamada como dirigida a él, Mateo da una primera respuesta. En este sentido, puede afirmarse que "la llamada sólo se da fenomenológicamente mostrándose en una respuesta".[114]

Marion sigue en este punto a Lévinas y a Chrétien. Dice Lévinas: "...la llamada se oye en la respuesta".[115] Dice Chrétien: "Todo pensamiento radical de la llamada implica que la llamada sólo se oiga en la respuesta".[116] Según Marion, la llamada queda determinada esencialmente por el hecho de que sólo se fenomenaliza (se oye) en la respuesta y a la medida de ésta. Marion destaca que esta determinación esencial se traduce en tres rasgos del adonado: 1) Su función es la de una suerte de "horizonte de visibilidad" respecto de lo que se da: "lo que se da (la llamada) deviene fenómeno (se muestra) por medio de eso que le responde y lo pone así en escena (el adonado)".[117]

---

112 *Ibid.*, pp. 392-393.
113 Emmanuel Housset destaca la "aporía de la vocación": "una vocación se da, a la vez, con un carácter de necesidad, se da como inseparable de la vida misma de la persona, y se da como no dándose a todos. Tal es una de las aporías propias de la vocación: es necesaria como vocación universal para ser hombre, y es singularizante...". Housset, Emmanuel, *La vocation de la personne. L'histoire du concept de personne da sa naissance augustinienne à sa redécouverte phénoménologique*, Paris, PUF, 2007, p. 422.
114 ED, p. 393.
115 Lévinas, Emmanuel, *Autrement qu'être ou au-delà de l'essence*, La Haye, Martinus Nijhoff, 1974, p. 190.
116 Chrétien, Jean-Louis, *L'appel et la réponse*, op. cit., p. 42.
117 ED, p. 397. Como ya hemos analizado y examinaremos especialmente en el capítulo quinto, esta tarea de fenomenalización de lo dado es la labor propia de la hermenéutica.

2) La primera palabra, aquella que se escucha antes de que podamos hablar, la palabra dicha originariamente –explica Marion–, habla una lengua inaudita. Su carácter inaudible radica en el hecho de que es inaugural y tiene el rasgo de llamada. Sin embargo, la respuesta siempre habla primero, pues solo podemos entender la respuesta. En buena medida, en esta cuestión, Marion sigue –aunque no completamente– a Lévinas. Según el filósofo lituano, la primera palabra, que se da en la relación metafísica con el Otro, se da más allá del "sí" y el "no" inaugurando el lenguaje,[118] como una palabra inaudita. Y esa primera palabra constituye una llamada porque el rostro del Otro es lenguaje. Lévinas resume estas ideas con elocuencia en el prefacio a la edición alemana de *Totalité et infini*:

> Rostro, ya lenguaje antes de las palabras, lenguaje original del rostro humano desprovisto del contenido que da o que soporta bajo los nombres propios, los títulos y los géneros del mundo. Lenguaje original, ya demanda, ya –precisamente como tal– miseria para el en sí del ser, ya mendicidad, pero también ya imperativo que me hace responder por el mortal, por el prójimo, más allá de mi propia muerte. Mensaje de la difícil santidad, del sacrificio; origen del valor y del bien, idea del orden humano en el orden dado a lo humano. Lenguaje de lo inaudible, lenguaje de lo inaudito: lenguaje de lo no dicho.[119]

La diferencia de Marion respecto de Lévinas es que la llamada ya no proviene solo del rostro del Otro, sino de todos los fenómenos saturados. Por lo tanto, la responsabilidad de la respuesta se extiende a todos los fenómenos.

3) Si la llamada solo resuena en la respuesta, entonces la respuesta es fenomenológicamente anterior a la llamada. La respuesta que manifiesta la llamada inaudita e invista, que la traduce a la palabra y a la visibilidad es el "responsorio" (*le répons*). Con esta noción, Marion intenta dar cuenta de la escucha y la respuesta como rasgos constitutivos propios del existente humano en tanto adonado. No podemos sustraernos al responsorio porque no podemos sustraernos a la responsabilidad por el otro (en todas sus manifestaciones). En palabras de Marion:

> En consecuencia, no podemos decidir responder ni tampoco, en cierto sentido, rechazarla: la respuesta comienza en el responsorio y el responsorio, con la escucha. Ahora bien, la escucha ya siempre ha comenzado: es preciso haber oído algo para negar que ha habido una llamada que debía oírse; es preciso haber intentado oír (haber esperado) para estar decepcionado por el silencio. El responsorio ya siempre ha intentado hablar, porque la llamada ya siempre ha convocado –si-

---

118 Cfr. Lévinas, Emmanuel, *Totalité et infini*, op. cit., p. 32.
119 *Ibid.*, p. III.

lenciosamente– al adonado. Los sentidos investidos por el responsorio pueden escogerse, decidirse, llegar por accidente, pero el responsorio no resulta para nada de un acto facultativo, de una decisión arbitraria o del azar: en él somos, vivimos y nos recibimos.[120]

De esta situación, de estar haber sido siempre ya llamados, Marion sostiene que se sigue una "paradoja esencial": la llamada se da primero, de hecho, siempre está allí, ya dada, pero solo se muestra en el responsorio. Por lo tanto, el responsorio siempre está en retraso, retrasa y se retrasa respecto de la llamada. Esto nos permite advertir –según Marion– una doble propiedad de la llamada:

1) De ese retraso esencial del responsorio se sigue que hay siempre un exceso irremediable de la llamada respecto del responsorio. El responsorio siempre solo muestra uno de los aspectos posibles de la llamada.

2) La segunda propiedad de la llamada es que ella constituye un "hecho consumado":

> ningún mortal puede pretender no haber ya respondido, oído y asistido a la llamada, aunque fuera tan solo porque habla con un habla originariamente recibida y piensa con pensamientos primeramente impuestos.[121]

Como ya hemos establecido, nuestra primera palabra es una respuesta, pues heredamos un lenguaje que recibimos como llamada.

Marion destaca que este retraso inexorable del responsorio respecto de la llamada deja tres "marcas" en el adonado.

1) La primera es la imposibilidad de una autenticidad, de una propiedad (*Eigentlichkeit*). O, al menos, la imposibilidad de una autenticidad entendida como una apropiación de sí sin resto. Esto es así, no sólo porque tal apropiación de sí cometería una "injusticia ética respecto del Otro" o caería en una "ilusión de transparencia a sí sin inconsciente", sino simplemente porque no es constatable fenomenológicamente.[122] El retraso es constitutivo del adonado. En este sentido, la inautenticidad es insuperable.

2) La segunda marca es la imposibilidad de una propiedad en el nombre propio. En consonancia con las reflexiones de Jacques Derrida,[123] Marion

---

120 ED, p. 398.
121 *Idem*.
122 Cfr. *ibid.*, p. 400.
123 Dice Derrida en *De la grammatologie*: "Porque los nombres propios ya no son más nombres propios, porque su producción es su obliteración, porque la tachadura y la imposición de la letra son originarias, porque no sobrevienen en una inscripción propia; porque el nombre propio nunca ha sido, como apelación única reservada a la presencia de un ser único, más que el mito de origen de una legibilidad

señala que el nombre propio no tiene nada de propio. La designación de la individualidad a través del nombre es ilusoria. Marion destaca que ninguna combinación de nombres puede evitar la homonimia. Por otra parte, mi apellido identifica a una gran cantidad de personas y mi nombre de pila también. Es más, comenta Marion, yo no elijo mi nombre, sino que mis padres me lo ponen. En este sentido, mi nombre es una llamada que me precede, yo soy el asignatario del nombre que otros me han dado. "Lo mío propio resulta de una apropiación impropia y no me identifica más que por una originaria inautenticidad".[124]

3) La tercera marca es la de la responsabilidad como responsorio ante todo fenómeno saturado. Según Marion, no se trata de resolver si primero debo responder por el Otro (Lévinas) o por mí mismo (Heidegger), sino que se trata de comprender que somos responsables, que debemos responder ante todos los fenómenos saturados.

> Ante la mirada del Otro, el adonado comprende que no puede no responder de esa mirada, respondiendo también, aunque de modo diferente, del acontecimiento como su testigo, acontecimiento que entonces queda a cargo de su reconstitución y de su hermenéutica; responde igualmente a la afección que su carne experimenta de entrada por y en ella; y responde finalmente del alcance de su propia mirada ante el ídolo, que lo colma.[125]

Cabe preguntarse si esta caracterización introduce realmente una diferencia respecto de lo propuesto por Lévinas y por Heidegger o es más bien una ampliación de la posición de Lévinas. Ciertamente, Marion está siguiendo a Lévinas en la idea fundamental de una responsabilidad y una constitución de la subjetividad que se decide, en primer lugar, en mi respuesta respecto de una otredad y no respecto de mi propia mismidad. Como analizaremos en el apartado 31.3, aun en el caso de la carne la afección es provocada por un otro, en el "cruce de las carnes". Asimismo, en el caso del ídolo que colma mi mirada –en régimen fenomenológico–, se trata siempre de exponerse a los dictados de la anamorfosis. En definitiva, si experimentamos una llamada (una contra-intencionalidad) de parte de todo fenómeno saturado, siempre

---

transparente y presente bajo la obliteración; porque el nombre propio nunca ha sido posible, sino por su funcionamiento en una clasificación y, por tanto, dentro de un sistema de diferencias, dentro de una escritura que retiene las huellas de diferencia, ha sido posible la prohibición, ha podido jugar, y eventualmente ser transgredida, como vamos a verlo. Transgredida, vale decir restituida a la obliteración y a la no-propiedad de origen". DERRIDA, Jacques, *De la grammatologie*, Paris, Minuit, 1967, p. 159. También cfr. DERRIDA, Jacques, *Otobiographies. L'enseignement de Nietzsche et la politique du nom propre*, Paris, Galilée, 2005, y DERRIDA, Jacques, *Glas*, Paris, Galilée, 1974.

124 ED, pp. 403-404.
125 *Ibid.*, pp. 404-405.

estamos expuestos –como propone Lévinas– a una otredad que nos precede (aunque ya no sean solamente las otredades estrictamente humanas).

30.2. La objeción metafísico-teológica

En el § 29, Marion contesta una posible objeción que podríamos llamar metafísico-teológica. La cuestión a aclarar es precisamente si la estructura de la llamada y la respuesta no reintroduce un dispositivo metafísico. Por un lado, Marion procura dar cuenta de que esta llamada no proviene de una instancia originaria trascendente que pueda actuar como principio metafísico. La llamada es pura precisamente porque mantiene su anonimato. Y, por otro lado, si no proviene de una instancia originaria trascendente, el adonado no tiene un mero carácter derivado: su decisión, su respuesta, se da en el marco de la reducción a la inmanencia pura de la donación.

30.2.1. ¿Quién o qué llama?

Como ya lo había hecho en *Réduction et donation*, Marion contesta la posible objeción metafísico-teológica respecto de quién o qué llama.[126] Efectivamente, puede especularse con una identificación del apelante: Dios (por revelación), Otro (por obligación), Ser (por acontecimiento) o Vida (por autoafección).[127] Sin embargo, Marion responde que si se identifica a quién o qué llama, se reintroduce un dispositivo metafísico-trascendente. La llamada es anónima y debe permanecer con ese carácter, al menos en el campo de la filosofía. El adonado responde desde la inmanencia de la donación que excluye toda trascendencia. Es más, solo el responsorio puede dar un nombre a la llamada, pues –como ya hemos examinado– "el 'heMe aquí' del responsorio es el único que puede dar el rango de 'heTe aquí' a la llamada".[128] En este sentido, Marion no descarta la posibilidad de una identificación posterior, pero señala precisamente ese carácter de tal identificación.

> Al anonimato del que llama (¿qué o quién?) no invalida pues el concepto de la llamada, sino que lo confirma: puesto que yo me reconozco como convocado e interpelado antes de toda conciencia de mi subjetividad –la cual, precisamente, resulta de ahí–, todo conocimiento de la identidad del que llama acabará añadiéndose eventualmente a la reivindicación posterior, pero no la precederá jamás como un presupuesto.[129]

---

126 Ver § 24, capítulo tercero.
127 Respecto de la llamada de la vida ver el apartado 18.1, capítulo segundo.
128 *Ibid.*, p. 411.
129 *Ibid.*, p. 412.

Es posible, *a posteriori*, y a cuenta y riesgo del adonado, poner en práctica una hermenéutica que le permita identificar a quien (o a lo que) llama. Si tenemos en cuenta este pasaje, la hipótesis de Scannone es ciertamente viable:

> Por ello el llamado ético del otro, pero también el estético, histórico, de la vida, del ser, es decir, el llamado en su forma pura, porque incondicionado, puede ser razonablemente interpretado como divino. Tal hermenéutica es libre, pero razonable, aunque no racionalizable al modo de una prueba matemática o comprobable como una verificación física. Por lo tanto, es razonable creer que la reivindicación –en su forma pura– proviene de Quien las religiones llaman Dios, sin artículo y con mayúscula, usemos o no ese nombre.

> Pues el llamado originario no solamente es incondicionado, sino que interpela lo más personal del adonado en cuanto es persona, en su respuesta responsable. De ahí que su origen debe ser interpretado como *absoluto*, pero también como no impersonal, es decir, como personal o, mejor, *transpersonal*. Es Misterio porque trasciende inmanentemente todo lo que está siendo dado, aun al mismo donatario de la donación. Y es Santo porque atrae incondicionadamente y exige absoluto respeto (*tremens et fascinans*).[130]

En primer lugar, corresponde reconocer que Marion deja abierta esta posibilidad de interpretación, que debe operar *a posteriori* y no actuar como supuesto metafísico. En segundo lugar, como ya hemos admitido en el apartado 13.4 del capítulo primero –aunque ésta no es la lectura que se propone en este libro–, es ciertamente posible considerar que el pensamiento marioniano otorga la última palabra a la teología. Sin embargo, considero que también desde una mirada de conjunto de la obra, es posible advertir que existen dos caminos –igualmente válidos– que conducen a la superación de la metafísica: la vía de la teología y la vía de la filosófica. Ambos caminos confluyen finalmente en una vía teológico-filosófica: la vía del amor.[131] Esta cuestión terminará de aclararse en el capítulo final.

En tercer lugar, respecto de la propuesta de Scannone, considero que es decisivo tener en cuenta la estricta distinción de ámbitos que propone Marion en *Étant donné*. Ciertamente es posible interpretar la llamada como proveniente de Dios, pero esta interpretación no es necesaria, en el sentido de que no es la única posible presente en el texto marioniano, e implica abandonar el campo de la filosofía. Es más, el único modo de permanecer en el campo

---

[130] SCANNONE, Juan Carlos, "Otro como sí mismo. El llamado y el responsorio...", cap. cit., pp. 51-52.
[131] "...*Le phénomène érotique* constituye el desenlace de un recorrido, el momento en el que la línea fenomenológica coincide con la línea teológica". RC, p. 189.

de la fenomenología, entendida como filosofía no metafísica, es sosteniendo el anonimato y la indeterminación de la llamada, pues el único modo de que opere la sorpresa que transforma al yo en adonado es que éste sea sorprendido, que éste ignore el quién y el porqué de la llamada.[132]

30.2.2. La decisión inmanente

El adonado responde a la llamada desde la inmanencia de la donación. La donación es intrínseca. Ahora bien, ¿en qué consiste esa respuesta inmanente que da el adonado?

Marion afirma que el responsorio "no sabe lo que dice antes de decirlo".[133] Cuando estamos ante un fenómeno pobre o de derecho común, es decir, cuando estamos ante un objeto, la voluntad quiere lo que el entendimiento ve con claridad. Es más, de hecho vemos los objetos sin necesidad de quererlos. Ante los fenómenos saturados la situación es distinta. Frente a una saturación que nos impide verlos, debemos tomar la decisión de quererlos, de recibirlos, sin haberlos visto, sin comprenderlos *a priori*. "La decisión de responder, y por tanto, de recibir, precede la posibilidad de ver, y por tanto, de concebir".[134] Se trata, por otra parte, de una decisión que el adonado debe repetir sin cesar. Pero, entonces, ante lo dado ¿por qué privilegiar un responsorio ante un fenómeno saturado que sólo mostrará inadecuadamente lo dado y no un responsorio ante un objeto que puede constituirse adecuadamente? Marion responde a esta cuestión decisiva con claridad:

> Entre esas dos interpretaciones de una única situación fenomenológica, interpretaciones que definen sin duda las dos tendencias irreconciliables que atraviesan toda la historia de la filosofía (o constituir el objeto pobre de intuición, o recibir el exceso de donación sin objetivarlo), ninguna razón puede ya decidir puesto que, al tratarse siempre y de nuevo de recibir o no lo dado, el responsorio debe decidir sólo, sin poder apoyarse en la visibilidad de lo que no se muestra antes que él. El responsorio no sabe lo que quiere porque es preciso, primero, quererlo para verlo y, así pues, para saberlo. Se abre así un espacio de indecisión que no podemos dejar de considerar con cierto temor: la decisión de que lo dado devenga fenómeno, y también pues de la razón de las cosas, sólo puede tomarse sin visión ni razón puesto que es la decisión la que las hace posibles. El responsorio decide sin nada, tan sólo por él mismo. En el nacimiento de lo visible (en la conversión de lo que se da

---

132 Cfr. ED, pp. 412-413.
133 *Ibid.*, p. 419.
134 *Ibid.*, p. 420. Se da una suerte de hermenéutica pre-fenomenológica o, al menos, una hermenéutica que actúa tan originariamente como la fenomenología ante lo dado, pues se trata de tomar la decisión de responder interpretando que allí hay una llamada que merece ser respondida, pero que no se ha fenomenalizado aún. Volveré sobre esta cuestión en el capítulo quinto.

en lo que se muestra), juega, en una oscuridad pre-fenomenológica y pre-racional, la elección o el rechazo de la "gran razón", de la donación incondicionada.[135]

Marion expone la gran responsabilidad del adonado que con su responsorio, con su decisión, con su "hermenéutica imperial",[136] inaugura la racionalidad misma, exponiéndose en primera persona y sin poder apoyarse más que en la inmanencia de la donación misma. Marion afirma que el adonado radicaliza al *Dasein* pues es

> el ente dado que, en lo dado, se pone en juego a sí mismo recibiéndose de ahí y que, por tanto, pone en juego la donación de todo lo dado y su ascenso a lo visible.[137]

Al exponerse a la decisión, al exponerse a un fenómeno saturado, el adonado se encuentra sólo, sin referencias ni guías posibles.[138] En esta situación, el adonado descubre la indiferencia y la pasión. Marion no desarrolla estas ideas en este parágrafo de *Étant donné*, pero considero que es posible relacionarlas con las dos "experiencias fundamentales" que –como dos caras de una misma moneda– son capaces de operar la reducción a la donación más radical: el aburrimiento (la indiferencia) y el amor (la pasión). Y es partir de la entrega a estas experiencias que "nacen razones tan incontestables como los fenómenos mismos".[139] Marion destaca que, de este modo, el adonado se encuentra en el "círculo hermenéutico" más riguroso, en el que se constituye su subjetividad recibiendo lo dado en tanto tal.

Ahora bien, ciertamente es posible que lo dado no sea recibido, que el adonado no devenga adonado. Marion analiza esta posibilidad en el § 30 de *Étant donné*. Cabe reparar en la posibilidad de una desvinculación entre la donación y la fenomenalización. No todo lo que se da se muestra. "Si todo lo que se muestra debe primero darse, sucede a veces que lo que se da no logra, sin embargo, mostrarse".[140] Y esto es así, precisamente, porque la tarea de mostración del fenómeno está en manos del adonado.

> Permanece intacto el principio fenomenológico según el cual lo que se da se muestra, pero sólo se cumple para nosotros en los límites en los que el adonado finito logra ponerlo por obra.[141]

---

135 *Ibid.*, pp. 421-422.
136 *Ibid.*, p. 423.
137 *Ibid.*, p. 422.
138 "Ninguna opinión ni consejo, ningún amigo o enemigo puede hacer nada por el adonado en esa situación en la que se trata de donarse o no". *Ibid.*, p. 423.
139 *Idem.*
140 *Ibid.*, p. 425.
141 *Idem.*

Puede ocurrir que algo dado no sea intuido. Marion designa a este caso como el de lo "abandonado" (*abandonné*). Esto puede darse por dos motivos: 1) defecto de intuición (fenómeno pobre) o 2) exceso de intuición (fenómeno saturado). Pero ¿cómo pueden darse estos casos de abandono si el adonado se define precisamente por una pasividad receptiva originaria? Marion destaca la importancia de sostener la finitud del adonado tanto como su carácter pasivo:[142]

> Resulta extremadamente importante que la fenomenología, sobre todo cuando tiene la osadía de liberar la visibilidad a la medida de la donación, conserve el respeto estricto ante la finitud de su operador; y no solamente para evitar la embriaguez de la constitución de regiones que se amplían sin cesar, embriaguez a la que Husserl no fue el único en sucumbir, sino porque lo que viene después del "sujeto" –el adonado– se caracteriza propiamente por la sumisión en él de su innegable actividad y de su viva espontaneidad a la pasividad de una receptividad absolutamente originaria [*passivité d'une réceptivité absolument originaire*].[143]

La clave está dada precisamente por el asumir la actitud pasiva de una "receptividad absolutamente originaria". Para recibir lo dado –como hemos visto en el § 27 del capítulo tercero–, el adonado debe realizar la actividad de entregarse a la pasividad, de "no hacer nada". Solo de este modo es posible recibir lo que se da según la medida de su donación. Si el adonado no se entrega a lo dado, es decir, si no pone en juego su receptividad, lo dado puede permanecer abandonado. Marion se detiene en diversos casos en los que el adonado "no quiere o no puede" recibir lo dado. En primer lugar enumera algunos ejemplos en los que se da un defecto de intuición. Incluso en los casos más extremos, Marion señala que es posible una descripción. La deficiencia de intuición aún permite la fenomenalización de la falta. La falta puede darse en la falta de intuición y, de ese modo, el adonado aún puede acceder a su estatuto de adonado entregándose a una ausencia.[144] Nada puede sustraerse a la donación. Y, si se reconoce esa donación, si se responde a esa llamada, ya en ese responsorio se está fenomenalizando de algún modo eso dado. Marion ya se había detenido en el § 5 en los dos casos más extremos: la nada y la muerte. Incluso en estos casos es posible una descripción que los haga aparecer de un modo no objetivado.[145]

---

142 En el § 32 me detendré en el particular carácter de esta receptividad.
143 *Ibid.*, pp. 425-426.
144 "El defecto de intuición no ofusca toda posibilidad de poner en escena el fenómeno mismo de la falta. La falta de intuición puede todavía darse como falta. Y la falta dada puede aparecer, si no como un fenómeno que se muestra, sí al menos como una falta; por tanto, el adonado puede donarse todavía a lo ausente". *Ibid.*, p. 427.
145 Cfr. *ídem*.

Pero los casos que realmente explican esta doble posibilidad por parte del adonado de "no querer" o "no poder" recibir lo dado son los casos de los fenómenos saturados:

1) Ante el ídolo, Marion destaca que es posible el "desvanecimiento" (*évanouissement*) y cita como ejemplo el desmayo de Zaratustra ante el pensamiento del eterno retorno.

2) Ante el acontecimiento, Marion señala la posibilidad de la "palabrería" (*bavardage*), del "falso testimonio", que lo trata como un fenómeno que responde a causas objetivas. Creer que es posible objetivar al acontecimiento o intentar dar cuenta de su totalidad en una mirada es dar un "falso testimonio", es esconder su complejidad, su carácter infinito.[146]

3) Ante la carne, Marion indica que el goce y el sufrimiento demandan ser dichos. No atender a esta exigencia de la carne es caer en la "denegación" (*dénegation*). Marion pone como ejemplo el caso extremo de los campos de concentración. La denegación es un fenómeno que en esos casos responde a un doble motivo: por un lado, sucede que los sobrevivientes pueden no encuentren las palabras; por otro lado, también ocurre que falta una audiencia, pues se otorga a lo ocurrido en los campos el estatuto de algo indecible.[147]

---

[146] "Pero, cuando se pretende haber "visto todo", entonces se ha disimulado todo, puesto que el acontecimiento daba a ver infinitamente más de lo que ninguna mirada podía recibir y soportar". *Ibid.*, p. 434.

[147] Este fenómeno ha sido analizado por Jean-Luc Nancy en *La representación prohibida*. Nancy se pregunta por la pertinencia de la idea de que el holocausto no podría o no debería representarse, es decir, la idea de que es imposible o está prohibido representar el exterminio. Esta concepción debe ser revisada. Ciertamente no se trata de una imposibilidad, existen muchas obras en los que se narran los horrores de la guerra. Nancy considera que lo que se cuestiona es la legitimidad de tal representación y este cuestionamiento tiene motivos religiosos (interdicción bíblica de la representación). Nancy entiende que la representación de la *Shoah* no sólo es posible y lícita, sino que también es necesaria e imperativa, pero debe ser llevada a cabo desde una correcta comprensión de la idea de representación. "El re- del término 'representación' no es repetitivo, sino intensivo (para ser más precisos, el valor inicialmente iterativo del prefijo re- en las lenguas latinas se transforma a menudo en valor intensivo o, como a veces se dice, 'frecuentativo'). La *repraesentatio* es una presentación recalcada (apoyada en su trazo o en su destinación: destinada a una mirada determinada)". NANCY, Jean-Luc, *La representación prohibida*, trad. M. Martínez, Buenos Aires, Amorrortu, 2006, p. 36. Según Nancy, hay que entender la representación como una presencia presentada, expuesta. "No es entonces la pura y simple presencia: no es, justamente, la inmediatez del ser-puesto-ahí, sino que [la representación como presencia presentada] saca a la presencia de esa inmediatez, en cuanto la hace valer como tal o cual presencia. En otras palabras, la representación no presenta algo sin exponer su valor o su sentido o, cuando menos, el valor o el sentido mínimo de estar allí frente a un sujeto" (*ibid.*, p. 37). La representación de la Shoah es necesaria en este sentido. Se trata —como propone Marion— de decir el sufrimiento de la carne, no hacer un inefable de ese dolor, pero este decir debe buscar la manera de que el sufrimiento se expresa por sí mismo. En palabras de Nancy, "En la medida en que Occidente no dejó de convocar el sentido a la presencia integral y sin resto —como poder o saber, como esencia divina o instancia humana–, y terminó por suturar el ser a sí mismo, por salvar la distancia que él mismo había abierto como su propia fuente y su propia proyección, o al menos por desencadenar la voluntad de salvarla –si de sí mismo no puede más que apartarse siempre–, nuestra historia corría el riesgo en el cual acabó por caer y en el que la llamada cuestión de 'la representación de los campos' muestra que ya no podemos eximirnos

4) Ante la mirada del otro en el fenómeno del icono, Marion afirma la posibilidad del "menosprecio" (*méprise*) que consiste en evitar el cruce de miradas con el otro. Marion insiste en que este menosprecio –así como ninguna de las actitudes analizadas– no debe ser entendido en un sentido ético, sino meramente fenomenológico.

> Este menosprecio no tiene nada de excepcional, ni de violento, sino que define la cotidianeidad del comercio entre actores económicos, institucionales y familiares. Es más, el deber de dejar aparecer cada vez un fenómeno impediría prácticamente la vida social.[148]

Ciertamente, si consideramos a cada fenómeno que nos sale al encuentro como un fenómeno saturado, la vida sería imposible. Existe una legitimidad de la objetivación que se relaciona directamente con hacer posible la existencia individual y común. Un adonado que hiciera lugar a cada fenómeno que experimenta en su carácter de saturado podría llegar a comportarse como Ireneo Funes, el personaje del cuento de Borges, desbordado por el acontecimiento inaprehensible, imprevisible e irrepetible de cada segundo de su vida y de cada aparecer (*das Erscheinen*) sin referencia posible a lo que aparece (*das Erscheinendes*). La atención a la infinidad de la manifestación y, sobre todo la sola certeza negativa que podemos experimentar ante ella, podría conducir a la patología de Funes, a quien: "le molestaba que el perro de las tres y catorce (visto de perfil) tuviera el mismo nombre que el perro de las tres y cuarto (visto de frente)".[149]

Ahora bien, respecto de la afirmación marioniana de que su análisis es puramente fenomenológico, cabe señalar que las cuatro actitudes no parecen ser equiparables sin más (desvanecimiento, palabrería, denegación, menosprecio), y la pregunta ética y política no se disuelve en la mera consideración fenomenológica. Aun en los casos del abandono, lo dado sigue encontrándose allí perfectamente dado. La "noche de invistos"[150] que me rodea me llama y, como adonado, soy responsable por aquello que abandono. Ese es el sentido del remplazo de la tópica de los fenómenos por la dicotomía objetos/acontecimientos. La responsabilidad del adonado radica en no olvidar que todo objeto

---

de discernir su apuesta como la de una verdad que es preciso dejar abierta, incumplida, para que sea verdad. Es preciso: ese sería el primer axioma ético. El criterio de una representación de Auschwitz sólo puede encontrarse en esto: que una apertura semejante –intervalo o herida– no se muestre como un objeto y se inscriba, en cambio, directamente en la representación, como si se tratara de su nervadura misma, como la verdad sobre la verdad" (*ibid.*, p. 69-70).

148 ED, p. 437.
149 Cfr. BORGES, Jorge Luis, "Funes el memorioso" en BORGES, Jorge Luis, *Obras completas 1923-1972*, Buenos Aires, Emecé, 1974, p. 490.
150 ED, p. 438.

puede devenir −por variación hermenéutica− un acontecimiento, pues todo objeto es originariamente un fenómeno que conserva el carácter acontecial de darse por y desde sí mismo. El "desvanecimiento" frente al pensamiento de la donación puede tener graves consecuencias éticas y políticas, pues como se desprende del ejemplo de los campos, la "denegación" ante el sufrimiento de la carne o el "menosprecio" en ciertas ocasiones ante el rostro del otro es moral y políticamente cuestionable.

Respecto de la "palabrería" ante el acontecimiento histórico cabe recordar la crítica de Gschwandtner.[151] Paradójicamente, es la reivindicación de las víctimas de la historia la que nos exige caer en cierta "palabrería" para poder criticar otras interpretaciones. Precisamente, para evitar incurrir en la "denegación", hay que advertir que ante un acontecimiento histórico no se trata meramente de detenernos en su carácter acontecial, es decir, en su incomprensibilidad, o en sumar interpretaciones arbitrarias, sino −por el contrario− se trata de sostener que hay interpretaciones más adecuadas que otras si asumimos nuestra responsabilidad ante las víctimas.

30.3. La crítica de Jocelyn Benoist

Me detendré en la breve crítica de Jocelyn Benoist en *Logique du phénomène*, pues considero que puede ayudar a comprender la cuestión de la responsabilidad de la respuesta del adonado. En el epílogo del libro, "Les phénomènes ne nous sauveront pas", Benoist sostiene que algunos de los problemas de la filosofía contemporánea se deben a la falta de comprensión de la diferencia entre la función del "decir" y la función del "ver". El "decir" cumple un rol de normación respecto del "ver" que parece no advertirse con claridad cuando se trata al discurso como un tipo de fenómeno. Para poder reconocer a lo "dado" como tal es necesario que el discurso cumpla su función de normación de la fenomenicidad.[152]

Benoist sostiene que Marion cae en este error cuando considera a la llamada como una forma de donación y fenomenicidad.[153]

La llamada no es la manifestación de la presencia del Otro que en ella me sería "dado", sino el despliegue de una norma que, constitutivamente, me trasciende

---

151 Ver apartado 13.1 del capítulo primero.
152 BENOIST, Jocelyn, *Logique du phénomène*, Paris, Hermann, 2016, p. 191.
153 "Contrariamente a la leyenda que la fenomenología se place en contar, las cosas que observo y que, en ciertas circunstancias, puedo decir que 'me aparecen', no me 'hablan'. [...] En el plano fenomenal no hay voz". *Ibid.*, pp. 197-198.

(como toda verdadera norma, está asentada en Otro) y a la cual puedo conformarme ("responder") o no.[154]

Asimismo, Benoist considera que es un error entender que la verdad de la llamada está en la respuesta, pues la autenticidad de toda recepción debe presuponer la realidad y, por tanto, la exterioridad de la llamada.[155] Benoist concuerda con que la llamada se manifiesta en la respuesta, pero la cuestión decisiva –a su entender– no es esa, sino si la llamada es tal aun antes de mostrarse. No basta con creer que uno ha sido llamado para poder afirmar que efectivamente uno ha sido llamado.

A continuación, Benoist se detiene en el análisis marioniano del cuadro de Caravaggio, *La vocación de san Mateo*. El punto de partida de su crítica es el supuesto de que la respuesta precede a la llamada.

> El problema es que de ningún modo se puede interpretar la escena presentada por Caravaggio de esa manera. Por mi parte, siempre estuve asombrado por el aire interrogativo de Mateo y por el hecho de que el dedo por el que –según la interpretación fenomenalista de Marion– él se designa a sí mismo parece, a decir verdad, señalar a su vecino, inclinado sobre sus monedas, que hace cuentas y que no se preocupa de la llamada. Como si Mateo ensayara [...] precisamente no responder a la llamada.[156]

Ciertamente, esta claro que es posible interpretar de otro modo la obra de Caravaggio. Marion no estaría en desacuerdo con que existe esta posibilidad: siempre damos cuenta solo parcialmente de la infinitud presente en los fenómenos.

A continuación, Benoist contempla la posibilidad de que se considere el no responder como un tipo de respuesta. Benoist destaca que aun si se admitiera esta réplica, la "no respuesta" debería apoyarse en la realidad de la llamada. La cuestión de fondo es el estatuto de la llamada. Benoist insiste en que debe entenderse a la llamada como una regla frente a la cual la única tarea posible es obedecer. No se trata de describirla ni de plenificarla como si se tratara de algo dado fenomenológicamente. Ante una regla solo corresponde obedecer.

Por otra parte, señala Benoist, es claro que la escena del cuadro representa la llamada de Cristo. La obra en tanto "pintura clásica" es un discurso, que contiene un "texto" ya conocido. El cuadro fue pintado para un público que ya conocía el texto. Poco importa si Mateo responde o no, porque no hay duda que se trata de la llamada de Cristo. Es más, según Benoist, en este caso, se

---

154 *Ibid.*, pp. 191-192.
155 Cfr. *ibid.*, p. 193.
156 *Ibid.*, p. 195.

trata de una llamada con una legitimidad tal que la falta de respuesta implicaría un fracaso de Mateo, no de la llamada.[157] En este punto, cabe destacar que Marion no podría en cuestión la legitimidad de la llamada, pero no aceptaría la imposibilidad de un análisis fenomenológico respecto de ella.

Benoist concluye su breve epílogo enfatizando que la diferencia entre lo visto por Marion y por él ante la obra de Caravaggio radica en el hecho de que Marion se siente llamado y él no. Y solo quien no se siente llamado puede –según Benoist– comprender el sentido de la llamada. De este modo, Benoist reaviva una vieja disputa con Marion que parece siempre retrotraerse a la afirmación de su ateísmo contra el catolicismo marioniano.[158] Sin embargo ¿puede reducirse la cuestión de la llamada a una problemática religiosa? La concepción de la responsabilidad ética y política que pone en juego la idea de la llamada proveniente de todos los fenómenos ¿solo depende de nuestra convicción religiosa?

La idea de que las cosas que se nos aparecen nos "hablan" implica que no podemos ser indiferentes respecto del mundo que nos rodea, que hay una responsabilidad por la fenomenicidad. La distinción entre el "ver" y el "decir" permite mantener a distancia lo que vemos. Por el contrario, si lo que vemos nos llama, la distancia ya no es posible. Esto es lo que está en juego en el pasaje del sujeto impasible al adonado pasible, que se deja afectar y se compromete en primera persona. En este sentido, comparto absolutamente la opinión de Patricio Mena Malet, aquello que propiamente nos llama son los fenómenos saturados, pues ciertamente la llamada nos enfrenta a una decisión y, por medio de la respuesta, a una transformación existencial:

> No se responde a las cosas que nos apelan sin ser completamente reorientados por ellas, como si se estuviese a ciegas, aunque buscando siempre la lucidez para reconocer si se ha o no respondido a las cosas mismas.[159]

La respuesta puede transformar algo en el mundo y, en primer lugar, me transforma a mí mismo. "Las cosas no van a salvarnos" propone irónicamente Benoist. Mena sostiene que es necesario distinguir entre el llamado de los objetos y el de los fenómenos saturados. Habría que agregar que –como bien destaca Marion– el llamado es siempre el llamado de un fenómeno saturado, pero no porque los fenómenos pobres o de derecho común no puedan llamarnos, sino porque su llamada se da desde el fondo del carácter acontecial de la donación. Su llamada es una llamada a ejercer la variación hermenéutica que

---
157 Cfr. *ibid.*, p. 197.
158 Ver el apartado 2.1 de la introducción a este libro.
159 MENA MALET, Patricio, "El fenómeno de la apelación", *Revista Co-herencia*, vol. 12, no. 23 (2015), p. 133.

permite transformar a un objeto en acontecimiento.[160] Podría responderse a Benoist que solo comprometiéndonos con las cosas que nos rodean podemos salvarlas y, así, en ese mismo acto, salvarnos nosotros también.

Pero ¿qué respondería Marion? Probablemente, diría que la crítica de Benoist es similar a la de Henry en el sentido de que parten de supuestos metafísicos al considerar como rasgos de la estructura de la llamada y la respuesta, su exterioridad y distancia.[161] Los dos autores –podría decir Marion– presuponen que ambas deben poder ser independientes entre sí: la llamada debe poder permanecer sin respuesta y la respuesta debe poder rechazar la llamada; y debe existir entre ellas una separación temporal. Marion responde bien a estas objeciones a partir de la afirmación de una concepción fenomenológica que vuelve inoperante la supuesta distancia lógica y cronológica entre la llamada y la respuesta. La respuesta se da fenomenológicamente primero (distancia cronológica anulada) y su advenimiento ocurre bajo el modo de lo indeterminado, lo anónimo y lo silencioso (distancia lógica anulada). Sin embargo, la objeción de Benoist respecto de la insuficiencia del creerse llamado en relación con el haber sido llamado efectivamente parece conservar cierta validez o, al menos, parece requerir una explicación adicional. Poniendo en cuestión las propuestas "post-modernas", Benoist distingue el hecho de la llamada de su interpretación. ¿Cómo se reconfigura la relación entre el hecho y la interpretación en la obra de Marion? Dejo planteada la pregunta que será retomada en el capítulo quinto, pues exige primero comprender el modo en que se articula la fenomenología y la hermenéutica en la propuesta marioniana.

§ 31. La interdonación

En el epílogo de *Étant donné*, Marion introduce la cuestión de la interdonación (*interdonation*) al analizar la posibilidad de un adonado que se reciba a sí mismo a partir de otro adonado en tanto fenómeno dado.[162] Marion entiende que este recibirse del otro debe ser examinado en su particularidad.

31.1. En (el) lugar del sí mismo

Como ya hemos analizado en el apartado 18.1 del capítulo segundo, la llamada se da también en el marco de la inmanencia. En *Reprise du donné*, Marion

---

160 Ver el apartado 15.1 del capítulo primero.
161 Ver el apartado 18.1 del capítulo segundo.
162 ED, p. 433.

responde a Henry que los rasgos de la fenomenicidad de la vida son compatibles con las características de la estructura de la llamada y la respuesta: la facticidad de la vida, "siempre ya ahí y siempre más íntima a mí que yo mismo" se asemeja a la llamada, y su cumplimiento, "que interviene sin distancia, ni retraso, ni demora, a la que no puedo escapar (ya que no es suficiente con ignorarla para abolirla) y que sólo puedo soportar (ya sea como un placer, como un sufrimiento, o como lo uno y lo otro), sin jamás constituirla en objeto, tiene la característica de la respuesta".[163] El responsorio, pues, se da ante una llamada que está "siempre ya ahí" y es "más íntima a mí que yo mismo". La trascendencia y la otredad implicadas en la llamada se dan en el plano de la inmanencia. Marion refiere a las palabras de Agustín: *Tu autem eras interior intimo meo et superior summo meo*. Analizando la frase agustiniana, Marion destaca la paradoja de los comparativos que sobrepasan los superlativos. Paradoja que:

> indica un lugar que no encuentro ni fuera de mí ni en mí, porque él *me* encuentra en un *sí mismo* que no me pertenece, pero al que pertenezco y al que finalmente debo llegar. Dios no me sobrepasa en su alteridad absoluta, sino en la medida en que, por la distancia misma que abre, él define aquello que yo amo y, por tanto, aquello que me identifica a mi "sí mismo".[164]

La cuestión decisiva para comprender la constitución de la subjetividad marioniana —como analizaremos en detalle en el capítulo sexto— está dada por el amor, por el "yo amo", por un *ego amans* que es anterior a todo *ego cogito*. El amor nos expone a una trascendencia, a una otredad, que deviene constitutiva de nuestra mismidad. Continuando su análisis de la expresión de Agustín, Marion destaca:

> Lo que yo soy no se encuentra en mí, sino en un lugar que ofrece una doble característica. Por un lado, en tanto que lugar [...] se encuentra más en mí (o yo en él) que yo, que estoy fuera de lugar (salvo en él). Por otro lado, como lugar que se me escapa absolutamente, como lo interior que me falta, resulta superior a mi más alta aprehensión. Lo más íntimo que yo, mi lugar, se encuentra más allá de mí, es superior. No encuentro, por tanto, mi lugar íntimo más que fuera de mí. [...] Así, no devengo mí-mismo (sí-mismo) más que yendo hacia otro y encontrando ahí mi primer lugar.[165]

Esta es, precisamente, la cuestión en la que lúcidamente indaga Carla Canullo en "La inaudita de-figuración de la trascendencia. La fenomenología de la donación frente al desafío del *allende*": ¿cómo debe entenderse el estatuto

---
163 RdD, p. 41.
164 ALS, p. 144.
165 *Ibid.*, p. 383.

de la trascendencia en la fenomenología de la donación? Según la autora, es posible leer una nueva figura de la trascendencia, pensada ahora desde el marco fenomenológico y no ya metafísico, que se advierte en el uso del término *ailleurs* (allende) y se identifica con la noción marioniana de amor.[166] La fenomenología de la donación reconfigura la distinción metafísica trascendencia/inmanencia al reconocer –por medio del amor o, más precisamente, en el amor– una trascendencia, una otredad que se inscribe en lo más inmanente de la inmanencia, en la constitución misma de mi subjetividad. Scannone propone invertir la fórmula ricœuriana:

> Por lo tanto, se puede decir que es Otro –con mayúscula– como Mí mismo en mí, quien Se me da y me da a mí la ipseidad.[167]

Respecto de esta sugerente aproximación a Ricœur habría que recordar cierto reparo formulado por Marion:

> Por tanto, el ego mismo no es él mismo. Ni por la aprehensión de sí en la conciencia de sí (Descartes, al menos según la interpretación común), ni por un performativo (Descartes en la acepción menos común), ni por la apercepción (Kant), ni tampoco por auto-afección (Henry) o decisión precursora (Heidegger). El *ego* tampoco accede a sí mismo *para* otro (Lévinas) ni *como* otro (Ricœur): sino que solo deviene sí mismo *por* otro, es decir, por medio de un don.[168]

Es la otredad que nos habita la que constituye nuestra mismidad. Accedo al sí mismo no "como" otro (ni "para" otro), sino "por" otro, gracias a su acción.

Esta otredad en mi mismidad se identifica con Dios en Agustín, pero en el campo filosófico puede ser interpretada como una otredad humana o incluso viviente si se repara en el extensión a todos los seres vivos del *páthos* de la pena en *Courbet*.[169] ¿Pero cómo se da esta "interdonación"? ¿Cómo se recibe el adonado a sí mismo recibiéndose de lo dado cuando lo dado es otro adonado?

31.2. El amante

Marion trabaja esta cuestión en *Le phénomène érotique*. La obra comienza poniendo en cuestión al *cogito* cartesiano. ¿Cómo opera este tipo de constitución de la subjetividad? ¿Qué tipo de certeza de sí se alcanza en el *ego cogito*?

---

166 Cfr. Canullo, Carla, "La inaudita de-figuración de la trascendencia…", cap. cit., pp. 135-152. Volveré sobre la cuestión del amor en el capítulo sexto y el apartado 31.2 y 31.3 de este capítulo.
167 Scannone, Juan Carlos, "Otro como sí mismo. El llamado y el responsorio…", cap. cit., p. 55.
168 ALS, pp. 383-384.
169 Cfr. C, pp. 53 y 203-210.

Marion responde que se trata de la certeza propia de los objetos.

> El ego posee una certeza, una sola: la de estar presente durante todo el tiempo y cada vez que piense. ¿Que piense qué? Que, para engañarme o ser engañado, es preciso pensar y, por tanto, ser. De modo que seré en la misma medida en que realice un acto —efectivamente un acto de pensamiento, porque no dispongo de ningún otro acto en ese momento— y, por supuesto, lo realizaré en el presente, de instante en instante, por tanto tiempo como yo (me) piense. Claro, es una certeza. Sin embargo, mi pregunta vuelve a surgir: ¿hasta qué punto dicha certeza me da seguridad de un modo diferente que el de los objetos que yo mismo certifico? La certeza que comparto con los objetos que certifico ¿puede certificarme a su vez como tal, es decir, en tanto que condición de posibilidad de los objetos? Y si solo soy cierto a la manera de los objetos ¿me he convertido en un objeto o se ha desdoblado la certeza?[170]

La certeza que ofrece el *ego cogito* respecto de sí mismo es la misma certeza que ofrece respecto de los objetos: así como no puedo dudar de que un objeto es porque yo —en tanto *ego*— lo certifico en su existencia durante el tiempo que lo pienso, tampoco puedo dudar de que yo soy en el instante en que pienso que soy. Ahora bien, esta certificación objetiva, conduce —según Marion— al siguiente dilema:

> O bien tengo certeza sobre mí porque me pienso; pero entonces me convierto en objeto de mí mismo y sólo recibo la certeza de un objeto. Me sustraigo entonces como *ego*. O bien admito que yo tengo certeza sobre el objeto de mí mismo y por lo tanto que ese yo mismo ya no es más el objeto del que se tiene certeza, simplemente porque la certeza siempre recibe su certificación de otro; el yo que se certifica para sí mismo la existencia de un yo convertido en objeto es distinto de mí. Yo es otro, distinto de mí, y la certeza del yo objeto no alcanza al yo que soy.[171]

Es decir, o me pienso como un objeto y obtengo una certeza sobre mí del tipo del objeto, o advierto que eso que pienso como objeto no soy yo, pero entonces me desdoblo y la certeza del yo objeto no me alcanza. Ninguna de las dos alternativas puede conformarnos. Y esto es así, principalmente, porque la certeza de los objetos no nos concierne en tanto existentes humanos. La certeza de los objetos aplicada al *ego* puede ser descalificada por la simple pregunta: "¿para qué sirve?" (*à quoi bon ?*).

Los productos de la técnica y los objetos de las ciencias, las proposiciones de la

---
170 PhE, p. 30.
171 *Ibid.*, p. 31.

lógica y las verdades de la filosofía bien pueden gozar de toda la certeza del mundo ¿qué tengo que ver yo con eso? *Yo*, que no soy un producto de la técnica, ni un objeto de la ciencia, ni una proposición lógica, ni una verdad filosófica. La única investigación cuyo resultado *me* importaría verdaderamente se dedicaría a la posibilidad de establecer alguna certeza sobre mi identidad, mi estatuto, mi historia, mi destino, mi muerte, mi nacimiento y mi carne, en una palabra, sobre mi irreductible ipseidad.[172]

La certeza de los objetos no puede resistir la pregunta: "¿para qué sirve?" porque es una certeza vana, vacua, en tanto no me afecta ni me concierne. Marion sostiene que el motivo es que se trata de una certeza que no tiene carácter originario, sino que se deriva de mi *cogitatio*. Es una certeza que depende de mi voluntad pensante: "tengo certeza porque así lo quiero".[173] Se trata, pues, de una certeza arbitraria.

Pero, entonces, se pregunta Marion ¿cómo es posible adquirir algún tipo de seguridad respecto de mí mismo? Ciertamente, yo no soy bajo el modo de la abstracción formal de los objetos, sino que soy "carne" (*chair*) en su capacidad fundamental de ser afectada. Como ya hemos analizado en el apartado 13.3 del capítulo primero, la "donación del sí mismo" pasa por la afección de la carne. En tanto "carne", la definición del *ego cogito* no parece suficiente, el "yo pienso" revela su carácter derivado frente al más originario "yo siento" o "yo soy afectado". Y, en este sentido, la mera certeza respecto de mi existencia tampoco parece suficiente. Para adquirir una seguridad respecto de mí mismo se requiere algo más.

> La certeza de mi existencia no basta para volverla justa, ni buena, ni bella, ni deseable, es decir, no basta para asegurarla.[174]

La certeza no alcanza para darle un sentido a mi existencia. En este punto, Marion propone que la pregunta decisiva, la única pregunta que puede concernirnos realmente y escapar a la vanidad, es la siguiente: "¿me aman?" (*m'aime-t-on?*).

Solo el ser amados puede asegurar nuestra existencia, puede darle un sentido, puede volverla justa, buena, bella y/o deseable. La indiferencia del mero existir a la que nos condena la certeza de los objetos resulta insoportable, insostenible. Marion propone un contraejemplo para dar cuenta de esta idea: supongamos que se le propone a alguien existir efectivamente por un tiempo sin fin deter-

---

172 *Ibid.*, p. 33.
173 *Ibid.*, p. 36.
174 *Ibid.*, p. 42.

minado, pero a condición de renunciar definitivamente a la posibilidad de ser amado alguna vez ¿quién aceptaría? Nadie, asevera Marion, pues esto implicaría devenir "una inteligencia artificial, un calculador maquínico o un demonio".[175]

> Renunciar a plantear(se) la pregunta "¿me aman?", y sobre todo a la posibilidad de una respuesta positiva, implica nada menos que renunciar a lo humano en uno mismo.[176]

Marion señala que nadie, en su sano juicio, puede conformarse con el mero existir. Pero ¿qué implica el aceptar la validez de la pregunta respecto de si me aman? La pregunta "¿me aman?" introduce una seguridad que ya no proviene de mí mismo, de mi querer arbitrario, sino de otro lugar, de allende (*ailleurs*), de un otro. La pregunta más precisa es, pues "¿me aman de allende?" (*m'aime-t-on d'ailleurs ?*). Al aceptar poner en cuestión la vanidad de la certeza del *cogito*, entramos en el proceso de lo que Marion propone llamar "reducción erótica" (*réduction erotique*). Esta reducción se despliega a partir de ciertas preguntas que dan lugar a diversas figuras que permiten dar cuenta de la univocidad del concepto marioniano de amor. Nos detendremos en esta cuestión en el capítulo sexto, pero a los fines de este capítulo, examinaremos la figura del "cruce de las carnes" a fin de exponer la relación entre la carne y el rostro, en régimen de reducción erótica, que permite explicar la constitución de la subjetividad a partir de la otredad.

Luego de indagar en la insuficiencia del amor a sí mismo y ante el fracaso respecto de obtener un acceso a la seguridad que pueda proveer el allende por la vía del intentar "hacerse amar",[177] Marion propone cambiar el punto de partida. La pregunta "¿me aman?" parece no arriesgar demasiado, parece esperar una reciprocidad. El *ego* que busca su seguridad, tiene una comprensión estrecha del amor, pues espera un intercambio. Pero la reciprocidad no es un rasgo del amor: "La reciprocidad fija la condición de posibilidad del intercambio, pero ella atesta también la condición de imposibilidad del amor".[178] Marion plantea entonces la necesidad de radicalizar la reducción erótica para superar la exigencia de reciprocidad y la presuposición de una seguridad que debería advenirme. Es necesario hacerse otra pregunta: "¿puedo amar, yo primero?" (*puis-je aimer, moi le premier ?*),[179] es necesario un desplazamiento desde la figura del amado a la figura del amante, pues Marion advierte que:

---

[175] *Ibid.*, p. 39.
[176] *Idem.*
[177] "Quien quiera hacerse amar llega a odiarse a sí mismo, luego odiará a cualquier otro distinto de sí y finalmente se inscribirá en el odio de todos hacia todos". *Ibid.*, p. 111.
[178] *Ibid.*, p. 115.
[179] *Ibid.*, p. 116.

la soberanía incomparable e irrefrenable del acto de amar extrae toda su potencia del hecho de que no lo afecta la reciprocidad, así como no lo infecta la recuperación de la inversión.[180]

Marion entiende que es necesario afirmar la iniciativa del amante.

> El amante tiene el privilegio sin igual de no perder nada, aun si por ventura no se encuentra amado, porque un amor despreciado sigue siendo un amor perfectamente efectuado, así como un don rechazado sigue siendo un don perfectamente dado. Más todavía, el amante no tiene nada que perder; no podría incluso perderse si lo quisiera, porque dar a fondo perdido, lejos de destruirlo o de empobrecerlo, atesta de un modo tanto más nítido su privilegio real: cuanto más da, cuanto más pierde y cuanto más se dispersa, tanto menos se pierde a sí mismo, porque el abandono y la pérdida es el carácter único, distintivo e inalienable de amar.[181]

La iniciativa del amante da cuenta de la paradoja del amor: cuanto más amo sin esperar reciprocidad, es decir, a "pérdida absoluta", más gano. ¿Qué gano? La seguridad incondicionada que otorga el amor. El amor me da la seguridad que proviene del hecho de amar, pues se trata de una acción que no necesita ser correspondida para cumplirse acabadamente. Solo al exponerse a la pérdida, el amor aparece en su plenitud.[182]

En este punto del desarrollo de las figuras de la reducción erótica, Marion afirma que solo de este modo se realiza la reducción a lo propio:

> [...] ella [la reducción erótica radicalizada] me reconduce a lo que puedo y debo propiamente asumir como mío. [...] No me convierto en mí mismo cuando pienso, ni cuando dudo o imagino solamente, puesto que otros pueden pensar mis pensamientos, que además la mayoría de las veces no me conciernen a mí, sino al objeto de mis intencionalidades; ni cuando quiero, deseo o espero, porque nunca sé si intervengo en primera persona o solamente como la máscara que oculta (y que soportan) las pulsiones, pasiones y necesidades que actúan en mi sin mí. Pero me convierto definitivamente en mí mismo cada vez y durante el tiempo en que, como amante, puedo amar primero.[183]

El sí mismo se alcanza, pues, en la exposición en primera persona como

---

180 *Ibid.*, p. 117.
181 *Idem.*
182 "Al responder a la pregunta '¿puedo amar, yo primero?' por la pérdida del don hasta la pérdida de sí, el amante conquista íntegramente una seguridad, entendida como la seguridad pura y simple del hecho preciso de que ama. Cuando amo al punto de perderlo todo, gano perfectamente una seguridad irrefragable, indestructible e incondicionada, pero únicamente la seguridad de que amo; lo que es suficiente. El amante encuentra una seguridad absoluta en el amor; no la seguridad de ser, ni de ser amado, sino la de amar". *Ibid.*, p. 121.
183 *Ibid.*, p. 125.

amante. Ciertamente, como bien destaca Gschwandtner, parece problemático que el amante pueda devenir tal sólo por su propia decisión. Al afirmar la acción del amante ahora "gano la seguridad no del amor del otro, sino de mi propia habilidad o decisión de amar".[184] Otorgar la iniciativa al amante parece contradecir la figura del adonado y su esencial receptividad. Si es posible devenir un sí mismo al decidir amar, pareciera que ya no es necesaria la intervención de ningún otro. No obstante, cabe recordar que ésta no es la última palabra de Marion. En primer lugar, en la cuarta meditación –como analizaremos a continuación– Marion va a tematizar el amor como un fenómeno cruzado en el que el amante le da su carne al amado. Accedo a mi carne porque el otro que me ama me la da.[185] Y, en segundo lugar, en la sexta meditación, Marion va a sostener que siempre nos encontramos primero en la situación del amado y no del amante porque el primer amante es Dios:

> Al fin, no solamente descubro que otro me amaba antes de que yo lo ame, pues ese otro ya se había hecho amante antes de mí (§ 41), sino también que ese primer amante se llamaba, desde siempre, Dios.[186]

Sin embargo, cabe detenerse en la figura del amante y analizar su propia lógica: ¿en qué puede consistir esta "decisión" de devenir amante? ¿Implica efectivamente un movimiento de auto-posición similar al del *ego*? Son elocuentes las palabras de Stephen Lewis al respecto:

> El amante realiza un acto de la voluntad al decidir avanzar sin pago anticipado ni garantía; así, la decisión del amante que avanza es una acción libre, pero no apunta a ejercer un poder soberano sobre el campo de objetos. Por el contrario, la decisión de avanzar en el amor revela una voluntad humana infinita que es tanto pasiva como activa, una voluntad que busca participar en el otro a través de la recepción del don de participación del otro en vez de buscar dominar al otro a través del ejercicio de un poder o capacidad.[187]

Ciertamente, la iniciativa del amante, su acción y su decisión no se corresponden con la acción y la decisión del sujeto que Marion critica. El amante que toma la iniciativa de amar toma la iniciativa de entregar la iniciativa,[188] de exponerse sin reserva a un allende, a un otro y a lo otro que acontece sin poder ser previsto. Su decisión es la decisión de ya no decidir, su acción es la

---

184 GSCHWANDTNER, Christina, *Degrees of Givenness*, op. cit., p. 104.
185 Cfr. PhE, pp. 169-234.
186 *Ibid.*, p. 341.
187 LEWIS, Stephen, "The Lover's Capacity", *Quaestiones disputatae*, 1, 1 (2010), p. 235.
188 Cfr. ED, p. 15.

acción de ya no actuar; y su devenir un sí mismo se alcanza, no en un gesto de auto-posicionamiento o apropiación de sí, sino por el contrario en una operación de desapropiación, en una exposición que presupone y ocurre por otro (aun cuando este otro no responda a ese amor). El avance del amante confirma su dependencia respecto de otro. Marion lo explica de modo elocuente:

> Paradójicamente, no aparezco cuando me decido yo mismo por y para mí mismo, sino cuando me decido por otro, porque entonces él puede confirmar que yo soy: decidiéndome por él, es por él que yo aparezco. En mi decisión por otro, mi decisión de amar por avance un otro que yo, se decide mi fenomenicidad más propia. No decido acerca de mí mismo por mí mismo, sino por la mirada del otro; no por una resolución precursora sin testimonio ni lugar, sino por el amor de avance, en la distancia en que me expongo al otro (§ 37). La decisión de amar sigue siendo entonces válida, aun cuando yo no realice efectivamente el amor por avance, con tal de que me resuelva a ello; con tal de que formalmente al menos me decida a decidirme. Hacer el amor por anticipado quizás no dependa de mí, pero decidirme a decidirme sí. Amar por avance tal vez no dependa de mí, pero amar amar (*amare amare*) sí. Nada puede separarme de mi libertad de hacerme amante.[189]

En el amor se devela la imbricación entre pasividad y actividad propia del carácter receptivo del adonado. Al decidirme a amar amar, me decido activamente a devenir pasivo en una entrega al otro. Volveré sobre esta cuestión en el próximo parágrafo.

31.3. El cruce de las carnes

Marion continúa desarrollando la figura del amante a través de la consideración del avance del amante hacia el amado en el cruce de las carnes. El amado se manifiesta —como ya había analizado Marion en "L'intentionnalité de l'amour"—[190] bajo la modalidad del fenómeno saturado del rostro o icono, imposibilitando un cumplimiento de cualquier tipo de mención intencional. El otro, en régimen de reducción erótica, se distingue de todo otro fenómeno porque, en su caso, la intuición y el significado no pertenecen de igual modo a la esfera egológica propia. En el caso del fenómeno del otro amado, la intuición la genera el amante con su decisión de amar amar, de exponerme a un otro aún indeterminado, pero el significado —inapropiable— proviene del otro y se me impone bajo el modo de la contra-intencionalidad.

---

189 PhE, p. 148.
190 Cfr. PCh, pp. 89-120.

> El fenómeno amoroso no se constituye a partir del polo del *ego* que yo soy; surge de sí mismo cruzando en él el amante (yo que renuncio a la condición de ego autárquico y aporto mi intuición) y otro (él, que impone su significado oponiendo su distancia). El fenómeno erótico aparece no solamente en común a él y a mí y sin un polo egoico único, sino que solo aparece en este entrecruzamiento: *fenómeno cruzado* [*phénomène croisé*].[191]

Marion señala que en ese entrecruzamiento, ante el rostro del otro, solo puedo responder un "heme aquí" que valga para ese instante y como promesa, como juramento. En este cruce de respuestas se dan dos intuiciones y un único significado. "Un solo fenómeno porque hay un solo significado; sin embargo, un fenómeno de doble entrada, porque es manifestado según dos intuiciones".[192] Ambas personas renacen como amante y amado. El "heme aquí", indeterminado, formal y vacío, adquiere un sentido en la realización en el caso concreto por parte del amado/amante individualizado e insustituible. En este punto puede observarse con claridad cómo opera un tipo de dispositivo similar al de la indicación formal heideggeriana, que permanece indeterminada hasta el momento en el que adquiere un sentido de realización por medio de una apropiación concreta: el significado sólo puede darse a partir del modo específico en que se realiza en un caso particular el cómo del sentido de referencia.

Marion continúa indagando en el carácter individualizado e insustituible del amante analizando la erotización única de cada carne por medio de la otra. Marion destaca que la pasividad del amante se debe a la pasividad de la carne. Como ya hemos analizado en el apartado 13.3 del capítulo primero, la carne —que no debe confundirse con el cuerpo— se identifica con la capacidad misma de sentir y experimentar, y constituye aquello "originariamente dado" donde se cumple la donación de sí de modo más pleno y originario que en el *cogito*.

Ahora bien, en esta instancia del despliegue de la reducción erótica, Marion va a destacar que esta capacidad de auto-afección propia de la carne me es dada por el otro. El otro toma la iniciativa de darme mi propia carne por primera vez: "me despierta porque me erotiza".[193] Mi carne tiene su condición de posibilidad en ese cruce con la carne del otro. En el fenómeno cruzado del amor, el otro me da lo que no tiene, es decir, mi carne, y yo le doy lo que no tengo, es decir, su carne. Y, de este modo, cada uno deviene "el depositario de lo más íntimo del otro".[194] Es en esta paradójica inadecuación, en la que se confunde actividad y pasividad, en la que radica la posibilidad de un acceso a mí mismo.

---

191 PhE, p. 164.
192 *Ibid.*, pp. 167-168.
193 *Ibid.*, p. 188.
194 *Ibid.*, p. 191.

[...] solo me convierto en mí mismo [...] convirtiéndome en mi carne, erotizándome por la carne del otro, y, por tanto, no poseyéndome, sino dejándome [des]poseer.[195]

Marion destaca tres características de la erotización:

1) En primer lugar, pierde todo sentido la oposición estática entre actividad y pasividad, pues ninguna de los dos carne domina o posee a la otra. Me activo en tanto soy afectado, y el otro me afecta en tanto experimento su pasividad.

2) En segundo lugar, el proceso de erotización de la carne es un proceso que no tiene límites, pues no depende de ninguna fenomenicidad del cuerpo, no se da según ciertos órganos o sentidos, la sexualidad sólo coincide muy parcialmente con la erotización. Es más, Marion considera la posibilidad de la erotización libre, una erotización que se da por la palabra, sin el contacto inmediato con otra carne.[196] La erotización consiste en la experiencia de recibir la propia carne de otra carne. Al "hacer el amor" (*faire l'amour*) le doy su carne al otro y recibo la mía de él. Ahora bien, está claro que, por un lado, no basta con entrar en contacto con el otro para "hacer el amor", y, por el otro, tampoco es indispensable entrar en contacto, pues puedo darle su carne, esto es, hacerle experimentar mi no-resistencia, simplemente hablándole.[197]

3) En tercer lugar, la auto-erotización no tiene sentido porque no puedo darme mi propia carne, sino que ésta proviene del otro.[198]

§ 32. La receptividad

Como ya hemos establecido, Marion sostiene que el adonado se caracteriza por una receptividad que es superadora de la oposición entre pasividad y actividad. En *De surcroît* se afirma:

El adonado, perdiendo su rango trascendental y la espontaneidad o actividad que éste implica, sin embargo no se reduce a la pasividad o al yo empírico. De hecho, el adonado supera tanto la pasividad como la actividad porque, liberándose de la púrpura trascendentalicia, anula la distinción misma entre el *Yo* trascendental y el yo empírico. Por consiguiente ¿qué tercer término interviene entre actividad

---

195 *Idem*.
196 Cfr. *ibid*., p. 338.
197 Cfr. *ibid*. p. 280. "Hago el amor *en primer lugar* hablando: no puedo hacerlo sin hablar y puedo hacerlo sin hacer otra cosa que hablar; por otra parte, el antiguo uso francés entendía así 'hacer el amor'". *Idem*.
198 Cfr. *ibid*., pp. 193-194. Volveré sobre la tematización marioniana del amor en el capítulo sexto.

y pasividad, trascendentalidad y empiricidad? Retomemos la definición de adonado: aquel que *se recibe* a sí mismo de lo que recibe. El adonado se caracteriza, por tanto, por la recepción. La recepción implica, ciertamente, la receptividad pasiva, pero también exige la contención activa; pues la capacidad (*capacitas*) para incrementarse a la medida de lo dado y para sostener su llegada, debe ponerse a trabajar: trabajo de lo dado a recibir, trabajo sobre sí mismo para recibir.[199]

En una nota en "La banalité de la saturation", respondiendo a la caracterización de Marlène Zarader respecto del adonado como "enteramente vacío, pasivo, bajo control, afectado, sin poder, etc.",[200] Marion aclara:

> Por supuesto, jamás el adonado ha sido definido de ese modo, ya que se descubre a cargo de la visibilidad de eso que se da en el momento mismo en el que se recibe con lo que se da. No hay aquí un dilema tan simplista entre la "actividad" y la "pasividad", sin otra opción (por otra parte, son categorías prestadas de Aristóteles, radicalmente metafísicas y cuyo uso fenomenológico puede discutirse). El adonado se ejerce según la llamada y la respuesta, y gestiona el pasaje de lo que se da a lo que se muestra: ni lo uno ni lo otro se corresponden a estas dos categorías; "pasividad" y "actividad" sólo pueden intervenir una vez que las características del adonado fueron malinterpretadas.[201]

Y en el cuerpo de ese mismo texto, enfatizando cierto carácter activo de la respuesta, Marion señala:

> El adonado no tiene nada de pasivo, ya que, por su respuesta (hermenéutica) a la llamada (intuitiva), él y solo él permite a lo que se da devenir –en parte solamente, pero realmente– lo que se muestra.[202]

Cuando en la serie de conferencias recogidas en *La rigueur des choses*, Dan Arbib pregunta respecto de la afirmación de un yo pasivo, Marion responde:

> Por un lado, hay ciertamente una situación de historicidad, de imprevisibilidad, de hecho consumado, por tanto, de pasividad. Pero, por el otro, el término pasividad no basta porque, ante el acontecimiento, no puedo permanecer precisamente pasivo: devengo disponible o rehúyo, asumo el riesgo o escapo, en una palabra, aun decido y respondo, incluso negándome a responder. Es necesario, para volverse pasivo en tal encuentro, una cierta forma de actividad, exponerse a las cosas con un cierto coraje. Por tanto, no se trata solamente de una pasividad. Hablar de

---

199 DS, p. 57.
200 Zarader, Marlène, "Phenomenology and Transcendence", cap. cit., p. 115.
201 VR, p. 149, n. 2.
202 *Ibid.*, p. 181.

"síntesis pasiva" o de conciencia pasiva no basta porque tal comprensión se limita a invertir finalmente la actividad y a imaginar la ausencia total de ella. [...] Hay que ir al encuentro de, exponerse a, regresar a, etc. Ciertamente, en un primer momento, podemos limitarnos a hacer el elogio de la pasividad, polémicamente –muchos filósofos lo han hecho–, pero lo que está en juego es mucho más importante, compromete otro régimen de fenomenicidad que se impone a otro régimen de subjetividad, sin la postura trascendental que prevé, que controla lo que reduce al rango de objeto. Cuando la reducción va más allá de la objetividad y de la enticidad, hasta lo dado, es necesario que la subjetividad misma cambie de estatuto, que se reciba ella misma de lo que ella recibe. Es lo que propongo llamar adonado.[203]

El adonado no resulta de una mera reducción a la pasividad, en oposición a la identificación del sujeto y el yo con la actividad. La propuesta de Marion busca reconfigurar la relación entre pasividad y actividad a partir de la idea de receptividad. A continuación, me detendré en esta reformulación e intentaré aclarar el alcance de la función de la capacidad pasiva.

32.1. La pasividad en Husserl

Bruce Bégout acierta al señalar que ninguno de los tres grandes fenomenólogos franceses que trabajaron la cuestión de la pasividad (Merleau-Ponty, Lévinas y Henry) comprendió la concepción husserliana al respecto. Los tres filósofos plantean que los análisis husserlianos de la vida pasiva de la subjetividad deberían conducir a una radical puesta en cuestión del idealismo trascendental. Pero, si esto es así ¿por qué Husserl jamás lo advirtió? ¿Por qué sus análisis no lo llevaron al mismo lugar que a Merleau-Ponty, Lévinas o Henry? [204]

La respuesta, explica Bégout, es clara: lejos de admitir una incompatibilidad entre la génesis pasiva y la egología trascendental, Husserl entendía que la pasividad se integraba en el proceso de logicización. En palabras de Husserl:

> Lo que vemos, por estas últimas consideraciones, es que los sucesos en la esfera del sustrato pasivo, meramente aperceptivo, y los sucesos dependientes de los modos de comportamiento egológico y de las tomas de posición, curiosamente, van de la mano.[205]

Husserl pone en cuestión el modelo trascendental kantiano, que se sostiene sobre la oposición entre una pasividad receptiva y una actividad espontá-

---

203 RC, pp. 141-142.
204 Cfr. BÉGOUT, Bruce, *La généalogie de la lógique. Husserl, l'antéprédicatif et le catégorial*, Paris, Vrin, 2000, pp. 7-9.
205 Hua XI, p. 358.

nea, pues advierte la continuidad y co-implicación entre ambas, e, incluso, el carácter relativo de la distinción.

> Con estas palabras se ha señalado que la distinción entre actividad y pasividad no es rígida, que no se puede tratar de términos que cabe fijar por definición de una vez por todas, sino sólo de auxiliares para describir y contrastar, cuyo sentido tendrá que crearse de nuevo originariamente en cada caso particular, atendiendo a la situación concreta del análisis; esta observación es válida para todas las descripciones de fenómenos intencionales.[206]

Bégout señala que estas afirmaciones no deben entenderse en el sentido de que la pasividad y la actividad podrían intercambiar sus prerrogativas, sino más bien en el sentido de que en toda recepción pasiva hay una forma de actividad y que en toda operación espontánea del entendimiento hay una parte pasiva.[207] En ese mismo § 26 de *Erfahrung und Urteil* Husserl explica este vínculo entre pasividad y actividad a partir de la distinción entre una pasividad primaria y otra secundaria. La pasividad rodea la actividad: la precede y la sigue. Existe una pasividad primaria y pre-constituyente, previa a la espontaneidad activa, y que actúa como condición de posibilidad del yo; y existe una pasividad secundaria que opera después y junto con la actividad que tematiza objetos –a partir de la sedimentación de la experiencia, en la formación de hábitos– como una "pasividad en la actividad":

> no existe únicamente una *pasividad previa* a la actividad, como pasividad del fluir temporal, originariamente constitutivo, aunque sólo *pre*-constitutivo, sino también una pasividad superpuesta, propiamente objetivadora, es decir, que tematiza o co-tematiza los objetos; una pasividad que pertenece al acto no como base, sino como acto, una especie de *pasividad en la actividad*.[208]

Es este vínculo entre ambas el que le permite sostener a Bégout que la mejor forma de introducir el concepto fenomenológico de pasividad es siguiendo el hilo conductor de la correlación intencional:

> la pasividad no puede comprenderse por fuera de su co-pertenencia a una subjetividad constituyente. [...] es en el corazón mismo de la relación constituyente

---

[206] Husserl, Edmund, *Erfahrung und Urteil*, op. cit., p. 119. Como ya hemos analizado en el apartado 31.2, Marion también sostiene que no tiene sentido plantear un análisis estático de las nociones de pasividad y actividad. En régimen erótico "toda oposición estática entre actividad y pasividad deviene caduca". PhE, p. 193.
[207] Cfr. Bégout, Bruce, *La généalogie de la lógique*, op. cit., p. 33.
[208] Husserl, Edmund, *Erfahrung und Urteil*, op. cit., p. 119.

entre un acto subjetivo y un objeto mentado que puede aparecer el verdadero sentido de lo que Husserl llama "constitución pasiva".[209]

La originalidad de la propuesta husserliana consiste, precisamente, en no oponer la pasividad a la actividad, en no circunscribir las operaciones del sujeto solamente a la esfera activa, sino en admitir a ambas como dimensiones de la subjetividad integrándolas en un mismo planteo constitutivo.

Ahora bien, cuando Marion denuncia las aporías del sujeto moderno refiriendo a cierto modelo "cartesiano" que se continúa en Kant, y que también observa en Husserl, parece caer en el tipo de interpretación que proponen Merleau-Ponty, Lévinas y Henry. En cierto sentido, esta consideración parece indudable: como ya hemos reconocido a lo largo de este libro, la lectura marioniana de Husserl está influenciada en buena medida por las críticas de Heidegger y, respecto de la importancia decisiva de la pasividad, la influencia de Lévinas y Henry es innegable. Sin embargo, cabe recordar una vez más la operación de crítica/recuperación de Husserl por parte de Marion.[210] Y, particularmente, en este caso conviene detenerse en algunos rasgos de la concepción husserliana de la pasividad para indicar con precisión la significativa diferencia que introduce Marion. A tal fin, seguiremos la exposición de la cuestión presentada por Andrés Osswald en *La fundamentación pasiva de la experiencia*.

Teniendo en cuenta la oposición –a la que ya hemos hecho referencia– que generalmente se establece entre la pasividad y la idea moderna de una subjetividad centrada en un yo que se define exclusivamente por sus procesos activos, el libro de Osswald plantea como problemática la identificación del yo y el sujeto. En este sentido, el autor también destaca la novedad de la propuesta de Husserl, que no identifica sin más al sujeto con el yo, sino que considera una subjetividad compuesta por un yo y otras capas constitutivas.[211]

Según Osswald, para desanudar la imbricación entre yo y sujeto es necesario:

1) dejar de asociar la pasividad con la irracionalidad, y a la actividad y el yo con la racionalidad;

2) dejar de oponer pasividad y actividad, para entender su vínculo como el de una relación gradual, de continuidad entre ambas; 3) dejar de considerar, desde un punto de vista práctico, que la pasividad puede presentar una excusa

---

209 BÉGOUT, Bruce, *La généalogie de la logique*, op. cit., pp. 18-19.
210 Ver § 11 en el capítulo primero, el apartado 19.2 en el capítulo segundo y el § 26 en el capítulo tercero. Por otra parte, en este caso en particular, Marion refiere explícitamente a la necesidad de un pasaje del "yo pienso" al "yo soy afectado" en Husserl, a partir de la tematización de la temporalidad y la impresión originaria. Ver apartado 29.1 de este capítulo.
211 Cfr. OSSWALD, Andrés Miguel, *La fundamentación pasiva de la experiencia. Un estudio sobre la fenomenología de Edmund Husserl*, Madrid, Plaza y Valdés Editores, 2016, p. 14.

al principio de responsabilidad. La pasividad no escapa a la responsabilidad, pues podemos advertir lo que nos sucede pasivamente y elegir activamente qué hacemos con eso.[212]

En el capítulo quinto, Osswald se detiene en las consecuencias de los análisis husserlianos de la pasividad para su teoría de la subjetividad. El autor sostiene que es posible afirmar el carácter cartesiano del sujeto husserliano a partir de una interpretación pasiva del *cogito*. En primer lugar, señala Osswald, el *cogito* permite definir la subjetividad desde la experiencia de sí mismo de cada sujeto, es decir, desde la "perspectiva de la primera persona", y ésta descansa sobre la automanifestación pasiva del presente viviente. Y en segundo lugar, esta automanifestación no es una mera operación pasiva, sino que es la forma más elemental de la vida pasiva y, por lo tanto, es la condición primera y más simple que debe cumplir una entidad para ser considerado un sujeto.[213] El sujeto husserliano, pues, no sólo incluye una dimensión de pasividad, sino que se funda en la vida pasiva. Como bien ha demostrado Dan Zahavi, Husserl advirtió la instancia de automanifestación de la conciencia en sus análisis sobre la temporalidad.[214] Los estudios genéticos investigan los procesos de formación de las estructuras de la subjetividad. Estos procesos, como hemos visto, son pasivos. La síntesis temporal es el nivel más fundamental de la vida pasiva de la conciencia.

Indagando en el vínculo con la temporalidad, y con el objeto de demostrar que la automanifestación —como condición básica de la subjetividad— cumple con el requisito cartesiano de la apodicticidad del yo, en el capítulo quinto, Osswald examina la evolución de esa noción en Husserl. En una primera etapa, la apodicticidad es equiparada a la adecuación. La apodicticidad solo puede predicarse de lo que se da con perfecta plenitud. En *Logische Untersuchungen*, la adecuación solo corresponde a la percepción interna, ya que

> ...es claro por sí mismo e incluso evidente por la esencia pura de la percepción, que solo la percepción interna puede ser percepción adecuada, que solo esta puede dirigirse a vivencias dadas simultáneamente con ella misma, pertenecientes con ella a una misma conciencia.[215]

El mismo planteo se repite en *Ideen I*. En el § 46, Husserl distingue la percepción trascendente, que siempre deja abierta la posibilidad de que lo dado no exista, de la percepción inmanente, que nos provee una certeza indubitable:

---

212 Cfr. *ibid.*, pp. 16-17.
213 Cfr. *ibid.*, pp. 29-30.
214 Cfr. Zahavi, Dan, *Husserl's Phenomenology*, Stanford, Stanford University Press, 2003, pp. 86-93; Zahavi, Dan, "Inner Time-Consciousness and Pre-reflexive Self-awareness" en Welton, Don, *The New Husserl*, op. cit., pp. 157-180.
215 Hua XIX/1, p. 365.

Tan pronto como dirijo la mirada a la vida que corre, en su presencia real, y me apresto a mí mismo como el puro sujeto de esta vida [...], digo simple y necesariamente: existo, esta vida existe, vivo: cogito.[216]

Lo que subyace a esta distinción, destaca Osswald, es la idea de que el escorzamiento es solo espacial. En la percepción interna, las vivencias solo se dan en el tiempo, por lo tanto, sin escorzamiento. Por este motivo, en estos casos se puede hablar de adecuación y apodicticidad.

En una segunda etapa, Husserl acepta el escorzamiento temporal y esto lo lleva a poner en cuestión la equivalencia entre adecuación y apodicticidad. En el § 9 de *Cartesianische Meditationen* se lee: "*...adecuación y apodicticidad* de una evidencia no tienen por fuerza que ir de la mano".[217] A continuación, Husserl destaca que la equiparación solo es válida para un único caso: el de la experiencia trascendental del yo en la que el *ego* deviene originariamente accesible a sí mismo. Se trata de la experiencia de la "actualidad viva del yo [*lebendige Selbstgegenwart*], que expresa el sentido de la proposición gramatical *ego cogito*".[218] Más allá de esta actualidad se extiende un horizonte temporal que reintroduce el escorzamiento. Osswald señala que Husserl no desarrolló en profundidad esta idea, sin embargo, entiende que es posible sostener la siguiente hipótesis:

> Por mi parte –y siguiendo a Henry– propongo vincular el problema de la apodicticidad del yo con el tópico de la automanifestación temporal de la conciencia. Así, el fundamento apodíctico no debería buscarse en el contenido de una vivencia particular sino en aquello que es condición de posibilidad de toda vivencia. Como vimos, Husserl atribuye apodicticidad a la "actualidad viva del yo" pero no es la "vivencia del presente" lo que es adecuado sino el "presente en cuanto viviente". Mientras la "vivencia del presente" es el objeto de un acto de reflexión, el "presente en cuanto viviente" es del orden del sujeto, es decir, conocemos a la subjetividad por su volverse objeto para un acto de reflexión pero su modo de ser originario no es el ser objeto. [...] La vía cartesiana no nos condujo a una vivencia apodíctica pero sí a un punto de partida apodíctico –i. e. en la medida que arribamos a una verdad que, en tanto no es un objeto, no puede ser cancelada–. Aquello que se pone a la luz es la subjetividad que es condición de posibilidad de toda objetividad. Ahora bien, si la vía cartesiana fallaba era porque identificaba sin más el modo de ser de la subjetividad con el modo de su aparecer en la reflexión.[219]

---

216 Hua III/1, p. 97.
217 Hua I, p. 62.
218 *Idem*.
219 Osswald, Andrés Miguel, *La fundamentación pasiva de la experiencia*, op. cit., pp. 206-207.

Para que la reflexión sea posible –y no se dé un regreso al infinito– es necesario un darse previo de la conciencia que no proceda del modo reflexivo. La subjetividad debe darse a sí misma de un modo diferente al de los objetos. Es más, el propio acto de reflexión demanda que la conciencia se constituya de manera no reflexiva. El proceso de modificación retencional que conserva los actos pasados para que opere la reflexión depende de que la conciencia se automanifieste en el presente. El autoaparecer presente del flujo actúa como condición de posibilidad para la modificación retencional y también para la automanifestación de la subjetividad en su conjunto.[220] Osswald concluye que estas consideraciones están presentes cuando Husserl analiza la idea de una fundamentación trascendental del conocimiento, en el § 12 de *Cartesianische Meditationen*, y dice:

> No es la vacía identidad del "yo soy" el contenido absolutamente indubitable de la experiencia trascendental del yo, sino que a través de todos los datos particulares de la experiencia real y posible del yo se extiende una estructura universal y apodíctica de la experiencia del mismo (por ejemplo, la forma inmanente del tiempo que tiene la corriente de vivencias), aun cuando estos datos no sean indudables en detalle.[221]

Está claro entonces que la apodicticidad, el carácter indubitable, no está del lado del objeto particular, del contenido del acto, sino más bien del lado de la estructura de ese acto.

Finalmente, Osswald considera que es necesario dar un paso más, pues solo se ha demostrado el carácter apodíctico de la subjetividad trascendental en su condición temporal, pero no que la apodicticidad sea atribuible al yo. Ese paso puede darse a partir de las consideraciones de Husserl, de manera incipiente, en los *Bernauer Manuskripte*, y de modo más decisivo, en los manuscritos del grupo C. En estos textos, Husserl sitúa una dimensión yoica de naturaleza pasiva (el proto-yo) en el presente viviente. Un mismo yo, que opera en el presente, es a la vez, agente intencional de actos y centro pasivo de la vida de la conciencia. El yo, pensado desde una perspectiva temporal, se identifica con la automanifestación. "En síntesis, si es posible situar el yo al nivel de la síntesis del tiempo y ella es apodíctica, entonces el yo también lo es".[222] De este modo, se conserva el privilegio cartesiano del sujeto sobre el mundo, pero se lo concilia con la idea de un cogito pasivo y pre-reflexivo. Como veremos en el próximo apartado, Marion intenta una operación similar en *Sur la pensée passive de Descartes*, afirmando una fundamentación pasiva del

---

220 Cfr. *ibid.*, p. 207.
221 Hua I, p. 67.
222 Osswald, Andrés Miguel, *La fundamentación pasiva de la experiencia*, op. cit., p. 209.

cogito, pero ya no en Husserl, sino en el propio Descartes.

El libro de Osswald concluye señalando una importante distinción respecto del rol de la pasividad en el ámbito de la razón teórica y en el ámbito de la razón práctica. Como ya hemos analizado, la pasividad tiene una doble función: 1) es condición de la actividad, 2) constituye el complejo de la vida instintiva y la sedimentación de las tradiciones. En el plano de la razón teórica, la pasividad se ordena a la teleología racional, pero en el plano de la razón práctica, corresponde considerar la libertad de los actos humanos.[223]

> El hombre tiene también la peculiaridad esencial de "actuar" libre y activamente desde sí mismo, desde su yo-centro, en lugar de estar entregado pasivamente y sin libertad a sus impulsos (tendencias, afectos) y de ser, en el sentido más amplio, movido afectivamente por éstos. En una actividad auténticamente "personal" o "libre", el hombre tiene experiencia (examinando algo, por ejemplo), piensa, valora, interviene en el mundo circundante de su experiencia. Esto implica que el hombre tiene la capacidad de "frenar" [*hemmen*] la descarga de su actuar pasivo ("el ser conscientemente empujado a") y de "frenar" los presupuestos que pasivamente motivan (tendencias, creencias); tiene la capacidad de poner en cuestión tales presupuestos, de llevar a cabo los sopesamientos y ponderaciones que vengan al caso y de tomar la correspondiente decisión volitiva solo sobre la base del conocimiento obtenido de la situación existente, de las posibilidades en ella realizables y de sus valores relativos.[224]

En el ámbito de la práctica, Husserl invierte, pues, la relación entre pasividad y actividad. Cuando el análisis es genético, la pasividad se impone a la actividad. La vida pasiva condiciona y posibilita la actividad del yo. Cuando la pregunta está orientada a comprender el sentido último y el valor de la praxis, Husserl afirma la preeminencia de la actividad racional sobre la pasividad. Con la acción libre ya no hay una continuidad gradual entre pasividad y actividad. En el dominio de la ética, destaca Osswald, para devenir agente "personal y libre", el sujeto debe reflexionar críticamente sobre los impulsos originarios (dimensión instintiva) y sobre los comportamientos adquiridos (hábitos) de la vida pasiva, y decidir activamente si actuará conforme a esas motivaciones o no.[225]

---

223 Cfr. *ibid.*, pp. 235-242.
224 Hua XXVII, p. 24.
225 Cfr. Osswald, Andrés Miguel, *La fundamentación pasiva de la experiencia*, op. cit., p. 246-248.

32.2. La pasividad en Marion

Como se desprende de los pasajes presentados en la introducción a este § 32, Marion pone en práctica una estrategia similar a la husserliana procurando una reformulación de la relación entre actividad y pasividad. El adonado no se caracteriza por la pasividad, sino por la "receptividad", y esta receptividad se da articulando una dimensión pasiva con otra activa. Sin embargo, existe una diferencia fundamental respecto del planteo husserliano que se observa en el rol de la pasividad en el ámbito práctico. Para aclarar esta cuestión, me detendré en los análisis de Marion respecto de una fundamentación pasiva del *cogito* en Descartes, introducidos en *Sur la pensée passive de Descartes*.

El libro de Marion comienza señalando que *Les passions de l'âme* ha sido una obra incomprendida históricamente. Según Marion, el objetivo de Descartes es restablecer la pasividad en el ejercicio del pensamiento, pensar la *cogitatio* hasta su pasividad. El principal problema que ha llevado a no advertir este propósito cartesiano ha sido la tesis del dualismo. Sin embargo, Descartes resuelve el problema de la unión alma-cuerpo, pues los considera tan unidos que ciertos pensamientos modifican ciertos movimientos y viceversa. Según Marion, Descartes considera esta unión como un hecho con el carácter de *factum rationis*:

> Que, efectivamente, el espíritu, que es incorporal, pueda poner en movimiento al cuerpo, no es algo que nos lo muestre ningún razonamiento ni ninguna comparación extraída de otras cosas, sino que nos lo muestra la experiencia muy cierta y evidente de todos los días; pues ésta es una de las cosas conocidas por sí misma, que oscurecemos cuando queremos explicarla por medio de otras.[226]

Esta unión ya se constata en la *meditatio VI* con la noción de *meum corpus*, como un cuerpo originario e irreductible a los otros cuerpos de carácter extenso.[227]

Pero, entonces, explica Marion, la pregunta que Descartes entiende como realmente relevante es cómo saber cuándo opera la conjunción alma-cuerpo y cómo usarla en el momento oportuno.[228] Marion propone dos hipótesis: 1) En el último período de su obra, Descartes se propone pensar la pasividad como un modo pleno de la *res cogitans*. 2) El pensamiento pasivo permite reunir la cuestión de la unión (*meum corpus*) y el estatuto de las pasiones, y relacionarlo con una doctrina de las virtudes.

---

226 AT V, p. 222.
227 Cfr. PPD, p. 20.
228 Cfr. PPD, p. 22.

Asumimos que el pensamiento pasivo no solo asegura la cohesión del último momento del pensamiento cartesiano (de 1641 a 1650); sino también, y sobre todo, que ese último momento, precisamente porque se limita a desplegar –pero en toda su grandeza y radicalidad– el último modo de la *cogitatio*, custodia y valida la unidad de todo el camino filosófico de Descartes.[229]

En el capítulo VI, Marion se detiene en las nociones cartesianas de pasión y de pasividad. Por pasividad debe entenderse aquello que designa "…todos los pensamientos que no son acciones del alma".[230] Marion destaca que se trata, pues, de pensar ese acontecimiento que se impone por su facticidad a la *res cogitans*. "La pasión indica el modo de pensamiento en el cual la *res cogitans* piensa pasivamente sin ejercer 'generalmente' la causa de su propio pensamiento".[231] Ésta es, según Marion, la cuestión en la que *Les passions de l'âme* se detiene. La obra de Descartes no busca explicar en términos causales la unión entre el cuerpo y el alma, sino que se propone determinar cómo las *cogitationes* pueden advenir al *ego* sin que éste sea quien las provoque.[232]

Descartes entiende que hay pensamientos activos (voluntades) y pensamientos pasivos (pasiones). Esta pasividad puede describirse por medio de tres conceptos: 1) "percepciones" (*perceptions*), pensamientos que no son acciones o voluntades, 2) "sentimientos" (*sentiments*), pensamientos que son recibidos del mismo modo que los objetos de los sentidos exteriores, 3) "emociones" (*émotions*), término que se aplica a todos los cambios del alma.[233]

Marion señala que el principal interés de Descartes es epistémico, pues pretende establecer todos los modos de la *cogitatio*. *Les passions de l'âme* investiga "la *cogitatio* que la *res cogitans* solo puede pensar dejando que le venga de allende [*ailleurs*]". Ese *ailleurs* implica que la causa de ese pensamiento no es la voluntad. Descartes distingue tres grados de pasividad del alma, según el mayor o menor grado de exterioridad de la causa:

1) El primer grado es el provocado por objetos que están fuera de nosotros.

2) El segundo grado de pasividad es provocado por "mi cuerpo" (*meum corpus*). Descartes señala que en estos casos lo que se siente –el hambre, la sed, el dolor o el calor– "se sienten como en nuestros miembros y no como en los objetos que están fuera de nosotros".[234]

---

229 *Ibid.*, p. 24.
230 AT XI, p. 349.
231 PPD, p. 223.
232 Cfr. *ibid.* 224.
233 Cfr. AT XI, pp. 349-350.
234 *Ibid.*, pp. 346-347.

3) Finalmente, el tercer grado es provocado por el alma misma, por la "huella" (*trace*) en la memoria de movimientos anteriores. Descartes entiende que esta huella constituye la única pasión indubitable:

> ...son tan próximas y tan interiores que es imposible que las sienta sin que ellas sean verdaderamente tales como se sienten. [...] Aunque uno esté dormido y sueñe, no podría sentirse triste o conmovido por alguna otra pasión sin que sea muy verdadero que el alma tiene en sí misma esa pasión.[235]

Marion destaca que no se trata en este caso del mero hecho de que la sensación no engaña o de que el sentir de la sensación se testimonia aunque el contenido sentido pueda ser engañoso. Se trata del particular privilegio de las pasiones: "al sentirlas en nosotros, las sentimos *como* a nosotros, nosotros *nos sentimos en ellas a nosotros mismos*".[236]

En este punto, Marion extrae algunas consecuencias que permiten advertir su propia noción de la pasividad o, en rigor, su propia concepción del movimiento activo/pasivo que implica la receptividad. Dice Marion:

> ...hay que comprender que, en su indolencia asumida, el alma decide no decidir, en otros términos no asignar una causa (ni uno de los cuerpos del mundo, ni mi propio cuerpo) a la pasión que ella sufre, ni asignarle ni "nombrar ningún sujeto", de modo que esa pasión no se refiere a nada distinto de sí misma; convirtiéndose, entonces, en la pura sensación indubitable en cuanto sentida, la pasión, sin otra causa ni fundamento que sí misma, cumple una perfecta auto-afección o, como ella se siente a sí misma y a sí sola, se vuelve la única fenomenalización del alma que se siente a sí misma por sí misma. De donde se ve que el alma no sentiría ninguna cosa (mediante la pasión, como percepción de los objetos del mundo) si no sintiera primero y al mismo tiempo su *meum corpus* (por la emoción de las sensaciones de sufrimiento, de necesidad, de placer, de sed, de hambre, etc., de hecho por los movimientos de los espíritus); pero también que el alma no sentiría por el *meum corpus* si no se experimentara al final o más bien al comienzo, a sí misma, en el puro sentir de sí. En sentido estricto, tener sensaciones no significa tanto sentir otra cosa que sí mismo, ni siquiera experimentar su carne (*meum corpus*), como sentir*se*, sentir sentirse y sentir que solo esta pasión de sí le da al *ego* un acceso a su fenomenicidad.[237]

El adonado, como el alma, "decide no decidir", decide no asignar causa a la pasión que lo afecta, y, en este sentido, en tanto carne, se auto-afecta, se manifiesta a sí mismo a partir de una pasividad originaria. Ahora bien, como

---
235 *Ibid.*, p. 348.
236 PPD, p. 236.
237 Cfr. *ibid.*, p. 236-237.

hemos analizado en el apartado 31.3, este auto-afectarse de la carne se recibe del otro en el cruce entre los amantes. El análisis marioniano de Descartes, como examinaremos a continuación, también lo llevará a introducir el amor como criterio.

Marion destaca como la experiencia de la alegría y la tristeza –que puede ser reconducida a la alegría–, como sensaciones de sí mismo por sí mismo, determinan al alma desde la pasividad más radical que proviene de sí misma. En la alegría –en la que se da el goce del alma por sí misma en ocasión del goce del bien–,[238] la autonomía del goce de sí es producto de la pasividad de la afección de sí mismo por sí mismo.

> Así, se repite según el modo del pensamiento pasivo, la experiencia de sí que realizaba, en primer lugar (pero no únicamente), según el modo del pensamiento activo (*intellectus*, duda, voluntad), el *cogito*, *sum*. O, dicho de otra manera, esta auto-afección vuelta sobre sí misma repite, bajo el modo justamente de la pasividad, lo que la *causa sui* cumplía bajo el modo activo según la causalidad eficiente.[239]

A continuación, Marion se detiene en el rasgo "volitivo" de las pasiones. Dice Descartes: "...el principal efecto de todas las pasiones en los hombres es que incitan y disponen sus almas para que quieran las cosas para las cuales preparan el cuerpo".[240] Las pasiones mi imponen pensamientos "contra mi voluntad", por su propia iniciativa, y me "hacen querer" cosas. ¿Cómo considerar esa voluntad venida de allende, esta voluntad de la pasión que puede oponerse a los designios de mi voluntad autónoma y terminar imponiéndose?

Marion señala la particularidad de la respuesta de Descartes: en lugar de considerar que la voluntad puede oponerse a las pasiones por medio de una contra-acción, Descartes propone dejar que la voluntad sea capturada por la pasividad. Marion destaca que Descartes desconfía respecto del poder del ser humano para controlar sus pasiones. Las pasiones siempre se presentan unidas a una representación de cosas. No hay que intentar modificar directamente las pasiones, sino que hay que modificar los movimientos de los espíritus para provocar otros objetos que den lugar a otros movimientos y, así, a otras representaciones.[241] Marion resume su interpretación de la estrategia cartesiana en los siguientes términos:

> Tomemos la definición y el mecanismo en general de la pasión: esta ejerce una contravoluntad (de allende) sobre la voluntad (autónoma) [...] de hecho y en

---

238 Cfr. AT XI, p. 397.
239 PPD, pp. 239-240.
240 AT XI, p. 359.
241 *Ibid*, pp. 362, 363, 365, 367.

la mayoría de los casos, el alma no puede contrarrestar la relación de fuerzas ni sustraerse a la pasividad de la pasión; solo queda una solución: hacer jugar esta pasividad misma en provecho de la voluntad (autónoma), y no ya en su desmedro. En otros términos, sería necesario que cierta pasión provenga no de allende (movimiento de los espíritus causados por los cuerpos o por *meum corpus*), sino, por completo, de la actividad misma de la voluntad (autónoma), de manera de poner esa pasividad al servicio y en apoyo de la actividad de la voluntad autónoma.[242]

Esta función de "pasión de la actividad" va a ser desempeñada por la "generosidad" (*générosité*). Esta pasión proviene de la admiración por intermedio de la estima. La admiración no necesita más objeto que el alma misma, puede darse por autorreferencia.[243] La generosidad permite, pues, que el *ego* se encuentre afectado por sí mismo en la autoestima. Esta pasión goza del privilegio de no necesitar una imagen, ni un objeto externo, ni tampoco una verificación, pues se da como un sentir inmediato que pone en acción a la voluntad y aparece como la ipseidad misma del *ego*.[244] Con la generosidad se alcanza una excepción al principio que dicta que "…la voluntad no tiene el poder de excitar directamente las pasiones".[245] De modo que "la voluntad retoma el control de la pasión provocando ella misma su propia pasión o, más bien, provocando (en ella misma) una pasión en segundo grado".[246]

En el siguiente parágrafo, § 31, Marion considera la posible *hýbris* que puede provocar este estatuto de la generosidad que se funda en la admiración y el amor de sí mismo, concediendo al *ego* una autonomía irrestricta. La autoestima se da ante el buen uso del libre arbitrio. Descartes considera que

> el libre arbitrio es de suyo la cosa más noble que pueda haber en nosotros, en la medida en que nos hace en cierto modo semejantes a Dios y parece exceptuarnos de estarle sometidos, y, en consecuencia, su buen uso es el más grande de todos los bienes, y es además el bien que es más propiamente nuestro y que más nos importa, de donde se sigue que solo de él puede proceder nuestros más grandes contentamientos.[247]

---

[242] PPD, p. 245. Marion cita en una nota al pie las palabras de Pierre Guénancia respecto de esta operación cartesiana: "Para que las voluntades tengan la fuerza de conmover al alma tanto como las pasiones en las cuales esa fuerza es natural, será necesario que el alma por su destreza y habilidad las transforme en sus propias pasiones, que llegue a ser conmovida por sus propias representaciones tanto como o incluso más que por los objetos de sus pasiones, a fin justamente de serlo menos. La generosidad manifestará el poder del alma para constituir su propio libre arbitrio como objeto de la más fuerte de las pasiones". GUÉNANCIA, Pierre, *L'intelligence du sensible*, Paris, Gallimard, 1998, p. 259.
[243] Marion explica que si bien Descartes define a la generosidad como el estimarse a sí mismo (cfr. AT XI, pp. 445-446), conviene no olvidar que la estima (y el desprecio) es considerada por Descartes como una "especie de admiración" (*ibid.*, p. 444).
[244] Cfr. PPD, p. 248.
[245] AT XI, p. 365.
[246] PPD, p. 250.
[247] AT V, p. 85.

Marion destaca que, de este modo, el *ego* vuelve al modelo divino contra sí mismo. Si el *ego* puede autoprocurarse la satisfacción moral ¿cómo se distingue el bien del mal? ¿Hay alguna regla o criterio para medir la estima de sí? La respuesta debe ser afirmativa, pues Descartes considera que la generosidad es, además de una pasión, una virtud.[248] Marion señala los dos criterios que encuentra Descartes para establecer si se ha usado el libre arbitrio legítimamente bien:

1) Un primer criterio proviene de la generosidad misma. El generoso debe estimar a los demás del mismo modo que se estima a sí mismo:

> Los que tienen este conocimiento y sentimiento de sí mismos creen fácilmente que cada uno de los demás hombres puede tenerlos también de sí mismo [...] Por eso no desprecian nunca a nadie. [...] ...así tampoco se estiman muy por encima de aquellos a quienes superan, porque todas estas cosas les parecen muy poco considerables en comparación de la buena voluntad, única cualidad por la que se estiman, y que suponen existe también o al menos puede existir en cada uno de los demás hombres.[249]

Se trata de poner en práctica la "buena voluntad" (*bonne volonté*) que nos aleja del orgullo, el odio, el desprecio, los celos y la cólera y la humildad viciosa.[250] El generoso encuentra un parámetro para su generosidad distanciándose de todos los vicios vinculados con la voluntad de querer otra cosa, otros bienes, distintos del buen uso de su libre arbitrio. Marion señala: "la estima del otro se convierte en el criterio de la estima de sí. El primer criterio depende de la comunidad de generosos".[251]

2) El segundo criterio refiere al modo en que esa comunidad radica en la definición de la generosidad a partir de la doctrina del amor.[252] El amor siempre supone una norma básica: amar un bien en la medida de su perfección. Dice Descartes en una carta a Chanut:

> Pues la naturaleza del amor es hacer que uno se considere con el objeto amado como un todo, del cual se es solo una parte, y que se transfiera de tal modo los cuidados que se acostumbra tener por sí mismo a la conservación de ese todo, que solo se retenga para sí en particular una parte tan grande o tan pequeña según que uno crea ser una parte grande o pequeña del todo al cual se ha dado su afecto.[253]

---

248 Cfr. AT XI, p. 453.
249 AT XI, pp. 446-447.
250 Cfr. *ibid*., p. 449-450.
251 PPD, p. 258.
252 En este punto, Marion admite que cambió su perspectiva respecto del estatuto cartesiano el amor. El amor cumple una función positiva como criterio del buen uso de la voluntad. Esto no había sido advertido en los análisis de *Sur la théologie blanche de Descartes* y en *Questions cartésiennes I*. Cfr. TB, p. 422ss., y QC 1, p. 189ss.
253 AT IV, pp. 611-612.

La misma idea se puede leer en *Les passions de l'âme*:

> Me parece que con razón se puede distinguir el amor por la estimación que se hace de lo que se ama en comparación con la que hacemos de nosotros mismos; pues cuando estimamos el objeto de nuestro amor menos que a nosotros mismos sólo sentimos por él un simple afecto; cuando lo estimamos igual, se llama amistad, y cuando lo estimamos más, la pasión que sentimos puede ser llamada devoción.[254]

Descartes propone una suerte de jerarquía de estimas de acuerdo al tamaño de mi parte en ese todo que se constituye en el amor: no se ama de igual modo a "una flor, un ave o un caballo" (simple afecto), a un ser humano (amistad), o a una pareja, a los hijos o a Dios (devoción). Marion destaca que, de este modo, el amor fija una norma a la estima y, por lo tanto, a la generosidad. La jerarquía de estimas es decisiva, pues actúa como un claro parámetro para la virtud de la generosidad. Dice Descartes:

> la diferencia que hay entre estas tres clases de amor se manifiesta principalmente por sus efectos; pues, considerándonos en todas unidos a la cosa amada, estamos siempre dispuestos a abandonar la parte menor del todo que formamos con ella para conservar la otra; lo cual hace que, en el simple afecto, nos preferimos siempre a lo que amamos, y en cambio, en la devoción, preferimos de tal modo la cosa amada a nosotros mismos que no tememos la muerte por conservarla.[255]

De acuerdo a los efectos, la devoción se identifica con la caridad, pues "la caridad quiere que cada uno estime a su amigo más que a sí mismo".[256] Y esta caridad se identifica con la generosidad, pues consiste en "la satisfacción interior que acompaña siempre las buenas acciones, principalmente las que proceden de un puro afecto por el otro, que no se refiere a sí mismo, es decir, de la virtud cristiana que se llama caridad".[257]

De este modo, concluye Marion, la generosidad encuentra una norma que no corre el riesgo de la *hýbris* de un "contentamiento de sí" o la ilusión de autonomía y realización autárquica.

Hacer la voluntad de Dios constituye paradójicamente el mejor uso de mi libre arbitrio, porque en ese caso solamente sé que estimo "legítimamente" ese uso:

---

254 AT XI, pp. 389-390.
255 *Ibid.*, p. 390.
256 AT IV, p. 612.
257 AT IV, p. 308-309.

amando a Dios, formo con él un "todo", en el cual evidentemente debo estimarlo más que a mí mismo y, según ese criterio, debo preferirlo a mí mismo, por ende preferir su voluntad a la mía.[258]

Finalmente, pues, la "pasión de la actividad" cartesiana halla su criterio último en el amor, es decir, en el estimar al otro (Dios u otro ser humano) más que a mí mismo.

Marion encuentra en Descartes un modelo en el que se refleja su propia propuesta. A diferencia de Husserl, Marion entiende que el privilegio de la pasividad debe permanecer tanto en el ámbito de la razón teórica como en el de la razón práctica. Siguiendo a Lévinas, Marion advierte que es en la pasividad radical misma —que interviene en la constitución de la subjetividad— en donde debe buscarse la responsabilidad. Asumir, entregarse a esa pasividad constituye la primera respuesta a la llamada. Nuestra responsabilidad ética, pero más fundamentalmente fenomenológica (si de este modo se entiende no que eludimos, sino que incluimos tanto una dimensión de responsabilidad teórica como una de responsabilidad práctica ética, política, social e histórica), no consiste en dar una respuesta por medio de una acción racional, sino —por el contrario— en animarnos a poner en cuestión los límites y las consecuencias de esa racionalidad —que perpetúa el primado de la mismidad sobre la otredad—, para entregarnos pasivamente a otra lógica: "la gran razón", la lógica del amor.[259] Como bien señala Patočka, ningún cálculo racional puede aprobar el sacrificio.[260] Desde la lógica del intercambio racional el sacrificio es incomprensible, el don se sustrae a la previsión racional. Y, sin embargo, "hay don" —como bien destaca Derrida en su debate con Marion—.[261] Pero para que esto sea posible es necesario estar abiertos al acontecimiento de lo imposible, desde una receptividad que activamente se entregue al ejercicio de la pasividad, desde una "ascesis activa".[262]

---

[258] PPD, p. 260.
[259] Cfr. CpV, pp. 25-29. Analizaré esta lógica del amor en el capítulo sexto.
[260] "Los sacrificios son así la presencia persistente de lo que no aparece en los cálculos técnicos". Patočka, Jan, *Liberté et sacrifice*, Grenoble, Millon, 1990, p. 272. Marion comparte con Patočka la idea de que puede encontrarse en el sacrificio y en el don una respuesta ante el nihilismo. En *Certitudes négatives*, Marion destaca que es propio del don disimular la donación, disimular su carácter de don. El sacrificio es el gesto que hace visible el don, el gesto que permite restituir el don a la donación sustrayéndolo de la lógica del cálculo y el intercambio en la que había caído. Marion analiza el pasaje bíblico en el que Dios pide a Abraham que sacrifique a su hijo Isaac. El pedido de Dios a Abraham es un recordatorio del carácter de don que tiene su hijo. Entregándose a la voluntad divina, Abraham vuelve a recibir a su hijo como don. Cfr. CN, pp. 202-211. Volveré sobre esta cuestión en el § 44.
[261] Cfr. FPh, p. 195.
[262] Ver el § 26 del capítulo tercero.

§ 33. La subjetividad a la luz de la otredad en Lévinas y en el joven Heidegger

Como hemos expuesto en el § 28, un primer paso hacia esta apertura al acontecimiento de lo imposible, es decir, de la otredad en tanto tal, se encuentra claramente en la tripartición de la intencionalidad y en el operar de la indicación formal en el joven Heidegger. Este antecedente debe ser reconocido e, incluso, se podría acordar con las lecturas de John van Buren y James K. A. Smith respecto de un talante ético presente en el planteo de Heidegger. Considero que van Buren acierta al señalar que la ética heideggeriana debe buscarse en su metodología.[263] El bagaje de sus lecturas religiosas –en el que nos detendremos en el capítulo sexto– conduce a Heidegger a una actitud frente al problema del método que puede ser traducida en términos éticos. Puede afirmarse que su preocupación metodológica es el fruto de una actitud de humildad frente al "misterio". En un gesto que lo acerca a la mística, Heidegger repara en lo inefable del fenómeno que pretende analizar. Por este motivo, emulando la *theologia crucis* de Lutero, Heidegger no elude la dificultad que la incertidumbre implica y busca la manera de ser justo con la incomensurabilidad de la experiencia de la vida fáctica. Y para ser justos con el fenómeno hay que profesar una humildad frente al "misterio" que permita una entrega a sus propios términos. Esta *humilitas animi*[264] se traduce en una actitud ética de extremo respeto por la alteridad. La indicación formal permanece abierta al acontecer del fenómeno, se detiene ante él, pues es el mismo fenómeno quién dicta su interpretación.

James K.A. Smith acierta en destacar que si bien la preocupación de Heidegger no está dirigida directamente a la alteridad y trascendencia de una otredad ética (la viuda, el huérfano, el extranjero), como en el caso de Lévinas, sí lo está de manera indirecta fundamental, pues la previsión metodológica de la indicación formal es la herramienta de la filosofía que impide predeterminar cualquier fenómeno.[265] Y en este sentido, la crítica a la conceptualización teórica formulada por Lévinas en *Totalité et infini* no sólo no es aplicable al joven Heidegger, sino que se inscribe en la línea crítica por él inaugurada. Lévinas sostiene que el concepto aparece como un "tercer término" que se presenta como el "modo de privar al ser conocido de su alteridad." El objeto es privado de su trascendencia y forzado a presentarse en la esfera de lo Mismo según normas ya preestablecidas.

---

263 VAN BUREN, John, "The Ethics of *Formal Anzeige* in Heidegger," *American Catholic Philosophical Quarterly* 69 (1995), pp. 157-170; VAN BUREN, *The Young Heidegger*, op. cit., pp. 319-362.
264 GA 58, p. 23.
265 Cfr. SMITH, James K. A., *Speech and theology. Language and the logic of incarnation*, London, Routledge, 2002, pp. 85-86.

Es necesario que se produzca en alguna parte una gran "traición" para que un ser exterior y extranjero se entregue a intermediarios. Para las cosas, se lleva a cabo una rendición en su conceptualización.[266]

La previsión levinasiana frente a la conceptualización teórica es similar a la de Heidegger, ambas se proponen impedir la reducción del fenómeno a los términos preestablecidos por la esfera de lo Mismo. La indicación formal se constituye en una ética del *méthodos* en tanto conmina a permanecer "en camino" sin poder reducir el darse del fenómeno mediante anticipaciones conceptuales que no respeten su carácter de alteridad.

Ahora bien, en este punto, la obra de Marion recibe la impronta del joven Heidegger y su indicación formal de modo indirecto, pues el impulso decisivo respecto de la función de la pasividad y de la otredad (y su contraintencionalidad) en la constitución de la subjetividad proviene de Lévinas. El adonado, que se recibe del otro y de lo otro, hereda de Lévinas la afirmación de una imbricación entre el ejercicio de la capacidad receptiva (entregarse activamente a la pasividad) y el asumir la responsabilidad; responsabilidad, por cierto, que debe ser entendida siempre como una respuesta al otro antes que a uno mismo: "la conminación me hace responsable *del* otro (Lévinas) y no solamente *ante* el otro (Sartre)".[267] Y es en esa respuesta —que siguiendo el modelo cartesiano, consistirá en adoptar activamente una pasividad determinada: la pasión o disposición afectiva fundamental del amor— en la que devengo sí mismo *por* otro.[268] La constitución de la subjetividad del adonado está dada por la asunción activa de la pasividad a través del camino señalado por el modelo cartesiano de entrega a la pasión. Y en esta instancia también reaparece la presencia de Heidegger, pues esta vía se despliega en Marion bajo el régimen de las tonalidades afectivas fundamentales. Aunque, en el caso de Marion, la *Grundstimmung* será el amor.

---

266 LÉVINAS, Emmanuel, *Totalité et Infini*, op. cit., p. 34.
267 PCh, pp. 105-106.
268 Cfr. ALS, p. 384.

Conclusión
Marion y el joven Heidegger.
Las categorías y la posibilidad última de la fenomenología marioniana

§ 34. Las categorías de la fenomenología de la donación

Los análisis de esta primera parte nos permiten establecer con claridad –por intermedio del modelo heurístico de la fenomenología del joven Heidegger– los alcances y el modo en que operan las principales categorías de la fenomenología de la donación. El punto de partida es la definición heideggeriana de fenómeno como aquello que se muestra en sí y desde sí. Marion entiende que corresponde pensar esta concepción del fenómeno en toda su radicalidad –más allá del modo en que el propio Heidegger la plantea–, pues solo a partir de esta idea es posible llevar a cabo el programa de la fenomenología de "volver a las cosas mismas", dejando que aparezcan en sus propios términos y que sean ellas mismas las que dicten su modo de acceso.

Según Marion, la idea de automostración del fenómeno se atesta fenomenológicamente a partir de la constatación de la banalidad de ciertos fenómenos que poseen un carácter excesivo e imprevisible, acontecial: los fenómenos saturados (o acontecimientos, según la nueva tópica). En razón de esta situación "de hecho", Marion apela a una ampliación de la fenomenicidad, a una liberación del "poder de aparecer" de los fenómenos que se encuentran constreñidos por el "poder de conocer" que ejerce el sujeto sobre ellos. A tal fin, es necesaria una revisión de la noción de "posibilidad", que la libere de condicionamientos previos. Si de hecho nos rodea una efectividad que supera las limitaciones que las condiciones de posibilidad preven, pues cotidianamente nos enfrentamos con fenómenos saturados (acontecimiento, ídolo, carne e icono) que nos llaman y que demandan nuestro compromiso en su fenomenalización, es tiempo de poner en cuestión esos límites (en particular, las nociones de horizonte y yo constituyente).

Esta tarea debe llevarse a cabo –siguiendo el modelo heideggeriano– a partir de una crítica de la objetivación. La tópica del fenómeno se reduce a dos modalidades (objeto y acontecimiento) porque la descripción fenomenológica no debe perder de vista la posibilidad siempre presente –que contiene una dimensión ética y política fundamental– de operar una "variación hermenéutica" que transforme al objeto en acontecimiento o al acontecimiento en objeto. En este sentido, la crítica persigue –también heideggerianamente– determinar la originariedad del acontecimiento y el carácter derivado del objeto, pero no tiene por finalidad invalidar sin más la modalidad del objeto, pues la vida no sería posible sin objetivación. Asimismo, cabe destacar que la clasificación dicotómica fundamental entre acontecimientos y objetos no se opone a la posibilidad –y necesidad, como propone Christina Gschwandtner– de incorporar grados, tanto en el ámbito de los fenómenos objetivados como en el ámbito de los saturados.

Una vez establecida la importancia de la automostración del fenómeno, Marion indaga en ese "sí" del fenómeno desde el que se da su aparecer. Todo fenómeno posee el rasgo acontecial que le permite advenir desde y por sí mismo sin que sea posible establecer cuál es su causa u origen. Esto implica que es necesario reparar en la donación misma del fenómeno que permite su autofenomenalización. "todo lo que se muestra, se da",[1] es la tesis –no siempre bien comprendida– de *Étant donné*. La distinción entre fenomenalización y donación es la manera por la que Marion propone explicar que no existe una causa para la mostración del fenómeno, que éste –como la rosa– es sin porqué. Es fundamental constatar la donación o la "doneidad" (*doneité*) –como propone Lavigne– del fenómeno. La fenomenología debe procurar superar los horizontes de la objetidad (Husserl) y de la enticidad (Heidegger) que son impuestos a los fenómenos. Solo la consideración de la donación como instancia última permite devolver el "poder de aparecer" a los fenómenos.

Para alcanzar la instancia de la donación es necesario revisar los principios de la fenomenología, advertir su insuficiencia, y plantear un cuarto principio que permita una reconducción a la doneidad misma del fenómeno: "a tanta reducción, tanta donación". Ahora bien, esta propuesta conlleva también una radicalización de la reducción que la restituye a su sentido positivo, pues establece –como bien destaca Henry– que se trata de una operación que no restringe, sino que abre y da.

---

1 ED, p. 424.

La fenomenología de la donación –según lo expresa el propio Marion– sigue los pasos de la fenomenología heideggeriana temprana al ver en la donación la "palabra mágica" de la fenomenología. Con la noción de donación, Marion recupera uno de los debates iniciales de la fenomenología con el neokantismo en torno a la definición de la noción de *Gegebenheit*. Como bien señala Francisco de Lara, si bien no es posible equiparar sin más ambas propuestas filosóficas –y es importante reparar en las diferencias–, el primer Heidegger es un "interlocutor válido" para Marion, pues advierte que la donación constituye un problema fundamental también para la fenomenología. La donación –como noción fundamental de la fenomenología– opera, según Marion, manteniendo el estatuto de una incógnita, de un enigma: la donación se mantiene en la indeterminación como su única determinación posible. Y, de este modo, al no identificarse con lo inmediato ni con lo mediato, al no definirse ni por lo subjetivo ni por lo objetivo, la donación constituye la instancia misma en la que puede darse la liberación de la posibilidad del fenómeno.

Ahora bien, precisamente por ese carácter indeterminado, ni mediato ni inmediato, el acceso a la donación debe alcanzarse metodológicamente. Como indica el cuarto principio, solo a través de la reducción se accede a la donación. La reducción marioniana tiene la peculiaridad de constituir –como bien señala Émilie Tardivel– una reducción de la reducción a la operación de la *epoché*. Es a partir de la radicalización, de la universalización –en el sentido patočkiano– de la *epoché* que es posible advertir como la supensión misma opera como la reconducción más extrema, pues logra despejar todos "los obstáculos para la manifestación" (incluidos los horizontes y el yo, que imponen términos *a priori*). La reconducción a la donación es una reconducción a la posibilidad misma de la automostración del fenómeno. Pero ¿cómo puede operar una reducción en la que no es el sujeto, sino el fenómeno quien tiene la iniciativa?

Esto es posible, porque Marion sigue el modelo heideggeriano por el que se transforma la *epoché* en una tonalidad afectiva. La reducción marioniana pone en práctica una doble operación: en primer lugar, transforma a quien la realiza (el sujeto deviene adonado) y, en segundo lugar, reconduce al fenómeno a su carácter de algo dado. La tercera reducción es una operación paradójica pues tiene el carácter asubjetivo propio de los temples anímicos, pero es puesta en obra por un sujeto. Ahora bien, la actividad de este "sujeto" consiste meramente en poner en práctica una "ascesis activa" por la que el adonado se entrega a la pasividad cediendo su primacía ante el fenómeno. Su acción se limita a un activo "no hacer nada", a una activa entrega al acontecer del fenómeno.

La subjetividad marioniana se caracteriza por la figura del interpelado o adonado que responde a la llamada de lo dado por medio de una receptividad pasiva/activa. Esta llamada da cuenta de una inversión de la intencionalidad que deviene contra-intencionalidad. El adonado es quien es capaz de responder a la llamada. Somos responsables, debemos responder no solo a la llamada del otro, sino a la llamada de todo lo que nos rodea. En este sentido, si bien Marion sigue el modelo lévinasiano respecto de la importancia ética de la pasividad, puede afirmarse que −en cierto sentido− asume una previsión similar a la de la indicación formal heideggeriana, pues extiende la llamada a todo fenómeno y entiende que el "heme aquí" de la respuesta solo puede adquirir un significado en la realización concreta (*Vollzugssinn*), en cada caso.

Ahora bien, el adonado se constituye como tal en su receptividad, asumiendo activamente la pasividad de un estado de ánimo fundamental: el amor. En la interdonación, el adonado, bajo la figura del amante que avanza, que toma la iniciativa de amar −es decir, de abandonar toda iniciativa−, deviene sí mismo en la erotización. Esta erotización, al respetar la distancia del otro, al no tergiversar la otredad del otro en algún tipo de objetivación, paradójicamente, permite al adonado recibir su propia carne al ser afectado en lo más íntimo por la carne del otro.

Es en esta pasividad radical, que tiene lugar en la receptividad del adonado y que cumple un rol devisivo en la constitución de la subjetividad, donde radica la responsabilidad; responsabilidad que por extenderse a toda la fenomenicidad puede ser caracterizada de "fenomenológica", pero que ostenta tanto una dimensión práctica (ética, política, histórica, social) como una teórica. La responsabilidad pasiva no sólo no responde por medio de una acción racional, sino que entregándose a la pasión, advierte la existencia de una racionalidad más fundamental, una "gran razón" que opera en la lógica del amor. Siguiendo la sugerencia de Marion en el "Prólogo a la edición española" de *Étant donné*, la reducción marioniana nos da acceso al tercer orden pascaliano: al orden del amor; que se revela como el orden más decisivo para la existencia, pero que permanece inadvertido para los órdenes inferiores (el orden del cuerpo y el orden del espíritu) −a pesar de que desde este orden superior es posible comprender la lógica de los otros órdenes−.[2]

La fenomenología de la donación conserva su estatuto de "filosofía primera" o, mejor dicho, de "filosofía última", pues no abandona su función crítica de ejercer un cuestionamiento incesante que no acepta respuestas objetivantes, que no acepta respuestas últimas.

---

2   Cfr. P, pp. 13-14.

§ 35. Las objeciones hermenéutica y teológica

Como hemos demostrado, la fenomenología del joven Heidegger constituye un productivo modelo heurístico para dar cuenta del proyecto de la fenomenología de la donación. Sin embargo, la obra marioniana ha recibido dos fuertes objeciones (la hermenéutica y la teológica) que parecen responder –*prima facie*– a un claro distanciamiento de la propuesta marioniana respecto de la heideggeriana. En primer lugar, parece posible afirmar que la objeción respecto de la ausencia de una dimensión hermenéutica en la fenomenología de la donación podría haberse evitado si frente al carácter inaparente del fenómeno saturado, Marion hubiese adoptado explícitamente el "giro hermenéutico" heideggeriano.

En segundo lugar, también parece posible afirmar que la objeción respecto de un uso indebido de supuestos teológicos en el campo filosófico también podría haberse evitado si Marion hubiese prestado atención al modo en que el joven Heidegger nutre su fenomenología a partir de categorías teológicas luteranas.

En la segunda parte de este libro nos detendremos en estas dos cuestiones que se revelan más complejas de lo que las objeciones las presentan; no solo porque ambas encuentran una respuesta que –en buena medida– permanece inadvertida para los críticos, sino también porque es posible encontrar un nexo entre las dos que revela una de las posibilidades más fecundas de la fenomenología marioniana: la de una "hermenéutica del amor".

Segunda parte
Hermenéutica y teología

> La filosofía que cultivo no es tan bárbara ni tan brutal que rechace el uso de las *pasiones*, al contrario, solo en este uso hago consistir toda la dulzura y la felicidad de la vida.
>
> René Descartes
> AT XI, p. 135.

Introducción
Heidegger una vez más. El vínculo entre fenomenología, hermenéutica y teología

§ 36. Las dimensiones hermenéutica y teológica de la fenomenología de la donación

En la entrevista con el germanista japonés Tomio Tezuka, cuando es interrogado por el sentido de la hermenéutica en su obra temprana, Heidegger responde:

> La noción de "hermenéutica" me era familiar desde mis estudios de teología. En aquella época estaba particularmente involucrado en la cuestión de la relación entre la palabra de la Escritura Sagrada y el pensamiento especulativo de la teología.[1]

Heidegger parece referirse simplemente a que el término le era familiar porque conocía la práctica de la hermenéutica bíblica, que nada tiene que ver con el tipo de hermenéutica ontológica que caracterizará a su propuesta filosófica. Sin embargo, el vínculo entre hermenéutica y teología, que está sugerido en esta respuesta heideggeriana, es algo constatable en su obra. Si bien la impronta hermenéutica proviene en buena medida de la lectura de Aristóteles, esta afirmación no debe ignorarse, sobre todo si se tiene en cuenta que la *Destruktion* —que según Heidegger es equiparable sin más a la hermenéutica—[2] es una categoría metodológica que proviene de una apropiación filosófica de la *destructio* luterana. Por otra parte, como analizaremos en el capítulo quinto,

---

[1] GA 12, p. 91.
[2] "¡Hermenéutica es *Destruktion*!". GA 63, p. 105.

la hermenéutica de la facticidad toma como modelo para la experiencia de la vida fáctica a la experiencia cristiana de la vida fáctica según es presentada a partir de una lectura ciertamente "luterana" de las cartas de Pablo. Existe una imbricación entre hermenéutica y teología en la obra del joven Heidegger que puede servir para advertir este rasgo en la obra de Marion.

En esta segunda parte del libro sostendremos la hipótesis de que la obra heideggeriana temprana también actúa como modelo para comprender las dimensiones hermenéutica y teológica (o religiosa) de la fenomenología de la donación. En primer lugar –discutiendo con los comentadores que afirman la ausencia de la hermenéutica en Marion–, sostendré que existe una dimensión hermenéutica de la donación que puede advertirse desde los primeros planteos fenomenológicos marionianos en la idea de una reducción a la llamada pura, y que va cobrando cada vez más relevancia hasta llegar a un reconocimiento explícito por parte del autor en *Reprise du donné*. Esta hermenéutica de la donación tiene los rasgos de una hermenéutica radicalizada que procura dar cuenta de aquello que se sustrae a toda estructura de anticipación.

Esta presencia de la hermenéutica puede sorprender si se tiene en cuenta la escasa recepción que tiene la "fenomenología hermenéutica" de Paul Ricœur en los fenomenólogos franceses de la generación de Marion (Henry, Chrétien, Lacoste, etc.). Esta ausencia es, probablemente, lo que lleva a Janicaud a constatar cierta autonomización de la fenomenología respecto de la hermenéutica que, "sin ser extrañas una a otra, se muestran más lejanas que cercanas".[3] Janicaud entiende que existe un límite entre ellas que es claramente constatable y que explica su desarticulación:

> En definitiva, lo que diferencia y sitúa recíprocamente a la fenomenología y a la hermenéutica (sin articularlas en sentido estricto) es la delimitación de la primera al seno de un horizonte de esclarecimiento o del sacar a la luz (la estabilización de un horizonte para la presencia/ausencia), y el carácter ilimitado de la segunda en los meandros de la lectura y de la interpretación de textos de referencia (cuya conexión con lo sagrado tal vez nunca puede ser por completo inexistente).[4]

Janicaud opone las finalidades de ambas: la fenomenología se limita a esclarecer, mientras que la hermenéutica se aboca a la tarea infinita de un trabajo con el texto. Pero, si bien esto puede explicar la distancia entre la *nouvelle phénoménologie* y la hermenéutica ricœuriana de la "vía larga", no justifica la distancia entre fenomenología y hermenéutica, pues no excluye la modalidad heideggeriana ni la gadameriana, que serán las que guiarán la propuesta de Marion.

---

3 JANICAUD, Dominique, "La phénoménologie éclatée", op. cit., p. 225.
4 *Ibid.*, p. 239.

En segundo lugar, respecto de las acusaciones de "giro teológico", destacaré que es posible advertir una estrategia de "apropiación filosófica" de categorías teológicas que –siguiendo el modelo heideggeriano– opera en la fenomenología de la donación y lejos de invalidar sus resultados le infunde un impulso revitalizador.

Pero, además, como hipótesis final afirmaré que es posible establecer un vínculo profundo entre hermenéutica y teología en la obra de Marion, que da lugar a una de sus posibilidades más peculiares: es posible leer en la fenomenología de la donación los lineamientos para una "hermenéutica del amor".

Capítulo quinto
Hermenéutica

§ 37. Hermenéutica de la facticidad

Como ya hemos expuesto en detalle en el apartado 2.1 de la introducción, son muchos los comentadores que señalan el problema de la ausencia de una dimensión hermenéutica en la fenomenología de la donación: Greisch, Grondin, Kearney, Mackinlay, Serban, Gschwandtner, Scannone. Con la publicación de *Reprise du donné*, estas objeciones parecen perder su pertinencia. En primer lugar, Marion allí reconoce explícitamente una función fundamental para la hermenéutica en la fenomenología de la donación:

> *La hermenéutica gestiona la distancia entre lo que se da y lo que se muestra, interpretando la llamada* (o, frecuentemente, la intuición) *por la respuesta* (concepto o significación).[1]

En segundo lugar, Marion indica cuatro modalidades de hermenéutica ya operando en su fenomenología de la donación desde el comienzo.[2]

Sin embargo, en alguna medida, las objeciones conservan cierta vigencia, pues la tematización de la cuestión por parte de Marion en este texto es, ciertamente, insuficiente si se tiene en cuenta el importante papel que se le asigna a la hermenéutica en su propuesta. El capítulo de *Reprise du donné* no desarrolla demasiado el modo en que esta hermenéutica opera y no refiere –o refiere de modo muy escueto– a algunas problemáticas clave (el estatuto del lenguaje, la relación entre el lenguaje y la experiencia antepredicativa, el sentido del "sentido" en su hermenéutica).

---

1 RdD, p. 89.
2 Cfr. *ibid.*, p. 90-97. Volveré sobre esta cuestión en el apartado 38.3.

En este capítulo, teniendo en cuenta estas dos afirmaciones marionianas, pero yendo más allá de ellas, indagaré en profundidad en las diversas aristas de esta dimensión hermenéutica de la fenomenología de la donación a partir de lo dicho en esta obra de 2016, pero también en algunos pasajes y categorías que se encuentran en obras anteriores. Asimismo, considero como hipótesis que es posible sostener que el modelo hermenéutico del joven Heidegger también puede servir en este caso para explicar algunos aspectos del modo en que opera la hermenéutica marioniana, aun cuando esta última deba superar la matriz heideggeriana para constituirse en una hermenéutica radicalizada, capaz de dar cuenta de un fenómeno con carácter acontecial.

Si bien en *Reprise du donné*, Marion refiere a la hermenéutica gadameriana y a la hermenéutica ontológica de *Sein und Zeit*, es posible señalar tres rasgos de la temprana hermenéutica de la facticidad que se observan también en la hermenéutica marioniana: 1) el punto de partida es una *Grunderfahrung*, una "experiencia fundamental" devenida "temple anímico fundamental", 2) la interpretación opera como *Destruktion*, y 3) la interpretación es entendida como *Auslegung*, pues su finalidad es "repetir" sin tergiversar el modo de donación del fenómeno, aunque la explicitación marioniana opere "sin" –o mejor dicho "contra"– las estructuras de anticipación. De más está decir que estas notas no actúan de la misma manera en ambas hermenéuticas, pero permiten caracterizar algunos aspectos decisivos de la propuesta marioniana.

37.1. Grunderfahrung

En el último curso dictado en la Universidad de Friburgo, en el semestre de invierno de 1922-1923, Heidegger presenta su propuesta filosófica en términos de una "hermenéutica de la facticidad" (*Hermeneutik der Faktizität*) equivalente a una ontología (*Ontologie*). Esta hermenéutica solo puede ser puesta en marcha a partir de una *Grunderfahrung*. Dice Heidegger:

> La *puesta en marcha hermenéutica* [*hermeneutische Einsatz*] –aquello en lo que, como si dijéramos a una carta [*Karte*], se pone todo–, esto es, el "como qué" [*als was*] en que se aprehende de antemano la facticidad, el carácter de ser [*Seinscharakter*] decisivo que se pone, no puede ser inventado; tampoco es, sin embargo, una posesión acabada, sino que surge y brota de una experiencia fundamental [*Grunderfahrung*], en nuestro caso, de un estar despierto filosófico [*philosophisches Wachsein*], en el cual el *Dasein* se encuentra consigo mismo.[3]

---

[3] GA 63, p. 18.

Heidegger entiende –como ya hemos analizado en el capítulo tercero– que el cuestionamiento filosófico, es decir, el contra-movimiento respecto de la "movilidad ruinante" de nuestra existencia acontece a partir de una experiencia fundamental. En este caso, también la hermenéutica es puesta en marcha a partir de una experiencia fundamental como forma privilegiada del cuestionamiento. Dice Heidegger: "La movilidad contra-ruinante es la de la ejecución filosófica de la interpretación, de tal manera que se ejecuta en el modo de acceso apropiado del cuestionamiento".[4] Como ya hemos examinado, estas experiencias fundamentales –poco exploradas aun en estos primeros cursos respecto de su especificidad– serán finalmente comprendidas como temples anímicos fundamentales. De igual modo, la hermenéutica marioniana también opera siempre a partir de una experiencia señalada que toma la forma de una tonalidad afectiva (el amor, la pena o el aburrimiento). Este es la primera cuestión que comparte la hermenéutica de la donación con la heideggeriana.

37.2. Destruktion

La tarea inicial de la hermenéutica de la facticidad es la de configurar la ubicación desde la cual es posible preguntar de modo radical. "Todo radica en no fallar de antemano en el comienzo de la explicación hermenéutica del objeto [*Gegenstand*]".[5] Esta tarea requiere aclarar la "situación hermenéutica" (*hermeneutische Situation*).[6] En *Sein und Zeit*, Heidegger establece tres estructuras de anticipación que determinan la "situación hermenéutica": el "tener previo" (*Vorhabe*), el "ver previo" (*Vorsicht*) y la "concepción previa" (*Vorgriff*).[7] La tarea consiste, desde un "ver previo", en esclarecer el "tener previo" y la "concepción previa" que constituyen el "estado de interpretado" (*Ausgelegtheit*) en

---

4 GA 61, p. 153.
5 GA 63, p. 29.
6 *Ibid.*, p. 105. En la introducción al libro sobre Aristóteles, Heidegger postula tres coordenadas para la interpretación, es decir, tres estructuras de anticipación: 1) El "punto de mirada" (*Blickstand*), 2) la "dirección de la mirada" (*Blickrichtung*) y 3) la "amplitud de la mirada" (*Sichtweite*). El "punto de mirada" es el objeto de investigación indicado formalmente. La "dirección de la mirada" se constituye a través de la determinación del "como qué" (*Als was*) debe ser preconcebido el objeto de investigación y el "hacia dónde" (*Woraufhin*) debe ser interpretado. El "punto de mirada" y la "dirección de la mirada" definen una "amplitud de la mirada" dentro del cual se delimitan los alcances de la interpretación. Cfr. GA 62, pp. 346-347.
7 El "tener previo" refiere a un cierto campo o dominio del pensamiento, ya comprendido. El "ver previo" consiste en una idea para abrirse paso en ese campo de pensamiento. El "concebir previo" es una anticipación del sentido que debe guiar el trabajo hermenéutico. Dice Heidegger en *Sein und Zeit*: "Cada explicitación [*Auslegung*] tiene su tener previo [*Vorhabe*], su ver previo [*Vorsicht*] y su concepción previa [*Vorgriff*]. Si ella se convierte como interpretación [*Interpretation*] en tarea expresa de una investigación, entonces el todo de estos 'supuestos' [*Voraussetzungen*], llamado por nosotros la *situación hermenéutica*, necesita ser previamente aclarado y asegurado en y desde una experiencia fundamental [*Grunderfahrung*] del 'objeto' [*Gegenstand*] que queremos patentizar." GA 2, p. 308.

el que ya se encuentra el objeto de investigación. La labor hermenéutica fija su punto de partida en el "hoy" (*das Heute*): "la comprensibilidad media [*durchschnittliche Verständlichkeit*], de la cual vive y a la cual *responde* la filosofía".[8] Este "hoy" se encuentra en un "estado de interpretado" (*Ausgelegheit*) que debe ser clarificado.

> El *Dasein* se mueve (fenómeno fundamental) [*Grundphänomen*] en un modo determinado de hablar de sí mismo, las *habladurías* [*Gerede*] (*Terminus*). Este hablar "de" sí mismo es el modo público-medio [*öffentlich-durchschnittliche Weise*] por el que el *Dasein* se toma y se conserva a sí mismo. En la habladuría reside una precomprensión [*Vorauffassung*] determinada, que el *Dasein* tendrá de sí mismo: el conductor "como qué" [*als was*] según el cual el *Dasein* "se" responde. Esta habladuría es, por lo tanto, el cómo [*Wie*] en que un determinado estado de interpretado [*Ausgelegtheit*] de sí mismo está a disposición del *Dasein* mismo.[9]

Esta habladuría como "estado de interpretado" en el que se encuentra el *Dasein* se caracteriza por una "falta de sensibilidad" para las diferencias. La medianía y publicidad de este estado de interpretado despersonalizan la existencia que se mueve bajo el modo de ser del "uno" [*Man*]:

> uno dice, uno oye, uno cuenta, uno supone, uno espera, uno está a favor de que... La habladuría no es de nadie, nadie se responsabiliza de haberla dicho.[10]

De lo que se trata, entonces, es de encontrar en esta publicidad del uno, la habladuría que habla de la existencia, del sí mismo. De lo que se trata es de encontrar en la vida fáctica un motivo que permita el contra-movimiento respecto de esta modalidad del uno. Este motivo solo puede ser una experiencia fundamental.

Y, precisamente, porque el *Dasein* se encuentra en ese "estado de interpretado", la hermenéutica de la facticidad actúa como la puesta en práctica misma de la operación metodológica de la *Destruktion*. Heidegger considera que se trata de poner en práctica una "investigación hermenéutico-destructiva" (*hermeneutisch-destruktive Forschung*) que procure la máxima originariedad.[11]

Pero no debe entenderse que esta metodología consiste en una imposición arbitraria. La hermenéutica responde a las características del fenómeno.

---

8   GA 63, p. 17.
9   *Ibid.*, p. 31
10 *Ibid.*, pp. 31-32.
11 Cfr. *ibid.*, p. 105.

La hermenéutica no es un método de análisis curioso, artificiosamente maquinado y endosado al *Dasein*.[12] Considerando la facticidad misma es como debe determinarse *cuándo y hasta qué punto* aquélla pide la interpretación propuesta.[13]

¿Y cuáles son estas características de la facticidad que determinan los términos de la interpretación hermenéutica? Heidegger sostiene que el "objeto" (*Gegenstand*) de la hermenéutica: la facticidad, "tiene un ser que está capacitado para la interpretación y necesitado de ella" y a ese ser le es inherente el ya estar en "estado de interpretado" (*Ausgelegtheit*).[14] Son las características mismas del fenómeno de la facticidad las que requieren una hermenéutica. Y son, precisamente, esos rasgos los que permiten entender la necesidad de un "giro hermenéutico" en la fenomenología y el sentido último de la concepción heideggeriana de la hermenéutica como *Destruktion*. El primer rasgo tiene que ver con la "necesidad" de la interpretación. La facticidad "necesita" de la hermenéutica porque hay algo oculto en ella, algo que debe ser develado. Ser "propiamente riguroso con la categoría de fenómeno"[15] implica entender cierto carácter enigmático que lo determina en tanto tal. En el curso del semestre de verano de 1927, dictado en Marburgo, Heidegger va a sostener que "el fenómeno se muestra como algo enigmático [*rätselhaft*]"[16] en tanto su aprehensión propia exige superar tanto las objetivaciones como las subjetivaciones que tergiversan su sentido. En el curso del semestre de invierno de 1921-1922, Heidegger sostiene que el fenómeno fundamental de la vida fáctica, que se anuncia en el carácter del no-aparecer (*Nichtvorkommen*), muestra cierto carácter opaco (*Charakter des Undurchsichtigen*) que mantiene enigmático (*rätselhaft*) su encuentro y su existencia.[17] El fenómeno se muestra "en el modo del encubrirse [*Sich-verdecken*] y el velarse [*Sich-verschleiern*]".[18] Este encubrimiento se manifiesta en un estar ya en un errado "estado de interpretado" (*Ausgelegtheit*). Este es el segundo rasgo que se relaciona con el primero. Si la actividad de la hermenéutica tiene que ver con un desvelar es porque hay algo que está encubierto por una interpretación errónea previa que debe ser destruida, es decir, que debe ser reconducida a sus motivos y nexos de realización originarios. De lo que se trata es de ir más allá del "estado de interpretado" en el que la facticidad se encuentra.

---

12 Opto por no traducir el término *Dasein* para que pueda observarse como comienza a delinearse el uso técnico que tendrá este término en *Sein und Zeit*.
13 *Ibid.*, p. 15.
14 *Idem.*
15 *Ibid.*, p. 76.
16 GA 24, p. 446.
17 GA 61, p. 148.
18 GA 63, p. 76.

La hermenéutica tiene la tarea de hacer accesible el *Dasein* propio en su carácter de ser al *Dasein* mismo, de comunicárselo, de tratar de aclarar esa alienación de sí mismo [*Selbstentfremdung*] de que está afectado al *Dasein*. En la hermenéutica se configura para el *Dasein* una posibilidad de llegar a *entenderse* a sí mismo [*sich selbst verstehen*] y de ser ese entender.[19]

Esta es la labor destructiva que debe llevar a cabo la hermenéutica de la facticidad: explanar, por medio de la interpretación propia, la alienación que afecta a la existencia.

Finalmente, el tercer rasgo de la facticidad refiere al estar capacitado para la interpretación. Heidegger aclara que el comprender propio de la interpretación debe ser entendido como un "*cómo* del *Dasein* mismo" (*Wie des Daseins selbst*) que se define en términos de un "*estar despierto* [*Wachsein*] del *Dasein* para consigo mismo".[20] La hermenéutica no es algo que se impone exteriormente a la facticidad sino que el interpretar mismo es una posibilidad propia del carácter de ser de la facticidad.

En el curso del semestre de verano de 1920, Heidegger ya había afirmado que la filosofía tenía por tarea "sostener la facticidad de la vida y fortalecer la facticidad de la existencia".[21] En el curso inmediatamente posterior, dictado en el semestre de invierno de 1920-1921, Heidegger analiza los textos del apóstol Pablo. La experiencia de la vida fáctica de las primeras comunidades cristianas a las que Pablo se dirige en sus epístolas se constituye en modelo de preservación de la facticidad. En la "Primera carta a los Tesalonicenses", la parusía es presentada como una experiencia decisiva. Lo que está en juego en ella es el experimentar "la tribulación absoluta [*absolute Bedrägnis*] que pertenece a la misma vida de los cristianos".[22] Por eso Pablo se niega a responder en términos "gnoseológicos" a la pregunta: "¿Cuándo se realizará la parusía?". "Pablo no dice 'cuándo' porque esta expresión es inadecuada para lo que hay que expresar, porque ella no es suficiente".[23] Puede leerse en 1 Tes 5, 1-2: "Hermanos, en cuanto al tiempo y al momento, no es necesario que les escriba. Ustedes saben bien que el día del Señor vendrá como un ladrón en plena noche". Pablo remite al saber que los tesalonicenses poseen por haber aceptado la proclamación, por haber devenido cristianos. El "cuándo" de la parusía no puede ser transmitido como un contenido objetual, sino que este saber se alcanza en la experiencia, que es en cada ocasión individual, en la apropiación del sentido

---

19 *Ibid.*, p. 15.
20 *Idem*.
21 GA 59, p. 174.
22 GA 60, p. 97.
23 *Ibid.*, p. 102.

de realización del fenómeno. Lo que "ellos saben bien" tienen que ver con una decisión existencial que se plasma en la elección entre dos formas de vida distintas. Por un lado, está la posibilidad de apegarse a este mundo buscando "la paz y la seguridad" (*Friede und Sicherheit*). En este caso el esperar se convierte en una espera especulativa que "se absorbe en lo que la vida le procura" y, de esta manera, se cierra al auténtico esperar. Heidegger explica que quienes viven de este modo, viven "en las tinieblas" (*im Dunkel*), pues "no pueden salvarse a sí mismos, porque no se tienen a sí mismos, porque olvidaron su propia mismidad [*eigenes Selbst*]".[24]

Por otro lado, están los que viven en el día (*Tag*), es decir, los que viven en la "claridad" (*Klarheit*) y en la parusía, en el "día del Señor" (*Tag des Herrn*).[25] Cuando se vive en la parusía se advierte, se interpreta, que

> la cuestión del "cuándo" [*Wann*] se retrotrae a mi comportamiento [*Verhalten*]. Cómo la parusía está en mi vida, ésta remite a la realización de la vida [*Vollzug des Lebens*] misma. El sentido del "cuándo", del tiempo en que Cristo vive, tiene todo un carácter especial. Antes hemos caracterizado formalmente: "la religiosidad cristiana vive la temporalidad [*Zeitlichkeit*]". Es un tiempo sin orden propio, sin ubicaciones fijas, etc. A partir de un concepto objetual de tiempo es imposible alcanzar esa temporalidad. De ningún modo el cuándo es objetualmente aprehensible. El sentido de esta temporalidad es fundante tanto de la experiencia fáctica de la vida cuanto de problemas como el de la eternidad de Dios [*Ewigkeit Gottes*]".[26]

Quienes "saben bien" no se preguntan por el "cuándo" porque ya viven en la parusía, porque comprenden que ella no refiere a un suceso futuro "histórico-objetivo" (*objektgeschichtlich*), sino a un modo de asumir la temporalidad de la existencia. El cristiano que "sabe bien" sabe que "el día del Señor llega como un ladrón por la noche" y, por lo tanto, acepta que debe vivir sobrio y estar despierto, según lo prescribe 1 Tes 5,6: "No nos durmamos, entonces, como hacen los otros: permanezcamos despiertos y seamos sobrios." Los verbos utilizados por Pablo son: *néfo* (ser sobrio, abstenerse del vino, ayunar) y *gregoréo* (velar, vigilar, estar despierto). Heidegger traduce: "La respuesta de Pablo a la pregunta por el cuándo de la *parousía* es, por tanto, la exigencia de

---

24 *Ibid.*, p. 103.
25 1 Tes 5, 3-8: "Cuando la gente afirme que hay paz y seguridad, la destrucción caerá sobre ellos repentinamente, como los dolores de parto sobre una mujer embarazada, y nadie podrá escapar. Pero ustedes, hermanos, no viven en las tinieblas para que ese día los sorprenda como un ladrón: todos ustedes son hijos de la luz, hijos del día. Nosotros no pertenecemos a la noche ni a las tinieblas. No nos durmamos, entonces, como hacen los otros: permanezcamos despiertos y seamos sobrios. Los que duermen lo hacen de noche, y también los que se emborrachan. Nosotros, por el contrario, seamos sobrios, ya que pertenecemos al día: revistámonos con la coraza de la fe y del amor, y cubrámonos con el caso de la esperanza de la salvación".
26 GA 60, p. 104.

estar despierto [*wachen zu sein*] y sobrio [*nüchtern zu sein*]".²⁷ La vida fáctica cristiana se constituye en el modelo de la vida fáctica propia que la hermenéutica de la facticidad debe desocultar y preservar. Por eso Heidegger afirma que

> el tema de la investigación hermenéutica es cada *Dasein* propio, justamente por ser hermenéutico, interrogado en su carácter de ser [*Seinscharakter*] con vistas a formar un arraigado estar despierto [*Wachheit*] a sí mismo.²⁸

Preservar la facticidad implica un "estar despierto" que se mantiene vigilante como el cristiano en la espera de la parusía. La tarea hermenéutica tiene por finalidad ya no sólo lograr un acceso a la vida fáctica, sino también preservarla o, dicho en términos religiosos, salvarla. Cabe señalar, pues, el profundo vínculo entre hermenéutica y teología que puede encontrarse en la obra del joven Heidegger. En este sentido, la hermenéutica del joven Heidegger es un claro antecedente para la "hermenéutica del amor" marioniana, que propondremos en el capítulo sexto.

La hermenéutica de la facticidad pone en juego una *Destruktion* que busca acceder a la auténtica experiencia de la vida fáctica. Del mismo modo, la *destructio* luterana busca acceder a la auténtica experiencia de la vida cristiana. En diversos pasajes de estos cursos Heidegger destaca la pertinencia de la propuesta luterana de recuperar el talante del cristianismo originario extraviado en la conceptualización griega.²⁹

---

27 *Ibid.*, p. 105.
28 GA 63, p. 16.
29 Entre otros: "Esta conquista del cristianismo antiguo [el mundo del sí mismo] fue deformada y enterrada por medio de la filtración de la ciencia antigua en la cristiandad. De tanto en cuanto, vuelve a imponerse en erupciones impetuosas (como en *Agustín*, en *Lutero*, en *Kierkegaard*). Sólo desde aquí es posible entender la mística medieval. En las *Confessiones*, los *Soliloquia*, en *De civitate Die*, *Agustín* ha hecho valer la importancia central del mundo del sí mismo para la experiencia cristiana originaria. Pero sucumbió entonces en la lucha con la dogmática. (...). La lucha entre Aristóteles y el nuevo 'sentimiento vital' continúa en la mística medieval y, finalmente, en *Lutero*". GA 58, p. 205. "Contra ella [la escolástica], consolidada a través de la recepción de Aristóteles, que atravesó ulteriores transformaciones en scotismo y occamismo, y aligerada, a la vez, a través de la vívida experiencia de la mística *tauleriana*, Lutero consumó su contragolpe [*Gegenstoß*] religioso y teológico". GA 61, p. 7. "Fichte, Schelling y Hegel proceden de la teología y reciben de ellos los impulsos fundamentales de su especulación. Esta teología hunde sus raíces en la teología de la Reforma, que es la única que logra ofrecer, aunque sólo sea en escasa medida, una explicación genuina de la nueva y fundamental actitud religiosa introducida por Lutero y de las posibilidades en ella presentes. Por su parte, esta actitud fundamental de Lutero surge de una interpretación que se apropia originariamente de Pablo y Agustín, así como de una confrontación simultánea con la teología de la escolástica tardía (Duns Escoto, Occam, Gabriel Biel, Gregorio de Rimini)". GA 62, p. 369. También en Marburgo: "En el círculo de la tarea de la destrucción se encuentra lo que se designa brevemente como trabajo teológico y filosófico. Teológico porque la teología cristiana ha vivido continuamente al día y, al apropiarse de los medios conceptuales científicos, ha buscado apoyo en la filosofía correspondiente en cada caso, dado que en la teología se someten a discusión ciertos problemas de la existencia. No se puede tratar aquí si es posible una teología que cree sus propios conceptos sin tomarlos prestados de una filosofía. Hasta ahora la teología siempre ha vivido sólo de la filosofía. Incluso la propuesta originaria de *Lutero* fue completamente se-

Lutero considera necesaria una labor destructiva que purifique al cristianismo de la contaminación de la filosofía griega a la que se vio sometido. En este sentido, Heidegger considera que el único camino para una verdadera "filosofía cristiana" (*christliche Philosophie*) consiste en la destrucción de su helenificación (*Gräzisierung*).[30]

Es necesaria una confrontación fundamental con la filosofía griega y su desfiguración de la existencia cristiana. La *verdadera idea de una filosofía cristiana* [*wahrhafte Idee der christlichen Philosophie*], "cristiana" no como el rótulo para una filosofía griega mala y epigonal. El camino hacia una teología cristiana originaria [*ursprüngliche christliche Theologie*] libre de heleneidad [*griechentumfreien*].[31]

Como puede observarse, en estos primeros años de docencia, la expresión "filosofía cristiana" no representaba la contradicción de un "círculo cuadrado" o un "hierro de madera", como se afirmará en años posteriores.[32] La *theologia crucis* luterana y su *destructio* de la *theologia gloriae* sirven de modelo decisivo para la fenomenología hermenéutica del joven Heidegger. Como veremos en el capítulo sexto, Heidegger se apropia filosóficamente de categorías teológicas luteranas.

37.3. Auslegung

El tercer rasgo de la hermenéutica de la facticidad: la comprensión de la tarea interpretativa como una mera "explicitación" (*Auslegung*), como una simple "repetición" (*Widerholung*) de lo dado en sus propios términos, es presentada por Heidegger –por primera vez– a través de la noción de "intuición hermenéutica", que ya analizamos en el apartado 9.3 del capítulo primero. Con esta propuesta, Heidegger entiende que es posible articular un "comprender intuitivamente" o un "intuir comprensivamente", previo a las distinciones teóricas. Se trata de un tipo de intuición que no objetiviza, como la intuición

---

pultada diez años después de su aparición por *Melanchton* y la tradición aristotélica, que fue de nuevo asumida totalmente". GA 17, p. 118. En el § 3 de *Sein und Zeit*, Heidegger elogia la nueva dirección luterana de la teología: "La teología busca una interpretación del ser del hombre relativamente a Dios lo más radical posible, sacada del sentido mismo de la fe y constantemente fiel a este sentido. Empieza lentamente a comprender de nuevo la idea de Lutero: que su sistema dogmático descansa sobre un 'fundamento' que no brotó sobre una primaria cuestión de fe, y que sus conceptos no sólo no bastan para resolver los problemas teológicos, sino que los encubren y los desfiguran". GA 2, pp. 13-14.
30 GA 61, p. 6.
31 GA 59, p. 91.
32 "Una 'filosofía cristiana' es un contrasentido aún mayor que la idea de un círculo cuadrado [*viereckige Kreis*]. El cuadrado y el círculo todavía concuerdan en que son figuras espaciales, mientras que la fe cristiana y la filosofía son abismalmente diferentes. Incluso si quisiera decirse que en ambos casos se enseña la verdad, lo que quiere decir verdad es totalmente diferente". GA 6.2, p. 132. "….una filosofía cristiana es un 'hierro de madera' [*Hölzernes Eisen*] y un malentendido". GA 40, p. 9.

teórica reflexiva, sino que acompaña a la vivencia, la repite en tanto tal. Se trata, con este tipo de intuición, de lograr un acceso que esté dado por una entrega al "ritmo de la vivencia". La metáfora sonora, no sólo aleja la propuesta heideggeriana de la metáfora visual propia del planteo teórico, sino que además refiere a la escucha propia de la hermenéutica. Así, el joven Heidegger ya anticipa el modo en el que la estructura de la llamada y la respuesta refiere expresamente a la hermenéutica.

En el curso de 1923, la hermenéutica de la facticidad es presentada como una *Auslegung* que la facticidad hace de sí misma, es decir, como *Selbstauslegung*. La experiencia fundamental del "estar despierto" filosófico consiste en la posibilidad de poner en práctica esta "auto-explicitación" de la facticidad por la facticidad misma.

> Que el estar despierto sea de carácter filosófico quiere decir que está vivo en una *Selbstauslegung* originaria que la filosofía se ha dado de sí misma, constituyendo esa interpretación una posibilidad decisiva y un modo de que el *Dasein* se encuentre consigo mismo, aparezca ante sí mismo.

La interpretación entendida como *Auslegung*, es una interpretación que no parte del arbitrio del intéprete, que no se impone "desde afuera", sino que se limita a "repetir" lo dado en la experiencia. Esta idea es apropiada –a su manera– por Marion.

§ 38. Hermenéutica de la donación

En el capítulo II de *Reprise du donné*, "La donation en son herméneutique", Marion finalmente responde a la objeción hermenéutica desplegando una argumentación que también aclara el estatuto de lo dado y de la donación en su fenomenología.

38.1. Donación y hermenéutica

Como primer paso, Marion elige responder a las críticas a partir de una afirmación presente en el artículo de Claudia Serban, "La méthode phénoménologique, entre réduction et herméneutique", en el que la autora se pregunta si la "universalidad incondicionada de la donación" no "vuelve caduco" el "recurso a la hermenéutica":

La verdadera piedra de toque de la fenomenología propuesta por *Étant donné* es esta universalidad incondicionada de la donación, respecto de la cual nada se exceptúa, y que vuelve caduco, en particular, la necesidad del recurso a la hermenéutica.[33]

Marion señala que es un error creer que la donación se opone a la hermenéutica. En este sentido, Marion destaca que la objeción supone lo que debería probar. El argumento asume que existe una incompatividada entre la fenomenicidad y una "enunciación diferenciada de sus figuras de sentido". Esto sería el caso si la donación ofreciera un fenómeno objetivado, constituido por un sentido unívoco, pero no es así.[34] Como ya hemos analizado, la donación no puede ser equiparada a una causalidad eficiente que produce un objeto. El dar de la donación no consiste en una producción o una eficiencia. La donación ostenta un carácter enigmático: "surge menos como una respuesta que como una pregunta, menos como un argumento final que como una indecisión en espera".[35] Se puede saber lo que no es: sabemos que no actúa como una causa eficiente, y que no se limita a la intuición sensible, porque no se confunde con la intuición, sino que constituye una instancia anterior. Sin embargo, no es posible decir lo que es, pues la única determinación aceptable respecto de la donación es afirmar su indeterminación.[36] Frente a este carácter de la donación, que no admite un sentido unívoco, sino que "abre y da", Marion se pregunta:

> ¿No será posible que la hermenéutica, lejos de desaparecer con la donación (o de hacerla desaparecer al comenzar a hablar), solo se despierte al responder a la palabra que la cumple?[37]

¿No debería considerarse que lejos de oponerse a la hermenéutica, la donación es la instancia que la demanda y la pone en práctica?

A continuación, los §§ 11 a 13 proponen un análisis de la "crítica al mito de lo dado" –en el que ya nos hemos detenido en el apartado 18.1 del capítulo segundo–. Marion destaca, que el hecho de que lo dado esté mediado no implica que deba constituirse como objeto.

> Desde el punto de vista de una fenomenología rigurosa, conviene sostener la paradoja de que *pertenece a lo dado no darse inmediatamente* y, sobre todo, no darse en la inmediatez de los *sense data*; aunque se dé en una perfecta facticidad, o más bien *porque* se da como un *factum* incondicionado y originario.[38]

---

33 SERBAN, Claudia, "La méthode phénoménologique...", art. cit., p. 88.
34 Cfr. RdD, p. 62.
35 *Ibid.*, p. 63.
36 Cfr. *ibid.*, p. 78.
37 *Ibid.*, p. 68.
38 *Ibid.*, p. 74.

Apoyándose en el ejemplo heideggeriano de la vivencia de la cátedra,[39] Marion subraya la particularidad de la propuesta fenomenológica contra las presuposiciones del constructivismo y el empirismo:

> Lo que se encuentra dado no son los *sense data*, impropios inmediatos, inmediatos abstractos y derivados: lo dado inmediato no consiste jamás en el color de la madera, ni en las dimensiones reales del mueble, ni en los detalles de su forma, ni los efectos que en el produce la luz de la mañana, ni la resonancia de los sonidos de la voz, etc. Nada de todo eso aparece *de entrada* o, más exactamente, todo eso aparece (o mejor, aparecerá) luego, gracias a la mediación el primer apareciente, el que me aparece *como* la cátedra profesoral misma. [...] Lo inmediato consiste en una significación, que mediatiza todas las vivencias.[40]

Marion concluye el § 13 señalando que hay que considerar el "problema de la donación" como un enigma que se sitúa más allá de la dicotomía planteada por la "crítica del mito de lo dado". La donación no puede ser reducida ni a lo inmediato en el sentido de los *sense data* de la impresión subjetiva, ni a lo mediato de la objetidad construida por la consciencia.[41]

> Una vez más hay que recordar escuchar la pregunta: „Was heißt ,gegeben', ,Gegebenheit' – dieses Zauberwort der Phänomenologie und der ,Stein der Anstoßes' bei den Anderen?", y, por tanto, permanecer en el enigma. La indeterminación de lo dado ofrece quizás su única determinación correcta, la que lo distingue de todo lo que lo sigue: los *sense data*, los objetos, los conocimientos, [todos ellos] brotes de su acontecimientos.

Lo que se da, se da como significación, nos rodea un aparecer que se da "bajo la figura y los escorzos de una significación". Marion da algunos ejemplos. No se percibe un sonido puro, sino el murmullo de un torrente de montaña de un río en particular o el ruido de un motor de un autor en particular. No se percibe el color amarillo, sino una parte de un muro de ese color. No se percibe el color azul, sino un azul particular (el de Cézanne). No se percibe el gusto del vino, sino el gusto de un vino de Borgoña, de tantos años, etc.

> En todos los casos, solo percibo si una significación abre el campo al aparecer de sensaciones puras; y es por este motivo que la cosa solo aparece por escorzos, porque la significación, cumplida y visible de entrada para el espíritu, la mayoría de las veces (al menos en el caso de fenómenos de derecho común) debe esperar que los escorzos, siempre parciales y a completar, tomen lugar y poco a poco la

---
39 Ver apartado 9.2 del capítulo primero.
40 RdD, p. 77.
41 Cfr. *ibid.*, p. 77-78.

validen. Tal inversión del orden de la donación impone, por tanto, que lo dado, en el sentido de *sense data*, no tenga ninguna validez fenoménica inmediata, no abra aún a la fenomenicidad como tal, porque depende de una significación, ya sea anterior (como en el ejemplo de Heidegger) o sea aún esperada (como en el caso de la descripción de Husserl).

Marion sugiere que, en este sentido, la hermenéutica no desaparece ante la donación, sino que, por el contrario, debe intervenir "respondiendo al enigma de los *sense data* por el recubrimiento de su significación".[42] Pero esta hermenéutica no debe ser pensada como aquella que trae la solución, que puede ofrecer la determinación desde una decisión arbitraria ante la indeterminación de lo dado y la donación. Ciertamente, es la indeterminación de la donación la que demanda una hermenéutica, pero esta hermenéutica también posee un carácter enigmático, pues provee una "interpretación" (*Auselgung*) que –según Heidegger– depende de la "comprensión" (*Verstehen*) como existenciario.[43] Explica Marion:

> La primera prudencia consiste en no recurrir a la hermenéutica como la solución universal para determinar el sentido de lo dado, como si ésta fuera de suyo y cayera del cielo inteligible sobre algo dado oscuro y problemático; pues el acto de interpretación no va más de suyo que la recepción de lo dado, con la que comparte el "carácter enigmático". Pues, ya que, en este caso, la hermenéutica no opera sobre objetos, ni sobre *sense data*, por tanto, ella no consiste jamás en una interpretación pura y simple, libre [...] y que, por autoridad arbitraria, modificaría a voluntad el sentido del aparecer de la cosa misma.[44]

Marion opone su noción de hermenéutica a la ideología.[45] Mientras que la actitud de la ideología se caracteriza por imponer un sentido con el único criterio de que éste le sea útil a sus fines, la hermenéutica actúa de modo inverso, pues procura

> reencontrar *el* sentido que demanda por sí mismo aquello que demanda interpretación. El sentido que la hermenéutica (re)encuentra para lo que interpreta no viene del *ego*, sino de la cosa misma a la espera de interpretación. [...] No podríamos imaginar una actividad del *ego* hermeneuta hacia una materia pasiva a interpretar. En cierto sentido, el *ego* debe permanecer pasivo para recibir *el* sentido que conviene exactamente a lo que demanda interpretación; *el* sentido viene activamente a lo interpretable y a partir de sí mismo, el intérprete debe solo dejar desplegarse

---

42 *Ibid.*, p. 78.
43 *Ibid.*, p.79.
44 *Idem.*
45 *Ídem.*

lo que se encuentra implícitamente disponible en y sugerido por lo dado mismo. [...] El hermeneuta no da un sentido a lo dado, fijándolo y decidiéndolo, sino que cada vez, le deja desplegar su propio sentido, es decir, el que lo hace aparecer como él mismo, como un fenómeno que se muestra en sí y para sí. El *sí* del fenómeno regula en última instancia toda la donación de sentido: no se trata de constituir algo dado en un objeto para el *ego*, sino de dejar venir al fenómeno *su* propio sentido, descubierto más que inventado, reconocido más que conocido, por la intermediación circunstancial del *ego*. El sentido que hace visible la hermenéutica no proviene tanto de la decisión del hermeneuta, como del fenómeno mismo, respecto del cual el hermeneuta es el descubridor y, por tanto, el servidor, jamás el autor ni el propietario.[46]

Marion entiende la hermenéutica como la operación metodológica por medio de la cual el adonado se entrega al fenómeno y deja que éste determine su propio sentido. En una entrevista que tuvo lugar en su domicilio personal en París, el 16 de noviembre de 2016, Marion me dijo que, de algún modo, él entiende que la hermenéutica es la operación opuesta a la constitución. Puede afirmarse, siguiendo su sugerencia, que su hermenéutica pone en práctica una suerte de *Sinngebung* invertida, una *Sinngebung* que se limita a una tarea de "explicitación" (*Auslegung*) del sentido ya dado.[47]

Respecto de la tarea hermenéutica misma como entrega al "sí" del fenómeno, en el apartado 38.5 nos detendremos en la figura del pintor y en la función del arte en la obra marioniana, que parecen servir de modelo privilegiado para la labor de la hermenéutica.

38.2. La función de la hermenéutica

Hay un desplazamiento de la autoridad interpretativa que pasa del intérprete al interpretado. Este movimiento se observa claramente, según Marion, en la idea gadameriana de "fusión de horizontes". Nietzsche plantea la aparentemente insuperable aporía de la ciencia histórica, que decide la imposibilidad misma para la historia de realizar su tarea, pues si interpreta a partir del horizonte del intérprete destruye el horizonte de lo interpretado y si interpreta a partir del horizonte de lo interpretado destruye el horizonte del intérprete.[48] Frente a este conflicto de horizontes, Gadamer propone una solución:

---

46 Cfr. *ibid.*, pp. 79-80.
47 *Ibid.*, p. 80.
48 Marion introduce esta cuestión sin ahondar demasiado en ella, sin referir al debate entre Gadamer y Habermas (cfr. HABERMAS, Jürgen *et al.*, *Hermeneutik und Ideologiekritik*, Frankfurt am Main, Suhrkamp, 1971), ni a las reflexiones ricœurianas en torno a la ideología (cfr. RICŒUR, Paul, *Du texte à l'action. Essais d'herméneutique II*, Paris, Seuil, 1986, pp. 333-392).

la hermenéutica solo deviene factible si los dos horizontes se encuentran y se fusionan.

> El horizonte del presente no se forma entonces en absoluto sin el pasado. No hay más horizonte del presente, que pueda existir por separado, que los horizontes históricos que deberíamos conquistar. *Por el contrario, la comprensión* [Verstehen] *es siempre el proceso de fusión* [*Vorgang der Verschmelzung*] *de tales horizontes supuestamente independientes el uno del otro*.[49]

Pero ¿cómo opera esta "fusión de horizontes"? Gadamer aclara que la comprensión de una tradición opera por medio del "desplazarse" (*sichversetzen*), pero este desplazarse no anula ni el horizonte propio ni el horizonte pasado: es poniéndose en el lugar del otro, sin dejar de ser uno mismo, que es posible advertir la irreductibilidad de esa alteridad:

> Para comprender una tradición, sin duda, hay que tener un horizonte histórico. Pero no puede tratarse de adquirir este horizonte transportándose a una situación histórica. Por el contrario, siempre hay que tener ya un horizonte para poder así desplazarse en una situación. Pues, ¿qué significa "desplazarse"? Sin ninguna duda, esto no significa simplemente hacer abstracción de sí. Sin duda hay que hacerlo bien, en la medida en que debe realmente representarse la otra situación. Pero, en esta otra situación, justamente, también es necesario introducirse uno mismo. Solamente entonces el acto de desplazarse toma su sentido pleno. Desplazándose, por ejemplo, al lugar del otro, se lo comprende, es decir, es precisamente poniéndo*se* uno mismo en el lugar del otro que tomamos consciencia de su alteridad, más bien, de su irreductible individualidad.[50]

---

[49] *Ibid.*, p. 81.
[50] Sin embargo, cabe destacar que el proceso de dación de sentido en Husserl reviste una complejidad particular, que si bien culmina en una constitución activa por parte del yo, también registra diversas etapas pasivas. A partir de un análisis genético, Husserl establece que en los primeros estratos, puede advertirse que el dato hylético se organiza por sí mismo. El sentido se organiza desde la *hýle*, desde el polo objetivo. En los Manuscritos C, Husserl habla de una "llamada" (*Anruf*) de la sensación que despierta la atención y la acción del yo (cfr. HuaM VIII, pp. 191ss, 350-351). De algún modo, esta "llamada" da el puntapié inicial para el complejo proceso de formación del sentido perceptual, en el que intervienen, en una primera instancia, síntesis temporales, kinestésicas y asociativas. Cfr. Welton, Don, *The Origins of Meaning. A Critical Study of the Thresholds of Husserlian Phenomenology*, The Hague, Martinus Nijhoff, 1983, pp. 232-253. Explica Roberto Walton: "El complejo hylético no solo está sujeto a una síntesis temporal y asociativa, sino que depende de una síntesis kinestésica porque es reconfigurado por los movimientos del cuerpo propio. La organización temporal y asociativa indicada por Husserl es complementada por una configuración kinestésica que produce una fusión de contenidos en virtud de la cual se vuelve innecesaria una aprehensión noética especial. La captación no tiene los caracteres asignados a la aprehensión noética en la fenomenología estática porque se enfrenta con un dato material que ejerce una atracción y está ya organizado. Por eso tiene más bien el carácter de una constatación antes que el de una interpretación. Welton concluye que en tales síntesis se encuentra 'el origen de los sentidos perceptivos y del horizonte perceptivo en la fenomenología de Husserl'". Walton, Roberto J., *Intencionalidad y horizonticidad*, Bogotá, Aula de Humanidades, 2015, pp. 211-212.

Pero esta fusión, destaca Marion, supone un actuar recíproco entre lo dado (el horizonte pasado) y el fenómeno (el horizonte presente). ¿Cómo puede darse esta reciprocidad? Marion señala que ésta puede advertirse en la idea gadameriana de "diálogo". Explica Gadamer:

> Volvemos, pues, a lo que hemos constatado: el fenómeno hermenéutico lleva en sí igualmente la originariedad del diálogo y de la estructura pregunta-respuesta. El que un texto transmitido se convierta en objeto de la interpretación quiere decir para empezar que plantea una pregunta al intérprete. La interpretación contiene en esta medida una referencia esencial constante a la pregunta que se le ha planteado. Comprender un texto quiere decir comprender esta pregunta. Pero esto ocurre, como ya hemos mostrado, cuando se gana el horizonte hermenéutico.[51]

Marion señala que, en la interpretación histórica gadameriana –que finalmente es una interpretación de texto–, se da la lógica recíproca del diálogo, que se refleja en la estructura de la pregunta y la respuesta. Esto conlleva –según Gadamer– una mutua imbricación:

Pues la dialéctica pregunta-respuesta, que hemos puesto a la luz, hace aparecer a la comprensión como una relación recíproca semejante a la de un diálogo. Ciertamente, un texto no nos habla como un tú. Primero debemos nosotros, los que comprendemos, llevarlo al discurso desde nosotros. Ahora bien, como se ha mostrado, tal modo comprensivo de llevar-al-discurso [*verstehendes zum-Reden-bringen*] no consiste en una intervención arbitraria de iniciativa personal: ella se refiere a su vez como pregunta a la respuesta esperada del texto.[52]

La pregunta respecto del sentido de lo dado, por la que –como hemos analizado– lo dado se fenomenaliza, solo alcanza su sentido en la respuesta "que no viene, en última instancia, del intérprete, sino de lo interpretado, del texto".[53] Pero, entonces, la hermenéutica constituye un caso "particular y ejemplar" del juego entre la llamada de lo dado y la respuesta por medio del sentido de lo que se muestra. Marion postula entonces una primera tesis:

> La hermenéutica debe entenderse en acuerdo con lo dado, bajo las figuras de la llamada y la respuesta. Lejos de que la hermenéutica sobrepase la donación o la sustituya, ella se despliega ahí, como un caso de la relación originaria entre lo que se da y lo que se muestra.[54]

---

51 Cfr. KSA I, pp. 258-270.
52 GADAMER, Hans-Georg, *Gesammelte Werke. Band 1: Hermeneutik I. Wahrheit und Methode*, Tübingen, Mohr Siebeck, 1999, p. 311.
53 *Ibid.*, p. 310.
54 *Ibid.*, p. 375.

De este modo, ya en esta primera tesis, Marion señala que la estructura de la llamada y la respuesta –propia de la tercera reducción y del modo de donación de todos los fenómenos– es una estructura hermenéutica, pues responde a la estructura de la pregunta y la respuesta. La donación ostenta una dimensión hermenéutica originaria en tanto se da bajo el modo de la llamada y se muestra en la respuesta.

Atento a esta consecuencia de su primera tesis, Marion continúa su reflexión explicando la relación entre fenomenología y hermenéutica:

> Si la hermenéutica encuentra su espacio y su legitimidad en la función de responder a la pregunta que plantea lo dado, fijándole *su* sentido propio, entonces no hay que hablar de un estatuto hermenéutico de la fenomenología (como si ésta última se inscribiera en aquella como una de sus derivaciones), sino que hay que reconocer el estatuto radicalmente fenomenológico de la hermenéutica: la hermenéutica constituye una de las operaciones esenciales de la fenomenología, al igual que la intencionalidad, las reducciones y la constitución, y solo así mantiene su plena autoridad.[55]

La fenomenología de la donación tiene una dimensión hermenéutica fundamental, pero esta hermenéutica se subordina a los lineamientos de la fenomenología. Para explicar esta subordinación, Marion se detiene en el análisis heideggeriano de la relación entre la "comprensión" (*Verstehen*), la "explicitación" (*Auslegung*) y el "enunciado" (*Aussage*) en *Sein und Zeit*.

En el § 32, Heidegger establece la dependencia de la "explicitación" respecto de la "comprensión": "La explicitación se funda existencialmente en la comprensión, y no es ésta la que llega a ser por medio de aquélla".[56] La explicitación se funda en la comprensión en tanto existenciario del *Dasein*. La "circunspección" (*Umsicht*) explicita el mundo ya comprendido, ya abierto por la comprensión. El trato con lo "a la mano" (*das Zuhandene*) se da en la "circunspección" comprensora que explicita su "para qué" (*Um-zu*). Lo explicitado, es decir, lo comprendido expresamente tiene la estructura del "algo en tanto que algo" (*Etwas als Etwas*). El "en tanto que" (*als*) es el modo en que se explicita lo comprendido.[57]

En el § 33, Heidegger se detiene en la "enunciado" como una forma derivada en la que se cumple la "explicitación". Heidegger destaca que el enunciado tiene un "sentido" (*Sinn*), pero éste no radica en el acto de juzgar. Es posible entender el enunciado de tres modos distintos:

---

55 *Ibid.*, p. 383.
56 RdD., p. 83.
57 *Ibid.*, p. 84.

1) El enunciado puede ser entendido en su sentido propiamente apofántico, como "señalamiento" (*Aufzeigung*) de un ente. Cuando decimos "el martillo es demasiado pesado", lo que se descubre a la visión no es un "sentido", sino un ente bajo la modalidad de lo "a la mano".

2) Asimismo, el enunciado puede ser entendido como "predicación" (*Prädikation*). Siguiendo el mismo ejemplo, en el enunciado "el martillo es demasiado pesado", lo enunciado sigue siendo el martillo, pero está reducido, determinado por el predicado determinante "demasiado pesado". La predicación hace que nuestra mirada se oriente sobre cierto aspecto del ente.

3) Finalmente, el enunciado también puede ser entendido como "comunicación" (*Mitteilung*). El enunciado permite transmitir lo señalado y lo enunciado a otro.

De este modo, teniendo en cuenta las tres acepciones, un enunciado es una "señalamiento que determina y comunica".[58] Sin embargo, el enunciado no puede ser comprendido a partir de estas definiciones y de la especificación de sus funciones. Heidegger entiende que es necesario explicitar qué es lo que el enunciado presupone. Es decir, corresponde entender al enunciado en su dependencia respecto de la explicitación y de la comprensión. Comentando estos parágrafos de *Sein und Zeit*, Marion destaca:

> La hermenéutica que ignora su estatuto originario de interpretación del *Dasein* por sí mismo se rebaja a la trivialidad en una simple, arbitraria e ilegítima enunciación de alguna cosa a propósito de alguna cosa.[59]

El plano lógico, el plano de la enunciación está precedido por y se funda sobre el ontológico. Heidegger acepta la tesis husserliana respecto del carácter derivado de las significaciones de orden lingüístico. El enunciado no puede ser nunca arbitrario, pues debe presuponer el ser-en-el-mundo, el estar ya en contacto con las cosas sobre las que va a pronunciarse. En palabras de Heidegger: "El enunciado no es un comportamiento en el aire que por sí mismo pudiera abrir primariamente el ente, sino que se mueve ya siempre sobre la base del ser-en-el-mundo".[60] Es precisamente porque el *Dasein* ya está implicado en el mundo y el existenciario de la comprensión ya está operando, que es posible un enunciado. Los enunciados proposicionales son formas derivadas respecto de nuestra experiencia del mundo y su comprensión, que es más originaria. Es más, dice Heidegger:

---

58 *Ibid.*, p. 208.
59 RdD, p. 85.
60 GA 2, p. 208.

El trato circunspectivo-explicitante con el ente a la mano del mundo circundante, que lo "ve" en cuanto mesa, puerta, coche o puente, no tiene necesidad de exponer también en un enunciado determinativo lo circunspectivamente explicitado. Toda simple visión antepredicativa de lo a la mano ya es en sí misma comprensora-explicitante.[61]

La explicitación puede darse sin necesidad de recurrir a un enunciado. Por ejemplo, comprendemos de modo antepredicativo la "pesadez" del martillo sin necesidad de recurrir a ningún enunciado. Su pesadez queda explicitada cuando lo dejamos y tomamos otro más liviano y adecuado para el trabajo que queremos realizar.[62] Explica Heidegger:

> El modo originario de cumplimiento de la explicitación no consiste en la proposición enunciativa teorética, sino en el hecho de que en la circunspección del ocuparse se deja de lado o se cambia la herramienta inapropiada "sin decir una sola palabra". De la falta de palabras no se debe concluir la falta de explicitación.[63]

Heidegger postula, pues, el enraizamiento profundo de la hermenéutica en la fenomenología. La base para la interpretación bajo la modalidad enunciativa está dada por esta comprensión antepredicativa que determina su validez, porque en ella está su sentido. El "en tanto que" apofántico debe basarse en el "en tanto que" hermenéutico-existencial.

> El enunciado y la estructura del enunciado, vale decir, el "en tanto que" apofántico, están fundados en la explicitación y en su estructura, esto es, en el "en tanto que" hermenéutico, y, más originariamente aún, en la comprensión y en el estado de abierto del *Dasein*.[64]

Marion sostiene que su hermenéutica debe entenderse en este sentido heideggeriano, como enraizada en la fenomenología. Ahora bien, cabe entonces hacer una aclaración. Si el enunciado y la explicitación reenvían a la comprensión como existenciario del *Dasein*, entonces el sentido no proviene del fenómeno, sino del *Dasein*. Marion prevé esta objeción y propone que la respuesta está en el modo en el que se comprenda el "circulo hermenéutico":

> ...hay un círculo, pero no tiene nada de vicioso y, más que intentar evitarlo hay que ser cuidadoso para entrar del modo correcto. Se trata, por otra parte, menos de un círculo que de una relación, más exactamente, se trata de lo que

---
61 *Ibid.*, p. 198.
62 Cfr. *ibid.*, pp. 208-209.
63 *Ibid.*, p. 209.
64 *Ibid.*, p. 295.

Gadamer llama una palabra recíproca (*Gespräch*), el juego de la pregunta con la respuesta.[65]

Marion explica que si bien la hermenéutica de la cosa se origina en la comprensión de sí del *Dasein*, el *Dasein* es un ser-en-el-mundo, y su posibilidad se juega en ese estar y exponerse en el mundo. De este modo, se establece una reciprocidad entre el sentido del *Dasein* y la significación de cada ente, "la comprensión (*Verstehen*), en tanto permite la interpretación (*Auslegung*), se juega en la 'estructura de la pregunta y de la respuesta' (Gadamer)".[66] Y esta estructura, finalmente, es la estructura de la llamada y la respuesta. Dice Marion:

> Si, efectivamente, la recepción y la identificación de lo dado implican que esto dado permanezca siempre pendiente de interpretación en tanto fenómeno dotado de significación, entonces la instancia hermenéutica fija el lugar de lo dado porque ella se fija ahí a sí misma. Hay que comprender a la hermenéutica misma como encargada de esta recepción y de esta identificación de lo dado.[67]

Marion explicita de modo claro el lugar de la hermenéutica en su fenomenología. Ella se ubica en la donación misma como encargada de la recepción y la identificación de lo dado. Y esta tarea es fundamental porque —como ya hemos examinado— no todo lo que se da se muestra. Existe una "distancia" (*écart*) entre lo que se da y lo que se muestra que responde al carácter infinito de la donación y al carácter finito del adonado receptor. Por este motivo, la hermenéutica cumple una función fundamental en la fenomenología de la donación.

> *La hermenéutica gestiona la distancia entre lo que se da y lo que se muestra, interpretando la llamada* (o, frecuentemente, intuición) *por la respuesta* (concepto o significación).[68]

La hermenéutica tiene la tarea decisiva de administrar el pasaje de la donación a la mostración.

Marion concluye retomando la objeción de Serban, no sólo la donación no vuelve caduca a la hermenéutica, sino que la fenomenología de la donación solo puede permitir que los fenómenos se muestren como dados en la que medida en que sea puesta en práctica por una hermenéutica que dé cuenta de lo dado "en tanto que" mostrado.[69]

---

65 RdD, p. 87.
66 *Idem*.
67 *Ibid*., pp. 87-88.
68 *Ibid*., p. 89.
69 *Idem*.

Para finalizar, sin nombrar explícitamente la idea de "injerto" (*greffe*) ricœuriana,[70] Marion destaca que "la hermenéutica no se agrega a la fenomenología". La hermenéutica constituye una dimensión propia de la fenomenología porque "sin significación, lo dado aplazaría su mostración".[71]

38.3. Los usos de la hermenéutica. Los cuatro niveles señalados por Marion

En el § 17, parágrafo final del capítulo II de *Reprise du donné*, Marion señala que esta noción de hermenéutica que presentó en los parágrafos precedentes puede encontrarse ya operando en su obra fenomenológica desde sus comienzos. Marion destaca cuatro apariciones. Cada una de ellas refleja una modalidad distinta de uso. Pero no todas parecen tener la misma importancia. Proponemos entonces hablar de niveles de hermenéutica.

1) El primer uso es el fundamental y, por lo tanto, puede ser identificado como el primer nivel: el de la "hermenéutica de la llamada". En este caso, la hermenéutica opera directamente sobre la donación, decidiendo si ésta tuvo o no lugar al decidir si la llamada es efectivamente una llamada para el adonado o no. Dice Marion:

> Por tanto, escucho la llamada en y por mi interpretación: debí determinar *que ahí había* una llamada, y determinarme como su destinatario; entonces solamente será permitida la respuesta, aunque sea una denegación. Y solo mi interpretación de la llamada permitirá esta respuesta, confirmando así la regla que dicta que la llamada solo se hace escuchar en la respuesta, que decide no solamente del contenido de la llamada, sino en primer lugar de su efectividad (o de su carácter ilusorio).[72]

Retomando la objeción planteada por Jocelyn Benoist respecto de la necesidad de afirmar la independencia de la llamada respecto de la respuesta, conviene señalar que la posición fenomenológica asumida por Marion implica complejizar la relación entre el hecho y la interpretación. Benoist acusa a Marion de sumarse a un planteo "postmoderno" por el que se olvidaría la distancia y la exterioridad de la llamada respecto de la respuesta, es decir, se olvidaría la diferencia entre el hecho y la interpretación. Cabe señalar que, para Marion, y para la fenomenología en general, no se trata de afirmar nietzscheanamente que "no hay hechos, sino interpretaciones"; no se trata de introducir un sentido mediante la interpretación frente a la ausencia de sentido

---

70 Cfr. Ricœur, Paul, *Le conflit des interprétations. Essais d'herméneutique*, Paris, Seuil, 2013, p. 23.
71 RdD, p. 90.
72 *Ibid.*, p. 91.

de los hechos, frente al sinsentido de la realidad. La fenomenología (Husserl y Heidegger) advierte una dimensión de sentido que ya está presente en la experiencia de las cosas mismas. Como hemos analizado en el apartado 38.2 respecto de Heidegger, el enunciado –cuando no es una expresión arbitraria– no hace más que recoger el sentido ya dado en la experiencia antepredicativa. La crítica de Benoist parece ser planteada a partir de la aceptación de la crítica analítica a la fenomenología respecto de su concepción del sentido. La filosofía analítica critica el uso de las nociones de "sentido" y "significación" más allá de la esfera lingüística, porque acepta como un hecho la idea tradicional de una separación tajante entre la esfera del lenguaje y los significados, y la esfera de los hechos brutos desprovistos de significación. Como distingue con gracia Claude Romano:

> Tome el caso de un filósofo, examine el empleo que hace del término "sentido" e inmediatamente usted no tendrá dudas: si solo habla de dar un sentido a un signo y de explicar el sentido de una frase, usted tiene un filósofo analítico; si emplea "sentido" de una manera más amplia usted está tratando con un discípulo de Husserl.[73]

La hermenéutica marioniana tiene como primera tarea determinar por la respuesta, el contenido y la efectividad misma de la llamada, pero esta labor es solo realizable si se advierte la responsabilidad por la fenomenicidad desde una implicación con las cosas que anula toda distancia y exterioridad; y en esta implicación, en ese estar ya en contacto con las cosas, se da la decisión hermenéutica sobre la existencia de la llamada. Ahora bien, teniendo en cuenta la universalidad de la donación (Marion sostiene la donación de la ausencia misma), la respuesta que decide, decide principalmente sobre su responsabilidad personal ante lo dado concreto. Esta decisión nunca es arbitraria, pues se basa en un estar ya siempre en contacto con las cosas y obtiene su sentido de esa experiencia.

Si bien Marion no lo señala, este primer nivel de hermenéutica se relaciona con la decisión inmanente y con la "hermenéutica imperial" a la que se hace referencia en el § 29 de *Étant donné*.[74] El adonado, ante la llamada, se enfrenta a una decisión fundacional, capaz de inaugurar una nueva lógica, pues tener el coraje de decidir recibir lo dado en tanto tal no puede basarse en un cálculo según la racionalidad del intercambio económico. Probablemente por este motivo, Marion relaciona la hermenéutica de la llamada con la fenomenología del don. El don –en su gratuidad– aparece en la respuesta que decide sobre su

---

73 Romano, Claude, *Au cœur de la raison, la phénoménologie*, Paris, Gallimard, 2010, pp. 134-135.
74 Cfr. ED, pp. 419-423. Ver apartado 30.2.2.

existencia, pero esta respuesta se conforma de diversas interpretaciones en las que se asume ciertamente un riesgo.

> A diferencia de lo que ocurre en el intercambio y el comercio –que me dispensan de toda interpretación y que de entrada implican que hay un objeto ya disponible para intercambiar, vender o comprar (está expuesto en un negocio), a un precio (fijo o a negociar, poco importa), con una utilidad y un valor de uso patente (aunque sea eventualmente ilusorio)–, ningún ente u objeto ofrece en sí mismo un don.[75]

Para entender que un fenómeno se da como un don, es necesario poner en un juego una hermenéutica que lo interprete como don y que interprete para quién está dirigido.

2) El segundo uso de la hermenéutica se da ante el fenómeno saturado específicamente, pues, para ser aprehendido, éste demanda una pluralidad de conceptos o significaciones. En este sentido, considero que se trata del cuarto nivel de hermenéutica, pues su aplicación opera luego de que actúen los otros tres niveles. En este caso, la hermenéutica cumple una doble función: en primer lugar, opera para reencontrar las significaciones faltantes, pero, en segundo lugar y principalmente, interviene para admitir que hay significaciones faltantes pues no estamos ante un fenómeno cognoscible bajo la modalidad de la objetidad.[76] En este nivel se constata, pues, que ante un fenómeno saturado siempre es posible otra interpretación.

Este uso, recuerda Marion, puede encontrarse en *De surcroît*, cuando se invoca una "hermenéutica infinita" ante las infinitas interpretaciones posibles que demanda la intuición saturante del fenómeno del rostro.

> El rostro del otro requiere una hermenéutica infinita, equivalente al "progreso al infinito" de la moralidad según Kant. Pues todo rostro exige la inmortalidad.[77]

En estos casos, sostiene Marion, la hermenéutica retoma la función que la constitución ya no puede asumir (pues ella se restringe a los límites de la objetidad).

3) El tercer uso de la hermenéutica, que se corresponde con el tercer nivel, con el nivel de la "hermenéutica de la gradualidad", tiene que ver con la tarea de distinguir los grados de intuición que permiten saber si estamos ante un

---

[75] RdD, p. 91.
[76] Cfr. *ibid.*, p. 92.
[77] DS, p. 159. Marion define al otro, en la entrevista para la revista *Le Philosophoire*, en los siguientes términos: "Otro, o eso con lo que jamás se ha terminado". EM, p. 17.

fenómeno pobre, ante un fenómeno de derecho común o ante un fenómeno saturado. Pero ¿cómo es posible esta distinción? ¿Se trata de categorías fijas?

Marion contesta que este tipo de preguntas responden a una matriz metafísica que presupone que los grados constituyen compartimentos estancos, que entre ellos se dan fronteras infranqueables (regiones) que no admiten pasajes ni transiciones. Por el contrario, argumenta Marion, la fenomenología de la donación admite una gradualidad de la saturación "ya que lo dado intuitivo puede terminar por mostrarse (fenomenalizarse) como más o menos saturado, según la hermenéutica que la considere".[78]

El ejemplo para advertir esta gradualidad, y el carácter flexible de lo grados, es el mismo que fue utilizado en "La banalité de la saturation": el cuadro *212* de Rothko.[79] Podemos ver la obra como tres bandas de colores diferentes dispuestas en sentido horizontal y darle la significación de un objeto (una bandera), o podemos advertir que se trata de un fenómeno saturado con las características del ídolo.[80] El pasaje entre la objetidad y la saturación permanece abierto y transitable; la saturación es banal, pues puede encontrarse en los fenómenos más pobres.[81]

La tematización de este uso por parte de Marion es un poco insuficiente, pues no parece distinguirse con claridad del cuarto uso en el que se estable la distinción entre acontecimiento y objeto. Sin embargo, en este tercer nivel, lo decisivo es el acento puesto en la posibilidad de gradación de la fenominicidad, mientras que en el cuarto uso (nivel de la "hermenéutica de la variación"), como analizaremos a continuación, el énfasis se sitúa en establecer críticamente el régimen de fenomenicidad que corresponde a cada momento (objetidad o acontecialidad).

4) El cuarto uso, que propongo situar en el segundo nivel de importancia, en el nivel de la "hermenéutica de la variación", es el que opera a partir de la nueva tópica de los fenómenos que distingue sólo entre dos modos de fenomenicidad: objetos y acontecimientos. La hermenéutica, en este nivel, actúa poniendo en práctica las "variaciones hermenéuticas" presentadas en *Certitudes négatives*, que permite la transformación de un objeto en acontecimiento y viceversa.[82] Se trata de un uso crucial, pues una vez aceptada la responsabilidad por la llamada, cabe distinguir si se trata de un objeto o un acontecimiento, y permanecer vigilante respecto de la necesidad de introducir una transformación.

---

78 RdD, p. 94.
79 Cfr. VR, pp. 158-159.
80 Ver apartado 13.2 del capítulo primero.
81 Cfr. RdD, p. 94.
82 "La distinción de los modos de la fenomenicidad (para nosotros entre objeto y acontecimiento) puede articularse sobre variaciones hermenéuticas". CN, p. 307. Ver apartado 15.1 del capítulo primero.

Estos niveles de hermenéutica nos permiten extraer algunas conclusiones y encontrar algunos lineamientos para responder a las lúcidas objeciones de Shane Mackinlay (2010) y Christina Gschwandtner (2014).[83] En primer lugar, la hermenéutica marioniana en su diversos niveles prevé distintos tipos de uso que combinados permiten advertir cómo es posible articular una gradación de la fenomenicidad con una opción dicotómica entre objetos y acontecimientos.

En el primer nivel, la decisión fundamental, la "decisión inmanente" está dada por la "hermenéutica de la llamada" que pone en acción a la "hermenéutica imperial", que decide por medio de la respuesta que allí hubo una llamada. Esta respuesta, que gestiona el pasaje de la donación a la fenomenalización, inaugura una nueva racionalidad, pues implica la aceptación de la incomensurabilidad de la donación.

En el cuarto nivel, presentado por Marion como un segundo uso, opera una hermenéutica de la saturación que tiene la tarea de –ante el fenómeno saturado– advertir la pluralidad de significados que éste demanda y entregarse pues a la labor de una "hermenéutica infinita". Esta concepción de la hermenéutica es la que da lugar a la crítica de Gschwandtner. La necesidad de recorrer la distancia entre la intuición saturante y la insuficiencia de cada significado posible, que implica, ante todo, reconocer que estamos frente a un fenómeno irreductible a la objetidad, es decir, irreductible a un significado único y fijo, también parece sugerir que todos los significados están en pie de igualdad. Según Gschwandtner, la certeza negativa y la hermenéutica están conectadas en cierto nivel. Son necesarias infinitas interpretaciones porque la razón nunca será capaz de aprehender al fenómeno saturado.[84] Pero de este modo, pareciera que no es posible establecer una jerarquía entre las interpretaciones.

> Podemos proveer muchas interpretaciones, porque el acontecimiento es incomprensible. Pero, esto sugiere que todas ellas son equivalentes e incluso que todas en definitiva carecen de sentido, pues, desde este punto de vista, no puede darse realmente ninguna explicación adecuada, y ninguna verdadera distinción puede hacerse entre las infinitas interpretaciones. La referencia a la hermenéutica apa-

---

83 Cabe destacar que la publicación de *Reprise du donné* (2016) es posterior a la publicación del libro de Gschwandtner, *Degrees of Givenness* (2014). En el libro se hace una breve mención a la conferencia para las *Père Marquette Lectures*, "Givenness and Hermeneutics" (2013), que constituye la segunda versión del capítulo II de *Reprise du donné*, "La donation en son herméneutique" (la primera versión es la de la conferencia "Quelques précisions sur la réduction, le donné, l'en herméneutique et la donation", pronunciada con ocasión del coloquio sobre la obra de Gondek y Tengelyi, *Neue Phänomenologie in Frankreich*, el 8 de marzo de 2012, y publicada en 2014). Gschwandtner considera que la conferencia, que ya esboza sucintamente los cuatro usos, se limita a "reafirmar el rol interpretativo de la hermenéutica y la prioridad de lo dado". GSCHWANDTNER, Christina, *Degrees of Givenness...*, op. cit., p. 24.

84 Cfr. GSCHWANDTNER, Christina, *Degrees of Givenness...*, op. cit., p. 18.

rece, pues, como innecesaria. El trabajo hermenéutico aquí realmente no lleva a ninguna comprensión o inteligibilidad mayor.⁸⁵

Y, como hemos visto, esto tiene un peso decisivo en algunos casos, como el derecho de las víctimas ante un acontecimiento histórico. Según Gschwandtner, la "certeza negativa" no puede ser absoluta en estos casos y la hermenéutica debe cumplir una función más decisiva que la de una mera "hermenéutica infinita". En palabras de Gschwandtner:

> Aunque nuevas interpretaciones son siempre posibles y bien pueden ser esclarecedoras, no todas las interpretaciones son posibles y, ciertamente, no todas las interpretaciones son iguales. [...] La concepción marioniana de la hermenéutica parece una abdicación de la responsabilidad en vez de un llamado al discernimiento.⁸⁶

Sin embargo, la respuesta para esta objeción se encuentra, en los diversos niveles de la hermenéutica marioniana. En primer lugar, en el primer nivel, el adonado acepta la responsabilidad mayor, al discernir mediante un compromiso en primera persona –que no es solo teórico, sino eminentemente práctico– que allí hay una llamada dirigida a él. Esto implica que el adonado acepta que es responsable no solo por todos los otros adonados, sino por todo fenómeno que le sale al encuentro. Y, si bien puede objetarse qué sentido tiene hacerse responsable por "todo fenómeno" si no es porque éstos en definitiva reenvían a los adonados, entiendo que esta ampliación de la responsabilidad introduce una importante diferencia, pues implica escuchar una llamada y ver directamente un rostro también en el perro, en el árbol, y hasta en la montaña; implica un habitar el mundo ya no desde la actitud dominadora del sujeto, sino desde el profundo respeto del adonado. Entonces, en el primer nivel, el adonado, al aceptar la llamada, discierne que todo fenómeno es originariamente un fenómeno saturado. En este sentido, ya en este nivel inicial encontramos un uso hermenéutico del discernimiento que nos permite alcanzar una mayor comprensión e inteligibilidad. En palabras de Marion:

> Esta decisión de tomar las cosas como llamadas –o la de no escuchar una voz cuando esto nos viene bien para justificar el permanecer en nosotros mismos– decide respecto de todo lo demás. La más alta lucidez consiste en identificar la llamada.⁸⁷

Pero, además, en el segundo nivel de hermenéutica, el nivel de la "hermenéutica de la variación" (identificado como el cuarto uso) se discierne –a partir de

---
85 *Ibid.*, p. 43.
86 Cfr. *ibid.*, p. 47.
87 RC, p. 70.

un compromiso con la situación– si en el caso concreto se está ante un objeto o ante un acontecimiento, es decir, si se debe constituir un objeto o entregarse al acontecer del fenómeno. En numerosos casos de la cotidianeidad, como reconoce explícitamente Marion, es necesaria la objetivación para no impedir "la vida social".[88] Por ejemplo, un cirujano que tiene que realizar una operación debe objetivar el cuerpo de ese existente humano. Este tipo de hermenéutica permanece activa, pues puede ocurrir que un fenómeno interpretado como objeto, en cierto momento, requiera una "variación hermenéutica" que permita verlo como acontecimiento. Continuando con el ejemplo de la intervención quirúrgica, el paciente en recuperación, que experimenta los dolores posoperatorios, demanda ser fenomenalizado como rostro y ya no como objeto.

En el tercer nivel de hermenéutica, la "hermenéutica de la gradualidad" (tercer uso), Marion introduce explícitamente la posibilidad de un trabajo de discernimiento entre diversos grados y matices de objetidad y de saturación también. El adonado enfrente, en este nivel, la tarea de discernir el grado de objetidad o de acontecialidad (saturación) que corresponde a ese caso concreto, a partir de la primera tópica de los fenómenos o introduciendo una nueva tópica con más distinciones si fuera necesario. Ciertamente, el tipo de discernimiento y criterio varía si se está en el campo de los objetos o en el campo de los acontecimientos. Para los objetos rigen diversas modalidades de la racionalidad del cálculo en un sentido amplio o, si se prefiere, la racionalidad del pascaliano orden del espíritu,[89] mientras que para los acontecimientos en necesaria la racionalidad de lo incalculable, la racionalidad del orden del corazón, es decir, la lógica del amor.[90]

Asimismo, como hemos analizado, Gschwandtner critica la falta de una efectiva práctica de la distinción de grados por parte de Marion,[91] así como también critica la ausencia de una dimensión preparatoria en la hermenéutica marioniana.[92] Ambas críticas tienen su pertinencia, pues es cierto que Marion

---

88 Cfr. ED, p. 437. Ver apartado 30.2.2 del capítulo cuarto.
89 Marion no menciona ningún criterio, pero si tenemos en cuenta que –como analizaremos– adhiere expresamente a la propuesta de relación entre fenomenología y hermenéutica presentada por Claude Romano en el capítulo XXII de *Au cœur de la raison, la phénoménologie*, probablemente no estaría en desacuerdo con los criterios que el autor señala como propios de diversas hermenéuticas para distinguir entre mejores o peores interpretaciones: 1) la coherencia, 2) la potencia (la capacidad de dar cuentas de la mayor parte de los aspectos de la cosa en cuestión), 3) el enraizamiento histórico (que evita anacronismos), 4) la radicalidad de las preguntas formuladas, 5) la originalidad que se basa en el conocimiento de otras interpretaciones. Cfr. ROMANO, Claude, *Au cœur de la raison*, op. cit., p. 900. Ciertamente, la enumeración de Romano no es taxativa, pueden sumarse otros criterios que introduzcan motivos racionales para optar por una u otra interpretación. En particular, respecto de las víctimas de la historia, pueden considerarse criterios éticos de diverso tipo, aunque la última palabra en estos casos –para Marion– la tendría la lógica del amor que prescribiría ver un rostro en cada víctima. Volveré sobre esta cuestión en el cuerpo del texto.
90 Volveré sobre esta cuestión en el capítulo sexto.
91 Cfr. GSCHWANDTNER, Christina, *Degrees of Givenness...*, op. cit., pp. 4-6.
92 Cfr. *ibid.*, p. 90.

no se detiene demasiado en ninguna de estas dos cuestiones. No obstante, existen algunas mínimas indicaciones y lineamientos presentes en su obra. Marion sostiene que la fenomenicidad saturada no depende solamente de lo dado, sino también del modo que el adonado "la recibe, la experimenta y la expresa: en resumen, de que él sepa interpretarla".[93] Esta interpretación exige cierta capacidad por parte del intérprete:

> La interpretación varía con el talento, la educación, y el coraje también, es decir, con la resistencia que el adonado pueda, cada vez, desplegar para recibir lo dado. Tal resistencia –que, en un sentido, consiste en *no resistir*, sino más bien en soportar la *insistencia* de lo dado– depende de la hermenéutica.[94]

Más allá de cierto elitismo –en el que me detendré particularmente en el apartado 38.5.4–, contrariamente a lo objetado por Gschwandtner, puede entenderse que con el término "educación" Marion señala la necesidad de cierta preparación, y de cierto conocimiento de la historia y el contexto del fenómeno. Como bien señala Gschwandtner:

> Si se proveen un entrenamiento, una preparación y un contexto adecuados, un fenómeno puede ser experimentado como saturado cuando no sería experimentado como tal sin esa preparación y contexto.[95]

Si bien es cierto que se trata de un aspecto poco desarrollado y al que habría que añadir la complejidad de un "entrenamiento" y una "preparación" para ver lo que no puede ser previsto (el fenómeno saturado), considero que Marion, en buena medida, aceptaría la sugerencia de Gschwandtner. El adonado debe prepararse para asumir la responsabilidad por una interpretación que abre –en el primer nivel, pero que se refleja en todos los niveles– la posibilidad de toda otra interpretación, o de una interpretación realmente adecuada:

> El fenómeno saturado exige una hermenéutica en la que el "en tanto que" existencial acepte exponerse a la contra-experiencia, por tanto, acepte llevar a cabo un combate contra la interpretación inevitablemente objetivante, dictada por el "en tanto que" apofántico.[96]

El adonado se enfrenta a este conflicto hermenéutico decisivo. No todas las interpretaciones son iguales, pero la diferencia fundamental está en una

---

93 RdD, p. 95.
94 *Idem*.
95 Gschwandtner, Christina, *Degrees of Givenness...*, op. cit., p. 91.
96 RdD, p. 95.

elección que se da en términos dicotómicos entre la clausura del objeto o la apertura a sus posibilidades. Sólo si el fenómeno es concebido desde esa apertura, es posible articular la necesidad de gradación y de jerarquización entre interpretaciones, e incluso, en ciertos casos, por "variación hermenéutica", aceptar la clausura en la objetidad. Pues, efectivamente, como ya hemos señalado, la modalidad del objeto es necesaria.

Conviene pues primero asegurar el primer nivel de hermenéutica, en el que asumiendo la responsabilidad que esto implica, se otorga a la llamada su carácter de tal. En ese primer nivel (que se refleja también en el segundo nivel, con la posibilidad de un pasaje dicotómico entre objeto y acontecimiento) se juega la decisión fundamental entre la clausura o la apertura, entre la mismidad o la otredad, entre la totalidad o el infinito.

En el tercer nivel se introducen grados, distinciones, jerarquías, teniendo en cuenta como criterio último la originariedad y la prioridad del carácter acontecial de todo fenómeno, pero también la necesidad, en ciertos casos, de una objetivación. Finalmente, en el cuarto nivel se constata la infinitud del campo abierto por la saturación y la posibilidad siempre abierta de otra interpretación.

En el caso concreto, señalado con buen tino por Gschwandtner, de un acontecimiento histórico en el que está en juego la reivindicación de las víctimas, puede ocurrir que sea necesario introducir una "variación hermenéutica", que transforme el acontecimiento en objeto, para considerar desde una lógica metafísica qué interpretación objetivante es la más adecuada para lograr esa reivindicación. Pero cabe señalar que esta operación estaría subordinada a una consideración de las víctimas como rostros, como fenómenos saturados, como acontecimientos, alcanzada de la decisión hermenéutica fundamental por la que el adonado se entrega a otra racionalidad: a la lógica del amor.

38.4. Otras manifestaciones de la dimensión hermenéutica en la obra de Marion

Además de las cuatro apariciones mencionadas por Marion, es posible encontrar otros pasajes de su obra en los que se refiere a la tarea hermenéutica. A continuación, me detendré en dos de estas referencias.

38.4.1. La anamorfosis

La primera alusión a la hermenéutica está dada por la determinación de la anamorfosis. En el apartado anterior (38.3.) anticipamos que es posible responder a las objeciones de Shane Mackinlay a partir de la distinción de niveles hermenéuticos. Mackinlay sostiene que la hermenéutica marioniana solo opera en el dominio epistémico, pero nunca como una dimensión misma del adonado, como sucede con el *Dasein* heideggeriano. Dice Mackinlay:

> Por lo tanto, en vez de que la hermenéutica esté restringida a las interpretaciones de la existencia que surgen cuando es posteriormente relatada, la existencia humana es ella misma considerada como hermenéutica en la *misma estructura de su acaecer*. Consecuentemente, los fenómenos no son solo interpretados *después* de que han aparecido, sino que *ya siempre* están interpretados en su mismo aparecer.
>
> La "hermenéutica infinita" de Marion es hermenéutica solo el sentido derivado, epistémico de la interpretación posterior a un aparecer ya cumplido, y no hace ninguna concesión al sentido ontológico de la hermenéutica que Heidegger propone como primario.[97]

Puede responderse a esta objeción desde el primer nivel hermenéutico, pues allí se pone en juego el sentido de la existencia misma del adonado que elige recibir o no recibir lo dado en tanto tal. Pero, además, es posible responder desde la categoría de la anamorfosis, que ya se encuentra operando en *Étant donné* y que, como bien han señalada Jean Greisch[98] y Jean Grondin,[99] da cuenta de cierta dimensión hermenéutica de la fenomenología de la donación.

Como ya hemos analizado, Marion toma este dispositivo pictórico para explicar el modo de aparición del fenómeno a partir de sí.[100] Del mismo modo que el cuadro de Holbein el joven, todo fenómeno es susceptible de dos fenomenicidades: la que puede imponer el sujeto-espectador desde su arbitrio (sin anamorfosis) y la que demanda lo dado por sí mismo (con anamorfosis). Acceder a lo dado en tanto tal exige una mirada anamórfica, requiere entregarse a una contra-intencionalidad, demanda someterse a los dictados del "sí" de la donación. Pero esta entrega no es un movimiento meramente pasivo, sino que exige que "una mirada sea curiosa, disponible y ejercida". Paradójicamente, este sometimiento "a la figura que hay que ver" exige abandonar el "lugar del espectador sin compromiso",[101] para que opere un cambio de mirada. Esta modificación anamórfica, según señala Greisch, "¿no es sinónimo

---

97 Cfr. MACKINLAY, Shane, *Interpreting excess...*, op. cit., p. 36.
98 Cfr. GREISCH, Jean, "*Index sui et non dati...*", art. cit., p. 37.
99 Cfr. GRONDIN, Jean, "La tension de la donation ultime et la pensée herméneutique...", art. cit., p. 554.
100 Ver apartado 29.3 del capítulo cuarto.
101 ED, p. 176.

de 'meta-morfosis hermenéutica', a condición de tomarla en el sentido que le da Heidegger cuando habla del 'en tanto que hermenéutico'?"[102] Ciertamente, la variación anamórfica parece remitir al dispositivo hermenéutico de la "variación hermenéutica" que también permite dos fenomenicidades respecto de un mismo fenómeno, y que solo hace posible la mostración del fenómeno saturado si el "en tanto que" hermenéutico-existencial se expone a un combate con la interpretación objetivante del "en tanto que" apofántico.[103]

En este sentido, también es posible responder al planteo de Stéphane Vinolo en "La tentation moderne de Jean-Luc Marion: le scandale de la saturation". Allí el autor propone que existe una tensión entre un enfoque metafísico representado por la tópica del fenómeno introducida en *Étant donné*, que distingue tres tipos de fenómenos (fenómenos pobres, fenómenos de derecho común y fenómenos saturados) y establece una distinción cualitativa entre ellos, y un enfoque hermenéutico, que comienza a esbozarse a partir de 2001 y se cristaliza con la idea de la "banalidad de la saturación". Este segundo enfoque hace depender a la fenomenicidad de una interpretación, estableciendo una mera distinción cuantitativa entre los fenómenos.[104] Según Vinolo, con este segundo enfoque, Marion cae en la "tentación moderna" que hace de la saturación ya no un tipo de fenómeno, sino una interpretación posible. Como ya hemos analizado en el capítulo primero, esta banalidad ya se encuentra operando en *Étant donné*, pues la noción misma de fenómeno como *das Sich-an-ihm-selbst-zeigende* indica que todo fenómeno se da originariamente bajo el modo de la saturación, aunque en la mayoría de los casos aparezca bajo el modo de la objetidad. La determinación a partir de la cual puede operar una "variación hermenéutica", al menos desde el objetidad a la acontecialidad, es la anamorfosis.

Pero, además, la anamorfosis exhibe también otro rasgo hermenéutico decisivo:

> Aparecer tocándome [*apparaître en me touchant*] define la anamorfosis. El fenómeno atraviesa la distancia que lo conduce (ana-) a su tomar forma (morfosis), siguiendo un eje inmanente que convoca en cada caso a un *yo/mí* siguiendo las diversas modalidades (llegada [*arrivée*], advenir, imponer) sobre un punto fenomenológico preciso. Este alinearse me alinea en una dirección rigurosamente determinada por la anamorfosis del fenómeno, que para nada está determinado por el arbitrio del sujeto, sino que somete al contrario a éste a su aparecer: si no me

---

102 Greisch, Jean, "*Index sui et non dati…*", art. cit., p. 37.
103 RdD, p. 95.
104 Cfr. Vinolo, Stéphane, "La tentation moderne de Jean-Luc Marion: le scandale de la saturation", *Dialogue. Revue canadienne de philosophie*, volume 55, issue 2 (2016), pp. 343-362.

encuentro exactamente en el punto designado por la anamorfosis del fenómeno, simplemente no lo veré, al menos en cuanto tal, como se da.[105]

La anamorfosis permite advertir que el darse del fenómeno implica un "tocar". Este "tocar" puede ser entendido en el sentido de un "afectar". El darse del fenómeno me afecta y despierta en mí una afección. Si nos dejamos "tocar", si nos dejamos afectar por el temple anímico que éste provoca, el mismo darse del fenómeno despierta la hermenéutica que hace posible su recepción. Es en el contacto con las cosas, en el ser-en-el-mundo, donde se dan las experiencias fundamentales que ponen en marcha la hermenéutica. Como bien advierte Jean Grondin: "Es en estos pasajes que Marion se muestra más hermenéutico (y más heideggeriano): todo me concierne, no estoy en el mundo sino bajo el modo de la intricación".[106]

La crítica de Mackinlay puede ser respondida desde este estar siempre ya concernido, ya implicado con las cosas, que es condición para que opere la hermenéutica anamórfica. Ahora bien, cuando se trata de fenómenos saturados, es decir, de fenómenos límites, no es posible sostener que "ya se encuentran interpretados" en un sentido positivo, pero desde el compromiso que ellos exigen para su mostración, quizás sea posible decir que ya se encuentran "contra-interpretados" o interpretados en sentido negativo, desde la certeza negativa, puesto que el adonado ya está activamente involucrado en la posibilidad de su aparición por medio de la práctica de una "ascesis activa" que suspende toda anticipación posible, pero para anticipar su posibilidad en sentido radical, es decir, su posibilidad liberada de toda condición de posibilidad.

38.4.2. El "como" de la alabanza

Un segundo uso de la hermenéutica –ya operando en la obra de Marion y que no fue reseñado en *Reprise du donné*– se observa en el capítulo VI, "Au nom ou comment le taire", de *De surcroît*. El texto está destinado a debatir con Derrida respecto a su concepción de la teología negativa.

Derrida plantea diversas objeciones que buscan demostrar que la "teología negativa" se rige por la lógica de la "metafísica de la presencia". Marion propone responder a estas objeciones confrontándolas con la obra misma de Dionisio el Areopagita. Lo primero que señala Marion es que Dionisio distingue tres vías y no solo dos. El error de Derrida es suponer que la negación tiene por objeto restablecer una afirmación. Marion explica que esto no es así,

---
105 ED, p. 184.
106 GRONDIN, Jean, "La tension de la donation ultime et la pensée herméneutique…", art. cit., p. 554.

Dionisio no tiene necesidad de falsificar la negación porque en esa instancia abre una tercera vía. Uno de los pasajes seleccionados para sustentar lo dicho se encuentra en *De Divinis nominibus* y es traducido por Marion en los siguientes términos:

> ...a partir de la disposición de los entes en tanto que esta proviene de Él y contiene ciertos iconos y similitudes de los paradigmas divinos [vía afirmativa], nos elevemos según nuestra posibilidad hacia el más allá de todos [los entes] por su vía y su posición y en la negación y la superación de todo [vía negativa], y en el Requerido de todo [tercera vía].[107]

Esta tercera vía se encuentra más allá de las oposiciones binarias de la metafísica: la afirmación y la negación, la síntesis y la separación, lo verdadero y lo falso.[108] Si bien existe una jerarquía: la negación prima por sobre la afirmación, porque es más adecuada a Dios,[109] al momento de operar la negación se advierte aquello que subyace a la afirmación y a la negación. Según Marion, Dionisio entiende que no hay ningún nombre apropiado a Dios, que no se trata de nombrar ni de no nombrar, sino que se trata más bien de "de-nominar" (*dé-nommer*).[110]

> La de-nominación lleva en su ambigüedad la doble función de decir (afirmar negativamente) y de deshacer ese decir del nombre. Se trata de una palabra que no dice algo de algo (ni un nombre de alguien), sino que niega toda pertinencia a la predicación, recusa la función nominativa de los nombres y suspende el imperio de los dos valores de verdad. Dionisio indica esta nueva función pragmática del lenguaje, que mienta a Aquel que sobrepasa toda nominación asignándole el título de *aitía* —no como la "causa" metafísica, sino como el Requerido [*Réquisit*] que requieren (*aitèo*) todos los requirientes (*aitiatà*), cuando mientan a Aquel del que provienen y a quien volverán–. La *aitía* no tiene otra función que sobrepasar la afirmación y la negación.[111]

---

107 *De Divinis nominibus*, VII, 3, 869 d-872 a. Marion también cita y traduce un pasaje de *Mystica Theologia*: "...pues el Requerido perfecto y unificado de todas las cosas está más allá de toda tesis [*hypér pãsan thésin*], como está también [*kaí*] más allá de toda negación [*hypér pãsan aphaíresin*] lo que sobrepasa la supresión total de todas las cosas y lo que se encuentra más allá de su totalidad [*epekeína tõn ólon*]". *Mystica Theologia*, I, 2, 1000 b.
108 Cfr. *ibid.*, pp. 166-172. Sostiene Marion: "Efectivamente, en rigor, si la tesis y la negación tiene en común decir lo verdadero (y descartar lo falso), la vía que los trasciende debe, por tanto, trascender también lo verdadero y lo falso; la tercera vía transgrediría nada menos que los dos valores de verdad, entre los que se ejerce toda la lógica de la metafísica". *Ibid.*, p. 172.
109 "Las negaciones son verdaderas en las cosas divinas, las afirmaciones no se les adecuan". *De cœlesti Hierarchia*, II, 3, 141 a.
110 Cfr. *ibid.*, pp. 173-174.
111 *Ibid.*, p. 174. Retomando la interpretación presentada en un artículo temprano, " Distance et Louange " (cfr. MARION, Jean-Luc, "Distance et Louange", *Résurrection*, 38 (1971), pp. 89-118) y, posteriormente, en *L'idole et la distance*, Marion propone entender *aitía* como "Requerido" (*Réquisit*). Explica

A continuación, el texto se detiene en la cuarta objeción que Derrida presenta respecto de la "teología negativa". Frente a la posibilidad de concebir que la teología mística no busca restablecer lo que niega, sino que pretende pasar de la predicación a la palabra no predicativa en la alabanza, Derrida –destaca Marion– sostiene que ésta –a diferencia de la oración pura y simple– constituye un modo de la predicación disfrazada.[112] Marion da dos respuestas a Derrida.

1) En primer lugar pone en cuestión el estatuto del nombre propio que, como ya hemos analizado en el apartado 30.1 del capítulo cuarto, nunca logra la individualización pretendida porque nunca es suficientemente propio. Por lo tanto, aun suponiendo que la alabanza atribuye un nombre a Dios, ese nombre no nombraría ni su esencia, ni su presencia, sino que señala su ausencia, su anonimato, su retraimiento.[113]

2) La segunda respuesta refiere al estatuto de la oración. La crítica de Derrida presupone que la oración no nombra, pero ¿esto es así? Marion sostiene que es necesaria algún tipo de nominación:

Marion: "*Aitía* significa, tal como es sabido, la acusación, la queja, el cargo que recae en aquel que es requerido. Se trata por tanto de lo apuntado por la acción de *acusar a partir de un aspecto que me concierne, aitiáomai*. En efecto, tanto la relación platónica entre *aitiáomai* y *aitíal aítion* (*Filebo*, 22 d; *Fedro*, 98 d; *República*, 329 b), como entre lo que se pide y el requerimiento; reproduce la relación jurídica de los términos: acusar un presunto culpable (*Ilíada*, XI, 654; *Odisea*, I, 32: '¡Oh, desgracia! ¡De qué modo los hombres acusan a los dioses!', etc.). En este contexto, hay que subrayar que *aitiatón* depende de un medio *aitidomai, acusar en lo que me concierne*; por tanto, no se puede traducir por 'efecto', sino que debe conservarse el matiz de medio: *lo que el requirente requiere para sí*. Sobre esta constelación conceptual, cfr. el *Comentario* de Jorge Paquimeres sobre H C, III, 3, 2: 'se denominan requirentes, *aitiatá*, los términos que, para ser de algún modo necesitan un requerido (*aitía*) que provenga del exterior. Se denominan requeridos (*aitíai*), los términos consumados, en vista de los que, al tender hacia ellos, consumamos a los requirentes y a aquellos de los que éstos son términos' (PG, 3, 456 c)". ID, p. 247 n. 41. Para Marion, lo decisivo es entender que la *aitía* "no nombra en ningún sentido a Dios, ella lo de-nomina quitándole la función predicativa al lenguaje, para pasar a su función pragmática: referir los nombres y su emisor al interlocutor inalcanzable e inevitable, más allá de todo nombre y de toda denegación de nombre. Con la *aitía*, la palabra no dice más que lo que niega: ella actúa reportándose a Aquel que ella de-nomina". *Ibid.*, p. 175.

[112] "Me atendré a una distinción: aunque la oración [*prière*] en sí misma, si se puede decir así, no implica ninguna otra cosa sino el dirigirse al otro pidiéndole quizás más allá de la petición y del don, que dé la promesa de su presencia como otro, y finalmente la trascendencia de su alteridad misma, sin ninguna otra determinación, la alabanza [*louange*], por su parte, sin ser un simple decir atributivo, guarda sin embargo una relación irreductible con la atribución". Derrida, Jacques, *Psyché. Inventions de l'autre*, Paris, Galilée, 1987, p. 572. "Pues aunque la alabanza o la celebración de Dios no tiene en efecto el mismo régimen de predicación que cualquier otra proposición aunque la verdad a la que aspira es la hiperverdad de una hiperesencialidad [*survérité d'une suressentialité*], celebra y nombra lo que 'es' tal como 'es' más allá del ser. Incluso si no es una afirmación predicativa de tipo corriente, la alabanza conserva el estilo y la estructura de una afirmación predicativa. Dice algo de alguien. No es el caso de la oración que apostrofa, se dirige al otro y permanece, en ese puro movimiento, absolutamente ante-predicativa. No basta aquí con subrayar el carácter realizativo de los enunciados de oración y de alabanza. El realizativo en sí mismo no excluye siempre la predicación". *Ibid.*, p. 573, n. 1.

[113] Cfr. DS, pp. 178-180.

ninguna oración puede orar sin dar un nombre, sin reconocer una identidad, incluso y sobre todo impropia. [...] Es por eso que Dionisio no solamente completa siempre toda alabanza con una invocación "como", sino también la oración: "Conviene efectivamente elevarnos primero hacia ella [la Trinidad] por nuestras oraciones como el principio de bondad". [...] La oración no consiste en hacer descender al invocado a las capturas de nuestro lenguaje [...] El enfoque de la oración consiste siempre solamente en de-nominar: no en nombrar en sentido propio, sino en aplicarse a mentarlo en toda su impropiedad.[114]

Tanto la alabanza como la oración necesitan, según Marion, de algún tipo de nominación: necesitan una de-nominación. Esta de-nominación opera como una "mención indirecta" (*visée indirecte*) por medio del "como", del *hos*.[115] Marion entiende que este *hos* funciona del mismo modo que el *als* de la hermenéutica heideggeriana:

> Así, alabanza y oración se cumplen en la misma operación de una mención indirecta de la *aitía*, que no pretenden jamás nombrar en sentido propio, sino siempre solamente de-nominar *en tanto que... como...* lo que la mención puede entrever e interpretar de ella. Estos operadores –*como...* y *en tanto que...*– anticipan de hecho en gran medida en teología lo que Heidegger designará bajo el título de el *en tanto que...* fenomenológico: la comprensión interpretativa de lo mentado a partir de y a la medida de la entonación de aquel que mienta.

> La de-nominación por la oración (de igual modo que por la alabanza) según la impropiedad necesaria de los nombres no debe, por otra parte, sorprender. Ella confirma efectivamente la función de la tercera vía, ya no predicativa (sea por afirmación o por negación), sino puramente pragmática. Ya no se trata de nombrar o de atribuir algo a algo, sino de mentar en dirección de..., remitirse a..., comportarse hacia..., contar con..., en resumen, de hacer con... La oración, al invocar lo inalcanzable como... y en tanto que..., señala definitivamente la transgresión de la acepción predicativa, nominativa y, por tanto, metafísica del lenguaje. Recuperamos aquí la afirmación de Lévinas: "La esencia del discurso es la oración".[116]

Marion presenta, así, un modelo teológico de hermenéutica que anticipa "en gran medida" la propuesta heideggeriana. De mismo modo que el "en tan-

---

114 *Ibid.*, pp. 180-181. El pasaje citado es *De Divinis nominibus*, III, 1, 680 b.
115 Esta idea ya había sido presentada por Marion en *L'idole et la distance* y en *Dieu sans l'être*. Dice en el § 16 de *L'idole et la distance*: "La alabanza pone en juego un lenguaje apropiado a la distancia que comprende icónicamente el lenguaje mismo. Queda por precisar un punto capital: en lugar de utilizar operaciones lógicas de afirmaciones y de negaciones, Dionisio utiliza las operaciones designadas por el "como"; de ahí, una proposición del tipo 'x alaba al Requerido como y', en la que 'como' no equivale a 'como si, *als ob*', sino a 'en tanto que', y en la que el Requerido no se identifica a 'y', que no está entonces categorialmente predicado; 'y' indica la relación bajo la que 'x' mienta al Requerido; 'y' supone así la distancia y reenvía de entrada a 'x'". ID, pp. 234-235.
116 DS, p. 181. El pasaje citado de Lévinas se encuentra en LÉVINAS, Emmanuel, "L'ontologie, est-elle fondamentale ?" en LÉVINAS, Emmanuel, *Entre nous. Essais sur le penser-à-l'autre*. Paris, LGF, 2014, p. 19

to que" hermenéutico-existencial heideggeriano, el *hos* de la oración y la alabanza explicitan lo comprendido sin necesidad de recurrir al lenguaje predicativo, desde una instancia anterior, de carácter antepredicativa y pragmática.

> En lo sucesivo, las palabras no me dicen ni me explican más nada sobre ninguna cosa puesta para y por mi mirada, ellas me exponen a mí mismo a lo que solo se deja decir para permitirme, precisamente, no decirlo más, sino reconocerlo como bondad, por tanto, amarlo. [...] Efectivamente, con la alabanza no se trata más de decir, sino de escuchar, ya que, según la etimología convencional que Dionisio retoma de Platón, la bondad bella llama: *kallòs kaleî*.[117]

Aparece aquí, pues, una manifestación de la "hermenéutica del amor" en su modalidad teológica. El acto interpretativo por el que se accede –bajo la modalidad del *hos*– a la Divinidad no es teórico, sino que consiste en exponerme a Ella en el amor. Y esta exposición amorosa se da en el modo de la escucha: podemos interpretar a Dios "como" bondad solo a partir de una actitud receptiva de entrega amorosa a la escucha. Se da una inversión, o más precisamente, previa a la inversión por la llamada, se da una apertura del tipo de la "indicación formal" del joven Heidegger, que sólo adquiere sentido en la apropiación pragmática del sentido de realización:[118]

> Pues el Nombre no tiene más la función de inscribir a Dios en el horizonte teórico de nuestra predicación, sino que tiene la función de inscribirnos a nosotros, según una pragmática radicalmente nueva, en el horizonte mismo de Dios.[119]

Ahora bien, ¿puede equipararse sin más el uso del "como" en Dionisio con el uso del "en tanto que" en Heidegger? Conviene detenerse en las inspiradas objeciones planteadas por Javier Bassas Vila en "Écriture phénoménologique et théologique. Fonctions du "comme", "comme si" et "en tant que" chez Jean-Luc Marion". El autor –que dedica una serie de artículos a estudiar la práctica de escritura marioniana y sus operadores lingüísticos ("como", "como si", "en tanto que")–[120] destaca que si bien en ambos casos se trata de menciones

---
117 DS, p. 185. El pasaje de Dionisio a confrontar es *De Divinis nominibus*, IV, 7, 701 c-d.
118 Ver § 28 del capítulo cuarto.
119 DS, p. 197.
120 Entre otros, cfr. Bassas Vila, Javier, "Breve estudio de traducción. Para una fenomenología lingüística aplicada a *Siendo dado*" en Marion, Jean-Luc, *Siendo dado. Ensayo para una fenomenología de la donación*, trad. Javier Bassas Vila, Madrid, Editorial Síntesis, 2008, pp. 17-27; Bassas Vila, Javier, "Écriture phénoménologique et théologique: Fonctions du "comme", "comme si" et "en tant que" chez Jean-Luc Marion", *Studia Phænomenologica*, special issue (2009), pp. 135-155 ; Bassas Vila, Javier, "Postfacio. Estudio de fenomenología lingüística. Historia del 'como' en Jean-Luc Marion" en Marion, Jean-Luc, *Dios sin el ser*, trad. D. Barreto González, J. Bassas Vila y C. E. Restrepo, Pontevedra, Ellago Ediciones, 2010, pp. 311- 354; Bassas Vila, Javier, "Las 'comme-fessions' de san Agustín. Apuntes sobre el giro espiritual de la fenomenología en J.-L. Marion", *Pensamiento y Cultura*, vol. 13, nro. 2 (2010), pp.

pragmáticas, pre-temáticas y conscientes de la limitación de quien menciona, es posible encontrar diferencias significativas. En primer lugar, de modo general, puede ser problemática la referencia a Heidegger en tanto ésta describe la relación lingüística con Dios por medio de una estructura propia de los fenómenos intramundanos.[121] En segundo lugar, Bassas señala puntualmente tres aspectos cuestionables en la equiparación. 1) El primero refiere al carácter no-asimilador del "como" de Dionisio, que se opone a la apropiación que está en juego en el "en tanto que" de Heidegger. 2) El segundo cuestionamiento refiere a la ausencia de una identificación en el uso del "como" de Dionisio. "Alabar a Dios como Señor" no significa que se identifique "Dios" y "Señor". El "como" plantea solo un acercamiento respecto de la infinitud que se intenta de-nominar (Dios). Por el contrario, en el caso del "en tanto que" heideggeriano sí se da una identificación. Bassas cita el siguiente pasaje de *Sein und Zeit*: "La indicación del 'para qué' no es simplemente un nombrar algo, sino que lo nombrado es comprendido *en tanto que* [*als*] aquello por lo que hay que tomar aquello por lo que se pregunta".[122] 3) La tercera observación refiere al carácter no-inmediato del acceso a Dios ni de su comprensión como incomprensible a partir del "como" de Dionisio. Bassas destaca que la manifestación del ente intramundano es directa y, en ese mismo acto, actúa nuestro acceso y nuestra comprensión de él. Dice Heidegger: "Toda explicitación [*Auslegung*] que haya de aportar comprensión debe haber comprendido ya lo que en ella se ha de explicitar".[123] El "en tanto que" opera –comenta Bassas– ya teniendo un acceso inmediato y una comprensión de lo que se explicita.[124]

Estos comentarios son muy valiosos porque permiten entender el límite del paralelo de la hermenéutica marioniana con la hermenéutica heideggeriana. Efectivamente, conviene pensar la hermenéutica de la donación (y del amor) como operando a partir del "como" más que a partir del "en tanto que". Sin embargo, cabe hacer algunas aclaraciones.

1) En primer lugar, efectivamente, con el "en tanto que" heideggeriano, la "explicitación" (*Auslegung*) "se apropia" (*sich zueignen*) comprensivamente de lo comprendido.[125] Sin embargo, cabe señalar, por un lado, que el estatuto de la "apropiación" (*Aneignung*) heideggeriana reviste cierta complejidad que

---

171-180; Bassas Vila, Javier, "El lenguaje saturado de Jean-Luc Marion. ¿De la fenomenología a la política?" en Roggero, Jorge Luis (ed.), *Jean-Luc Marion: límites y posibilidades de la Filosofía y de la Teología*, Buenos Aires, Editorial SB, 2017, pp. 211-226.
121 Cfr. Bassas Vila, Javier, "Écriture phénoménologique et théologique…", art. cit., p. 147.
122 GA 2, p. 198.
123 *Ibid.*, p. 202.
124 Cfr. Bassas Vila, Javier, "Écriture phénoménologique et théologique…", art. cit., pp. 147-148.
125 GA 2, p. 197.

es necesario tener en cuenta y, por otro lado, también es importante destacar que existe cierta "apropiación" en la hermenéutica marioniana. La apropiación –tanto en Marion como en Heidegger– refiere principalmente a dos aspectos:

(i) el asumir la condición finita e histórica desde la que se plantea la interpretación hermenéutica, y (ii) el exponerse en primera persona al fenómeno.

(i) Respecto de la aceptación de la condición finita e histórica, los dos autores no difieren demasiado, pues en el caso de Heidegger se trata de apropiarse de la situación hermenéutica y sus estructuras de anticipación (tener previo, ver previo y concepción previa) y en el caso de Marion se trata de poner en práctica una apropiación de estas mismas estructuras de precomprensión, pero para comprender su carácter finito y el modo en el que ellas no pueden actuar como limitantes respecto de los que se da. La fusión de horizontes gadameriana que se establece entre el horizonte de la pregunta y el horizonte de la respuesta es el modelo para la interacción entre el horizonte marioniano de la respuesta que se ve desbordado y contradicho por el acontecer de la llamada y la infinidad de horizontes que reclama como su propio horizonte.

(ii) Con relación a la exposición en primera persona, cabe advertir que en ambos autores, en mayor o menor medida, se trata de un gesto de entrega ante lo inapropiable. En el joven Heidegger esto se observa mediante la previsión metodológica de la *formale Anzeige* que se mantiene expectante al acontecer del fenómeno en sus propios términos.[126] En *Sein und Zeit*, Heidegger enfatiza en el § 38 que la *Eigentlichkkeit* ("propiedad") no consiste en otra cosa que en un modo de aprehender la *Uneigentlichkeit* (impropiedad): "…la existencia *propia* no es nada que flote por encima de la cotidianidad cadente, sino existenciariamente sólo una manera modificada de asumir esta cotidianidad".[127] En este caso, la apropiación, el alcanzar la propiedad implica un paradójico aceptar una desapropiación empuñando la impropiedad. Por su parte, en Marion, también se da una exposición, una entrega a la cosa en primera persona –como hemos analizado respecto de la anamorfosis–, pues se da una intrincación entre el fenómeno y el adonado. En este sentido, se da una suerte de apropiación de esa relación en la que el adonado se hace responsable de la fenomenalización de lo dado. Sin embargo, se trata siempre de una apropiación de lo inapropiable en la que se asegura que lo inapropiable (el fenómeno saturado) permanezca en su carácter de tal.

2) En segundo lugar, respecto de la identificación, que será el aspecto decisivo para distinguir el "como" del "en tanto que". Si bien es cierto, que de nin-

---

126 Ver § 28.
127 GA 2, p. 238.

gún modo puede operar una identificación en sentido positivo del fenómeno saturado, sí puede y de hecho opera una identificación en sentido negativo por medio de la certeza negativa de que se está ante un fenómeno saturado y de que se encuentra dado. La respuesta explicita el sentido que se da a una comprensión que tiene lugar en la contra-experiencia de la donación.

3) En tercer lugar, en relación con la indiscutible no inmediatez del acceso a Dios y al fenómeno saturado, cabe hacer una aclaración respecto del pasaje de Heidegger seleccionado por Bassas. "Toda explicitación [*Auslegung*] que haya de aportar comprensión debe haber comprendido ya lo que en ella se ha de explicitar". Lo que está en juego en la anterioridad de la comprensión respecto de la interpretación es –como ya hemos analizado– la anterioridad de la experiencia antepredicativa respecto de su explicitación y posible enunciación. Lo que está en juego es la noción fenomenológica de sentido; un sentido que se da en una instancia previa a la instancia lógica-lingüística: la instancia de la experiencia.

Pero, además, en este texto, es posible encontrar algunos lineamientos sobre su concepción del lenguaje. Javier Bassas Vila propone como hipótesis pensar la posibilidad de un "lenguaje saturado" en Marion a partir del uso del "como". Si según la lectura marioniana, el uso del *hos* en Dionisio evita una predicación idolátrica respecto de la Divinidad y posibilita una modalidad icónica de denominación, entonces, acertadamente, Bassas propone:

> Este "como" icónico [...] se erige así en la partícula necesaria para describir precisamente el fenómeno saturado: todo enunciado descriptivo de un fenómeno saturado no podrá entonces articularse bajo la forma de un "A es B", sino más bien bajo la forma de "A es como B", marcando así una distancia irreductible, una inadecuación esencial de la descripción. Tal es la manifestación lingüística de la saturación, de tal modo que el "como" posibilita y articula, por decirlo así, un "lenguaje saturado".[128]

Aunque este es un aspecto prácticamente ausente en su obra, con agudeza y siguiendo una estrategia marioniana (la apropiación filosófica de ideas teológicas),[129] Bassas completa la propuesta de Marion postulando un "lenguaje saturado" capaz de expresar al fenómeno saturado sin tergiversarlo.

---

128 BASSAS VILA, Javier, "El 'lenguaje saturado' de Jean-Luc Marion. ¿De la fenomenología a la política?" en ROGGERO, Jorge Luis (ed), *Jean-Luc Marion: límites y posibilidades de la Filosofía y de la Teología*, Buenos Aires, Editorial SB, 2017, p. 220.
129 Volveré sobre esta idea en el capítulo sexto.

38.5. La vía estética

Marion otorga una importancia decisiva al arte. Al comienzo del libro sobre Courbet se lee:

> Concebir este privilegio del fenómeno –hacer aparecer la cosa en sí, el *en-sí* de la cosa– constituye la única tarea de la fenomenología. Pero la pintura, más que cualquier otra actividad del espíritu, tiene a su cargo llevar a cabo, poner en obra este prodigio.[130]

La pintura es la encargada de "hacer aparecer", de "hacer ver", de mostrar lo que se da. En términos de *La croisée du visible*, el pintor es el "guardián de los límites del aparecer",[131] pues es quien "filtra el acceso de lo invisto (*l'invu*) a lo visible".[132] Esta es la función del pintor: mostrar aquello dado, que sin él permanecería invisto.

Como ya hemos indicado, en *Reprise du donné* Marion define la función de la hermenéutica como la encargada de gestionar el pasaje entre lo que se da y lo que se muestra.[133] Pero, ¿no es esta misma tarea la que Marion había asignado al arte? ¿La labor de administrar el pasaje de lo que se da a lo que se muestra no había sido otorgada al pintor como el encargado de hacer visible lo invisto? ¿Cómo hay que entender esta superposición de funciones entre la hermenéutica y la pintura? ¿Es posible una articulación entre ambas?

Propongo que Marion ofrece una vía estética de acceso a la hermenéutica de la donación. En palabras de Marion:

> ...lo que es decisivo –y es sin duda el motivo por el cual la fenomenología presta tal atención, de modo casi obsesivo, a las cuestiones de la pintura y la estética en general– es que aquí se trata de un régimen de visibilidad excepcional, respecto del cual la fenomenología, especialmente, intuye que lejos de ser marginal, es una de las vía de acceso a la situación original de la manifestación de los fenómenos.[134]

La figura del artista permite entender mejor el modo en que el adonado pone en práctica la hermenéutica marioniana y, en partircular, permite advertir el rol decisivo de los temples anímicos. La función del arte parece ser la de constituir un modelo paradigmático, una vía regia al particular modo en que la instancia interpretativa opera en la fenomenología de la donación. Sin

---
130 C, p. 10.
131 CV, p. 52.
132 *Idem*.
133 RdD, p. 89. Ver apartado 38.2.
134 CVCA, pp. 59-60.

embargo, algunas consideraciones de Marion parecen ir más allá de la idea de la pintura como un simple modelo. Es preciso, pues, detenerse también en algunas de las implicancias de esta vía estética para aclarar su alcance.

38.5.1. La función de la pintura

Efectivamente, la tarea de administrar la distancia entre lo que se da y lo que se muestra no es un tópico nuevo en la obra de Marion. Hacer visible lo invisto, fenomenalizar lo dado es la función que Marion asigna a la pintura desde la publicación de los estudios que componen *La croisée du visible* en 1991.

En "Ce que cela donne", Marion se pregunta para qué necesitamos de los pintores, cuál es su función específica. Está claro que "para ver, no tenemos ninguna necesidad de los pintores",[135] vemos "el espectáculo visible" de la cotidianeidad sin necesidad de recurrir a la pintura: "sabemos lo que vemos y lo que debemos ver";[136] evitamos cualquier tipo de sorpresa: procuramos que lo que vemos sea lo que tenemos que ver; nos aseguramos tan sólo de que lo que vemos coincida con lo que debemos ver. Pero entonces, ¿qué puede aportar la pintura respecto de esta visibilidad?

Y en este punto, la respuesta de Marion es terminante: la pintura pone en jaque la apacible "coincidencia" entre lo que creemos que tenemos que ver y lo que vemos. La pintura nos muestra otra cosa.

> El cuadro –el verdadero– expone un fenómeno absolutamente original, descubierto por primera vez, sin precedente ni genealogía, surgido con una violencia tal que hace explotar los límites del repertorio de lo visible hasta el momento.[137]

En este sentido, puede decirse que la pintura desempeña una función crítica fundamental. El artista acepta la llamada, pone en práctica una hermenéutica del primer nivel.

En el capítulo III de *De surcroît*, Marion indaga en las características fenomenológicas del cuadro a partir de una frase de Pascal: "¡Qué vanidad la de la pintura que atrae la admiración por su semejanza con cosas cuyos originales no son admirados!"[138] ¿Cómo deben interpretarse estas palabras? Marion se detiene en la "semejanza" (*ressemblance*) entendida, no como una relación, sino como uno de los términos de la relación con el original. La "semejanza" de la pintura tiene la particularidad de confiscar el resplandor del original, de

---

135 CV, p. 49.
136 *Idem*.
137 *Ibid.*, 50.
138 PASCAL, Blaise, *Pensées*, Louis Lafuma ed., Paris, Seuil, 1963, p. 508.

devenir ella misma el original. Éste es el poder de la pintura: 1) desplazar la admiración[139] del mundo físico, es decir, del mundo de los objetos y llevarla al arte ("la admiración se concentra pues en la semejanza, justamente porque ella ya no se asemeja a nada"),[140] y 2) confiscar la fenomenicidad:

> La pintura no redobló o adecuó la fenomenicidad, la dominó (en detrimento de la naturaleza, del original), la produjo (instituyendo el privilegio de la semejanza) y finalmente la consagró desplazando el centro de gravedad de la semblanza pura.[141]

La pintura se apropia de la fenomenicidad, opera sobre el modo en que vemos las cosas, pues no se limita a reproducírselas, sino que –de algún modo– muestra cómo actúa la "variación hermenéutica" que permite ver el objeto como acontecimiento. Pero, ¿cómo es esto posible?

Marion responde que esto se logra a partir del marco, del enmarcamiento propio del cuadro que permite hacer un recorte en lo visible. Gracias a este recorte que condensa la visibilidad, la mirada queda presa de su ídolo, queda presa de una visibilidad que la excede, la satura y acapara toda su admiración. Esto es posible pues, a diferencia de lo que aparece en el mundo, que se compone siempre de presentación y apresentación, el cuadro

> reduce el objeto a presentable en sí, excluye de él lo apresentable; en pocas palabras, [el cuadro] desmonta el objeto para reducirlo a lo visible en sí, a lo visible puro y sin resto; en el cuadro, no queda más que lo visible enteramente presentado, sin ya prometer nada más para ver que lo que ya se ofrece. Ese visible reducido, presentado en estado puro, sin ningún resto de apresentación, logra una intensidad tal que frecuentemente satura la capacidad de mi mirada, incluso la excede.[142]

Este visible reducido, según Marion, tiene la intensidad de un nuevo visible, de un invisto que asciende por primera vez a la visibilidad. La pintura "produce [...] un visible que antes no había sido visto por nadie".[143]

En su libro sobre Courbet, Marion reitera la idea de una reducción del cuadro a lo visible,[144] que permite lograr un acceso a "lo que se da realmente", a las "cosas reales y existentes".[145] Pero para poner en práctica esta tarea, la pintura

---

139 Marion define la "admiración" (*admiration*) como "el más potente ejercicio posible de la mirada" El ejercicio que "fija [la mirada] de forma estable, casi fascinada, sobre lo que encuentra, o más bien, le adviene, en lugar de vagar a la manera de la simple vista, que erra de un visible a otro sin retrasarse". DS, p. 73.
140 *Idem*.
141 *Ibid.*, p. 74.
142 *Ibid.*, p. 79.
143 *Ibid.*, 85.
144 C, p. 163.
145 "La pintura es un arte esencialmente concreto y no puede consistir más que en la representación de las

de Courbet debe "destruir lo que obstaculiza el ver 'de inmediato', [debe] atravesar el velo de transparencia oscura que disimula las cosas tal como son".[146] El libro de Courbet expone con más claridad cómo opera la *Destruktion* hermenéutica heideggeriana en la "variación hermenéutica". Cotidianamente no "vemos" las cosas. Vemos objetos, pero no cosas.

> ...los objetos son concebidos "desde la idea" [à l'idée], por una mirada que los domina totalmente y los produce a voluntad, mientras que la cosa se impone desde ella misma al pintor tanto como al espectador.[147]

Marion sostiene que el arte tiene la función de "cumplir" (*accomplir*) la cosa. Este "cumplir" no equivale a imponer una forma, sino a "cumplir la forma que le falta a lo invisto para que él ascienda desde sí mismo a lo visible. Esto implica que una mirada distinga esta forma aún escondida en lo invisto de la cosa y la libere".[148] Es necesario pues liberar a la cosa, quitarle el "velo" "objetivo" que la disimula para que ésta advenga en tanto tal. El segundo nivel de hermenéutica, el de la "variación hermenéutica", es entendido como la puesta en práctica de una *Destruktion* que despleja los obstáculos para hacer posible la mostración de la cosa en sí y desde sí.

38.5.2. Los rasgos de la función del pintor

El pintor se constituye en modelo para el adonado (o en adonado-modelo, según analizaremos en el apartado 38.5.3), pues ostenta cierta caracteristicas decisivas para la recepción de lo dado.

Marion sostiene que el pintor es el indicado para "filtrar" el acceso de lo invisto a lo visible pues no se trata simplemente de la visión de lo visible, sino de la adivinación de lo invisto (*divination de l'invu*). Como un ciego (*aveugle*) o un vidente (*voyant*), "el pintor ve más que lo visible".[149] Y puede "ver más" porque asume el riesgo de "descender a la frontera indecisa de lo visible y lo invisto", de internarse en la oscuridad hasta perderse a sí mismo. El pintor va al encuentro de lo invisto, al encuentro de aquello que no tiene modelo ni precedente. Y esto implica exponerse al peligro más extremo. Marion compara al pintor con la figura de Cristo:

---

cosas reales y existentes". COURBET, Gustave, "Aux jeunes artistes de Paris" en TEN-DOESSCHATE CHU, Petra (éd.), *Correspondance de Courbet*, Paris, Flammarion, 1996, p. 183.
146 C, p. 46.
147 *Ibid.*, p. 128.
148 *Ibid.*, p. 132.
149 CV, p. 52.

El pintor debe perderse para salvar (y salvarse). Como Cristo, él sólo acoge y salva porque él se da primero, sin saber jamás por adelantado si él se pierde o se salva a sí mismo.[150]

La "mirada ciega" (*regard aveugle*) del pintor se aparta de toda previsión, de toda operación que provenga de su sí mismo, para entregarse a lo imprevisible por definición: lo invisto. Esta entrega implica un "perderse" a partir de una pasividad radical.

Ahora bien, paradójicamente, esta pasividad no implica que su tarea consista en un mero "reproducir" (*reproduire*), sino que, por el contrario, su función debe ser entendida como un "producir" (*produire*). El pintor "produce" y no simplemente "reproduce" algo ya visible, porque introduce un invisto en el campo de lo visible.

> Producir el cuadro no equivale pues jamás a hacer efectiva una visibilidad prevista, preconcebida y ya vista antes incluso de que surja sensiblemente a la luz. Bajo esta acepción, toda producción se rebajaría al rango de una reproducción, en el que lo efectivamente visible se limita a imitar lo visible en potencia.[151]

Pero, ¿cuál es el estatuto de esta "producción"? ¿Puede hablarse de "creación"? Marion afirma que "el verdadero pintor participa del simple misterio de la única Creación, por el hecho de que no reproduce nada, sino que produce".[152] Sin embargo, si bien puede sostenerse que hay una actividad "creadora" involucrada, no puede asignarse al pintor el rango de "creador". "El verdadero pintor no sabe lo que ha pintado".[153] Y esto es así, porque no es él quien crea, desde su "querer", la pintura.

> El pintor, al contrario, no se permite ni hacer ver lo que quiere ni dejar ver lo que no quiere, puesto que intenta no poder ya hacer (ni hacer ver) lo que aún podría querer o dominar. Él intenta dejar surgir mucho más que lo previsto, que lo visto, que lo querido. O, más bien, él sólo hace lo que quiere –dejar aparecer (desaparecer pues inmediatamente como tal) un invisto en lo visible– si renuncia a hacer lo que podría, sin embargo, perfectamente efectuar: un objeto previsto.[154]

El "verdadero" pintor crea de un modo particular, crea deshaciéndose de su voluntad, deshaciéndose de sí mismo. Su "creación" tiene un carácter paradójico pues no es activa, sino pasiva.

---

150 *Ibid.*, p. 54.
151 *Ibid.*, pp. 54-55.
152 *Ibid.*, pp. 55-56.
153 *Ibid.*, p. 60.
154 *Ibid.*, p. 61.

El pintor verdaderamente creador no se caracteriza tanto por una inventiva plástica que impone su elección, sino por una pasividad receptiva que, entre mil trazos igualmente posibles, sabe elegir el que se impone por su necesidad propia.[155]

Sólo a partir de esta "pasividad receptiva" el pintor puede asegurarse que la creación no sea arbitraria. "El pintor registra, no inventa nada".[156] El pintor no imita una realidad existente pero tampoco la "inventa", sino que descubre la huella (*trace*) que lo invisto impone. "En el cuadro, y a la medida de la sensibilidad fiel y resistente del pintor, se consignan los estigmas [*stigmates*] de lo invisto a partir de ellos mismos".[157] Marion llama a estos estigmas "ectipos" (*ectypes*), marcas internas que ascienden desde el "fondo del cuadro". El creador del cuadro es el propio cuadro que se organiza y surge a la visibilidad en sus ectipos, según el registro del pintor.[158] Marion resume la labor de este pintor:

> El pintor no tiene que producir formas. Él debe registrar, mediante una segunda y difícil pasividad (la del arte de no hacer nada), el surgimiento de los ectipos a partir de su fondo, el ascenso de lo invisto hacia el aparecer.[159]

El registro pasivo, el seguimiento de las huellas de lo invisto como el tanteo de un ciego con su bastón,[160] caracterizan la labor "creativa" del pintor, pues "pintar quiere decir: esperar una donación".[161]

En su libro de 2014, Marion presenta la figura de Courbet como una suerte de pintor paradigmático.

> Así como ciertos músicos tienen el oído absoluto, ciertos pintores tendría el ojo absoluto [*l'œil absolu*]: ellos verían mejor, con más nitidez las formas, con más exactitud la intensidad de los colores, más lúcidamente las composiciones, etc.[162]

Según Marion, Courbet no sólo tenía un ojo absoluto, sino que "era un ojo":

> *ser* (no solamente tener) un ojo no significa ver primero, y después pintar (o no pintar), pintar viendo, pintar *después* de haber visto; sino que ser un ojo significa ver *pintando* [*voir en peignant*], ver *al mismo tiempo*, en el mismo gesto y con la misma *energía* que se pinta; dicho de otro modo, ver *en tanto que* pintando.[163]

---

155 *Ibid.*, pp. 66-67.
156 *Ibid.*, p. 67.
157 *Ibid.*, p. 68.
158 Cfr. *Ibid.*, p. 69.
159 *Ibid.*, p. 74.
160 Cfr. *Ibid.*, p. 67.
161 *Ibid.*, p. 80.
162 C, p. 25.
163 *Ibid.*, p. 25.

Courbet "ve pintando". El gesto de pintar precede toda mirada identificadora de la cosa. Courbet pinta lo que ve antes aún de saber de qué objeto se trata. Courbet pinta "desde el ojo" (*à l'œil*).¹⁶⁴ "Ver pintando" implica pintar "desde el ojo" y no "desde la idea". Según Marion, la pintura "desde la idea" –representada paradigmáticamente por Ingres en tiempos de Courbet– no parte del surgimiento del fenómeno desde sí mismo y que es recibido como tal por el "ojo", sino de un concepción previa, de una idea que pretende pintar antes de ver, que pretende imponer una forma, por medio del dibujo, o constituir un objeto según la composición en lugar de entregarse al advenimiento a la visibilidad de lo invisto. Marion critica esta concepción de la pintura "desde la idea", pues entiende que no se trata, para el pintor, de duplicar con "arte", con "técnica", la aparición de la cosa, sino de "dejar surgir lo visible y cumplirse con él en una única energía, haciendo accesible para el espectador el ver lo que no había *previsto*".¹⁶⁵ El pintor debe "ver pintando" sin modelo pre-visto, sin pre-ver. En todo caso, para el pintor, se trata de "pintar para ver" (*peindre pour voir*).

> En este sentido, Courbet (como todos los pintores dignos de ese nombre) se inscribe entre los practicantes del fenómeno saturado, de la aparición de un fenómeno donde el exceso y la prioridad de la intuición no pueden jamás dejarse reglar por uno o varios conceptos, significaciones o concepciones que los precedan.¹⁶⁶

Contraponiéndose a la lógica cartesiana, Marion podría afirmar: "pinto, luego no existo". Pintar exige neutralizar el *ego*, suspender la conciencia objetivante, abandonar la función dominadora y constitutiva del sujeto para someterse a la cosa.

> Si yo no soy más que en tanto que pienso, desde el momento en que no pinto más que a condición de no pensar nada (ni teoría, ni interpretación, ni voluntad de intervención), casi de no pensar, no pinto correctamente más que en tanto que no soy.¹⁶⁷

Como ya hemos señalado en el § 27 del capítulo tercero, Courbet –el pintor por excelencia– pone en práctica una suerte de "ascesis activa" (*ascèse active*)¹⁶⁸ que le permite ver y hacer ver la cosa misma, dejándose afectar por ella.

---

164 Esta expresión es de difícil traducción, opto por la preposición "desde" para indicar la procedencia, en contraposición a la pintura hecha "desde la idea" (*à l'idée*), pero es importante tener en cuenta el doble sentido del sintagma que Marion pretende conservar. Se trata de pensar un fenómeno que surge *à l'œil*, "en el doble sentido de lo que se impone, lo que captura la atención (¿lo que seduce? [*fait de l'œil?*]) y [lo que] se da desde sí mismo, por su pura y propia gracia (gratuitamente [*à l'œil*], gratis). *Ibid.*, p. 27.
165 *Ibid.*, pp. 28-29.
166 *Ibid.*, p. 29.
167 *Ibid.*, p. 191.
168 Cfr. *ibid.*, p. 165.

Ahora bien, este "dejarse afectar" es posible porque la hermenéutica pictórica se pone en marcha a partir de una afección, de un estado anímico fundamental: la pena (*peine*). Marion entiende que el realismo de Courbet se manifiesta en su capacidad de mostrar a los hombres y a las cosas en su pena. El cuadro "Los picapedreros"[169] da cuenta del modo en que Courbet devela la tonalidad esencial de la pena. Lo terrible de la escena es que está desprovista de todo *páthos*; Courbet no protesta, no toma posición, no "interpreta". Ver la pena implica

> ver a los hombres [y las cosas] como nunca los miramos: ni en sus bártulos, ni en su apariencia, ni en sus orígenes, ni en su nacionalidad, ni en sus opiniones políticas o religiosas, ni en su profesión, ni en su valor económico, tampoco en sus características, sus pasiones y sus estados de ánimo, sino en lo que son en el fondo: en su pena.[170]

Los hombres (y todas las cosas) se muestran en su "verdad" cuando son despojados de toda enticidad u objetividad, pero también cuando son vistos más allá de toda determinación y de todo estado de ánimo. Los hombres (y las cosas) aparecen como tales en tanto aparecen como indeterminadas y atravesadas por el *páthos* apático de la pena.

> Si el pintor consigue ver y hacer ver esta pena, más esencial que toda otra característica contingente, pero sin embargo indisociable de ellas, él conseguirá *dar* al hombre en su verdad y su *eidos*, darle su realidad, su único "realismo" verdadero.[171]

La pena es la disposición fundamental que devela la verdad de los hombres (y a todas las cosas) y es la tonalidad que nos permite ver a los hombres (y a todas las cosas) en su verdad, es la disposición que permite ver las "cosas reales y existentes". Ahora bien, para pintar la pena, para alcanzar la realidad, hay que experimentar la pena en uno mismo.

> Pintar las cosas en su verdad, en la luz ocre [...] de su pena, esto no puede cumplirse más que por una condición al menos: sentir uno mismo esta pena.[172]

Courbet "da a ver" las cosas porque se expone en primera persona a la pena, pues su "ojo", desde una "pasividad extrema", se deja afectar por la pena que neutraliza su *ego*.

---

169 COURBET, Gustave, "Casseurs de pierres" (1849), Dresde, Colecciones Estatales de Arte.
170 C, p. 51.
171 *Ibid.*, op. cit., p. 52.
172 *Ibid.*, p. 69.

Hasta aquí, la función asignada a la pintura y el modo en el que el pintor desempeña su labor parecen constituir un modelo adecuado para pensar la tarea hermenéutica operando desde una tonalidad afectiva. Sin embargo, Marion dice algo más. Marion inviste al pintor con un poder especial. Pareciera que su función no es meramente la de servir de modelo, sino la de ser el único adonado capaz de realizar efectivamente la reducción de lo visible:

> El cuadro no ofrece un ejemplo, interesante, pero eventualmente facultativo, del método fenomenológico de la reducción. El cuadro lo realiza radicalmente según la cualidad (la intensidad o la magnitud intensiva) del aparecer. Reduciendo lo visible a su quintaesencia atómica, conteniendo en su marco la energía demencial de lo visible, el cuadro reduce lo que se da a lo que se muestra, bajo el régimen del ídolo.[173]

38.5.3. El rey-pintor

En "Ce que cela donne", Marion contrapone el pintor al filósofo. Platón advirtió con claridad el enorme poder del artista.

> Platón no estaba equivocado al denunciar ese poder telúrico y apolíneo a la vez, que arrebata de antemano al filósofo su más alto oficio: decidir la presencia. Sólo el pintor da la *venia apparendi*, el permiso de aparecer, el derecho a la presencia.[174]

Es el pintor, y no el filósofo, quien tiene a su cargo velar en la frontera de lo visible. Él es el "portero que filtra el acceso de lo invisto a lo visible […] el guardián de los límites del aparecer".[175]

En *De surcroît*, Marion vuelve sobre esta idea. El pintor es el "cazador de invistos insospechados" (*chasseur d'invus insoupçonnés*), en este sentido, sus obras tienen una función fundamental:

> Son ellas [las obras en tanto ídolos] quienes, en cada época, reinan sobre los visibles naturales, sobre la apariencia de los objetos constituidos y nos obligan a ver todo a partir de los paradigmas que imponen su fascinación. El pintor es rey, tanto y sin duda más inmediatamente que ningún filósofo.[176]

El "rey-pintor" tiene una función más importante que la del "rey-filósofo", pues tiene a su cargo "hacernos ver". El pintor, en tanto "practicante del fenó-

---

173 DS, pp. 84-85.
174 CV, p. 52.
175 *Idem*.
176 DS, p. 86.

meno saturado",[177] es un entrenador de la vista. Ver el ídolo de la obra de arte ejercita nuestro ojo para ver lo que no vemos cotidianamente, para sospechar de la apacible "coincidencia" entre lo que creemos que tenemos que ver y lo que vemos, para ver sin pre-ver, para ver lo invisto, para esperar la donación de la cosa a partir de sí misma. Como bien destaca Alain Bonfand, la experiencia estética es el espacio privilegiado en el que la supuesta igualdad entre intención e intuición se vuelve insostenible:[178] la experiencia estética, en este sentido, es la experiencia paradigmática del fenómeno saturado.

Como ya hemos mencionado, al comienzo de *Courbet*, Marion confirma este aserto de *De surcroît*, proponiendo una suerte de articulación entre filosofía y arte. La tarea de la filosofía es "comprender el fenómeno como aparece, o dicho de otro modo, como se da".[179] Y en tanto el fenómeno es aquello que se da haciendo posible la aparición de la cosa en sí, la labor de la fenomenología no es otra que la de "concebir este privilegio del fenómeno".[180] Pero para realizar esta tarea es necesaria la pintura. "La pintura, más que cualquier otra actividad del espíritu, tiene a su cargo poner en obra este privilegio [del fenómeno]".[181] El pintor es el encargado de poner en obra el "privilegio del fenómeno", es quien permite que el fenómeno se dé haciendo posible la aparición de la cosa en sí, es quien "administra la distancia entre lo que se da y lo que se muestra". En este sentido, el pintor es el hermeneuta por excelencia, quien hace posible el despliegue de la fenomenología de la donación en el pasaje de la donación a la mostración.

Pero, esto implica que para ver las "cosas reales y existentes", para acceder a la cosa en sí, ¿debemos devenir pintores o acaso someternos a la guía del rey-pintor? ¿Solo un pintor puede ver y dar a ver? ¿La fenomenología de la donación es para unos pocos? ¿El acceso a lo dado es solo para quienes tienen "el talento, la educación y el coraje" que componen la capacidad para resistir el impacto del fenómeno saturado,[182] resistencia que Marion identifica sin más con el carácter del genio?[183]

38.5.4. Arte y hermenéutica

En *Ce que nous voyons et ce qui apparaître*, Marion refiere de modo directo a la teoría romántica del genio cuando reflexiona sobre el "problema fundamen-

---

177 C, p. 29.
178 Cfr. BONFAND, Alain, *Histoire de l'art et phénoménologie*, Paris, Vrin, 2009, p. 28.
179 C, p. 10.
180 *Idem*.
181 *Idem*.
182 RdD, p. 95.
183 "El genio no consiste más que en una gran resistencia al impacto de lo dado revelándose". DS, p. 64.

tal de la densidad de excitación, de la intensidad de intuición que podemos soportar".[184] Marion se pregunta: "¿quién fija las normas?", y responde:

> Aquí, una teoría del genio es posible, en el sentido de los románticos: el genio, aquel que fija las leyes de la naturaleza. Aquí, hay alguien que fija los límites respecto de lo que nosotros podemos hacernos testigos.[185]

El pintor-genio es quien fija las normas, pues es quien mejor puede usar el ojo, es quien puede soportar mayor intensidad, es quien puede "ver" y "dar a ver" los fenómenos en su acontecialidad.

Sobre esta cuestión, Christina Gschwandtner —una vez más— formula diversas observaciones muy pertinentes. Gschwandtner entiende que Marion sostiene una teoría del genio similar a la kantiana.[186] Si bien Marion rechazaría la orientación teleológica kantiana, es posible, según la autora, establecer un paralelo. Tanto para Kant como para Marion se necesita del talento del genio para crear y para apreciar una obra de arte. Pero, de este modo, según la autora, la experiencia del fenómeno saturado se vuelve una experiencia elitista.[187] En este sentido, Gschwandtner sostiene que Marion es susceptible de la misma crítica que hace Gadamer a Kant: el arte no debe ser entendido como una experiencia subjetiva individual, no debe ser reducido al "placer estético", pues a través de la historia puede constatarse su carácter social, como parte de ritos religiosos o de la vida política de una comunidad.[188]

En primer lugar, considero que la crítica de Gschwandtner en cierto sentido esencial es acertada: la concepción marioniana del arte es demasiado subjetivista. Marion no advierte la dimensión social e institucional ya presente en la creación misma de una obra artística. En este sentido, existe cierto elitismo en la idea del talento del genio que es seriamente cuestionable. Sin embargo, en segundo lugar, entiendo que Marion sí propone cierta función social del arte al sostener que las obras constituyen "paradigmas"[189] que transforman nuestro modo de ver las cosas. El pintor, en tanto "practicante del fenómeno saturado",[190] es un entrenador de la vista. En este sentido, el arte funciona co-

---

184 CVCA, p. 59.
185 *Idem.*
186 Cfr. Ak. V, pp. 307-320.
187 Cfr. Gschwandtner, Christina, *Degrees of Givenness...*, op. cit., pp. 71-72.
188 "En cualquier caso no cabe duda de que las grandes épocas en la historia del arte fueron aquéllas en las que la gente se rodeó, sin ninguna conciencia estética [*ästhetische Bewußtsein*] y sin nada parecido a nuestro concepto de 'arte', de configuraciones cuya función religiosa o profana en la vida era comprensible para todos y que nadie disfrutaba de manera puramente estética. ¿Puede en realidad aplicarse a estos tiempos el concepto de la vivencia estética sin violentar con ello a su verdadero ser?". Gadamer, Hans-Georg, *Gesammelte Werke. Band 1: Hermeneutik I. Wahrheit und Methode*, op. cit., p. 87.
189 DS, p. 86.
190 C, p. 29.

mo preparación, como entrenamiento para el ojo, para poder ejecutar la hermenéutica que nos permite acceder a los fenómenos en su carácter acontecial.

Por otra parte, si efectivamente reparamos en el carácter de modelo que tiene esta vía estética. El pintor es rey porque pone en práctica sin más ese "mostrar" que es propio del enfoque fenomenológico, como se describe en *Étant donné*.[191] Pero si, como bien destaca Marion en *La croisée du visible*, la "cuestión de la pintura" no pertenece sólo a los pintores, sino a *todos* porque en ella se decide la visibilidad misma,[192] entonces, en cierto sentido, todos debemos y podemos devenir "pintores". Es nuestra responsabilidad devenir "pintores", pues debemos hacernos cargo de la "cuestión de la pintura" en tanto que todos debemos asumir el poder de desarrollar un "ojo absoluto", capaz de hacer visible lo invisto. Así, no se trata de aceptar la guía del "rey-pintor", ni tampoco –de más está decir– de realizar efectivamente la tarea de pintar un cuadro, se trata más bien de devenir "pintores" en el sentido de ser capaces de imitar su pasividad radical, su entrega al acontecer del fenómeno a partir de un dejarse afectar. La pintura cumple una función fundamental pues constituye el "modelo" que permite entender el carácter radicalmente pasivo de la administración hermenéutica de la "distancia entre lo que se da y lo que se muestra", de la gestión del pasaje de lo invisto dado a lo visible, principalmente a partir de su primer y de su segundo nivel.

Finalmente, cabe señalar una limitación fundamental de esta vía estética: en nuestro tiempo ya no existen las obras de arte. Marion utiliza siempre los términos "pintura" (*peinture*) y "pintor" (*peintre*), y nunca "arte" (*art*) y "artista" (*artiste*) porque considera que el arte actual, representado por una idea amplia de "arte conceptual", ha perdido la capacidad de hacer ver lo invisto, pues en él lo visible es definido de antemano por el concepto y, por tanto, la obra no aparece en tanto tal.[193] Pero entonces ¿cómo seguir el modelo de la pintura cuando ya no hay pintores? ¿Quién podrá establecer los paradigmas de la visibilidad para nuestro tiempo?

§ 39. Fenomenología y hermenéutica. Problemas

El poco lugar que Marion ha destinado –hasta el momento– a la hermenéutica en su obra, trae como consecuencia que algunas problemáticas de la

---

191 Cfr. ED, p. 13.
192 "La cuestión de la pintura no pertenece ni de entrada, ni únicamente a los pintores, menos aún sólo a los estetas. Ella pertenece a la visibilidad misma y, por lo tanto, a todos, a la sensación común". CV, p. 7.
193 Cfr. CV, pp. 55 y 64, y C, p. 134. Ver nota del § 12 del capítulo primero.

articulación entre la fenomenología y la hermenéutica se encuentren insuficientemente tematizadas por el autor. Como hilo conductor para explorar algunas de las cuestiones que quedan en suspenso, propongo prestar atención a las referencias que aparecen el capítulo II de *Reprise du donné*. Como ya hemos analizado, Marion nombra explícitamente a Heidegger y a Gadamer. Pero también, en una nota al pie agregada al final del capítulo, Marion hace una última referencia con la que procura sintetizar toda su propuesta: "Así nos unimos a la tesis de C. Romano: 'la hermenéutica auténtica es una fenomenología y la fenomenología solo se cumple como hermenéutica'".[194]

A continuación indagaremos en esta indicación fundamental dada por el propio Marion a fin de evaluar –a partir de un análisis de la propuesta de Romano– en qué medida la fenomenología de la donación logra responder a las diversas problemáticas que plantea la relación entre fenomenología y hermenéutica.

El voluminoso libro de Romano, *Au cœur de la raison, la phénoménologie*, revela de entrada cuál es su finalidad, que no es otra que esclarecer y justificar la idea misma de fenomenología. La obra se plantea tres objetivos principales:

1) Formular con claridad lo que Romano propone llamar el "problema fenomenológico", que consiste en responder a las siguientes preguntas:

¿Nuestra experiencia posee estructuras inmanentes? Y si las posee ¿cuál es su estatuto? ¿Son contingentes o necesarias? ¿Son autónomas –y hasta qué punto– respecto de las reglas instituidas del lenguaje y de los esquemas conceptuales por medio de los cuales ellas pueden ser expresadas y pensadas?[195]

Según el autor no puede aceptarse sin más las implicancias del "giro lingüístico". La filosofía de la experiencia no devino superflua, por el contrario, es necesario que ella haga valer sus derechos. Y esto lo lleva a su segundo objetivo.

---

194 RdD, p. 97, n. 2. La nota se encuentra en referencia al siguiente pasaje: "La fenomenología de la donación, por tanto, solo gestiona la distancia entre lo que se da y lo que se muestra [...] por el ejercicio de una hermenéutica propiamente fenomenológica". *Ibid.*, p. 97.
195 Romano, Claude, *Au cœur de la raison*, op. cit., p. 11. De algún modo, el "problema fenomenológico" enunciado por Romano retoma el problema de la "paradoja del lenguaje" enunciado por Ricœur: "Por un lado, el lenguaje no es primero, ni tampoco autónomo; es solamente la expresión de una aprehensión de la realidad, articulada por debajo de él; y, sin embargo, es siempre en el lenguaje que se deja decir su propia dependencia respecto de lo que lo precede" (Ricœur, Paul, "Langage (Philosophie)" en AA. VV., *Encyclopædia universalis*, tome 9, Paris, Encyclopædia Universalis SA, 1971, p. 776). Romano reformula esta idea de modo elocuente: "Las cosas significan para nosotros antes del lenguaje. ¿Qué significan? Sólo el lenguaje puede decírnoslo. Pero el lenguaje no creó esa significación". Romano, Claude, *Au cœur de la raison*, op. cit., p. 629.

2) Sostener la siguiente "tesis fenomenológica":

hay una autonomía del orden prelingüístico de la experiencia "antepredicativa", como habría dicho Husserl, respecto de las formas superiores de pensamiento y el lenguaje. La experiencia posee un *lógos* inmanente que la fenomenología, precisamente, tiene por propósito sacar a la luz. Es más, el lenguaje mismo sólo deviene plenamente inteligible si se lo restituye a su relación con una inteligencia prelingüística.[196]

Esta "tesis fenomenológica" será el contenido de la "exigencia fenomenológica" que debe respetarse en la articulación con la hermenéutica. Marion es perfectamente consciente de esta cuestión, aunque difiere con Husserl en su concepción de lo "antepredicativo", pues para la fenomenología de la donación no se trata de buscar la génesis de la lógica ni de –finalmente– reconducir lo "antepredicativo" a una esfera "teórica", sino de indagar en lo preteórico en búsqueda de un *lógos* no supeditable al plano teórico y válido para la práctica.[197]

3) Finalmente, el tercer objetivo es criticar cierto "marco kantiano" imperante en la filosofía contemporánea. Este "marco" consiste en "concebir todo orden y toda estructuración de la experiencia como extrínseca a ella, como surgida del lenguaje, de la cultura o de sus esquemas".[198] Romano recuerda que la fenomenología propone una noción original de experiencia que va más allá del debate entre el empirismo y el kantismo. Según Romano, el "marco kantiano" se observa en la estrategia de cierta filosofía lingüística que sitúa al lenguaje en el lugar de las categorías kantianas: gran parte de la filosofía analítica, como el neokantismo criticado por Husserl, opera con "construcciones que viene desde arriba".[199] Este "marco kantiano" –como examinaremos en breve– representará el peligro oculto en la "exigencia hermenéutica" si se la absolutiza.

Ahora bien, estos objetivos implican analizar el estatuto de la experiencia y del lenguaje, y esto conlleva repensar a la razón misma. Romano señala que la fenomenología propone una "nueva imagen de la razón". Hay un *lógos* de lo sensible que debe ser desentrañado. En *Formale und transzendentale Logik*, Husserl habla de un "*lógos* del mundo estético"[200] (*Logos der ästhetischen Welt*). Más allá de la lógica de la matemática y de la ciencia, hay una lógica del mundo

---
196 *Ibid.*, p. 12.
197 Esta idea fue sostenida por el Prof. Marion en una entrevista que tuvo lugar el 9 de noviembre de 2016 en su domicilio personal en Paris. El *lógos* de la práctica es, ciertamente, el *lógos* del amor.
198 ROMANO, Claude, *Au cœur de la raison*, op. cit., p. 13.
199 Cfr. *ibid.*, pp. 12-13.
200 Hua XVII, p. 297.

que descansa sobre una epifanía sensible. Pero para poder hablar de un *lógos* inmanente a lo sensible, destaca Romano, hay que dejar de pensar la experiencia como irracional. En este sentido, como ya hemos analizado en el apartado 18.1, ni Marion ni la fenomenología entienden que es posible reducir a la experiencia a un puro dato bruto (empirismo). Pero, por otra parte, tampoco es posible considerar que lo dado en ella debe ser completado y estructurado por conceptos (neokantismo). Husserl convalida cierta racionalidad inmanente a la experiencia. Por este motivo, en *Krisis*, Husserl critica la "racionalidad de corazón estrecho" (*enghertzige Rationalität*).[201] Romano enfatiza que es necesario pensar una razón ampliada capaz de incluir a su otro: la sensibilidad, la experiencia, lo antepredicativo, una "razón de gran corazón" (*raison au grand cœur*) que rehabilite el mundo sensible como necesario para su propia existencia.[202]

¿Cuál sería la posición de Marion ante estos objetivos? Es posible afirmar que la "tesis fenomenológica" es sostenida por Marion. La distinción entre la instancia de la donación y la instancia de la fenomenalización (la respuesta que hace visible la llamada) implica la afirmación de una instancia antepredicativa fundante. Por este motivo, Marion destaca que, en su hermenéutica, el "en tanto que" apofántico depende del "en tanto que" hermenéutico-existencial. El modo de evitar la arbitrariedad y el idealismo del "marco kantiano" es, precisamente, afirmando un *lógos* inmanente a la donación como instancia antepredicativa originaria.

Por otra parte, la fenomenología de la donación asume la originalidad de la noción fenomenológica de experiencia y la radicaliza a partir de la idea de una "contra-experiencia", que se desentiende de todo *a priori* (horizonte y yo). Asimismo, también hace suya la tarea de presentar una "nueva imagen de la razón", una "razón de gran corazón" que integre también a la racionalidad lo que Marion designa nietzscheanamente como la "gran razón": el *lógos* del amor.[203]

En el capítulo XXII del libro, Romano se detiene en la relación entre fenomenología y hermenéutica. La reflexión comienza analizando la supuesta oposición entre ambas. Por un lado, la fenomenología es caracterizada como la ciencia que busca los comienzos absolutos y las fundaciones últimas. Por otro lado, la hermenéutica se distingue de ella porque repara en la historicidad y en la finitud de la razón, en el condicionamiento histórico de la actividad filosófica y en la necesidad de interpretación. La filosofía no puede pretender un comienzo sin supuestos porque se encuentra siempre *in medias res*. Este es

---

201 Hua VI, p. 14.
202 Cfr. ROMANO, Claude, *Au cœur de la raison*, op. cit., pp. 14-15.
203 Volveré sobre esta cuestión en el capítulo sexto.

el planteo por el que se introduce un "abismo"[204] (*abîme*) entre fenomenología y hermenéutica.[205]

Sin embargo, Romano destaca que esta oposición es superficial por dos motivos. En primer lugar, utilizando el mismo argumento de Paul Ricœur, Romano señala que no puede equipararse sin más a toda la fenomenología con la fenomenología idealista trascendental husserliana.[206] Y en segundo lugar, por medio de esta contraposición se restringen también la tarea y las posibilidades de la hermenéutica.[207] La tesis de Romano es que "la hermenéutica auténtica es una fenomenología y la fenomenología sólo se cumple como hermenéutica".[208] No hay que plantear que entre ellas existe un abismo, ni tampoco es necesario proceder a ningún "injerto"[209] (*greffe*). Según Romano, hay que entender a la fenomenología y a la hermenéutica como "floraciones de un mismo brote".[210]

Según Romano, la hermenéutica cumple la particular función de revelarle a la fenomenológica dos cuestiones que ésta parece ignorar o pretender olvidar.

1) La primera es la imposibilidad de realizar la pretensión de una *Vorurteilslosigkeit*. La hermenéutica le recuerda a la fenomenología que no es posible liberarse de los condicionamientos históricos. Como bien destaca Heidegger, también la investigación ontológica-fenomenológica está determinada por su situación histórica.[211] En la fenomenología intervienen tanto esquemas conceptuales tomados de la tradición, como presupuestos históricos.

2) La segunda cuestión que la hermenéutica plantea a la fenomenología es que el lenguaje tiene un carácter constitutivo para el pensamiento.

> Que el lenguaje sea constitutivo para el pensamiento significa no solamente que no podríamos tener la mayoría de nuestros pensamientos, creencias u opiniones si no poseyéramos el lenguaje, sino que no podríamos tampoco tener ciertos sentimientos, objetivos, intenciones, deseos, etc.[212]

Esta segunda cuestión tiene una importancia decisiva en la que conviene detenerse. Romano sostiene que es fundamental articular esta "exigencia

---

204 Cfr. Ricœur, Paul, *Du texte à l'action*, op. cit., p. 40.
205 Cfr. Romano, Claude, *Au cœur de la raison*, op. cit., p. 873.
206 "Lo que la hermenéutica derrumbó no es la fenomenología, sino una de sus interpretaciones, la interpretación idealista hecha por Husserl". Ricœur, Paul, *Du texte à l'action*, op. cit., p. 39.
207 Cfr. Romano, Claude, *Au cœur de la raison*, op. cit., p. 874.
208 *Idem*.
209 Ricœur, Paul, *Le conflit des interprétations*, op. cit., p. 23.
210 Romano, Claude, *Au cœur de la raison*, op. cit., p. 874.
211 Cfr. GA 24, p. 31.
212 Romano, Claude, *Au cœur de la raison*, op. cit., p. 877.

hermenéutica" con una "exigencia fenomenológica". Por un lado, la hermenéutica exige aceptar que el lenguaje es constitutivo del pensamiento en el sentido de que no es posible formular una descripción fenomenológica que no consista en una operación lingüística en la que intervengan esquemas conceptuales y presupuestos heredados de la tradición. Esto obliga a admitir que el acceso a los fenómenos es siempre mediado por algún tipo de interpretación histórica.[213] Pero, por otro lado, la fenomenología exige advertir que existe una experiencia primera del mundo que responde a un orden inmanente. Este orden contiene un sentido pre-conceptual que debe ser analizado en sus propios términos: "hay una inteligencia de lo sensible (genitivo subjetivo) que no es una forma degradada de pensamiento o de juicio: percibir, no es ni pensar, ni juzgar, ni interpretar".[214]

Romano destaca que el fracaso en conciliar estas dos exigencias implica el riesgo de ceder a la radicalidad de la exigencia hermenéutica y así caer en un "idealismo lingüístico" que niegue la posibilidad de una experiencia que no esté lingüísticamente estructurada y absolutice el lenguaje al punto de afirmar que sin lenguaje no son posibles ni identidades ni diferencia ni estructuras. Para este "idealismo lingüístico" el mundo no posee ninguna estructura de esencia más allá de las reglas que proyecta la gramática sobre él. Ahora bien, ¿la hermenéutica efectivamente adhiere a este tipo de idealismo?[215]

39.1. Gadamer y/o Ricœur

En primer lugar, Romano destaca que no existe algo así como "la" hermenéutica sin más. Al menos, antes de responder, conviene evaluar las diferencias y coincidencias entre las propuestas de los dos autores más representativos de esta corriente filosófica: Hans-Georg Gadamer y Paul Ricœur. En primer lugar, Romano se detiene en las diferencias respecto de cinco cuestiones: 1) el concepto de hermenéutica, 2) la relación entre fenomenología y hermenéutica, 3) modelo de hermenéutica practicada, 4) posición respecto la tensión entre comprensión y explicación, 5) posición respecto del *cogito*.

1) Respecto del concepto de hermenéutica, Gadamer persigue una descripción de la comprensión y del modo en que ésta opera en todas las ciencias del espíritu. Por su parte, Ricœur —según Romano— presenta un concepto más restringido de hermenéutica, porque ésta se ciñe a poner en práctica una

---

213 Cfr. *ibid.*, p. 887.
214 *Ibid.*, pp. 886-887.
215 Cfr. *ibid.*, pp. 877-878.

interpretación de símbolos que viene, en todo caso, a completar la fenomenología husserliana. Habría que agregar que esa interpretación de símbolos es la primera etapa del rodeo de la "vía larga" ricœuriana a través del diálogo con las ciencias humanas, pero que procura reconducir finalmente a una hermenéutica ontológica.[216]

En este primer punto, ciertamente, Marion está más cerca de Gadamer que de Ricœur. Está claro que la hermenéutica marioniana se inscribe en la "vía corta".[217] Si bien Marion no hace del fenómeno de la comprensión un tema de su fenomenología, su hermenéutica y su tarea de interpretación se asienta heideggerianamente en el adonado como uno de sus modos de ser y ese es su punto de partida. Puede afirmarse que hay una suerte de Analítica del adonado en *Le phénomène erotique*, aunque la pregunta sería: "¿qué es un ser cuyo ser consiste en amar (en comprender desde el amor)?".[218]

2) Respecto de la relación entre fenomenología y hermenéutica. Romano señala que mientras Gadamer entiende que ambas se encuentran entrelazadas y confunden sus destinos, Ricœur sostiene que hay una heterogeneidad de principio entre ambas y, por este motivo, es necesario un "injerto" de la hermenéutica en la fenomenología.[219] Nuevamente, sobre esta cuestión cabe hacer una aclaración: la posición de Ricœur se modifica en "Phénoménologie et herméneutique. En venant de Husserl". Allí, la idea de la necesidad de un

---

216 "La vía larga que propongo también tiene por ambición dirigir la reflexión al plano de una ontología; pero lo hará gradualmente, siguiendo las exigencias sucesivas de la semántica (§ 3) y, luego, de la reflexión (§ 4). La duda que planteo al final de este parágrafo se extiende solo sobre la posibilidad de hacer una ontología directa, sustraída desde el comienzo a toda exigencia metodológica y, en consecuencia, también sustraída al círculo de la interpretación, del cual ella misma hace la teoría. Sin embargo, es el *deseo* de esa ontología el que mueve la empresa aquí propuesta y el que le permite no empantanarse en una filosofía lingüística a la manera de Wittgenstein, ni en una filosofía reflexiva de tipo neokantiana". Ricœur, Paul, *Le conflit des interprétations*, op. cit., pp. 27-28. Romano reconoce que, posteriormente, Ricœur amplía su concepción de la hermenéutica como "la teoría de las operaciones de la comprensión en su relación con la interpretación de textos" (Ricœur, Paul, *Du texte à l'action*, op. cit., p. 75), pero que nunca dejó de considerar a la hermenéutica como una teoría de las objetivaciones y de las mediaciones simbólicas. Cfr. Romano, Claude, *Au cœur de la raison*, op. cit., p. 879.
217 "La vía corta es la de una *ontología de la comprensión*, a la manera de Heidegger. Llamo 'vía corta' a esta ontología de la comprensión porque, al romper con los debates de *método*, se inscribe de entrada en el plano de una ontología del ser finito, y reconoce en él el *comprender* no ya como un modo de conocimiento, sino como un modo de ser. No se ingresa de a poco en esta ontología de la comprensión; no se accede a ella gradualmente, profundizando las exigencias metodológicas de la exégesis, de la historia o del psicoanálisis: nos transportamos en ella por una súbita inversión de la problemática. La pregunta: ¿cuáles son las condiciones necesarias para que un sujeto cognoscente puede comprender un texto, o la historia misma?, se sustituye por esta otra pregunta: ¿qué es un ser cuyo ser consiste en comprender? El problema hermenéutico se convierte así en una región de la Analítica de ese ser, el *Dasein*, que existe al comprender". *Ibid.*, pp. 26-27.
218 Agradezco a Marcos Jasminoy por haberme hecho notar que puede leerse *Le phénomène erotique* como una suerte de analítica existenciaria similar a la heideggeriana. Volveré sobre esta cuestión en el capítulo sexto.
219 Cfr. Romano, Claude, *Au cœur de la raison*, op. cit., p. 879.

"injerto" es revisada a partir de la tesis de una presuposición recíproca, similar –por cierto– a la propuesta por Romano. Dice Ricœur:

> más que una simple oposición, lo que se da entre fenomenología y hermenéutica es una interdependencia que es importante explicitar. Esta dependencia puede percibirse tanto a partir de una como de otra. Por una parte, la hermenéutica se construye sobre la base de la fenomenología y así conserva aquello de lo cual no obstante se aleja. La fenomenología sigue siendo el presupuesto insuperable de la hermenéutica. Por otra parte, la fenomenología no puede constituirse a sí misma sin un presupuesto hermenéutico.[220]

Marion, en este punto –como ya hemos visto–, sostiene que comparte la opinión de Romano respecto de la fuerte imbricación entre ambas.

3) Respecto del "modelo de hermenéutica", Gadamer propone el diálogo como paradigma de escucha del otro. Este modelo se aplica al texto solo de modo derivado. Por su parte, destaca Romano, Ricœur rechaza el modelo dialógico y enfatiza la diferencia entre el texto y la conversación: "lo escrito se aparta de los límites del diálogo".[221]

Como ya hemos analizado, Marion sigue el modelo gadameriano de la pregunta y la respuesta pero entendido bajo la modalidad de la llamada y la respuesta.

4) Respecto de la relación entre comprensión y explicación, Romano destaca que Gadamer –siguiendo a Dilthey y la hermenéutica romántica, pero también a Heidegger– asume una dicotomía fuerte entre ambas. Por su parte, Ricœur propone con su "vía larga" una integración de la explicación en los procesos hermenéuticos, como uno de sus momentos.[222] Ricœur entiende que hay que pensar el vínculo entre explicación y comprensión de modo dialéctico.[223] Marion no se pronuncia sobre esta cuestión, pero cabe presuponer que su hermenéutica de "vía corta" se desentiende de la explicación.

5) Finalmente, respecto del *cogito* también son diversas las posiciones de estos dos autores. Gadamer insiste en la necesidad de deconstruir el *cogito* y la filosofía del sujeto. Por el contrario, Ricœur propone una filosofía reflexiva

---

220 Ricœur, Paul, *Du texte à l'action*, op. cit., p. 40. Este desplazamiento (del "injerto" a la presuposición recíproca) en el pensamiento de Ricœur ha sido señalado por Marc-Antoine Vallée. Cfr. Vallée, Marc-Antoine, *Gadamer et Ricœur. La conception herméneutique du langage*, Rennes, Presses Universitaires de Rennes, 2012, p. 28 n. 25.
221 Ricœur, Paul, *Du texte à l'action*, op. cit., p. 31.
222 Cfr. Romano, Claude, *Au cœur de la raison*, op. cit., pp. 879-880.
223 Cfr. Ricœur, Paul, *Du texte à l'action*, op. cit., p. 33.

post-kantiana (siguiendo a Nabert) que no recusa la fenomenología de la conciencia, sino solamente su versión idealista.

Marion, en esta cuestión, es ciertamente más cercano a Gadamer al proponer al adonado como "lo que viene después del sujeto", pero su fenomenología —como ya hemos analizado en el capítulo segundo— en tanto crítica al idealismo husserliano, a pesar de las ostensibles diferencias con el proyecto ricœuriano, comparte algunas de las objeciones presentadas en "Phénoménologie et herméneutique. En venant de Husserl". En primer lugar, Marion comparte la crítica al supuesto husserliano de que la subjetividad sea el lugar de la fundamentación última. Y si bien Marion no desarrolla una teoría del texto, sí concuerda con Ricœur en considerar que la comprensión no surge en primera instancia como un acto de la subjetividad, sino solo en segundo lugar, como "respuesta" a la cosa del texto, a las proposiciones de sentido presentes en él; aunque cronológicamente puedan darse en simultáneo.[224]

Sin embargo, destaca Romano, estas diferencias no son suficientes para separarlos, si se considera que ambos proyectos comparten un supuesto fundamental: tanto Gadamer como Ricœur coinciden en afirmar la *Sprachlichkeit*, el carácter lingüístico de la experiencia del mundo. Pero ¿cómo hay que entender esta idea? Romano se detiene primero en el caso de Gadamer. Cabe hacer un análisis de la *Sprachlichkeit* a partir de su famoso dictum: *Sein, dass verstanden werden kann, ist Sprache*[225] ("el ser que puede ser comprendido es lenguaje"). Romano sostiene que esta frase lleva a afirmar que toda comprensión será un proceso lingüístico, aun cuando se trate de lo extra-lingüístico, pues "la idealización del lenguaje [...] habita ya toda adquisición de experiencia".[226] En este sentido, la afirmación de Gadamer parece adherir al "idealismo lingüístico". Gadamer entiende que el mundo solo es mundo por intermedio del lenguaje y somos-en-el-mundo porque tenemos lenguaje.[227]

Romano señala que Ricœur sigue a Gadamer en esta interpretación de la *Sprachlichkeit* y da aun un paso más en dirección al idealismo lingüístico, pues el modelo textual actúa "mediatizando" toda comprensión de sí y del mundo.[228] Romano entiende que Ricœur, kantianamente, les da a las categorías del texto una "función constituyente para la experiencia misma".[229] La tesis de *Temps et récit* es precisamente: "no hay experiencia humana que no esté ya

---

224 Cfr. *ibid.*, pp. 49-55.
225 GADAMER, Hans-Georg, *Gesammelte Werke. Band 1: Hermeneutik I. Wahrheit und Methode*, op. cit., p. 478.
226 *Ibid.*, p. 353.
227 Cfr. *ibid.*, p. 447. Cfr. ROMANO, Claude, *Au cœur de la raison*, op. cit., pp. 881-883.
228 "Comprenderse es comprenderse ante el texto". RICŒUR, Paul, *Du texte à l'action*, op. cit., p. 33.
229 ROMANO, Claude, *Au cœur de la raison*, op. cit., p. 883.

mediada por sistemas simbólicos y, entre ellos, por narraciones".²³⁰ Romano concluye preguntándose si esta "hipóstasis del texto" y la presuposición del "carácter amorfo de la experiencia" no conllevan la imposibilidad de articular de modo adecuado fenomenología y hermenéutica.²³¹

Según Romano, el carácter extremo de esta propuesta se observa también en el hecho de que, a diferencia de Gadamer que distingue entre la comprensión espontánea y la interpretación de textos, para Ricœur comprender e interpretar son coextensivos. De este modo, se puede llegar a una "consecuencia desastrosa":

> Si la interpretación comienza en el nivel más elemental de la comprensión, si la interpretación es una actividad que se expresa en signos, toda interpretación debe reenviar, a su vez, a una nueva interpretación y el regreso al infinito es inevitable. Nada puede ser jamás comprendido y, por tanto, nada puede jamás ser interpretado tampoco: la distinción comprender/interpretar es destruida en su principio mismo.²³²

Ahora bien, esta lectura de Gadamer y Ricœur, como el propio Romano advierte, puede ser objetada.²³³ Es posible conciliar la crítica al "idealismo lingüístico" con la afirmación de la *Sprachlichkeit*.²³⁴ La frase de Gadamer debe

---

230 Ricœur, Paul, *Temps et récit I*, Paris, Seuil, 1983, p. 113.
231 Cfr. Romano, Claude, *Au cœur de la raison*, op. cit., p. 884.
232 Cfr. *ibid.*, p. 885.
233 Emmanuel Falque acepta esta lectura "apresurada" de Gadamer y Ricœur presentada por Romano y sostiene que no sólo es necesario superar la "mediación del texto" o el lenguaje en filosofía, sino también en teología. "[...] la elección del médium del 'texto' e incluso del 'lenguaje' para la filosofía y el exceso de la Escritura sobre la Palabra o el mundo para la teología no van de suyo ni para la filosofía ni para la teología. [...] Filosóficamente, se trata de una experiencia prelingüística, ciertamente del cuerpo, pero también de la afectividad e incluso de la sensibilidad, cuyo lenguaje, más bien que determinarlos, recibe los signos. [...] La infancia del ser humano es tal que no conviene olvidarla, porque se corre el riesgo, a la inversa, de perder el *in-fante* o el sin-palabras (*in fari*) que constituye nuestra carne. A su vez, para la teología, probablemente en su modalidad "católica", el texto o libro de la Escritura (*liber Scripturae*) no domina necesariamente al libro del mundo (*liber mundi*). Más bien lo que se produce es lo contrario. Dios no le dio a Adán una Escritura (la tabla de una ley o un pergamino), para que luego se diga y se dé en la naturaleza (el jardín del Edén). Fue más bien porque el hombre había perdido su lectura o su hermenéutica de la naturaleza (por el pecado), que tuvo necesidad de la Escritura como relevo del libro del mundo (para reencontrarlo allí)". Falque, Emmanuel, *Passer le Rubicon. Philosophie et théologie: essai sur les frontières*, Paris, Lessius, pp. 44-45.
234 Guillame St.-Laurent señala que cabe distinguir entre tres sentidos de *Sprachlichkeit* o "lingüisticidad": 1) el primero es el aplicado al pensamiento. Esta lingüisticidad absolutiza el lenguaje aboliendo la distinción entre experiencia y pensamiento. Ningún sentido ni ninguna comprensión es posible fuera del lenguaje. Esta concepción lleva al "idealismo lingüístico". 2) El segundo sentido de *Sprachlichkeit* es el aplicado a la experiencia. De este modo sí es posible hacer valer la "exigencia hermenéutica" reconociendo el carácter derivado de las significaciones. Esta concepción de la lingüisticidad no caer en el "idealismo lingüístico" pues distingue dos niveles de comprensión: el de la experiencia inmediata y el del pensamiento. Es en este intersticio, destaca St.-Laurent, en el que es posible para el pensamiento confrontar sus presupuestos con nuestra inteligencia antepredicativa de las cosas mismas. Sin embargo, según el autor, esta segunda lectura del concepto de *Sprachlichkeit* presenta también ciertas dificultades, pues al hacer de la percepción un compartimento estanco de la significación, no presta atención al he-

ser entendida, simplemente, como la afirmación de que es en el lenguaje en donde experimentamos el ser. Pero el hecho de que necesitemos del lenguaje para pensar lo que nos es dado previamente en la experiencia, no implica que se pueda afirmar que nada nos es dado fuera del lenguaje.

Conviene detenerse brevemente en algunos rasgos de la concepción gadameriana del lenguaje. Gadamer entiende que no debe pensarse al lenguaje como una mera herramienta para el pensamiento. Este es –según Gadamer– el problema del "olvido del lenguaje" (*Sprachvergessenheit*) en el pensamiento occidental: se cree que el pensamiento se relaciona directamente con el mundo, que el lenguaje es un simple instrumento del que se vale el pensamiento.[235] Esta concepción, como bien explica Grondin, conlleva un nominalismo en sentido amplio, pues se entiende que la palabra es una designación o un signo que se agrega con posterioridad a la cosa o al pensamiento.[236] Por el contrario, Gadamer sostiene que no existe tal distancia con relación al lenguaje, sino más bien una pertenencia respecto de él: nuestro ser-en-el-mundo y nuestra comprensión son lingüísticos, existe un vínculo fundamental entre el lenguaje y el mundo. Esto implica que, por un lado, el mundo solo es mundo en tanto

---

cho de que en la palabra se concretiza una dialéctica compleja entre sensibilidad y entendimiento. "Si el pensamiento es siempre mediato y la experiencia primordialmente inmediata, el lenguaje es también *lo que instaura la mención veritativa (o la intención de verdad) del primero*, transformando totalmente la relación del ser humano con las cosas" (St.-Laurent, Guillaume, "Claude Romano et la thèse de la linguisticité" en Cabestan, Philippe (éd.), *L'événement et la raison. Autour de Claude Romano*, Paris, Le Cercle Herméneutique, 2016, p. 143). Romano advierte esta cuestión decisiva: "Toda la dificultad reside en la necesidad de aprehender a la vez la base pre-lingüística como siéndole esencial y en no desconocer la transformación que el lenguaje introduce en la percepción como tal. Hay que sostener a la vez que el lenguaje se arraiga en el *lógos* del mundo sensible y en sus significaciones mudas, en su orden y su estructuración autónomas, y que él [el lenguaje] reconfigura profundamente la percepción; empezando por la percepción de él mismo" (Romano, Claude, *Au cœur de la raison*, op. cit., p. 856). 3) El tercer sentido de *Sprachlichkeit* es el referido al ser-en-el-mundo. St.-Laurent propone que es posible sortear las dificultades del segundo sentido reemplazando la idea de "mediación" por la idea gadameriana de "acuerdo" (*Verständigung*) o de "comunión dialógica" (*communion dialogique*) en torno a la cosa misma. St.-Laurent se apoya en las ideas de Étienne Bimbenet en *L'animal que je ne suis plus*. Según Bimbenet, la condición de inteligibilidad de la palabra está dada por la "declaración pública de la cosa": si entendemos que es posible mentar una cosa en su "verdad", es decir, si entendemos que es posible juzgar que hay "algo de lo que es posible decir algo", es necesario haberlo ya declarado como "siendo" para todos. Bimbenet propone un "compartir", un "poner en común" que es previo al juicio mismo. (cfr. Bimbenet, Étienne, *L'animal que je ne suis plus*, Paris, Gallimard, 2011, pp. 264-265). La "comunión dialógica" refiere, pues, al carácter público y lingüístico de toda mención, y da cuenta, en primer lugar, de lo sensible como un orden compartible y explorable infinitamente, que constituye un dominio de sentido "universal". Y, en segundo lugar, la "comunión dialógica" establece, de modo realista, una distancia insuperable entre el pensamiento y el mundo, develando la "profundidad inagotable" de lo real. Se puede afirmar gadamerianamente: "El lenguaje nos compromete en una totalidad de sentido que excederá siempre los recursos finitos de la palabra" (St.-Laurent, Guillaume, "Claude Romano et la thèse de la linguisticité", cap. cit., p. 145). De este modo, según St.-Laurent, es posible afirmar el carácter lingüístico del ser-en-el-mundo sin caer en el "idealismo lingüístico".

235 Gadamer, Hans-Georg, *Gesammelte Werke. Band 1: Hermeneutik I. Wahrheit und Methode*, op. cit., p. 422.
236 Cfr. Grondin, Jean, *Introducción a Gadamer*, trad. C. Ruiz-Garrido, Barcelona, Herder, 2003, p. 201.

es expresado en el lenguaje, pero también, por otro lado, el lenguaje es tal en tanto el mundo se representa en él: "...el lenguaje no afirma una existencia autónoma frente al mundo que habla a través de él".[237]

Pero, además, el ser solo puede presentarse en el lenguaje, pero esto no implica que el ser quede circunscripto de modo definitivo al lenguaje. Por eso Gadamer aclara que esta "lingüisticidad de la comprensión no quiere decir que toda experiencia del mundo deba cumplirse bajo el modo del lenguaje o en el lenguaje".[238] Es más, existe una carencia esencial en el lenguaje respecto del ser: el campo de lo decible (el ser) excede ampliamente el campo de lo que efectivamente puede decirse. Gadamer insiste en el carácter finito de nuestros enunciados lingüísticos, que nunca agotan lo que puede decirse respecto de algo y que entran en tensión con un "querer decir" infinito. "Todo hablar humano es finito, en el sentido de que en el yace la infinidad de un sentido por desplegar e interpretar [*auslegen*]".[239] El lenguaje se articula desde una tensión entre su capacidad de decir la experiencia, es decir, su intimidad y familiaridad, y nuestra finitud que lo torna siempre insuficiente. La comprensión se caracteriza por la búsqueda de la palabra adecuada, que está animada por ese "querer decir" infinito, siempre en tensión con las limitaciones del decir efectivo.[240]

Finalmente, Gadamer destaca que nuestra pertenencia al lenguaje debe ser estudiada, no desde el signo (que implicaría introducir una distancia objetivante), sino desde la vida misma del lenguaje en el diálogo. Todo enunciado adquiere sentido a partir de estructura dialógica de la pregunta y la respuesta, de la que no podemos tomar distancia, pues siempre nos encuentra ya implicados.

Respecto de Ricœur también puede formularse algunas aclaraciones pertinentes. Basándose en algunos textos menos conocidos, Marc-Antoine Vallée demuestra que la concepción ricœuriana del lenguaje recupera la "exigencia fenomenológica" husserliana de una instancia de sentido anterior al lenguaje.[241] En su artículo "Langage" se lee:

---

237 GADAMER, Hans-Georg, *Gesammelte Werke. Band 1: Hermeneutik I. Wahrheit und Methode*, op. cit., p. 447.
238 GADAMER, Hans-Georg, *La philosophie herméneutique*, trad. J. Grondin, Paris, PUF, 1996, p. 46.
239 GADAMER, Hans-Georg, *Gesammelte Werke. Band 1: Hermeneutik I. Wahrheit und Methode*, op. cit., p. 462.
240 Esto es lo que Gadamer llama la "estructura especulativa del lenguaje": "...el lenguaje tiene algo de especulativo en un sentido completamente distinto [...] como realización de sentido, como acontecer del habla, del entenderse, del comprender. Esta realización es especulativa en cuanto que las posibilidades finitas de la palabra están asignadas al sentido de su referencia como a una orientación hacia el infinito. El que quiere decir algo busca y encuentra las palabras con las que hacerse comprensible al otro". *Ibid.*, pp. 472-473.
241 Cfr. VALLÉE, Marc-Antoine, *Gadamer et Ricœur*, op. cit., pp. 33-42.

El lenguaje aparecería entonces no solamente como un mediador entre el hombre y el mundo, sino más precisamente como un intermediario [*échangeur*] entre dos exigencias, una exigencia de logicidad que le da un *télos*, y una exigencia de fundamento en lo antepredicativo que le da un *arché*. La función simbólica se comprende por esta doble exigencia.[242]

Son estos dos aspectos: el *télos* y el *arché*, los que son desplegados en el círculo entre epistemología (*télos*) y ontología (*arché*) en el desarrollo de la "vía larga". Pero, además, la "exigencia fenomenológica", es decir, "la exigencia de fundamento en lo antepredicativo" queda claramente enunciada en su artículo "Phénoménologie et Herméneutique. En venant de Husserl". Allí la tesis hermenéutica de la *Sprachlichkeit* es conciliada con la afirmación del carácter derivado de las significaciones lingüísticas con relación a la experiencia:

> Si bien es cierto que toda experiencia tiene una "dimensión lingüística", y que esta *Sprachlichkeit* impregna y atraviesa toda experiencia, sin embargo, una filosofía hermenéutica no debe comenzar por la *Sprachlichkeit*. En primer lugar debe decir lo que llega al lenguaje.[243]

La hermenéutica reconoce una raíz fenomenológica y es, precisamente, este reenviar del orden lingüístico a la estructura de la experiencia el "presupuesto fenomenológico más importante de la hermenéutica".[244]

39.2. Las tensiones entre fenomenología y hermenéutica en Sein und Zeit

A continuación, Romano sostiene que las tensiones entre fenomenología y hermenéutica en Gadamer y Ricœur se explican, precisamente, porque los dos autores buscan hacer lugar a ambas exigencias (la fenomenológica y la hermenéutica). Romano destaca que las exigencias no son incompatibles, pero pueden volverse contradictorias si se sostiene, de modo extremo: 1) que toda experiencia es lingüística en su esencia (estructurada por sistemas conceptuales) y 2) que toda experiencia es ya una interpretación.[245]

Las tensiones en Gadamer y Ricœur puede explicarse a partir de Heidegger, pues ya se encuentran presentes en su obra. Si bien en *Sein und Zeit*, Heidegger hace lugar a la exigencia fenomenológica de un sentido prelingüístico que

---

242 Ricœur, Paul, "Langage", art. cit., p. 776.
243 Cfr. Ricœur, Paul, *Du texte à l'action*, op. cit., p. 59.
244 Cfr. *ibid.*, p. 60.
245 En el capítulo sexto afirmaremos que la hermenéutica del amor opera a partir de una experiencia fundamental (o contra-experiencia fundamental), el amor, que ya constituye una comprensión capaz de dar los lineamientos para una explicitación o interpretación.

precede toda enunciación, Romano destaca que la *Seinsfrage* es formulada de modo ambiguo. Heidegger no distingue la pregunta por el sentido del ser de la pregunta por el sentido del "ser" como verbo comprendido en toda predicación.[246] Esto nos enfrenta al siguiente dilema: 1) o se mantiene la exigencia fenomenológica y se disocia la pregunta por el ser de la pregunta por el "ser", 2) o se admiten que las dos preguntas son inseparables y se hace depender de una capacidad lingüística todo descubrimiento intramundano del ente.[247]

Pero, además, al subordinar toda manifestación de fenómenos a una comprensión del ser, es decir, al identificar fenomenología y ontología, Heidegger –según Romano– intelectualiza la percepción. Heidegger afirma que "toda percepción de un útil a la mano es comprensora-explicitante [*verstehend-auslegend*]".[248] Pero entonces, se pregunta Romano, ¿cómo mantener la distinción entre percibir e interpretar (o explicitar)? ¿Cómo mantener el concepto de interpretación (o explicitación) si éste ya no trata sobre un *interpretatum* que la precede?[249] Con la *Kehre*, según Romano, la tensión se resuelve porque Heidegger opta por un idealismo lingüístico: "el lenguaje es la casa del ser".[250]

Finalmente, a estas tensiones en *Sein und Zeit*, se agrega también otra dificultad. En el § 7 se encuentran dos afirmaciones que parecen contradecirse entre sí. Por un lado, Heidegger afirma que la descripción de los fenómenos es hermenéutica: "El sentido metodológico de la descripción fenomenológica es *Auslegung*".[251] Pero por otro lado, al reparar en el fenómeno eminente del ser, Heidegger sostiene –según Romano– que la donación misma de los fenómenos es hermenéutica. La aparición del fenómeno del ser del *Dasein* requiere una tarea hermenéutico-destructiva. Romano concluye, pues, que Heidegger está sosteniendo que la *Auslegung* no opera sobre fenómenos dados previa-

---

246 Romano cita el siguiente pasaje: "Todo el mundo comprende esto: 'el cielo *es* azul', 'yo *soy* una persona de buen humor', etc. Pero esta comprensibilidad 'de término medio' no hace más que mostrar la incomprensibilidad. [...] El hecho de que vivamos en cada caso en cierta comprensión del ser, y que a la par el sentido del ser sea esbozado en la oscuridad, prueba la fundamental necesidad de reiterar la pregunta que interroga por el sentido del 'ser'". GA 2, p. 6.
247 Cfr. ROMANO, Claude, *Au cœur de la raison*, op. cit., pp. 889-890.
248 El pasaje completo dice: "Pero si ya toda percepción de un útil a la mano es comprensora-explicitante y deja comparecer circunspectivamente algo en cuanto algo, ¿no quiere entonces decir esto que primero se experimenta una cosa que está puramente ahí, y que luego se la entiende *en cuanto* puerta o *en cuanto* casa? Esto sería malentender la específica función en el 'abrir' tiene la explicitación. La explicitación no arroja cierto 'significado' sobre el nudo ente que está-ahí, ni lo reviste con un valor, sino que lo que comparece dentro del mundo, ya tiene siempre, en cuanto tal, una condición respectiva abierta en la comprensión del mundo, y esta condición queda expuesta por medio de la explicitación". GA 2, p. 199. Cabe destacar que el hecho de que no sea posible una distinción cronológica no implica que no haya una anterioridad de la comprensión respecto de la explicitación, como aquello en el que esta última se funda y deviene posible.
249 Cfr. ROMANO, Claude, *Au cœur de la raison*, op. cit., pp. 890-891.
250 GA 5, p. 310.
251 GA 2, p. 50.

mente, no nos hace "ver mejor" a los fenómenos, sino que simplemente nos posibilita verlos por primera vez. "Si todo lo que es fenómeno no es solamente descripto, sino también dado por medio de una interpretación, nuevamente, no hay más ni fenómenos ni interpretación".[252]

Asimismo, Romano destaca que la afirmación heideggeriana que sostiene que el acceso a los fenómenos es sólo posible por la interpretación, contradice el concepto heideggeriano de fenómeno. Si el fenómeno solo se da por intermedio de la interpretación, se abren dos posibilidades igualmente inaceptables: 1) o se transforma a la "cosa misma" en un polo teleológico similar a la idea kantiana,[253] 2) o se cae en un perspectivismo extremo en el sentido nietzscheano.

Romano plantea cuatro preguntas para aclarar su posición: 1) ¿La experiencia incluye una comprensión? 2) ¿La experiencia incluye una interpretación? 3) ¿La descripción de la experiencia incluye una comprensión? 4) ¿La descripción de la experiencia incluye una interpretación? Las respuestas correctas, según Romano, son las siguientes:

1) Sí, la experiencia incluye una comprensión. A través de nuestras posibilidades prácticas, nace una comprensión del mundo con un sentido prelingüístico que no está todavía articulado como un pensamiento en sentido estricto.

2) Depende, no siempre la experiencia incluye una interpretación. Se puede comprender sin interpretar, pero no podemos interpretar sin comprender. Es necesaria una interpretación si la comprensión es deficiente, es decir, si se produce una ruptura con la comprensión espontánea propia de nuestra cotidianeidad con el mundo y con los otros.

3) Sí, la descripción de la experiencia incluye una comprensión, pues describir es ciertamente una actividad lingüística. Allí se pone en juego tanto una comprensión de lo que describo como una comprensión de las palabras que utilizo para describir. 4) No siempre la descripción de la experiencia incluye una interpretación: eso depende del tipo de descripción. Si la frase "el cielo es azul" es ya una descripción, entonces allí no interviene una interpretación de la percepción del cielo. Pero la fenomenología se interesa por descripciones

---

252 ROMANO, Claude, *Au cœur de la raison*, op. cit., pp. 893-894.
253 Romano señala que, en algún sentido, Heidegger cayó en esta solución en el curso de invierno de 1925/1926: "El título 'fenómeno' significa siempre en cierto modo una tarea [*Aufgabe*]: en sentido negativo, el asegurarse frente a opiniones preconcebidas y prejuicios; en sentido positivo, una tarea en el sentido de que el análisis de los llamados fenómenos tiene que aclararse a sí mismo qué opiniones preconcebidas carga sobre los objetos de la filosofía, pues finalmente puede mostrarse que no cabe la ausencia de estas opiniones preconcebidas y que, por consiguiente, la crítica de las opiniones preconcebidas esenciales representa una parte esencial de la investigación filosófica". GA 21, p. 33.

más complejas, que incluyen elementos teóricos determinados por la historia de la filosofía. En estos casos, sostiene Romano, la hermenéutica es un correctivo contra el dogmatismo de la intuición de esencias.[254]

Estas afirmaciones de Romano no hacen más que explicitar las ideas de Heidegger que ya analizamos en el apartado 38.2: en el nivel antepredicativo de la experiencia contamos con una comprensión que ya es explicitación desde un "en tanto que" hermenéutico-existencial, pero que puede no requerir una explicitación en términos de un "en tanto que" apofántico. Y, en todo caso, el "en tanto que" apofántico de la enunciación debe fundarse en el "en tanto que" hermenéutico-existencial.

Si bien es cierto que existen estas tensiones, conviene destacar que –como hemos analizado en el apartado 38.2– Heidegger se inclina por la "exigencia fenomenológica", pues sostiene en *Sein und Zeit* y, en general, en esos años una primacía de la experiencia antepredicativa frente a la instancia predicativa y una anterioridad de la comprensión frente a toda tarea de explicitación, interpretación y enunciación. Esto se observa en toda su radicalidad con la tesis de la anterioridad de la nada respecto del no y la negación en „Was ist Metaphysik?": "nosotros afirmamos: la nada [*das Nichts*] es más originaria que el no [*das Nicht*] y la negación [*die Verneinung*]".[255] Heidegger allí enfatiza que la imposibilidad formal de una enunciación adecuada en el plano lógico no invalida la pregunta por la nada, pues tenemos una experiencia de ella. La nada se da en una experiencia fundamental (la angustia). Este plano ontológico (o meontológico) es fundante respecto del plano lógico. El "nadear" o "desistir" (*Nichten*) de la nada se manifiesta en diversos comportamientos del *Dasein* y no puede ser reducido a la "negación" (*Verneinung*) lógica.[256]

39.3. Reglas de la experiencia y esencias adverbiales

Es necesario enfatizar, según Romano, que:

> La hermenéutica fenomenológica sólo puede formularse de manera coherente si se admite el nivel pre-hermenéutico de una comprensión espontánea operando en la experiencia misma, una experiencia *perceptiva* no mediada por signos. [...] De no ser así ¿qué significaría exactamente la referencia a la "cosa misma" a la que la fenomenología tiene por tarea reconducirnos?[257]

---

254 Cfr. ROMANO, Claude, *Au cœur de la raison*, op. cit., pp. 896-898.
255 GA 9, p. 108.
256 Cfr. *ibid.*, pp. 116-117.
257 ROMANO, Claude, *Au cœur de la raison*, op. cit., p. 895.

Y es precisamente este nivel pre-hermenéutico el que puede imponer reglas. Si bien la hermenéutica no puede responder a normas o criterios exactos que se apliquen mecánicamente, sí debe seguir las "reglas de la experiencia".[258] Estas "leyes" no son unívocas ni permiten una aplicación unívoca a todos los casos, sino que –como la *phrónesis* aristotélica– se ajustan a cada caso. Se trata de reglas que apelan a la experiencia para ser correctamente aplicadas y que, en su aplicación, demandan la deliberación y la reflexión. Seguir estas reglas exige recurrir al juicio, tener una sensibilidad para el contexto y una capacidad de discernimiento de lo particular.[259] Romano propone la tarea de la traducción como ejemplo para entender el modo en que operan estas reglas:

> Traducir es, frecuentemente, proceder "mecánicamente", es decir, sobre la base de un puro sistema de equivalencias: perro = *dog* = *Hund* = *cane*, etc. Pero, lo que distingue al buen traductor (o al traductor *experimentado*) del traductor mediocre es, evidentemente, que él no se contenta con un simple "palabra por palabra". Estará atento a la particularidad del contexto, pero también a las particularidades de la lengua de partida y de llegada, es decir, a "lo que se dice" o "no se dice", a lo que es idiomático o no lo es. Sabrá alejarse del texto de origen cuando deba. Por otra parte, sabrá distinguir en qué circunstancias conviene permanecer cercano o alejarse de él en función de su comprensión de lo que es dicho. No hay, en sentido estricto, un método de traducción, si por eso entendemos un sistema de equivalencias (como el que podría aplicar un programa de computación) en el que bastaría basarse en todos los casos, solo hay reglas / métodos falibles y dotados de un alcance limitado, pues son tributarios de la particularidad del contexto, y exigen una experiencia para poder ser aplicados juiciosamente.[260]

Estas "reglas de la experiencia" constituyen la particularidad del método hermenéutico, que no tiene nada de arbitrario, aunque no responda a normas exactas.

Asimismo, Romano destaca que si la hermenéutica –en tanto doctrina filosófica– aspira a la verdad, ésta debe basarse en verdades que no se encuentran subordinadas a las condiciones históricas y finitas de la interpretación. Romano entiende que "una hermenéutica auténtica es fenomenológica" en tanto enraíza sus descripciones en verdades de esencia pre-hermenéuticas.[261] Existen dos concepciones históricas de la esencia:

---

258 Cfr. ROMANO, Claude, *Au cœur de la raison*, op. cit., pp. 901.
259 Cfr. ROMANO, Claude, "La règle souple de l'herméneute", *Critique*, 6, 817-818 (2015), pp. 475-477.
260 *Ibid.*, pp. 477-478.
261 Cfr. ROMANO, Claude, *Au cœur de la raison*, op. cit., pp. 901-902. Romano dedica tres capítulos (X, XI y XII) a esclarecer su noción de esencia. Cfr. *ibid.*, pp. 373-466.

1) la platónico-aristotélica, que, según Romano, incluye a Husserl y a Heidegger, y que define la esencia como aquello necesario a la identidad de una cosa, lo necesario para que una cosa sea lo que es.

2) La segunda concepción de la esencia es la acuñada por cierta tradición lockeana que llega hasta Kripke. Para esta tradición, la esencia es el conjunto de los constituyentes escondidos de una cosa que permiten dar cuenta de sus propiedades aparentes. Romano señala que hablar de esencias no implica tener que comprometerse con ideas situadas en un dominio suprasensible, ni de carácter eterno e inmutable. Hablar de esencias no conlleva necesariamente suscribir a un realismo de los universales. En contra de estas equiparaciones, Romano postula una concepción adverbial de la esencia que se basa en el siguiente principio:

> Las esencias no son ni objetos situados en un cielo inteligible, ni objetos localizables aquí abajo; no son de ningún modo objetos. En otros términos, no hay esencias a título de objetos ideales, pero las cosas son *esencialmente* tales o tales.[262]

Romano entiende necesario sostener una doctrina de las esencias, principalmente, para no caer en la reducción del convencionalismo que, en una suerte de neo-nominalismo, las reconduce al lenguaje. Romano afirma que este convencionalismo es insostenible, pues confunde las necesidades de las cosas con las necesidades de los conceptos. El convencionalismo entiende que solo existe una necesidad: la necesidad establecida convencionalmente, las necesidades del lenguaje. De este modo, según Romano, se desconocen las necesidades reales. Para dar cuenta de este problema, Romano ofrece un argumento a partir de la comparación de dos afirmaciones: 1) "Ningún soltero está casado" y 2) "Ningún objeto uniformemente rojo es uniformemente verde". La primera proposición afirma una necesidad conceptual, la segunda una necesidad real. La verdad de la segunda proposición no trata sobre la aplicación correcta de la palabra "rojo", sino que afirma que un objeto rojo no puede ser a la vez verde. Se trata de una verdad de esencia propia del dominio de los colores.

Es más, Romano sostiene que el convencionalismo se contradice a sí mismo pues también en el dominio del lenguaje hay verdades de esencia:

> No hay duda que la palabra "significación" es una convención del español, pero que esta palabra sea convencional no es, a su vez, una convención del español, es decir, una convención relativa al empleo de las palabras "convención" y "significa-

---

262 ROMANO, Claude, "Avons-nous besoin des essences en philosophie ?" en CABESTAN, Philippe (éd.), *L'événement et la raison. Autour de Claude Romano*, Paris, Le Cercle Herméneutique, 2016, p. 200.

ción" en esta lengua. En otros términos, al menos en el dominio del lenguaje debe haber lugar para esencias reales. Pero, entonces ¿por qué no en todos los dominios? El convencionalismo radical desemboca así en su propia negación.[263]

Ahora bien, esta afirmación de una doctrina de las esencias en fenomenología debe tomar distancia respecto de la concepción husserliana de las esencias y de su acceso a ellas. Según Romano, la eidética debe ser rechazada por dogmática. No es posible algo así como una intuición de la esencia. Romano sostiene que hay que criticar el platonismo de Husserl. Si efectivamente los fenómenos prescriben su propio modo de abordaje, "la hermenéutica cumple a la fenomenología", la hace alcanzar su cometido, pues corrige la desviación cartesiana de la fenomenología husserliana basada en la intuición de ideas ahistoricas.

Asimismo, "la hermenéutica cumple a la fenomenología" porque la hace abandonar la pretensión de una *Vorurteilslosigkeit*. No hay descripciones puras, no hay descripciones que se puedan sustraer de sus presupuestos históricos. Y, en este sentido, "las descripciones de esencias constituyen la primera palabra, pero de ninguna manera la última palabra de la tarea fenomenológica".[264] Ciertamente, la fenomenología no debe olvidar sus condiciones históricas concretas, es decir, la finitud de la razón, pero esto no implica que no puede sostenerse una doctrina de las esencias.

Por otra parte, Romano destaca que las "verdades de esencia" que él afirma no se sustraen a la posibilidad de revisión en el marco de la discusión argumentada.[265] Por este motivo, Romano afirma —sobre el final del capítulo dedicado al vínculo entre fenomenología y hermenéutica— que la descripción de la comprensión-interpretación es revisable, como toda descripción, pero que no todo es revisable en la descripción. Si los argumentos que dan cuenta de las verdades de esencia iniciales no se revelan insuficientes o superables por una mejor argumentación, entonces no todo es idealmente revisable sin más.[266]

¿Qué ocurre en el caso de Marion? ¿Existe la tensión entre fenomenología y hermenéutica? Podría esperarse que el heideggerianismo de Marion lo llevara a caer en la misma indecisión entre la "exigencia fenomenológica" y la "exigencia hermenéutica". Sin embargo, si se presta atención, en primer lugar, a la distinción entre donación y fenomenalización, y, en segundo lugar, a las afirmaciones de *Reprise du donné*, puede advertirse que, efectivamente, Marion comparte las tesis de Romano respecto de la articulación entre fenomenología y hermenéutica.

---

263 *Ibid.*, p. 203.
264 *Ibid.*, p. 205.
265 Cfr. *ibid.*, p. 206.
266 Cfr. ROMANO, Claude, *Au cœur de la raison*, op. cit., pp. 903-904.

La diferencia entre la instancia de donación y la instancia de fenomenalización permite advertir que no es lo mismo decir que la *donación* misma de los fenómenos es hermenéutica, que decir que la hermenéutica *hace aparecer* a los fenómenos. Esta crítica que Romano plantea respecto de Heidegger no sería aplicable a Marion. Ahora bien, puede parecer que la ausencia de distancia entre la llamada y la respuesta lleva a la hermenéutica marioniana a caer en un "idealismo lingüístico". Sin embargo, cabe señalar que la fenomenología de la donación se presenta como una crítica de todo tipo de idealismo:

1) es crítica del "idealismo trascendental" (el adonado no cumple una función de sujeto constituyente, sino de testigo de la donación),

2) por los mismos motivos, es crítica del "idealismo del sentido" (Marion objeta la noción husserliana de "sentido perceptual" como un modo de avanzar y controlar la realidad por la anticipación intencional),[267]

3) pero también es crítica del "idealismo lingüístico". La hermenéutica marioniana debe dar al fenómeno *su* sentido, el sentido que el fenómeno se da a sí mismo, el sentido que se plasma en el darse antepredicativo, en la contra-experiencia. Ninguna convención lingüística o cultural puede imponer de modo externo, "desde afuera", un sentido al acontecer del fenómeno. El fenómeno se da su propio sentido, esa es la verdad esencial que puede captarse en la contra-experiencia. Marion es crítico de la noción "ontoteológica" de esencia que puede asociarse a la concepción aristotélica de *ousía*,[268] pero acepta una verdad paradojal –como hemos examinado en el apartado 13.4 del capítulo primero– que demanda una exposición en primera persona.[269] Para acceder a la verdad del fenómeno saturado, para acceder a *su* sentido hay que aceptar el riesgo de abandonar la lógica del espíritu y recibirlo desde la lógica del corazón. Se requiere una "hermenéutica del amor"[270] capaz de desplazar la concepción de la *ousia* o "esencia" como algo que se puede poseer hacia una noción de *ousia* o "esencia" como don.[271]

---

267 Ver apartado 18.2.3 del capítulo segundo.
268 Cfr. ED, pp. 213-224; RC, p. 78.
269 "Pues la verdad no se des-cubre jamás inmediatamente como un espectáculo ni se pronuncia inmediatamente como un enunciado; ella sólo se des-cubre mediatamente, afrontando, atravesando y colmando la distancia [*écart*] entre lo que se da y lo que eventualmente se muestra". QR, p. 25.
270 Marion destaca que la verdad exige el amor: "Así, la metafísica se descubre destituida de la verdad, no porque una instancia más elevada destituiría la verdad [...], sino porque la verdad exige, más que el método, el ejercicio de la caridad en respuesta al amor propio que la tiraniza [...] La metafísica pretende acceder a la verdad solo por el método, como si se tratara de un objeto a construir; ella engaña y se engaña ya que es necesario amar la verdad para acceder a ella". PM, p. 363. Volveré sobre esta cuestión en el capítulo sexto.
271 Este es el sentido de la lectura de la parábola del hijo pródigo que Marion presenta en *Dieu sans l'être*: "La *ousia* se inscribe en el juego del don, del abandono y del perdón, que hace de ella la moneda de un intercambio totalmente diferente al de los entes". DSL, p. 146.

Pero ¿cómo se explicita ese sentido que el fenómeno se da a sí mismo? ¿Hay una *Sprachlichkeit* de la contra-experiencia? Ciertamente este es un aspecto de la hermenéutica marioniana que aún no ha sido desarrollado. En este sentido, considero que la propuesta de Bassas es muy valiosa para señalar un posible camino hacia un "lenguaje saturado" bajo la modalidad del "como". Pero, además, puede indagarse en la estructura de la llamada y la respuesta en búsqueda de una concepción del lenguaje, estructura que es traducida por Marion en términos hermenéuticos como la de la pregunta y la respuesta. Gadamer sostiene que es en el diálogo en donde se encuentra el sentido del lenguaje. Cuando se detiene en la alabanza, Marion cita a Lévinas: "La esencia del discurso es la oración".[272] La oración es la esencia del discurso porque el lenguaje, en su origen, refiere a una relación que se da en términos antepredicativos. La manifestación del Otro, el rostro, es lenguaje sin palabras, es el lenguaje originario que se da en el modo de la llamada. Según Lévinas, la "relación metafísica", la relación entre lo Mismo y lo Otro es el lenguaje, pues el lenguaje establece una relación en la que el Otro no pierde su transcendencia.[273] Esta "relación metafísica"

> está antes de la proposición negativa o afirmativa, instaura el lenguaje en el que ni el "no" ni el "sí" son la primera palabra.[274]

La primera palabra que instaura esta relación, que es lenguaje, es la llamada, la interpelación, el mandamiento que se manifiesta en el rostro del Otro. Esta es la "esencia ética" del lenguaje que se identifica con el rostro como expresión. Dice Lévinas:

> Este vínculo entre la expresión y la responsabilidad, esta condición o esta esencia ética del lenguaje, esta función del lenguaje, anterior a todo develamiento del ser y a su frío esplendor, permite sustraer el lenguaje a su sujeción respecto de un pensamiento preexistente, a propósito del cual el lenguaje no tendría sino la función servil de traducir afuera o de universalizar sus movimientos anteriores.[275]

El núcleo esencial del lenguaje es oración porque es relación con el Otro. El sentido surge del rostro del Otro. El rostro aporta la primera significación. En un sentido ciertamente diferente, puede afirmarse que *Totalité et infini* responde a la "exigencia hermenéutica" que sostiene que "el lenguaje es constitutivo del pensamiento en sentido fuerte":[276]

---

272 LÉVINAS, Emmanuel, "L'ontologie, est-elle fondamentale ?", cap. cit, p. 19.
273 Cfr. LÉVINAS, Emmanuel, *Totalité et infini*, op. cit., pp. 28-29.
274 *Ibid.*, p. 32.
275 *Ibid.*, p. 219.
276 ROMANO, Claude, *Au cœur de la raison, la phénoménologie*, op. cit., p. 887.

El discurso condiciona el pensamiento, porque el primer inteligible no es un concepto, sino una inteligencia, cuyo rostro enuncia la exterioridad inviolable profiriendo el "no matarás". La esencia del discurso es ética. Al enunciar esta tesis, se rechaza el idealismo.[277]

La concepción lévinasiana del lenguaje permite pensar una hermenéutica que no se introduce como una mediación y que no cae en ningún "idealismo lingüístico"[278] porque se basa en una experiencia previa, la de la relación metafísica, que, además, tiene el carácter de un lenguaje antepredicativo, un lenguaje pragmático. El sentido antepredicativo fenomenológico que funda el sentido lingüístico se manifiesta en la estructura misma del lenguaje, en la relación metafísica entre lo Mismo y lo Otro. Cabe preguntarse, pues, si Marion no asume esta concepción lévinasiana cuando afirma que "se trata de pasar de la predicación al dirigirse a…".[279]

§ 40. La fenomenología hermenéutica marioniana

La fenomenología de la donación *en tanto que* hermenéutica sigue a la hermenéutica de la facticidad del joven Heidegger en tres rasgos:

1) como se aclara a través de la vía estética, la hermenéutica marioniana opera a partir de un temple anímico fundamental (la pena y, principalmente –como examinaremos en el capítulo sexto–, el amor).

2) Asimismo, siendo consecuente con la asumida definición heideggeriana del fenómeno como *das Sich-an-ihm-selbst-zeigende*, con su profundidad y su carácter enigmático, la hermenéutica marioniana se pone en práctica como una *Destruktion* de la concepción del "fenómeno *llano* (sin resto, raso, en superficie) y, por lo tanto, perfectamente presente",[280] es decir, como una *Destruktion* de las interpretaciones objetivantes.[281] Así funciona la "variación hermenéutica" cuando transforma el objeto en acontecimiento (segundo nivel); pero también al decidir responder a una llamada o al distinguirla en su grado de saturación, se pone en práctica una suerte de *Destruktion* del ruido de las habladurías objetivantes que la rodean (primer y tercer nivel).

---

277 Lévinas, Emmanuel, *Totalité et infini*, op. cit., p. 238.
278 Romano, Claude, *Au cœur de la raison, la phénoménologie*, op. cit., p. 887.
279 RC, p. 279.
280 RD, p. 97.
281 Ver apartado 23.2 del capítulo tercero.

3) Finalmente, la hermenéutica de la donación piensa su tarea interpretativa como la de una *Auslegung* (explicitación) de un sentido que se encuentra ya dado. De este modo, la hermenéutica marioniana hace lugar a la "exigencia fenomenológica" evitando caer en alguna modalidad del "idealismo lingüístico". Sin embargo, puede plantearse que la tarea de la *Destruktion* no es compatible con la tarea de la *Auslegung*. Si el sentido no está simplemente dado, sino que hay que deconstruir capas de sentido para alcanzar el verdadero sentido, entonces la hermenéutica hace algo más que explicitar un sentido. La tarea hermenéutica de la *Destruktion* parece consistir en un hacer aparecer algo que nunca antes había aparecido. Esta crítica de Romano a Heidegger parece poder aplicarse a Marion. Efectivamente, la tarea de la hermenéutica marioniana consiste en hacer ver lo invisto. Sin embargo, considero que es posible encontrar una respuesta en la distinción entre donación y mostración. El fenómeno que debe ser descubierto y llevado a su aparecer por parte de la *Destruktion* se encuentra ya dado bajo el modo del encubrimiento. Romano sostiene que Heidegger afirma que la *donación* misma de los fenómenos es hermenéutica. Esto no es así ni para Heidegger ni para Marion. Si bien no siempre es posible establecer una distinción cronológica entre la donación y la fenomenalización de los fenómenos, sí es posible establecer una distinción lógica o, quizás mejor, fenomenológica. "Todo lo que se muestra debe primero darse", dice Marion. La *Destruktion* puede operar porque ya hay una donación allí que debe ser explicitada en su demasía y esto solo puede alcanzarse si el hermeneuta se entrega a la tarea deconstructiva de la "ascesis activa", del "no hacer nada". De este modo, la hermenéutica de Marion y la radicalidad de su desmontaje pasivo, plantea los lineamientos para el cumplimiento último de la conciliación entre *Auslegung* y *Destruktion*.

La fenomenología de la donación es una fenomenología hermenéutica de la donación que acepta la fórmula de Romano en todo su alcance: "la hermenéutica auténtica es una fenomenología y la fenomenología solo se cumple como hermenéutica": 1) Es una hermenéutica que asume la primacía de la fenomenología en tanto acepta la anterioridad de la instancia antepredicativa y extrae su sentido de ella. 2) Es una fenomenología que se cumple como hermenéutica porque la fenomenología de la donación no acepta ninguno de los "dogmatismos" husserlianos: el sujeto constituyente es sustituido por el adonado y la búsqueda de un comienzo absoluto libre de supuestos a la manera de la "filosofía primera" es sustituido por una "filosofía última" que conserva su función crítica, pero para recordar a toda ciencia y a toda filosofía la imposibilidad del proyecto de una *mathesis universalis*. Su reducción, que opera a partir de una *epoché* consistente en un temple anímico fundamental, funciona también como hermenéutica precisamente porque ya no es la operación por la que el sujeto constituye y da sentido, sino que implica el gesto asubjetivo por la que el adonado es capaz de recibir lo dado y su sentido. Como ya hemos analizado, la transformación de la *epoché* en una tonalidad afectiva permite entender cómo es posible que un método subjetivo (la reducción) se concilie con un tema asubjetivo (la automostración del fenómeno). La fenomenología de la donación es una fenomenología hermenéutica porque esta instancia de la *epoché* afectiva es también una instancia hermenéutica por la que se administra el pasaje de lo que se da a lo que se muestra.

Capítulo sexto
Teología

§ 41. Filosofía y Teología

La fenomenología de Jean-Luc Marion es identificada, generalmente, como la más representativa del llamado "giro teológico". Como ya hemos analizado en el § 1 y en el apartado 2.1 de la introducción, según Dominique Janicaud, Marion no se ciñe al método fenomenológico e introduce indebidamente supuestos teológicos en el plano de la inmanencia filosófica. Hay un "vacío fenomenológico" en la obra marioniana que se explica por el intento de superar la ontología, que lo lleva a introducir una ilegítima "dimensión teológica".[1] La acusación de Dominique Janicaud es repetida con insistencia por Jocelyn Benoist e incluso por Emmanuel Falque. Benoist impugna la propuesta de Marion, pues entiende que su fenomenología surge del deseo de querer completar su proyecto de una "teología no metafísica". El planteo de Marion es inválido, pues está animado por el deseo de encontrar en la donación una base fenomenológica para la aparición de lo divino. Al desentenderse de la intuición sensible, esta donación cumple una función teológica y no responde a las reglas del método fenomenológico.[2]

Por su parte, Falque considera que, en cierta medida, es atendible la denuncia de Janicaud, pues entiende que la fenomenología francesa actual aborda objetos de la teología (la oración, la adoración, la liturgia, el Verbo encarnado, etc.) con medios fenomenológicos (la escucha, el don, el mundo, la carne, etc.), pero sin asumir, como punto de partida, la finitud humana.[3] Según

---

1 Cfr. JANICAUD, Dominique, "Le tournant théologique de la phénoménologie française", op. cit., pp. 101-102.
2 Cfr. BENOIST, Jocelyn, "Le "tournant théologique"", pp. 89-93.
3 Cfr. FALQUE, Emmanuel, *Passer le Rubicon*, op. cit., pp. 150-151.

Falque, este tipo de abordaje es impugnable, pues lo propio de la filosofía

> no es el hecho de que utilice solamente herramientas filosóficas, aunque sean fenomenológicas, sino el que respete o parta en primer lugar del "hombre como tal", es decir, del horizonte de su pura y simple existencia (de ser humano).[4]

En este sentido, según Falque, se trata de una fenomenología que pasa de un "salto" al campo teológico, abandonando su arraigo filosófico en la finitud y sin hacerse cargo de la radical transformación que esto implica.

> El "giro teológico", a nuestro modo de ver, no acusa tanto el viraje mismo cuanto la forma derivada de hacer como si no se hubiera cambiado de sitio, cuando resulta que se ha modificado el rumbo sin querer decirlo ni aun pensarlo.[5]

¿Existe, pues entonces, alguna legitimidad en el diagnóstico de Janicaud?

41.1. Las tres vías del pensamiento marioniano y los tres órdenes de Pascal

Para comenzar a responder, en primer lugar, conviene recordar que la obra de Marion investiga en tres campos teóricos diversos, claramente diferenciados (el de los estudios cartesianos, el teológico y el fenomenológico), pero lo hace –como el propio Marion reconoce– con un mismo objetivo en los tres casos. ¿Cuál es este objetivo? La superación del horizonte del ser, es decir, la superación de la metafísica y sus operaciones de objetivación. Marion destaca que "superar la metafísica" (*dépasser la métaphysique*) es una tarea que ha sido emprendida de diversos modos: 1) invirtiendo el platonismo (Nietzsche), 2) destruyendo la historia de la ontología (Heidegger), 3) deconstruyendo el sentido (Derrida) o 4) por medio de la modalidad pascaliana: la destitución.

> La destitución puede ejercerse sincrónicamente, contemporánea a cada época metafísica: ella lo logra sin destrucción, sin interdicción, sin reivindicación, porque solo ella abandona la metafísica a sí misma. La destitución pasa a través de la metafísica y supera sus límites (que ella discierne mejor que la metafísica misma), porque pasa a otra instancia distinta a la metafísica y, por tanto, la destitución no tiene ninguna necesidad de combatir la metafísica.[6]

La destitución pascaliana es el modelo de "superación de la metafísica" adoptado por Marion.[7]

---

4   *Ibid.*, p. 151.
5   *Ibid.*, pp. 151-152.
6   PM, p. 377.
7   En un artículo reciente, " Doubler la métaphysique ", Marion confirma que sigue el modelo pascaliano

En la entrevista "Réponses à quelques questions", Marion señala expresamente que es en esta superación en lo que radica la unidad de su obra y puede ser alcanzada por tres vías, que se corresponden con los tres campos teóricos en los que se divide su obra:

1) la vía cartesiana-pascaliana,

2) la vía teológica y

3) la vía fenomenológica.[8] Tanto en *Sur le prisme métaphysique de Descartes*, como en *Dieu sans l'être* y en *Réduction et donation* se comparte el punto de partida (el horizonte del ser) y se pone en práctica una operación similar de transgresión de las fronteras del dominio inicial. Marion señala que, si bien en cada ámbito se respetan las metodologías propias de la disciplina, en las tres obras se sigue el modelo pascaliano de puesta en cuestión de la vanidad del orden espiritual para acceder al orden del corazón, al orden de la caridad. Y, por lo tanto, también se comparte, pues, en los tres casos, el punto de llegada: un más allá del ser.

En *Sur le prisme métaphysique de Descartes*, luego de constatar la doble onto-teología cartesiana (la de la *cogitatio* y la de la *causa sive ratio*), que circunscribe su pensamiento al ámbito de la metafísica, Marion postula la superación a partir de la constatación pascaliana de su vanidad desde la mirada de la caridad.

> Pascal no refuta la onto-teología redoblada de Descartes, solamente la ve; pero la ve desde el punto de vista de un orden más potente, el de la caridad, que, considerando simplemente la metafísica como un orden inferior, la juzga y la destituye. La metafísica no sufre ni refutación, ni recuperación, ni tampoco delimitación: aparece como tal, vana para la mirada de la caridad.[9]

En *Dieu sans l'être*, Marion también pone en práctica una destitución del orden metafísico y su vanidad a partir de la caridad.[10]

---

y, en ese sentido, habla de la necesidad de "doblar" la metafísica. Como un actor en una película puede ser doblado en otra lengua, también la metafísica (el orden del espíritu) debe ser "doblada" para que hable la lengua de la caridad. Cfr. DM, p. 185. Cabe agregar que, como ya hemos demostrado, en buena medida, Marion también sigue el modelo de la temprana *Destruktion* heideggeriana respecto de las interpretaciones objetivantes.

8   Existen dos vías más en su obra, aunque no tan claramente distinguidas: 1) la vía del don y 2) la vía estética. 1) Respecto del don, Marion señala en *Étant donné* que se trata de una vía de acceso a la donación. Sin embargo, puede afirmarse que el pensamiento del don –que parte de una crítica de su concepción metafísica para acceder a su concepción fenomenológica– constituye también una vía privilegiada para comprender la lógica del amor. Me detendré en esta vía en el § 45 de este capítulo. 2) Por su parte, la vía estética –que analizamos en el apartado 38.5 del capítulo quinto– constituye una vía de acceso a la hermenéutica marioniana, pero, en este sentido, también es una vía de acceso al adonado y a la donación. Esta vía del arte no es reconocida expresamente por Marion, pero puede postularse si se tiene en cuenta que Marion asigna tanto a la hermenéutica como a la obra de arte la tarea de gestionar el pasaje de lo que se da a lo que se muestra.

9   PM, p. 377.

10 Cfr. DSE, pp. 157-195.

En la experiencia del aburrimiento, del desinterés espiritual y de la tristeza del alma, el ser deviene, de cierto modo, indiferente. Me valía evidentemente de Heidegger, pero sobre todo, regresando aun a Pascal, me valía de la temática de los tres órdenes: el orden del cuerpo, el orden del espíritu, de la ciencia, de la filosofía y del ser, y el orden de la caridad; pues el aburrimiento interviene, negativamente por supuesto, en el nivel de la caridad, cuando nos desinteresa (así se ejerce la *tristitia spiritualis*, la acedia); pero interviene también positivamente, cuando la caridad nos hace indiferentes a la vanidad del primer orden tanto como a la del segundo orden. El orden de la caridad define el lugar en el que se experimenta, con el aburrimiento, la vanidad de vanidades, la vanidad de todo lo que no depende de la caridad. Desde su punto de vista en particular, la pregunta del ser no es primera, sino vana, afectada de vanidad. A la pregunta: "¿qué es lo que es, en tanto ente? ¿Qué es el ser?" se puede responder positivamente, metafísicamente, por tanto, sin que eso nos valga un "momento de caridad", como dice Pascal.[11]

Respecto de *Réduction et donation*, Marion hace una salvedad en este texto de 1991: si bien la vía cartesiana-pascaliana y la vía teológica logran un acceso al tercer orden (a la lógica del amor), la vía fenomenológica, en 1991, solo logra señalar negativamente el más allá del ser. Sin embargo, es posible sostener que el proyecto de Marion se completa, el "tercer pilar" queda debidamente emplazado con la publicación, en 2003, de *Le phénomène erotique*, en donde se aborda el fenómeno erótico en sentido positivo.[12] El "edificio" marioniano se funda, pues, en un trabajo teológico tanto como en un trabajo filosófico. Pero ¿cuál es la relación entre ellos, además de compartir un gesto (transgresión de un orden al otro) y una finalidad común?

41.2. Filosofía y Teología según Emmanuel Falque

Antes de responder a esta pregunta y plantear la hipótesis para este capítulo, me detendré en la propuesta de relación entre filosofía y teología presentada por Emmanuel Falque en *Passer le Rubicon*. Un examen de su obra nos permitirá exponer con mayor claridad nuestra posición.

El libro de Falque ofrece un análisis desde la perspectiva de la teología. Nosotros propondremos uno desde la filosofía. Falque sostiene que es posible constatar fácilmente que los tiempos han cambiado, tanto *ad intra* como *ad extra*: *ad intra* en la forma más descriptiva en la que ahora se hace teología y *ad extra* en el abordaje por parte de la filosofía de contenidos teológicos.[13] Esto es un hecho fácilmente comprobable en el ámbito de la fenomenología

---

11 RC, p. 186.
12 Cfr. RQQ, pp. 65-67.
13 Cfr. FALQUE, Emmanuel, *Passer le Rubicon*, op. cit., p. 176.

francesa actual (Lévinas, Henry, Marion, Lacoste, Chrétien), pero también en ámbitos filosóficos ajenos a la fenomenología (Nancy, Badiou). Este nuevo clima epocal, en el que –según Falque– ni la filosofía ni la teología buscan ya establecerse como autónomas la una respecto de la otra, posibilita introducir su propuesta respecto de un nuevo vínculo entre ambas.

Falque entiende que la filosofía y la teología no se distinguen por sus contenidos. Ambas pueden estudiar el mismo objeto. La diferencia entre las dos radica en: 1) las "vías", 2) los "modos de proceder" y 3) el "estatuto" de los objetos a analizar.

1) Filosofía y teología no comparten el mismo punto de partida. Mientras que la vía de la filosofía parte de "abajo", desde la finitud del ser humano, la teología parte de "arriba".[14]

2) Respecto de sus "modos de proceder". La teología utiliza una "modalidad didáctica". Lo que se plantea al comienzo será también lo que se encuentre al final. No se propone una cuestión a resolver, sino que se limita a desplegar lo ya adquirido. Por el contrario, la filosofía propone un "camino heurístico" como la modalidad propia de su reflexión. Plantea una cuestión que exige, para alcanzar una respuesta, recorrer el camino, atravesar la problemática.[15]

3) Finalmente, si bien los objetos analizados pueden ser los mismos, filosofía y teología difieren en el estatuto que le otorgan a ese objeto. Falque asume en este punto la distinción propuesta por Marion.[16] El filósofo se limitará a considerar su objeto como "posible", mientras que el teólogo se abocará al mismo objeto, pero considerando su estatuto como "efectivo".[17]

---

14 Cfr. *ibid.*, p. 154.
15 Falque, anticipando la propuesta que formulará en las páginas siguientes, se pregunta: "¿no hay que aceptar, *también en teología*, un orden del descubrimiento a partir del hombre (de 'abajo'), que no se somete inmediatamente al imperativo del orden de la enseñanza a partir de Dios (de 'arriba')?". *Ibid.*, pp. 155-156.
16 "La fenomenología describe posibilidades y no considera nunca el fenómeno de la revelación más que como una posibilidad de la fenomenicidad, que formularía así: si Dios se manifiesta (o se manifestara), se tratará de una paradoja de segundo grado; si tiene lugar la Revelación (de Dios por él mismo, teo-lógica), tomará la figura fenoménica del fenómeno de revelación, de la paradoja de paradojas, de la saturación de segundo grado. Jamás la Revelación (como efectividad) se confunde con la revelación (como fenómeno posible) –respetaremos escrupulosamente esta diferencia conceptual mediante su traducción gráfica. Pero la fenomenología, que debe a la fenomenicidad el llegar hasta ese punto, no va más allá y no debe nunca pretender decidir del hecho de la Revelación, ni de su historicidad, ni de su efectividad, ni de su sentido. No debe hacerlo pues, no solamente por querer distinguir los saberes y delimitar las regiones respectivas, sino de entrada porque no tiene los medios: el hecho (si lo hay) de la Revelación excede el dominio de toda ciencia, incluida la fenomenología; sólo una teología, y a condición de dejarse construir a partir de ese sólo hecho (K. Barth o H. U. von Balthasar, sin duda en mayor medida que R. Bultmann o K. Rahner) podría eventualmente acceder a ella. Incluso si lo deseara (y, por supuesto, jamás fue el caso), la fenomenología no tendría el poder de efectuar un giro hacia la teología. Y hay que ignorarlo todo sobre teología, sobre sus procedimientos y sus problemáticas, para considerar tan siquiera esa inverosimilitud". ED, p. 329 n. 1.
17 Cfr. Falque, Emmanuel, *Passer le Rubicon*, op. cit., p. 156.

Ahora bien, a partir de esta comunidad de objeto que se constata en la escena contemporánea en los diversos abordajes filosóficos de objetos teológicos y de la también palpable fecundidad de la implementación del método fenomenológico en teología, Falque entiende que es el momento oportuno para repensar el tipo de relación entre ambas disciplinas. Según Falque, las insuficiencias de los modelos del "umbral" y del "salto" pueden ser superadas a partir de la idea del "pasaje".

El modelo del "umbral", representado por Maurice Blondel y Paul Ricœur, prescribe una separación tajante entre filosofía y teología. La filosofía debe permanecer en el "umbral", pero nunca transgredir la "prohibición" de "cruzar el Rubicón" hacia el campo de la teología. Se trata, pues, de mantener una "esquizofrenia controlada" –como el propio Ricœur reconoce–[18] que permita permanecer como filósofo cuando se hace filosofía y como teólogo cuando se hace teología.[19]

Por su parte, el modelo del "salto", que es el imperante en la fenomenología francesa actual, tampoco logra "cruzar el Rubicón" debidamente. Según Falque, ni Lévinas, ni Ricœur, ni Marion, ni Lacoste, ni Henry, ni Chrétien logran articular una "práctica conjunta" de la filosofía y la teología. En ninguno de estos casos se da un auténtico encuentro entre ambos dominios:

> En resumen, queda claro que ninguno "cruza el Rubicón" allí donde habría podido creer. Algunos practican la filosofía *y* la teología, recurriendo generalmente al texto como dato literal, y autorizando –a veces erróneamente– a deshacerse de lo que realmente es una tradición, necesaria para toda verdadera interpretación.[20]

Los fenomenólogos contemporáneos siguen sosteniendo la disyunción, la ruptura, la distancia (*l'écart*) y, en un movimiento paradójico, niegan su propia disciplina (critican la metafísica) para reivindicar otra disciplina (la

---

18 Cfr. RICŒUR, Paul, *La critique et la conviction*, Paris, Hachette, 2002, p. 10.
19 Cfr. FALQUE, Emmanuel, *Passer le Rubicon*, op. cit., pp. 177-178.
20 *Ibid.*, p. 179. Esta observación respecto del olvido de la tradición, más allá de su pertinencia o no, está claramente formulada desde la teología. Llama la atención este "reproche" si se tiene en cuenta que Falque insiste en que no hay que prohibir al filósofo que entre en el campo de la teología: "...lejos de prohibir al filósofo teologizar, se le debería más bien, por el contrario, instar a que lo practicara *todo*. [...] Si se introduce con tanto provecho en la escuela de la epistemología, de la estética, de la antropología o de la sociología, no se ve por qué la esfera de lo teológico debería estar prohibida al filósofo, por la mera razón de que la teología misma es –y pasa a ser, a veces, pero no siempre– confesional. [...] Va de suyo, en efecto, al menos en la teología católica, que el teólogo practica la filosofía, hasta el punto de convertirla en un requisito de sus estudios teológicos. Si el teólogo la requiere hasta ese punto, de manera que nadie le reprochará que lea y utilice a los filósofos (de Aristóteles y Platón a Descartes, Kant, Hegel, Kierkegaard y Nietzsche), no se entiende por qué el propio filósofo no puede alimentarse de la teología (de Agustín y Tomás de Aquino, ciertamente, pero también de Lutero, Barth, Rahner, Balthasar, Bultmann, Moltmann, Jüngel y los demás)". *Ibid.*, pp. 174-175.

teología), pero sin reconocerlo expresamente.[21] Pensando probablemente en Marion, Falque sostiene que la figura tutelar a la que se apela y que lleva a caer en esta situación es la de Pascal. Se interpreta erróneamente su doctrina de los tres órdenes y esto conduce, por un lado, a suponer una ruptura radical entre lo humano y lo divino, y, por otro lado, a ensayar una "apologética de la razón teológica" como opuesta a la razón filosófica.[22]

> Por pretender demasiado separar lo que se da en primer lugar como mezclado, según un "salto" en la fe (o la filosofía) "pura" que sirve aquí de ejemplaridad, se olvida a veces lo que toda humanidad tiene de oscuro y oscilante.[23]

Falque señala que no es posible acceder a la excedencia, a la saturación, de un "salto", sin pasar antes por la pobreza, por la limitación, la finitud, pues no es posible abandonar nuestra condición humana.[24]

Frente a las dificultades del modelo del "umbral" y del modelo del "salto", Falque propone una nueva modalidad que permitiría un auténtico intercambio: se trata de practicar conjuntamente la filosofía y la teología de un modo nuevo, conforme a la especificidad de cada una (la finitud humana para la filosofía y la encarnación del Hijo para la teología).[25] Para lograr esta articulación, en primer lugar, en vez de proponer una balthasariana "liberación de la filosofía por la teología", es necesario postular una "liberación de la teología por la filosofía".[26] Para, luego —en segundo lugar— ensayar un "paso", el "paso del Rubicón" desde la filosofía hacia la teología. A tal fin, Falque sostiene que se da un principio proporcional por el que, en su interacción, se benefician tanto la teología como la filosofía. El comienzo debe ser el filosófico: la finitud humana, pero no para que actúe como un límite en el que quedamos encerrados, sino como punto de partida desde "abajo" para avanzar hacia la posibilidad de una transformación, de una metamorfosis desde "arriba" al cruzar el Rubicón hacia el campo de la teología.

> [...] la "finitud" servirá de *comienzo* tanto a la filosofía como a la teología, debido en primer lugar a que ningún *teologoúmenon* tendrá sentido fuera de la vivencia de una experiencia, o de un existenciario filosófico que le dé sentido: el cuerpo para la encarnación, la angustia para el Getsemaní, el eros para la eucaristía, el nacimiento para la resurrección, la errancia para el pecado, la infancia para el Reino, etc. En

---

21 Cfr. *ibid.*, p. 180. Falque sin más equipara la metafísica con la filosofía.
22 Cfr. *ibid.*, p. 180-183.
23 *Ibid.*, p. 183.
24 Cfr. *ibid.*, pp. 183-186.
25 Cfr. *ibid.*, p. 152.
26 Cfr. *ibid.*, pp. 191-192.

resumen, como se habrá comprendido, una fenomenología de "abajo" precede y funda toda teología de "arriba". Más aún, solo en el recubrimiento (cobertura) y la transformación (conversión) del *abajo de la filosofía* por el *arriba de la teología* toman sentido respectivamente una y otra. No es que la una (la filosofía) no pueda concebirse sin la otra (la teología), y a la inversa. Sino que únicamente en tanto que la una (la filosofía) da a la otra lo que ella tiene (su peso de humanidad), la otra (la teología) se revela capaz de recibirla y de convertir su sentido (por la resurrección).[27]

Falque podría parafrasear el *dictum* de Romano: "La teología auténtica es una filosofía, y la filosofía solo se cumple en la teología". La teología realiza su tarea de modo auténtico si no rehúye a la finitud como el punto de partida, finitud que no debe ser entendida como una condena que nos encierra, sino como algo deseado por Dios.[28] Por su parte, la filosofía solo se cumple en la teología, pues –según Falque– solo en ella adquiere su sentido último.[29]

41.3. Filosofía y teología en la obra de Marion

¿Pueden aplicarse estas ideas y estas críticas a Marion? En términos generales, respecto de la relación entre filosofía y teología, podría decirse que sí. Marion es un pensador que se reconoce como católico. Es ciertamente posible –como sugerimos en el apartado 13.4 del capítulo primero– hacer una lectura de su obra otorgando la última palabra a la teología, es factible afirmar que el "sentido último" de la filosofía marioniana se encuentra en sus reflexiones teológicas.[30] Sin embargo, también son posibles otras interpretaciones del "fe-

---

27 *Ibid.*, pp. 152-153.
28 "Allí donde la finitud solo es *constatada* en filosofía, es por el contrario *querida* y *deseada* en teología, y eso es en lo que consiste tal vez la mayor distancia entre la filosofía y la teología –en la diferencia del mundo y de la creación, claro está–. Allí donde somos 'pura naturaleza' (de Cayetano a Heidegger), nos descubrimos 'criatura' (de Tomás de Aquino a Hans Urs von Balthasar). La realidad es la misma –la de la finitud o el 'ser humano sin más'–, pero la interpretación es diferente: acorralado en nuestro ser-ahí, por un lado (Heidegger); esperado en nuestro aquí-abajo, en el otro (Tomás de Aquino)". *Ibid.*, p. 186.
29 "La filosofía es *transformada* y *convertida* en el contacto con la teología, no en el sentido de que así sea prevenida respecto de sus pretendidas derivas o tentaciones de autonomización, sino en cuanto que recibe a la vez de la 'fuerza de la resurrección' y del 'espesor de la eucaristía' su sentido último que, sin embargo, no esperaba. El filósofo no tiene ciertamente otro deseo inmediato de lo absoluto que el de satisfacer su pura y simple humanidad en el respeto del "ser humano sin más", lo cual ya es mucho. El teólogo, sin embargo, y solo él, añade un 'plus', que lleva y hace cruzar los límites al filósofo hacia una conversión tan inesperada para él como radicalmente nueva: la Resurrección misma". *Ibid.*, p. 166.
30 Esta es la hipótesis de la vía teológica para la "superación de la metafísica". Marion confirma la vigencia de esta vía en un texto de 2015, " Doubler la métaphysique ": "El pensamiento cristiano no tiene ninguna necesidad de la *metaphysica*, pero puede, en primer lugar, sortear el obstáculo metafísico de lo posible y de lo imposible, con el objeto de sobrepasar los dos primeros órdenes por el orden de la 'caridad' y abrir el campo propio de la teología, de tal modo que *in fine* la caridad pueda superar toda otra racionalidad y someter todo a Aquel que somete todo al Padre". DM, p. 186. La afirmación de la

nómeno saturado" que constituye la obra marioniana.[31] Como ya lo hemos aclarado, en este apartado intentaremos demostrar el valor del diálogo con la teología, pero desde un punto de vista filosófico. En este sentido, conviene hacer un análisis comparativo más detenido respecto de la posición de Falque. Comencemos por las críticas. Efectivamente, como hemos analizado, cierto modelo pascaliano opera en el trasfondo de la obra marioniana. Hay una necesidad de un "salto" ante la ruptura y la distancia entre los órdenes, pero es

---

vía teológica como la vía última es la interpretación de la obra marioniana propuesta por Scannone. Ver apartado 30.2.1. Y también es la lectura de Christina Gschwandtner, que considera que toda la obra de Marion puede ser interpretada como una "apologética cristiana posmoderna" (cfr. GSCHWANDTNER, Christina, *Postmodern Apologetics. Arguments for God in Contemporary Philosophy*, New York, Fordham University Press, 2013, pp. 105-124). Sin embargo, cabe preguntarse si es posible aceptar la idea de una suerte de yuxtaposición sin más entre filosofía y teología que dé lugar a una "filosofía cristiana" o a una "filosofía católica" como interpretación final de su obra. Marion se contradice al respecto. Por un lado, asumiendo en alguna medida la idea balthasariana de una "aportación cristiana" a la filosofía, en diversos textos (generalmente escritos con un destinatario cristiano) sostiene la posibilidad de una "filosofía cristiana". Por ejemplo, en " La "philosophie chrétienne", herméneutique ou heuristique ? ", luego de discutir con la interpretación de la concepción gilsoniana de "filosofía cristiana" como hermenéutica y de reparar en las posibles objeciones ante una lectura de la "filosofía cristiana" como heurística, Marion sostiene que ésta no devino obsoleta ni es contradictoria, sino que tiene un porvenir (cfr. VR, p. 117). Pero, por otro lado y por el contrario, en textos que parecen tener como destinatario a la comunidad filosófica o, incluso, a un público más amplio, Marion rechaza esta idea. Por ejemplo, cuando Dan Arbib le pregunta si la expresión "filosofía católica" tiene algún sentido para él, Marion responde enfáticamente: "No. Como dice Heidegger, no hay filosofía católica como tampoco hay matemática protestante. Hay católicos que hacen filosofía como hay carniceros que son católicos. La cuestión es saber si son buenos carniceros, buenos carpinteros, buenos bomberos o buenos filósofos. Supongo que si se me dio la oportunidad de hacer una carrera que no fue ignominiosa, no fue porque hacía filosofía católica, sino porque hacía una filosofía no demasiado mala y de eso extraigo una profunda satisfacción". RC, pp. 284-285. Es en esta tensión en la que se basa Falque para denunciar cierto cartesiano *larvatus prodeo* (avanzar enmascarado) en Marion. Sin embargo, el *larvatus prodeo* ¿no caracteriza la metodología fenomenológica misma, según lo reconoce el propio Husserl? En *Grenzprobleme der Phänomenologie*, Husserl sostiene: "La filosofía autónoma como lo era la aristotélica y tal como permanece como eterna exigencia, llega necesariamente a una teleología y teología filosóficas, como camino no-confesional hacia Dios" (Hua XLII, p. 259). La vía fenomenológica debe sostenerse en un ateísmo metodológico, pues allí reside su legitimidad filosófica independientemente de si es posible o no leerla como "camino no-confesional hacia Dios". En este sentido, puede afirmarse que las tres vías –si bien entran en diálogo y es posible encontrar puntos de contacto– mantienen cierta autonomía entre ellas (particularmente la fenomenológica).

31 Marion señala que la diferencia entre el texto literario y el texto filosófico consiste en que el primero constituye un fenómeno saturado, pero el segundo no, pues una obra de filosofía es completamente conceptualizable. "Desde mi punto de vista, se puede decir que todo texto literario vale como un fenómeno saturado en el sentido de que no es un concepto. No hay concepto de un texto literario: siempre hay más para decir, esa es su definición; a diferencia del texto filosófico, que solo se puede conceptualizar enteramente, y por lo tanto, repetirlo y apropiárselo" (EM, p. 19). Sin embargo ¿es aplicable esta distinción a su obra, una obra que señala precisamente los límites de la conceptualización y objetivación filosófica? Ciertamente no se trata de considerar al texto marioniano como literario, pero, al indicar un nuevo modo de hacer filosofía, quizás puede entenderse que su obra ya no permanece bajo la exigencia de conceptualización absoluta. En *Dieu sans l'être*, Marion destaca la necesidad de pensar conceptos que no respondan al modelo del ídolo, sino del icono, es decir, conceptos que –como la indicación formal del joven Heidegger– permanezcan abiertos al darse inagotable del fenómeno y no pretendan agotar su sentido. "El icono también puede proceder conceptualmente, siempre y cuando renuncie a comprender lo incomprensible, para intentar concebirlo y, por tanto, también recibirlo en su propia desmesura" (DSE, p. 35).

posible entender esta necesidad en términos filosóficos. Falque destaca que la diferencia entre filosofía y teología no pasa por los objetos, sino por las "vías", los "modos de proceder" y el "estatuto del objeto". Sin embargo, cuando la fenomenología aborda un objeto teológico Falque sugiere que entonces se ha dado un "salto" a la teología, "se ha cambiado de sitio". Desde un punto de vista estrictamente filosófico, queda una cuestión por apreciar que no está contemplada en todo su alcance por Falque: la reflexión teológica puede dar lugar a una revitalización de la reflexión filosófica, sin que esto implique pasar al campo de la teología.[32] Como bien indica Falque, ciertamente puede haber un reflejo de la teología en la filosofía que permita "corregir" algunas de las categorías de la fenomenología,[33] pero principalmente hay un efecto inicial. La teología es, históricamente, una fuente de inspiración para la filosofía.[34] Marion –y esta será nuestra hipótesis para este capítulo final– repite la estrategia del joven Heidegger al llevar a cabo una apropiación filosófica de ideas teológicas. Como demostraremos a continuación, algunas de las principales categorías de la fenomenología de la donación provienen del ámbito teológico. Y esta circunstancia, no pone de ningún modo en cuestión su validez filosófica, pues se trata de categorías que actúan en la inmanencia del ámbito de la filosofía.[35] Es más, se ajustan a la distinción disciplinaria establecida por

---

32 En "Phénoménologie de l'extraordinaire (J.-L. Marion) ", Falque afirma la influencia de la teología en el desarrollo de ciertas categorías fenomenológicas en Marion, pero lamenta el intento de "secularización" pues entiende que es precisamente en el contenido teológico de estas categorías en donde radica su fuerza y vitalidad. Falque insiste en que Marion debería reconocerlo. Cfr. FALQUE, Emmanuel, "Phénoménologie de l'extraordinaire (J.-L. Marion) ", op. cit., p. 192. Ver apartado 3.1 de la Introducción.
33 Cfr. FALQUE, Emmanuel, *Passer le Rubicon*, op. cit., pp. 189-191.
34 Por dar solo un ejemplo, basta recordar la demostración de Karl Löwith respecto de las filosofías de la historia. "Las construcciones de la historia de Voltaire y Rousseau hasta Marx y Sorel, ya sea que se oocupen del progreso o retraten la decadencia del curso histórico, son el producto tardío, pero aún poderoso, de la doctrina bíblica de la caída y la salvación [*biblische Heils- und Verfallslehre*]". LÖWITH, Karl, *Weltgeschichte und Heilsgeschehen*, Stuttgart, Kohlhammer, 1953, p. 63. Löwith da cuenta de cómo actúa la matriz teológica, que interpreta la historia como historia de la salvación, en todas las filosofías modernas de la historia, incluso cuando se opone el progreso a la providencia. Explica Löwith: "La tesis de Hegel de la producción secular del principio cristiano 'en la figura de la razón y la libertad humana' es común a todas las filosofías de la historia de la Ilustración. Sin embargo, Hegel se distingue de sus predecesores, así como de sus sucesores radicales, por el hecho de que a la fe en el progreso de la Ilustración incorpora la afirmación teológica de que con Cristo el tiempo alcanza su consumación. En la filosofía de la historia de Hegel el progreso no es revolucionario: apunta al desarrollo y a la plenificación de un principio, en sí ya consumado, del curso total de la historia. Por el contrario, para los racionalistas típicos de los siglos XVII y XVIII el progreso significa una progresión ilimitada, que avanza sin cesar hacia una cada vez mayor racionalidad, libertad y felicidad, porque el tiempo aún no se ha consumado". *Ibid.*, p. 62. El joven Marion comparte la lectura de Löwith respecto de Marx en su discusión con Alain de Benoist: "El marxismo parte de una concepción cristiana de la Historia. Como otros movimientos políticos, cumple una 'herejía veterotestamentaria' en un mesianismo que todavía ignora al Cristo". ASD, pp. 59-60.
35 Aunque esa inmanencia se vea transformada por una concepción no-metafísica de la trascendencia a partir de la noción de amor, como bien demuestra Carla Canullo. Cfr. CANULLO, Carla, "La inaudita de-figuración de la trascendencia...", cap. cit., pp. 135-152.

Falque. En primer lugar, la fenomenología de la donación, sin bien pretende el acceso a los fenómenos saturados, no niega la finitud del ser humano como punto de partida. Marion insiste en que no todo lo dado puede mostrarse, precisamente porque queda a cargo de la finitud humana el pasaje hermenéutico de la donación a la fenomenalización. Por otra parte, el carácter excesivo y extraordinario no se aplica solo a lo divino. Explica Marion:

> Lo que a mí me interesa, que debería movilizar a la filosofía, son esas zonas de no-derecho, ahí donde ya no se logra imponer un proceso de pacificación por medio de la objetivación, ahí donde sobrevienen las cosas no previsibles, los acontecimientos. Lo dado se despliega porque caracteriza lo que, entre las cosas, se resiste a la objetivación y se da desde su propia iniciativa.[36]

La fenomenología de la donación no se postula solamente como una fenomenología de la religión que pretendería dar acceso a la manifestación gloriosa de Dios, sin pasar por su manifestación en la cruz. La fenomenología marioniana se interesa filosóficamente por una fenomenicidad que se resiste a la objetivación, que se registra en los fenómenos más banales y cotidianos. La fenomenología de la donación –extremando la fenomenología lévinasiana– afirma el carácter acontecial del rostro del otro y de todo fenómeno, pues entiende que allí está en juego una responsabilidad fenomenológica que, indudablemente, tiene un aspecto ético y político. En palabras de Marion: "La vieja división kantiana entre el fenómeno objeto y la cosa en sí resurge hoy como una cuestión extremadamente concreta de decisión política".[37] Frente al rostro del otro, afirmar su saturación, su carácter extraordinario, no implica negar su debilidad ni su finitud, sino –por el contrario– implicar negar la pertinencia de reducirlo a las operaciones objetivantes de la mismidad que impiden dar cuenta de esta finitud y debilidad. Para que aparezca la condición humana en tanto tal es preciso reconocer en el rostro su carácter de acontecimiento.

En segundo lugar, respecto del modo de proceder está claro que la fenomenología marioniana se ciñe al "camino heurístico" y no al "modo didáctico". En la estructura de *Étant donné* se observa que para comprender la importancia de la fenomenicidad saturada es preciso primero comenzar por las dificultades de la fenomenicidad pobre.

En tercer lugar, la fenomenología de la donación cumple con el requisito que ella misma establece respecto de sus análisis al limitar el estatuto de la revelación y los fenómenos religiosos a su carácter "posible", pero nunca "efectivo".

---

36 RC, p. 139.
37 *Ibid.*, p. 268.

La fenomenología marioniana se apropia de ideas teológicas pero las incorpora con un sentido filosófico. Como analizaremos en el apartado 43.2, el objeto teológico "milagro" permite a Marion forjar la categoría filosófica "fenómeno saturado", pero esto no implica que esta categoría sea una categoría teológica. El proyecto marioniano es el de la superación del "horizonte del ser", la superación de la metafísica, pero esto no implica necesariamente dar un "salto" a la teología. Una de las vías para lograr esta superación es teológica, pero las otras dos no. En esta obra asumimos una perspectiva filosófica y nos limitamos a analizar la vía fenomenológica, lo cual no implica considerar inválidas las otras dos vías. Sin embargo, sí cabe preguntarse por qué Marion postular una tercera vía después de haber propuesto las otras dos. La respuesta es evidente: existe cierta insuficiencia en la vía cartesiana-pascaliana y en la vía teológica que pretende ser solucionada por la fenomenología. Y el defecto consiste, precisamente, en el "salto" a la teología que las dos primeras vías exigen. Tanto la destitución de la metafísica por la teología como por el orden del corazón (de los santos) propuesto por Pascal, implican un "salto" de la filosofía a la teología. La vía fenomenológica –sin desconocer un diálogo con la teología– pretender alcanzar la lógica del amor desde la filosofía. Y si bien hay cierto "salto" entre la lógica del objeto y la lógica del acontecimiento, éste se encuentra arraigado en y demandado por las cosas mismas. La fenomenología de la donación descubre un campo de fenómenos filosóficos (el acontecimiento histórico, el ídolo, la carne, el otro, entre otros) que requieren ser abordados desde otra lógica, sin que esto implique una "apología de la razón teológica". La vía fenomenológica es la única que no conlleva –al menos no necesariamente– un desplazamiento de la filosofía a la teología. Lo cual no quiere decir que no exista una relación con las otras vías. Más allá de las afirmaciones de Marion en algunas de sus principales obras, en las que busca establecer una distinción tajante entre ambas disciplinas, es posible encontrar en su obra un enriquecedor diálogo de ida y vuelta entre filosofía y teología. Falque acierta al señalar que "nadie es 'más filósofo' porque se mantenga en el 'umbral' de las disciplinas o porque 'separe' claramente los *corpus*".[38] Ciertamente, Marion cae en esta actitud escrupulosa en *Étant donné*, según se deja constancia en la nota del § 24 y que se evidencia, por ejemplo, al evitar desarrollar la idea de la teología revelada como pensamiento del don en el intento de procurar "respetar la distinción de disciplinas y mantenernos estrictamente en la filosofía".[39] La crítica de Falque es justa respecto de esta primera etapa fenomenológica, pero cabe destacar que esta férrea posición es abandonada en textos posterio-

---

38 *Ibid.*, p. 20.
39 ED, p. 163.

res. La imposibilidad de transgredir la frontera entre filosofía y teología deja de ser afirmada como un "dogma incuestionable". En la "Prólogo a la edición española" de *Étant donné*, Marion sostiene que este límite es producto de la historia de la metafísica.[40] En la entrevista de 2014, "Foi et raison", Marion afirma que el problema de la distinción entre filosofía y teología es un problema metafísico pues implica suponer que la filosofía puede fijar las condiciones de la verdad en tanto "Tribunal". En este sentido, en el tiempo post-metafísico en el que –según Marion– ya ningún filósofo pretende fijar *a priori* las condiciones de posibilidad de la experiencia ya no es necesario sostener una oposición tajante entre filosofía y teología.[41] Marion parece haber comprendido el alcance de la frase de Jean-Louis Chrétien:

> No basta instalarse como aduanero en la frontera supuestamente segura entre la filosofía y la teología; primero es preciso interrogarse como filósofo, sobre el propio trazado de esa frontera.[42]

En nuestro tiempo devienen apremiantes dos cuestiones: 1) preguntarse filosóficamente por los términos metafísicos en los que se traza la frontera, 2) advertir filosóficamente la riqueza que contiene el diálogo con la teología tiene para la filosofía.

41.4. Fe y razón

En este sentido, cabe aclarar el porqué del intercambio preferencial con la teología y no con otras disciplinas. La fenomenología marioniana –luego de preguntarse filosóficamente por los términos metafísicos en los que se traza la frontera– asume la necesidad de una ampliación de la razón. El "salto" hacia la lógica del corazón no implica invalidar la lógica del espíritu, sino incorporar una dimensión de la racionalidad que es fundante y parece haber sido olvidada. La razón se compone tanto de una lógica del objeto como de una lógica del acontecimiento (lógica del amor) que si bien no pueden actuar simultáneamente, si deben cooperar entre sí para entender cuál es el tipo de lógica que demanda la *Sache* (cosa y asunto) en cada caso.

La definición "metafísica" de la racionalidad excluye como irracional todo aspecto de la razón que no responda a la lógica del objeto. El extenso ámbito

---

40   P, p. 13.
41   FR, p. 72.
42   Chrétien, Jean-Louis, *L'appel et la réponse*, op. cit., p. 10. Marion cita esta frase de Chrétien en *De surcroît*. Cfr. DS, p. 34 n. 1.

de la irracionalidad es designado como el ámbito de la fe, es decir, de lo religioso. Lo excluido por la razón científica moderna (esto es, la razón que se ciñe a la penuria de intuición) es aquello que no puede ser demostrado por la lógica del objeto, que cae en el dominio de la creencia. Por este motivo, es preciso indagar en el ámbito de la religión y no en otro. El movimiento de la modernidad por el que se define la racionalidad del objeto es un movimiento que procura limitar los alcances de la religión. La forma en que la filosofía moderna transfiere los fueros de la religión al *saeculum*[43] consiste en circunscribir la religión al ámbito irracional de la fe y en delimitar su propio campo de acción al de una racionalidad entendida en términos científicos. Esta tajante demarcación entre fe y razón, más allá de la discusión respecto de su necesidad y conveniencia histórica, implica un empobrecimiento de la comprensión tanto de la religión como de la filosofía, así como también de la fe y de la razón.

En *Le croire pour le voir*, Marion se detiene particularmente en la relación entre fe y razón. En el "Avertissement" aclara que el objetivo de los textos del libro es establecer que la cuestión del supuesto conflicto entre fe y razón no tiene sentido y no debe plantearse. Un primer argumento es esbozado a partir de la ecuación que debería establecerse entre ambas. ¿Cómo funcionaría? Marion sostiene que es posible afirmar que "se puede perder la fe [...], pero seguramente no porque se gane en razón".[44] En rigor, replica Marion con agudeza, si se pierde la fe es porque se pierde la fe en la razón, se cree que ésta es incapaz de comprender la parte más decisiva de lo que experimentamos en nuestra vida. Esta actitud implica adoptar la solución más rápida y fácil: la razón no entiende todo. De este modo, se admite un vasto campo que permanece incomprensible e irracional y se lo abandona al dominio de la creencia y la opinión. Este es el procedimiento por el que se renuncia a pensar aquello que previamente ya fue expulsado del ámbito de lo pensable.[45]

Marion entiende, pues, que la separación moderna entre la fe y la razón surge de una "capitulación sin combate" por parte de la razón frente a lo que presupone impensable. Es necesario pensar de otro modo la ecuación entre fe y razón. Pues, si bien no se pierde la fe por exceso de práctica de la racionalidad, sí se pierde racionalidad al excluirla del dominio de la fe y de la Revelación. De este modo, efectivamente, se acota el alcance de la racionalidad.[46]

---

43 En rigor, la filosofía moderna hace algo más que transferir el poder legitimador al *seaculum*: ella inventa el *saeculum*. Antes de la modernidad no existían la religión y lo secular como esferas separadas. Ellas se constituyen como tales a partir de la asignación de jurisdicciones y el parcelamiento de esferas de conocimiento que caracteriza a la modernidad.
44 CpV, p. 9.
45 Cfr. *idem*.
46 Cfr. *ibid.*, p. 10.

En este sentido, según Marion, es posible presentar tres argumentos que permiten afirmar que –paradójicamente– se pierde racionalidad al perder la fe:

1) El primero refiere a la pérdida de un campo de aplicación posible y sus consecuencias. Al excluirla del dominio de la fe, la razón no solo pierde extensión, sino que además se le impone la tarea de criticar y destruir ese dominio "irracional".[47]

2) El segundo argumento refiere a la arbitrariedad en la definición de razón que la operación moderna implica. Para cumplir esta tarea crítica-destructiva, la razón debe establecer sus propios límites y esto es llevado a cabo, según Marion, aceptando un enunciado "dogmático" respecto de su naturaleza y sus capacidades.[48]

3) El tercer argumento destaca las características de nuestro tiempo nihilista, posterior a la "muerte de Dios". En los tiempos postmetafísicos, es necesario tener fe en la razón, pues la razón ya no puede autofundarse según el procedimiento metafísico ontoteológico de la *causa sui*. Hay que sostener la racionalidad en el deseo de racionalidad.

> [...] La razón supone que tengamos fe en ella. El irracionalismo más amenazante no viene de la creencia, sino de la falta de creencia y confianza, esto es, de la falta de fe en la racionalidad misma, su poder y, sobre todo, su legitimidad.[49]

Ahora bien, Marion es enfático al aclarar su posición:

> la cuestión de la relación entre fe y razón no concierne a la apologética, pues no se limita a la defensa de los derechos de la fe [...], ella concierne igualmente a la defensa de los derechos de la racionalidad (a no abandonar campos enteros de lo pensable).[50]

Se trata, pues, de reflexionar sobre una distinción que, en primer lugar, perjudica a la "razón filosófica" antes que a la teológica. En palabras de Lévinas: "...la relación entre religión y razón no es un problema de la filosofía de la religión, es la filosofía misma".[51] Es necesario reabrir el expediente de la secularización, repensar los términos en los que se quitan los fueros a la religión porque lo que está en juego es el alcance mismo de la filosofía y su ra-

---

47 Cfr. *idem*.
48 Cfr. *idem*.
49 *Ibid.*, p. 10.
50 *Ibid.*, pp. 10-11.
51 LÉVINAS, Emmanuel, *Notes philosophiques diverses* en LÉVINAS, Emmanuel, *Œuvres complètes. Tome 1. Carnets de captivité et autres inédites*, Paris, Grasset, 2009, p. 287.

cionalidad. Es importante tener en cuenta este punto porque Marion propone un proyecto filosófico –y este es el objeto de nuestra investigación– que puede sostenerse con independencia de una confirmación teológica.

Marion destaca que nuestro tiempo post-ontoteológico permite impugnar las opciones que presenta la metafísica respecto de la relación entre fe y razón, y considerar una nueva. Para la metafísica se da una anterioridad determinante de la razón bajo dos modalidades: 1) La razón es condición negativa de la fe. La fe se opone a la razón, y ésta aparece cuando la razón no puede acceder a lo que la fe tiene por verdadero. 2) La razón es condición positiva de la fe. La fe aumenta si se apoya en un conocimiento obtenido por la razón.[52]

Frente a estas dos opciones debe reintroducirse la vía agustiniana:

> [...] la comprensión es la recompensa de la fe. No busques, pues, comprender para creer, sino cree para comprender, porque, *si no creéis, no entenderéis* [*Ergo noli quaerere intellegere ut credas, sed crede ut intellegas*; quoniam *nisi credideritis, non intellegetis*].[53]

Nuestra contemporaneidad, nuestro tiempo que ya no admite un principio o *arché* que sirva de fundamento ontoteológico, demanda pues una inversión de la relación: la razón ya no puede ser fundante, la fe debe actuar como su condición de posibilidad. Para ver es necesario primero creer. Pero, si esto es así, ¿cómo puede evitarse caer en un fanatismo que tenga por verdadero lo que imagina? Marion responde que la solución está en la fenomenología y su mención intencional. El objetivo tiene que ser siempre encontrar la o las significaciones correctas, que permitan dar cuenta de todos los escorzos dados. Puede ocurrir que en algún caso tengamos que contentarnos con encontrar la significación menos inapropiada. Y puede suceder también que la significación apropiada permanezca indeterminada. Ante estos casos podemos constatar el procedimiento propio de la fe: ante la falta de evidencia, la fe "inventa" significaciones provisorias.[54] Marion afirma que, en este sentido, la fe es la condición de fenomenalización de los fenómenos más decisivos:

> ¿Cuáles? Justamente aquellos que nos parecen más extraños, en tanto que nos afectan de manera más cercana: aquellos que Pascal asignaba al tercer orden, al orden invisible a los dos primeros (los cuerpos del mundo y el poder que los rige, las verdades intelectuales del espíritu que conoce y el reino de las ciencias, de las esencias), al orden del "corazón", de la caridad y la santidad. En este orden, sólo

---
52 Cfr. CpV, p. 11.
53 *In Evangelium Ionnis Tractatus centum viginti quatuor*, XXIX, 6.
54 Cfr. CpV, pp. 12-13.

vemos si disponemos de la única significación apropiada, la caridad misma. Y sólo disponemos de ella si accedemos a ella tal como ella se da, por la fe. Para ver es necesario creer, pero al creer hacemos una obra de razón; de una "gran razón" (Nietzsche), es cierto, y por tanto, mucho más racional.[55]

La caridad, el amor provee pues la hermenéutica adecuada para los fenómenos más importantes, aquellos que le dan sentido a nuestra existencia. Pero, estos fenómenos permanecen inaccesibles sin una ampliación de la razón que incluya la lógica del corazón.

En el primer capítulo de *Le croire pour le voir*, Marion se detiene en otros aspectos del vínculo entre fe y razón que tornan inoperante la separación metafísica. En primer lugar, Marion destaca como en la actualidad, el argumento de autoridad se encuentra del lado de la ciencia. En este sentido, puede afirmarse que la ciencia es el objeto de una fe "inquebrantable". Ciertamente, en los tiempos de la tecno-ciencia la última palabra la tiene el científico o el técnico.[56]

---

55 *Ibid.*, p. 13. En este sentido, de algún modo, Marion responde a la objeción planteada por José Daniel López respecto de la necesidad de una "reducción teológica", pues admite una instancia de fe previa a la del amor. En la entrevista para la revista *La Philosophoire*, Marion reconoce expresamente esta necesidad previa de fe –aunque no en un sentido estrictamente religioso, sino amplio–: "Por muchas razones, para amar, es necesaria la fe [...] El amor se exime de la garantía racional. Entonces, le es necesaria la fe" (EM, pp. 12-13). López sostiene que la Revelación no puede acontecer sólo bajo una reducción fenomenológica, sino que es necesaria una reducción teológica, pues, para que la Revelación se fenomenalice es necesario, no solo el amor (como según López, parece sostener Marion), sino también la fe. "Aun con muchas precauciones, Marion tiende a identificar la fenomenalidad del fenómeno erótico con el de revelación [...] la fenomenología del amor culmina en la fenomenalización de Dios –lo que coincide con la Revelación de Dios como amor–" (López, José Daniel, "Reducción fenomenológica y reducción teológica" en Roggero, Jorge Luis (ed), *Jean-Luc Marion: límites y posibilidades de la Filosofía y de la Teología*, Buenos Aires, SB Editorial, 2017, pp. 61-62). Sin embargo –objeta López–, si la fenomenicidad de la Revelación responde a las mismas reglas que la fenomenicidad de todos los fenómenos, se pierde su especificidad: "...en lo referido a la Revelación, una fenomenología del amor debe completarse con una fenomenología de la fe" (*ibid.*, p. 63). Marion podría responder que, si esa especificidad se reduce a la necesidad de una fe para acceder al amor, ese sería un requisito para todos los fenómenos. Ahora bien, ciertamente no es lo mismo una noción amplia de fe que la fe concreta en el ámbito religioso, que consiste en un creer en los contenidos de la Revelación.

56 Cfr. *ibid.*, p. 17. Esto se observa en el ámbito de las ciencias exactas y la medicina, pero también en el desplazamiento de la política por parte de la mera administración económica, que se guía por la lógica del mercado. En *La rigueur des choses*, Marion destaca como en tiempos del nihilismo, no se puede evitar sospechar de los financistas y el poder económico que ejercer el verdadero poder de modo oculto (aunque solo sea para correr detrás de sus mecanismos de desregulación) (cfr. RC, p. 267). Asimismo, Marion critica severamente las consecuencias del estrechamiento de la racionalidad en el ámbito del mercado y la economía capitalista: "Efectivamente, estamos, de modo paradójico, en una sociedad muy irracional. El caso más flagrante es el de la irracionalidad de la economía en marcha: la que presuntamente ofrece el *nec plus ultra* de la autorregulación, no cesa de contradecir los criterios técnicos a través de las pasiones del consumismo en régimen de normalidad y a través de la pasión de acumular en régimen de especulación. Pero tomemos una situación que no sea la de la crisis financiera, la situación de una economía capitalista desarrollada y estable: el mercado, para fomentar el consumo, por tanto, la creencia, debe no solamente producir los objetos técnicos más racionales, sino sobre todo transformarlos en objetos de deseo. Al fin y al cabo, la *inutilidad* irracional del deseo deviene el verdadero motor de la creencia [...] Se trata de vender autos a gente que no los necesita [...] ¿Qué se vende en realidad?

Ahora bien, esta fe en la razón científica debería llevarnos a reflexionar sobre la fragilidad de la oposición entre fe y razón. La razón científica, como ya hemos señaladao, se construye acotando el campo de acción de la racionalidad. Esto conduce a dos peligros: 1) reducir la experiencia únicamente a la de fenómenos objetivables y 2) ignorar la carne.[57] Es necesario hacer lugar a la "gran razón". Marion cita a Nietzsche:

> Dices "yo" y estás orgulloso de esa palabra. Pero esa cosa más grande aún, en la que tú no quieres creer, tu carne y su gran razón [*dein Leib und seine grosse Vernunft*]: ésa no dice "yo", pero hace "yo".[58]

La carne nos da acceso a la "gran razón" al afectarse por el dolor, la alegría, el deseo, el amor, antes de decir "yo". La racionalidad científica nos muestra objetos, fenómenos puestos a distancia, pero nada nos dice de la inmediatez en la que nos experimentamos a nosotros mismos. La carne nos da acceso a fenómenos que sobrepasan la racionalidad objetivante. Por este motivo es necesario practicar una "razón más grande". ¿Quiénes debería practicarla?

> Respuesta: todos aquellos para los que la humanidad del ser humano, la naturaleza de la naturaleza, la justicia de la ciudad y la verdad del conocimiento permanezcan como exigencias absolutas.[59]

La ampliación de la racionalidad y la reivindicación de una fe que actúa como condición de posibilidad no buscan dar razón a todas las cosas, sino únicamente dar razón de la racionalidad. Se trata de darle su razón a la razón que no puede estar fundada en su modalidad objetivante, sino que requiere advertir una instancia anterior, que también responde a una racionalidad y que es capaz de dar sentido a los fenómenos que conciernen directamente a nuestra existencia.

En este sentido, como ya hemos afirmado, Falque se equivoca al sostener que en la fenomenología de la donación se da una "apologética de la razón

---

La objetivación de un fantasma, un objeto brillante del deseo. Así, la irracionalidad del consumidor suscita y mantiene la producción y la venta de un producto racional. Esta contradicción, intrínseca a la economía moderna, aparece muy claramente en la superposición de dos determinaciones que atraviesan el objeto técnico vendido: por un lado, la técnica de la racionalidad en su concepto y en su producción, por el otro, la necesidad, por tanto, también el fantasma del consumidor, que obedece a la lógica del deseo. Entre los dos surge una contradicción interna a la racionalidad del mercado, contradicción mucho más fuerte que sus contradicciones puramente económicas. Aquí hay un caso en el que la estrechez de nuestra definición de racionalidad, provoca la irracionalidad y, por tanto, a la larga, la violencia". *Ibid.*, pp. 156-157.
57 Cfr. CpV, p. 25.
58 KSA IV, p. 39.
59 CpV, p. 24.

teológica", porque no se abandona el campo filosófico, sino que se lo amplía. Ahora bien, más allá de las afirmaciones de Marion, lo cierto es que subyace en toda su obra, aun en *Étant donné*, un movimiento de productivo intercambio entre filosofía y teología. Tomemos nuevamente el ejemplo de la categoría de "fenómeno saturado". En un primer momento es la teología que influye a la filosofía ayudándola a forjar una categoría, pero en una segunda instancia, esta categoría opera también con éxito en el campo de la teología colaborando en el estudio de objetos teológicos (la oración, la santidad, la eucaristía, el sacramento).[60] En este capítulo restringiremos nuestro análisis al movimiento de ida de la teología a la filosofía en el que la filosofía se nutre de ideas teológicas, pero las transforma según los usos filosóficos. Marion sigue, en esta estrategia, el modelo de la fenomenología del joven Heidegger.

§ 42. La apropiación filosófica de ideas teológicas en el joven Heidegger

En 1923, en el último curso dictado en la Universidad de Friburgo, antes de su partida a Marburgo, Heidegger sostiene: "Compañero en la búsqueda fue el joven Lutero y modelo Aristóteles, a quien aquél odiaba. Impulsos me dio Kierkegaard y los ojos me los colocó Husserl".[61] De este modo, Heidegger reconoce expresamente cuáles son las principales influencias en el desarrollo de su fenomenología. Entre ellas, no hay que subestimar la compañía del joven

---

60 Esta posibilidad de aplicación de la fenomenología en el campo de la teología invalida en todo sentido, según Marion, la acusación de un "giro teológico": "jamás hubo un 'giro teológico' de la fenomenología', ya que la fenomenología, desde un comienzo trató sobre temas teológicos […] no se trata de un 'giro', sino de un desarrollo y una extensión del campo de intervención de la fenomenología" (RC, p. 205). En una suerte de argumento *ad hominem*, Marion descalifica el planteo de Janicaud por tratarse de una crítica hecha por alguien que no conoce bien la obra de Husserl ("Pienso que estaba equivocado, y por una buena razón realmente simple: se había erigido en defensor de la ortodoxia husserliana, aunque él no era un gran conocedor de Husserl, sino un hegeliano y un heideggeriano cercano a Beaufret. Su lectura de Husserl era pues parcial, bastante superficial y en todo caso reciente". *Idem*.). Apoyándose en el libro de Housset, Marion destaca como la ampliación de la fenomenología al dominio teológico fue una preocupación del propio Husserl. Como bien recuerda Housset, su filosofía estuvo interesada en la pregunta religiosa a tal punto que en una entrevista con Adelgundis Jaegerschmid, en 1935, Husserl sostuvo: "La vida del hombre no es otra cosa que un camino hacia Dios. Yo busco alcanzar esta meta sin el apoyo, las pruebas y el método de la teología; es decir, busco llegar a Dios sin Dios. Debo en cierto modo eliminar a Dios de mi vida científica para abrir a los hombres un camino hacia Dios, a aquellos que no tienen como Usted la seguridad de la fe a través la Iglesia. Sé que este procedimiento podría ser peligroso para mí si no estuviera profundamente unido a Dios y no fuera una persona que cree en Cristo" (Husserl, Edmund, "Gespräche mit Edmund Husserl, 1931-1936" en Jaegerschmid, Adelgundis OSB., *Stimmen in Zeit*, Heft 1 (Januar 1981), pág. 56). En este sentido, Housset destaca que en Husserl la filosofía como ciencia rigurosa es también un camino hacia Dios y hacia una vida verdadera (cfr. Housset, Emmanuel, *Husserl et l'idée de Dieu*, París, Cerf, 2010, p. 18). Según Marion, esta preocupación religiosa es retomada por Heidegger y por Scheler, y es heredada por los fenomenólogos actuales.

61 GA 63, p. 5.

Lutero en la búsqueda de una radicalización hermenéutica de la fenomenología. En ese tiempo, Heidegger llegó a definirse a sí mismo como un "teólogo cristiano" (*christlicher Theologe*), en una carta a Karl Löwith.[62] Según Gadamer, la determinación del "yo soy", del sí mismo heideggeriano pasaba por esclarecer su cristianismo. Esta era la "motivación más profunda" (*die tiefste Motivation*) de su pensamiento y por esta razón Lutero "adquirió para él un significado decisivo".[63] El joven Heidegger de comienzos de la década de los años veinte buscaba –según le escuchó decir el propio Gadamer– "encontrar la palabra que es capaz de llamar a la fe y de hacer permanecer en la fe".[64] Esta preocupación heideggeriana forja la "dimensión religiosa" de su fenomenología temprana. En palabras de Gadamer: "...fue con propósitos teológicos y no bajo la influencia del historicismo que la historicidad de la existencia entró en su campo de visión y guio la pregunta por el sentido de 'ser'".[65] La propuesta filosófica del joven Heidegger se encuentra atravesada por esta indagación teológica; sus principales categorías constituyen particulares apropiaciones de temas teológicos.

Como bien han destacado John van Buren, Jaromir Brejdak, Christian Sommer, Sean McGrath, Sylvain Camilleri,[66] entre otros, la *theologia crucis* o, mejor dicho, la tarea del teólogo de la cruz,[67] constituye una suerte de modelo para la tarea del fenomenólogo heideggeriano. La heideggeriana hermenéutica de la facticidad se delinea según los rasgos de la teología del joven Lutero. Heidegger lee la *theologia crucis* como una teología de abandono fáctico de la

---

62 HEIDEGGER, Martin, "Drei Briefe Martin Heidegger an Karl Löwith" en PAPENFUSS, Dietrich u. PÖGGELER, Otto (Hrsg.), *Zur philosophischen Aktualität Heideggers. Band 2: Im Gespräch der Zeit*, Frankfurt am Main, Vittorio Klostermann, 1990, p. 29.
63 GADAMER, Hans-Georg, "Die religiöse Dimension" en GADAMER, Hans-Georg, *Gesammelte Werke. Band 3: Neuere Philosophie: Hegel, Husserl, Heidegger*. Tübingen: J. C. B. Mohr Verlag, 1987, p. 310.
64 *Ibid.*, p. 315.
65 *Idem*.
66 Cfr. VAN BUREN, John, *The young Heidegger. Rumor of the hidden King*, Bloomington, Indiana University Press, 1994; BREJDAK, Jaromir, *Philosophia Crucis. Heideggers Beschäftigung mit dem Apostel Paulus*, Frankfurt am Main, Peter Lang Verlag, 1996; SOMMER, Christian, *Heidegger, Aristote, Luther. Les sources aristotéliciennes et néo-testamentaires d'*Être et temps, Paris, PUF, 2005; McGRATH, Sean J., *The early Heidegger and medieval philosophy: phenomenology for the Godforsaken*, Washington, The Catholic University of America Press, 2006; CAMILLERI, Sylvain, *Phénoménologie de la religion et herméneutique théologique dans la pensée du jeune Heidegger. Commentaire analytique des Fondements philosophiques de la mystique médiévale (1916-1919)*, Dordrecht, Phænomenologica-Springer, 2008.
67 Siguiendo la indicación de Jürgen Moltmann, cabe señalar que "Lutero no habla aquí de la teología como conocimiento de Dios en sí, sino del teólogo, es decir, del hombre que intenta conocer a Dios. Todo cristiano es para él 'teólogo', o sea, uno que conoce a Dios. ¿Qué hace de él el conocimiento de Dios? No se considera la teoría teológica en sí, su contenido ni su método, sino la teoría en conexión con su *usus* por el hombre. A esto lo llamamos en el capítulo 2 paso de una teoría pura a una de cuño crítico, porque ya Lutero refleja aquí conocimiento e interés en sus contextos conscientes o inconscientes. Pregunta por el interés dominante en el conocimiento de Dios y por el uso del conocimiento por parte del hombre. Por eso no habla de una *theologia gloriae*, sino del *theologus gloriae*". MOLTMANN, Jürgen, *El Dios crucificado. La cruz de Cristo como base y crítica de toda teología cristiana*, trad. S. Talavero Tovar, Salamanca, Sígueme, 1975, p. 290.

creatura, una creatura que por su naturaleza no puede saber nada respecto de Dios.[68] En este sentido, la lectura heideggeriana de las cartas de Pablo presenta un "cristianismo de la finitud" –según la expresión de Marta Zaccagnini– un cristianismo "exclusivamente dirigido a la dimensión mundana de la experiencia de la vida y no a la dimensión ultraterrena de su trascendencia".[69]

Para dar cuenta de esta operación filosófica heideggeriana de apropiación de ideas teológicas me detendré en la ponencia sobre Lutero que el filósofo de Meßkirch expuso para el seminario de Rudolf Bultmann en 1924, en la Universidad de Marburgo. El texto da cuenta no sólo de la actitud fundamental de "humildad ante al misterio" de la revelación divina en la cruz, actitud que caracterizará la fenomenología del joven Heidegger como un detenerse ante el fenómeno para que éste se muestre en sus propios términos,[70] sino que también es posible advertir como Heidegger toma nota de ciertos rasgos de la fenomenalización divina que serán trasladados a la dinámica de mostración del "fenómeno fundamental" (*Grundphänomen*),[71] el fenómeno de la "vida fáctica" (*faktisches Leben*), y de la consecuente necesidad de implementar un método acorde a esta modalidad de aparición.

El texto comienza destacando la nueva dirección que Lutero imprime a la investigación teológica al erigir al problema del pecado como el insoslayable punto de partida. Todas las preguntas teológicas deben reconocer su dependencia respecto de esta cuestión. "Cuanto más se subestima la radicalidad del pecado, más se menosprecia la redención, y más pierde necesidad la encarnación divina".[72] La concepción que se sostenga respecto del pecado será determinante respecto a la noción soteriológica y antropológica que se pretenda.

En la "Disputación de Heidelberg", Heidegger encuentra la más aguda formulación de la posición luterana respecto del pecado. Este querer ser Dios y no dejar a Dios ser Dios se manifiesta en una actitud teológica que vuelve al hombre soberbio. Esta actitud es la propia de la *theologia gloriae* escolástica que pretende decir "eso que la cosa es" (*id quod res est*) sin antes acudir a la cruz, es decir, que pretende determinar teóricamente el ser divino sin reparar en su manifestación sufriente en la cruz. Comenta Heidegger:

---

68 Cfr. McGrath, Sean J., *The early Heidegger and medieval philosophy*, op. cit., p. 159; Brejdak, Jaromir, *Philosophia Crucis*, op. cit., pp. 180-182.
69 Zaccagnini, Marta, *Christentum der Endlichkeit. Heideggers Vorlesungen: Einleitung in die Phänomenologie der Religion*, Münster, LIT Verlag, 2003, p. 64.
70 Cfr. van Buren, John, *The young Heidegger*, op. cit., pp. 319ss.
71 GA 61, p. 80.
72 Heidegger, Martin, "Das Problem der Sünde bei Luther" en Jaspert, Bernd (Hrsg.), *Sachgemäbe Exegese: Die Protokolle aus Rudolf Bultmanns Neutestamentlichen Seminaren 1921-1951*, Marburg, N. G. Elwert Verlag, 1996, p. 29.

El escolástico toma conocimiento de Cristo sólo con posterioridad, después de que ha definido el ser de Dios y del mundo. Este enfoque griego del escolástico vuelve al hombre soberbio; él debe primero acudir a la cruz, antes de decir *id quod res est*.[73]

Pero, ¿en qué consiste este "acudir a la cruz"? Lutero propone una *theologia crucis*, una teología que no tema enfrentarse con el misterio de un Cristo crucificado. La cuestión principal la señala san Pablo en 1 Cor 1, 22-25:

> Mientras los judíos piden milagros y los griegos van en busca de sabiduría, nosotros, en cambio, predicamos a un Cristo crucificado, escándalo para los judíos y locura para los paganos, pero fuerza y sabiduría de Dios para los que han sido llamados, tanto judíos como griegos. Porque la locura de Dios es más sabia que la sabiduría de los hombres, y la debilidad de Dios es más fuerte que la fortaleza de los hombres.

Dios se revela como Cristo crucificado. Dios no se manifiesta en términos de poder ni en términos de racionalidad. La cruz nos expone a la paradoja de la fe: el Cristo, Dios hecho hombre, muere del modo más cruel e infamante, reservado para los criminales. La propuesta luterana implica asumir la radicalidad de la fe cristiana, implica aceptar la dificultad de esta paradoja, de esta falta de respuestas, aceptar el estado de incertidumbre constante, "de absoluta tribulación (*absolute Bedrängnis*) que forma parte de la vida de los cristianos".[74] En la *probatio* de la tesis 20, Lutero sostiene que Cristo:

> De esta manera "destruyó la sabiduría de los sabios", etc.; como dice Isaías: "Verdaderamente tú eres un Dios que te encubres". Así Juan 14, cuando Felipe decía, conforme a la teología de la gloria, "Muéstranos al Padre", Cristo pronto lo retrajo y reorientó su ilusorio pensamiento, el cual quería buscar a Dios en otra parte, diciéndole: "Felipe, el que me ve, ve también a mi Padre". Por consiguiente, en Cristo crucificado está la verdadera teología y el conocimiento de Dios.[75]

La *teología crucis* toma como punto de partida al *Deus absconditus* en la cruz, a ese Dios que se encubre, que sólo se revela de manera indirecta y paradójica en el sufrimiento de Cristo crucificado. El Dios que se esconde en Cristo crucificado "destruye la sabiduría de los sabios" (1 Cor 1, 19) y nos invita a una actitud de humildad radical. La teología de la cruz parte de este carácter radical de la fe que debe entregarse al misterio que es escándalo y locura. Asu-

---

73 *Ibid.*, p. 30.
74 GA 60, p. 97.
75 WA 1, p. 362.

mir la paradoja de la cruz e intentar dar cuenta de la misteriosa mostración de un Dios que se oculta, que se muestra bajo el modo del encubrimiento, es la difícil tarea que la teología debe emprender según Lutero.

La *teología crucis* se constituye en modelo para la fenomenología hermenéutica del joven Heidegger que como una suerte de "*phaenomenologia crucis*" también debe afrontar la mostración de un fenómeno (la vida fáctica) que se sustrae bajo la modalidad del enmascaramiento. En el curso del semestre de invierno de 1921-1922, Heidegger analiza las categorías del sentido de referencia (*Bezugssinn*) y de la movilidad (*Bewegtheit*) de la vida fáctica.[76] En la dinámica de relucencia (*Reluzenz*) y preconstrucción (*Praestruktion*), el fenómeno de la vida se enmascara. La vida fáctica huye de sí misma, pero, nuevamente, en su estar "fuera de sí" (*aus sich hinaus*) también, de alguna manera, se enfrenta a sí misma, se dirige hacia sí misma bajo el modo del "fuera de sí".[77] La ruinancia (*Ruinanz*) es la figura última de esta movilidad, es la "especificidad fundamental de la movilidad de la vida" (*Grundeigentümlichkeit der Bewegtheit des Lebens*) que determina categorialmente el carácter de la movilidad de la relucencia y de la preconstrucción. Heidegger la indica formalmente como "la movilidad de la vida fáctica que 'realiza' y 'es' la vida fáctica *en* sí misma, *como* sí misma, *por* sí misma, *a partir de* sí misma, y en todo esto, *contra* sí misma".[78]

La ruinancia es inseparable de la vida fáctica pues es ella misma y, al mismo tiempo, se vuelve contra ella. La vida fáctica se caracteriza por una movilidad ruinante que se dirige hacia sí misma, es decir, hacia una constante caída que puede caracterizarse como la nada de la vida fáctica. Este movimiento de anonadamiento (*Vernichtung*) no debe ser entendido como una ausencia o vacío, sino como una forma de comparecencia de la vida fáctica bajo la modalidad de la "no presencia" (*Nichtvorkommen*). La vida se anuncia en forma opaca (*undurchsichtig*), como enigmática (*rätselhaft*) en su "no presencia".[79] Y son, precisamente, estas características las que dan lugar al cuestionamiento filosófico. Cuestionamiento que no es otra cosa que el movimiento contra-ruinante (*gegenruinante Bewegtheit*) que se da en la vida misma, generado por estos mismos rasgos.[80]

El fenómeno de la vida fáctica exhibe en su movilidad un tipo de mostración compleja que requiere una metodología acorde a esta complejidad. Heidegger advierte que la *theología crucis* de Lutero es una respuesta a una problemática similar. La idea de un *Deus absconditus* se erige en fenómeno

---

76 Cfr. GA 61, pp. 100-155.
77 Cfr. *ibid.*, p. 123.
78 *Ibid.*, p. 131.
79 Cfr. *ibid.*, pp. 147-148.
80 Cfr. *ibid.*, p. 153.

modelo para la fenomenología. El *Deus absconditus* "se muestra como tal en su mostrarse",[81] está ahí por sí mismo en la cruz, no representado ni considerado en modo indirecto. Y sin embargo, su manera de mostrarse es bajo la modalidad del encubrimiento. Para acceder a este fenómeno es necesario implementar algún tipo de estrategia interpretativa-destructiva. La *destructio* luterana, que designa tanto la tarea divina que "destruye la sabiduría de los sabios", como la tarea del teólogo de la cruz que debe colaborar con la divina destruyendo las falsas construcciones conceptuales de Dios formuladas por los teólogos de la gloria, ofrece el modelo de acceso para el fenómeno de la vida fáctica. Como ya hemos analizado en el § 37 del capítulo quinto, la *Destruktion* heideggeriana toma la forma de una hermenéutica.[82] Heidegger propone una "hermenéutica de la facticidad", una hermenéutica de la vida fáctica que en un movimiento contra-ruinante permita explicitar el sentido propio de la vida fáctica, más allá de las tergiversaciones de su "estado de interpretada" (*Ausgelegtheit*) en la que se encuentra.[83] Se trata, pues, de despejar toda teorización que impida al fenómeno mostrarse en tanto tal. La filosofía, como la teología de la cruz, debe evitar la "soberbia" de intentar aprehender su objeto por medio de conceptualizaciones teóricas *a priori* asumiendo una actitud de humilde entrega al acontecer del fenómeno en sus propios términos. Como el *Deus absconditus*, la vida fáctica también nos demanda no rehuir de la dificultad que implica la complejidad de su mostración. Por eso Heidegger afirma en estos cursos que la filosofía debe ser a-tea: "La filosofía debe en su radical cuestionamiento auto-impuesto ser a-tea [*a-theistisch*] por principio".[84] Pues ella, como la *theologia crucis*, también debe partir de la "ausencia de Dios" sin presuponer que ya lo ha alcanzado o definido. Su punto de partida también debe ser una actitud que no prejuzgue con construcciones conceptuales al fenómeno que intenta comprender. El ateísmo del joven Heidegger es un "ateísmo conceptual"[85] o un "ateísmo existencial",[86] un ateísmo que responde a la necesidad del cuestionamiento que es filosófica pero también religiosa, un ateísmo que asume la perplejidad e incertidumbre propia de nuestra existencia finita como el único punto de partida posible.

Es en estas cuestiones decisivas de la búsqueda filosófica del joven Heidegger donde se advierte la "compañía" fundamental de Lutero. Por esos años,

---

81 GA 63, p. 67.
82 "¡Hermenéutica es destrucción!". *Ibid.*, p. 105.
83 Cfr. *ibid.*, p. 15.
84 GA 61, p. 197.
85 FEHÉR, Iztvan M., "Heidegger's understanding of the atheism of philosophy: philosophy, theology, and religion on his way to *Being and Time*", *Existentia*, Vol. VI-VII, Fasc. 1-4 (1996-1997), p. 59.
86 GREISCH, Jean, *L'arbre de vie et l'arbre du savoir. Le chemin phénoménologique de l'herméneutique heideggérienne (1919-1923)*, Paris, Cerf, 2000, p. 217.

Heidegger lleva a cabo una apropiación filosófica de ideas teológicas que le permiten forjar algunas de las categorías fundamentales con las que se llevará a cabo una transformación radical de la fenomenología.

§ 43. La "dimensión teológica" de la fenomenología de la donación

Siguiendo el modelo heideggeriano, la fenomenología de la donación también se apropia filosóficamente de ideas teológicas.

43.1. Los inicios teológicos de Marion

Si bien su formación académica es en filosofía, Marion es considerado, en igual medida, filósofo y teólogo. Toda la carrera de Marion se encuentra repartida entre estas dos disciplinas. No hay período de su obra en el que no pueda identificarse una obra filosófica y una obra teológica de igual relevancia. Pero, ¿cuáles son sus "credenciales" teológicas? Marion no tiene una formación académica en teología, pero sí recibió una peculiar educación informal impartida por algunos de los teólogos más importantes del siglo XX. Hacia fines de la década de los sesenta, cuando Marion todavía era estudiante de la *École Normale Supérieure de Paris*, comenzó a asistir –junto con otros compañeros (Jean Duchesne, Rémi Brague, Jean-Robert Armothage)– a las reuniones que organizaba el ex-capellán de la Sorbona, fundador del Centro Richelieu (en la Sorbona) y párroco de la basílica del *Sacre-Cœur*, Maxime Charles. Marion cuenta en las entrevistas con Dan Arbib, que estas reuniones eran también la ocasión para una práctica de la adoración eucarística en la basílica.[87] Como bien señalan Keith Lemma[88] y Nathan Halloran,[89] esa práctica de la oración silenciosa,[90] y las lecturas y enseñanzas recibidas por parte de Henri de Lubac,

---

87 Cfr. RC, p. 42.
88 "Marion destaca y amplía la vía heideggeriana hacia el cumplimiento de la fenomenicidad en el acontecimiento de la donación, pero, a través de su inspiración cristiana, coloca y mensura el acontecimiento a la luz de la verdadera distancia de la revelación Trinitaria. Esto moldea la totalidad de su perspectiva filosófica. Su comprensión de la 'distancia' Trinitaria subyace a su comprensión filosófica del fenómeno saturado, de la donación y del don, y de la conjunción entre *eros y agape*...". LEMMA, Keith, "Jean-Luc Marion and the Theological 'School' of Montmartre", *Irish Theological Quarterly*, vol. 81, 3 (2016), pp. 259.
89 "Espero haber mostrado una profunda congruencia entre el análisis de Marion del fenómeno saturado, específicamente en términos del acontecimiento, del icono y de la carne, y el profundo trabajo de recuperación teológica de Henri de Lubac en *Corpus Mysticum* como en otros escritos". HALLORAN, Nathan, "The Flesh of the Church: De Lubac, Marion, and the Site of the Phenomenology of Givenness", Irish Theological Quarterly, vol. 75, 1 (2010), p. 44.
90 Marion señala que en esos años experimentó una transformación espiritual muy profunda. La oración de adoración eucarística, según era concebida por Charles, tenía por objeto realizar "el vínculo entre, por un lado, los textos bíblicos, que aportan la palabra de Dios y frecuentemente la palabra de Cristo,

Louis Bouyer, Jean Daniélou y Hans Urs von Balthasar definieron la matriz del pensamiento teológico marioniano y también dejaron una impronta innegable en su pensamiento filosófico.

Charles impulsó a Duchesne y, luego, a Marion para que se hicieran cargo de la revista *Résurrection*, revista de teología para estudiantes que Charles había fundado cuando dirigía el centro Richelieu y que quiso continuar en Montmartre.[91] Marion se vio obligado a instruirse rápidamente sobre diversas cuestiones teológicas, para poder dirigirla entre los años 1968 y 1973. Cuenta Marion:

> Recuerdo haber hecho seminarios sobre la *Carta a los hebreos*, Dionisio, san Agustín, Máximo el Confesor. No nos faltaba audacia. Entonces, cada vez que no sabíamos algo, es decir, casi siempre, íbamos a ver a los que sabían. Es así que, para Máximo el Confesor, participé de un grupo de trabajo dirigido por Marie Joseph Le Guillou en el convento Saint-Jacques, donde estaba instalada la revista *Istina*: allí estaban Alain Riou, Jean-Miguel Garrigues y Christoph von Schönborn, nombrado cardenal-arzobispo de Viena en 1995. También trabajamos con Daniélou sobre Gregorio de Nisa y san Ireneo. Veíamos a Bouyer muy frecuentemente, en villa Montmorency en la residencia de los oratorianos o en Normandía en la abadía de la Lucerne, donde hacíamos sesiones teológicas todos los meses de septiembre.[92]

En esta revista, Marion publicó sus primeros artículos.[93] Como bien señala

---

y, por otro lado, una presencia totalmente real, pero perfectamente muda. Todo el trabajo de la contemplación consiste en hacer coincidir, o al menos en acercar, a las dos, en ajustar el foco –si puedo decirlo así– que hará hablar a la presencia, que dará a las palabras su referente. Trabajo de atención, de concentración, pero trabajo esencialmente desubjetivante, en el que el yo se borra ante Aquel que él ve hablar. Eso fue un verdadero y gran descubrimiento para mí". RC, p. 52.

91 Marion destaca cuál era la intención de Charles. Cuando, en 1973, Marion le propuso hacer una "verdadera" revista de teología, Charles replicó: "No quiero una revista de profesionales de la teología, quiero una revista de autoformación de la gente que reza en Montmartre". *Ibid.*, pp. 44-45.

92 *Ibid.*, p. 44.

93 La siguiente es la lista completa de los artículos de Marion en la revista *Résurrection*: "Attente du Christ", *Résurrection*, 26 (1968), pp. 13-19; "Remarques sur le concept de Révélation chez R. Bultmann", *Résurrection*, 27 (1968), pp. 29-42; "La saisie trinitaire de l'Esprit selon Saint Augustin", *Résurrection*, 28 (1968), pp. 66-94; "Distance et béatitude. Sur le mot capacitas chez Saint Augustin", *Résurrection*, 29 (1969), pp. 58-80; "Penser juste ou trahir le mystère : Notes sur l'élaboration patristique du dogme de l'incarnation", *Résurrection*, 30 (1969), pp. 68-93; "La splendeur de la contemplation eucharistique", *Résurrection*, 31 (1969), pp. 84-88; "Ce mystère qui juge celui qui le juge", Résurrection, 32 (1970), pp. 54-78; "Amour de Dieu, amour des hommes", Résurrection, 33 (1970), pp. 89-96; "Généalogie de la "mort de Dieu"", *Résurrection*, 36 (1971), pp. 30-53; "Distance et Louange. Du concept de Réquisit (*aitia*) au statut trinitaire du langage théologique selon Denys le Mystique", *Résurrection*, 38 (1972), pp. 89-122; "Les deux volontés du Christ selon saint Maxime le Confesseur", *Résurrection*, 41 (1972), pp. 48-66; "Présence et distance", *Résurrection*, 43-44 (1974), pp. 31-58; "Le Verbe et le texte", *Résurrection*, 46 (1975), pp. 63-79. Asimismo publicó los siguientes textos en coautoría: MARION, Jean-Luc, DUCHESNE, Jean y GITTON, Michel, "Courrier théologique (réponses aux questions du Centre Saint-Jean, des équipes Rencontre, des Missionnaires de Montmartre)", *Résurrection*, 33 (1970), pp. 84-104; MARION, Jean-Luc, ARMOGATHE, Jean-Robert y DUCHESNE, Jean, "Chronique bibliographique", *Résurrection*, 35 (1971), pp. 85-94. Y también publicó una introducción para un texto inédito de Hans Urs von Balthasar: VON BALTHASAR, Hans Urs, "L'apport chrétien à la métaphysique", *Résurrection*, 37 (1972), pp. 85-98, y una editorial: "Avertissement", *Résurrection*, 39 (1972), pp. 3-4. En el número 56

Tamsin Jones, es posible encontrar en estos trabajos las bases de su pensamiento.[94] En primer lugar, Jones destaca que en estos escritos se puede advertir con claridad sus influencias teológicas. Las ideas de la *nouvelle théologie* y de los teólogos jesuitas que fundan la colección "Sources chrétiennes", que surgen como una respuesta ante el neo-escolasticismo y que se caracterizan por dirigir su interés a las fuentes premodernas de la teología patrística, se encuentran presentes en estos textos e influirán en la búsqueda de un pensamiento no metafísico por parte de Marion.[95]

> ...de hecho, en lugar de hacer tomismo clásico (que nos parecía, por otra parte, incluido en la metafísica, en el sentido heideggeriano), fuimos espontáneamente llevados al estudio de los Padres y de la historia de la espiritualidad.[96]

La crítica heideggeriana a la ontoteología se asocia en Marion con su interés por el pensamiento premoderno. En su libro sobre Agustín, Marion sostiene:

> En una palabra, asumimos la hipótesis de que san Agustín ignora sobriamente la distinción entre filosofía y teología, porque él no pertenece (aún) a la metafísica. [...] Él guiaría anticipadamente y sin intención preconcebida nuestros pasos dubitativos, habiendo pensado antes eso después de lo cual nosotros intentamos pensar –la metafísica y, eventualmente, el horizonte del ser–.[97]

En este sentido, la "superación de la metafísica" –como el tema que, según Marion, unifica las diversas vertientes de su obra– ya se encuentra prefigurado en estos primeros artículos en su indagación en la patrística; que, por otra parte, como lo testimonia *Au lieu de soi* (publicado en 2008), continúa siendo en la actualidad una fuente de inspiración para el pensamiento marioniano.

En segundo lugar, ya se observa la importancia de la idea de lo dado a

---

de 1977, se publicó una reseña de su libro *L'idole et la distance*, hecha por Jean-Yves Lacoste: LACOSTE, Jean-Yves, "Jean-Luc Marion, L'idole et la distance, Paris, Grasset, 1977 ", *Résurrection*, 56 (1977), pp. 78-83. En estos años, también se publicó, en la colección " Carrefour des jeunes ", el debate que Marion sostuvo con Alain de Benoist sobre la cuestión de Dios. Cfr. ASD.

94 JONES, Tamsin, *A Genealogy of Marion's Philosophy of Religion*, Bloomington, Indiana University Press, 2011, pp. 15-19.

95 Cuenta Marion: "Resumamos. En los años 1930 aparecía entre los dominicos lo que se llama la *nouvelle théologie*, es decir, una lectura histórica de santo Tomás representada por los padres Marie-Joseph Congar, Marie-Dominique Chenu y algunos otros, que se contraponía a la de los neo-tomistas de Roma. Pero también, en Fourvière, los jesuitas Claude Montdésert, Jean Daniélou, Henri de Lubac y algunos otros lanzaban " Sources chrétiennes ", cuyo primer volumen aparecía durante la Ocupación: *La vida de Moisés* de Gregorio de Nisa. Esta situación revela que la salida del neo-tomismo como 'sistema católico' (la fórmula de Heidegger) se hace, por un lado, gracias a la relectura de santo Tomás hecha por los dominicos y, por otro lado, gracias al redescubrimiento de los Padres por parte de los jesuitas de las " Sources chrétiennes "". RC, p. 45.

96 *Ibid.*, p. 44.

97 ALS, pp. 27-28.

partir de sí en la concepción de la Revelación como don. Jones acierta la señalar que en estos artículos ya se advierte la presencia de un "principio metodológico central" en la obra de Marion: al abordar una cuestión nunca se debe comenzar por nuestras preconcepciones, sino por el modo en que se nos presenta la cosa misma.[98] En este sentido, se lee en un pasaje de uno de los artículos publicados en *Résurrection*, "Ce mystère qui juge celui qui le juge":

> Si se admite la posibilidad de la Resurrección como acontecimiento, este hecho debe –al hacer estallar lo que conocemos– medir nuevamente todas las cosas; si medimos el hecho según nuestra medida […] perdemos todo.[99]

Como ocurre con el fenómeno saturado, el fenómeno de la Resurrección, en su darse a partir de sí, impone su propia medida.

Finalmente, en tercer lugar, Marion plantea una oposición dicotómica entre "los Padres" (Agustín, Orígenes, Ireneo, Gregorio de Nisa, Máximo el confesor, entre otros) y los "herejes". Los "padres" –de modo uniforme, pues Marion no se detiene en las diferencias– defienden la concepción de la Revelación, la Encarnación y la Resurrección como dones y acontecimientos.[100] Por su parte, los "herejes" piden explicaciones "lógicas".[101] Considero que en esta temprana oposición ya se observa la matriz que permitirá contraponer, en sus últimas obras fenomenológicas, la lógica del acontecimiento y la lógica del objeto.

En 1975, Marion y el grupo de la revista *Résurrection* son convocados por Hans Urs von Balthasar para encomendarles el lanzamiento de la versión francesa de la revista internacional *Communio*. Nuevamente –bajo la tutela, en este caso, de uno de los teólogos más importantes del siglo XX–, Marion se enfrenta a una tarea que exige consolidar sus conocimientos teológicos. Desde su primer número en 1975 hasta 2017, Marion ha publicado treinta y cuatro textos en *Communio*.[102] Estos escritos también ofrecen la oportunidad de

---

98 Cfr. JONES, Tamsin, *A Genealogy of Marion's Philosophy of Religion*, op. cit., p. 17.
99 MJJ, p. 61.
100 "Los Padres, de Atenágoras a Gregoria de Nisa, no se equivocan, fundan el derecho a creer en la Resurrección solo en el derecho soberano de Dios, como creador, de dar forma a los hombres y transformar su historia". *Ibid.*, pp. 68-69 n. 20.
101 Cfr. PJTM, p. 72.
102 La siguiente es la lista completa de los textos de Marion publicados en *Communio*: " Droit à la confession ", *Communio*, 1 (1975), pp. 17-27; "Présentation de l'intégration", *Communio*, I, 5 (1976), p. 40; "Après Ecône", *Communio*, I, 8 (1976), pp. 87-91; "Présentation de l'intégration et de l'attestation", *Communio*, II, 2 (1977), p. 40; " Le présent et le don", *Communio*, II, 6 (1977), pp. 50-70; "De connaître à aimer: l'éblouissement", *Communio*, III, 4 (1978), pp. 17-28; "De l'éminente dignité des pauvres baptisés", *Communio*, IV, 2 (1979), pp. 27-44; "Le mal en personne", *Communio*, IV, 3 (1979), pp. 27-42; "Clavel philosophe ?", *Communio*, IV, 4 (1979), pp. 73-75; "L'idéologie, ou la violence sans ombre", *Communio*, V, 6 (1980), pp. 82-92; "Paradoxe sur une doctrine", *Communio*, VI, 2 (1981), pp. 2-5; "Le présent de l'homme", *Communio*, VII, 4 (1982), pp. 2-9; "Le don glorieux d'une présence", *Communio*,

advertir cómo las nociones decisivas de la fenomenología de la donación son acuñadas en el ámbito de la teología. En el § 45 examinaremos particularmente dos artículos que dan cuenta del origen teológico de la hermenéutica del amor: "Philosophie chrétienne et herméneutique de la charité" de 1993 y "La connaissance de la charité" de 1994. Pero conviene ahora detenerse brevemente en algunas de las ideas de los dos teólogos que probablemente más hayan influenciado en el pensamiento de Marion y que –según Vincent Carraud–, desde sus propuestas de teología post-metafísica, permiten un diálogo fecundo con la filosofía contemporánea: Henri de Lubac y Hans Urs von Balthasar.[103]

Explorando las sugerencias de Halloran[104] y de Carraud[105] cabe reparar en el uso del término lubaciano "paradoja" como sinónimo de "fenómeno saturado". La "paradoja" es un tema central en el pensamiento de Lubac. Solo la "paradoja" puede dar cuenta del misterio en tanto tal, y esto no implica un abandono de la razón. Es necesario penetrar en las "razones misteriosas": "cuanto más hay de misterio, más hay de razón".[106] En *Paradoxes*, Lubac define con claridad su concepción de la "paradoja". En primer lugar, el término designa algo que se da en la realidad misma: "Porque la paradoja está omnipre-

---

VIII, 3 (1983), pp. 35-51; "La crise et la Croix", *Communio*, VIII, 6 (1983), pp. 8-22; "L'avenir du catholicisme", *Communio*, X, 5-6 (1985), pp. 38-47; "L'aveugle à Siloé ou le report de l'image à son original ", *Communio*, XII, 6 (1987), pp. 17-34; "À Dieu rien d'impossible", *Communio*, XIV, 5 (1989), pp. 43-58; "Apologie de l'argument", *Communio*, XVII, 2-3 (1992), pp. 12-33; "Philosophie chrétienne et herméneutique de la charité", *Communio*, XVIII, 2 (1993), pp. 89-96; "La connaissance de la charité", *Communio*, XIX, 6 (1994), pp. 27-42; "La phénoménalité du sacrement : être et donation", *Communio*, XXVI, 5 (2001), pp. 59-75; "Le phénomène du Christ selon H. U. von Balthasar", *Communio*, XXX, 2 (2005), pp. 77-82; "La transcendance par excellence", *Communio*, XXX, 5-6 (2005), pp. 11-18; "La chair volontaire et l'incarnation", *Communio*, XXXI, 2 (2006), pp. 7-14; "La reconnaissance du don", *Communio*, XXXIII, 1 (2008), pp. 169-182; "La Saint invisible", *Communio*, XXXIV, 5 (2009), pp. 77-86; "Éloge du cardinal Lustiger", *Communio*, XXXV, 1 (2010) pp. 165; "L'universalité de l'Université", *Communio*, XXXVIII, 1 (2013), pp. 7-16; "Apologétique et apologie", *Communio*, XXXIX, 1-2 (2014), pp. 9-17; "Communio, 40 ans après : comment et pour quoi ?", *Communio*, XL, 2 (2015), pp. 170-179; "À partir de la Trinité", *Communio*, XL, 6 (2015), pp. 23-38; "Catholique et français", *Communio*, XLI, 5-6 (2016), pp. 186-201; "Le temps d'en finir", *Communio*, XLII, 1 (2017), pp. 6-8; "Une fois pour toutes", *Communio*, XLII, 1 (2017), pp. 9-26. Algunos de estos artículos o versiones corregidas y ampliadas de estos artículos fueron publicados en los libros *Prolégomènes à la charité* (1986), *La croisée du visible* (1991), *Le visible et le révélé* (2005) y *Le croire pour le voir* (2010).

103 Cfr. CARRAUD, Vincent, "La philosophie et Henri de Lubac: le paradoxe", *Les études philosophiques*, 2 (1995), p. 164.

104 "La descripción de Lubac de la paradoja no es diferente de la de Marion. Si bien no sé si esta conexión entre ambos usos se ha hecho, pienso que se puede conjeturar que sus sentidos no están muy alejados". HALLORAN, Nathan, "The Flesh of the Church…", art. cit., p. 34.

105 "Sin duda los fenómenos que hay que pensar de modo más urgente, los más interesantes pues son los más ricos, son aquellos en los que, según la estructura originaria de la donación, se nos da más de lo que podemos recibir. Desde este punto de vista, son los *revelata* los que proveen quizás el modelo de los fenómenos nuevos, mundanos, que sobrepasan el horizonte mismo de su aparición, es decir, de su posibilidad: lo que Jean-Luc Marion llama 'fenómenos saturados'. […] En este sentido, la obra de Henri de Lubac no provee solamente los pasos históricos necesarios para elaborar una teología después de la metafísica, sino también para intentar pensar todos los fenómenos, es decir, para continuar filosofando de modo renovado". CARRAUD, Vincent, "La philosophie et Henri de Lubac: le paradoxe", art. cit., pp. 164-165.

106 DE LUBAC, Henri, *Corpus Mysticum, L'Eucharistie et l'Eglise au moyen age*, Paris, Aubier, 1948, p. 260.

sente en la realidad antes de estarlo en el pensamiento".[107] Marion toma nota y traduce al lenguaje fenomenológico: la "paradoja" se da como fenómeno en la realidad. En segundo lugar, la "paradoja" debe permanece en tanto tal, sin poder ser sintetizada. Explica Lubac:

> La paradoja es paradoja. Se burla de la exclusión habitual y razonable del *contra* por el *para*. Sin embargo, no es, como en la dialéctica, el sabio revés del *para* por el *contra*. No es tampoco sólo el condicionamiento del uno por el otro. Es simultaneidad del uno y del otro. Incluso es más. Y de hecho, sin ello no sería más que una vulgar contradicción. La paradoja no peca contra la lógica, cuyas leyes permanecen inviolables, sino que escapa a su dominio. La paradoja es el *para* alimentado por el *contra*, el *contra* que llega a identificarse con el *para*, ambos elementos pasando del uno al otro sin dejarse eliminar y oponiéndose uno al otro, pero para darle vigor.[108]

Como el fenómeno saturado marioniano, la "paradoja" en Lubac demanda una lógica propia, una lógica paradójica, pues su verdad es paradójica.[109] Pero esta lógica no desautoriza la lógica del objeto, la lógica del segundo orden pascaliano, sino que inaugura un nuevo ámbito. Para ambos autores, se trata del ámbito en el que se dan los fenómenos fundamentales que nos concierne en primera persona, es el ámbito en el que se juega el sentido de nuestra existencia. Dice Lubac: "Cuanto más se eleva la vida, más se enriquece y más se interioriza, más terreno va ganando la paradoja".[110]

Finalmente, también puede encontrarse cierto paralelo con Lubac respecto del término "paradoja" en la referencia a los Padres. En el § 24 de *Étant donné*, Marion se detiene en el fenómeno de la revelación e ilustra el modo en que ésta redobla la saturación a través de la figura del *paradoxótaton*: Cristo. Marion destaca que Atanasio de Alejandría, Gregorio de Nisa y Evagrio Póntico utilizan ese superlativo.[111] Por su parte, Lubac también refiere a este uso del término en los Padres: "Pensemos, además, que el Evangelio está lleno de paradojas, que el hombre es una paradoja viviente y que, según los Padres de la Iglesia, la Encarnación es la Paradoja suprema: *parádoxos parádoxon*".[112]

Asimismo, el pensamiento marioniano también está determinado por una decisiva impronta balthasariana. Marion considera que Balthasar es "el más grande teólogo católico de la época moderna",[113] son muchos los aspectos de la

---

107 DE LUBAC, Henri, *Œuvres complètes XXXI. Paradoxes*, Paris, Cerf, 2007, p. 71.
108 *Ibid.*, p. 143.
109 "La verdad paradójica no tiene límites en su ámbito". *Ibid.*, p. 13.
110 *Ibid.*, p. 72.
111 Cfr. ED, p. 327 n. 1.
112 DE LUBAC, Henri, *Œuvres complètes XXXI. Paradoxes*, op. cit., p. 8.
113 RC, p. 50.

obra marioniana en la que se puede advertir la huella de la teología de Balthasar. Nos detendremos brevemente solo en algunos, para ilustrar esta función fundamental que tiene la teología en el despliegue de la filosofía marioniana.

En *La Rigueur des choses*, Marion destaca el modo en que la lectura de *Herrlichkeit*, hacia fines de la década de los sesenta, impactó en su pensamiento.[114] En particular, Marion señala la importancia de la idea de autorrevelación divina, es decir, la idea de que la Revelación no tiene condiciones de posibilidad.[115] De este modo, Balthasar se opone a la teología trascendental de Rahner.[116] Esta idea será aplicada por Marion de modo ampliado a todos los fenómenos al adoptar la concepción heideggeriana de la automostración del fenómeno.

Asimismo, como bien señala Keith Lemma,[117] las principales tesis de *L'idole et la distance* y de *Dieu sans l'être* está inspiradas en la teología balthasariana. Marion lo reconoce expresamente: "Nuestra manera de proceder le debe todo, salvo las deficiencias, a H. U. von Balthasar".[118]

En *L'idole et la distance*, se encuentran expresas referencias a Balthasar en los análisis de Hölderlin y Dionisio respecto de las ideas de la retirada y la distancia divina como formas de manifestación.[119] Comentando dos posibles interpretaciones de Ex 3,14 que generalmente se oponen, Marion afirma que la contraposición se debe a una falta de comprensión de la distancia. Por un lado, la gilsoniana "metafísica del Éxodo", que sostiene la afirmación de un ser y de una existencia suprema: "Yo soy el que soy (por excelencia)". Por otro lado, una lectura que no ve allí la explicitación de una presencia: "Soy lo que soy".

---

114 "Fué Jean-Marie Lustiger que, en pleno mayo del '68, me dijo: 'tiene que leer urgentemente a Balthasar'. Y lo hice. Por otra parte, en 1968, éramos muchos los que leíamos a Balthasar en l'École, no solamente los católicos, sino también Emmanuel Martineau o Jean-François Courtine. Lo leíamos como el teólogo que definía las condiciones concretas [...] de la autorrevelación de Dios". *Ibid.*, p. 51.
115 Marion deja constancia de la importancia que le otorga a la lectura de Balthasar en la ya mencionada nota del § 24: "...el hecho (si lo hay) de la Revelación excede el dominio de toda ciencia, incluida la fenomenología; sólo una teología, y a condición de dejarse construir a partir de ese sólo hecho (K. Barth o H. U. von Balthasar, sin duda en mayor medida que R. Bultmann o K. Rahner) podría eventualmente acceder a ella". ED, p. 329 n. 1.
116 Ver en el § 14 del capítulo primero las objeciones presentadas por Vincent Holzer, Kathryn Tanner y Henri-Jérôme Gagey a la noción marioniana de revelación como fenómeno saturado.
117 Cfr. Lemma, Keith, "Jean-Luc Marion and the Theological School...", art. cit., pp. 258ss. Por su parte, Thomas Alferi también destaca la importancia del primer volumen de *Herrlichkeit* y de *Glaubhaft ist nur Liebe* en el pensamiento del joven Marion. Cfr. Alferi, Thomas, "Dépasser la métaphysique... "Au nom du Seigneur !" Philosophie et foi chrétienne selon Jean-Luc Marion", *Science et Esprit*, 68/2-3 (2016), pp. 210-211.
118 ID, p. 15.
119 Marion cita el apartado sobre la *kénosis* del volumen III/2.2 de *Herrlichkeit*. Cfr. Von Balthasar, Hans Urs, *Herrlichkeit. Eine theologische Ästhetik. III/2.2. Theologie. Neuer Bund*, Einsiedeln, Johannes Verlag, 1969, 196-211. Dice Marion: "Quien quiera otra evidencia de Dios que no sea este retiro manifiesto, indudablemente no sabe lo que pide. A menos que pida que Dios mismo se haga *Bild*, *eíkon* y, por tanto, que permanezca en ella todavía en su retiro para que nazca su propia imagen. Y entonces, el retiro se instaura en el seno de Dios: *kénosis*". ID, p. 123.

Si las dos interpretaciones devienen incompatibles es porque son disociadas fuera de la distancia. Según Marion, se trata de entender que

> el Nombre no tiene nombre en ninguna lengua. Ninguna lengua lo dice ni lo comprende. [...] El Nombre aparece como un don en el que, con el mismo gesto, lo impensable nos da un nombre como aquello en lo que se da, y también como don dado por lo incomprensible, que sólo se retira sin embargo en la distancia del don.[120]

Marion sostiene estas afirmaciones a partir de una cita de Balthasar:

> El hecho de que Dios se expresa lo hace nombrable y accesible, e igualmente revela su ser incompatible y su inaccesibilidad. Manifiesta su nombre, pero solo como santo.[121]

Este darse de Dios en la distancia es una idea fundamental del pensamiento marioniano que es tomada de la teología trinitaria de Balthasar. Marion lo reconoce expresamente:

> Introducimos aquí el concepto de distancia, que, por otra parte, rige la totalidad de este trabajo, en referencia a lo que H. Urs von Balthasar ha llamado "el sentimiento areopagítico de la distancia", entendido como "distancia que preserva (*wahrende*)" (*Kosmische Liturgie*, Fribourg, 1941, S. 177 y 248 [...]).[122]

Las distancias intradivinas y, particularmente, la distancia divina entre Padre e Hijo, que se traduce en distancia cristiana Dios-hombre,[123] señalan un modo de manifestación de Dios al hombre, bajo el modo de la retirada y el velamiento. La distancia es definida en *L'idole et la distance*, precisamente, como aquello "que se sustrae a la definición por definición".[124] Dios se manifiesta en la distancia como aquello que no puede ser conceptualizable, como aquel término "rigurosamente inabordable".[125] Bassas Vila sugiere que la totalidad de la obra de Marion puede caracterizarse como el despliegue de esta idea de distancia.[126] En el ámbito de las investigaciones cartesianas, puede advertirse

---

120 *Ibid.*, pp. 186-187.
121 Von Balthasar, *Herrlichkeit. Eine theologische Ästhetik. III/2.1. Theologie. Alter Bund*, Einsiedeln, Johannes Verlag, 1967, p. 58.
122 ID, pp. 245-246 n. 31. En la edición de 1988 de *Kosmische Liturgie*, la noción de un *areopagistischer Distanzgefühl* se encuentra en la página 190 y la idea de una *wahrende Distanz* en la página 255.
123 Cfr. von Balthasar, Hans Urs, *Theodramatik. V. Das Endspiel*, Einsiedeln, Johannes Verlag, 1983, p. 108.
124 ID, p. 256.
125 *Ibid.*, p. 257.
126 "A nuestros ojos, el pensamiento de la distancia desarrollado en diferentes campos y la comprensión de la historia de la filosofía como historia de la metafísica —definida fundamentalmente en los términos heideggerianos— encarnan esa perspectiva múltiple y unitaria presente en Marion". Bassas Vila, Javier,

una noción de distancia asociada al nacimiento de la modernidad como búsqueda del fundamento. Como bien recuerda Bassas, Marion sostiene en *Sur la théologie blanche de Descartes*:

> Descartes clausura la cuestión de la analogía abriéndola a la del fundamento y, por tanto, abriendo la cuestión del fundamento. […] El paso a la cuestión del fundamento supone la búsqueda del fundamento. "Búsqueda" no quiere decir solamente que el fundamento, como cualquier otro saber, requiere una conquista, sino que el fundamento, al garantizar desde el exterior todo saber humano posible, le resulta a éste definitivamente ajeno, si no desconocido […] Así pues, el fundamento conjuga, como la analogía, el saber con lo desconocido, pero en un modo radicalmente diferente. El paso de la una al otro caracteriza sin duda el nacimiento de la modernidad: clausura de la analogía como la mediación del saber y de lo absoluto por lo desconocido, abertura de la búsqueda del fundamento como relación sin mediación ni continuidad del saber con el absoluto.[127]

Esta "búsqueda del fundamento", que pone el acento en la "búsqueda", introduce una distancia. En *Sur l'ontologie grise de Descartes*, Marion destaca precisamente cómo el fundamento, es decir, el *ego* como fundamento del objeto, queda "indeterminado".[128] La búsqueda continúa en *Sur la théologie blanche*, donde también el fundamento permanecerá "en blanco". Descartes vigila en "el umbral de la distancia".[129]

Asimismo, en el ámbito de la fenomenología, Bassas destaca que se da una distancia entre la manifestación del fenómeno y cualquier mención que pueda esbozarse.[130] Ciertamente, puede afirmarse que esa distancia –que se traduce en términos hermenéuticos como el *écart* entre lo que se da y lo que se muestra– consiste en una apropiación filosófica de la idea teológica de distancia que "suscita una serie indefinida de definiciones que se encadenan entre sí, sin que ningún cierre pueda jamás agotar el asunto".[131]

Finalmente, Marion también sostiene sus reflexiones sobre el amor como primer nombre divino, más allá del ser, en afirmaciones balthasarianas. Dice Balthasar:

> El cristiano es el hombre que tiene que filosofar desde la fe. Puesto que cree en el

---

"Jean-Luc Marion: el pensamiento de la distancia" en LLEVADOT, Laura y RIBA Jordi (coords.), *Filosofías postmetafísicas. Veinte años de filosofía francesa contemporánea*, Barcelona, Editorial UOC, 2012, p. 68.
127 TB, p. 20.
128 "…el *ego* mismo, nuevo suelo óntico del pensamiento, permanece ontológicamente indeterminado". OG, p. 192.
129 TB, p. 456.
130 BASSAS VILA, Javier, "Jean-Luc Marion: el pensamiento de la distancia", cap. cit., p. 80.
131 ID, p. 256.

amor absoluto de Dios por el mundo, tiene que leer el ser en su diferencia ontológica como signo del amor y vivir conforme a este principio. [...] Pues cualquier otro podrá considerar el ser partiendo de una razón quizá también incomprendida, pero pre-supuesta en él. La cuestión del porqué se convierte así para él en una cuestión del qué –*ti tó ón* y respectivamente *tó einai*– y conduce, de este modo, bien abiertamente (Aristóteles), bien furtivamente (Heidegger), a una esencialización del ser. En cambio, el cristiano tiene que negar al ser una última necesidad y confirmarlo así en la inaudita oscilación de la no-necesidad.[132]

Sin embargo, es llamativo que Balthasar no acepte las tesis de Marion. Se lee en una nota de *Teologik II. Wahrheit Gottes*:

> En sus dos obras *L'idole et la distance*, Grasset, 1979, y *Dieu sans l'être*, Fayard, 1982, J. L. Marion parece hacer demasiadas concesiones a la crítica de Heidegger y de otros, y parece pasar por alto los lugares donde Siewerth y también Tomás califican al *bonum* de "autosuperación" interna del *esse*, lo cual empero no obliga (como intenta también el último Hengstenberg) a abandonar tras de sí como penúltimo al *esse* (correctamente entendido) –lo cual resulta impensable–. Sin duda, solo de la bondad absoluta de Dios resulta pensable algo así como un acto no subsistente de ser (para los seres finitos); pero, por mucho que tal acto de ser sea "parábola de Dios" en el mundo (G. Siewerth, *Das Sein als Gleichnis Gottes*, Kerle, 1958), Dios no emana el ser de algo superior al ser divino, que, como hemos demostrado sobradamente, es en sí el abismo del todo amor.[133]

Asimismo, unas páginas más adelante, Balthasar incluye una segunda nota en la que también critica la interpretación de Marion. Analizando la idea del amor como el "trascendental por antonomasia", Balthasar aclara:

> Esta afirmación se vislumbra ya con el platónico "*epekeina tes ousías*" (*Politeia* VI, 509c), pero no puede inducir a un alejamiento de Dios respecto al ser (Jean-Luc Marion, *Dieu sans l'être*, Fayard, Paris, 1982). El amor gratuito no es previo al ser, sino su acto supremo, en el naufraga su comprensibilidad: "*gnomai ten hyperballousan tes gnoseos agapen*" (Ef 3,19).[134]

La crítica de Balthasar se alinea con la de Puntel y con la lectura de Scannone.[135] Más allá de la pertinencia o no de estas objeciones para la teología, considero que Marion demuestra acabadamente la importancia de advertir

---

132 Von Balthasar, Hans Urs, *Herrlichkeit. Eine theologische Ästhetik. III/1. Im Raum der Metaphysik*, Einsiedeln, Johannes Verlag, 1965, p. 974.
133 Von Balthasar, Hans Urs, *Theologik. II. Wahrheit Gottes*, Einsiedeln, Johannes Verlag, 1985, pp. 125-126 n. 10.
134 *Ibid.*, 163 n. 9. Marion simplemente comenta que lamenta estas notas de Balthasar en *Le rigueur des choses*. RD, p. 293.
135 Ver nota del § 24 del capítulo tercero.

que se dan fenómenos en los que lo determinante no es su mera existencia (presente, pasada o futura).

Queda por analizar el impacto de la noción balthasariana de amor, que será fundamental para la obra marioniana. Nos detendremos en esta cuestión en apartado 45.1.

43.2. La apropiación filosófica de ideas teológicas en Marion

En este apartado, intentaré mostrar con un ejemplo concreto el modo en que opera en Marion la apropiación filosófica de ideas provenientes de la reflexión teológica deteniéndome en un artículo de 1989 publicado en la revista *Communio*, intitulado "À Dieu, rien d'impossible".[136] En este texto, previo a la publicación de *Étant donné* y del artículo "Le phénomène saturé", Marion analiza un "objeto teológico": el milagro. Examinando la paradoja de la Resurrección, como milagro paradigmático, el fenomenólogo francés propone caracterizarla como un "fenómeno saturante" (*phénomène saturant*).[137]

El texto comienza analizando el uso de esta categoría en la cotidianidad. En este ámbito, Marion destaca que llamamos "milagro" "a cualquier acontecimiento cuya efectividad prueba la posibilidad de lo que antes yo consideraba definitivamente imposible".[138] De esta definición se siguen tres consecuencias:

1) En estos casos, la efectividad no sucede a la posibilidad sino que, por el contrario, la efectividad precede a la posibilidad.

2) El milagro demuestra que al menos en esta ocasión, lo posible ocurrido efectivamente superó lo posible previsto por mí, y esto debe llevarnos a reflexionar que no se trata de oponer la racionalidad a la credulidad, sino de aceptar o no los hechos que se nos imponen a pesar nuestro. 3) El milagro no pone en cuestión las "leyes de la naturaleza", sino la amplitud de lo posible.

A continuación, el texto evalúa el sentido teológico del "milagro". Como si intuyera la operación que llevará a cabo en textos posteriores forjando la

---

136 El artículo fue publicado posteriormente en *Le croire pour le voir*. Cfr. CpV, pp. 129-147.
137 En *Étant donné*, Marion aclara por qué modificó la expresión "fenómeno saturante" por "fenómeno saturado". "Proponemos hablar de fenómeno saturado y no saturante, como a veces nos lo han sugerido. En efecto, es la intuición la que satura todo concepto o significación, de modo que ese fenómeno se manifiesta bajo un modo saturado por intuición saturante. Es más, la intuición que lo satura lo satura únicamente en nombre de la donación: el fenómeno saturado está, de entrada, saturado de donación. Un tal fenómeno, en efecto, satura posteriormente y en consecuencia la mirada a la que se da a ver y conocer; podríamos llamarlo también, si se quiere, saturante. Sin embargo, la saturación que ejerce en el campo del conocimiento deriva solamente de la que recibe en el campo de la donación, la donación determina siempre el conocimiento y no al revés". ED, p. 276 n. 1.
138 DRI, p. 45.

categoría filosófica de "fenómeno saturado", Marion comienza este apartado del artículo sosteniendo:

> El concepto de milagro, por tanto, no pertenece al dominio estrictamente religioso, sino que depende del análisis conceptual, si no propiamente filosófico, de la cotidianidad.[139]

El milagro da cuenta de un modo de manifestación que excede el ámbito religioso.

El apartado continúa esbozando las características propias de los milagros de Cristo y se detiene en el "mayor milagro", en el milagro de la Resurrección, que no es hecho por Cristo, sino recibido del Padre por el Espíritu. La Resurrección revela la paradoja de la "posibilidad de la imposibilidad", invierte "la entropía del pecado al someter la muerte a la vida y ya no la vida a la muerte".[140] Ante la Resurrección, y en este sentido es el milagro paradigmático,

1) en primer lugar, nos vemos obligados a decidir si la aceptamos o la rechazamos como muerte de la muerte, pues nos urge nuestra propia muerte. No se trata de creer o no en una efectividad de lo imprevisible, desde un punto de vista teórico o contemplativo. El milagro de la Resurrección nos involucra a nivel existencial, y nos invita a un "trabajo crítico" (*travail critique*) en el que descubrimos que la posibilidad es más rica y amplia que lo pensado. De este modo, se accede también a "una racionalidad más comprensiva".[141]

2) En segundo lugar, el milagro de la Resurrección nos exige una decisión sin demora, pues "jamás las informaciones complementarias (pues de estas ha habido después de dos mil años de reflexión) podrán colmar la distancia entre el acontecimiento y su inteligibilidad completa". La Resurrección nos coloca no ya ante un "acontecimiento de la posibilidad", sino ante "la posibilidad misma que se hace acontecimiento en el seno de la imposibilidad".[142]

En el tercer apartado, Marion advierte que la inversión de la primacía de la efectividad por sobre la posibilidad puede ser rastreada en la historia de la metafísica. Nuevamente, anticipando el uso filosófico del concepto de milagro, Marion indaga en el campo mismo de la filosofía. La historia de la metafísica, desde Aristóteles en adelante, es la historia del sometimiento de la posibilidad a la efectividad. Aristóteles sostiene: "es evidente que el acto (*enérgeia*) es ante-

---

139 *Ibid.*, p. 46.
140 *Ibid.*, p. 48.
141 *Ibid.*, p. 50.
142 *Idem.*

rior a la potencia (*dýnamis*)".[143] Este *dictum* ha fijado el tipo de relación entre posibilidad y efectividad en la historia de la metafísica. La fórmula kantiana "condiciones de posibilidad" indica que la posibilidad admite condiciones. Esto implica que la posibilidad "no se impone como posibilidad a partir de sí misma, sino que se deja definir: la posibilidad, también y sobre todo, obedece a las condiciones de su propia posibilidad".[144] Las dos principales condiciones que se imponen a la posibilidad son los principios metafísicos de 1) contradicción y 2) de razón suficiente. El milagro desafía la idea de que 1) "nada contradictorio es posible (ni verdadero)" y que 2) "nada de lo que ocurre sin causa es verdadero (ni, por lo tanto, verdaderamente posible)".[145]

Sin embargo, no hay que abandonar el campo de la filosofía para encontrar la inversión del principio aristotélico. Según Marion, es la fenomenología la encargada de cuestionar la autoridad del Estagirita. En primer lugar, el husserliano principio de todos los principios afirma que la cuestión de derecho no proviene de una instancia externa a los fenómenos, sino que depende de una donación a la intuición. Los fenómenos ya no deben justificarse ante el Tribunal de la Razón, sino que se trata de dar crédito a lo que aparece. De este modo, como hemos analizado en el § 10, se libera la posibilidad. Pues, como bien destaca Heidegger, "más elevada que la efectividad está la posibilidad".[146]

En este punto, Marion explicita su estrategia de apropiación filosófica de conceptos teológicos al preguntarse:

> ¿Cómo puede el milagro inscribirse en la perspectiva fenomenológica? En esto primeramente, en que la fenomenología libera la posibilidad al renunciar a deducirla de cualquier condición previa y al decidir después de la donación.[147]

El "milagro" se inscribe en la perspectiva fenomenológica como "fenómeno saturado", pues el "milagro ofrece el ejemplo más puro de donación fenomenológica".[148] Sin embargo, en esta instancia, todavía no es posible dar este paso, pues la fenomenología todavía responde a los límites del horizonte y del Yo constituyente.

En el apartado final, titulado "La paradoja", Marion delinea las características decisivas del fenómeno saturado a partir de un análisis del milagro paradigmático de la Resurrección en relación al horizonte y al Yo constituyente.

---

143 *Metafísica*, IX, 1049b5.
144 DRI, p. 51.
145 *Idem*.
146 GA 2, pp. 51-52
147 DRI, p. 53.
148 *Ibid.*, p. 54.

Marion destaca que el marco del horizonte, si bien conviene a todo milagro que pertenezca a este mundo, no es adecuado para un milagro que remita al exterior del mundo. La Resurrección es aquel fenómeno que aparece rechazando los límites de cualquier horizonte. Pero, ¿cómo es esto posible? ¿Cómo puede un fenómeno que rechaza todo horizonte aparecer en el horizonte del mundo? Marion responde introduciendo la categoría de "fenómeno saturado" o, mejor dicho, de "fenómeno saturante".

> Por fenómeno saturante entendemos aquel en el que lo dado manifiesto sobrepasa no solo lo que la mirada humana puede soportar sin cegarse y morir, sino lo que el mundo en su finitud puede recibir y contener [...] aquí [...] la donación intuitiva sobrepasa infinitamente lo que nuestra mención intencional puede esperar de significaciones y de esencias, como también lo que nuestra intuición puede soportar de plenitud.[149]

Marion destaca que el error común que se comete al caracterizar los milagros es adjudicarles una penuria de intuición, de donación y de manifestación, que debería ser compensada por la fe por medio de una "apuesta" (*pari*).[150] Lo que sucede, según Marion, es precisamente lo contrario, lejos de darse defectuosamente, el milagro se da en exceso, saturando nuestra capacidad de recepción.

Respecto del Yo constituyente, anticipando nuevamente una característica definitoria del "fenómeno saturado", Marion sostiene que la Resurrección, en tanto fenómeno saturante, no se deja constituir, sino que "*aquí* el fenómeno constituye al *Yo*".[151] Y al reconocerse constituido, el Yo trascendental deviene un yo interpelado que debe responder a la donación en lugar de objetivarla. De este modo, Marion prefigura al adonado.

Este artículo clave en el desarrollo del itinerario del pensamiento marioniano permite ejemplificar cómo la reflexión teológica ha sido el cantero del cual Marion extrajo ideas fundamentales para su filosofía.

§ 44. La vía del don

En el libro II de *Étant donné*, Marion propone una reflexión sobre el don como vía privilegiada de acceso a la donación. Un modo para demostrar que todo fenómeno se muestra porque se da, es decir, un modo para dar cuenta de que el fenómeno se muestra a partir de sí mismo, es señalando que se da

---
149 *Ibid.*, p. 56.
150 *Idem.*
151 *Ibid.*, p. 57.

"como un don". El don es el paradigma de todo fenómeno. Pero, además, la vía del don parece constituir una suerte de cuarta vía para la superación de la metafísica, pues nos da un acceso a la lógica del amor. Asimismo, el don también puede ser entendido como uno de los conceptos que surge en la reflexión teológica y es reapropiado filosóficamente. La noción de don se encuentra en diversos textos teológicos de juventud. En el debate con Alain de Benoist, Marion refiere a la Revelación de Dios en Cristo como un don.[152] En el artículo para *Communio* de 1977, "Le présent et le don", Marion analiza la noción de la presencia real de Cristo en la eucaristía entendida como don.[153] En "Le don glorieux d'une présence", Marion sostiene que la Ascensión de Cristo no implica su desaparición y la espera de su nueva presencia en la parusía, sino la transformación de su presencia en don.[154] Puede afirmarse, pues, que a pesar de que la reflexión sobre el don en *Étant donné* es realizada desde una perspectiva muy distinta y estrictamente filosófica, la temática del don no era nueva para Marion, sino que constituía ya uno de los motivos de reflexión en el campo teológico.[155]

En *Étant donné*, Marion señala que el don puede ofrecer el modelo para concebir la posibilidad de una fenomenología que opere desde la donación sustrayéndose de la metafísica.

> ¿Por qué no suponer que el don –así pues, el intercambio, la circulación de lo dado entre donador y donatario, el devolver y la respuesta, la pérdida y la ganancia– puede proveernos, después de depurar su profusión empírica, al menos el esbozo de un modelo no causal, ni eficiente, ni –finalmente– metafísico para la donación? ¿Podríamos leer la fenomenicidad de la donación siguiendo el hilo conductor del don, considerado como fenómeno privilegiado?[156]

El don es el fenómeno privilegiado porque da cuenta de la posibilidad de una fenomenalización que escapa de los condicionamientos metafísicos. ¿Cuáles son estos condicionamientos? Marion toma como punto de partida la reflexión derridiana sobre el don. En *Donner le temps*, Derrida demuestra que las tres condiciones de posibilidad del don, es decir, la existencia de un donador, de un donatario y de algo donado, son asimismo las condiciones de

---

152 Cfr. ASD, p. 158.
153 Cfr. PD, pp. 50-70. Este tema se encuentra desarrollado en el capítulo " Le presente et le don " de *Dieu sans l'être*. Cfr. DSE, pp. 225-258.
154 Cfr. DGP, p. 51. Este artículo está publicado como capítulo del libro *Prolégomènes à la charité*. Cfr. PCh, pp. 147-178.
155 Cabe señalar que el primer texto en el que Marion aborda a la cuestión del don en términos filosófico y en debate con Mauss y Derrida es el artículo de 1994, " Esquisse d'un concept phénoménologique du don ". Cfr. ECD, pp. 75-94.
156 ED, p. 108.

imposibilidad del don.[157] Sin embargo, Marion destaca que este análisis derridiano sigue respondiendo a la lógica metafísica, pues lo lleva a considerar que de las contradicciones inherentes a cada una de las condiciones, se sigue la necesidad de desistir respecto de su fenomenalización. Por el contrario, Marion sostiene: "…esa no-aparición del don no implica en ningún modo renunciar a su fenomenicidad".[158] Cabe señalar que si bien Derrida enfatiza –en su debate con Marion en la Universidad de Vilanova– que "hay don",[159] no queda muy en claro cómo ocurre este darse de lo imposible en lo posible.[160] La respuesta de Marion parece explicar mejor esta posibilidad de la imposibilidad: basta con hacer *epoché* respecto de alguna de las tres condiciones para que el don acontezca. Explica Marion:

> Pienso el don como un tipo de problema que alcanza los límites más extremos, que debe describirse y pensarse, y no explicarse ni comprenderse, sino simplemente pensarse, de manera radical. Propongo que para realizar una descripción

---

[157] "Pues he aquí lo imposible que aquí se da a pensar: estas condiciones de posibilidad del don (alg'una' persona que da alguna 'cosa' a 'otro' alguien) designan simultáneamente las condiciones de la imposibilidad del don". DERRIDA, Jacques, *Donner le temps. 1. La fausse monnaie*, Paris, Galilée, 1991, p. 24.
[158] ED, 114.
[159] Cfr. FPh, p. 195.
[160] Esta es, ciertamente, la cuestión central de deconstrucción derridiana: ¿Cómo explicar el acontecer de lo imposible en lo posible, de la justicia en el derecho, del don en la economía, de la hospitalidad incondicionada en la condicionada? En rigor, la respuesta no debería ser muy diferente a la marioniana. Ambos admiten una lógica no es ignorada por la metafísica, ambos exploran sus límites, pero, como bien señala Benoist, la diferencia está dada por el carácter negativo de la vía de la deconstrucción que se opone al carácter positivo de la fenomenología de la donación. "La vía negativa consiste en afirmar la imposibilidad para la norma definida por la fenomenología para la fenomenicidad de encontrar una plenificación adecuada. La tesis, si la entendemos bien, enfatiza que la norma (el objeto) no puede ser dada" (BENOIST, Jocelyn, "De l'autre côté de la limite" en SOMMER, Christian (éd), *Nouvelles Phénoménologies en France*, op. cit., p. 185). Explica Benoist: "Derrida extrae el máximum de la doctrina husserliana de la percepción por escorzos que […] vuelve al objeto, por así decirlo, inaccesible, siempre aplazado en el horizonte de nuestras menciones. El objeto perceptual, como tal, es una vez más una idealidad. […] Lo importante no es solamente que la norma no sea jamás dada, ni encuentre nunca su plenificación adecuada, sino que haya una experiencia de este fracaso y eso se dice, precisamente, en los términos de *la imposibilidad* de una adecuación. En este sentido, profundamente, Derrida sigue siendo un fenomenólogo y nunca dejó de serlo. No nos habla de otra cosa que de una experiencia. Simplemente, es un fenomenólogo negativo, que hace del fracaso de la fenomenología el tema elegido" (*ibid.*, pp. 188-189). Por su parte, la vía positiva de Marion es definida en los siguientes términos: "…no se puede no estar sorprendido por la gran similitud que mantienen la *vía positiva* de la fenomenología tardía y su *vía negativa*, al punto que a veces se podría pensar que no es más que un giro, consistente en proclamar posible lo que la precedente [vía] reputó imposible […] Lo extremo de lo que llamamos vía positiva de la fenomenología tardía no procede del hecho de que defendería, contra la vía negativa, la posibilidad de aquello de lo que ésta desarrolla la imposibilidad, sino en el hecho de que proclama posible *esta imposibilidad misma*. Por tanto, en un cierto sentido, más que disolverla, ella depende de la constatación de imposibilidad enunciada por la vía negativa. Así, el 'fenómeno saturado' puede, en primer lugar, entenderse como una forma de fracaso de la plenificación. Sin embargo, hay que invertir el signo de este fracaso en relación a la vía negativa: no es que la mención no puede ser dada, por el contrario, es dado más que lo que ella puede mentar. Formalmente, se reconocería aquí una forma de simetría de la vía negativa. Si puede ser dado menos que lo que es mentado ¿por qué no podría ser dado más que lo que es mentado?" (*ibid.*, pp. 190-191).

del don, si es posible alguna, podemos ser conducidos a abrir por primera vez un nuevo horizonte, mucho más amplio que los de la objetividad y el ser: el horizonte de la donación. [...] Por mi parte, creo que podemos describir el don, a pesar de todas sus evidentes y, en primera instancia, ineludibles aporías, según la economía. No estoy de acuerdo con usted [con Derrida] en otros puntos, pero tenemos una convicción común: no podemos explicar y no tenemos acceso al don mientras lo mantengamos en el interior del horizonte de la economía. A mi entender, esto ha sido demostrado y lo doy por sentado. No obstante, otra pregunta debe formularse: ¿es posible describir el don tomando en serio las aporías sobre las cuales estamos de acuerdo? Si esta descripción resulta posible, esto sencillamente es fenomenología, porque fenomenología significa ante todo ver y describir los fenómenos. Así, mientras tal descripción sea posible, creo que es preciso admitir que permanecemos en el campo de la fenomenología. Entonces ¿cómo es posible describir el don en cuanto fenómeno? Mi demostración –y lo resumo porque, después de todo, es bastante simple– equivale a decir que, aunque el modelo más abstracto y común del don supone un donador, un objeto dado y un donatario, se puede sin embargo describir el don –yo diría el fenómeno puesto en escena, lo performativo del don– poniendo entre paréntesis y apartando al menos una, e incluso en algunas ocasiones, dos de estas tres características del don. Y esto es lo novedoso: es claro que el don es regido por leyes completamente diferentes de las que se aplican al objeto o al ente.[161]

Unas líneas más adelante, Marion señala cómo debe realizarse esta descripción:

> No se trata ciertamente de una descripción neutral: tenemos que comprometernos nosotros mismos con la realización del don de un modo tal que podamos devenir capaces de describirlo.[162]

El don, como paradigma del fenómeno que se da a partir de sí, pero, principalmente, como vía de acceso a la lógica del amor, exige un donador o un donatario que se involucren activamente aceptando la racionalidad propia del don.

Detengámonos en la propuesta de la triple *epoché*. Marion entiende que es posible sortear la aporía del don (que sus condiciones de posibilidad son sus condiciones de imposibilidad) y alcanzar la fenomenalización del fenómeno del don, sin que éste caiga en el círculo del intercambio económico ni en la lógica de la causalidad metafísica (que actúa según el principio de razón suficiente). Esto es posible simplemente con poner entre paréntesis a alguno de sus tres elementos (donador, donatario o don).

---

161 FPh, pp. 196-197.
162 *Ibid.*, p. 199.

1) *Epoché* del donatario. El don se da si se pone entre paréntesis al donatario. Marion sostiene que si el donador no sabe quien recibirá el don, pues el donatario no permanece ni visible, ni accesible ni presente, entonces el don se fenomenaliza. Marion analiza tres figuras. La primera es la de una recaudación de fondos solidarios en la que se desconoce al donatario efectivo. El don parece perfeccionarse en esa ausencia de donatario. Sin embargo, Marion admite que es posible objetar que, en este caso, la posibilidad de retribución queda abierta. Entonces, Marion propone una segunda figura: el enemigo. Si el donatario es un "enemigo", puede considerarse como "puesto entre paréntesis" porque, según Marion, se descarta completamente la posibilidad de retribución. Marion define el enemigo expresamente en esos términos: "comportarse como enemigo equivale a no devolver nunca el don, a no devolver nada de nada por el don".[163] Ahora bien, nuevamente Marion considera una posible objeción, puede sostenerse que el enemigo no devuelve el don porque no lo reconoce como tal. Marion contesta que el don se perfecciona aún sin el reconocimiento, pero propone una tercera figura aún más extrema: el ingrato, es decir, quien se comporta

> ya no como aquel que devolvería el don con el riesgo de relegarlo al intercambio (lo humanitario), ni como aquel que lo denegaría (el enemigo), sino simplemente como aquel que no lo soporta, ni quiere ni puede, además devolverlo.[164]

Esta negación aún más extrema del ingrato permite confirmar, según Marion, que el don se da aún sin el consentimiento del donatario.

2) *Epoché* del donador. El don se da si se pone entre paréntesis al donador. Este es el caso del don entendido como fenómeno que se da desde sí mismo. La primera figura que analiza Marion es la del causante en una herencia. El donador falta empíricamente (el causante ha muerto), por lo tanto, no es posible devolverle nada. En este caso, dice Marion, "el donador actúa perfectamente, porque desaparece perfectamente".[165]

La segunda figura analizada es el donador que se ignora como tal en el sentido de que ignora el efecto concreto que puede producir en un potencial donatario. Marion da tres ejemplos de esta segunda figura: el deportista, el artista y el amante. Ninguno de los tres conoce con exactitud cuál es el efecto que puede producir su don y da sin esperar nada a cambio. Marion sostiene que en estos casos se cumple la ley de esencia de la donación: "Para dar es ne-

---

163 ED, p. 128.
164 *Ibid.*, p. 131.
165 *Ibid.*, p. 139.

cesario no saber por uno mismo si uno mismo está dando".¹⁶⁶ Marion destaca que el don no solo exige la pérdida de lo que se da, sino también la pérdida de la posibilidad del reconocimiento por lo dado.

La tercera figura que analiza Marion es la falta de acreedor. La ausencia del donador provoca el endeudamiento del donatario que se ve imposibilitado de retribuir. Esto le permite afirmar a Marion, siguiendo a Heidegger, un endeudamiento constitutivo del existente humano:

> La deuda no se añade aquí a la consciencia de otros objetos ya constituida y asegurada, que permanecería originariamente cierta de sí; o más bien, sólo mediante el reconocimiento de la deuda, la consciencia del donatario deviene consciente de sí, porque la deuda misma precede toda consciencia y define el sí mismo: el sí, en cuanto tal, el sí de la consciencia, se recibe de entrada como un don (dado) sin donador (donante). La deuda suscita el sí para que éste se descubra como ya siempre ahí, es decir, factual y, por tanto, estrictamente dado. [...] Por tanto, la deuda no designa aquí un acto o una situación del sí mismo, sino su estado y su definición, eventualmente su manera de ser.¹⁶⁷

3) *Epoché* del don. Finalmente, según Marion, el don también se da si se pone entre paréntesis al don dado. En primer lugar, para considerar esta posibilidad es necesario contemplar que el don puede no constituir un objeto. Según Marion, un don puede consistir en cumplir una promesa, en una reconciliación (o una ruptura), en mantener una amistad. Marion concluye:

> El don puede no coincidir siempre con el objeto que emplea. O mejor aún, hay que sugerir como una regla de fondo que, cuanto más considerable se muestra el don, tanto menos se realiza como un objeto y por medio de un traspaso de propiedad.¹⁶⁸

En este sentido, estamos en presencia de un don cuando se trata de algo que se resiste a todo tipo de apropiación.

Si bien la casuística propuesta por Marion es susceptible de objeciones y, ciertamente, no parece ser capaz de responder acabadamente respecto del planteo derridiano de una anulación del don cuando existe un intercambio simbólico (que se da por el mero hecho del reconocimiento, del tener conciencia –por parte del donador o del donatario– del acto del don),¹⁶⁹ su objetivo es

---

166 *Ibid.*, p. 140.
167 *Ibid.*, pp. 142-143.
168 *Ibid.*, p. 152.
169 Cfr. "El don debe, también por parte del 'sujeto' donador, no sólo no ser correspondido sino que ni siquiera debe ser (res)guardado en la memoria, retenido como símbolo de un sacrificio, como simbólica en general. Pues el símbolo obliga inmediatamente a la restitución. A decir verdad, el don ni siquiera debe aparecer o significar, consciente o inconscientemente, en calidad de don ante los donatarios, ya

demostrar cómo se despliega otra lógica cuando el análisis no es hecho desde el exterior, sino desde el interior de la lógica del don, asumiendo el papel de donador, de donatario o incluso del don mismo. Marion es claro en este punto al responder la objeción planteada por Romano en ocasión del coloquio *La philosophie de Jean-Luc Marion: sources et débats*:

> ¿De dónde surge lo ternario del don? Evidentemente de un punto de vista exterior al don, en el que el observador no forma parte del don, ni como donador, ni como donatario (ni tampoco como don dado). La estructura del don solo aparece como un objeto o una red de objetos a la mirada que no se inscribe en él, y por lo que, precisamente, deviene objeto. Así, la tríada solo se impone a título de estructura eidética lógicamente necesaria vista desde el exterior, desde afuera de la realización del don, que, por el contrario, solo puede (incluso solo debe) cumplirse si el observador asume al menos uno de los términos de esta estructura ternaria (donador, donatario o don dado) y así solamente pone en obra el proceso del don. En cada una de estas posiciones, el observador deviene actor (activo o pasivo) y no se ve más a sí mismo como el término objetivado de una estructura lógica.[170]

En *Cértitudes négatives*, Marion retoma la cuestión del don. En este libro publicado en 2010, Marion sostiene que la consideración del don en *Étant donné* fue de carácter negativo, supeditada a su sustracción del intercambio económico y, por lo tanto, es necesario un análisis del don en sentido positivo, que le permita aparecer por sí mismo.[171] Pero ¿es posible encontrar un don que se encuentre sin más reducido a la donación? Marion contesta afirmativamente: la paternidad constituye ese tipo de don. El don de la vida se da de manera libre y gratuita, sustrayéndose a las leyes de la economía y de la reciprocidad: es un don que no puede devolverse.[172] El don responde a esta paradoja del

---

sean éstos sujetos individuales o colectivos. En cuanto el don aparezca como don, como tal, como lo que es, en su fenómeno, su sentido y su esencia, estará implicado en una estructura simbólica, sacrificial o económica que anulará el don en el círculo ritual de la deuda. La mera intención de dar, en la medida en que se comporta el sentido intencional del don, basta para que haya compensación. La mera conciencia del don se devuelve a sí misma de inmediato la imagen gratificante de la bondad o de la generosidad, del ser-donante que, sabiéndose tal, se reconoce circular, especularmente, en una especie de autorreconocimiento, de aprobación de sí mismo y de gratitud narcisista". DERRIDA, Jacques, *Donner le temps*, op. cit., p. 38. Cfr. también *ibid.*, pp. 26-28.

170 R, pp. 125-126. Romano había planteado una doble objeción respecto de la triple *epoché* propuesta por Marion. La primera objeción es de carácter lógico. Romano destaca que "dar" es predicado triádico de la forma R (x, y, z) y esto lo lleva a concluir que ninguna reducción puede suprimir esa condición lógica. En este sentido, Romano entiende que los ejemplos dados por Marion no suprimen realmente ni al donador, ni al donatario ni al don dado (cfr. ROMANO, Claude, " Le don, la donation et le paradoxe ", cap. cit., pp. 17-18). La segunda objeción es de carácter fenomenológico. Romano entiende que Marion no debería hablar, en este caso, de *epoché* ni de reducción, sino de variación eidética (cfr. *ibid.*, pp. 18-19).
171 CN, pp. 161-162.
172 Cfr. *ibid.*, pp. 163-168.

abandono, el don se da en el abandono, su ganancia se da perdiéndose por completo.[173] El don desafía la lógica del intercambio y el principio de razón suficiente. El don

> ...entrega su razón al mismo tiempo que se entrega a sí mismo; razón que da dándose y sin demandar ninguna otra autoridad que su propio advenir. El don coincide con su razón, porque su simple donación le basta como razón. Razón suficiente para sí misma, el don se da la razón dándose.[174]

Este punto es decisivo, el don aparece inaugurando su propia racionalidad. En este sentido, el don provee una vía de acceso a la lógica del tercer orden, a la "gran razón", a la lógica del amor.

> Sobrepasando el requisito de una causa y de una razón el don no solamente no se condena a la falta de racionalidad, sino que podrá, por el contrario, imponer una "gran razón" mayor que la estrecha *ratio reddenda* de la metafísica. Más aún ¿no provee el don la figura no metafísica por excelencia de la posibilidad y la posibilidad "más elevada que la efectividad" no podría abrirse, en primer lugar, como don? Dicho de otro modo: si el fenómeno en su acepción estricta se muestra en sí y a partir de sí, surgiendo de una posibilidad absolutamente suya ¿acaso el don no se ofrece, entonces, como el fenómeno privilegiado o más exactamente como el paradigma de toda fenomenicidad?[175]

A continuación, en el capítulo IV de *Cértitudes négatives*, Marion se detiene en dos modalidades del don: 1) el sacrificio y 2) el perdón.

1) Según Marion, el sacrificio no puede ser definido en términos negativos o como simple renuncia. El sacrificio consiste en un "abandono sin retorno",[176] sin condiciones, que debe ser entendido como el gesto que devuelve el don a la donación:

> El sacrificio supone un don ya dado que no se trata ni de destruir, ni de rechazar, ni tampoco de transferir a otro propietario, sino de reenviar a la donación de la que proviene y de la que debería siempre llevar la marca. El sacrificio devuelve el don a la donación de la que él proviene, reenviándola al renvío mismo que lo constituye originariamente. El sacrificio no sale del don, sino que lo habita totalmente: mantiene el don en su estatuto de dado reproduciéndolo en un abandono.[177]

---

173 Cfr. *ibid*. 173.
174 *Ibid.*, p. 184.
175 *Ibid.*, pp. 180-181.
176 Cfr. *ibid.*, p. 195.
177 *Ibid.*, p. 203.

El sacrificio tiene la capacidad de hacer visible la donación volviendo a dar el don, pero exhibiendo su carácter de don abandonado.[178] Marion propone como ejemplo paradigmático de esta concepción del sacrificio el relato bíblico de Abraham e Isaac. Isaac constituye un don dado a Abraham. Marion destaca que Dios pide el sacrificio del hijo porque Abraham y Sara comenzaron a tratar a Isaac como una posesión y no como un don.

> Abraham escucha la demanda no tanto de matar a su hijo, como de perderlo y devolverle la posesión a Dios (según el concepto común de don), de devolverlo, en primer lugar y sobre todo, a su estatuto de don, más exactamente, de devolverlo a su estatuto de don dado reduciéndolo (reconduciéndolo) a la donación. En sentido estricto, de abandonarlo para asegurar la redundancia del primer don.[179]

El sacrificio es el don que redobla el don dado devolviéndolo a su carácter de don, es decir, reduciéndolo a la donación por medio de su abandono. Marion concluye sus reflexiones citando a George Bataille: "sacrificar no es matar, sino abandonar y dar".[180] Y, en este sentido, Marion entiende que Lévinas acierta al sostener que es posible un "acercamiento al Infinito por medio del sacrificio"[181] y, podríamos agregar, a la "gran razón".

Bajo la figura del sacrificio puede observarse con claridad que la receptividad del adonado no sólo no es meramente pasiva, sino que requiere una actividad que se caracterice por su valentía, que sea capaz de "exponerse a las cosas con un cierto coraje",[182] que sea capaz de aceptar la posibilidad de la pérdida que exige la *Sache* para su fenomenalización como don. De más está decir que esta pérdida no refiere necesariamente al sacrificio absoluto de la vida, como parece sugerir el ejemplo de Abraham. Una vez más es importante introducir una gradación en esta reflexión marioniana. Aunque, ciertamente, en todos los casos y en todos los "grados" el sacrificio refiere a la recuperación de la función crítica de la filosofía, que en su ejercicio siempre sacude nuestra existencia. En palabras de Gilles Deleuze:

> La filosofía sirve para *entristecer* [*attrister*]. Una filosofía que no entristece o contraría a nadie no es filosofía. [...] Solo tiene este uso: denunciar la bajeza del pensamiento bajo todas sus formas. ¿Existe alguna disciplina, fuera de la filosofía, que se proponga la crítica de todas las mistificaciones [*mystifications*], sea cual sea su origen y su fin?[183]

---

178 Cfr. *ibid.*, p. 204.
179 *Ibid.*, p. 208.
180 Bataille, George, *Théorie de la religion* en Bataille, George, *Œuvres complètes VII*, Paris, Gallimard, 1976, p. 310.
181 Lévinas, *En découvrant l'existence avec Husserl et Heidegger*, op. cit., p. 216.
182 RC, p. 141.
183 Deleuze, Gilles, *Nietzsche et la philosophie*, Paris, PUF, 1962, pp. 120-121.

La mistificación principal, aun cuando en ocasiones sea útil, es, sin lugar a dudas, el objeto y la operación de objetivación. El pasaje del objeto al acontecimiento o al don, exige ponerse en riesgo y aceptar el entristecimiento que eso pueda implicar.

2) Por su parte, el perdón es, de algún modo, según Marion, la contracara del sacrificio. El sacrificio adopta el punto de vista del donatario y es posible cuando éste ya ha recibido un don, lo ha aceptado y lo entiende como justo. El abandono del don, en el que consiste el sacrificio, se hace bajo ese trasfondo de justicia. Por el contrario, el perdón opera como un gesto del donador cuando la situación es la de la injusticia.[184] No obstante, Marion concuerda con Derrida respecto de la imposibilidad de este gesto. El perdón sólo adquiere sentido allí donde debe afrontar lo imperdonable, lo imposible.[185] En este sentido, Marion destaca que solo Dios puede perdonar. Y esto es así porque sólo Dios puede evitar la injusticia que puede generar el perdón y puede devolver sustrayéndose a la lógica del intercambio.

> Puede perdonarlo todo porque solo para él todo aparece como don. Solo él evita la injusticia del perdón, porque solo él puede devolver, no según el intercambio, sino según la redundancia del don.[186]

Estas afirmaciones, que ciertamente ya no se mantienen en el campo estrictamente filosófico, parecen además invalidar sin más la posibilidad de un perdón humano. Sin embargo, en el § 24, Marion insiste en desentrañar la lógica del perdón y se detiene nuevamente en un ejemplo bíblico: la parábola del hijo pródigo (Lc 15,11-32). En estos análisis, Marion propone una hermenéutica del don que sirve de modelo para entender los lineamientos de la hermenéutica del amor.

El hijo pródigo no reconoce el carácter de don que el don del amor del padre tiene y lo tergiversa en la idea de un intercambio económico (la recepción de la herencia anticipada). Con el perdón, el padre da el don del amor nuevamente al hijo.[187] En este sentido, al aceptar el perdón del padre, el hijo experimenta una conversión por la que corrige su interpretación equivocada y advierte el don del amor del padre en tanto tal. De este modo, se pone en juego una particular her-

---

184 Cfr. CN, pp. 211-213.
185 "El perdón solo adquiere sentido (si, al menos, tiene que conservar un sentido, lo que no es seguro), solo encuentra su posibilidad de perdón allí en donde es llamado a hacer lo imposible y a perdonar lo imperdonable". DERRIDA, Jacques, *Pardonner: l'impardonnable et l'imprescriptible*, Paris, L'Herne, 2005, p. 31.
186 Cfr. *ibid.*, p. 231.
187 Cfr. *ibid.*, pp. 232-240.

menéutica del don, que parte de la experiencia misma del perdón. Es a partir de esa experiencia que es posible, para el hijo, pasar de la interpretación errónea a la correcta.[188] Como la hermenéutica del don, la hermenéutica del amor se funda en una comprensión que surge de una experiencia fundamental (el amor) y que hace posible una conversión de la mirada que nos permite pasar de la interpretación objetivante hacia la interpretación acontecial.

§ 45. El amor

Le phénomène érotique constituye la "culminación de un recorrido".[189] Como el propio Marion explica:

> Este libro me ha obsesionado desde la aparición de *L'idole et la distance* en 1977. Todos los que publiqué luego llevan la marca, explícita o disimulada, de esa inquietud. En particular, los *Prolégomènes à la charité* fueron publicado en 1986 solo para atestiguar que no había renunciado a ese proyecto, aun cuando tardara en realizarlo. Todos, en especial los tres últimos, fueron otros tantos escalones hacia la cuestión del fenómeno erótico.[190]

Pero ¿por qué es tan decisivo este texto? La respuesta es clara: porque Marion logra en esta obra dar cuenta positivamente de aquello que la vía cartesiana-pascaliana y la vía teológica no lograban señalar más que negativamente. Así como Gadamer entiende necesaria una fenomenología de la comprensión, Marion pone en práctica una fenomenología de la comprensión erótica que examina el fenómeno del amor en su darse positivamente. Es necesario detenerse fenomenológicamente en el fenómeno erótico para desentrañar su univocidad, su primacía y su racionalidad.

En el prefacio de *Le phénomène érotique*, "Le silence de l'amour", Marion sostiene que la filosofía no habla del amor,[191] porque sabe muy bien que "no disponemos ya de las palabras para decirlo, ni de los conceptos para pensarlo,

---

188 Cfr. *ibid.*, p. 235.
189 RC, p. 189.
190 PhE, pp. 22-23.
191 Este punto es ciertamente discutible. El pensamiento contemporáneo habló y sigue hablando del amor. Giorgio Agamben, Alain Badiou, Roland Barthes, Jacques Derrida, Luc Ferry, Byung-Chul Han, Eva Illouz, Luce Irigaray, Vladimir Jankélévitch, Jean-Luc Nancy, Francis Wolff, todos ellos tienen libros o textos en los que analizan el amor. Asimismo, como bien señala Roberto Walton, la fenomenología también habló del amor. Pueden encontrarse importantes reflexiones sobre el amor tanto en Husserl y en Scheler como también en Heidegger, Ricœur, Lévinas y Henry. Cfr. WALTON, Roberto, "El fenómeno erótico en el marco de la fenomenología y teología del amor" en ROGGERO, Jorge Luis (ed.), *Jean-Luc Marion: límites y posibilidades de la filosofía y de la teología*, Buenos Aires, SB Editorial, 2017, pp. 69-88.

ni de las fuerzas para celebrarlo".[192] En *Le rigueur des choses*, Marion entiende que el fenómeno erótico debe ser abordado desde la fenomenología de la donación, pues "implica los cuatro tipos de fenómeno saturado: acontecimiento, ídolo, carne e icono".[193] En este sentido, van a faltar las palabras y los conceptos para dar cuenta de él, pero además –y este aspecto es destacable– vivimos un tiempo en el que también nos faltan las fuerzas para celebrarlo, ya no nos arriesgamos a la experiencia erótica. Byung-Chul Han sostiene acertadamente que vivimos en la época de la "agonía del eros".[194] Podemos mantener al Otro a distancia y disfrutar del placer sensible sin involucrar toda nuestra existencia. Platón sostiene que el *eros* dirige a toda el alma, a todas sus partes: 1) al alma racional (razón) (*lógos*), 2) al alma irascible o fogosa (valor, ira, pasiones nobles) (*thymos*) y 3) al alma apetitiva o concupiscible (deseo, apetito) (*epithymia*). Cada parte del alma tiene su experiencia del placer y su comprensión de lo bello. Según Byung-Chul Han, hoy parece reducirse la experiencia del placer del alma al deseo. El alma irascible, capaz de generar transformación, ya no es implicada por el amor. Y el alma racional, la razón, que debe ser guiada por el amor para no devenir mero cálculo, tampoco es involucrada.[195]

En el prefacio, Marion destaca que el amor desaparece porque la filosofía ha caído en un olvido más importante que el "olvido del ser": el "olvido de la erótica de la sabiduría".[196] La filosofía ha olvidado que es *filo-sofía*, que es "amor a la sabiduría".

> ¿Cómo debemos entenderlo? La acepción más adoptada (es preciso buscar la sabiduría que aún no poseemos, justamente porque se escapa) solo desemboca en una banalidad, una perogrullada. Pero de hecho ella oculta otra, más radical: la filosofía se define como el "amor a la sabiduría" porque efectivamente debe comenzar amando antes de pretender saber. Para llegar a comprender, primero hay que desearlo, vale decir, asombrarse de no comprender (y ese asombro también le brinda un comienzo a la sabiduría), incluso sufrir por no comprender, o bien temer no comprender (y ese temor igualmente abre a la sabiduría). La filosofía no comprende sino en la medida en que ama: amo comprender, por tanto, amo para comprender. Y no como se preferiría creer: termino comprendiendo lo suficiente para eximirme de amar para siempre.[197]

---

192 PhE, p. 9.
193 RC, p 201.
194 Cfr. Han, Byung-Chul, *Agonie des Eros*, Berlin, Matthes & Seitz Verlag, 2012.
195 Byung-Chul Han cita a Szelzák, Thomas, „,Seele' bei Platon" en Klein, Hans D. (Hrsg.), *Der Begriff der Seele in der Philosophiegeschichte*, Würzburg, Königshausen und Neumann, 2005, pp. 65-86. Y también cita a Pfaller, Robert, *Das schmutzige Heilige und die reine Vernunft*, Frankfurt am Main, Fischer, 2008, p. 144. Los pasajes correspondientes de Platón son: *Fedro*, 246a-249c; *República* IV, 435c, 441c; *República* X, 611bss; *Fedón*, 78bss.
196 PhE, p. 12.
197 *Ibid.*, pp. 10-11.

El origen del conocimiento está en el amor. Se debe comenzar amando conocer para poder conocer, pero, además, el conocimiento último también está en el amor. La filosofía, como bien señala Lévinas, debe devenir una "sabiduría del amor".[198] Este aspecto lo advierte Marion con las ideas del "conocimiento del amor" y de la "hermenéutica del amor".

Marion señala que el principal problema por el que la filosofía llegó a este olvido erótico es que no cuenta con un concepto del amor. Y esto se debe a que se ignoran sus tres rasgos decisivos:

1) Unidad. Según Marion es necesario plantear la univocidad del amor.

> Un concepto serio del amor se destaca en principio por su unidad o, más bien, por su potencia para mantener unidas significaciones que el pensamiento no erótico recorta, extiende y desagarra a la medida de sus prejuicios.[199]

La distinción entre *éros* y *agápe* planteada por Nygren,[200] y podríamos incluir también la noción de *philia*, debe ser ignorada porque, según Marion, es inadecuada. En el § 42, Marion contesta las diversas objeciones que podrían plantearse respecto de su afirmación del carácter unívoco del concepto de amor. En primer lugar, Marion sostiene que si la objeción pasa por cómo asignar un mismo concepto a pulsiones dirigidas a objetos ("amor" por el dinero, por el poder, etc.) y al amor por un otro humano, cabe entonces destacar que no es posible amar a un objeto sino solamente a un otro.[201]

En segundo lugar, si la distinción que se entiende como necesaria es la del amor erótico (*éros*) y el amor amistoso (*philia*), Marion señala que –como ya hemos analizado en el apartado 31.3 del capítulo cuarto– si se trata de una genuina amistad en la que se excluye la reciprocidad, y se da un avance y una

---

198 Cfr. Lévinas, Emmanuel, *Autrement d'être...*, op. cit., p. 37 n. 5, p. 205 y 207.
199 PhE, pp. 14-15.
200 Cfr. Nygren, Anders, *Eros y agape: la noción cristiana del amor y sus transformaciones*, trad. J. A Bravo, Barcelona, Sagitario, 1969. En *Au lieu de soi*, Marion discute la lectura de Agustín propuesta por Nygren. "Lo extraño de ese razonamiento salta a la vista: la caridad no vendría a San Agustín de la revelación del Cristo, sino del neo-platonismo, que, a su vez, le haría comprender que tiene una función central en esta revelación misma. [...] Hay que reestablecer en primer lugar una evidencia: la univocidad del amor no prohíbe de ningún modo a San Agustín el hacer las distinciones requeridas por los modos de su puesta en práctica". ALS, p. 369. Marion sostiene la univocidad del amor como válida también para interpretar las ideas agustinianas de *cupiditas*, y de *dilectio* y *caritas*, entendidas como modos de un mismo concepto de amor. "La univocidad del amor permite también así convertir la *cupiditas* (que quiere gozar sin jamás alcanzarlo) en *caritas* (que es la única que permite gozar porque goza de Dios, lo único *gozable*). Sin duda, esta conversión concierne también, aunque de una manera menos visible, a la *dilectio* y el *amor* en sus usos comunes, ya que se ponen en práctica según la voluntad; pues las ciudades, como los amores, se deciden según el modo de nuestro querer, jamás según una determinación de las naturalezas". *Ibid.* p. 373.
201 Cfr. PhE, p. 335.

entrega al otro, se trata del mismo amor en ambos casos, aunque en el caso de la amistad no se cumplen todas sus figuras.[202]

En tercer lugar, si se insiste respecto de la falta de un intercambio de carnes erotizadas en el caso de la amistad, Marion responde que a la amistad no le faltan ni el juramento, ni la erotización, aunque esta última se da bajo la modalidad de la erotización libre, de la erotización por la palabra.[203]

Finalmente, si se objeta la necesidad de diferenciar entre *eros* y *agape*, es decir, entre un tipo de amor pasional que goza de sí y posee al otro, y un tipo de amor virtuoso que da y se olvida de sí, Marion contesta que se plantea una falsa dicotomía, pues estos rasgos se intercambian mutuamente. El amante que renuncia a la posesión y a la reciprocidad, goza de cierto modo. Pero ese *éros* tiene el carácter gratuito del *agápe*.

> Hace falta mucha ingenuidad o mucha ceguera, para no ver que el *agápe* posee y consume tanto como el *éros* ofrece y abandona. No se trata de dos amores, sino de dos nombres tomados entre una infinidad de otros nombres para pensar y decir el único amor.[204]

Diversos autores han planteado una objeción respecto de esta univocidad.[205] Detengamos en la crítica de Christina Gschwandtner. La autora sostiene que —teniendo en cuenta que el amor es concebido como un fenómeno saturado, que consiste en un don y en un abandono absoluto— "este amor parece demasiado abrumador".[206] Gschwandtner afirma que deberían poder distinguirse diversos tipos de amor y no solo "modos". Asimismo, también debería poder advertirse cierta gradualidad: el amor crece y decrece. Por otra parte, si la propuesta consiste en proponer un "ideal" y no en describir efectivamente el fenómeno del amor —objeta la autora—, entonces Marion debería aclararlo.[207]

En primer lugar, si bien es cierto que la fenomenología marioniana del amor podría completarse con la inclusión de una consideración de los contextos y la incorporación de una descripción más detallada de la particula-

---

202 Cfr. *ibid.*, p. 336.
203 Cfr. *ibid.*, pp. 337-339.
204 *Ibid.*, p. 340.
205 Emmanuel Falque destaca la importancia de pensar al amor divino (en la eucaristía) desde la analogía y no desde la univocidad (Marion) ni desde la equivocidad (Nygren) (cfr. FALQUE, Emmanuel, *Les noces de l'agneau* en FALQUE, Emmanuel, *Triduum philosophique*, Paris, Cerf, 2015, pp. 441-443 y 577). Claude Romano, por su parte, señala ciertas tensiones en la propuesta de Marion, que surgen del intento de sostener la univocidad del amor (ROMANO, Claude, "Love in its Concept" in HART, Kevin, *Counter-Experiences*, Notre Dame, University of Notre Dame Press, 2008, p. 322-327).
206 GSCHWANDTNER, Christina, *Degrees of Givenness*, op. cit., p. 115.
207 Cfr. *ibid.*, pp. 115-116.

ridad de cada uno de los "modos", cabe señalar que la definición unívoca del amor como "una entrega incondicional, sin esperar reciprocidad" puede constatarse como algo aceptado en toda relación amorosa, pues constituye lo esperado tanto por un padre o una madre, o un hijo o una hija, como por una pareja, o incluso por un amigo o una amiga. Francis Wolff destaca que amistad exige reciprocidad porque nadie puede ser amigo de alguien que niega esa amistad.[208] Sin embargo, cuando consideramos a una persona como nuestro amigo o amiga demandamos de ella cierta incondicionalidad y desinterés. Como bien señala Derrida en su lectura de Nietzsche: "La 'buena amistad' supone la desproporción. Ella exige una cierta ruptura de la reciprocidad o de la igualdad".[209]

En segundo lugar, no corresponde entender la concepción marioniana del amor como un "ideal". Gschwandtner parece perder de vista que se trata de pensar un fenómeno erótico que –como el don– debe fenomenalizarse –aunque solo sea bajo la modalidad del instante– para poder dar cuenta de la real existencia de otra lógica. La fenomenología marioniana tiene un talante crítico que exige este carácter extremo, lo que no implica invalidar otras lógicas. Ciertamente Marion no descarta ni condena que existan relaciones de intercambio entre los existentes humanos. Es más, puede sostenerse que este componente de reciprocidad es, de algún modo, necesario en toda relación en una sociedad. Lo que simplemente señala Marion es que no se trata del elemento que permite pensar la lógica que define la relación amorosa. Existe una lógica que se sustrae a la lógica del intercambio. Esto no es algo a lo que hay que "apuntar", sino más bien constatar, pues los fenómenos más decisivos, que nos salen al encuentro en la cotidianidad, demandan –para ser comprendidos acabadamente– ser aprehendidos bajo esta otra racionalidad.

2) El segundo rasgo del concepto de amor es su racionalidad. Como ya hemos analizado, el amor tiene su lógica, su racionalidad erótica.[210] Marion invoca la doctrina pascaliana de los tres órdenes: el tercer orden, el orden del corazón no implica entrar en el ámbito de lo irracional, sino que responde a una racionalidad propia que es más elevada que la del segundo orden. Según lo examinado en el apartado 31.2, Marion demuestra la insuficiencia de la lógica del segundo orden: la certeza existencial que provee el *cogito*, justamente, a partir de la vanidad que queda expuesta si lo aborda a partir de la lógica del amor.[211]

---

208 Cfr. Wolff, Francis, *Il n'y a pas d'amour parfait*, Paris, Fayard, 2016, pp. 56-58.
209 Derrida, Jacques, *Politiques de l'amitié, suivi de L'oreille de Heidegger*, Paris, Galilée, 1994, p. 81.
210 Cfr. PhE, p. 15.
211 Cfr. *ibid.*, pp. 25-69.

En el primer capítulo de *Le croire pour le voir*, Marion propone cuatro leyes que rigen la lógica erótica. La primera refiere a cierta "certeza" que puede encontrarse en el amor. Marion cita 1 Cor 13,7: el amor "todo lo excusa, todo lo cree, todo lo espera, todo lo soporta", es decir, el amor ama sin condiciones, sin pedir reciprocidad. Pero entonces, si es así, el amor solo depende del hecho de amar. Como el don denegado o rechazado, el amor no correspondido es también un amor que se cumple de modo completo. En este sentido, el amor otorga una certeza: la certeza de que amo mientras amo, la certeza de ser amante.

La segunda ley refiere a la liberación de la posibilidad. No hay nada imposible para el amor. El amor se extiende más allá del horizonte del ser (se puede amar lo que no es). Pero además puedo amar a mi enemigo (o al ingrato) porque sólo hace falta amor para amar. Nuevamente se confirma el paralelo entre la lógica del don y la lógica del amor.[212]

La tercera ley que se verifica en la lógica del amor es que éste da un conocimiento de sí. Como ya hemos analizado en el apartado 31.2 del capítulo cuarto, el "yo" no puede fundarse en el pensamiento, porque cae en la vanidad. La pregunta decisiva para dar sentido a nuestra existencia no es si existo, sino si soy amando (o si puedo amar). En la entrevista para *Le Philosophoire*, Marion destaca con claridad:

> El "Yo pienso" despersonaliza [...] El amor, al contrario, ilustra el principio de la imposibilidad de la substitución, al menos tanto como el ser-para-la-muerte heideggeriano. Heidegger alcanza por cierto la individuación y por tanto la insustituibilidad –nadie puede estar en mi lugar frente a mi poder-morir– al filo de la pregunta por el ser. Pero sorprende que Heidegger no evoque nunca seriamente esta individuación, la individuación por el amor. Pues también, y sobre todo, es en relación a otro que yo soy el que soy; lo que ocurre entre el amante y el amado no puede ocurrir entre nadie más. El amor no puede ser ni convertirse en universal: no hay amor ético. Este es un punto sobre el que tuve largas discusiones con Lévinas y pienso que finalmente admitió mi argumento.[213]

---

212 Cfr. CpV, p. 27.
213 EM, pp. 13-14. Sobre esta crítica a Lévinas, comparto la opinión de Luis Mariano de la Maza. Si bien es acertada y decisiva la oposición entre la norma ética que universaliza y el "yo amo" que singulariza al otro, no está tan claro que sea una crítica aplicable a Lévinas, ni tampoco está claro que esta concepción del amor no tenga connotaciones éticas, entendidas desde otro paradigma. "Por lo tanto, parece conveniente revisar nuevamente la relación que existe entre lo erótico y lo ético. Seguramente, el desencadenamiento del proceso erótico no tiene en principio ninguna motivación ética, como claramente expone Marion. La decisión de amar y la elección del amado tampoco parecen ser algo que haya que cargar a la cuenta de la ética. Pero la diferencia ya no es tan clara si se define el sentido primordial de la ética, anterior a cualquier regulación normativa o jerarquización de valores, como un tipo de deseo, a saber, el deseo de una vida plena compartida con otros, que desemboca en la afirmación del otro como persona única e irremplazable con la que entro en su cruce de miradas sin pretensión alguna de reciprocidad, y a partir de la cual nos damos sin embargo el uno al otro aquello que nos confirma como

En *Le phénomène érotique*, Marion sostiene:

> Amar pone en juego mi identidad, mi ipseidad, mi fondo más íntimo en mí que yo mismo. Allí me pongo en escena y en cuestión, porque decido por mí mismo como en ninguna otra parte. Cada acto de amor se inscribe en mí para siempre y me moldea definitivamente. No amo por procuración ni por interpósita persona, sino en carne viva y esa carne no deja de estar unida a mí.[214]

Asimismo, en *Au lieu de soi*, Marion sostiene: "…el amor se impone como la condición última de la posibilidad del sí mismo"[215] y esto es así pues se trata de un sí mismo que deviene tal en conexión con un allende.

Finalmente, la cuarta ley refiere a la alteridad. El amor se desplaza fuera de sí y nos da un acceso a la trascendencia del otro.[216] Continuando su reflexión, Marion afirma en *Au lieu de soi*: "La facticidad del amor me fija y me asigna, como toda facticidad, pero ejerciéndose a título del amor, ella no me asigna a mí-mismo, ni me fija ahí, ya que ella consiste precisamente en un reenviarme a un *allende* irrecuperable",[217] a una trascendencia irreductible a mi mismidad y, paradójicamente, más íntima a mí que yo mismo en tanto constitutiva de mi mismidad.[218] Cabe destacar que el amor como modo de acceso al otro es una cuestión ya señalada por Marion en su temprano ensayo "L'intentionnalité de l'amour". Es más, allí Marion ya destaca la particularidad de este acceso que singulariza al otro.

---

personas únicas e irremplazables". DE LA MAZA, Luis Mariano, "El amor según Marion" en POMMIER, Éric, *La fenomenología de la donación de Jean-Luc Marion*, Buenos Aires, Prometeo, 2017, p. 171. Marion se detiene en la relación entre ética y amor en Lévinas en " D'autrui à l'individu suivant Lévinas ". Allí Marion distingue etapas en el pensamiento lévinasiano. En *Totalité et infini*, Lévinas opone el "amor erótico" del "amor al prójimo". Según Marion, el *eros* solo alcanza la ipseidad de la subjetividad del sujeto, pero no accede al otro. En *Autrement qu'être…*, Lévinas intenta una reunificación del amor al calificar a la filosofía como "amor a la sabiduría" y como una posible "sabiduría del amor". Finalmente, destaca Marion, en una tercera etapa, Lévinas acepta la capacidad singularizadora del amor: "responder por el otro, es abordarlo como único: aislado de toda multiplicidad y fuera de las necesidades colectivas. Ahora bien, abordar a alguien como único en el mundo es amarlo" (LÉVINAS, Emmanuel, " La vocation de l'autre, entretien avec E. Hirsch " en HIRSCH, Emmanuel, *Racismes. L'autre et son visage*, Paris, Cerf, 1988, p. 95). Marion concluye: "Por tanto, el avance de Lévinas va más lejos que lo que admite la lectura común. Para establecer la primacía del existente sobre la existencia (primera etapa), es necesario, ciertamente, primero invertir la intencionalidad asignándola al Otro, que la ejercita sobre mi responsabilidad (segunda etapa – ética); pero es necesario aún individualizar este Otro, es decir, amarlo (tercera etapa – más allá de la ética)". FPh, p. 92.

214 *Ibid.*, p. 21. Pascale Tabet destaca con agudeza que en este punto, Marion se aleja de Pascal, pues el amor en su fenomenología se da indisolublemente unido a la carne. Cfr. TABET, Pascale, *Amour et donation chez Jean-Luc Marion*, Paris, L'Harmattan, 2017, p. 311.
215 ALS, p. 365.
216 Cfr. CpV, p. 28.
217 ALS, p. 366.
218 Ver apartado 31.1 del capítulo cuarto.

El amor no requiere nada menos que la *haecceitas*, que también se sitúa más allá de la esencia. [...] El otro en tanto que tal se impone como el otro de todos los otros, y no reside solo en sí sino en tanto que se separa de todo. La *haecceitas* decide una separación absoluta respecto de toda similitud, hasta provocar la santidad del otro. Solo el otro se singulariza.[219]

3) Finalmente, el tercer rasgo del concepto de amor es su primacía. Los fenómenos eróticos imponen su propio horizonte, que excede el horizonte del ser. La cuestión del amor, por lo general, es entendida por la filosofía como una cuestión secundaria, pero la experiencia demuestra lo contrario.[220] La lógica del amor, el orden de la caridad, es el más elevado, pues nos da la comprensión más decisiva para darle sentido a nuestra existencia.

Marion emprende una descripción fenomenológica de los medios, las figuras, los momentos, los actos y los estadios del fenómeno erótico que permiten dar cuenta de estos caracteres unívoco, racional y primero del concepto de amor. Luego de comprender la importancia de la pregunta "¿me aman de allende?" se alcanza la reducción erótica, se ingresa en su racionalidad y, en la profundización de su lógica, se descubre la importancia de excluir todo tipo de reciprocidad. La segunda formulación asume el riesgo de amar sin esperar nada a cambio: "¿Puedo amar, yo primero?" Solo tomando la iniciativa, emprendiendo el "avance" hacia el otro es posible sustraerse definitivamente a la lógica del intercambio económico. Como indica la primera norma erótica, la lógica del amor es la lógica del don, así como el don se perfecciona aun cuando es denegado o rechazado por el donatario, también el amor se perfecciona si no es correspondido. Como ya hemos analizado en el apartado 31.2, "un amor despreciado sigue siendo un amor perfectamente efectuado, así como un don rechazado sigue siendo un don perfectamente dado".[221] El amante no puede perder, pues, paradójicamente, cuanto más pierde, más gana. El amor se gana solo exponiéndose a la pérdida absoluta. Es esta exposición que se pone en juego en el "avance" del amante la que caracteriza por excelencia al fenómeno erótico. Solo a partir de esa entrega puedo acceder al otro, primero por el "juramento" (en el que se manifiesta el significado del "heme aquí" y del "Te amo" que comparten ambos amantes en el "fenómeno cruzado" o "fenómeno de doble entrada" que constituye el fenómeno erótico) y, luego, por la "erotización" por medio del cruce de las carnes o de la palabra.

La exposición que define al amor se respalda, finalmente, en la constatación de que siempre ya hemos sido amados.

---

219 PCh, p. 115.
220 Cfr. PhE, pp. 15-16.
221 PhE, p. 117.

> Cuando avanzaba perdido en mi propio avance, amante ciego, sin saber a quién amar, ni cómo, sin duda otros amantes, más antiguos que yo, me seguían con la mirada, velaban por mis pasos y me amaban ya a mis espaldas a pesar de mí.²²²

Sobre el final de *Le phénomène érotique*, cerrando el recorrido de la reducción erótica, el amante primero entre esos "amantes más antiguos" es identificado con Dios. ¿Supone esta mención "teológica" una invalidación de las reflexiones fenomenológicas hechas en todo el resto del libro? Antes de apresurar una conclusión conviene tener en cuenta cómo llega Marion a esta afirmación. En primer lugar, la primera invocación de Dios, que se da en el marco del § 40, es formulada en el contexto de la búsqueda de tercero que puede garantizar la eternidad. La mención de Dios como único garante de la eternidad bien puede ser hecha en el ámbito de la filosofía.

> Los amantes cumplen su juramento en el adiós – en el pasaje a Dios que ellos convocan como su último testigo, su primer testigo, el que no parte y no miente nunca. Entonces, por primera vez, se dicen "adiós": el año próximo en Jerusalén – la próxima vez en Dios [à Dieu]. Pensar en Dios puede hacerse eróticamente en este "adiós".²²³

Ahora bien, en este pasaje se da un paso más. La lógica del amor abre una posibilidad teológica: la posibilidad de pensar a Dios en Dios. Como ya lo hemos señalado, en la obra de Marion se da un diálogo de ida y vuelta entre filosofía y teología. En *Le rigueur des choses*, Marion señala que *Le phénomène érotique* es el momento en el que la reflexión filosófica y la reflexión teológica se encuentran.²²⁴ La posibilidad abierta al final del § 40 de pensar a Dios a partir del amor es la que conduce a afirmar que el primer amante es Dios.

> Al fin, no solamente descubro que otro me amaba antes de que yo lo ame, pues ese otro ya se había hecho amante antes de mí (§ 41), sino también que ese primer amante se llamaba, desde siempre, Dios.²²⁵

---

222 *Ibid.*, p. 331.
223 *Ibid.*, p. 326.
224 RC, p. 189.
225 *Ibid.*, p. 341. Dice von Balthasar: "El actuar cristiano es esencialmente un actuar segundo, una respuesta a la acción primera de Dios hacia el hombre". Von Balthasar, Hans Urs, *L'amour seul est digne de foi*, op. cit., p. 89. Analizaré esta influencia en el próximo apartado, pero cabe destacar que Balthasar señala expresamente que "solo hay amor entre personas" y que "Dios, el Absolutamente Otro que nosotros, aparece en el lugar del otro, en el 'sacramento del hermano'" (*ibid.*, p. 117-119). En este sentido, siempre es posible hacer una lectura que permanezca en el ámbito estrictamente filosófico no reconociendo una epifanía divina en el rostro del otro humano o reconociéndola pero como una referencia "pragmática e indecidible", como propone Robyn Horner. Cfr. Horner, Robyn, "The Weight of Love" en Hart, Kevin, *Counter-Experiences*, Notre Dame, University of Notre Dame Press, pp. 245-246.

Por otra parte, como analizaremos en el próximo apartado, esto no tiene nada de sorprendente porque el amor también es una categoría filosófica de la fenomenología de la donación que proviene de la reflexión teológica. Marion indaga en las implicaciones del joánico: "Quien no ama no ha conocido a Dios, porque Dios es Amor" (I Juan 4, 8). El concepto de amor es el mismo para el ser humano que para Dios. Dice Marion:

> El amor fija el único concepto que no es analógico; todos los otros están sometidos a la analogía: el Ser, el Bien, lo Bello, lo verdadero, según el principio de que por muy grande que sea la semejanza entre Dios y la criatura siempre debe preservarse una desemejanza mayor. Este principio solo admite una excepción: el amor.[226]

El amor se predica de manera unívoca en el hombre y en Dios. Y esto permite extraer la consecuencia de que ambos se rigen por la misma racionalidad erótica:

> Dios practica la lógica de la reducción erótica, como nosotros, con nosotros, según el mismo rito y siguiendo el mismo ritmo que nosotros, al punto que podemos preguntarnos si no la aprendemos de él y de nadie más. Dios ama en el mismo sentido que nosotros.[227]

No obstante, cabe sostener dos conclusiones. En primer lugar, estas reflexiones finales "de vuelta" a la teología no invalidan los análisis hechos por Marion en este libro, en el campo de la fenomenología, a partir de la apropiación filosófica de este concepto teológico. En segundo lugar, como bien señala Emmanuel Housset, cabe preguntarse si el hecho de que Marion no se atenga al amor humano no responde a una búsqueda radical de evitar imponer las exigencias del sujeto o cualquier otro tipo de condición de posibilidad al amor.[228]

45.1. La apropiación filosófica de la idea teológica del amor

La reflexión marioniana en torno al amor comienza en el ámbito teológico. En un artículo temprano para *Résurrection*, "Amour de Dieu, amour des hommes", Marion ya refiere a la univocidad del amor:

---

226 EM, p. 9.
227 PhE, p. 341.
228 Cfr. Housset, Emmanuel, "Préface. L'être de l'amour" en Tabet, Pascale, *Amour et donation chez Jean-Luc Marion*, Paris, L'Harmattan, 2017, p. 11.

Por tanto, cuando pensamos que el amor de Dios en nosotros se opone a todo otro tipo de amor, caemos en un contrasentido: el amor dado a Dios no nos aparta de un amor dado a cualquier otro objeto, porque solo Dios nos da el amar.[229]

La referencia constante en relación a la temática del amor es la obra de Balthasar y, en particular, el opúsculo *Glaubhaft ist nur Liebe*.[230] Allí el teólogo suizo afirma la máxima: "en su realidad íntima, el amor no es conocido más que por el amor".[231]

El lugar a partir del cual el amor puede ser observado y constatado no puede encontrarse fuera del amor (en el carácter "puramente lógico" de la "ciencia"); solo puede encontrarse ahí donde se encuentra la realidad de la cuestión, a saber, en el drama del amor mismo.[232]

Según Balthasar, Dios no solo es amor, sino que se revela como amor y el acceso a esta revelación está dado por la gracia del amor.[233] Este principio será fundamental para las reflexiones teológicas marionianas, pero también actuará como fundamento para su hermenéutica.[234] Como ya hemos analizado en el apartado 38.5.2, una de las modalidades de la hermenéutica del amor: la hermenéutica pictórica de la pena, demanda experimentar la pena para interpretar la pena:

Pintar las cosas en su verdad, en la luz ocre [...] de su pena, esto no puede cumplirse más que por una condición al menos: sentir uno mismo esta pena.[235]

---

[229] ADAH, p. 90.
[230] Marion reconoce la importancia de este texto y de *Herrlichkeit* para su obra en su artículo "Le phénomène du Christ selon H. U. von Balthasar". Cfr. PhC. Dice Marion en la entrevista con Jérôme de Gramont para la revista Nunc: "...sé lo que le debo a H. U. von Balthasar [...] y *Solo el amor es digno de fe* es una obra maestra, cuya primera lectura, en su momento, me marcó profundamente". QQM, p. 51.
[231] Von Balthasar, Hans Urs, *L'amour seul est digne de foi*, op. cit., p. 57.
[232] *Ibid.*, pp. 62-63.
[233] "La actitud receptiva de puro abandono solo se concibe como la actitud del amor que (en tanto que fe) renuncia y supera toda voluntad de saber por sí misma. Ahora bien, si la revelación no fuera amor, esta actitud sería inhumana e indigna de Dios, y la revelación divina misma no podría crear en el hombre tal actitud como respuesta a la palabra de Dios. El amor solo puede *a priori* (por tanto, en tanto que fe) corresponderse con el amor, nunca con lo que está vacío de amor". *Ibid.*, p. 65.
[234] Marion afirma la importancia de este principio para la hermenéutica de la caridad en su artículo, publicado en *Communio*, " Philosophie chrétienne et herméneutique de la charité ": "La mirada cristiana sobre el mundo ve los fenómenos propios al amor. Por tanto, una cultura cristiana se justifica. Pero solo el amor puede ver al amor, ya que 'la grandeza de la sabiduría, que no existe sino en Dios, es invisible a los materialistas y a la gente de espíritu'. Dicho de otro modo, según H. U. von Balthasar, 'el amor solo puede *a priori* (...) corresponderse con el amor, jamás con lo que está vacío de amor'. En consecuencia, solo los que aman ven los fenómenos del amor. Amar deviene una exigencia teórica. [...] Solo percibe el amor aquel que sabe por experiencia lo que quiere decir amar". HC, pp. 93-94. Y este principio es puesto en práctica por Marion en sus análisis de *Le phénomène érotique*: "...hay que hablar del amor como hay que amar: en primera persona. Diré *yo* a partir y en vistas del fenómeno erótico en mí y para mí, el mío". PhE, pp. 21-22.
[235] C, p. 51.

Asimismo, el texto de Balthasar también señala los rasgos de la "lógica del amor absoluto":

> Las barreras caen: ya que Dios me ha perdonado aunque yo era aún su enemigo (Rm 5, 10), yo debo también perdonar absolutamente a mi prójimo aunque él sea aún mi enemigo (Mt 5, 43-48); y ya que Dios me ha dado sin llevar la cuenta, hasta la pérdida total de sí mismo (Mt 27, 46), yo debo renunciar a todo cálculo de proporción entre los hechos de caridad y la recompensa tangible aquí abajo (Mt 6, 1-4; 6, 19-34). La medida que Dios emplea deviene la medida que tengo que emplear y según la cual yo seré medido: no es esta una sentencia de "simple justicia", sino la lógica del amor absoluto. Reencontramos aquí el carácter incondicional del amor divino hacia nosotros, por tanto, también del amor que debe ser practicado por nosotros.[236]

En este pasaje se hallan las tres características del concepto de amor buscado por Marion: su univocidad (el amor divino es la medida del amor humano), su racionalidad (que responde a la lógica del don) y su primacía (que se sustrae al cálculo y al "carácter puramente lógico de la ciencia"). La primacía de la razón del amor es afirmada por Balthasar más allá del horizonte del ser:

> ¿Por qué, de hecho, algo y no más bien nada? La pregunta se plantea de igual modo cuando se afirma la existencia de un ser absoluto que cuando se niega su existencia. Pues, si este ser no es ¿qué razón puede haber para que existan, en el seno de la nada, estas cosas finitas y efímeras que no pueden jamás, ni por adición, ni por evolución, alcanzar el absoluto? Pero, si el absoluto existe, se basta como absoluto, y entonces se comprende casi aún menos porqué debería haber alguna cosa fuera de él. Solo una filosofía del amor y de la libertad puede justificar nuestra existencia, pero a condición de interpretar –al mismo tiempo– la esencia del ser finito en función del amor.[237]

La mera constatación de la existencia, sostiene Balthasar, no es suficiente para justificarla, es necesario el amor. Marion traduce en términos filosóficos: "La certeza de mi existencia no basta para volverla justa, ni buena, ni bella, ni deseable, es decir, no basta para asegurarla".[238] Renunciar a preguntarse por el amor, a experimentarlo, implica renunciar a la posibilidad de darle un sentido a la existencia.[239]

Asimismo, en "La crise cruciale", Marion expresamente cita esta obra de Balthasar como la interpretación de la caridad por la que uno puede optar en el momento decisivo:

---

[236] Von Balthasar, Hans Urs, *L'amour seul est digne de foi*, op. cit., pp. 89-90.
[237] *Ibid.*, p. 112.
[238] PhE, p. 42.
[239] *Ibid.*, p. 39.

Solo la caridad es digna de fe (H. U. von Balthasar), pero, al reclamar la fe, ella provoca la crisis —y la crisis crucial—. Para responder a nuestra exigencia más íntima —finalmente conocer quién soy—, la caridad provoca, indisolublemente, la crisis en la que me decido ante ella y la crisis en la que la rechazo hasta la muerte, pues puedo preferir morir que recibir la caridad de la vida.[240]

Marion se apropia filosóficamente del sentido decisivo del amor para la existencia, según es propuesto por la teología balthasariana.

45.2. Hermenéutica del amor

Ahora bien, una vez apropiada filosóficamente y una vez examinado el fenómeno erótico como vía privilegiada de acceso al otro y a sí mismo (carne), cabe advertir que Marion también se detiene en la lógica del amor, en su racionalidad como un tipo de conocimiento.

En el artículo "La connaissance de la charité", Marion propone no oponer el amor al conocimiento, sino, por el contrario "intentar pensar el amor mismo como conocimiento, y un conocimiento por excelencia".[241] ¿Qué tipo de conocimiento nos da el amor? "El conocimiento del otro [*autrui*] en tanto tal".[242] Para conocer al otro es preciso primero amarlo.

> Porque cuando se trata de conocer (conocer, no sólo experimentar) al otro, el otro Yo que, por ser tal, no me resultará, por tanto, nunca un objeto disponible y constituible, hay que recurrir a la caridad. En efecto, la caridad se convierte en un medio de conocimiento cuando se trata del prójimo y no ya de objetos (para los que basta la evidencia del entendimiento).[243]

Existe un conocimiento de otro orden, que no responde a la racionalidad del conocimiento de los objetos. La caridad nos ofrece un modo de acceso a lo que no puede ser reducido a la objetidad.

> [...] La caridad no tiene nada de irracional o de solamente afectivo, sino que promueve un conocimiento; conocimiento de un tipo sin duda absolutamente particular, sin igual, pero conocimiento al fin y al cabo. [...] Esta hipérbole no implica evidentemente renunciar al conocimiento, sino que, por el contrario, demanda intentar acceder a un conocimiento que supera nuestro conocimiento común. ¿Cuál si no el conocimiento de lo que no depende de la objetividad del objeto, por

---

240 PCh, p. 144.
241 CCh, p. 34.
242 *Idem.*
243 *Ibid.*, pp. 37-38.

tanto, ante todo el conocimiento del otro?[244]

De este modo, Marion establece que este conocimiento de la caridad no se limita solamente al conocimiento del otro, sino que se extiende a todos los fenómenos no objetivables.

En "La philosophie chrétienne: herméneutique ou heuristique ?", Marion señala pascalianamente que "el mundo se lee en términos de extensión (materia, etc.), de espíritu (esencias, ciencias, lógica, etc.) y también de caridad (amor, gracia, y sus correlatos negativos)".[245] En este escenario, según Marion, la caridad ofrece una heurística para conocer "los fenómenos más decisivos".[246]

En "Foi et raison", en este mismo sentido, Marion destaca que la fe no tiene nada de irracional si se presenta como la fe en la "soberana y pobre potencia del amor"; una fe en el amor, que es ya una fe que ama y vuelve accesibles ciertos fenómenos. ¿Cuáles? Todos los fenómenos más cercanos a mi carne.

> La razón se ha limitado hasta ahora a interpretar el mundo y, por lo tanto, a transformarlo en los objetos que ella domina. Sería tiempo que ella comience a respetarlo. Respetar el mundo significa ver y, por lo tanto, encarar el rostro del otro hombre. Y eso sólo se puede en la figura del amor, siguiendo su lógica y en la luz de su gloria.[247]

Marion hace referencia en este pasaje a la tesis XI. Lejos de plantear una oposición con el espíritu del *dictum* de Marx, Marion está afirmando que la mejor manera de asumir la función transformadora de la filosofía es respetando la otredad del otro humano y de todo fenómeno entendido como acontecimiento. Como ya hemos mencionado en el apartado 13.2: la fenomenología alcanza su potencial crítico, paradójicamente, ensayando una descripción de las cosas en tanto tales, esto es, accediendo a su carácter acontecial por vía del amor.

Esta idea del particular poder del amor es retomada en *Certitudes négatives* al analizar el modo en que es posible conocer un acontecimiento:

> Cuando se trata de un fenómeno del tipo del acontecimiento, su conocimiento teórico mismo supone que se responda a él por la razón práctica. Hay fenómenos que solo vemos respondiendo a ellos primero, como, según san Agustín y Pascal (¡y Heidegger!), hay verdades que solo se conocen si las amamos primero.[248]

---

244 *Ibid.*, p. 42.
245 VR, p. 115.
246 *Ibid.*, p. 116.
247 CpV, p. 29.
248 CN, p. 291.

Los acontecimientos, es decir, los fenómenos que se sustraen a la objetidad, solo son accesibles por la razón práctica y, en particular, demandan ser amamos para acceder a su conocimiento. Como bien señala Joeri Schrijvers, el amor es la respuesta que da Marion al modo en que debemos entregarnos a los fenómenos para que éstos acontezcan desde sí mismos.[249]

Pero, entonces, el amor también constituye una experiencia fundamental y una *Grundstimmung* desde la que se puede articular no solo la reducción erótica, sino también una hermenéutica erótica. Como bien destaca Robyn Horner, el amor "revela nuevos fenómenos y opera como un principio hermenéutico".[250] Esta idea es sugerida por Marion, aunque poco desarrollada, en algunos pasajes de su obra. En un artículo de *Communio*, "Philosophie chrétienne et herméneutique de la charité", de 1993, Marion introduce –en el marco de una reflexión sobre la "cultura cristiana"– la noción de una hermenéutica de la caridad:

> [...] La caridad [...] permite descubrir, por medio de una hermenéutica radicalmente nueva, otros fenómenos nuevos y, finalmente, volver todas las cosas nuevas.[251]

En *Sur le prisme métaphysique*, Marion afirma:

> La caridad, de pasión secundaria y ambigua, accede al rango de principio hermenéutico: apenas admitido su punto de vista, es decir, desde que el espíritu logra acceder a él, se descubre otro mundo para la mirada, u otras dimensiones del antiguo mundo. La caridad interpreta porque revela –como un revelador hace aparecer, sobre la oscuridad del papel fotográfico, el imprevisible fuego de los colores–. Así, la caridad provoca al mundo –en primer lugar, visto en sus órdenes naturales– a impregnarse, a teñirse y a redibujarse de los colores, impensable e imprevisiblemente visibles, de su gloria o de su abandono. El mundo, bajo la luz demasiado potente e iridiscente de la caridad, aparece en todas sus dimensiones, según todos sus parámetros, con todos sus contrastes, es decir, en verdad.[252]

En "Doubler la métaphysique", Marion también habla de una "hermenéutica de la caridad":

> Por tanto, se vuelve pensable comprender e interpretar conceptos de filosofía (el

---

[249] Cfr. SCHRIJVERS, Joeri, "Jean-Luc Marion and the Transcendence 'par Excellence': Love" en STOKER, Wessel and VAN DER MERWE, Willem Lodewicus (ed.) *Looking Beyond? Shifting Views of Transcendence in Philosophy, Theology, Art, and Politics*, New York and Amsterdam, Rodopi Press, 2011, p. 168.
[250] HORNER, Robyn, "The Weight of Love", cap. cit., p. 239.
[251] HC, p. 95.
[252] PM, p. 333.

espíritu) a partir de la "caridad", es decir, se vuelve pensable someterlos a la reducción erótica, para que, siguiendo el hilo conductor de la hermenéutica que de ello resulta, reverlos (y ver lo que ellos hacen concebir) bajo la luz del *agápe*. [...] La hermenéutica que despliega la mirada de la "caridad" sobre el "espíritu" no ve ahí lo que el "espíritu" ve de sí mismo, sino que ahí discierne un síntoma de la caridad, un estado de la caridad que ignora. En lugar de convocar a las facultades al tribunal de la razón, la filosofía puede así encontrarse ella misma convocada al tribunal del *agápe*.[253]

Asimismo, unas líneas más adelante, en este mismo texto, Marion destaca la importancia decisiva de la "hermenéutica del amor" en todas las áreas: "Esta operación interpretativa puede desplegarse en todos los dominios, tanto en la literatura como en el análisis político o económico".[254]

La fenomenología de la donación, que apoya sus operaciones metodológicas (reducción y hermenéutica) en temples anímicos, encuentra finalmente en el amor la tonalidad fundamental que puede llevar a cabo de modo más acabado la entrega a la manifestación del fenómeno y, por lo tanto, que puede dar un acceso a la donación en su carácter saturado y acontecial.

§ 46. Filosofía y teología en Heidegger y Marion

Este sexto capítulo nos permite extraer dos conclusiones. En primer lugar, podemos dar por demostrada la hipótesis respecto de una estrategia de apropiación filosófica de ideas teológicas en la obra de Marion, similar a la llevada a cabo por el joven Heidegger.

Marion y Heidegger comparten una actitud similar: después de haber mostrado un profundo interés de juventud por las problemáticas teológicas, en pos de legitimar su trabajo filosófico, han buscado establecer una frontera férrea entre los dos saberes. El Heidegger posterior a *Sein und Zeit*, luego de haber nutrido su pensamiento temprano con ideas teológicas, niega toda posibilidad de articulación entre la teología y el pensar en sentido propio. En *Einführung in die Metaphysik*, Heidegger descarta la posibilidad de un entrecruzamiento productivo entre filosofía y teología: "una filosofía cristiana es un 'hierro de madera' [*hölzernes Eisen*] y un malentendido".[255] En *Nietzsche II* se encuentra esta misma idea: "Una 'filosofía cristiana' es un contrasentido aún

---
253 DM, p. 184.
254 *Ibid.*, p. 185.
255 GA 40, p. 9.

mayor que la idea de un círculo cuadrado [*viereckige Kreis*]".²⁵⁶ Sin llegar al extremo de estas declaraciones heideggerianas, al insistir de modo recurrente en la necesidad de distinguir con claridad entre filosofía y teología, Marion tampoco parece estar dispuesto a reconocer la productividad del diálogo entre ambas disciplinas presente en su pensamiento.

Finalmente, también en ambos autores puede registrarse una "última" etapa en la que se flexibiliza la frontera trazada entre filosofía y teología (o el ámbito de lo divino o lo sagrado), y se abre un diálogo entre los dos dominios. En Heidegger puede observarse, por ejemplo, en la temática de lo Sagrado (*das Heilige*), como espacio del acontecer de la Divinidad (*die Gottheit*), en el que "puede comenzar nuevamente un aparecer del Dios y de los dioses".²⁵⁷ En Marion, como ya hemos analizado, encontramos el reconocimiento del diálogo en la referencias a Dios en obras fenomenológicas como *Le phénomène érotique* y *Certitudes négatives*.

Janicaud señala como problemática la "traducción" de la preocupación teológica en el campo de la fenomenología.²⁵⁸ Janicaud impugna la posibilidad de una inspiración teológica de ciertas ideas filosóficas, lo que, por cierto, como ya hemos señalado, implicaría impugnar buena parte de la historia de la filosofía. Como bien destaca Emmanuel Falque, hay una unidad en la obra de Marion que puede pensarse a partir de la idea de *larvatus pro Deo*, en el sentido de un avanzar enmascarado frente al "deslumbramiento ante la gloria divina".²⁵⁹ Es ese deslumbramiento teológico el que guía también a sus innovaciones en el ámbito filosófico. Y esto no implica restarle validez ni importancia a su trabajo filosófico en tanto tal. En palabras de Romano: "Sería grosero e ingenuo pensar que todas las paradojas no son aquí más que una expresión de la Paradoja, con 'p' mayúscula. Esta filosofía no es una teología disfrazada".²⁶⁰ Por el contrario, la obra de Marion da cuenta de un gesto que caracteriza a muchos autores contemporáneos: la revisión de la secularización, la reapertura del diálogo entre filosofía y teología. La filosofía de Marion, así como la de Lévinas, Chrétien o Falque, pero también como la de Agamben, Derrida o Nancy –en la huella de Heidegger y Benjamin– no buscan imponer una "teología disfrazada", sino encontrar en la teología nociones que permitan revitalizar la filosofía.

En segundo lugar, como segunda conclusión, cabe destacar al amor como

---

256 GA 6, p. 132.
257 GA 9, p. 338.
258 Cfr. Janicaud, Dominique, "Le tournant théologique de la phénoménologie française", cap. cit., p. 85.
259 Cfr. Falque, Emmanuel, "Phénoménologie de l'extraordinaire (J.-L. Marion)", cap. cit., pp. 176-177.
260 Romano, Claude, "Le don, la donation et le paradoxe", cap. cit., p. 27.

la más fecunda de las ideas teológicas que Marion utiliza filosóficamente. El amor se revela como la categoría central de la obra marioniana, que permite explicar su alcance y su cometido último. Y, en este sentido, después de haber demostrado la importancia de la hermenéutica en la fenomenología de la donación, la noción de una hermenéutica del amor –una posibilidad latente, pero poco desarrollada por Marion– deviene fundamental para comprender cómo se logra el acceso los "fenómenos más decisivos" y cómo se "soporta" el pasaje a su mostración. En las elocuentes palabras de Emmanuel Housset:

> El amor no es solo un afecto, en el sentido en que, como afecto, es también una apertura que es ya un conocimiento, un ver que hace posible el ver…[261]

El amor hacer posible un ver que parece olvidado en nuestro tiempo tecno-científico, el amor nos muestra al fenómeno en su acontecialidad.

---

261 Housset, Emmanuel, "Préface. L'être de l'amour", op. cit., p. 14.

Conclusión
La posibilidad última de la fenomenología de la donación

§ 47. Una respuesta para las dos objeciones

Como hemos podido constatar, los dos tipos de objeciones que ha recibido la fenomenología de la donación (la hermenéutica y la teológica) encuentran respuesta en la obra de Marion. En primer lugar, en *Reprise du donné*, Marion reconoce explícitamente una función para la hermenéutica en su fenomenología de la donación. Ella es la encargada de administrar la distancia entre lo que se da y lo que se muestra. Esta tarea se lleva a cabo en cuatro niveles hermenéuticos. En el primer nivel se juega el reconocimiento de la llamada y de la donación en la respuesta y fenomenalización del adonado. En el segundo nivel opera la variación hermenéutica que permite la transformación de un objeto en acontecimiento y de un acontecimiento en objeto. En el tercer nivel se establece el grado y el tipo de fenómeno. En este punto hay que aceptar la sugerencia de Gschwandtner respecto de la necesidad de un mayor desarrollo de la gradualidad de los fenómenos-objeto y de los fenómenos-acontecimiento por parte de Marion, pero se trata de una posibilidad que está contemplado en este nivel y espera su explicitación. Finalmente, en el cuarto nivel se despliega la "hermenéutica infinita", cuando se está ante un fenómeno saturado. Los cuatro niveles pueden operar de forma conjunta.

Asimismo, Marion destaca que su hermenéutica debe ser entendida como enraizada de la fenomenología y sostiene que acepta la definición de la relación entre fenomenología y hermenéutica propuesta por Romano: "la hermenéutica auténtica es una fenomenología y la fenomenología sólo se cumple como hermenéutica".[1] Esto implica, por un lado, admitir heideggerianamente la necesidad de la hermenéutica para abordar un fenómeno que no está ahí perfectamente presente, sino que se caracteriza más bien por la profundidad y su carácter enigmático. Y, por otro lado, aceptar que este trabajo de explicitación (*Auslegung*) y desmontaje (*Destruktion*) debe ser llevado a cabo respetando el principio fenomenológico de la anterioridad fundante de la experiencia antepredicativa.

Ahora bien, la fenomenología hermenéutica de la donación no solo admite esta instancia prelingüística como fundadora de la instancia teórica y lógica, sino que también la contra-experiencia del fenómeno saturado se revela como una experiencia antepredicativa fundante y que no puede ser reconducida al plano teórico-lógico, porque demanda otro tipo de racionalidad y de expresión. En este sentido, la hermenéutica marioniana es principalmente una hermenéutica del acontecimiento que no se deja reducir a la racionalidad metafísica. Marion no explora demasiado estas cuestiones, pero tal hermenéutica –como bien señala Bassas– debería valerse de un lenguaje saturado que bien podría articularse a partir del uso del "como" de la alabanza en Dionisio. Asimismo, esta hermenéutica también requiere un acceso a una "racionalidad saturada", a la "gran razón", a la lógica del corazón. Marion tampoco desarrolla demasiado este aspecto, pero la respuesta a este requerimiento podría estar dada por la "hermenéutica del amor".

En segundo lugar, la fenomenología de la donación ofrece también una respuesta acabada a la objeción teológica. El hecho de que exista una "dimensión teológica" en la fenomenología marioniana no implica que esta no se atenga a una reflexión estrictamente filosófica. ¿En qué consiste esta "dimensión teológica"? Como hemos demostrado, puede leerse en la obra fenomenológica de Marion una estrategia de apropiación filosófica de ideas teológicas similar a la puesta en juego por el joven Heidegger. Las principales categorías de la fenomenología de la donación: el fenómeno saturado, la paradoja, el don y, principalmente, el amor, provienen del campo de la teología. Ciertamente puede afirmarse una inspiración teológica en la fenomenología marioniana, pero esto no implica que sus reflexiones no tengan valor filosófico. La fenomenología de la donación "no es una teología disfrazada".[2]

Por otra parte, el diálogo con la teología se revela fundamental para la filosofía cuando el objetivo es repensar los alcances de la racionalidad. La razón objetivante moderna alcanza su autonomía en una operación de recorte extremo sobre sus propias posibilidades. La filosofía contemporánea ha com-

---
1 ROMANO, Claude, *Au cœur de la raison*, op. cit., p. 874.
2 ROMANO, Claude, "Le don, la donation et le paradoxe", cap. cit., p. 27.

prendido la necesidad de acudir a la cantera teológica. La importancia de una ampliación de la racionalidad no es menor, pues, como bien señala Marion, lo que está en juego es el acceso los "fenómenos decisivos", los fenómenos capaces de darle sentido a mi existencia, que se resisten a la objetivación.

Marion señala que la vía de acceso a estos fenómenos no objetivables está dada por el amor. El conocimiento de lo que no responde a la lógica de los objetos se logra a través de la lógica del amor. En este sentido, las dos objeciones reciben una única respuesta: es necesario desarrollar una hermenéutica que sea capaz de gestionar el pasaje a la fenomenalización de este tipo de fenómenos. Esta hermenéutica debe operar como una hermenéutica del amor. La hermenéutica marioniana deviene una hermenéutica del amor cuando su tarea es explicitar la contra-experiencia del acontecimiento. La comprensión de lo incomprensible, el conocimiento de los fenómenos que no pueden ser anticipados ni previstos, que saturan nuestra capacidad de comprensión y que demandan ser aprehendidos en sus propios términos, solo puede darse a partir de un temple anímico que consista precisamente en una entrega incondicional. El amor produce el cambio en la mirada que genera la apertura necesaria para recibir estos fenómenos y ofrecer la certeza negativa de su experiencia.

Conclusión general
Fenomenología hermenéutica del amor

§ 48. El sentido del recorrido

En atención al auge de la *nouvelle phénoménologie*, pero también advirtiendo diversas críticas respecto de su rigor metodológico e incluso respecto de la pertinencia misma de la fenomenología en nuestro tiempo, este libro se propuso analizar el modo en que opera la fenomenología de la donación, propuesta por quien es, probablemente, el representante más significativo de la "tercera figura de la fenomenología".

A tal fin, era necesario confrontarla con las dos objeciones decisivas que la propuesta marioniana había recibido: una que concernía a la forma o el método (la objeción hermenéutica) y otra que refería al contenido y el alcance mismo de la descripción fenomenológica (la objeción teológica). Pero antes de analizar la pertinencia o no de estas objeciones, antes de poner a prueba la capacidad de la fenomenología de la donación para responderlas y, de ese modo, esclarecer sus límites y posibilidades, era indispensable indagar en las principales categorías que sostienen la propuesta marioniana.

En la primera parte del libro era necesario, pues, examinar las nociones de fenómeno, de donación, de reducción y de adonado sobre las que está edificada la fenomenología de la donación. Pero ¿por qué categoría comenzar? La respuesta la da el propio Marion. Debe comenzarse por la concepción de fenómeno, porque la propuesta de la fenomenología marioniana consiste precisamente en otorgar la iniciativa y la prioridad al fenómeno. Marion sostiene la definición heideggeriana de fenómeno, el fenómeno es "lo-que-se-muestra-en-sí-mismo" (*das Sich-an-ihm-selbst-zeigende*).[1] Esta remisión tan fundamental al proyecto heideggeriano sugería una relación entre las dos fenomenologías que podía servir como hilo conductor para el análisis de las categorías en la primera parte, pero también para la respuesta a las dos objeciones. Sin embargo, teniendo en cuenta las críticas formuladas por Marion al horizonte del ser establecido por Heidegger, era necesario indagar en una etapa del pensamiento heideggeriano que estuviera ligada a la fenomenología, pero en la que aún no se hubiera desarrollado la pregunta por el ser. Esto nos llevaba al joven Heidegger, más precisamente, al Heidegger de la primera etapa en Friburgo (1919-1923) y de los primeros cursos en Marburgo (hasta 1925).[2] Más allá de ciertas diferencias, la fenomenología heideggeriana temprana podía constituir, en algunos de sus aspectos, un buen modelo heurístico para el esclarecimiento del funcionamiento de la fenomenología de la donación. Efectivamente, el fenómeno saturado –que responde a idea de la automostración del fenómeno– parece ir más allá de la concepción heideggeriana de la aparición fenoménica, siempre restringida a su inscripción en el mundo y a las "dimensiones pre-mundanas" de la "vida en y para sí". No obstante, la propuesta marioniana –como bien lo indica Claudia Serban– ciertamente consiste en una radicalización de la lógica de la definición heideggeriana de fenómeno.[3]

La segunda categoría analizada, la donación, también permitía confirmar la fecundidad del paralelo con el joven Heidegger. El problema de la *Gegebenheit*, tal como es planteado por Heidegger, contribuye a mostrar la importancia de la superación de todo tipo de objetivación de los fenómenos y la necesidad de indagar en el carácter dado, en la "doneidad" del aparecer. Nuevamente, el *es gibt* y la *Gegebenheit*, dos categorías de la fenomenología heideggeriana temprana señalan el camino a recorrer para la fenomenología de la donación. Pero, este recorrido implica revisar los principios mismos de la fenomenología. Marion demuestra la insuficiencia de las tres máximas empleadas por Husserl ("¡a las cosas mismas!", "tanto de aparecer, tanto de ser" y el principio de todos los principios) y entiende necesario establecer, por medio de un nuevo principio, el vínculo entre la donación como instancia última y la reducción como el método para alcanzarla. "A tanta reducción, tanta donación". Pero ¿qué tipo de reducción? Elevar a la reducción a rango de principio ¿no implica convalidar el idealismo trascendental husserliano?

---

1 GA 2, p. 38.
2 Heidegger formula por primera vez la pregunta por el sentido del ser en el curso del semestre de verano de 1925, *Prolegomena zur Geschichte der Zeitsbegriff*: "Hay que *plantear* la pregunta por el ser". GA 20, p. 193.
3 SERBAN, Claudia, "La méthode phénoménologique, entre réduction et herméneutique", op. cit., p. 84.

Era necesario indagar en este rasgo de la fenomenología. Por eso era importante detenerse en los análisis de Lavigne, que demuestran que no hay una necesidad lógica que relacione a la fenomenología con el idealismo trascendental. En todo caso, como señala Pradelle, existe cierta tensión en la fenomenología de Husserl entre el giro copernicano trascendental y ciertos elementos anti-copernicanos. La vía para superar el idealismo ontológico –o "de sentido", como propone Benoist– es cuestionar el privilegio y la precedencia de lo posible por sobre lo efectivo en la que éste se funda. Hay que volver a la donación para constatar fenomenológicamente ciertas efectividades que no responden a posibilidades previstas *a priori*. Pero para alcanzar esta instancia es necesario acceder a ella metodológicamente.

Y esto nos llevaba al análisis de la tercera categoría: la reducción. ¿Es posible ensayar una reducción que no constituya la operación por excelencia del idealismo trascendental? Y, por otra parte, ¿sigue siendo útil el modelo heideggeriano en este caso? *Prima facie*, esta categoría parece estar muy alejada de los planteos de Heidegger. Las escasas menciones en su obra no parecen ser suficientes como para explicar la función que esta desempeña en su fenomenología. Sin embargo, Marion (y Courtine) demuestran el modo en que Heidegger se apropia de la operación metodológica husserliana y la transforma radicalmente. Uno de los principales aportes de la obra heideggeriana es su indagación en las disposiciones afectivas. El joven Heidegger examina ciertas experiencias fundamentales como circunstancias capaces de generar el tipo de cuestionamiento filosófico. Estas *Grunderfahrungen* devienen *Grundbefindlichkeiten* y *Grundstimmungen*. La *epoché* fenomenológica, como acto reflexivo teórico, cambia su carácter y se transforma en un temple anímico fundamental. La reducción heideggeriana –según demuestran Marion y Courtine– opera a partir de una *epoché* afectiva (la angustia). Marion adopta este modelo de reducción para su fenomenología, pero da un paso más. Siguiendo a Patočka y aceptando la sugerencia de Tardivel, Marion extrema la *epoché* al punto que ésta se solapa con la reducción misma. La *epoché* radicalizada, universalizada, despeja todos los obstáculos, incluso el del *a priori* de la subjetividad entendida como *cogito*. La reducción marioniana opera tanto una transformación en las cosas como una transformación en quien la pone en práctica: el *ego* es destituido desde la tonalidad afectiva de la *epoché* y entrega la iniciativa al fenómeno. En este sentido, su constitución y su *Sinngebung* consiste en el activo ejercicio de un "no hacer", de una "ascesis activa".

Y, de este modo, llegamos a la cuarta categoría: el adonado. ¿En qué consiste esta subjetividad que "viene después del sujeto" y que se caracteriza por un activo "no hacer"? Necesariamente, el "sí" del fenómeno transforma al yo en un testigo. La iniciativa del fenómeno invierte el nominativo (el sujeto) en un dativo que designa el "a quien/a lo que" de quien lo recibe. El asignatario, como instancia preparatoria, y, finalmente, el interpelado y el adonado son las figuras de la subjetividad que se constituye en la respuesta a la llamada del fenómeno.

Ahora bien, la constitución del sí mismo, en la subjetividad marioniana, se da en la interdonación, se recibe en la interacción con otro adonado y, particularmente, bajo reducción erótica, en el cruce de las carnes o la erotización libre por la palabra. La clave, según Marion, está en comprender la carne como una superación del sujeto metafísico, pues en ella "se confunden la hétero y la autoafección".[4] Y, de modo similar, también hay que entender la receptividad del adonado como reconfiguradora de la relación entre actividad y pasividad. Marion no pretende meramente oponer la pasividad a la actividad identificada con el sujeto y el yo. Sin embargo, la propuesta marioniana se caracteriza por reconocer con un énfasis especial la función de la pasividad en el ámbito práctico. Este aspecto de su pensamiento es fundamental. Siguiendo a Descartes –y en consonancia con cierto "giro afectivo" de la filosofía contemporánea–, Marion advierte el potencial de las pasiones y, en lugar de considerar que la voluntad puede oponerse a las pasiones por medio de una contra-acción, propone una entrega de la voluntad a la pasividad.[5] Ahora bien, esta entrega debe ser ejercida activamente, pues –como en el caso de Descartes– se trata de elegir la pasión adecuada, que pueda "guiar" nuestra existencia, tanto en su dimensión teórica como práctica. En Descartes, esta "pasión de la actividad" es la generosidad (que será evaluada por el amor). Para Marion la pasión o, mejor dicho, el temple anímico fundamental es el amor. Para ser afectados por él, para que el amor acontezca, es necesario decidirse a amar amar.

En esta cuestión, la posición de Marion no es del todo clara, pues hasta este punto, el "avance" del amante parece seguir el modelo cartesiano de la "pasión de la actividad". Sin embargo, las afirmaciones finales de *Le phénomène érotique* indican la necesidad de fundar ese "avance" en un haber sido ya amados por otros (y finalmente por Dios, el primer amante). Asumiendo la posible lectura filosófica de estas ideas y teniendo en cuenta la matriz teológica balthasariana de la idea de amor (siempre entendido como don o gracia divina), propongo como solución entender el "avance" (el decidirse a amar amar) como la actividad preparatoria indispensable para el acontecer de la experiencia fundamental del amor.

---

4   DS, p. 126.
5   Por otra parte, cabe recordar que este también es el sentido de la apologética para Marion. En el artículo " De connaître à aimer: l'éblouissement ", de 1978, Marion ya destaca la necesidad de una transformación de la apologética, pues, si Dios es amor, hay que recurrir menos al uso de la pruebas de su existencia e intentar convencer a la voluntad. Cfr. CAE.

Luego de haber establecido el modo de funcionamiento de la fenomenología de la donación, en la segunda parte del libro, estaba en condiciones de abordar las dos objeciones que ponen a prueba la propuesta marioniana. Nuevamente, el modelo heideggeriano podía servir de hilo conductor.

Si el fenómeno ya no se deja reducir a mera presencia para una conciencia, sino que surge a partir de su propia iniciativa y si, además, su darse tiene un carácter enigmático, pues se encuentra atravesado por capas interpretativas que ocultan su verdadero sentido, entonces, con buen tino, Heidegger advierte que es necesario imprimir un "giro hermenéutico" a la fenomenología. Solo a partir de una hermenéutica que opere como una *Destruktion* (de las interpretaciones objetivantes), pero también como una *Auslegung* (explicitación) del sentido propio, es posible acceder al fenómeno en los términos en que éste ejerce su automostración. Marion acepta plenamente esta consecuencia que extrae Heidegger de la definición del fenómeno y aunque en sus primeras obras fenomenológicas no lo hace de modo explícito, pueden encontrarse en ellas categorías que operan poniendo en práctica una hermenéutica. Asimismo, la "puesta en marcha" de la hermenéutica marioniana –como la del joven Heidegger– también está dada por una experiencia fundamental. La hermenéutica estética da cuenta de este aspecto, pues opera a partir de la disposición afectiva de la pena. Sin embargo, nuevamente cabe reparar en cierta diferencia respecto de la propuesta heideggeriana: la hermenéutica marioniana es también una hermenéutica del acontecimiento, es también una hermenéutica de lo que excede toda estructura de anticipación y toda inscripción en un mundo. Es necesario, pues, encontrar un tipo de hermenéutica que sea capaz de operar con una racionalidad que vaya más allá de la racionalidad metafísica de los objetos intramundanos.

Esto nos lleva a la segunda objeción: la objeción teológica. Marion –también como el joven Heidegger– entienden que la filosofía puede ser revitalizada si reanuda su diálogo con la teología. Los fenómenos saturados –que nos salen al encuentro en nuestra cotidianidad y que constituyen los "fenómenos decisivos" para darle sentido a nuestra existencia– demandan una ampliación de la racionalidad. Esta tarea exige una revisión de la "secularización", una revisión del modo en que la modernidad reduce la concepción de la racionalidad a la razón científica y excluye todo lo que no responde a estos cánones como irracional o perteneciente al campo de la creencia o de la fe. Marion desarticula la oposición entre fe y razón, y acude a la teología en búsqueda de ideas que permitan ampliar la racionalidad filosófica. En este sentido, Marion sigue la estrategia heideggeriana de apropiación filosófica de ideas teológicas. Muchas categorías de la fenomenología de la donación reconocen una inspiración teológica. Sin embargo, esto no anula su valor filosófico, pues operan en la inmanencia del ámbito fenomenológico, demostrando su fecundidad.

Una de estas categorías es la del amor. Con esta noción, es posible responder a la necesidad de una hermenéutica que opere desde otra racionalidad. El amor impone su propia lógica. Desde el temple anímico del amor es posible transformar la mirada y la racionalidad para ser capaces de recibir y fenomenalizar, en sus propios términos, a los fenómenos paradójicos que determinan nuestra existencia. Como bien señala Emmanuel Housset, el amor en Marion es principalmente un "poder de fenomenalización".[6]

De este modo, la hermenéutica del amor ofrece la respuesta a las dos objeciones fundamentales recibidas por la fenomenología de la donación y expresa una de sus posibilidades más extremas, pues sus consecuencias se registran en el dominio teórico, pero también y fundamentalmente, en el práctico. Como analizamos en el § 8, la fenomenología de la donación cumple la función crítica de "filosofía última", con implicancias éticas y políticas.

§ 49. La causa de la fenomenología

En la introducción de esta obra, sostuvimos que ésta nos iba a permitir reflexionar sobre el "sentido actual" de la fenomenología. Como bien señala Jean-François Courtine, la fenomenología no necesita una "defensa" ni de su exigencia ni de su método.[7] Por "causa", efectivamente, hay que entender la *Sache* o el asunto, pues el regreso a las "cosas mismas" no consiste en otra cosa que en la confrontación con los problemas decisivos, que han atravesado la historia del movimiento fenomenológico, pero que encuentran un sentido en la actualidad. En palabras de Courtine:

> Si la idea de la fenomenología puede aún hoy –y efectivamente lo hace aquí y allá de modo admirable– imponer su exigencia y orientar el progreso del tratamiento de tal o cual cuestión viva (intencionalidad, categorización, percepción, atención, imaginación, significación prelingüística, actos de lenguaje, conciencia y conciencia de sí, etc.), es también, y principalmente, evaluando su posibilidad y/o su "imposibilidad", interrogando incansablemente sus límites…[8]

En este sentido, puede afirmarse que la fenomenología prueba su vigencia, en primer lugar, por la actualidad misma de sus problemas y de sus preguntas,

---

6 Housset, Emmanuel, "Préface, L'être de l'amour", op. cit., p. 9.
7 Courtine, Jean-François, *La cause de la phénoménologie*, Paris, PUF, 2007, p. 7.
8 *Ibid.*, pp. 8-9.

y en segundo lugar, en su capacidad permanente de ponerse a prueba, de testear sus límites y posibilidades. Pero puede aseverarse algo más: el problema principal que desbroza la fenomenología es precisamente el de los límites y las posibilidades. Como hemos analizado en el apartado 7.2, la radicalización, la indagación de límites y posibilidades, es un mandato husserliano, aceptado y extremado por el joven Heidegger, y que es heredado por la *nouvelle phénoménologie*. Y es precisamente este aspecto de la fenomenología el que reafirma su vigencia en tiempos del "fin de la metafísica" o, si se prefiere, en tiempos en que deviene necesario revisar las fronteras trazadas por la racionalidad moderna.

En sus respuestas a Dominique Pradelle, en ocasión de las jornadas de estudio en torno a la obra *Neue Phänomenologie in Frankreich* de Hans-Dieter Gondek y László Tengelyi, Françoise Dastur sostiene que toda fenomenología es una fenomenología de lo inaparente.[9] Dastur entiende que Husserl acordaría con Heidegger respecto de lo expresado en el § 7 de *Sein und Zeit*:

> "Detrás" de los fenómenos de la fenomenología, por esencia no hay ninguna otra cosa; en cambio, es posible que esté oculto lo que debe convertirse en fenómeno.[10]

La tarea de la fenomenología es, precisamente, la de mostrar eso que está oculto y debe convertirse en fenómeno. ¿En qué consiste lo inaparente? Dastur responde que lo inaparente en sentido eminente es el tiempo mismo, o más precisamente, la venida a la presencia de lo que está presente. Según Dastur, ese es el sentido heideggeriano de una "fenomenología de lo inaparente". Se trata de ensayar una fenomenología que se detenga en lo inaparente presente en todo aparecer, es decir, en el "acontecimiento" mismo del aparecer.[11]

Ahora bien, para desplegar este tipo de fenomenología, que –según Dastur– se identifica sin más con *la* fenomenología, es necesaria la intervención de un pensamiento que no sea ni mediación reflexiva o especulación, ni visión inmediata o intuición que dé el objeto. Por este motivo –señala Dastur– Heidegger habla en los *Beiträge* de una "sigética", una lógica del silencio, que se realiza bajo la forma del pensamiento tautológico.[12]

Marion sigue a Heidegger hasta este punto, pero se pregunta si la tautología es la única respuesta posible. La lógica del silencio admite ser traducida a la lógica del amor. Como bien señala Pascale Tabet, Marion no queda "preso" de la tautología heideggeriana, pues la donación nos entrega el amor, nos da

---

9 Cfr. Dastur, Françoise, "Réponses aux questions de Dominique Pradelle" en Sommer, Christian (éd.), *Nouvelles phénoménologies en France*, Paris, Hermann, 2014, p. 100.
10 GA 2, p. 48.
11 Cfr. Dastur, Françoise, "Réponses aux questions de Dominique Pradelle", cap. cit., p. 101.
12 Cfr. *ídem*.

su lógica, nos abre a su ámbito, a su orden.¹³ Housset acierta al señalar que solo el amor puede darnos acceso a la automostración del fenómeno, pues consiste precisamente en un "mantenerse abierto a eso que se da a partir de sí mismo".¹⁴ La inaparencia, la "venida a la presencia", el acontecer del fenómeno se devela a partir del amor. En palabras de Housset:

> Si el amor es sin razón, si no tiene condición, si no está precedido de valores como la igualdad y la reciprocidad, es porque da acceso a un fenómeno que lleva su razón en sí mismo y no en los actos subjetivos. En consecuencia, el olvido del amor como dimensión constitutiva de la búsqueda de la verdad puede también ser interpretada como la causa de un nihilismo europeo que reduce lo real a lo objetivable.¹⁵

De este modo, cabe destacar que a partir de una exploración en los límites y las posibilidades, la fenomenología no solo recupera su talante crítico decisivo, sino que, como bien señala Walton y más allá de lo que Marion pueda afirmar, también recupera uno de los problemas fundamentales de la fenomenología: el amor.¹⁶ En palabras de Husserl:

> El amor en sentido auténtico es uno de los problemas principales de la fenomenología [*Hauptprobleme der Phänomenologie*], y esto no en la abstracta singularidad y singularización, sino como problema universal.¹⁷

Ciertamente, también es una noción decisiva para Max Scheler: "El ser humano es, antes de ser un *ens cogitans* o un *ens volens*, un *ens amans*".¹⁸ E, incluso, también puede encontrarse una indicación muy significativa en el jo-

---

13 Cfr. TABET, Pascale, *Amour et donation chez Jean-Luc Marion*, op. cit., pp. 305-306.
14 HOUSSET, Emmanuel, "Préface, L'être de l'amour", op. cit., p. 14.
15 *Ibid.*, p. 15.
16 Cfr. WALTON, Roberto, "El fenómeno erótico en el marco de la fenomenología y teología del amor", cap. cit., pp. 69-71.
17 Hua XLII, p. 689.
18 GW X, p. 356. Ciertamente, la tesis de una "hermenéutica del amor" retoma la idea de un conocimiento fundado en el amor en Pascal (y Agustín), pero esta es también la posición de Scheler. La práctica de la fenomenología exige una cierta disposición moral, no basta simplemente con ser capaz de razonar correctamente. El amor opera como condición de posibilidad para la aprehensión de los demás *a priori*. Dice Scheler: "el apriorismo del amor y el odio es el último fundamento de todo otro apriorismo, y con ello el fundamento común, lo mismo del conocer apriórico del ser que del querer apriórico de contenidos. Las esferas de la teoría y de la práctica hallan su último enlace y unidad fenomenológicos en ese apriorismo común" (GW II, p. 83, nota). Es llamativa la absoluta ausencia de referencias explícitas a este autor en la obra de Marion. Scheler propone una fenomenología realista de los valores comprendidos como *a priori* materiales. Hay un orden real *a priori* de los valores que no depende de ninguna convención, sino que se aprehende en su objetividad en la experiencia (como puede aprenderse el orden de los colores en el arco iris. Cfr. GW II, p. 183). Esta dimensión emocional de los valores, tiene su lógica propia, tiene sus razones, y no puede ser reducida a las razones de otro orden (Cfr. GW X, p. 362). Si bien excede el objeto de este libro, cabe señalar que sería muy productivo un estudio comparativo de la obra de Marion en relación a la de Scheler.

ven Heidegger: "Amor como fundamento *motivador* de la comprensión fenomenológica; dado necesariamente en su sentido de realización".[19] Heidegger destaca la capacidad del amor como el fundamento para la comprensión fenomenológica, como una posible *Grundstimmung* que abra la compresión desde una implicación con el darse mismo del fenómeno a partir de una apropiación efectiva en la que se exponga el sentido de realización. Esta indicación, si bien no es desarrollada por Heidegger, contiene *in nuce* los lineamientos de una hermenéutica del amor. Puede concluirse, pues, que los tres "padres fundadores" de la fenomenología consideran al amor como una cuestión fundamental. Marion simplemente asume la centralidad de esta problemática fenomenológica y despliega su potencial crítico y transformador.

Como bien señala Patočka, la fenomenología no es una escuela filosófica que se ciña al cultivo de una tradición académica, sino que constituye una "meditación sobre la crisis".[20] La fenomenología indaga, con un particular radicalidad, "en la crisis de la Humanidad hasta sus orígenes últimos".[21] La fenomenología marioniana recupera este impulso presente en la fenomenología desde sus comienzos. La ciencia actual y sus dispositivos de objetivación continúan operando sin atender a una significación vital, continúan siendo indiferentes a "las preguntas que son decisivas para una auténtica humanidad".[22] Frente a este diagnóstico, Marion postula una nueva "encrucijada metodológica que decide sobre la vida o la muerte de la filosofía en general":[23] "Hay que elegir entre la evidencia y la caridad".[24] Se trata de lograr dar "el salto a *otro mundo* o, más precisamente, en realidad tan sólo al mundo", a *este* mundo que puede aparecer, finalmente, en su carácter acontecial originario, dejando que el amor nos "coloque los ojos", pues

> …el amor abre los ojos. Abre los ojos […] como un niño abre los ojos al mundo o como alguien que duerme abre los ojos a la mañana.[25]

---

19 GA 58, p. 185. Marion señala en *Dieu sans l'être* que "este término [el amor], que Heidegger –como por otra parte toda la metafísica, aunque de otra manera– mantiene en estado derivado y secundario, permanece aún, paradójicamente, bastante impensado" (DSE, p. 73). Ahora bien, si consideramos la frase pronunciada por Heidegger en el curso del semestre de invierno de 1919/1920, quizás podemos acordar con la sugerencia de Sylvain Camilleri: "¿Quiso el joven Heidegger dar un paso en dirección a este amor? Nada puede probarlo, pero tampoco desmentirlo" (CAMILLERI, Sylvain, *Phénoménologie de la religion et herméneutique théologique dans la pensé du jeune Heidegger*, op. cit., p. 161).
20 PATOČKA, Jan, "Qué es la fenomenología", cap. cit., p. 279. En este sentido, cabe señalar que Patočka se equivoca al asegurar también que esta "meditación sobre la crisis" no tiene nada de revolucionario, ni es capaz de contribuir a cambiar el mundo (*ídem*). La rigurosa descripción fenomenológica es ya un modo de ejercer una crítica transformadora.
21 *Idem*.
22 Hua VI, pp. 3-4.
23 GA 56/57, p. 63.
24 PM, p. 324.
25 PCh, pp. 87-88.

La fenomenología hermenéutica del amor debe asumir la difícil tarea de provocar ese despertar erótico en un mundo adormecido.

§ 50. La hermenéutica del amor como filosofía última

Y es precisamente en esta labor crítica en la que se juega el sentido de la concepción marioniana de la fenomenología de la donación como "filosofía última". En un mundo en el que la última palabra la tiene la ciencia y la tecnología, la filosofía sigue ocupando una función decisiva:

> Hay más luz racional esparcida sobre el mundo por la filosofía que por cualquier punto de vista tecnológico o científico. El hecho de que actualmente enfrentemos tantas amenazas en el mundo está directamente relacionado con el hecho de que la tecnología no es lo suficientemente fuerte ni lo suficientemente sutil para entender lo que está pasando. La tecnología nos permite *imponer* un orden. De acuerdo. Pero ni la ciencia ni la tecnología puede decir una sola palabra sobre si dicho orden debe imponerse. Y lo que se impone puede tener buenos resultados o no. El resultado de la aplicación de la tecnología en el mundo real no puede ser de ninguna manera evaluado por una racionalidad tecnológica, sino tan solo por algo como las humanidades o la filosofía.[26]

En este escenario, la "filosofía última" debe recuperar la última palabra, pero no en el sentido de una pronunciación conclusiva, sino, por el contrario, como la única palabra que puede permanecer abierta al acontecer de las cosas. La "filosofía primera" debe devenir "filosofía última" precisamente porque debe ubicarse en el lugar de las respuestas últimas para desactivarlas, para recordarles que "lo último" sólo puede alcanzarse *a posteriori* y nunca puede entenderse como lo definitivo capaz de fijar las condiciones de posibilidad de lo que vendrá, al menos no respecto de lo que nos concierne más profundamente como existentes humanos.[27]

---
26 PVG.
27 Marion sugiere cierta posible consecuencia política de la desactivación producto de la destitución de las categorías metafísicas que opera a partir del amor. En *Le temps et l'autre*, Lévinas destaca la oposición entre el poder y el *eros*: "¿Podemos caracterizar esta relación con otro mediante el *éros* como un fracaso? Una vez más; sí, siempre que se adopte la terminología de las descripciones corrientes, que caracterizan lo erótico por el 'aprehender', el 'poseer', o el 'conocer'. Pero en el *éros* no hay nada de todo ello, ni tampoco un fracaso. Si fuese posible poseer, aprehender o conocer al otro, entonces ya no sería otro. Poseer, conocer, aprehender son sinónimos del poder" (LÉVINAS, Emmanuel, *Le temps et l'autre*, Paris, PUF, 1983, p. 83). En consonancia con esta idea lévinasiana, en la entrevista "L'impouvoir", Marion destaca cierta inoperancia de las relaciones de poder en que se dan las diversas modalidades de la relación erótica con el otro y, en general, frente a todo fenómeno saturado. "En estos casos y en muchos otros, no se trata de renunciar o de justificar el poder, sino simplemente de admitir que ya no hacemos el más mínimo uso de él. Si acaso se pretendiera reintroducirlo, por ejemplo, en la preocupación de no

Hemos distinguido cuatro dimensiones del amor en la obra de Marion, las cuatro operan en conjunto, pero son diferenciables entre sí: en primer lugar, el amor es un fenómeno: el fenómeno erótico. El amor constituye el fenómeno eminente que debe explanar la fenomenología marioniana, pues solo el amor puede explicar la receptividad del adonado que logra el acceso a la donación. En segundo lugar, el amor es la experiencia fundamental. Hay filosofía porque en la movilidad de nuestra vida fáctica tenemos la experiencia fundamental del amor que opera el contramovimiento capaz de despertar el cuestionamiento filosófico. El amor es el temple anímico fundamental que actúa como *epoché* radicalizando la reducción. En tercer lugar, el amor es instrumento de conocimiento. Hay un "conocimiento del amor". Marion sostiene que el amor posibilita el conocimiento del otro. Finalmente, el amor provee un "poder de fenomenalización", el amor acciona la hermenéutica que gestiona el pasaje de lo que se da a lo que se muestra.

En todas estas dimensiones, el amor ejerce el poder crítico de la "filosofía última". La "última palabra" es el amor, porque solo el amor mantiene la apertura capaz de recibir al otro sin reducirlo a objeto y a todo fenómeno saturado sin tergiversarlo a partir de imposiciones externas a su automostración.[28] Y esto es así pues el amor marioniano integra en un mismo concepto el gesto de abandono y entrega del *agápe* con el ímpetu que mueve a la acción propio del *éros*. Solo la hermenéutica del amor, como filosofía última, provee el coraje para resistir en su *no resistir* a la "insistencia de lo dado".[29]

---

ser engañado, en la preocupación de restablecer una razón (suficiente) estricta, de objetivar y de garantizar, etc., de hecho, se suprimiría el fenómeno en cuestión…" (I, p. 444). Marion propone pensar que estos casos se dan bajo el régimen del "impoder" (*impouvoir*): que no consiste en un "contra-poder" ni en una ausencia de poder, sino más bien en la constatación de que la descripción del fenómeno puede prescindir de la noción de poder porque ésta deviene inoperante (cfr. *ídem*). En esta entrevista, Marion está respondiendo respecto de las relaciones políticas de poder. Marion afirma que la llamada no ejerce un poder sobre el interpelado o el adonado porque no se da bajo la lógica de la metafísica. Los fenómenos saturados y su lógica del amor suspenden la lógica del poder y, de este modo, permiten un replanteo de su uso.

28 En esta cuestión, acordamos plenamente con las afirmaciones de Pascale Tabet: "Hablar de 'filosofía primera' en J.-L. Marion no tiene ningún sentido si no se comprende esta 'filosofía primera' a partir del amor, más aún, si no se comprende al amor como 'filosofía primera'". TABET, Pascale, *Amour et donation chez Jean-Luc Marion*, op. cit., p. 305.

29 RdD, p. 95.

Bibliografía

Comentarios de la obra de Jean-Luc Marion y la fenomenología francesa actual

AA. VV., *Revue de Métaphysique et de Morale*. "*À propos de* Réduction et donation *de Jean-Luc Marion*", 96, 1 (1991).

AA. VV., *Le magazine littéraire*. "La phénoménologie. Une philosophie pour notre monde", 403, 11 (2001).

AA. VV., *Rue Descartes*. "Phénoménologies françaises", 35, 1 (2002).

AA. VV., *Revue Philosophie*. "Jean-Luc Marion", 78 (2003).

AA. VV., *Revue Nunc,* dossier "Jean-Luc Marion. Dieu, la charité, le don", 16 (2008).

AA. VV., *Revue de Métaphysique et de Morale*. "Saint Augustin, penseur de Soi. Discussions de l'interprétation de Jean-Luc Marion", 63, 3 (2009).

AA. VV., *Anuario Colombiano de Fenomenología*, dossier Jean-Luc Marion, III (2009).

ALFERI, Thomas, "Dépasser la métaphysique... "Au nom du Seigneur !" Philosophie et foi chrétienne selon Jean-Luc Marion", *Science et Esprit*, 68, 2-3 (2016), pp. 207-224.

ALLIEZ, Éric, *De l'impossibilité de la phénoménologie. Sur la philosophie française contemporaine*, Paris, Vrin, 1995.

ARBOLEDA MORA, Carlos, "Dios: ¿ser o don?", Escritos, 17, 38 (2009), pp. 14-53.

—, "Dionisio Areopagita y el giro teológico de la fenomenología", *Pensamiento y Cultura*, 13, 2 (2010), pp. 181-193.

ARBOLEDA MORA, Carlos y RESTREPO, Carlos Enrique (eds.), *El giro teológico. Nuevos caminos de la filosofía*, Medellín, Universidad Pontificia Bolivariana, 2013.

AWAZI MBAMBI KUNGA, Benoît, *Donation, saturation et compréhension. Phénoménologie de la donation et phénoménologie herméneutique : une alternative ?* Paris, L'Harmattan, 2005.

BARRETO GONZÁLEZ, Daniel, "Entre Jean-Luc Marion y Jacques Derrida. A propósito de la alabanza y la oración como actos del habla", *Philologica Canariensa*, 10-11 (2004-2005), pp. 533-549.

—, "El debate entre J.-L. Marion y J. Derrida: una introducción", *Laguna. Revista de Filosofía*, 18 (2006), pp. 35-48.

—, "Jean-Luc Marion: miradas en cruz", *La Torre del Virrey. Revista de Estudios Culturales*, 4 (2007), pp. 45-46.

Bassas Vila, Javier, "Breve estudio de traducción. Para una fenomenología lingüística aplicada a *Siendo dado*" en Marion, Jean-Luc, *Siendo dado. Ensayo para una fenomenología de la donación*, trad. Javier Bassas Vila, Madrid, Editorial Síntesis, 2008, pp. 17-27.

—, "Glosario" en Marion, Jean-Luc, *Siendo dado. Ensayo para una fenomenología de la donación*, trad. Javier Bassas Vila, Madrid, Editorial Síntesis, 2008, pp. 501-510.

—, "El origen original de la imagen. Lo virtual en fenomenología", *Anuario Colombiano de Fenomenología*, dossier Jean-Luc Marion, III (2009), pp. 329-338.

—, "Postfacio. Estudio de fenomenología lingüística. Historia del 'como' en Jean-Luc Marion" en Marion, Jean-Luc, *Dios sin el ser*, trad. D. Barreto González, J. Bassas Vila y C. E. Restrepo, Pontevedra, Ellago Ediciones, 2010, pp. 311- 354.

—, "Écriture phénoménologique et théologique: Fonctions du "comme", "comme si" et "en tant que" chez Jean-Luc Marion", *Studia Phænomenologica*, special issue (2009), pp. 135-155.

—, "Las 'comme-fessions' de san Agustín. Apuntes sobre el giro espiritual de la fenomenología en J.-L. Marion", *Pensamiento y Cultura*, vol. 13, nro. 2 (2010), pp. 171-180.

—, "Jean-Luc Marion. El pensamiento de la distancia" en Llevadot, Laura y Riba, Jordi (coords.), *Filosofías postmetafísicas. 20 años de filosofía francesa contemporánea*, Barcelona, Editorial UOC, 2012, pp. 63-83.

—, "El lenguaje saturado de Jean-Luc Marion. ¿De la fenomenología a la política?" en Roggero, Jorge Luis (ed.), *Jean-Luc Marion: límites y posibilidades de la Filosofía y de la Teología*, Buenos Aires, Editorial SB, 2017, pp. 211-226.

Benoist, Jocelyn, "Vingt ans de phénoménologie française" en *Philosophie contemporaine en France*, Paris, Ministère des Affaires Étrangères, Direction générale des Relations culturelles, scientifiques et techniques, Sous-Direction de la Politique du Livre et des Bibliothèques, 1994, pp. 27-51.

—, *L'idée de phénoménologie*, Paris, Beauchesne, 2001.

—, "L'écart plutôt que l'excédent", *Revue Philosophie. Jean-Luc Marion*, 78 (2003), pp. 77-93.

—, "De l'autre côté de la limite" en Sommer, Christian (éd), *Nouvelles phénoménologies en France*, Paris, Hermann, 2014, pp. 185-204.

—, "L'empire de l'apparaître" en Benoist, Jocelyn, *Logique du phénomène*, Paris, Hermann, 2016, pp. 135-164.

—, "Épilogue. Les phénomènes ne nous sauveront pas" en Benoist, Jocelyn, *Logique du phénomène*, Paris, Hermann, 2016, pp. 191-198.

Benson, Bruce Ellis and Wirzba, Norman (eds.) *Words of Life: New Theological Turn in French Phenomenology*, New York, Fordham University Press, 2010.

BERNET, Rudolf, *La vie du sujet. Recherches sur l'interprétation de Husserl dans la phénoménologie*, Paris, PUF, 1994.

BURCH, Matthew I., "Blurred Vision: Marion on the 'Possibility' of Revelation", *International Journal for Philosophy of Religion*, vol. 67, no. 3 (2010), pp. 157-171.

CALDARONE, Rosaria, *Caecus Amor. Jean-Luc Marion e la dismisura del fenomeno*, Pisa, ETS, 2007.

CALIN, Rodolphe, "Gloire et phénoménologie", *Revue Nunc,* dossier "Jean-Luc Marion. Dieu, la charité, le don", 16 (2008), pp. 53-61.

CAMILLERI, Sylvain et TAKÁCS, Ádám (éds.), *Jean-Luc Marion. Cartésianisme, phénoménologie, théologie*, Paris, Archives Karéline, 2012.

CANULLO, Carla, *La fenomenologia rovesciata. Percosi tentati in Jean-Luc Marion, Michel Henry e Jean-Louis Chrétien*, Torino, Rosenberg e Sellier, 2004.

—, "Entre énigme et ouverture : les dé-figurations de la transcendance chez Jean-Luc Marion", *Revue Nunc,* dossier "Jean-Luc Marion. Dieu, la charité, le don", 16 (2008), pp. 67-79.

—, "Claude Romano au carrefour de la phénoménologie française", *Revue de la philosophie française et de la langue française*, vol. XXI, N. 2 (2013), pp. 87-104.

—, "La inaudita de-figuración de la trascendencia. La fenomenología de la donación frente al desafía del allende" en ROGGERO, Jorge Luis (ed), *Jean-Luc Marion: límites y posibilidades de la Filosofía y de la Teología*, Buenos Aires, Editorial SB, 2017, pp. 135-152.

CAPELLE-DUMONT, Philippe, *Fenomenología francesa actual*, trad. G. Losada, Buenos Aires, Jorge Baudino, 2009.

—, "Que devient la "phénoménologie française" ?", *Cités*, 56, 4 (2013), pp. 35-50.

CAPELLE-DUMONT, Philippe (éd.), *Philosophie de Jean-Luc Marion. Phénoménologie, théologie, métaphysique*, Paris, Hermann, 2015.

CAPUTO, John & SCANLON, Michael (eds), *God, the gift and postmodernism*, Bloomington, Indiana University Press, 1999.

CAPUTO, John, "The Hyperbolization of Phenomenology: Two Possibilities for Religion in Recent Continental Philosophy" en HART, Kevin (ed.), *Counter-experiences: Reading Jean-Luc Marion*, Notre Dame, University of Notre Dame Press, 2007, pp. 67-93.

CASTRILLÓN LÓPEZ, Luis Alberto, "El poshumanismo del amor: el giro místico de la fenomenología", *Logos*, 21 (2012), pp. 67-89.

CIOCAN, Christian et VASILOU, Anca (éds.), *Lectures de Jean-Luc Marion*, Paris, Cerf, 2016.

DE GRAMONT, Jérôme, "Réflexion sur le nom et le non", *Revue Nunc,* dossier "Jean-Luc Marion. Dieu, la charité, le don", 16 (2008), pp. 28-44.

—, "Quelques questions à Jean-Luc Marion. Un entretien avec Jérôme de Gramont", *Revue Nunc,* dossier "Jean-Luc Marion. Dieu, la charité, le don", 16 (2008), pp. 46-51.

—, "Le pluriel des réductions et l'univoque *épochè*", *Archivio di Filosofia*, LXXXIII, 1-2 (2015), pp. 65-78.

De la Maza, Luis Mariano, "El amor según Marion" en Pommier, Éric, *La fenomenología de la donación de Jean-Luc Marion*, Buenos Aires, Prometeo, 2017, pp. 155-171.

Del Barco, Oscar, *Exceso y donación. La búsqueda de Dios sin Dios*, Buenos Aires, Biblioteca Internacional Martin Heidegger, 2003.

Depraz, Natalie et Mauriac, Frédéric, "Théo-Phénoménologie I: L'amour – Jean-Luc Marion et Christos Yannaras", *Revue de Métaphysique et de Morale*, 74, 2 (2012), pp. 247-277.

Falque, Emmanuel, "Phénoménologie de l'extraordinaire", *Revue Philosophie. "Jean-Luc Marion"*, 78 (2003), pp. 52-76.

—, "*Larvatus pro Deo*. Phénoménologie et théologie chez J.-L. Marion", *Gregorianum*, 86, 1 (20005), pp. 45-62.

—, "Phénoménologie de l'extraordinaire (J.-L. Marion)" en Falque, Emmanuel, *Le combat amoureux. Disputes phénoménologiques et théologiques*, Paris, Hermann, 2014, pp. 137-193.

Fisette, Denis, "Phénoménologie et métaphysique : remarques à propos d'un débat récent" en Narbonne, Jean-Marc et Langlois, Luc (éds.), *La métaphysique, son histoire, sa critique, ses enjeux*, Paris, Vrin-Les Presses Universitaires de Laval, 1999, pp. 91-116.

Forestier, Florian, "Le phénomène et le transcendantale (Jean-Luc Marion, Marc Richir et la question de la phénoménalisation)", *Horizon*, 2, 2 (2013), pp. 17-37.

Frandsen, Henrik Vase, "Distance as Abundance: The thought of Jean-Luc Marion", *Svensk Teologisk Kvartalskrift*, 79 (2003), pp. 177-186.

Fritz, Peter Joseph, "Karl Rahner repeated in Jean-Luc Marion?" *Theological Studies*, 73, 2 (2012), pp. 318-338.

Gabillieri, Emmanuel, "De la métaphysique à la phénoménologie : une relève ?", *Revue Philosophique de Louvain*, 94, 4 (1996), pp. 625-645.

—, "Paradoxe, univocité, analogie" en Capelle-Dumont, Philippe (éd.), *Philosophie de Jean-Luc Marion. Phénoménologie, théologie, métaphysique*, Paris, Hermann, 2015, pp. 31-48.

Gagey, Henri-Jérôme, "La théologie entre urgence phénoménologique et endurance herméneutique", *Recherches de Science Religieuse*, 98, 1 (2010), pp. 31-57.

Gerl-Falkovitz, Hanna-Barbara (Hg.), *Jean-Luc Marion. Studien zum Werk*, Dresden, Text & Dialog, 2012.

Gondek, Hans-Dieter und Tengelyi, László, *Neue Phänomenologie in Frankreich*, Berlin, Suhrkamp, 2011.

González di Pierro, Eduardo, "*Gegebenheit* y *Donation*: dos modos de dación fenomenológica. La crítica de Marion a Husserl. Coincidencias y divergencias", *Devenires*, XII, 23 (2011), pp. 123-133.

GREISCH, Jean, *Le cogito herméneutique. L'herméneutique philosophique et l'heritage cartésien*, Paris, Vrin, 2000. Traducción al español: *El cogito herido. La hermenéutica filosófica y la herencia cartesiana*, trad. G. R. Losada, Buenos Aires, Jorge Baudino, 2001.

—, "L'herméneutique dans la 'phénoménologie comme telle': trois questions à propos de 'Réduction et donation'," *Revue de Métaphysique et de Morale. À propos de Réduction et donation de Jean-Luc Marion*, 96, 1 (1991), pp. 43-63.

—, "Index sui et non dati: Les paradoxes d'une phénoménologie de la donation", *Transversalités: revue de l'Institut Catholique de Paris*, 70 (1999), pp. 27-54.

GRONDIN, Jean, *Le tournant herméneutique de la phénoménologie*, Paris, PUF, 2003.

—, "La phénoménologie sans herméneutique: Jean-Luc Marion, *Réduction et donation*" en GRONDIN, Jean, *L'horizon herméneutique de la pensée contemporaine*, Paris, Vrin, 1993, pp. 81-90.

—, "La tension de la donation ultime et de la pensée herméneutique de l'application chez Jean-Luc Marion", *Dialogue. Revue canadienne de philosophie*, 38, 1999, pp. 547-559.

GSCHWANDTNER, Christina M., *Reading Jean-Luc Marion: Exceeding Metaphysics*, Bloomington, Indiana University Press, 2007.

—, *Degrees of Givenness. On saturation in Jean-Luc Marion*, New York, Fordham University Press, 2014.

—, *Marion and Theology*, New York, Bloomsbury T & T Clark, 2016.

HALLORAN, Nathan, "The flesh of the Church: De Lubac, Marion, and the Site of the Phenomenality of Givenness", *Irish Theological Quarterly*, 75, 1 (2010), pp. 29-44.

HAAR, Michel, *La philosophie française entre phénoménologie et métaphysique*, Paris, PUF, 1999.

HART, Kevin (ed.), *Counter-experiences: Reading Jean-Luc Marion*, Notre Dame, University of Notre Dame Press, 2007.

HÉNAFF, Marcel, "Marion. Le don sans échange : vers la pure donation" en HÉNAFF, Marcel, *Le don des philosophes. Repenser la réciprocité*, Paris, Seuil, 2012, pp. 153-196.

HENRY, Michel, "Quatre principes de la phénoménologie", *Revue de Métaphysique et de Morale. À propos de* Réduction et donation *de Jean-Luc Marion*, 96, 1 (1991), pp. 3-26.

HOLZER, Vincent, "Phénoménologie radicale et phénomène de révélation : Jean-Luc Marion, *Étant donné*. Essai d'une phénoménologie de la donation", *Transversalités*, 70 (1999), pp. 56-68.

HORNER, Robyn, *Rethinking God as a Gift. Derrida, Marion and the Limits of Phenomenology*, New York, Fordham University Press, 2001.

—, *Jean-Luc Marion. A theo-logical introduction*, Burlington, Ashgate, 2005.

—, "The Weight of Love" en HART, Kevin (ed.), *Counter-experiences: Reading Jean-Luc Marion*, Notre Dame, University of Notre Dame Press, 2007, pp. 235-251.

Housset, Emmanuel, "Préface. L'être de l'amour" en Tabet, Pascale, *Amour et donation chez Jean-Luc Marion. Une phénoménologie de l'excès*, Paris, L'Harmattan, 2017, pp. 9-15.

Inverso, Hernán G., "De E. Husserl a J.-L. Marion: donación y límites de la fenomenología", *Franciscanum*, IV, 159 (2013), pp. 127-154.

—, "La filosofía marioniana desde la fenomenología de lo inaparente: una respuesta a las críticas de desvío teológico y ontoteológico" en Roggero, Jorge Luis (ed.), *Jean-Luc Marion: límites y posibilidades de la Filosofía y de la Teología*, Buenos Aires, SB Editorial, 2017, pp. 181-196.

Janicaud, Dominique, *La phénoménologie dans tous ses états*, Paris, Gallimard, 2009.

—, "Jean-Luc Marion, *Dieu sans l'être*, Paris, Fayard, 1982, 288 p., coll. "Communio". Prix : 69 F.", *Les Études philosophiques*, 4 (1983), pp. 496-498.

Jones, Tamsin, *A genealogy of Marion's philosophy of religion: apparent darkness*, Bloomington, Indiana University Press, 2011.

Kearney, Richard, "Jean-Luc Marion. Hermeneutics of Revelation" en Kearney, Richard, *Debates in Continental Philosophy. Conversations with Contemporary Thinkers*, New York, Fordham University Press, 2004, pp. 15-32.

Kühn, Rolf, *Radikalisierte Phänomenologie*, Frankfurt am Main, Peter Lang, 2003.

Laruelle, François, "L'appel et le phénomène", *Revue de Métaphysique et de Morale. À propos de* Réduction et donation *de Jean-Luc Marion*, 96, 1 (1991), pp. 27-41.

Leask, Ian and Cassidy, Eoin (eds.), *Givenness and God. Questions of Jean-Luc Marion*, New York, Fordham University Press, 2005.

Leconte, Mariana, "Fenomenología icónica. El acceso al fenómeno religioso como remisión a la donación en Jean-Luc Marion" en Garrido Maturano, Ángel E. (ed.), *¿Dónde estás, Señor? El acceso al fenómeno religioso en la filosofía fenomenológica, hermenéutica y existencial*, Buenos Aires, Biblos, 2012, pp. 129-142.

Lemma, Keith, "Jean-Luc Marion and the Theological 'School' of Montmartre", *Irish Theological Quarterly*, 81, 3 (2016), pp. 246-266.

Lewis, Stephen E., "The Lover's Capacity in Jean-Luc Marion's The Erotic Phenomenon", *Quaestiones disputatae*, 1, 1 (2010), pp. 226-244.

López, José Daniel, "Reducción fenomenológica y reducción teológica" en Roggero, Jorge Luis (ed), *Jean-Luc Marion: límites y posibilidades de la Filosofía y de la Teología*, Buenos Aires, SB Editorial, 2017, pp. 57-68.

Lutereau, Luciano, "El fenómeno de la mirada en J.-L. Marion y J. Lacan", *Verba Volant. Revista de Filosofía y Psicoanálisis*, 1, 1 (2011), pp.17-27.

Mackinlay, Shane, *Interpreting Excess. Jean-Luc Marion, Saturated Phenomena, and Hermeneutics*, New York, Fordham University Press, 2010.

Madroñero Morillo, Mario, "Estética de la invisibilidad. Notas sobre la creación artística a partir de *El cruce de lo visible* de Jean-Luc Marion", *Anuario Colombiano de Fenomenología*, dossier Jean-Luc Marion, III (2009), pp. 339-355.

Mena Malet, Patricio, Muñoz, Enoc y Trujillo, Iván (eds.), *El sujeto interrumpido.*

La emergencia del mundo en la fenomenología contemporánea, Santiago de Chile, Ediciones Universidad Alberto Hurtado, 2009.

MENA MALET, Patricio, "El fenómeno de la apelación", *Revista Co-herencia*, vol. 12, no. 23 (2015), pp. 107-133.

MILBANK, John, "The Gift and the Mirror: On the Philosophy of Love" en HART, Kevin (ed.), *Counter-experiences: Reading Jean-Luc Marion*, Notre Dame, University of Notre Dame Press, 2007, pp. 253-317.

MIN, Anselm K., "Naming the Unnamable God: Lévinas, Derrida, and Marion", *International Journal for Philosophy of Religion*, vol. 60, no. 1/3 (2006), pp. 99-116.

PERUZZOTTI, Francesca, *Lo scritto e il suo lettore. In ascolto di Jean-Louis Chrétien, Martin Heidegger, Jean-Luc Marion*, Milano, Mimesis, 2015.

PIZZI, Matías Ignacio, "La hermenéutica del ícono en Nicolás de Cusa y Jean-Luc Marion a la luz del concepto de amor", *Teología y cultura*, año 13, vol. 18 (2016), pp. 9-24.

—, "El pasaje de una fenomenología de la visión a una fenomenología el lenguaje. Las huellas de Dionisio Areopagita en el fenómeno erótico de Jean-Luc Marion", *Teología y Cultura*, año 15, vol. 20 (2018), pp. 9-2.

POMMIER, Éric, "La donación de la carne según Marion" en POMMIER, Éric (compilador), *La fenomenología de la donación de Jean-Luc Marion*, Buenos Aires, Prometeo, 2017, pp. 67-87.

PUNTEL, Lorenz B., *Ser y Dios. Un enfoque sistemático en confrontación con M. Heidegger, É. Lévinas y J.-L. Marion*, trad. G. Cresta, Buenos Aires, Prometeo, 2015.

RAWNSLEY, Andrew C., "Practice and Givenness. The Problem of Reduction in Jean-Luc Marion's Work", *New Blackfriars*, Vol 88. No. 1018 (2007), pp. 690-708.

RESTREPO, Carlos Enrique, "La 'muerte de Dios' y la constitución onto-teológica de la metafísica", *Estudios de Filosofía*, 36 (2007), pp. 150-171.

—, "La 'muerte de Dios' y la cuestión teológica: aproximaciones a la obra de Jean-Luc Marion", *Eidos. Revista de Filosofía*, 8 (2008), pp. 182-194.

—, "Visibilidad de lo invisible. Incursión a los fenómenos de revelación", *Anuario Colombiano de Fenomenología*, dossier Jean-Luc Marion, III (2009), pp. 299-309.

—, "El 'giro teológico' de la fenomenología: introducción al debate", *Pensamiento y Cultura*, vol. 13, nro. 2 (2010), pp. 115-126.

—, "La frase de Hegel 'Dios ha muerto'", *Escritos*, vol. 18, nro. 41 (2010), pp. 427-452.

—, "En torno al ídolo y al icono: Derivas para una estética fenomenológica", *Fedro. Revista de Estética y Teoría de las Artes*, 10 (2011), pp. 26-41.

—, "La superación teológica de la metafísica", *Cuestiones teológicas*, 38, 89 (2011), pp. 35-56

—, *La remoción del ser. La superación teológica de la metafísica*, Bogotá, San Pablo, 2012.

RICARD, Marie-Andrée, "La question de la donation chez Jean-Luc Marion", *Laval théologique et philosophique*, 57, 2001, pp. 83-94.

Richir, Marc, "Intentionnalité et intersubjectivité – Commentaire de Husserliana XV (pp. 549-559)" en Janicaud, Dominique, *L'intentionnalité en question*, Paris, Vrin, 1995, pp. 147-162.

Rodríguez, Ramón, "Los caminos de la fenomenología. A propósito de: Jean-Luc Marion, *Réduction et Donation*, Paris, PUF, 1989", *Revista de Filosofía*, vol. V, nro. 7 (1992), pp. 217-224.

Roggero, Jorge Luis, "Arte y concepto. La crítica de Jean-Luc Marion al arte conceptual", *Eikasia. Revista de Filosofía*, 66 (2015), pp. 205-222.

—, "La vérité de l'idole et l'icône. Le rapport entre l'art et la religion chez Jean-Luc Marion" en Grondin, Jean y Green, Garth, (éds.), *Religion et vérité*, Strasbourg, Presses de l'Université de Strasbourg, 2017, pp. 193-200.

Roggero, Jorge Luis (ed.), *Jean-Luc Marion: límites y posibilidades de la Filosofía y de la Teología*, Buenos Aires, SB Editorial, 2017.

Romano, Claude, "Remarques sur la méthode phénoménologique dans *Étant donné* de Jean-Luc Marion", *Annales de philosophie*, 21 (2000) pp. 6-14.

—, "Love in its Concept. Jean-Luc Marion's The Erotic Phenomenon" en Hart, Kevin (ed.), *Counter-experiences: Reading Jean-Luc Marion*, Notre Dame, University of Notre Dame Press, 2007, pp. 319-335.

—, "Le don, la donation et le paradoxe" en Capelle-Dumont, Philippe (éd.), *Philosophie de Jean-Luc Marion. Phénoménologie, théologie, métaphysique*, Paris, Hermann, 2015, pp. 11-30.

Scannone, Juan Carlos, "Fenomenología y hermenéutica en la 'fenomenología de la donación' de Jean-Luc Marion", *Stromata*, 61, 3-4 (2005) pp. 179-193.

—, "Los fenómenos saturados según Jean-Luc Marion y la fenomenología de la religión", *Stromata*, 61 (2005), pp. 1-15.

—, "La comunión del nosotros y el tercero. Comentario a la conferencia de Jean-Luc Marion", *Stromata*, 62 (2006), pp. 121-128.

—, "Fenomenología de la religión como filosofía primera: ¿es más originario el ser o la donación? (B. Welte y J.-L. Marion)" en Scannone, Juan Carlos, Walton, Roberto y Esperón, Juan Pablo, *Trascendencia y sobreabundancia. Fenomenología de la religión y filosofía primera*, Buenos Aires, Biblos, 2015, pp. 217-238.

—, "Otro como sí mismo. El llamado y el responsorio según Jean-Luc Marion" en Roggero, Jorge Luis (ed.), *Jean-Luc Marion: límites y posibilidades de la Filosofía y de la Teología*, Buenos Aires, SB Editorial, 2017, pp. 41-55.

Schunke, Matthew, "Revealing Givenness: The Problem of Non-Intuited Phenomena in Jean-Luc Marion's Phenomenology", *Studia Phænomenologica*, XV (2015), pp. 473-494.

Schrijvers, Joeri, *Ontotheological Turnings? The Decentering of the Modern Subject in Recent French Phenomenology*, Albany, State of New York University Press, 2011.

—, "Jean-Luc Marion and the Transcendence 'par Excellence': Love" en Stoker, Wessel and van der Merwe, Willem Lodewicus (ed.) *Looking Beyond? Shifting Views* of *Transcendence in Philosophy, Theology, Art, and Politics*, New York and Amsterdam, Rodopi Press, 2011pp. 157-172.

Sebbah, David-François, *À l'épreuve de la limite. Derrida, Henry, Lévinas et la phénoménologie*, Paris, PUF, 2001.

Serban, Claudia, "Résonances kantiennes et renouveau phénoménologique dans *Certitudes négatives* de Jean-Luc Marion", *Symposium*, 15 (2011), pp. 190-199.

—, "La méthode phénoménologique, entre réduction et herméneutique", *Les études philosophiques*, 100, 1 (2012), pp. 81-100.

—, "La "nouvelle phénoménologie" en France et les événements de sens (*Sinnereignisse*). Un prolongement de la lecture de László Tengelyi" en Cabestan, Philippe (éd.), *L'événement et la raison. Autour de Claude Romano*, Paris, Le Cercle Herméneutique, 2016, pp. 31-45.

Simmons, J. Aaron and Benson, Bruce Ellis, *The New Phenomenology. A Philosophical Introduction*, New York, Bloomsbury, 2013.

Smith, James K. A., "Liberating Religion from Theology: Marion and Heidegger on the Possibility of a Phenomenology of Religion", *International Journal of Philosophy of Religion*, 46, 1 (1999), pp. 17-33.

Sommer, Christian, „Nach dem Subjekt. Gegenständlichkeit und Gegebenheit in der neueren Französischen Phänomenologie" en Espinet, David - Rese, Frederike Steinmann, Michael (Hrsg), *Gegenständlichkeit und Objektivität*, Tübingen, Mohr / Siebeck, 2011, p. 79-93.

—, "Le sujet sans subjectivité. Après le "tournant théologique" de la phénoménologie français", *Revue Germanique Internationale*, 13 (2011), pp. 149-162.

—, "Transformations de la phénoménologie" en Sommer, Christian (éd.), *Nouvelles phénoménologies en France*, Paris, Hermann, 2014, pp. 7-21.

Sommer, Christian (éd.), *Nouvelles phénoménologies en France*, Paris, Hermann, 2014.

Steinbock, Anthony J., "The Poor Phenomenon: Marion and the Problem of Givenness", *Alter. Revue de Phénoménologie*, 15 (2007), pp. 357-372.

Tabet, Pascale, *Amour et donation chez Jean-Luc Marion. Une phénoménologie de l'excès*, Paris, L'Harmattan, 2017.

Tanner, Kathryn, "Theology at the Limits of Phenomenology" en Hart, Kevin (ed.), *Counter-experiences: Reading Jean-Luc Marion*, Notre Dame, University of Notre Dame Press, 2007, pp. 201-231.

Tarditi, Claudio, *Con e oltre la fenomenologia storica. Le eresie fenomenologiche di Jacques Derrida e Jean-Luc Marion*, Genova, Il Nuovo Melangolo, 2008.

Tardivel, Émilie, "Monde et donation. Une révision du quatrième principe de la phénoménologie", *Revue de Métaphysique et de Morale*, 85, 1 (2015), pp. 121-160.

Thomas-Fogiel, Isabelle, "Le tournure réaliste de la nouvelle phénoménologie" en Thomas-Fogiel, Isabelle, *Le lieu de l'universel. Impasses du réalisme dans la philosophie contemporaine*, Paris, Seuil, 2015, pp. 25-123.

Tin, Mikkel B., "Saturated Phenomena: from Picture to Revelation in Jean-Luc Marion's Phenomenology", *Filozofia*, 65 (2010), pp. 860-876.

Tracy, David, "Jean-Luc Marion : Phenomenology, Hermeneutics, Theology" en Hart, Kevin (ed.), *Counter-experiences: Reading Jean-Luc Marion*, Notre Dame, University of Notre Dame Press, 2007, pp. 57-65.

Vallée, Marc-Antoine, "Par-delà le principe de raison : la phénoménologie de l'événement chez Jean-Luc Marion et Claude Romano" en Cabestan, Philippe (éd.), *L'événement et la raison. Autour de Claude Romano*, Paris, Le Cercle Herméneutique, 2016, pp. 17-29.

—, *Gadamer et Ricœur. La conception herméneutique du langage*, Rennes, Presses Universitaires de Rennes, 2012.

Vargas Guillén, Germán, "Excedencia y saturación. Fenomenología de la ausencia y la presencia de Dios", *Anuario Colombiano de Fenomenología*, dossier Jean-Luc Marion, III (2009), pp. 311-328.

Vetö, Miklos, "Approches de Dieu dans la pensée de Jean-Luc Marion" en Vetö, Miklos, *De Whitehead à Marion. Éclats de philosophie contemporaine*, Paris, L'Harmattan, 2015, pp. 249-268.

Vinolo, Stéphane, *Dieu n'a que faire de l'être. Introduction à l'œuvre de Jean-Luc Marion*, Paris, Germina, 2012.

—, "Jean-Luc Marion: escribir la ausencia. El 'giro teológico' como porvenir de la filosofía" *Escritos*, vol. 20, nro. 45 (2012),pp. 275-304.

—, "La tentation moderne de Jean-Luc Marion: le scandale de la saturation", *Dialogue. Revue canadienne de philosophie*, volume 55, issue 2 (2016), pp. 343-362.

Waldenfels, Bernhard, *Phänomenologie in Frankreich*, Frankfurt am Main, Suhrkamp, 1983.

Walton, Roberto, "Subjetividad y donación en Jean-Luc Marion", *Tópicos*, 14, 2006, pp. 81-96.

—, "Reducción fenomenológica y figuras de la excedencia", *Tópicos*, 16, 2008, pp. 169-187.

—, "El giro teológico como retorno a los orígenes: La fenomenología de la excedencia", *Pensamiento y Cultura*, vol. 13, nro. 2 (2010), pp. 127-140.

—, "El fenómeno erótico en el marco de la fenomenología y teología del amor" en Roggero, Jorge Luis (ed.), *Jean-Luc Marion: límites y posibilidades de la filosofía y de la teología*, Buenos Aires, SB Editorial, 2017, pp. 69-88.

Welten, Ruud, *Phénoménologie du Dieu invisible. Essais et études sur Emmanuel Lévinas, Michel Henry et Jean-Luc Marion*, Paris, L'Harmattan, 2011.

Westphal, Merold, "Vision and Voice: Phenomenology and Theology in the Work of Jean-Luc Marion", *International Journal of Philosophy of Religion*, vol. 60, no. 1-3 (2006), pp. 117-137.

—, "Transfiguration as Saturated Phenomenon", *Journal of Philosophy & Scripture*, vol. 1, issue 1 (2003), pp. 26-35.

Zarader, Marlène, "Phenomenology and Transcendence" en Faulconer, James E., *Transcendence in Philosophy and Religion*, Bloomington, Indiana University Press, 2003, pp. 106-119.

ZIAREK, Krzysztof, "The language of Praise: Lévinas and Marion", *Religion & Literature*, vol. 22, no. 2-3, (1990), pp. 93-107.

Bibliografía general

Das neue Testament griechisch und deutsch, griechischer Text in der Nachfolge von Ebehard und Erwin Nestle gemeinsam verantwortet von Kurt Aland, Matthew Black, Carlo M. Martini, Bruce M. Metzger und Allen Wikgren. Deutsch Texte: Revidierte Fassung der Lutherbibel von 1984 und Einheitsübersetzung der Heiligen Schrift 1979. Herausgegeben im Institut für Neutestamentliche Textforschung Münster/Westfallen von Kurt Aland und Barbara Aland, Stuttgart, Deutsche Bibelgesellschaft, 1989.

Nuevo Testamento Trilingüe, edición crítica de José María Bover y José O'Callaghan, Madrid, Biblioteca de Autores Cristianos, 1977.

AA. VV., *Revue Critique. Où va l'herméneutique ?* 817-818 (2015).

AA. VV., *Revue de Métaphysique et de Morale. La phénoménologie de Jan Patočka,* 3 (2017).

AGUSTÍN DE HIPONA, *Obras de san Agustín, tomo II: Introducción a la filosofía de san Agustín y Confesiones,* texto bilingüe, edición crítica y anotada por Ángel Custodio Vega, Madrid, Biblioteca de Autores Cristianos, 1946.

VON BALTHASAR, Hans Urs, *Herrlichkeit. Eine theologische Ästhetik. III/1. Im Raum der Metaphysik,* Einsiedeln, Johannes Verlag, 1965.

—, *Herrlichkeit. Eine theologische Ästhetik. III/2.1. Theologie. Alter Bund,* Einsiedeln, Johannes Verlag, 1967.

—, *Herrlichkeit. Eine theologische Ästhetik. III/2.2. Theologie. Neuer Bund,* Einsiedeln, Johannes Verlag, 1969.

—, *Theodramatik. V. Das Endspiel,* Einsiedeln, Johannes Verlag, 1983.

—, *Theologik. II. Wahrheit Gottes,* Einsiedeln, Johannes Verlag, 1985.

—, *L'amour seul est digne de foi,* trad. R. Givord, Paris, Parole et Silence, 1999.

BATAILLE, George, *Œuvres complètes VII,* Paris, Gallimard, 1976.

BÉGOUT, Bruce, *La généalogie de la lógique. Husserl, l'antéprédicatif et le catégorial,* Paris, Vrin, 2000.

—, *Pensées privées. Journal philosophique (1998-2006),* Grenoble, Million, 2007.

BENOIST, Joceyn, *Autour de Husserl. L'ego et la raison,* Paris, Vrin, 1994.

—, *Les limites de l'intentionnalité. Recherches phénoménologiques et analytiques,* Paris, Vrin, 2005.

—, *Élements de philosophie réaliste,* Paris, Vrin, 2011.

BIEMEL, Walter, „Husserls Encyclopædia-Artikel und Heideggers Anmerkungen dazu", *Tijdschrift voor Philosophie,* 12 (1950), pp. 246-280.

BIMBENET, Étienne, *L'animal que je ne suis plus*, Paris, Gallimard, 2011.
BOLZANO, Bernard, *Wissenschaftslehre versuch einer ausführlichen und grösstentheils neuen darstellung der logik mit steter rücksicht auf deren bisherige bearbeiter, Erster Band*, Sulzbach, J. E. v. Seidel, 1837.
BONFAND, Alain, *Histoire de l'art et phénoménologie*, Paris, Vrin, 2009.
BOUVERESSE, Jacques, *Le mythe de l'intériorité. Expérience, signification et langage privé chez Wittgenstein*, Paris, Minuit, 1976.
BREJDAK, Jaromir, *Philosophia Crucis. Heideggers Beschäftigung mit dem Apostel Paulus*, Frankfurt am Main, Peter Lang Verlag, 1996.
BRUZINA, Ronald, *Edmund Husserl & Eugen Fink. Beginnings and Ends in Phenomenology 1928-1938*, New Haven & London, Yale University Press, 2004.
CAIRNS, Dorion, *Phænomenologica 66. Conversations with Husserl and Fink*, The Hague, Nijhoff, 1977.
CAMILLERI, Sylvain, *Phénoménologie de la religion et herméneutique théologique dans la pensée du jeune Heidegger. Commentaire analytique des Fondements philosophiques de la mystique médiévale (1916-1919)*, Dordrecht, Phænomenologica-Springer, 2008.
CAMILLERI, Sylvain et ARRIEN, Sophie-Jan (éd.), *Le jeune Heidegger. 1909-1926*, Paris, Vrin, 2011.
CAPUTO, John D., *Demythologizing Heidegger*, Bloomington, Indiana University Press, 1993.
CARRAUD, Vincent, "La philosophie et Herni de Lubac : le paradoxe", *Les études philosophiques*, 2 (1995), pp. 161-165.
CHRÉTIEN, Jean-Louis, *L'appel et la réponse*, Paris, de Minuit, 1992.
COURBET, Gustave, "Aux jeunes artistes de Paris" en TEN-DOESSCHATE CHU, Petra (éd.), *Correspondance de Courbet*, Paris, Flammarion, 1996.
COURTINE, Jean-François, "L'idée de phénoménologie et la problématique de la réduction chez Heidegger" en MARION, Jean-Luc et PLANTY-BONJOUR, Guy, *Phénoménologie et métaphysique*, Paris, PUF, 1984, pp. 211-245.
—, *Heidegger et la phénoménologie*, Paris, Vrin, 1990.
—, *La cause de la phénoménologie*, Paris, PUF, 2007.
DASTUR, Françoise, *La phénoménologie en questions. Langage, altérité, temporalité, finitude*, Paris, Vrin, 2011.
—, "Réponses aux questions de Dominique Pradelle" en SOMMER, Christian (éd.), *Nouvelles phénoménologies en France*, Paris, Hermann, 2014.
DE GRAMONT, Jérôme, "Le pluriel des réductions et l'unique *épochè*", *Archivio di Filosofia*, 83 (2015), pp. 65-78.
DE LIBERA, Alain (éd.), *Après la métaphysique : Augustin ?* Paris, Vrin, 2013.
DELEUZE, Gilles, *Nietzsche et la philosophie*, Paris, PUF, 1962.
DERRIDA, Jacques, *Psyché. Inventions de l'autre*, Paris, Galilée, 1987.
—, *Donner le temps. 1. La fausse monnaie*, Paris, Galilée, 1991.

—, *Donner la mort*, Paris, Galilée, 1999.
—, *Politiques de l'amitié, suivi de L'oreille de Heidegger*, Paris, Galilée, 1994.
DESCARTES, René, *Œuvres de Descartes publiées par Charles Adam & Paul Tannery, IX. Méditations et Principes*, Paris, Léopold Cerf, 1904 (AT IX).
PSEUDO DIONISIO AREOPAGITA, *Patrologiæ Græcæ, tomus III. S. Dionysius Areopagita*, Paris, J.-P. Migne editorem, 1857.
ESCOUBAS, Éliane, "Henri Maldiney avec Dominique Janicaud : la résistance phénoménologique à la philosophie première et à l'onto-théologie" en SOMMER, Christian (éd.), *Nouvelles phénoménologies en France*, Paris, Hermann, 2014, pp. 115-126.
FALQUE, Emmanuel, *Passer le Rubicon. Philosophie et Théologie : essai sur les frontières*, Bruxelles, Lessius, 2013.
—, *Le combat amoureux. Disputes phénoménologiques et théologiques*, Paris, Hermann, 2014.
—, *Triduum philosophique*, Paris, Cerf, 2015.
FEHÉR, Iztvan M., "Heidegger's understanding of the atheism of philosophy: philosophy, theology, and religion on his way to *Being and Time*", *Existentia*, Vol. VI-VII, Fasc. 1-4 (1996-1997), pp. 33-64.
FINK, Eugen, *Gesamtausgabe. Abteiling III. Die letzte phänomenologische Werkstatt Freiburg : Eugen Finks Mitarbeit bei Edmund Husserl. Manuskripte und Dokumente. Teil 1 – 1927-1938. Band 2 : Bernauer Zeitmanuskripte, Cartesianische Meditationen und System der phänomenologischen Philosophie*, Freiburg, Karl Alber, 2008.
—, „Die phänomenologische Philosophie Edmund Husserls in der gegenwärtigen Kritik", *Kant-Studien*, 38, 1-2 (1933), pp. 319-383.
GADAMER, Hans-Georg, *Gesammelte Werke. Band 1: Hermeneutik I. Wahrheit und Methode*, Tübingen, Mohr Siebeck, 1999.
—, "Die religiöse Dimension" en GADAMER, Hans-Georg, *Gesammelte Werke. Band 3: Neuere Philosophie: Hegel, Husserl, Heidegger*. Tübingen: J. C. B. Mohr Verlag, 1987
—, *La philosophie herméneutique*, trad. J. Grondin, Paris, PUF, 1996.
GREISCH, Jean, *L'arbre de vie et l'arbre du savoir. Le chemin phénoménologique de l'herméneutique heideggérienne (1919-1923)*, Paris, Cerf, 2000.
GRONDIN, Jean, *Introducción a Gadamer*, trad. C. Ruiz-Garrido, Barcelona, Herder, 2003.
GUÉNANCIA, Pierre, *L'intelligence du sensible*, Paris, Gallimard, 1998.
HABERMAS, Jürgen *et al.*, *Hermeneutik und Ideologiekritik*, Frankfurt am Main, Suhrkamp, 1971.
HAN, Byung-Chul, *Agonie des Eros*, Berlin, Matthes & Seitz Verlag, 2012.
HART, Kevin, *The Trespass of the Sign. Deconstruction, Theology and Philosophy*, New York, Fordham University Press, 2000.
HERBART, Johann Friedrich, *Hauptpunkte der Metaphysik* en HERBART, Johann Friedrich, *Sämtliche Werke*, II, Frankfurt am Main, Scientia Verlag, 1964.

HEIDEGGER, Martin, *Gesamtausgabe*, Frankfurt am Main, Vittorio Klostermann. Cito la edición de la obra completa de Martin Heidegger con las siglas GA (*Gesamtausgabe*), agregando el número de tomo en cada caso.

—, „Die Idee der Philosophie und das Weltanschauungsproblem (Auszug aus der Nachschrift Brecht)", *Heidegger Studien*, volume 12 (1996), pp. 9-14.

—, "Drei Briefe Martin Heidegger an Karl Löwith" en PAPENFUSS, Dietrich u. PÖGGELER, Otto (Hrsg.), *Zur philosophischen Aktualität Heideggers. Band 2: Im Gespräch der Zeit*, Frankfurt am Main, Vittorio Klostermann, 1990.

—, "Das Problem der Sünde bei Luther" en JASPERT, Bernd (Hrsg.), *Sachgemäbe Exegese: Die Protokolle aus Rudolf Bultmanns Neutestamentlichen Seminaren 1921-1951*, Marburg, N. G. Elwert Verlag, 1996. Traducción al español: HEIDEGGER, Martin, "El problema del pecado en Lutero", traducción y notas J. L. Roggero, *Escritos de Filosofía* (segunda serie), 2 (2014), pp. 214-228.

HENRY, Michel, *L'essence de la manifestation*, troisième édition, Paris, PUF, 2003.

—, *Philosophie et phénoménologie du corps : essai sur l'ontologie biranienne*, Paris, PUF, 1965.

—, *Phénoménologie matérielle*, Paris, PUF, 1990.

—, *C'est moi la vérité: pour une philosophie du christianisme*, Paris, Seuil, 1996.

—, *Incarnation: une philosophie de la chair*, Paris, Éditions du Seuil, 2000.

—, *Auto-donation. Entretiens et conférences*, Montpellier, Prétentaine, 2002.

HOUSSET, Emmanuel, *La vocation de la personne. L'histoire du concept de personne da sa naissance augustinienne à sa redécouverte phénoménologique*, Paris, PUF, 2007.

—, *Husserl et l'idée de Dieu*, París, Cerf, 2010.

HUSSERL, Edmund, *Husserliana. Gesammelte Werke, Dokumente und Materialen*, Den Haag, Martinus Nijhoff. Cito la edición de la obra completa de Edmund Husserl con las siglas Hua (*Husserliana*), agregando el número de tomo en cada caso.

—, „Entwurf einer ‚Vorrede' zu den *Logischen Untersuchungen* (1913)" II, *Tidjschrift voor filosofie*, 1, 2, (1939).

—, *Briefe an Roman Ingarden*, Den Haag, Martinus Nijhoff, 1968.

—, *Erfahrung und Urteil. Untersuchungen zur Genealogie der Logik*, ausgearbeitet und herausgegeben von L. Landgrebe, Prag, Academia/Verlagsbuchhandlung, 1939.

—, "Gespräche mit Edmund Husserl, 1931-1936" en JAEGERSCHMID, Adelgundis OSB., *Stimmen in Zeit*, Heft 1 (Januar 1981), pp. 48-58.

—, *Idées directrices pour une phénoménologie et une philosophie phénoménologique pures*, traduction et notes par P. Ricœur, Paris, Gallimard, 1950.

—, *La idea de la fenomenología. Cinco lecciones*, trad. M. García Baró, México, FCE, 1982.

—, *La idea de la fenomenología*, introducción, traducción y notas J. Adrián Escudero, Barcelona, Herder, 2011.

JACQUET, Frédéric, *Patočka. Une phénoménologie de la naissance*, Paris, CNRS Éditions, 2016.

Kant, Immanuel, *Kritik der reinen Vernunft, Akademie-Ausgabe, III y IV*, Berlin, Georg Reimer, 1904 y 1903.

Kisiel, Theodore y Sheehan, Thomas (eds.), *Becoming Heidegger. On the trail of his early occasional writings, 1910-1927*, Evanston, Northwestern University Press, 2007.

Kovacs, George, "Philosophy as Primordial Science in Heidegger's Courses of 1919" en Kisiel, Theodore y van Buren, John, *Reading Heidegger from the Start. Essays in His Earliest Thought*, Albany, State University of New York Press, 1994, pp. 91-107.

Lacoste, Jean-Yves, *Expérience et absolu*, Paris, PUF, 1994.

Landgrebe, Ludwig, „Husserls Phänomenologie und die Motive zu ihrer Umbildung", *Revue Internationale de Philosophie*, 1, 2 (1939), pp. 277-316.

Lask, Emil, *Zum System der Philosophie* en Lask, Emil, *Gesammelte Schriften. Band III*, Tubinga, Mohr, 1924.

Lavigne, Jean-François, *Husserl et la naissance de la phénoménologie, 1909-1913*, Paris, PUF, 2003.

Lavigne, Jean-François (éd.), *Les méditations cartésiennes de Husserl*, Paris, Vrin, 2016.

Leibniz, Gottfried Wilhelm, *Principes de la Nature et de la Grâce fondés en raison. Principes de la Philosophie ou Monadologie*, éd. A. Robinet, Paris, PUF, 1954.

Lévinas, Emmanuel, *En découvrant l'existence avec Husserl et Heidegger*, Paris, Vrin, 1949.

—, *Totalité et Infini. Essai sur l'extériorité*, La Haye, Martinus Nihjoff, 1963.

—, *Le temps et l'autre*, Paris, PUF, 1983.

—, *Autrement qu'être ou au-delà de l'essence*, La Haye, Martinus Nijhoff, 1974.

—, "La vocation de l'autre, entretien avec E. Hirsch" en Hirsch, Emmanuel, *Racismes. L'autre et son visage*, Paris, Cerf, 1988.

—, *Entre-nous. Essais sur le penser-à-l'autre*, Paris, Grasset, 1991.

—, *De Dieu qui vient à l'idée*, Paris, Vrin, 1992.

—, *Notes philosophiques diverses* en Lévinas, Emmanuel, *Œuvres complètes. Tome 1. Carnets de captivité et autres inédites*, Paris, Grasset, 2009.

Löwith, Karl, *Weltgeschichte und Heilsgeschehen*, Stuttgart, Kohlhammer, 1953.

de Lubac, Henri, *Corpus Mysticum, L'Eucharistie et l'Eglise au moyen age*, Paris, Aubier, 1948.

—, *Œuvres complètes XXXI. Paradoxes*, Paris, Cerf, 2007.

Luther, Martin, *D. Martin Luthers Werke. Kritische Gesamtausgabe, Band 56: Der Brief an die Römer*, Weimar, Hermann Böhlau Nachfolger, 1938.

—, *D. Martin Luthers Werke. Kritische Gesamtausgabe, Band 1: Schriften, Predigten, Disputationen 1512/18*, Weimar, Hermann Böhlau Nachfolger, 1883.

McGrath, Alister E., *Luther's Theology of the Cross. Martin Luther's Theological Breakthrough*, Oxford, Basil Blackwell, 1985.

MCGRATH, Sean J., *The early Heidegger and medieval philosophy: phenomenology for the Godforsaken*, Washington, The Catholic University of America Press, 2006.

MEINONG, Alexius, *Über Gegenstandstheorie* en MEINONG, Alexius, *Gesamtausgabe, Band II. Abhandlungen zur Erkenntnistheorie und Gegenstandstheorie*, Graz, Akademische Druck- und Verlagsanstal, 1971.

MERKER, Barbara, „Konversion statt Reflexion. Eine Grundfigur der Philosophie Martin Heideggers" en FORUM FÜR PHILOSOPHIE BAD HOMBURG (Hrsg), *Martin Heidegger: Innen- und Außensichten*, Frankfurt am Main, Suhrkamp, 1991.

MERLEAU-PONTY, Maurice, *Le visible et l'invisible*, Paris, Gallimard, 1964.

MOLTMANN, Jürgen, *El Dios crucificado. La cruz de Cristo como base y crítica de toda teología cristiana*, trad. S. Talavero Tovar, Salamanca, Sígueme, 1975.

NANCY, Jean-Luc, *La representación prohibida*, trad. M. Martínez, Buenos Aires, Amorrortu, 2006.

NATORP, Paul, „Husserls Ideen einer reinen Phänomenologie", *Lógos* 7 (1917-1918), pp. 215-240.

—, *Allgemeine Psychologie nach kritischer Methode*, Tübingen, J. C. B. Mohr, 1912

NEURATH, Otto, „Protokollsätze", *Erkenntnis*, 3, 1 (1932), pp. 204-214.

NIETZSCHE, Friedrich, *Die fröhliche Wissenschaft (La gaya scienza)* en NIETZSCHE, Friedrich, *Nietzsche Werke. Kritische Gesamtausgabe, herausgegeben von Giorgio Colli und Mazzino Montinari, Fünfte Abteilung. Zweiter Band*, Berlin/New York, Walter de Gruyter, 1973. Traducción al español: *La ciencia jovial. "La gaya scienza"*, trad. José Jara, Caracas, Monte Ávila Editores, 1985.

—, *Unzeitgemässe Betrachtungen II* en NIETZSCHE, Friedrich, *Kritische Studienausgabe I*, herausgegeben von Giorgio Colli und Mazzino Montinari, Berlin/New York, Walter de Gruyter, 1967.

—, *Kritische Studienausgabe IV. Also sprach Zarathustra*, herausgegeben von Giorgio Colli und Mazzino Montinari, Berlin/New York, Walter de Gruyter, 1988.

NYGREN, Anders, *Eros y agape: la noción cristiana del amor y sus transformaciones*, trad. J. A Bravo, Barcelona, Sagitario, 1969.

OSSWALD, Andrés Miguel, *La fundamentación pasiva de la experiencia. Un estudio sobre la fenomenología de Edmund Husserl*, Madrid, Plaza y Valdés Editores, 2016.

PASCAL, Blaise, *Pensées*, Louis Lafume ed., Paris, Seuil, 1963.

PATOČKA, Jan, "¿Qué es la fenomenología?" en PATOČKA, Jan, *El movimiento de la existencia humana*, trad. T. Padilla, J. M. Ayuso y A. Serrano de Haro, Madrid, Ediciones Encuentro, 2004, pp. 251-279.

—, "*Epoché* y reducción" en PATOČKA, Jan, *El movimiento de la existencia humana*, trad. T. Padilla, J. M. Ayuso y A. Serrano de Haro, Madrid, Ediciones Encuentro, 2004, pp. 241-250.

—, *Liberté et sacrifice*, Grenoble, Millon, 1990.

PEÑALVER, Mariano, *Las perplejidades de la comprensión*, Madrid, Síntesis, 2005.

PRADELLE, Dominique, *Par-delà de la révolution copernicienne. Sujet transcendantal et facultés chez Kant et Husserl*, Paris, PUF, 2012.

—, *Généalogie de la raison. Essai sur l'historicité du sujet transcendantal de Kant à Heidegger*, Paris, PUF, 2013.

QUINE, Willard van Orman, "Two Dogmas of Empiricism", *Philosophical Review*, 60, 1 (1951), 20-43.

REDONDO SÁNCHEZ, Pablo, *Filosofar desde el temple de ánimo. La "experiencia fundamental" y la teoría del "encontrarse" en Heidegger*, Salamanca, Ediciones Universidad de Salamanca, 2005.

RICHIR, Marc, *Au-delà du renversement copernicien. La question de la phénoménologie et son fondement*, Den Haag, M. Nijhoff, 1976.

—, "La question d'une doctrine transcendantale de la méthode en phénoménologie", *Épokhè*, 1 (1990), pp. 91-125.

RICKERT, Heinrich, *Der Gegenstand der Erkenntnis. Einführung in die Transzendental-Philosophie*, Tubinga, Mohr, 1915.

RICŒUR, Paul, *Le conflit des interprétations. Essais d'herméneutique I*, Paris, Seuil, 2013.

—, *Du texte à l'action. Essais d'herméneutique II*, Paris, Seuil, 1986.

—, *À l'école de la phénoménologie*, Paris, Vrin, 1986.

—, *La critique et la conviction*, Paris, Hachette, 2002.

RODRÍGUEZ, Ramón, *La transformación hermenéutica de la fenomenología. Una interpretación de la obra temprana de Heidegger*, Madrid, Tecnos, 1997.

—, *Fenómeno e interpretación. Ensayos de fenomenología hermenéutica*, Madrid, Tecnos, 2015.

ROMANO, Claude, *L'événement et le temps*, Paris, P. U. F., 1999.

—, *Au cœur de la raison, la phénoménologie*, Paris, Gallimard, 2010.

—, "La règle souple de l'herméneute", *Critique*, 6, 817-818 (2015), pp. 464-479.

—, "Avons-nous besoin des essences en philosophie ?" en CABESTAN, Philippe (éd.), *L'événement et la raison. Autour de Claude Romano*, Paris, Le Cercle Herméneutique, 2016, pp. 195-207.

SAN MARTIN, Javier, *La estructura del método fenomenológico*, Madrid, Universidad Nacional de Educación a Distancia, 1986.

—, *La nueva imagen de Husserl. Lecciones de Guanajuato*, Madrid, Trotta, 2015.

SCHELER, Max, *Schriften aus dem Nachlass. I. Zur Ethik und Erkenntnislehre. Gesammelte Werke X*, Berna, Francke, 1957 (GW X).

—, *Der Formalismus in der Ethik und die materiale Wertethik. Neuer Versuch der Grundlegung eines ethischen Personalismus. Gesammelte Werke. Band II*, Berna, Francke, 1966 (GW II).

SELLARS, Wilfrid S., *Empiricism and the Philosophy of Mind*, Cambridge, Harvard University Press, 1997.

SMITH, James K.A., *Speech and theology. Language and the logic of incarnation*, London, Routledge, 2002.

SOMMER, Christian, *Heidegger, Aristote, Luther. Les sources aristotéliciennes et néo-testamentaires d'Être et temps*, Paris, PUF, 2005.

St.-Laurent, Guillaume, "Claude Romano et la thèse de la linguisticité" en Cabestan, Philippe (éd.), *L'événement et la raison. Autour de Claude Romano*, Paris, Le Cercle Herméneutique, 2016, pp. 133-150.

Steinbock, Anthony J., "Generativity and the Scope of Generative Phenomenology" en Welton, Don (ed), *New Husserl: A Critical Reader*, Bloomington, Indiana University Press, 2003, pp. 289-325.

Stendhal, *La chartreuse de Parme*, I, révision du texte et préface par Henri Martineau, Paris, Le Divan, 1927.

Szeftel, Micaela, *Subjetividad y autoafección. La problemática de la temporalidad en la fenomenología de Michel Henry*, Buenos Aires, Teseo, 2016.

van Buren, *The Young Heidegger*, Bloomington, Indiana University Press, 1994.

Vigo, Alejandro G., *Arqueología y aleteiología, y otros estudios heideggerianos*, Buenos Aires, Editorial Biblos, 2008.

von Hermann, Friedrich-Wilhelm, *Hermeneutik und Reflexion*, Frankfurt am Main, Vittorio Klostermann, 2000.

de Waelhens, Alphonse, *La philosophie de Martin Heidegger*, Louvain, Publications Universitaires de Louvain, 1955, pp. 17-18.

Walton, Roberto J., "Función y significado de la intencionalidad de horizonte" en Pintos Peñaranda, María Luz y González López, José Luis, *Fenomenología y Ciencias Humanas*, Santiago de Compostela, Universidad de Santiago de Compostela, 1998.

—, *Intencionalidad y horizonticidad*, Bogotá, Aula de Humanidades, 2015.

Welton, Don, *The Origins of Meaning. A Critical Study of the Thresholds of Husserlian Phenomenology*, The Hague, Martinus Nijhoff, 1983.

Welton, Don (ed), *New Husserl: A Critical Reader*, Bloomington, Indiana University Press, 2003.

Xolocotzi Yáñez, Ángel, *Fenomenología de la vida fáctica. Heidegger y su camino a Ser y Tiempo*, México, Universidad Iberoamericana, 2004.

Zaccagnini, Marta, *Christentum der Endlichkeit. Heideggers Vorlesungen: Einleitung in die Phänomenologie der Religion*, Münster, LIT Verlag, 2003.

Zahavi, Dan, *Husserl's Phenomenology*, Stanford, Stanford University Press, 2003.

www.ingramcontent.com/pod-product-compliance
Lightning Source LLC
Chambersburg PA
CBHW031748220426
43662CB00007B/319